中國國家圖書館編

國家圖書館藏敦煌遺書

第五十冊　北敦〇三六〇一號——北敦〇三六五九號

北京圖書館出版社

圖書在版編目(CIP)數據

國家圖書館藏敦煌遺書·第五十册/中國國家圖書館編;任繼愈主編.—北京:北京圖書館出版社,2007.1

ISBN 978-7-5013-2992-2

Ⅰ.國… Ⅱ.①中…②任… Ⅲ.敦煌學—文獻 Ⅳ.K870.6

中國版本圖書館 CIP 數據核字(2006)第 149700 號

ISBN 978-7-5013-2992-2

9 787501 329922 >

書　　名　國家圖書館藏敦煌遺書·第五十册

著　　者　中國國家圖書館編　任繼愈主編

責任編輯　徐　蜀　孫　彦

封面設計　李　璀

出　　版　北京圖書館出版社　(100034　北京西城區文津街 7 號)

發　　行　010-66139745　66151313　66175620　66126153

66174391(傳真)　66126156(門市部)

E-mail　cbs@nlc.gov.cn(投稿)　btsfxb@nlc.gov.cn(郵購)

Website　www.nlcpress.com

經　　銷　新華書店

印　　刷　北京文津閣印務有限責任公司

開　　本　八開

印　　張　51.5

版　　次　2007 年 3 月第 1 版第 1 次印刷

印　　數　1-250 册(套)

書　　號　ISBN 978-7-5013-2992-2/K·1275

定　　價　990.00 圓

編輯委員會

主　　編　任繼愈
常務副主編　方廣錩
副 主 編　李際寧　張志清
編委（按姓氏筆畫排列）　王克芬　王姿怡　吳玉梅　胡新英　陳　穎　黄　霞（常務）　劉玉芬

出版委員會

主　任　詹福瑞
副主任　陳　力
委　員（按姓氏筆畫排列）　李　健　姜　紅　郭又陵　徐　蜀　孫　彦

攝製人員（按姓氏筆畫排列）

于向洋　王富生　王遂新　谷韶軍　張　軍　張紅兵　張　陽　曹　宏　郭春紅　楊　勇　嚴　平

原件修整人員（按姓氏筆畫排列）

朱振彬　杜偉生　李　英　胡玉清　胡秀菊　張　平　劉建明

目錄

不為法界乃至不思議界攝受壞滅故學何以
故以真如等無二分故
憍尸迦若菩薩摩訶薩不為布施波羅蜜多
增減故學無二分故不為淨戒安忍精進靜
慮般若波羅蜜多增減故學無二分故是菩
薩摩訶薩不為布施波羅蜜多攝受壞滅
故學不為淨戒安忍精進靜慮般若波羅蜜
多攝受壞滅故學何以故以布施波羅蜜多
等無二分故憍尸迦若菩薩摩訶薩不為四
靜慮增減故學無二分故不為四無量四無色
定增減故學無二分故是菩薩摩訶薩不
為四靜慮攝受壞滅故學不為四無量四無
色定攝受壞滅故學何以故以四靜慮等無
二分故憍尸迦若菩薩摩訶薩不為八解脫
增減故學無二分故不為八勝處九次第定
十遍處增減故學無二分故是菩薩摩訶薩
不為解脫攝受壞滅故學不為八勝處九次
第定十遍處攝受壞滅故學何以故以八
解脫等無二分故憍尸迦若菩薩摩訶薩不

二分故憍尸迦若菩薩摩訶薩不為八解脫
增減故學無二分故不為八勝處九次第定
十遍處增減故學無二分故是菩薩摩訶薩
不為解脫攝受壞滅故學不為八勝處九次
第定十遍處攝受壞滅故學何以故以八
解脫等無二分故憍尸迦若菩薩摩訶薩不
為四念住增減故學無二分故不為四正斷四
神足五根五力七等覺支八聖道支增減故
學無二分故是菩薩摩訶薩不為四念住
攝受壞滅故學不為四正斷乃至八聖道支
攝受壞滅故學何以故以四念住等無二分故
憍尸迦若菩薩摩訶薩不為空解脫門增
減故學無二分故不為無相無願解脫門增減
故學無二分故是菩薩摩訶薩不為空解
脫門攝受壞滅故學不為無相無願解脫門
攝受壞滅故學何以故以空解脫門等無二
分故憍尸迦若菩薩摩訶薩不為五眼增減
故學無二分故不為六神通增減故學無二
分故是菩薩摩訶薩不為五眼攝受壞滅故
學不為六神通攝受壞滅故學何以故以五
眼等無二分故憍尸迦若菩薩摩訶薩不為
佛十力增減故學無二分故不為四無所畏四
無礙解大慈大悲大喜大捨十八佛不共法
增減故學無二分故是菩薩摩訶薩不為
佛十力攝受壞滅故學不為四無所畏乃至
十八佛不共法攝受壞滅故學何以故以佛十
力等無二分故憍尸迦若菩薩摩訶薩不為

佛十力攝受壞滅故學不為四無所畏乃至
十八佛不共法攝受壞滅故學何以故以佛十
力等無二分故憍尸迦若菩薩摩訶薩不為
無妄失法增減故學無二分故不為恒住捨
性增減故學無二分故是菩薩摩訶薩不
為無妄失法攝受壞滅故學不為恒住捨
性攝受壞滅故學何以故以無妄失法等
無二分故憍尸迦若菩薩摩訶薩不為一切
智增減故學無二分故不為道相智一切相
智增減故學無二分故是菩薩摩訶薩不為
一切智攝受壞滅故學不為道相智一切相智
攝受壞滅故學何以故以一切智等無二
分故憍尸迦若菩薩摩訶薩不為一切陀羅
尼門增減故學無二分故不為一切三摩地門
增減故學無二分故是菩薩摩訶薩不為
一切陀羅尼門攝受壞滅故學不為一切三摩
地門攝受壞滅故學何以故以一切陀羅尼門
等無二分故憍尸迦若菩薩摩訶薩不為預
流增減故學無二分故不為一來不還阿羅
漢增減故學無二分故是菩薩摩訶薩不為
預流攝受壞滅故學不為一來不還阿羅漢攝
受壞滅故學何以故以預流等無二分故憍
尸迦若菩薩摩訶薩不為預流向預流果增
減故學無二分故不為一來向一來果不還
向不還果阿羅漢向阿羅漢果增減故學无
二分故是菩薩摩訶薩不為預流向預流果

尸迦若菩薩摩訶薩不為預流向預流果增
減故學無二分故不為一來向一來果不還
向不還果阿羅漢向阿羅漢果增減故學无
二分故是菩薩摩訶薩不為預流向預流果
攝受壞滅故學不為一來向一來果不還向
不還果阿羅漢向阿羅漢果攝受壞滅故學
何以故以預流向預流果等無二分故憍尸迦
若菩薩摩訶薩不為獨學增減故學無二
分故不為獨覺向獨覺果增減故學無二分
故是菩薩摩訶薩不為獨學攝受壞滅故
學不為獨覺向獨覺果攝受壞滅故學何以
故以獨覺等無二分故憍尸迦若菩薩摩訶
薩不為菩薩摩訶薩增減故學無二分故不
為三藐三佛陀增減故學無二分故是菩薩
摩訶薩不為菩薩摩訶薩攝受壞滅故學
不為三藐三佛陀攝受壞滅故學何以故以菩
薩摩訶薩等無二分故憍尸迦若菩薩摩訶
薩不為菩薩摩訶薩法增減故學無二分故
不為無上正等菩提增減故學無二分故是
菩薩摩訶薩不為菩薩摩訶薩法攝受壞滅
故學不為無上正等菩提攝受壞滅故學何
以故以菩薩摩訶薩法等無二分故憍尸迦
若菩薩摩訶薩不為聲聞乘增減故學无二
分故不為獨覺乘無上乘增減故學無二分
故是菩薩摩訶薩不為聲聞乘攝受壞滅
故學不為獨覺乘無上乘攝受壞滅故學
何以故以聲聞乘等無二分故

故是菩薩摩訶薩不為聲聞乘攝受壞滅
故學不為獨覺乘無上乘攝受壞滅故學
何以故以聲聞乘等無二分故
時舍利子問善現言善現菩薩摩訶薩如是
學時不為色攝受壞滅故學不為受想行識
攝受壞滅故學耶善現菩薩摩訶薩如是學
時不為眼處攝受壞滅故學不為耳鼻舌身意
處攝受壞滅故學耶善現菩薩摩訶薩如是
學時不為色處攝受壞滅故學不為聲香
味觸法處攝受壞滅故學耶善現菩薩摩訶
薩如是學時不為眼界攝受壞滅故學不為
色界眼識界及眼觸眼觸為緣所生諸受攝
受壞滅故學耶善現菩薩摩訶薩如是學時
不為耳界攝受壞滅故學不為聲界耳識
界及耳觸耳觸為緣所生諸受攝受壞滅故
學耶善現菩薩摩訶薩如是學時不為鼻界
攝受壞滅故學不為香界鼻識界及鼻觸鼻
觸為緣所生諸受攝受壞滅故學耶善現菩
薩摩訶薩如是學時不為舌界攝受壞滅故
學不為味界舌識界及舌觸舌觸為緣所生
諸受攝受壞滅故學耶善現菩薩摩訶薩如
是學時不為身界攝受壞滅故學不為觸界
身識界及身觸身觸為緣所生諸受攝受壞
滅故學耶善現菩薩摩訶薩如是學時不
為意界攝受壞滅故學不為法界意識界及意
觸意觸為緣所生諸受攝受壞滅故學耶善

BD03601 號　大般若波羅蜜多經卷八七　（8–5）

滅故學耶善現菩薩摩訶薩如是學時不
為意界攝受壞滅故學不為法界意識界及意
觸意觸為緣所生諸受攝受壞滅故學耶善
現菩薩摩訶薩如是學時不為地界攝受壞
滅故學不為水火風空識界攝受壞滅故學
耶善現菩薩摩訶薩如是學時不為苦聖諦
攝受壞滅故學不為集滅道聖諦攝受壞滅
故學耶善現菩薩摩訶薩如是學時不為无
明攝受壞滅故學不為行識名色六處觸受
愛取有生老死愁歎苦憂惱攝受壞故學耶
善現菩薩摩訶薩如是學時不為內空攝
受壞滅故學不為外空內外空空空大空勝
義空有為空無為空畢竟空無際空散空
無變異空本性空自相空共相空一切法空不
可得空無性空自性空無性自性空攝受壞
滅故學耶善現菩薩摩訶薩如是學時不為
真如攝受壞滅故學不為法界法性不虛妄
性不變異性平等性離生性法定法住實
際虛空界不思議界攝受壞滅故學耶
善現菩薩摩訶薩如是學時不為布施波羅
蜜多攝受壞滅故學不為淨戒安忍精進靜
慮般若波羅蜜多攝受壞滅故學耶善現菩
薩摩訶薩如是學時不為四靜慮攝受壞滅
故學不為四無量四無色定攝受壞滅故學
耶善現菩薩摩訶薩如是學時不為八解脫
攝受壞滅故學不為八勝處九次第定十遍
處攝受壞滅故學耶善現菩薩摩訶

BD03601 號　大般若波羅蜜多經卷八七　（8–6）

薩摩訶薩如是學時不為四靜慮攝受壞滅
故學不為四無量四無色定攝受壞滅故學
耶善現菩薩摩訶薩如是學時不為八解脫
攝受壞滅故學不為八勝處九次第定十遍
處攝受壞滅故學耶善現菩薩摩訶薩如是
學時不為四念住攝受壞滅故學不為四正斷
四神足五根五力七等覺支八聖道支攝受壞
滅故學耶善現菩薩摩訶薩如是學時不為
空解脫門攝受壞滅故學不為無相無願解
脫門攝受壞滅故學耶善現菩薩摩訶薩如
是學時不為五眼攝受壞滅故學不為六神通
攝受壞滅故學耶善現菩薩摩訶薩如是學時
不為佛十力攝受壞滅故學不為四無所畏四無
礙解大慈大悲大喜大捨十八佛不共法攝受
壞滅故學耶善現菩薩摩訶薩如是學時
不為無忘失法攝受壞滅故學不為恒住捨
性攝受壞滅故學耶善現菩薩摩訶薩
如是學時不為一切智攝受壞滅故學不為道
相智一切相智攝受壞滅故學耶善現菩薩摩
訶薩如是學時不為一切陀羅尼門攝受壞
滅故學不為一切三摩地門攝受壞滅故學
耶善現菩薩摩訶薩如是學時不為預流攝
受壞滅故學不為一來不還阿羅漢攝受壞
滅故學耶善現菩薩摩訶薩如是學時不為
預流向預流果攝受壞滅故學不為一來向一
來果不還向不還果阿羅漢向阿羅漢果攝

BD03601 號　大般若波羅蜜多經卷八七　　（8–7）

耶善現菩薩摩訶薩如是學時不為預流攝
受壞滅故學不為一來不還阿羅漢攝受壞
滅故學耶善現菩薩摩訶薩如是學時不為
預流向預流果攝受壞滅故學不為一來向一
來果不還向不還果阿羅漢向阿羅漢果攝
受壞滅故學耶善現菩薩摩訶薩如是學
時不為獨覺攝受壞滅故學不為獨覺向獨
覺果攝受壞滅故學耶善現菩薩摩訶薩如
是學時不為菩薩摩訶薩攝受壞滅故學
不為三藐三佛陀攝受壞滅故學耶善現菩薩
摩訶薩如是學時不為菩薩摩訶薩法攝受壞
滅故學不為無上正等菩提攝受壞滅故學
耶善現菩薩摩訶薩如是學時不為聲聞乘
攝受壞滅故學不為獨覺菩無上乘攝受壞
滅故學耶

大般若波羅蜜多經卷第八十七

BD03601 號　大般若波羅蜜多經卷八七　　（8–8）

清淨若七等覺支清淨无二无二分无別无
斷故一切智智清淨故四无所畏四无礙解
大慈大悲大喜大捨十八佛不共法清淨四
无所畏乃至十八佛不共法清淨若七等覺
支清淨何以故若一切智智清淨若四无所
畏乃至十八佛不共法清淨若七等覺支清
淨无二无二分无別无斷故善現一切智智
清淨故无忘失法清淨无忘失法清淨故七
等覺支清淨何以故若一切智智清淨若无
忘失法清淨若七等覺支清淨无二无二分
无別无斷故一切智智清淨故恒住捨性清
淨恒住捨性清淨故七等覺支清淨何以故
若一切智智清淨若恒住捨性清淨若七等
覺支清淨无二无二分无別无斷故善現一
切智智清淨故一切智清淨一切智清淨故
七等覺支清淨何以故若一切智智清淨若
一切智清淨若七等覺支清淨无二无二分
无別无斷故一切智智清淨故道相智一切
相智清淨道相智一切相智清淨故七等覺
支清淨何以故若一切智智清淨若道相智
一切相智清淨若七等覺支清淨无二无二
分无別无斷故善現一切智智清淨故一切

BD03602號　大般若波羅蜜多經卷二七一　（2–1）

无別无斷故一切智智清淨故恒住捨性清
淨恒住捨性清淨故七等覺支清淨何以故
若一切智智清淨若恒住捨性清淨若七等
覺支清淨无二无二分无別无斷故善現一
切智智清淨故一切智清淨一切智清淨故
七等覺支清淨何以故若一切智智清淨若
一切智清淨若七等覺支清淨无二无二分
无別无斷故一切智智清淨故道相智一切
相智清淨道相智一切相智清淨故七等覺
支清淨何以故若一切智智清淨若道相智
一切相智清淨若七等覺支清淨无二无二
分无別无斷故善現一切智智清淨故一切
陀羅尼門清淨一切陀羅尼門清淨故七等
覺支清淨何以故若一切智智清淨若一切
陀羅尼門清淨若七等覺支清淨无二无二
分无別无斷故一切智智清淨故一切三摩
地門清淨一切三摩地門清淨故七等覺支
清淨何以故若一切智智清淨若一切三摩

BD03602號　大般若波羅蜜多經卷二七一　（2–2）

論帝釋復説種種諸論五通神仙亦説諸論
世尊梵天帝釋五通仙人雖有百千俱胝那
庾多无量諸論然佛世尊慈悲哀愍為人天
衆説金光明微妙經典比前所説勝彼百千
俱胝那庾多倍不可為喻何以故由此能令
諸贍部洲所有主等正法化世能與衆生安
樂之事為護自身及諸眷屬令无苦惱又无
他方怨賊侵害所有諸惡悉皆遠去亦令國
主灾厄屏除化以正法无有諍訟是故人王
各於國土當然法炬明照无邊增益天衆并
諸眷屬世尊我等四王无量天神藥叉之衆
贍部洲内所有天神以是因緣得服无上甘
露法味獲大威德勢力光明无不具足一切
衆生皆得安隱復於來世无量百千不可思
議那庾多劫常受快樂復得值遇无量諸佛
種諸善根然後證得阿耨多羅三藐三菩提
如是无量无邊勝利皆是如來應正等覺以
大慈悲過梵衆以大智慧踰帝釋脩諸苦行

BD03603號　金光明最勝王經卷六　（6–1）

議那庾多劫常受快樂復得值遇无量諸佛
種諸善根然後證得阿耨多羅三藐三菩提
如是无量无邊勝利皆是如來應正等覺以
大慈悲過梵衆以大智慧踰帝釋脩諸苦行
勝五通仙百千万億那庾多倍不可稱計為
諸衆生演説如是微妙經典令贍部洲一切
國主及諸人衆明了世間所有法式治國化
人勸導之事由此經王流通力故普得安樂
此等福利皆是釋迦大師於此經典廣為流
通慈悲力故世尊以是因緣諸人王等皆應
受持供養恭敬尊重讚歎此妙經王何以故
以如是等不可思議殊勝功德利益一切是
故名曰最勝經王
尒時世尊復告四天王汝等四王及餘眷屬无
量百千俱胝那庾多諸天大衆見彼人王若
能至心聽是經典供養恭敬尊重讚歎者
應當擁護除其衰患能令汝等亦受安樂
若四部衆能廣流布是經王者於人天中廣作
佛事普能利益无量衆生如是之人汝等四
王常當擁護如是四衆勿使他緣共相侵擾
令彼身心寂静安樂於此經王廣宣流布令
不斷絶利益有情盡未來際
尒時多聞天王從座而起白佛言世尊我有
如意寶珠陀羅尼法若有衆生樂受持者
功德无量我常擁護令彼衆生離苦得樂能
成福智二種資糧欲受持者先當誦此護身

BD03603號　金光明最勝王經卷六　（6–2）

令時多聞天王從座而起白佛言世尊我有
如意寶珠陁羅尼法若有衆生樂受持者
功德无量我常擁護令彼衆生離苦得樂能
成福智二種資糧欲受持者先當誦此護身
之呪即說呪曰
南謨薜室囉末拏也莫訶曷囉闍也 但是也上之字皆須引聲
怛姪他　囉囉囉　矩怒矩怒
區怒區怒　窶怒窶怒　颯縛颯縛
羯囉羯囉　莫訶毗羯喇麼　莫訶毗羯喇麼
莫訶曷囉社　曷路叉曷路叉　覩漫 自稱已名
薩婆薩埵難者　莎訶 此之二字皆長引聲
世尊誦此呪者當以白線呪之七遍一遍一結
繫之肘後其事必成應取諸香所謂安息旃
檀龍腦蘇合多揭羅熏陸皆須等分和合
一處手執香爐燒香供養清淨澡浴著鮮
潔衣於一靜室可誦神呪
請我薜室囉末拏天王即說呪曰
南謨薜室囉末拏 引也　南謨檀那馱也
檀泥說囉 引也　阿揭擄　阿鉢喇弭哆
檀泥說囉　鉢囉麼　迦留尼迦
薩婆薩埵　呬哆振哆　麼麼 己名　檀那
末拏鉢喇栧檐　碎闍摩揭擔　莎訶
此呪誦滿一七遍已次誦本呪欲誦呪時先
當稱名敬礼三寶及薜室羅末拏大王能
施財物令諸衆生所求願滿悉能成就與其安
樂如是礼已次誦薜室羅末拏王如意末尼

BD03603號　金光明最勝王經卷六　（6–3）

此呪誦滿一七遍已次誦本呪欲誦呪時先
當稱名敬礼三寶及薜室羅末拏大王能
施財物令諸衆生所求願滿悉能成就與其安
樂如是礼已次誦薜室羅末拏王如意末尼
寶心神呪能施衆生隨意安樂尒時多聞天
王即於佛前說如意末尼寶心呪曰
南謨曷喇怛娜　怛喇夜 引 也
南謨薜室囉末拏 引 也　莫訶囉闍 引 也
怛姪他　四弭四弭　蘇母蘇母
旃茶旃茶　折囉折囉　薩囉薩囉
羯囉羯囉　枳哩枳哩　矩嚕矩嚕
母嚕母嚕　主嚕主嚕　娑大也頞貪
我名某甲　脏店頞他　達達覩莎訶
南謨薜室囉末拏也莎訶　檀那馱也莎訶
曼奴喇他鉢喇脯喇迦 引 也莎訶
受持呪時先誦千遍然後於淨室中瞿摩塗
地作小壇場隨時飲食一心供養常然妙香
令烟不絕誦前心呪晝夜繫心唯自耳聞勿
令他解時有薜室羅末拏王子名禪膩師現
童子形來至其所問言何故須喚我父即可
報言我為供養三寶事須財物願當施與時
禪膩師聞是語已即還白其父言今有善
人發至誠心供養三寶少乏財物為斯請召
其父報曰汝可速去日日與彼一百迦利沙波
拏 此是根本梵音唯目貝齒而随方不定或是貝齒或是金銀銅鐵等錢然摩揭陁現今通用一迦利沙波拏有一千六百貝齒

BD03603號　金光明最勝王經卷六　（6–4）

人發至誠心供養三寶少之財物為斯請召
其父報曰汝可速去日日與彼一百迦利沙波
拏此是根本梵音唯目貝齒而隨方不定或是貝齒或是金銀銅鐵等錢然摩揭陀現今通用一迦利沙波拏有一千六百
貝齒總數可以准知若准物直隨處不定若人持呪得成就者獲物之時自知其數有本云每日与一百陳那羅即金錢也乃
至盡形日日常得西方求者多有神驗除不至心也
其持呪者見是相已知事得成當須獨處淨
室燒香而卧可於牀邊置一香篋每至天曉
觀其篋中獲所求物得物時當日即須供
養三寶香花飲食兼施貧乏皆令罄盡不得
停留於諸有情起慈悲念勿生瞋諍諂害之
心若起瞋者即失神驗常可護心勿令瞋恚
又持此呪者於每日中憶我多聞天王及男
女眷屬稱揚讚歎恒以十善共相資助令彼
天等福力增明衆善普臻證菩提處彼諸天
衆見是事已皆大歡喜共來擁衛持呪之人
又持呪者壽命長遠[illegible]量歲永離三塗常
无災厄亦令獲得如意寶珠及以伏藏神通
自在所願皆成若求官榮无不稱意亦解
一切禽獸之語
世尊若持呪時欲得見我自身現者可於月
八日或十五日於白疊上畫佛形像當用木
膠雜彩莊飾其畫像人為受八戒於佛左邊
作吉祥天女像於佛右邊作我多聞天像并
畫男女眷屬之類安[illegible]處咸令如法布列
花彩燒衆名香然燈續明晝夜无歇上妙飲

BD03603號　金光明最勝王經卷六　（6–5）

作吉祥天女像於佛右邊作我多聞天像并
畫男女眷屬之類安[illegible]處咸令如法布列
花彩燒衆名香然燈續明晝夜无歇上妙飲
食種種珍奇發慇重心隨時供養受持神呪不
得輕心請召我時應誦此呪
南謨室唎健那也　勃陀引也
南謨薜室囉末拏也　藥叉囉闍引也
莫訶囉闍　阿地囉闍也
南麼室唎耶𧞣　莫訶提弊引𧞣
怛姪他　怛囉怛囉　咄嚕咄嚕
末囉末囉　窣窣吐窣窣吐
漢娜漢娜　末尼羯諾迦
跋折囉薜琉璃也　目底迦楞訖嘌哆
設唎囉𧞣　蒲引薩婆薩埵
呬哆迦引摩　薜室囉末拏
室唎夜提鼻　跋攞婆引也
瞖呬瞖呬　磨毗藍婆　瞿嘌拏瞿嘌拏
枺麻八反喇婆枺喇婆　達歇呬麼麼
阿目迦那末寫自稱己名　達哩設那迦末寫
達哩設　南　麼麼末那
鉢喇遏囉大也　莎訶
世尊我若見此誦呪之人復見如是盛興供
養即生慈愛歡喜之心我即變身作小兒形

BD03603號　金光明最勝王經卷六　（6–6）

思益梵天所問經卷第一
如是我聞一時佛住王舍城迦蘭陁竹林與大
比丘僧六万四千人俱菩薩摩訶薩七万二千
人皆衆所知識得陁羅尼无㝵辯才及諸
三昧於諸神通无所罣㝵善能曉了諸法實
性悉皆遠得无生法忍其名曰文殊師利法
王子寶手法王子寶積法王子寶印手法王
子寶德法王子虛空藏法王子發心轉法輪
法王子網明法王子障諸煩惱法王子能捨
一切法法王子德藏法王子華嚴法王子師子
法王子月光法王子尊意法王子善莊嚴法
王子反跋陁婆羅等十六賢士跋陁婆羅菩
薩寶積菩薩星德菩薩帝天菩薩水天菩
薩善力菩薩大意菩薩殊勝意菩薩不增

BD03604 號　思益梵天所問經卷一　（26–1）

一切法法王子德藏法王子華嚴法王子師子
法王子月光法王子尊意法王子善莊嚴法
王子反跋陁婆羅等十六賢士跋陁婆羅菩
薩寶積菩薩星德菩薩帝天菩薩水天菩
薩善力菩薩大意菩薩殊勝意菩薩不增
意菩薩發意菩薩不虛見菩薩不休息菩薩
不少意菩薩尊師菩薩日藏菩薩持地菩薩
如是等菩薩摩訶薩七万二千人及四天王釋
提桓因等忉利諸天夜摩天兜率陁天化樂
天他化自在天及大梵天王等諸梵天并餘无
量諸天龍鬼神夜叉乾撻婆阿脩羅迦樓羅緊
那羅摩睺羅伽人與非人等皆來集尒時世
尊大衆恭敬圍繞而為說法於是網明菩薩
即從坐起偏袒右肩右膝著地頭面礼佛足
合掌向佛震動三千大千世界歹尊起發一
切大衆而白佛言世尊我欲從佛少有所問
若佛聽者乃敢諮請佛告網明恣汝所問當
為解說悅可尒心於是網明既蒙聽許心大
歡喜即白佛言世尊如來身相超百千万日
月光明我自惟念若有衆生能見佛身其
為希有我復惟念若有衆生能見佛身皆是
如來威神之力佛告網明如是如是如汝所言
若佛不加威神衆生无有能見佛身亦无能
問網明當知如來有光名寂莊嚴若有衆生
遇斯光者能見佛身不壞眼根又如來光名

BD03604 號　思益梵天所問經卷一　（26–2）

如來威神之力佛告網明如是如是如汝所言
若佛不加威神衆生无有能見佛身亦无能
問網明當知如來有光名寂莊嚴若有衆生
遇斯光者能見佛身不壞眼根又如來光名
无畏辯若有衆生遇斯光者能問如來其辯
无盡又如來光名集諸善根若有衆生遇斯
光者能問如來轉輪聖王行業因緣又如來
光名淨莊嚴若有衆生遇斯光者能問如來
天帝釋行業因緣又如來光名得自在若有
衆生遇斯光者能問如來梵天王行業因緣
又如來光名離煩惱若有衆生遇斯光者能
問如來聲聞乘所行之道又如來光名善達
離若有衆生遇斯光者能問如來辟支佛乘
所行之道又如來光名益一切智若有衆生
遇斯光者能問如來大乘佛事又如來光名
爲往益佛來去時足下光明衆生遇者命終
生天又如來光名一切莊嚴若佛入城放斯
光明衆生遇者得歡喜樂一切嚴飾之具莊
嚴其城城中寶藏從地踊出又如來光名爲
震動佛以此光能動无量无邊世界又如來
光名爲生樂佛以此光能滅地獄衆生苦惱
又如來光名爲上慈佛以此光能令畜生不
相惱害又如來光名爲涼樂佛以此光能滅
餓鬼飢渴熱惱又如來光名爲明淨佛以此光
使盲者得視又如來光名爲聰聽佛以此光
能令衆生聾者得聽又如來光名爲慙愧佛

相惱害又如來光名爲涼樂佛以此光能滅
餓鬼飢渴熱惱又如來光名爲明淨佛以此光
使盲者得視又如來光名爲聰聽佛以此光
能令衆生聾者得聽又如來光名爲慙愧佛
以此光能令衆生狂者得正又如來光名爲
止息佛以此光能令衆生捨十不善道安
住十善道又如來光名爲離惡佛以此光能
令耶見衆生皆得正見又如來光名爲能捨
佛以此光能破衆生慳貪之心令行布施又
如來光名无悔熱佛以此光能令毀禁衆生
皆得持戒又如來光名爲安利佛以此光能
令瞋恨衆生皆得忍辱又如來光名爲懃脩
佛以此光能令懈怠衆生皆得精進又如來
光名爲一心佛以此光能令妄念衆生皆得
禪定又如來光名爲能解佛以此光能令愚
癡衆生得智慧又如來光名爲清淨佛以此
光能令不信衆生皆得淨信又如來光名爲
能持佛以此光能令少聞衆生皆得多聞又
如來光名爲威儀佛以此光能令无慙衆生
皆得慙愧又如來光名爲安隱佛以此光能
令多欲衆生斷除婬欲又如來光名爲歡喜
佛以此光能令多怒衆生斷除瞋恚又如來
光名爲照明佛以此光能令多癡衆生斷除
愚癡又如來光名爲遍行佛以此光能令等分
衆生斷除等分又如來光名示一切色佛以
此光能令衆生皆見佛身无量種色網明當

佛以此光能令多怒衆生斷除瞋恚又如來
光名為聦明佛以此光能令多癡衆生斷除
愚癡又如來光名為遍行佛以此光能令等分
衆生斷除等分又如來光名示一切色佛以
此光能令衆生皆見佛身无量種色網明當
知如來若以一劫若減一劫說此光明力用名
号不可窮盡尒時網明菩薩白佛言未曾
有也世尊如來身者即是无量光明之藏說
法方便亦不可思議世尊我自昔來未曾聞
此光明名号如我解佛所說義若有菩薩
聞斯光明名号信心清淨皆得如是光明之身
世尊唯願今日請放諸光令他方菩薩善聞
難者見斯光已發心來至娑婆世界尒時世
尊受網明菩薩請已即放光明照此三千大
千世界普及十方无量佛土於是諸方无量
百千万億菩薩見斯光已皆來至此娑婆世
界尒時東方過七十二恒河沙佛土有國名
清潔佛号日月光如來應供正遍知今現在世
其佛國土有菩薩梵天名曰思益住不退轉見
此光已到日月光佛所頭面作礼白佛言世尊
我欲詣娑婆世界釋迦牟尼佛所奉覲供養
親近諮受彼佛亦復欲見我等其佛告言
梵天便往今正是時彼娑婆國有若千千億
諸菩薩集汝應以十法遊於彼土何等為十
於毀於譽心无增減聞善聞惡心無分別
於諸愚智等以悲心於上中下衆生之類意

親近諮受彼佛亦復欲見我等其佛告言
梵天便往今正是時彼娑婆國有若千千億
諸菩薩集汝應以十法遊於彼土何等為十
於毀於譽心无增減聞善聞惡心無分別
於諸愚智等以悲心於上中下衆生之類意
常平等於輕毀供養心無有二於他闕失莫
見其過見種種乘皆是一乘聞三惡道勿得
驚畏於諸菩薩生如來想佛出五濁生希
有想梵天汝當以此十法遊彼世界思益梵
天白佛言世尊我不敢於如來前作師子吼
我所能行佛自知之今當以此十法於彼世界
一心脩行尒時日月光佛國有諸菩薩白佛
言世尊我得大利不生如是惡衆生中其
佛告言善男子勿作是語所以者何若菩薩
於此國中百千劫淨脩梵行不如彼土從旦
至食无瞋㝵心其福為勝即時有万二千菩
薩與思益梵天俱共發來而作是言我等
亦欲以此十法遊彼世界見釋迦牟尼佛於是
思益梵天與万二千菩薩俱於彼佛土忽然
不現譬如壯士屈申臂頃到娑婆世界釋迦牟
尼佛所却住一面尒時佛告網明菩薩汝見
是思益梵天不唯然已見網明當知思益梵
天於諸正問菩薩中為第一於諸善分別
諸法菩薩中為第一於諸說隨宜經書菩
薩中為第一於諸慈心菩薩中為第一
於諸悲心菩薩中為第一於諸喜心菩薩

是思益梵天不唯然已見須眠當知思益梵
天於諸正問菩薩中為最第一於諸善分別
諸法菩薩中為最第一於諸說隨宜經菩
薩中為最第一於諸慈心菩薩中為最第一
於諸悲心菩薩中為最第一於諸喜心菩薩
中為最第一於諸捨心菩薩中為最第一於
諸軟語菩薩中為最第一於諸不瞋恨菩薩
中為最第一於諸先意問訊菩薩中為最第
一於諸決疑菩薩中為最第一尒時思益梵
天與万二千菩薩俱頭面禮佛足右繞三匝
合掌向佛以偈讚言
世尊大名稱　普聞於十方　所在諸如來　無不稱歎者
有諸餘淨國　無三惡道名　捨如是妙土　慈悲故生此
佛智無減少　與諸如來等　以大慈大願　處斯穢惡土
若人於淨國　持戒滿一劫　此土須臾間　行慈為最勝
若人於此土　起身口意罪　應墮三惡趣　現世受得除
生此土菩薩　不應懷憂怖　設有惡道罪　頭痛則除滅
此土諸菩薩　若能守護法　世世所生處　不失於正念
若人欲斷縛　滅煩惱業罪　於此土護法　增益一切智
淨土多億劫　受持法解說　於此娑婆界　從旦至食勝
我見喜樂國　及見安樂土　此中无苦惱　亦无苦惱名
於彼作功德　未足以為奇　於此煩惱處　能忍不可事
亦教他此法　其福為最勝　我禮无上尊　大悲救世者
能為惡衆生　說法甚為難　佛集无量衆　十方世界中
名聞諸菩薩　聽法无猒足　佛集十方衆　名聞諸菩薩
聽法无猒足　如海吞衆流　為如是人等　廣說於佛道

亦教他此法　其福為最勝　我禮无上尊　大悲救世者
能為惡衆生　說法甚為難　佛集无量衆　十方世界中
名聞諸菩薩　聽法无猒足　佛集十方衆　名聞諸菩薩
聽法无猒足　如海吞衆流　為如是人等　廣說於佛道
釋梵四天王　諸天龍神等　皆集歡求法　隨所信樂說
比丘比丘尼　及清信士女　是四衆普集　願時為演說
有樂佛乘者　及緣覺聲聞　佛知其深心　悉皆為斷疑
不斷佛種者　能出生三寶　為是諸菩薩　我今請法王
名稱普流布　十方菩薩聞　皆悉共來集　為說无上道
此无上大法　二乘所不及　我等信力故　得入如是法
不可思議慧　非我等所及　佛雖无疲惓　我今有所請
稀遇於世尊　願說菩提道
尒時思益梵天說此偈已白佛言世尊何謂菩
薩其心堅固而无疲惓何謂菩薩所言決定
而不中悔何謂菩薩增長善根何謂菩薩
無所怨畏威儀不轉何謂菩薩成就白法何謂
菩薩善知從一地至一地何謂菩薩於衆生中
善知方便何謂菩薩善化衆生何謂菩薩
世世不失菩提之心何謂菩薩能一其心而無
雜行何謂菩薩善求法寶何謂菩薩善出
毀禁之罪何謂菩薩善障煩惱何謂菩薩善
入諸大衆何謂菩薩善開法施何謂菩薩得先
因力不失善根何謂菩薩不由他教而能自行六
波羅蜜何謂菩薩能轉捨禪定還生欲界何
謂菩薩於諸佛法得不退轉何謂菩薩不斷
佛種尒時世尊讚思益梵天善哉善哉能問

入諸大衆何謂菩薩善能法施何謂菩薩得如
因力不失善根何謂菩薩不由他教而能自行六
波羅蜜何謂菩薩能轉捨禪定還生欲界何
謂菩薩於諸佛法得不退轉何謂菩薩不斷
佛種尒時世尊讚思益梵天善哉善哉能問
如來如此之事汝今諦聽善思念之唯然世尊
願樂欲聞佛告思益梵天菩薩有四法堅固
其心而不疲惓何等四一者於諸衆生起大
悲心二者精進不懈三者信解生死如夢
四者正思惟佛之智慧菩薩有此四法堅固
其心而不疲惓梵天菩薩有四法所言決定
而不中悔何等為四一者決定說諸法无我二
者決定說諸生處无可樂者三者決定常讚
大乘四者決定說罪福業不失是為四梵天菩
薩有四法增長善根何等為四一者持戒二
者多聞三者布施四者出家是為四梵天菩
薩有四法无所畏威儀不轉何等為四一
者失利二者惡名三者毀辱四者苦惱是為
四梵天菩薩有四法成就白法何等為四一者
教人令信罪福二者布施不求果報三者守
護正法四者以智慧教諸菩薩是為四梵天
菩薩有四法善知從一地至一地何等為四一
者久殖善根二者離諸過咎三者善知
方便迴向四者懃行精進是為四梵天菩薩
復有四法善知方便何等為四一者順衆生
意二者於他功德起隨喜心三者悔過除罪

BD03604號　思益梵天所問經卷一　（26-9）

者久殖善根二者離諸過咎三者善知
方便迴向四者懃行精進是為四梵天菩薩
復有四法善知方便何等為四一者順衆生
意二者於他功德起隨喜心三者悔過除罪
四者勸請諸佛是為四梵天菩薩有四法善化
衆生何等為四一者常求利安衆生二者自
捨己樂三者心和忍辱四者除捨憍慢是為
四梵天菩薩有四法世世不失菩提之心何等
為四一者常憶念佛二者所作功德常為菩
提三者親近善知識四者稱揚大乘是為四
梵天菩薩有四法能一其心而无雜行何等四
一者離聲聞心二者離辟支佛心三者求法无
厭四者如所聞法廣為人說是為四梵天菩薩
有四法善求法寶何等為四一者於法中生
寶想以難得故二者於法中生藥想療衆生
病故三者於法中生財利想以不失故四者
於法中生滅一切苦想得至涅槃故是為四
梵天菩薩有四法善出毀禁之罪何等為四
一者得無生法忍以諸法無來故二者得无滅
法忍以諸法无去故三者得因緣忍知諸法
因緣生故四者得无住忍无異心相續故是
為四梵天菩薩有四法善障煩惱何等為
四一者正憶念二者障諸根三者得善法力
四者獨處遠離是為四梵天菩薩有四法
善入諸大衆何等為四一者求法不求勝二

BD03604號　思益梵天所問經卷一　（26-10）

為四梵天菩薩有四法善障煩惱何等為
四一者正憶念二者障諸根三者得善法力
四者獨處遠離是為四梵天菩薩有四法
善入諸大衆何等為四一者求法不求勝二
者恭敬心无憍慢三者唯求法利不自顯現
四者教人善法不求名利是為四梵天菩薩
有四法善開法施何等為四一者守護於法
二者自益智慧亦益他人三者行善人法四
者示人垢淨是為四梵天菩薩有四法得先
因力不失善根何等為四一者見他人闕不
以為過二者於瞋怒人常脩慈心三者常說
諸法因緣四者常念菩提是為四梵天菩薩
有四法不由他教而能自行六波羅蜜何等
為四一者以施尊人二者不說他人毀禁
之罪三者善知攝法教化衆生四者解達
深法是為四梵天菩薩有四法能轉捨禪定
還生欲界何等為四一者其心柔軟二者得
諸善根力三者不捨一切衆生四者善脩智
慧方便之力是為四梵天菩薩有四法於諸
佛法得不退轉何等為四一者受无量生死
二者供養无量諸佛三者脩行无量慈心四
者信解无量佛慧是為四梵天菩薩有四
法不斷佛種何等為四一者不退本願二者言
必施行三者大欲精進四者深心行於佛道
是為菩薩有四法不斷佛種說是諸四法時
三万二千天及人皆發阿耨多羅三藐三菩提

BD03604 號　思益梵天所問經卷一　（26–11）

者信解无量佛慧是為四梵天菩薩有四
法不斷佛種何等為四一者不退本願二者言
必施行三者大欲精進四者深心行於佛道
是為菩薩有四法不斷佛種說是諸四法時
三万二千天及人皆發阿耨多羅三藐三菩提
心五千人得无生法忍十方諸來菩薩供養於
佛所散天華周遍三千大千世界積至于膝
尒時網明菩薩問思益梵天言佛說汝於正
問菩薩中為最第一何謂菩薩所問為正
問耶梵天言網明若菩薩以彼我問名為耶問
分別法問名為耶問若无彼我問名為正問不
分別法問名為正問又網明以生故問名為耶
問以滅故問名為耶問以住故問名為耶問
若不以生故問不以滅故問不以住故問名
為正問又網明若菩薩為垢故問名為耶問
為淨故問名為耶問為生死故問名為耶問
為出生死故問名為耶問為涅槃故問名
為耶問若不為垢淨故問不為生死出生死
故問不為涅槃故問名為正問所以者何法住
中无垢无淨无生死无涅槃又問網明若菩薩
為見故問為斷故問為證故問脩故問為得
故問為果故問名為耶問若无見无斷无證
无脩无得无果故問名為正問又網明是善
是不善名為耶問是世間法是出世間法是
有罪法是无罪法是有漏法是无漏法是有

BD03604 號　思益梵天所問經卷一　（26–12）

无脩无得无果故問名為正問又網明是善
是不善名為耶問是世間法是出世間法是
有罪法是无罪法是有漏法是无漏法是有
為法是无為法如是等二法隨所依而問者
名為耶問若不見二不見不二問名為正問
又網明菩薩分別佛問名為耶問分別法
問分別僧分別衆生分別佛國分別諸乘
問名為耶問若於法不作一異問者名為正
問又網明一切法正一切法耶網明言梵天何謂
一切法正一切法耶梵天言於諸法性无心故
一切法名為正若於无心法中以心分別觀
者一切法名為耶一切法離相名為正若不
信解是離相是即分別諸法若分別諸法則
入增上慢隨所分別皆名為耶網明言何謂
為諸法正性梵天言諸法離自性離欲際是
名正性網明言少有能解如是正性梵天言
是正性不一不不多網明若有善男子善女人
能如是知諸法正性若已知若今知若當知
是人无有法已得无有法今得无有法當得
所以者何佛説无得无分別名為所作已辦
相若人聞是諸法正性懃行精進是名如説
脩行不從一地至一地若不從一地至一地是
人不在生死不在涅槃所以者何諸佛不得
生死不得涅槃網明言佛不為度生死故説
法耶梵天言佛所示法有度生死耶網明

脩行不從一地至一地若不從一地至一地是
人不在生死不在涅槃所以者何諸佛不得
生死不得涅槃網明言佛不為度生死故説
法耶梵天言佛所示法有度生死耶網明
言无也梵天言以是因緣當知佛不令衆
生出生死入涅槃但為度妄想分別生死涅
槃二相者耳此中實无度生死至涅槃者所
以者何諸法平等无有往來生死无入涅槃
尒時世尊讚思益梵天言善哉善哉説諸
法正性應如汝所説説是法時二千比丘不
受諸法漏盡心得解脫佛告梵天我不得生
死不得涅槃如來雖説生死實无有人往來
生死雖説涅槃實无有人得滅度者若有入
此法門者是人非生死相非滅度相尒時會中
五百比丘從坐而起作是言我等空脩梵行
今實見有滅度者而言无有滅度我等何用
脩道求智慧為尒特網明菩薩白佛言世尊
若有於法生見則於其人佛不出世世尊若有
決定見涅槃者是人不度生死所以者何涅槃
名為除滅諸相遠離一切動念戲論世尊是
諸比丘於佛正法出家而今墮於外道耶見
見涅槃決定相譬如從麻出油從酪出蘓世
尊若人於諸法滅相中求涅槃者我説是輩
皆為增上慢人世尊正行道者於法不作生
不作滅无得无果網明謂梵天言是五百比丘
從坐起者汝當為作方便引導其心入此法

皆為增上慢人世尊正行道者於法不作生
不作滅无得无果網明謂梵天言是五百比丘
從坐起者汝當為作方便引導其心入此法
門令得信解離諸邪見梵天言善男子縱
使令去至恒河沙劫不能得出如此法門譬
如癡人畏於虛空捨空而走在所至處不離
虛空此諸比丘亦復如是雖復遠去不出空
相不出無相相不出无作相又如一人求索虛
空東西馳走言我欲得空我欲得空是人但
說虛空名字而不得空於空中行而不見空
此諸比丘亦復如是欲求涅槃行涅槃中而
不得涅槃所以者何涅槃者但有名字猶如
虛空但有名字不可得取涅槃亦復如是但
有名字而不可得尒時五百比丘聞說是法
不受諸法漏盡心得解脫得阿羅漢道作是
言世尊若有人於諸法畢竟滅相中求涅槃
者則於其人佛不出世世尊我等今者非凡
夫非學非无學不在生死不在涅槃所以者
何佛出世故名為遠離一切動念戲論尒時長
老舍利弗謂比丘言汝今得正智為已利耶
五百比丘言長老舍利弗我等今者得諸
煩惱不可作而作舍利弗言何故說此諸比
丘言知諸煩惱實相故言得諸煩惱涅槃是
无作性我等已證故說不可作而作舍利弗言
善哉善哉汝等今者住於福田能消供養諸
比丘言大師世尊尚不能消諸供養何況我等

BD03604 號　思益梵天所問經卷一　（26–15）

无作性我等已證故說不可作而作舍利弗言
善哉善哉汝等今者住於福田能消供養諸
比丘言大師世尊尚不能消諸供養何況我等
舍利弗言何故說此諸比丘言世尊知見法
性性常淨故於是思益梵天白佛言世尊誰
應受供養佛告梵天不為世法之所牽者
世尊誰能消供養佛言於法无所取者世尊
誰為世間福田佛言不壞菩提性者世尊誰
為眾生善知識佛言於一切眾生不捨慈心
者世尊誰知報佛恩佛言不斷佛種者世尊
誰能供養佛佛言能通達无生際者世尊誰
能親近於佛佛言乃至失命因緣不毀禁者
世尊誰能恭敬於佛佛言善覆六根者世
尊誰名財富佛言成就七財者世尊誰名知
足佛言得出世間智慧者世尊誰為遠離佛
言於三界中无所願者世尊誰為具足佛言
能斷一切諸結使者世尊誰為樂人佛言无貪
著者世尊誰无貪著佛言知見五陰者世尊
誰度欲河佛言能捨六入者世尊誰住彼岸
佛言能知諸道平等者世尊何謂菩薩能為
施主佛言菩薩能教眾生一切智心世尊何
謂菩薩能奉禁戒佛言常能不捨菩提之
心世尊何謂菩薩能行忍辱佛言見心相念念
滅世尊何謂菩薩能行精進佛言求心相不可
得世尊何謂菩薩能行禪定佛言除身心麤

BD03604 號　思益梵天所問經卷一　（26–16）

滅世尊何謂菩薩能行精進佛言求心相不可
得世尊何謂菩薩能行禪定佛言除身心麁
相世尊何謂菩薩能行智慧佛言於一切法
无有戲論世尊何謂菩薩能行慈心佛言不
生衆生想世尊何謂菩薩能行悲心佛言不
生法想世尊何謂菩薩能行喜心佛言不生
我想世尊何謂菩薩能行捨心佛言不生彼
我想世尊何謂菩薩安住於信佛言信解心
淨無有濁法世尊何謂菩薩安住於空佛言
不著一切語言世尊何謂菩薩名為有慙佛
言知見內法世尊何謂菩薩名為有愧佛言捨
於外法世尊何謂名為菩薩遍行佛言能淨
身口意業尒時世尊而說偈言
若身淨无惡　口淨常實語　心淨常行慈　是菩薩遍行
行慈无貪著　觀不淨无恚　行捨而不癡　是菩薩遍行
若在聚空野　及與處大衆　威儀終不轉　是菩薩遍行
知諸名為佛　知離名為法　知无為名僧　是菩薩遍行
知多欲所行　知恚癡所行　善知轉此行　是菩薩遍行
不依止欲界　不住色无色　行如是禪定　是菩薩遍行
信解諸法空　及无相无作　而不盡諸漏　是菩薩遍行
善知聲聞乘　及辟支佛乘　通達於佛乘　是菩薩遍行
明解於諸法　不疑道非道　憎愛心无異　是菩薩遍行
於過去未來　及與現在世　一切无分別　是菩薩遍行
尒時思益梵天白佛言世尊何謂菩薩過世
間法通達世間法通達世間法已度衆生於世

BD03604號　思益梵天所問經卷一　（26–17）

於過去未來　及與現在世　一切无分別　是菩薩遍行
尒時思益梵天白佛言世尊何謂菩薩過世
間法通達世間法通達世間法已度衆生於世
間法行於世間不壞世間尒時世尊以偈荅曰
說五陰是世　世間所依止　依止於五陰　不脫世間法
菩薩有智慧　知世間實性　所謂五陰如　世間法不染
利衰及毀譽　稱譏與苦樂　如此之八法　常牽於世間
大智慧菩薩　散滅世間法　見世壞敗相　處之而不動
得利心不高　失利心不下　其心堅不動　譬如須弥山
利衰及毀譽　稱譏與苦樂　於此世八法　其心常平等
知世間虛妄　皆從顛倒起　如是之人等　不行世間道
世間所有道　菩薩悉識知　故能於世間　度衆生苦惱
雖行於世間　如蓮華不染　亦不壞世間　通達法性故
世間行世間　不知是世間　菩薩行世間　明了世間相
世間虛空相　虛空亦无相　菩薩知如是　不染於世間
如所知世間　隨知而演說　知世間性故　亦不壞世間
五陰无自性　是即世間法　若人不知是　常住於世間
若見知五陰　无生亦无滅　是人行世間　而不依世間
凡夫不知法　於世起諍訟　是實是不實　住是二相中
我常不與世　起於諍訟事　世間之實相　悉已了知故
諸佛所說法　皆悉无諍訟　知世平等故　非實非虛妄
若佛法決定　有實有虛妄　是即為貪著　與外道无異
而今實義中　无實无虛妄　是故我常說　出世法无二
若人知世間　如是之實性　於實於虛妄　不取此惡見
如是知世相　清淨如虛空　是大名稱人　照世間如日

BD03604號　思益梵天所問經卷一　（26–18）

而今實義中　无實无虛妄　是故我常說　出世法无二
若人知世間　如是之實性　於實於虛妄　不取此惡見
如是知世相　清淨如虛空　是大名稱人　照世間如日
若人見世間　如我之所見　如斯之人等　能見十方佛
諸法從緣生　自无有定性　若知此因緣　則達法實相
若知法實相　是則知空相　若能知空相　則為見導師
若有人得聞　如是世間相　雖行於世間　而不住世間
依止諸見人　不能及此事　云何行世間　而不依世間
若佛滅度後　有樂是法者　佛則於其人　常現於法身
若人解達此　則守護我法　亦為供養我　亦是世尊師
若人須臾聞　世間性如此　是人終不為　惡魔所得便
若能達此義　則為大智慧　法財之施主　亦是具禁戒
若知世如此　忍辱力勇健　具足諸禪定　通達於智慧
所在聞是法　其方則有佛　如是諸菩薩　不久坐道場
若有欲愛樂　如是世間性　則能降衆魔　疾得无上道
佛復告思益梵天如如來出過世間亦說世間苦
世間集世間滅世間滅道梵天五陰名為世間苦
貪著五陰名為世間集五陰盡名為世間滅以
无二法求五陰名為世間滅道又梵天所言五
陰者但有言說於中取相分別生見而說是
名世間苦不捨是見名世間集是見自相是名
世間滅隨以何道不取是見是名世間滅道梵
天以是因緣故我為外道仙人說言仙人於汝
身中即說世間苦世間集世間滅世間滅道
尒時思益梵天白佛言世尊所說四聖諦何

天以是因緣故我為外道仙人說言仙人於汝
身中即說世間苦世間集世間滅世間滅道
尒時思益梵天白佛言世尊所說四聖諦何
等是真聖諦梵天苦不名為聖諦苦集不
名為聖諦苦滅不名為聖諦苦滅道不名為
聖諦所以者何若苦是聖諦者一切牛驢畜
生等皆應有苦聖諦若集是聖諦者一切在
所生處衆生皆應有集聖諦所以者何以集
故生諸趣中若苦滅是聖諦者觀滅者說斷
滅者皆應有滅聖諦若道是聖諦者緣一
切有為道者皆應有道聖諦梵天以是因緣
故當知聖諦非苦非集非滅非道聖諦者知
苦无生是名苦聖諦知集无和合是名集聖
諦於畢竟滅法中知无生无滅是名滅聖諦
於一切法平等以不二法得道是名道聖諦
梵天真聖諦者无有虛妄虛妄者所謂著我
著衆生著人著壽命者著養育者著有著無
著生著滅著生死著涅槃梵天若行者言我知
見苦是虛妄我斷集是虛妄我滅證是虛妄
我脩道是虛妄所以何者是人違失佛所許念
是故說為虛妄何等是佛所許念所謂不憶念
一切諸法是為佛所許念若行者住是念中則
不住一切相若不住一切相則住實際若住實
際是名不住心若不住心是人名為非實語非妄語
者梵天是故當知若非實非虛妄者是名聖

不住一切相若不住一切相則住實際若住實
際是名不住心若不住心是人名為非實語非妄語
者梵天是故當知若非實非虛妄者是名聖
諦梵天實者終不作不實若有佛若无佛法
性常住所謂生死性涅槃性常實所以者何
非離生死得涅槃名為聖諦若人證如是四
聖諦是名世間實語者梵天當來有比丘不
脩身不脩戒不脩心不脩慧是人說生相是苦
諦衆緣和合是集諦滅法是滅諦以二相求
法是道諦佛言我說此愚人普是外道徒黨我
非彼人師彼非我弟子是人墮於耶道破失
法故說言有諦梵天汝且觀我坐道場時不
得一法是實是虛妄若佛不得法是法寧可
於衆中有言說有議論有教化耶梵天言不
也世尊梵天以諸法无所得故諸法離自性
故我說菩提是无貪愛相尒時思益梵天白佛
言世尊若如來於法无所得者有何利益說如
來得菩提名為佛佛言梵天於汝意云何我
所說諸法若有為若无為是法為實為虛妄
耶梵天言是法虛妄非實於汝意云何若法
虛妄非實是法為有為无梵天言世尊若法虛
妄是法不應說有不應說无梵天於汝意云
何若法非有非无是法有得者不梵天言无有
得者梵天如來坐道場時唯得虛妄顛倒所起
煩惱畢竟空性以无所得故得以无所知故知

何若法非有非无是法有得者不梵天言无有
得者梵天如來坐道場時唯得虛妄顛倒所起
煩惱畢竟空性以无所得故得以无所知故知
所以者何我所得法不可見不可聞不可覺不
可識不可取不可著不可說不可難出過一切
法相无語无說无有文字无言說道梵天此
法如是猶如虛空汝欲於如是法中得利益
耶梵天言不也世尊諸佛如來甚為希有成
就未曾有法深入大慈大悲得如是寂滅相法
而以文字言說教人令得悟解世尊其有聞
是能信解者當知是人不從小功德來世尊
是法一切世間之所難信所以者何世間貪著
實而是法无實无虛妄世間貪著法而是法
無法無非法世間貪著涅槃而是法無生无
无涅槃世間貪著善法而是法无善无非善
世間貪著樂而是法无苦无樂世間貪著佛
出世而是法无佛出世亦无涅槃雖有說法
而是法非可說相雖讚說僧而僧即是无為
是故此法一切世間之所難信譬如水中出
火火中出水難可得信如是煩惱中有菩
提菩提中有煩惱是亦難信所以者何如來
得是虛妄顛倒煩惱之性而亦无法可得有所
說法亦无有形雖有所知亦无分別雖證涅槃
亦无滅者世尊若有善男子善女人能信解
如是法義者當知是人得脫諸見當知是人說

得是虛妄顛倒煩惱之性而亦无法可得有所
說法亦无有形雖有所知亦无分別雖證涅槃
亦无滅者世尊若有善男子善女人能信解
如是法義者當知是人得脫諸見當知是人親
近无量諸佛當知是人已供養无量諸佛當知
是人為善知識所護當知是人志意廣大當
知是人善根深厚當知是人守護諸佛法藏
當知是人能善思量起於善業當知是人種
姓尊貴生如來家當知是人能行大捨捨諸
煩惱當知是人得持戒力非煩惱力當知是人
得忍辱力非瞋恚力當知是人得精進力无有
疲懈當知是人得禪定力滅諸惡心當知是
人得智慧力離惡邪見當知是人一切惡魔
不能得便當知是人一切怨賊所不能破當
知是人不誑世間當知是人是真語者善說
法相故當知是人是實語者說第一義故當
知是人善為諸佛之所護念當知是人善知
歎善同止安樂當知是人名為大富有聖財
故當知是人常能知足行聖種故當知是人
易滿易養離貪食故當知是人得安隱心到
彼岸故當知是人度未度者當知是人解未
解者當知是人安未安者當知是人滅未滅
者當知是人能示正道當知是人能說解脫
當知是人為大醫王善知諸藥當知是人猶
如良藥善療眾病當知是人智慧勇健當

解者當知是人安未安者當知是人滅未滅
者當知是人能示正道當知是人能說解脫
當知是人為大醫王善知諸藥當知是人猶
如良藥善療眾病當知是人智慧勇健當
知是人為有大力堅固究竟當知是人有精進
力不隨他語當知是人為如師子无所怖畏當
知是人為如鳥王其心調柔當知是人為如老
象其心調順當知是人為如牛王能尊大眾
當知是人為大勇健能破魔怨當知是人為大
丈夫象眾无畏當知是人无所忌難得无畏
法故當知是人无所畏難說真諦法故當知
是人具清白法如月盛滿當知是人智慧光
照猶如日明當知是人除諸闇冥猶如執炬
當知是人樂行捨心離諸憎愛當知是人親
育眾生猶如地當知是人洗諸塵垢猶如水
當知是人燒諸動念猶如火當知是人於法
无障猶如風當知是人其心不動猶如須彌
當知是人其心堅固如金剛山當知是人一切
外道競隊論者所不能動當知是人一切聲
聞辟支佛所不能測當知是人多饒法寶猶如
大海當知是人煩惱不現如波陁羅當知是
人求无猒當知是人以智慧知足當知是人能
轉法輪如轉輪王當知是人身色殊妙如天帝
釋當知是人心得自在如梵天王當知是人
說法音聲猶如雷震當知是人降法甘露猶
如時雨當知是人能增長五濁根力覺分當知

輝當知是人心得自在如梵天王當知是人
說法音聲猶如雷震當知是人降法甘露猶
如時雨當知是人能增長无漏根力覺分當知
是人已度生死淤泥當知是人入佛智慧當知
是人近佛菩提當知是人能多學問无與等者
當知是人无有量已過量當知是人智慧辯才无
有障导當知是人憶念堅固得陁羅尼當知是
人知諸衆生深心所行當知是人行於正念正觀
諸法解達義趣當知是人勤行精進利安世
間當知是人超出於世當知是人不可汙染猶
如蓮華當知是人不爲世法所覆當知是人利根
者所愛當知是人多聞者所敬當知是人智者
所念當知是人人天供養當知是人生禪者
所敬礼當知是人善人所貴當知是人聲聞辟
支佛之所貪慕當知是人不貪小行當知是人
不覆藏罪不顯功德當知是人威儀備具生
他淨心當知是人身色滿正見者悅樂當知是
人有大威德衆所宗仰當知是人以三十二相莊嚴
其身當知是人能紹佛種當知是人能護法
寶當知是人能供養僧當知是人諸佛所見
當知是人爲得法眼當知是人以佛智慧而得
受記當知是人具足三忍當知是人安住道場
當知是人破壞魔軍當知是人得一切種智當
知是人轉於法輪當知是人作无量佛事若人
信解如是法義不驚疑怖畏者得如是功德是

BD03604 號　思益梵天所問經卷一　（26–25）

當知是人破壞魔軍當知是人得一切種智當
知是人轉於法輪當知是人作无量佛事若人
信解如是法義不驚疑怖畏者得如是功德是
人於諸佛阿耨多羅三藐三菩提甚深難解
難知難信難入而能信受讀誦利奉持爲人
廣說如說脩行亦教他人如說脩行如是之人
我以一劫若減一劫說其功德猶不能盡

思益梵天所問經卷第一

BD03604 號　思益梵天所問經卷一　（26–26）

久積淨業稱无量　導衆以寂故稽首
既見大聖以神變　普現十方无量土
其中諸佛演說法　於是一切見聞
法王法力超群生　常以財財施一切
能善分別諸法相　於第一義而不動
已於諸法得自在　是故稽首此法王
說法不有亦不无　以因緣故諸法生
无我无造无受者　善惡之業亦不忘
始在佛樹力降魔　得甘露滅覺道成
已无心意无受行　而悉摧伏諸外道
三轉法輪於大千　其輪本來常清淨
天人得道此為證　三寶於是現世間
以斯妙法濟群生　一受不退常寂然
度老病死大醫王　當礼法海得无邊
毀譽不動如須弥　於善不善等以慈
心行平等如虛空　孰聞人寶不敬承
今奉世尊此微蓋　於中現我三千界
諸天龍神所居宮　揵闥婆等及夜叉
悉見世間諸所有　十力哀現是化變

毀譽不動如須弥　於善不善等以慈
心行平等如虛空　孰聞人寶不敬承
今奉世尊此微蓋　於中現我三千界
諸天龍神所居宮　揵闥婆等及夜叉
悉見世間諸所有　十力哀現是化變
衆覩希有皆嘆佛　今我稽首三界尊
大聖法王衆所歸　淨心觀佛靡不欣
各見世尊在其前　斯則神力不共法
佛以一音演說法　衆生隨類各得解
皆謂世尊同其語　斯則神力不共法
佛以一音演說法　衆生各各隨所解
普得受行獲其利　斯則神力不共法
佛以一音演說法　或有恐畏或歡喜
或生猒離或斷疑　斯則神力不共法
稽首十力大精進　稽首已得无所畏
稽首住於不共法　稽首一切大導師
稽首能斷衆結縛　稽首已到於彼岸
稽首能度諸世間　稽首永離生死道
悉知衆生來去相　善於諸法得解脫
不著世間如蓮華　常善入於空寂行
達諸法相无罣㝵　稽首如空无所依
尒時長者子寶積說此偈已白佛言世尊是
五百長者子皆已發阿耨多羅三藐三菩提
心願聞得佛國土清淨唯願世尊說諸菩薩
淨土之行佛言善哉善哉寶積乃能為諸菩
薩問於如來淨土之行諦聽諦聽善思念之
當為汝說於是寶積及五百長者子受教而
聽佛言寶積衆生之類是菩薩佛土所以者

心願聞得佛國土清淨唯願世尊說諸菩薩
淨土之行佛言善哉善哉寶積乃能為諸菩
薩問於如來淨土之行諦聽諦聽善思念之
當為汝說於是寶積及五百長者子受教而
聽佛言寶積衆生之類是菩薩佛土所以者
何菩薩隨所化衆生而取佛土隨所調伏衆
生而取佛土隨諸衆生應以何國入佛智慧
取佛土所以者何菩薩取於淨國皆為饒益
諸衆生故譬如有人欲於空地造立宮室隨
意无㝵若於虛空終不能成菩薩如是為成
就衆生故願取佛國願取佛國者非於空也
寶積當知直心是菩薩淨土菩薩成佛時不
諂衆生來生其國深心是菩薩淨土菩薩成
佛時具足功德衆生來生其國菩提心是菩
薩淨土菩薩成佛時大乘衆來生其國布施
是菩薩淨土菩薩成佛時一切能捨衆生來
生其國持戒是菩薩淨土菩薩成佛時行
十善道滿願衆生來生其國忍辱是菩薩淨
土菩薩成佛時三十二相莊嚴衆生來生其
國精進是菩薩淨土菩薩成佛時勤脩一切
功德衆生來生其國禪定是菩薩淨土菩薩
成佛時攝心不乱衆生來生其國智慧是菩
薩淨土菩薩成佛時正定衆生來生其國四
无量心是菩薩淨土菩薩成佛時成就慈悲
喜捨衆生來生其國四攝法是菩薩淨土菩
薩成佛時解脫所攝衆生來生其國方便是
菩薩淨土菩薩成佛時於一切法方便无㝵

BD03605號　維摩詰所說經卷上

（5–3）

薩淨土菩薩成佛時正定衆生來生其國四
无量心是菩薩淨土菩薩成佛時成就慈悲
喜捨衆生來生其國四攝法是菩薩淨土菩
薩成佛時解脫所攝衆生來生其國方便是
菩薩淨土菩薩成佛時於一切法方便无㝵
衆生來生其國三十七道品是菩薩淨土菩
薩成佛時念處正勤神足根力覺道衆生來
生其國迴向心是菩薩淨土菩薩成佛時得
一切具足功德國土說除八難是菩薩淨土
菩薩成佛時國土无有三惡八難自守戒行
不譏彼闕是菩薩淨土菩薩成佛時國土无
[illegible]是菩薩淨土菩薩成佛時命不中夭[illegible]
有犯禁之名大富梵行所言誠諦常以濡語
眷屬不離善和諍訟言必饒益不嫉不恚正
見衆生來生其國如是寶積菩薩隨其直心
則能發行隨其發行則得深心隨其深心則
意調伏隨意調伏則如說行隨如說行則能
迴向隨其迴向則有方便隨其方便則成就衆
衆生隨成就衆生則佛土淨隨佛土淨則說
法淨隨說法淨則智慧淨隨智慧淨則其心
淨隨其心淨則一切德淨是故寶積若菩
薩欲得淨土當淨其心隨其心淨則佛土淨
尒時舍利弗承佛神力作是念若菩薩心淨
則佛土淨者我世尊本為菩薩時意豈不淨
而是佛土不淨若此佛知其念即告之言於
意云何日月豈不淨耶而盲者不見對曰不
也世尊是盲者過非日月咎舍利弗衆生罪
故不見如來佛國嚴淨非如來咎舍利弗我

BD03605號　維摩詰所說經卷上

（5–4）

意調伏随意調伏則如說行随如說行則能
迴向随其迴向則有方便随其方便則成就衆
衆生随成就衆生則佛土淨随佛土淨則說
法淨随說法淨則智慧淨随智慧淨則其心
淨随其心淨則一切功德淨是故寶積若菩
薩欲得淨土當淨其心随其心淨則佛土淨
尒時舍利弗承佛神力作是念若菩薩心淨
則佛土淨者我世尊本為菩薩時意豈不淨
而是佛土不淨若此佛知其念即告之言於
意云何日月豈不淨耶而盲者不見對曰不
也世尊是盲者過非日月咎舍利弗衆生罪
故不見如來佛國嚴淨非如來咎舍利弗我
此土淨而汝不見尒時螺髻梵王語舍利弗
勿作是意謂此佛土以為不淨所以者何我
見釋迦牟尼佛土清淨譬如自在天宮舍利

BD03605 號　維摩詰所說經卷上　（5–5）

離生性法定法住實際虛空界不思議界清
淨法界乃至不思議界清淨故七等覺支清
淨何以故若一切智智清淨若法界乃至不
思議界清淨若七等覺支清淨无二无二分
无別无斷故善現一切智智清淨故苦聖諦
清淨苦聖諦清淨故七等覺支清淨何以故
若一切智智清淨若苦聖諦清淨若七等覺
支清淨无二无二分无別无斷故一切智智
清淨故集滅道聖諦清淨集滅道聖諦清淨
故七等覺支清淨何以故若一切智智清淨
若集滅道聖諦清淨若七等覺支清淨无二
无二分无別无斷故善現一切智智清淨故
四靜慮清淨四靜慮清淨故七等覺支清淨
何以故若一切智智清淨若四靜慮清淨若
七等覺支清淨无二无二分无別无斷故一
切智智清淨故四无量四无色定清淨四无
量四无色定清淨故七等覺支清淨何以故
若一切智智清淨若四无量四无色定清淨
若七等覺支清淨无二无二分无別无斷故
善現一切智智清淨故八解脫清淨八解脫
清淨故七等覺支清淨何以故若一切智智

BD03606 號　大般若波羅蜜多經卷二七一　（3–1）

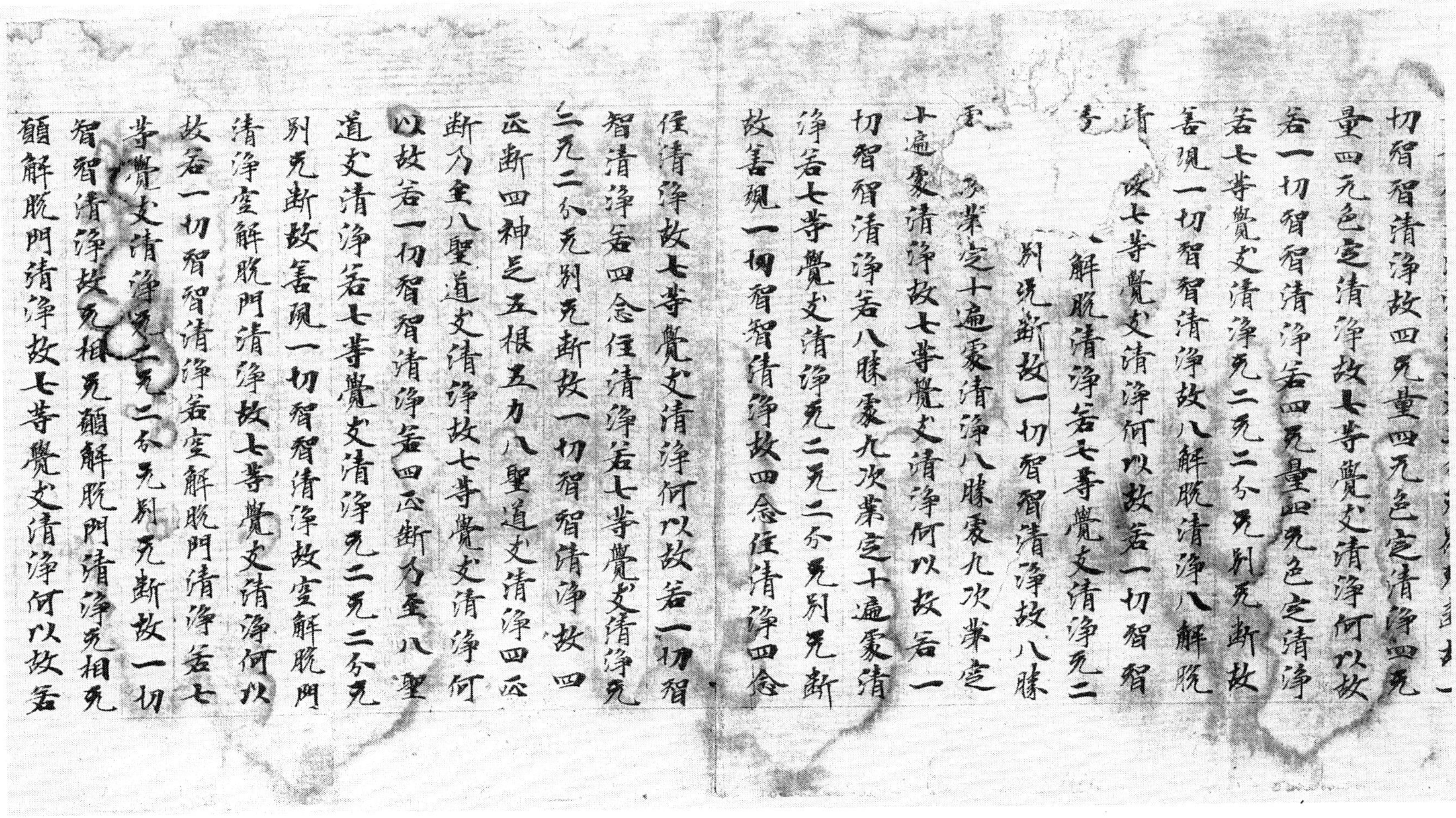
切智智清淨故四无量四无色定清淨四无
量四无色定清淨故七等覺支清淨何以故
若一切智智清淨若四无量四无色定清淨
若七等覺支清淨无二无二分无別无斷故
善現一切智智清淨故八解脫清淨八解脫
清淨故七等覺支清淨何以故若一切智智
清淨若八解脫清淨若七等覺支清淨无二
无二分无別无斷故一切智智清淨故八勝
處九次第定十遍處清淨八勝處九次第定
十遍處清淨故七等覺支清淨何以故若一
切智智清淨若八勝處九次第定十遍處清
淨若七等覺支清淨无二无二分无別无斷
故善現一切智智清淨故四念住清淨四念
住清淨故七等覺支清淨何以故若一切智
智清淨若四念住清淨若七等覺支清淨无
二无二分无別无斷故一切智智清淨故四
正斷四神足五根五力八聖道支清淨四正
斷乃至八聖道支清淨故七等覺支清淨何
以故若一切智智清淨若四正斷乃至八聖
道支清淨若七等覺支清淨无二无二分无
別无斷故善現一切智智清淨故空解脫門
清淨空解脫門清淨故七等覺支清淨何以
故若一切智智清淨若空解脫門清淨若七
等覺支清淨无二无二分无別无斷故一切
智智清淨故无相无願解脫門清淨无相无
願解脫門清淨故七等覺支清淨何以故若

BD03606 號　大般若波羅蜜多經卷二七一　（3–2）

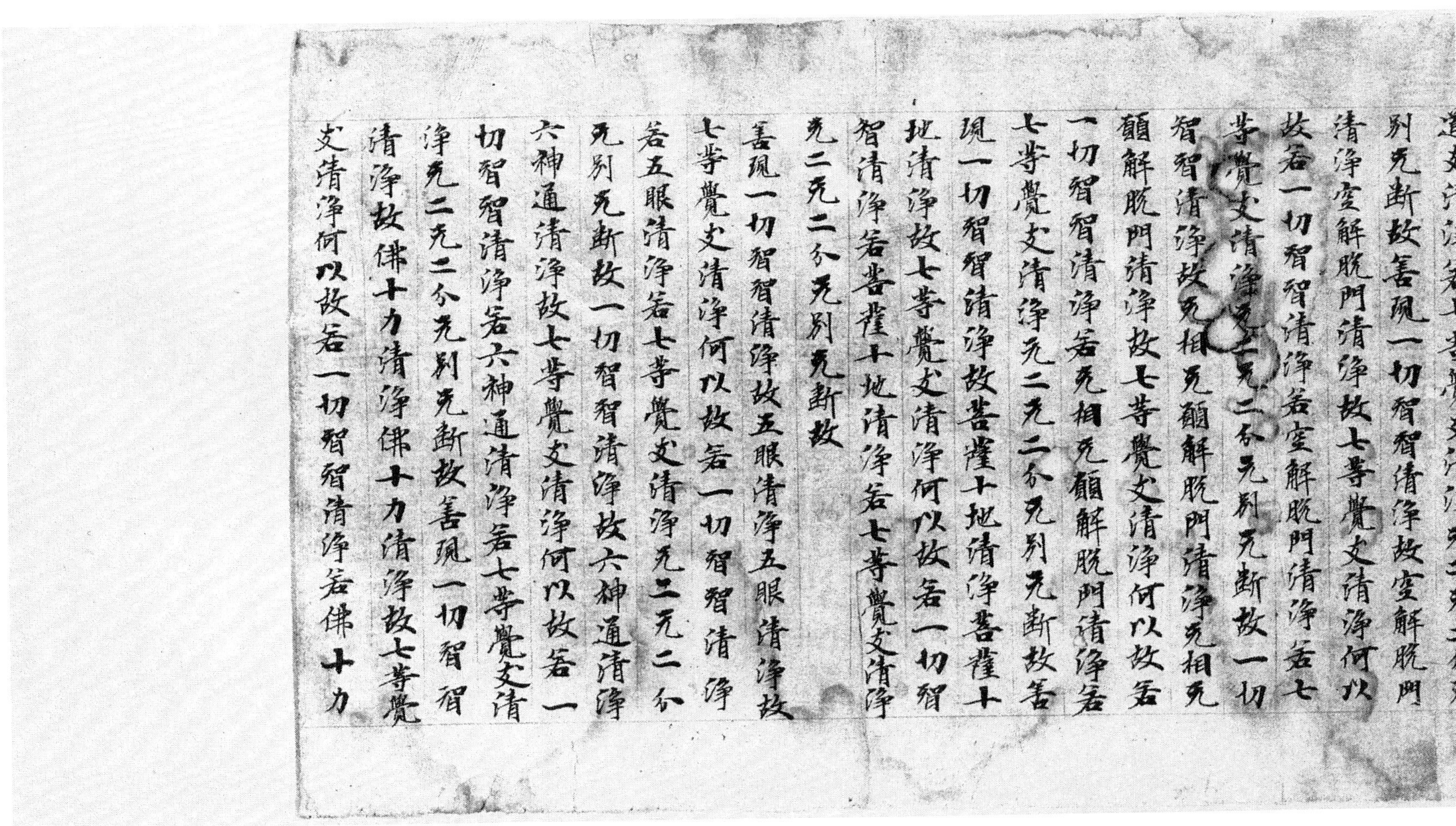
別无斷故善現一切智智清淨故空解脫門
清淨空解脫門清淨故七等覺支清淨何以
故若一切智智清淨若空解脫門清淨若七
等覺支清淨无二无二分无別无斷故一切
智智清淨故无相无願解脫門清淨无相无
願解脫門清淨故七等覺支清淨何以故若
一切智智清淨若无相无願解脫門清淨若
七等覺支清淨无二无二分无別无斷故善
現一切智智清淨故菩薩十地清淨菩薩十
地清淨故七等覺支清淨何以故若一切智
智清淨若菩薩十地清淨若七等覺支清淨
无二无二分无別无斷故
善現一切智智清淨故五眼清淨五眼清淨故
七等覺支清淨何以故若一切智智清淨
若五眼清淨若七等覺支清淨无二无二分
无別无斷故一切智智清淨故六神通清淨
六神通清淨故七等覺支清淨何以故若一
切智智清淨若六神通清淨若七等覺支清
淨无二无二分无別无斷故善現一切智智
清淨故佛十力清淨佛十力清淨故七等覺
支清淨何以故若一切智智清淨若佛十力

BD03606 號　大般若波羅蜜多經卷二七一　（3–3）

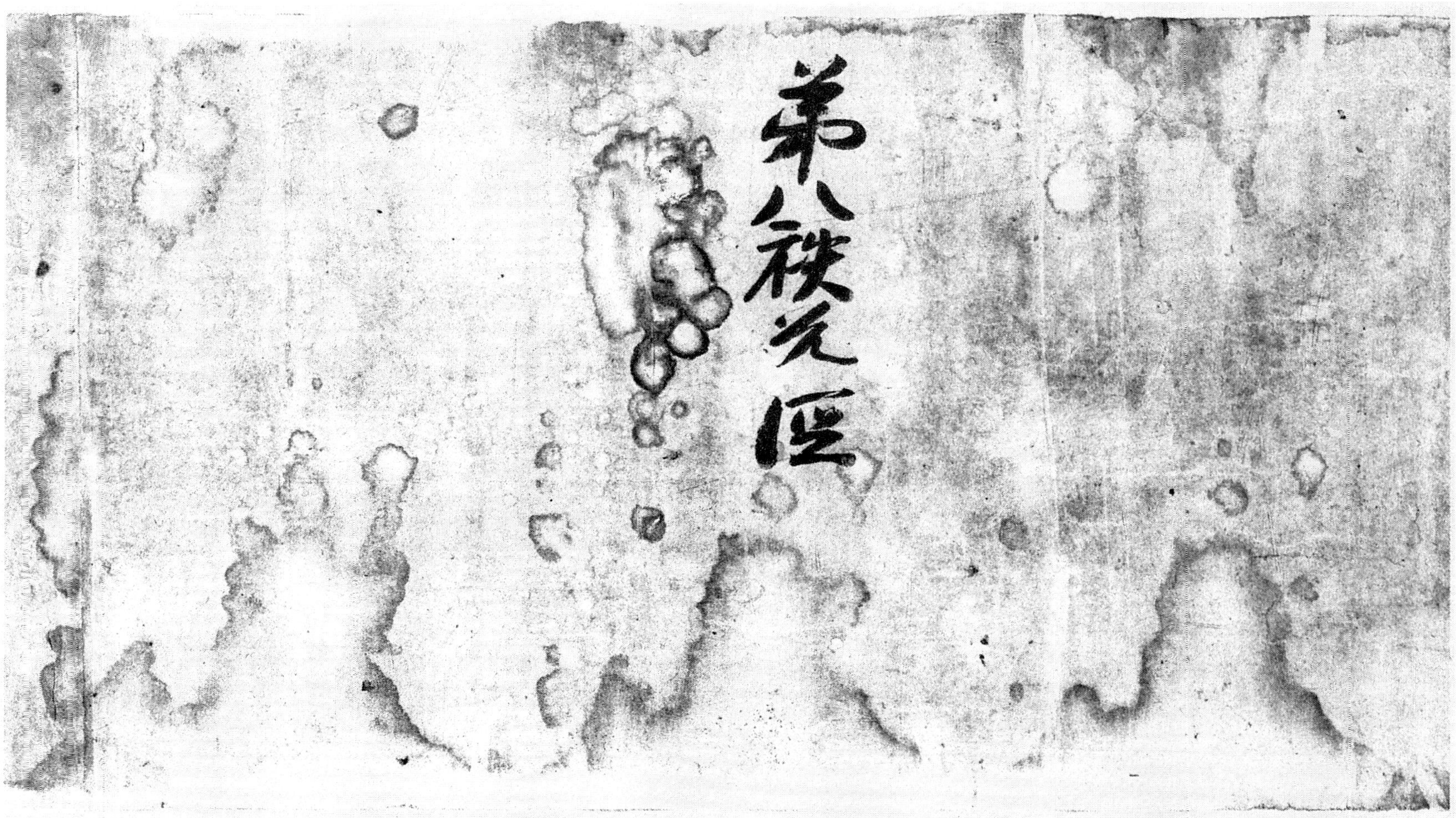

弟八袟光匣

BD03606 號背　勘記　　　　（1–1）

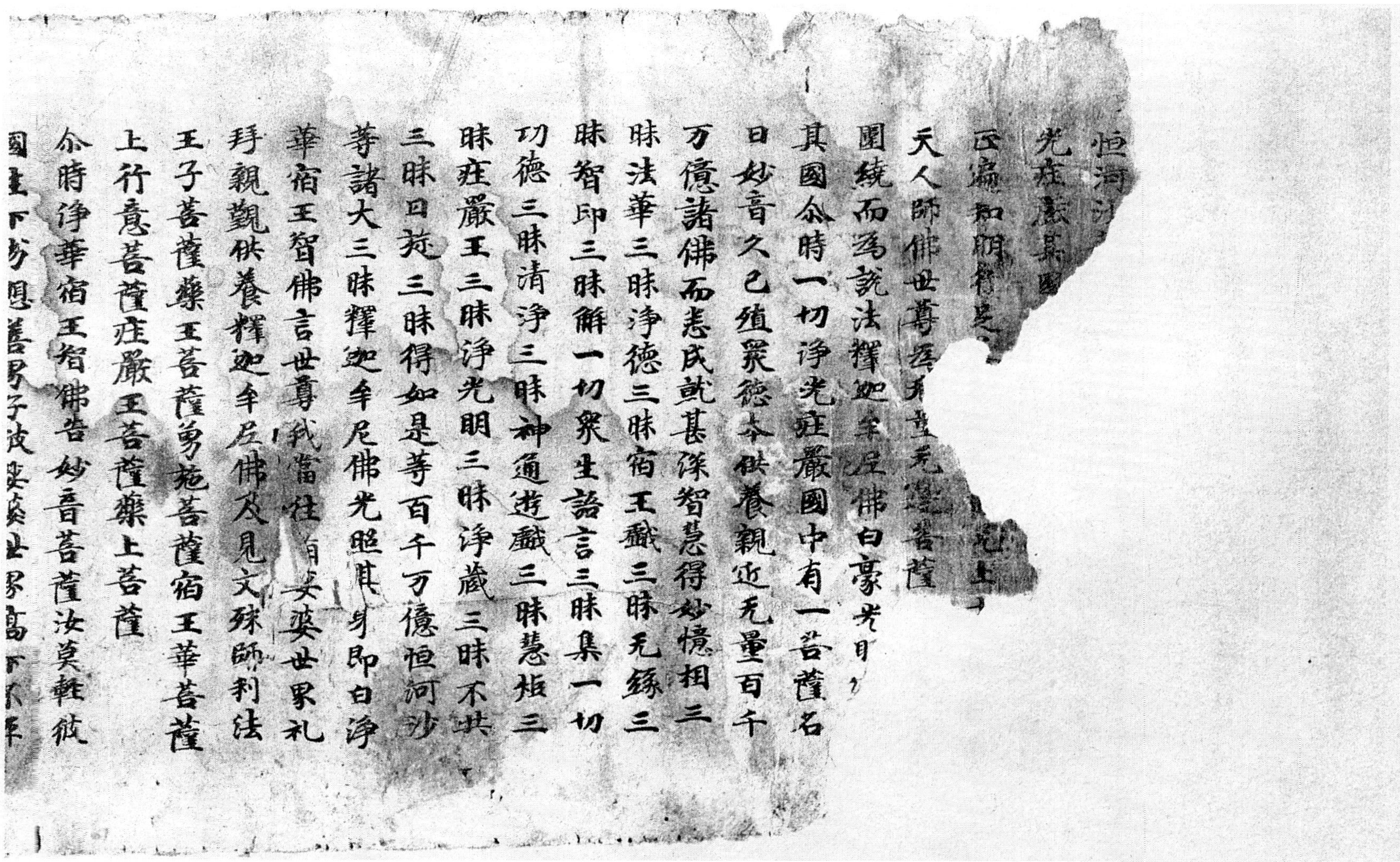

恒河沙
光莊嚴其國
正遍知明行足
天人師佛世尊爲无量无邊菩薩
圍繞而爲說法釋迦牟尼佛白豪光明
其國尒時一切淨光莊嚴國中有一菩薩名
曰妙音久已殖衆德本供養親近无量百千
万億諸佛而悉成就甚深智慧得妙幢相三
昧法華三昧淨德三昧宿王戲三昧无緣三
昧智印三昧解一切衆生語言三昧集一切
功德三昧清淨三昧神通遊戲三昧慧炬三
昧莊嚴王三昧淨光明三昧淨藏三昧不共
三昧日旋三昧得如是等百千万億恒河沙
等諸大三昧釋迦牟尼佛光照其身即白淨
華宿王智佛言世尊我當往詣娑婆世界礼
拜親覲供養釋迦牟尼佛及見文殊師利法
王子菩薩藥王菩薩勇施菩薩宿王華菩薩
上行意菩薩莊嚴王菩薩藥上菩薩
尒時淨華宿王智佛告妙音菩薩汝莫輕彼
國生下劣想善男子彼娑婆世界高下不平

BD03607 號　妙法蓮華經卷七　　　　（6–1）

拜親覲供養釋迦牟尼佛及見文殊師利法
王子菩薩藥王菩薩勇施菩薩宿王華菩薩
上行意菩薩莊嚴王菩薩藥上菩薩
尒時淨華宿王智佛告妙音菩薩汝莫輕彼
國生下劣想善男子彼娑婆世界高下不平
土石諸山穢惡充滿佛身卑小諸菩薩衆其
形亦小而汝身四万二千由旬我身六百八十
万由旬汝身第一端正百千万福光明殊妙是
故汝往莫輕彼國若佛菩薩及國土生下劣
想妙音菩薩白其佛言世尊我今詣娑婆世
界皆是如來之力如來神通遊戲如來功德
智慧莊嚴於是妙音菩薩不起于座身不動
搖而入三昧以三昧力於耆闍崛山去法座
不遠化作八万四千衆寶蓮華閻浮檀金爲
莖白銀爲葉金剛爲鬚甄叔迦寶以爲其臺
尒時文殊師利法王子見是蓮華而白佛言
世尊是何因緣先現此瑞有若干千万蓮華
閻浮檀金爲莖白銀爲葉金剛爲鬚甄叔迦
寶以爲其臺尒時釋迦牟尼佛告文殊師利是
妙音菩薩摩訶薩欲從淨華宿王智佛國與
八万四千菩薩圍繞而來至此娑婆世界
供養親近礼拜於我亦欲供養聽法華經文
殊師利白佛言世尊是菩薩種何善本脩何
功德而能有是大神通力行何三昧願爲我

BD03607號　妙法蓮華經卷七　（6–2）

八万四千菩薩圍繞而來至此娑婆世界
供養親近礼拜於我亦欲供養聽法華經文
殊師利白佛言世尊是菩薩種何善本脩何
功德而能有是大神通力行何三昧願爲我
等說是三昧名字我等亦欲勤脩行之行此
三昧乃能見是菩薩色相大小威儀進止唯願
世尊以神通力彼菩薩來令我得見尒時釋
迦牟尼佛告文殊師利此久滅度多寶如來
當爲汝等而現其相時多寶佛告彼菩薩善男
子來文殊師利法王子欲見汝身于時妙音
菩薩於彼國沒與八万四千菩薩俱共發來
所經諸國六種震動皆悉雨於七寶蓮華
百千天樂不鼓自鳴是菩薩目如廣大青蓮
華葉正使和合百千万月其面貌端正復過
於此身真金色无量百千功德莊嚴威德熾
盛光明照曜諸相具足如那羅延堅固之身
入七寶臺上昇虛空去地七多羅樹諸菩薩
衆恭敬圍繞而來詣此娑婆世界耆闍崛山
到已下七寶臺以價直百千瓔珞持至釋迦
牟尼佛所頭面礼足奉上瓔珞而白佛言世
尊淨華宿王智佛問訊世尊少病少惱起居
輕利安樂行不四大調和不世事可忍不衆
生易度不无多貪欲瞋恚愚癡嫉妬慳慢不
无不孝父母不敬沙門邪見不善心不攝五
情不世尊衆生能降伏諸魔怨不久滅度多

BD03607號　妙法蓮華經卷七　（6–3）

輕利安樂行不四大調和不世事可忍不衆
生易度不无多貪欲瞋恚愚癡嫉妬慳慢不
无不孝父母不敬沙門邪見不善心不攝五
情不世尊衆生能降伏諸魔怨不久滅度多
寶如來在七寶塔中來聽法不又問訊多
寶如來安隱少惱堪忍久住不世尊我今欲
見多寶佛身唯願世尊示我令見尒時釋迦
牟尼佛語多寶佛是妙音菩薩欲得相見
時多寶佛告妙音言善哉善哉汝能為供
養釋迦牟尼佛及聽法華經并見文殊師利
等故來至此尒時華德菩薩白佛言世尊是
妙音菩薩種何善根脩何功德有是神力佛
告華德菩薩過去有佛名雲雷音王多陁阿
伽度阿羅訶三藐三佛陁國名現一切世間
劫名喜見妙音菩薩於万二千歲以千万種
伎樂供養雲雷音王佛并奉上八万四千七寶
鉢以是因緣果報今生淨華宿王智佛國有是
神力華德於汝意云何尒時雲雷音王佛所
妙音菩薩伎樂供養奉上寶器者豈異人乎
今此妙音菩薩摩訶薩是華德是妙音菩薩已
曾供養親近无量諸佛久殖德本又值恒河
沙等百千万億那由他佛華德汝但見妙音
菩薩其身在此而是菩薩現種種身處處為
諸衆生說是經典或現梵王身或現帝釋

BD03607 號　妙法蓮華經卷七　（6–4）

曾供養親近无量諸佛久殖德本又值恒河
沙等百千万億那由他佛華德汝但見妙音
菩薩其身在此而是菩薩現種種身處處為
諸衆生說是經典或現梵王身或現帝釋
身或現自在天身或現大自在天身或現天
大將軍身或現毗沙門天王身或現轉輪聖
王身或現諸小王身或現長者身或現居士
身或現宰官身或現婆羅門身或現比丘比
丘尼優婆塞優婆夷身或現長者居士婦女
身或現宰官婦女身或現婆羅門婦女身或
現童男童女身或現天龍夜叉乾闥婆阿脩
羅迦樓羅緊那羅摩睺羅伽人非人等身而
說是經諸有地獄餓鬼畜生及衆難處皆能
救濟乃至於王後宮變為女身而說是經華
德是妙音菩薩能救護娑婆世界諸衆生者
是妙音菩薩如是種種變化現身在此娑婆
國土為諸衆生說是經典於神通變化智慧
无所損減是菩薩以若干智慧明照娑婆世
界令一切衆生各得所知於十方恒河沙世界
中亦復如是若應以聲聞形得度者現聲聞
形而為說法應以辟支佛形得度者現辟支
佛形而為說法應以菩薩形得度者現菩薩
形而為說法應以佛形得度者即現佛形而
為說法如是種種隨所應度者而為現形乃
至應以滅度而得度者示現滅度華德妙音

BD03607 號　妙法蓮華經卷七　（6–5）

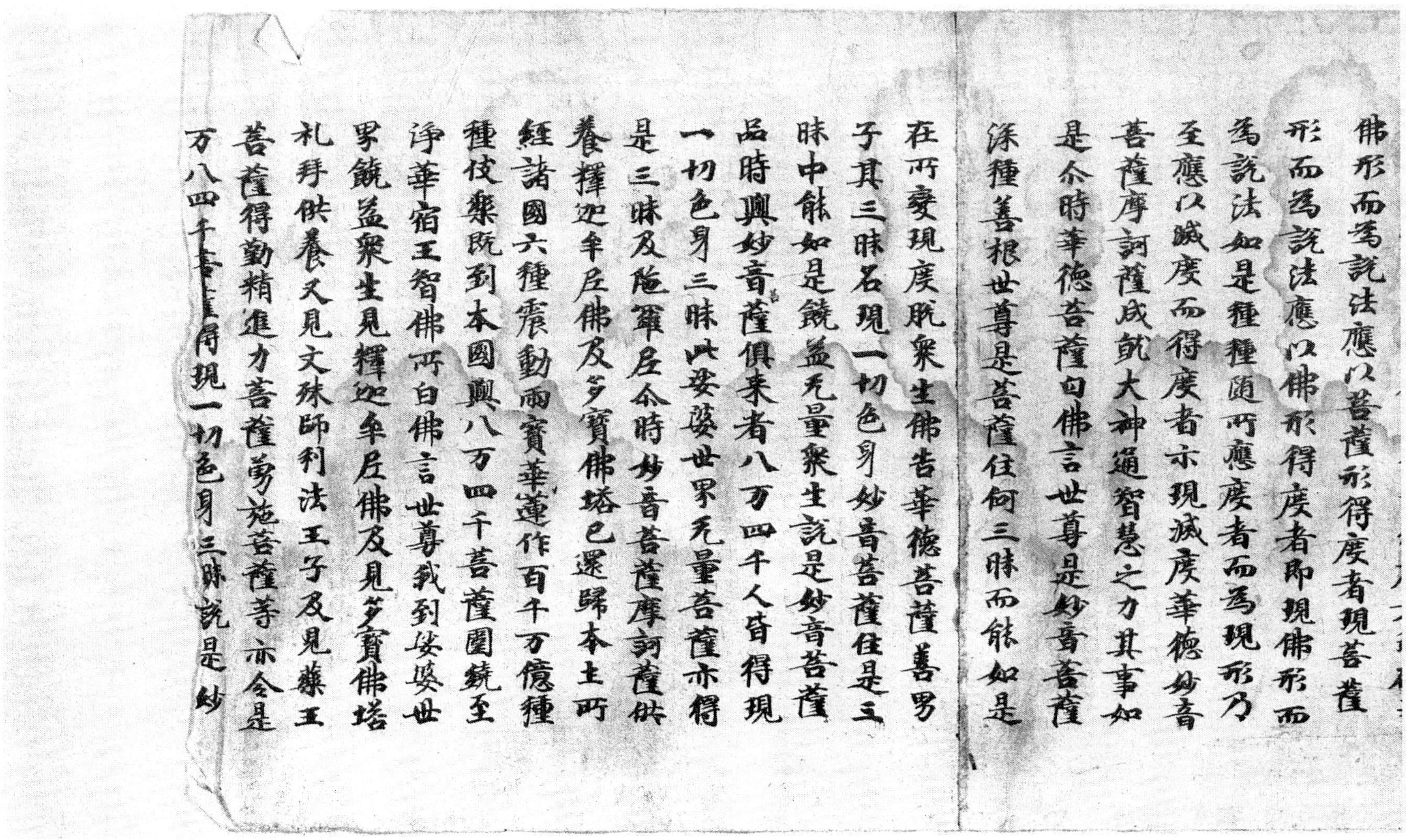

佛形而爲說法應以菩薩形得度者現菩薩
形而爲說法應以佛形得度者即現佛形而
爲說法如是種種隨所應度者而爲現形乃
至應以滅度而得度者示現滅度華德妙音
菩薩摩訶薩成就大神通智慧之力其事如
是尒時華德菩薩白佛言世尊是妙音菩薩
深種善根世尊是菩薩住何三昧而能如是
在所變現度脫衆生佛告華德菩薩善男
子其三昧名現一切色身妙音菩薩住是三
昧中能如是饒益无量衆生說是妙音菩薩
品時與妙音菩薩俱來者八万四千人皆得現
一切色身三昧此娑婆世界无量菩薩亦得
是三昧及陁羅尼尒時妙音菩薩摩訶薩供
養釋迦牟尼佛及多寶佛塔已還歸本土所
經諸國六種震動雨寶蓮華作百千万億種
種伎樂既到本國與八万四千菩薩圍繞至
淨華宿王智佛所白佛言世尊我到娑婆世
界饒益衆生見釋迦牟尼佛及見多寶佛塔
礼拜供養又見文殊師利法王子及見藥王
菩薩得勤精進力菩薩勇施菩薩等亦令是
八万四千菩薩得現一切色身三昧說是妙

BD03607號　妙法蓮華經卷七　　（6–6）

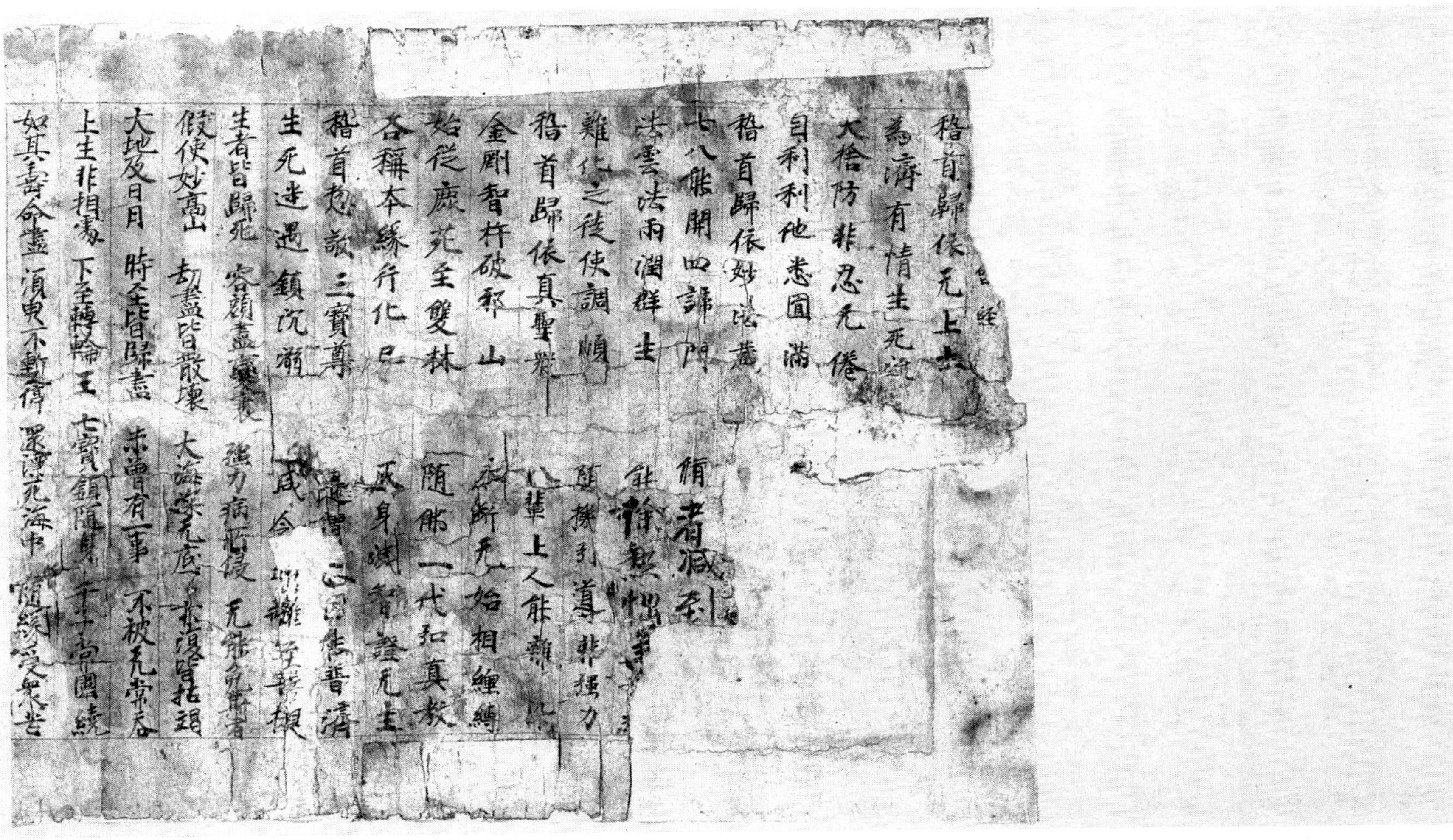

稽首歸依无上士
爲濟有情生死流
大捨防非忍无倦
自利利他悉圓滿
稽首歸依妙法藏
七八能開四諦門　脩者咸到
法雲法雨潤群生　能除熱惱
難化之徒使調順　隨機引導非強力
稽首歸依真聖衆　八輩上人能離染
金剛智杵破邪山　永斷无始相纏縛
始從鹿苑至雙林　隨佛一代弘真教
各稱本緣行化已　灰身滅智證无生
稽首總敬三寶尊　是謂正因能普濟
生死迷愚鎮沉溺　咸令出離至菩提
生者皆歸死　容顏盡變衰　強力病所侵　无能免斯者
假使妙高山　劫盡皆壞散　大海深无底　亦復皆枯竭
大地及日月　時至皆歸盡　未曾有一事　不被无常呑
上至非想處　下至轉輪王　七寶鎮隨身　千子常圍繞
如其壽命盡　須臾不暫停　還漂死海中　隨緣受衆苦

BD03608號　無常三啓經　　（4–1）

生死迭遇鎮沉溺　咸令出離證菩提
生者皆歸死　容顏盡變衰　強力病所侵　无能免斯者
假使妙高山　劫盡皆散壞　大海深无底　亦復皆枯竭
大地及日月　時至皆歸盡　未曾有一事　不被无常吞
上至非想處　下至轉輪王　七寶鎮隨身　千子常圍繞
如其壽命盡　須臾不暫停　還漂死海中　隨緣受眾苦
循環三界內　猶如汲井輪　亦如蠶作繭　吐絲還自縛
无上諸世尊　獨覺聲聞眾　尚捨无常身　何況諸凡夫
父母及妻子　兄弟并眷屬　目觀生死隔　云何不愁歎
是故勸諸子　諦聽真實法　共捨无常處　當行不死門
佛教如甘露　除熱得清涼　一心應善聽　能滅諸煩惱
如是我聞一時薄伽梵在室羅伐城逝多林
給孤獨園尒時佛告諸苾蒭有三種法於諸
世間是不可愛是不光澤是不可念是不稱
意何者為三謂老病死汝諸苾蒭此老病死
於諸世間實不可愛實不光澤實不可念實
不稱意若老病死世間无者如来應正等覺
不出於世為諸眾生說所證法及調伏事是
故應知此老病死於諸世間是不可愛是不
光澤是不可念是不稱意由此三事如来應
正等覺出現於世為諸眾生說所證法及調
伏事尒時世尊重說頌曰
外事莊彩咸歸壞　內身衰變亦同然
唯有勝法不滅亡　諸有智人應善察
此老病死皆共嫌　形儀醜惡極可猒
少年容貌暫時停　不久咸悉成枯悴
假使壽命滿百年　終歸不免无常逼
老病死苦常隨逐　恒与眾生作无利

BD03608 號　無常三啓經　（4–2）

外事莊彩咸歸壞　內身衰變亦同然
唯有勝法不滅亡　諸有智人應善察
此老病死皆共嫌　形儀醜惡極可猒
少年容貌暫時停　不久咸悉成枯悴
假使壽命滿百年　終歸不免无常逼
老病死苦常隨逐　恒与眾生作无利
尒時世尊說是經已　諸苾蒭眾天龍藥
叉健達婆阿蘇洛等皆大歡喜信受奉行
常求諸欲境　不行於善事　云何保形命　不見死来侵
命根氣欲盡　支節悉分離　眾苦与死俱　此時徒歎恨
兩目俱翻上　死刀隨業下　意想並慞惶　无能相救濟
長喘連胸急　噓氣喉中乾　死王催伺命　親屬徒相守
諸識皆昏昧　行入險城中　親知咸棄捨　任黑繩牽去
將至琰魔王　隨業而受報　勝因生善道　惡業墮泥犁
明眼无過慧　黑闇不過癡　病不越怨家　大怖无過死
有生皆必死　造罪苦切身　當勤策三業　恒修於福智
眷屬皆捨去　財貨任他將　但持自善根　險道充糧食
譬如路傍樹　暫息非久停　車馬及妻兒　不久皆如是
譬如群宿鳥　夜聚旦隨飛　死去別親知　乖離亦如是
唯有佛菩提　是真歸仗處　依經我略說　智者善應思
天阿蘇羅藥叉等　来聽法者應至心
擁護佛法使長存　各各勤行世尊教
諸有聽徒来至此　或在地上或居空
常於人世起慈心　日夜自身依法住
願諸世界常安隱　无邊福智益群生
所有罪業並銷除　遠離眾苦歸圓寂
恒用戒香塗瑩體　常持定服以資身
菩提妙花遍莊嚴　隨所住處常安樂

BD03608 號　無常三啓經　（4–3）

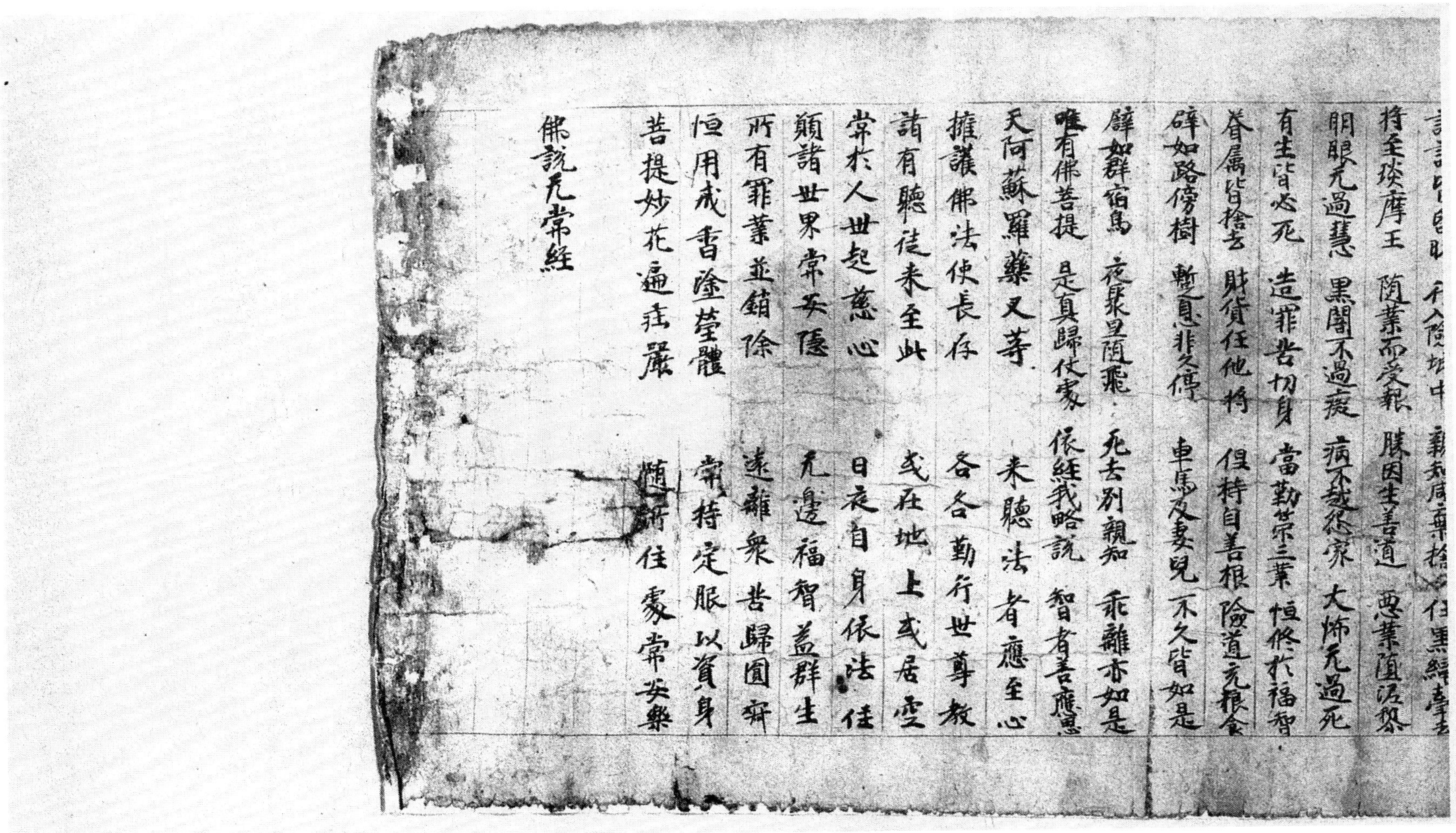

持至琰魔王　隨業而受報　勝因生善道　惡業墮泥犁
明眼无過慧　黑闇不過癡　病不越怨家　大怖无過死
有生皆必死　造罪苦切身　當勤策三業　恒修於福智
眷屬皆捨去　財貨任他將　但持自善根　險道充糧食
譬如路傍樹　暫息非久停　車馬及妻兒　不久皆如是
譬如群宿鳥　夜聚旦隨飛　死去別親知　乖離亦如是
唯有佛菩提　是真歸仗處　依經我略說　智者善應思
天阿蘇羅藥叉等　來聽法者應至心
擁護佛法使長存　各各勤行世尊教
諸有聽徒來至此　或在地上或居空
常於人世起慈心　日夜自身依法住
願諸世界常安隱　无邊福智益群生
所有罪業並銷除　遠離衆苦歸圓寂
恒用戒香塗瑩體　常持定服以資身
菩提妙花遍莊嚴　隨所住處常安樂

佛說无常經

BD03608 號　無常三啓經　（4–4）

BD03608 號背　雜寫　（1–1）

尒時藥王菩薩即從座起偏袒右肩合掌向
佛而白佛言世尊若善男子善女人有能受
持法華經者若讀誦通利若書寫經卷得幾
所福佛告藥王若有善男子善女人供養八
百万億那由他恒河沙等諸佛於汝意云何
其所得福寧為多不甚多世尊佛言若善男
子善女人能於是經乃至受持一四句偈讀
誦解義如說脩行功德甚多尒時藥王菩薩
白佛言世尊我今當與說法者陁羅尼呪以
守護之即說呪曰
安尒一曼尒二摩祢三摩摩祢四旨隸五遮梨第六
賒咩羊鳴音七賒履因雉反多瑋八羶反帝九目帝十目多履
十一娑履十二阿瑋娑履十三桑履十四娑履十五叉裔十六阿
叉裔十七阿耆膩十八羶帝十九賒履二十陁羅尼二十一阿盧
伽婆娑反蘇奈簸蔗毗叉膩二十二祢毗剃二十三阿便哆都餓反
邏祢履剃二十四阿亶哆波隸輸地逐實反二十五漚究隸二十六牟
究隸二十七阿羅隸二十八波羅隸二十九首迦差初几反三十阿三
磨三履三十一佛䭾毗吉利袠帝三十二達磨波利差猜離反
反帝三十三僧伽涅瞿沙祢三十四婆舍婆舍輸地三十五曼

BD03609號　妙法蓮華經卷七　（15–1）

伽婆娑反蘇奈簸蔗毗叉膩二十二祢毗剃二十三阿便哆都餓反
邏祢履剃二十四阿亶哆波隸輸地逐實反二十五漚究隸二十六牟
究隸二十七阿羅隸二十八波羅隸二十九首迦差初几反三十阿三
磨三履三十一佛䭾毗吉利袠帝三十二達磨波利差猜離反
反帝三十三僧伽涅瞿沙祢三十四婆舍婆舍輸地三十五曼
哆邏三十六曼哆邏叉夜多三十七郵樓哆三十八郵樓哆憍舍
略三十九惡叉邏四十惡叉冶多冶四十一阿婆盧四十二阿摩若荏蔗反
那多夜四十三
世尊是陁羅尼神呪六十二億恒河沙等諸
佛所說若有侵毀此法師者則為侵毀是諸
佛已時釋迦牟尼佛讚藥王菩薩言善哉善
哉藥王汝愍念擁護此法師故說是陁羅尼
於諸衆生多所饒益尒時勇施菩薩白佛言世
尊我亦為擁護讀誦受持法華經者說陁
羅尼若此法師得是陁羅尼若夜叉若羅刹
若富單那若吉蔗若鳩槃茶若餓鬼等伺求
其短无能得便即於佛前而說呪曰
痤誓螺反隸一摩訶痤隸二郁枳三目枳四阿隸五阿
羅婆第六涅隸第七涅隸多婆第八伊緻猪履反柅九
韋緻柅十旨緻柅十一涅隸墀柅十二涅犁墀婆底十三
世尊是陁羅尼神呪恒河沙等諸佛所說亦
皆隨喜若有侵毀此法師者則為侵毀是諸
佛已尒時毗沙門天王護世者白佛言世尊
我亦為愍念衆生擁護此法師故說是陁羅

BD03609號　妙法蓮華經卷七　（15–2）

世尊是陁羅尼神呪恒河沙等諸佛所說亦
皆隨喜若有侵毀此法師者則為侵毀是諸
佛已尒時毗沙門天王護世者白佛言世尊
我亦為愍念衆生擁護此法師故說是陁羅
尼即說呪曰
阿梨一那梨二㝹那梨三阿那盧四那履五拘那履六
世尊以是神呪擁護法師我亦自當擁護持
是經者令百由旬內无諸衰患尒時持國天
王在此會中與千万億那由他乾闥婆衆恭
敬圍繞前詣佛所合掌白佛言世尊我等以
陁羅尼神呪擁護持法華經者即說呪曰
阿伽祢一伽祢二瞿利三乾陁利四旃陁利五摩蹬
耆六常求利七浮樓莎柅八頞底九
世尊是陁羅尼神呪四十二億諸佛所說若
有侵毀此法師者則為侵毀是諸佛已尒時
有十羅刹女等一名藍婆二名毗藍婆三名
曲齒四名華齒五名黑齒六名多髮七名无猒
足八名持瓔珞九名睾帝十名奪一切衆
生精氣是十羅刹女與鬼子母并其子及眷
屬俱詣佛所同聲白佛言世尊我等亦欲擁
護讀誦受持法華經者除其衰患若有伺求
法師短者令不得便即於佛前而說呪曰
伊提履一伊提泯二伊提履三阿提履四伊提履五
泥履六泥履七泥履八泥履九泥履十樓醯十一樓
[illegible]

護讀誦受持法華經者除其衰患若有伺求
法師短者令不得便即於佛前而說呪曰
伊提履一伊提泯二伊提履三阿提履四伊提履五
泥履六泥履七泥履八泥履九泥履十樓醯十一樓
醯十二樓醯十三樓醯十四多醯十五多醯十六多醯十七兜醯十八㝹
醯十九
寧上我頭上莫惱於法師若夜叉若羅刹若
餓鬼若富單那若吉蔗若毗陁羅若揵䭾若
烏摩勒伽若阿跋摩羅若夜叉吉蔗若人吉
蔗若熱病若一日若二日若三日若四日乃
至七日若常熱病若男形若女形若童男形
若童女形乃至夢中亦復莫惱即於佛前而
說偈言
若不順我呪　惱亂說法者　頭破作七分　如阿梨樹枝
如煞父母罪　亦如壓油殃　斗秤欺誑人　調達破僧罪
犯此法師者　當獲如是殃
諸羅刹女說此偈已白佛言世尊我等亦當
身自擁護受持讀誦脩行是經者令得安隱
離諸衰患消衆毒藥佛告諸羅刹女善哉善
哉汝等但能擁護受持法華名者福不可量
何況擁護具足受持供養經卷華香瓔珞末
香塗香燒香幡蓋伎樂然種種燈蘇燈油燈
諸香油燈蘇摩那華油燈瞻蔔華油燈婆師
迦華油燈優鉢羅華油燈如是等百千種供
養者皋帝汝等及眷屬應當擁護如是法師

香瓔香燒香幡蓋伎樂然種種燈蘇燈油燈
諸香油燈蘇摩那華油燈瞻蔔華油燈婆師
迦華油燈優鉢羅華油燈如是等百千種供
養者阜帝汝等及眷屬應當擁護如是法師
說此陁羅尼品時六万八千人得无生法忍

妙法蓮華經妙莊嚴王本事品第廿七

尒時佛告諸大衆乃往古世過无量无邊不
可思議阿僧祇劫有佛名雲雷音宿王華智
多陁阿伽度阿羅呵三藐三佛陁國名光明
莊嚴劫名喜見彼佛法中有王名妙莊嚴其
王夫人名曰淨德有二子一名淨藏二名淨
眼是二子有大神力福德智慧久脩菩薩所
行之道所謂檀波羅蜜尸波羅蜜羼提波羅
蜜毗梨耶波羅蜜禪波羅蜜般若波羅蜜方
便波羅蜜慈悲喜捨乃至三十七助道法皆
悉明了通達又得菩薩淨三昧日星宿三昧
淨光三昧淨色三昧淨照明三昧長莊嚴三
昧大威德藏三昧於此三昧亦悉通達尒時
彼佛欲引導妙莊嚴王及愍念衆生故說是
法華經時淨藏淨眼二子到其母所合十指
爪掌白言願母往詣雲雷音宿王華智佛所
我等亦當侍從親近供養礼拜所以者何此
佛於一切天人衆中說法華經宜應聽受母
告子言汝父信受外道深著婆羅門法汝等
應往白父與共俱去淨藏淨眼合十指爪掌

BD03609號　妙法蓮華經卷七　（15–5）

爪掌白言願母往詣雲雷音宿王華智佛所
我等亦當侍從親近供養礼拜所以者何此
佛於一切天人衆中說法華經宜應聽受母
告子言汝父信受外道深著婆羅門法汝等
應往白父與共俱去淨藏淨眼合十指爪掌
白母我等是法王子而生此耶見家母告子
言汝等當憂念汝父為現神變若得見者心
必清淨或聽我等往至佛所於是二子念其
父故踊在虛空高七多羅樹現種種神變於
虛空中行住坐卧身上出水身下出火身下
出水身上出火或現大身滿虛空中而復現
小小復現大於空中滅忽然在地入地如水
履水如地現如是等種種神變令其父王心
淨信解時父見子神力如是心大歡喜得未曾
有合掌向子言汝等師為是誰誰之弟子
二子白言大王彼雲雷音宿王華智佛今在
七寶菩提樹下法座上坐於一切世間天人
衆中廣說法華經是我等師我是弟子父
語子言我今亦欲見汝等師可共俱往於是
二子從空中下到其母所合掌白母父王今
已信解堪任發阿耨多羅三藐三菩提心我
等為父已作佛事願母見聽於彼佛所出家
脩道尒時二子欲重宣其意以偈白母
願母放我等　出家作沙門　諸佛甚難值　我等隨佛學
如優曇鉢羅　值佛復難是　脫諸難亦難　願聽我出家

BD03609號　妙法蓮華經卷七　（15–6）

已信解堪任發阿耨多羅三藐三菩提心我
等為父已作佛事願母見聽於彼佛所出家
脩道尒時二子欲重宣其意以偈白母
願母放我等　出家作沙門　諸佛甚難值　我等隨佛學
如優曇鉢羅　值佛復難是　脫諸難亦難　願聽我出家
母即告言聽汝出家所以者何佛難值故於
是二子白父母言善哉父母願時往詣雲雷
音宿王華智佛所親覲供養所以者何佛難
得值如優曇鉢羅華又如一眼之龜值浮木
孔而我等宿福深厚生值佛法是故父母當
聽我等令得出家所以者何諸佛難值時亦
難遇彼時妙莊嚴王後宮八万四千人皆悉
堪任受持是法華經淨眼菩薩於法華三昧
久已通達淨藏菩薩已於无量百千万億劫通
達離諸惡趣三昧欲令一切衆生離諸惡趣
故其王夫人得諸佛習三昧能知諸佛秘密
之藏二子如是以方便力善化其父令心信
解好樂佛法於是妙莊嚴王與群臣眷屬
俱淨德夫人與後宮采女眷屬俱其王二子
與四万二千人俱一時共詣佛所到已頭面
礼足繞佛三帀却住一面尒時彼佛為王說
法示教利喜王大歡悅尒時妙莊嚴王及其
夫人解頸真珠瓔珞價直百千以散佛上於
虛空中化成四柱寶臺臺中有大寶床敷百
千万天衣其上有佛結加趺坐放大光明尒

BD03609 號　妙法蓮華經卷七　（15–7）

礼足繞佛三帀却住一面尒時彼佛為王說
法示教利喜王大歡悅尒時妙莊嚴王及其
夫人解頸真珠瓔珞價直百千以散佛上於
虛空中化成四柱寶臺臺中有大寶床敷百
千万天衣其上有佛結加趺坐放大光明尒
時妙莊嚴王作是念佛身希有端嚴殊特成
就第一微妙之色時雲雷音宿王華智佛告
四衆言汝等見是妙莊嚴王於我前合掌
立不此王於我法中作比丘精勤脩習助佛道
法當得作佛号娑羅樹王國名大光劫名大
高王其娑羅樹王佛有无量菩薩衆及无量
聲聞其國平正功德如是其王即時以國付
弟王與夫人二子并諸眷屬於佛法中出家
脩道王出家已於八万四千歲常勤精進脩
行妙法華經過是已後得一切淨功德莊嚴
三昧即昇虛空高七多羅樹而白佛言世尊
此我二子已作佛事以神通變化轉我邪心令
得安住於佛法中得見世尊此二子者是我
善知識為欲發起宿世善根饒益我故來生
我家尒時雲雷音宿王華智佛告妙莊嚴王
言如是如是如汝所言若善男子善女人種
善根故世世得善知識其善知識能作佛事
示教利喜令阿耨多羅三藐三菩提大王當
知善知識者是大因緣所謂化導令得見佛

BD03609 號　妙法蓮華經卷七　（15–8）

言如是如是如汝所言若善男子善女人種
善根故世世得善知識其善知識能作佛事
示教利喜令入阿耨多羅三藐三菩提大王當
知善知識者是大因緣所謂化導令得見佛
發阿耨多羅三藐三菩提心大王汝見此二
子不此二子已曾供養六十五百千万億那
由他恒河沙諸佛親近恭敬於諸佛所受持
法華經愍念邪見衆生令住正見尒時妙莊
嚴王即從虛空中下而白佛言世尊如來甚
希有以功德智慧故頂上肉髻光明顯照其眼
長廣而紺青色眉間豪相白如珂月齒白齊
密常有光明脣色赤好如頻婆菓尒時妙莊
嚴王讚歎佛如是等无量百千万億功德已
於如來前一心合掌復白佛言世尊未曾有也
如來之法具足成就不可思議微妙功德教
戒所行安隱快善我從今日不復自隨心行
不生邪見憍慢瞋恚諸惡之心說是語已礼
佛而出佛告大衆於意云何妙莊嚴王豈異
人乎今華德菩薩是其淨德夫人今佛前光
照莊嚴相菩薩是哀愍妙莊嚴王及諸眷屬
故於彼中生其二子者今藥王菩薩藥上菩
薩是是藥王藥上菩薩成就如此諸大功德
已於无量百千万億諸佛所殖衆德本成就
不可思議諸善功德若有人識是二菩薩名
名字者一切世間諸天人民亦應礼拜佛說

BD03609號　妙法蓮華經卷七　　(15–9)

故於彼中生其二子者今藥王菩薩藥上菩
薩是是藥王藥上菩薩成就如此諸大功德
已於无量百千万億諸佛所殖衆德本成就
不可思議諸善功德若有人識是二菩薩名
名字者一切世間諸天人民亦應礼拜佛說
是妙莊嚴王本事品時八万四千人遠塵離
垢於諸法中得法眼淨
妙法蓮華經普賢菩薩勸發品第廿八
尒時普賢菩薩以自在神通威德名聞與大
菩薩无量无邊不可稱數從東方來所經諸
國普皆震動雨寶蓮華作无量百千万億
種種伎樂又與无數諸天龍夜叉乾闥婆阿
脩羅迦樓羅緊那羅摩睺羅伽人非人等大
衆圍繞各現威德神通之力到娑婆世界耆
闍崛山中頭面礼釋迦牟尼佛右繞七帀白佛
言世尊我於寶威德上王佛國遙聞此娑婆世
界說法華經與无量无邊百千万億諸菩薩
衆共來聽受唯願世尊當為說之若善男子
善女人於如來滅後云何能得是法華經佛
告普賢菩薩若善男子善女人成就四法
於如來滅後當得是法華經一者為諸佛護
念二者殖衆德本三者入正定聚四者發救
一切衆生之心善男子善女人如是成就四
法於如來滅後必得是經尒時普賢菩薩白

BD03609號　妙法蓮華經卷七　　(15–10)

告普賢菩薩若善男子善女人成就四法
於如來滅後當得是法華經一者為諸佛護
念二者殖眾德本三者入正定聚四者發救
一切眾生之心善男子善女人如是成就四
法於如來滅後必得是經尒時普賢菩薩白
佛言世尊於後五百歲濁惡世中其有受持
是經典者我當守護除其衰患令得安隱使
无伺求得其便者若魔若魔子若魔女若魔
民若為魔所著者若夜叉若羅剎若鳩槃茶
若毗舍闍若吉蔗若富單那若韋陁羅等諸
惱人者皆不得便是人若行若立讀誦此經
我尒時乘六牙白象王與大菩薩眾俱詣其
所而自現身供養守護安慰其心亦為供養
法華經故是人若坐思惟此經尒時我復乘
白象王現其人前其人若於法華經有所
忘失一句一偈我當教之與共讀誦還令通
利尒時受持讀誦法華經者得見我身甚大
歡喜轉復精進以見我故即得三昧及陁羅
尼名為旋陁羅尼百千万億旋陁羅尼法音
方便陁羅尼得如是等陁羅尼世尊若後世
後五百歲濁惡世中比丘比丘尼優婆塞優
婆夷求索者受持者讀誦者書寫者欲脩習
是法華經於三七日中應一心精進滿三七日
已我當乘六牙白象王與无量菩薩而自圍繞
以一切眾生所喜見身現其人前而為說法

BD03609號　妙法蓮華經卷七　（15–11）

後五百歲濁惡世中比丘比丘尼優婆塞優
婆夷求索者受持者讀誦者書寫者欲脩習
是法華經於三七日中應一心精進滿三七日
已我當乘六牙白象王與无量菩薩而自圍繞
以一切眾生所喜見身現其人前而為說法
示教利喜亦復與其陁羅尼呪得是陁羅尼
故无有非人能破壞者亦不為女人之所惑
亂我身亦自常護是人唯願世尊聽我說此
陁羅尼呪即於佛前而說呪曰
阿檀地一檀陁婆地二檀陁婆帝三檀陁鳩舍隸四
檀陁脩陁隸五脩陁隸六脩陁羅婆底七佛䭾波羶
禰八薩波陁羅尼阿婆多尼九薩婆婆沙阿婆多
尼十脩阿婆多尼十一僧伽婆履叉尼十二僧伽涅伽陁
尼十三阿僧祇十四僧伽波地十五帝隸阿惰僧伽兜略阿
羅帝波羅帝十六薩婆僧伽三摩地伽蘭地十七薩
婆達磨脩波利剎帝十八薩婆薩埵樓䭾憍舍略
阿㝹伽地十九辛阿毗吉利地帝廿
世尊若有菩薩得聞是陁羅尼者當知普賢
神通之力若法華經行閻浮提有受持者應
作此念皆是普賢威神之力若有受持讀誦
正憶念解其義趣如說脩行當知是人行普
賢行於无量无邊諸佛所深種善根為諸如
来手摩其頭若但書寫是人命終當生忉利
天上是時八万四千天女作眾伎樂而来迎

BD03609號　妙法蓮華經卷七　（15–12）

正憶念解其義趣如說脩行當知是人行普
賢行於无量无邊諸佛所深種善根為諸如
来手摩其頭若但書寫是人命終當生忉利
天上是時八万四千天女作衆伎樂而来迎
之其人即著七寶冠於婇女中娛樂快樂何
況受持讀誦正憶念解其義趣如說脩行若
有人受持讀誦解其義趣是人命終為千佛
授手令不恐怖不墮惡趣即往兜率天上弥
勒菩薩所弥勒菩薩有三十二相大菩薩衆
所共圍繞有百千万億天女眷屬而於中生有
如是等功德利益是故智者應當一心自書
若使人書受持讀誦正憶念如說脩行世尊
我今以神通力守護是經於如来滅後閻浮
提內廣令流布使不斷絕尒時釋迦牟尼佛
讚言善哉善哉普賢汝能護助是經令多所
衆生安樂利益汝已成就不可思議功德深
大慈悲從久遠来發阿耨多羅三藐三菩提
意而能作是神通之願守護是經我當以神
通力守護能受持普賢菩薩名者普賢若有
受持讀誦正憶念脩習書寫是法華經者當
知是人則見釋迦牟尼佛如從佛口聞此經
典當知是人供養釋迦牟尼佛當知是人佛
讚善哉當知是人為釋迦牟尼佛手摩其頭
當知是人為釋迦牟尼佛衣之所覆如是之

知是人則見釋迦牟尼佛如從佛口聞此經
典當知是人供養釋迦牟尼佛當知是人佛
讚善哉當知是人為釋迦牟尼佛手摩其頭
當知是人為釋迦牟尼佛衣之所覆如是之
人不復貪著世樂不好外道經書手筆亦復
不喜親近其人及諸惡者若屠兒若畜猪羊
雞狗若獵師若衒賣女色是人心意質直有
正憶念有福德力是人不為三毒所惱亦
不為嫉妬我慢邪慢增上慢所惱是人少欲
知足能脩普賢之行普賢若如来滅後後五
百歲若有人見受持讀誦法華經者應作是
念此人不久當詣道場破諸魔衆得阿耨多
羅三藐三菩提轉法輪擊法鼓吹法螺雨法
雨當坐天人大衆中師子法座上普賢若於
後世受持讀誦是經典者是人不復貪著衣
服臥具飲食資生之物所願不虛亦於現世得
其福報若有人輕毀之言汝狂人耳空作是
行終无所獲如是罪報當世世无眼若有供
養讚歎之者當於今世得現果報若復見受
持是經典者出其過惡若實若不實此人現
世得白癩病若有輕笑之者當世世牙齒踈
缺醜脣平鼻手腳繚戾眼目角睞身體臭穢
惡瘡膿血水腹短氣諸惡重病是故普賢見
受持是經典者當起遠迎當如敬佛說是普

而當坐天人大衆中師子法座上普賢若於
後世受持讀誦是經典者是人不復貪著衣
服卧具飲食資生之物所願不虛亦於現世得
其福報若有人輕毀之言汝狂人耳空作是
行終無所獲如是罪報當世世無眼若有供
養讚歎之者當於今世得現果報若復見受
持是經典者出其過惡若實若不實此人現
世得白癩病若有輕笑之者當世世牙齒踈
缺醜脣平鼻手脚繚戾眼目角睞身體臭穢
惡瘡膿血水腹短氣諸惡重病是故普賢若見
受持是經典者當起遠迎當如敬佛說是普
賢勸發品時恒河沙等無量無邊菩薩得百
千万億旋陀羅尼三千大千世界微塵等諸
菩薩具普賢道佛說是經時普賢等諸菩
薩舍利弗等諸聲聞及諸天龍人非人等一
切大會皆大歡喜受持佛語作禮而去

妙法蓮華經卷第七

BD03609號　妙法蓮華經卷七　（15–15）

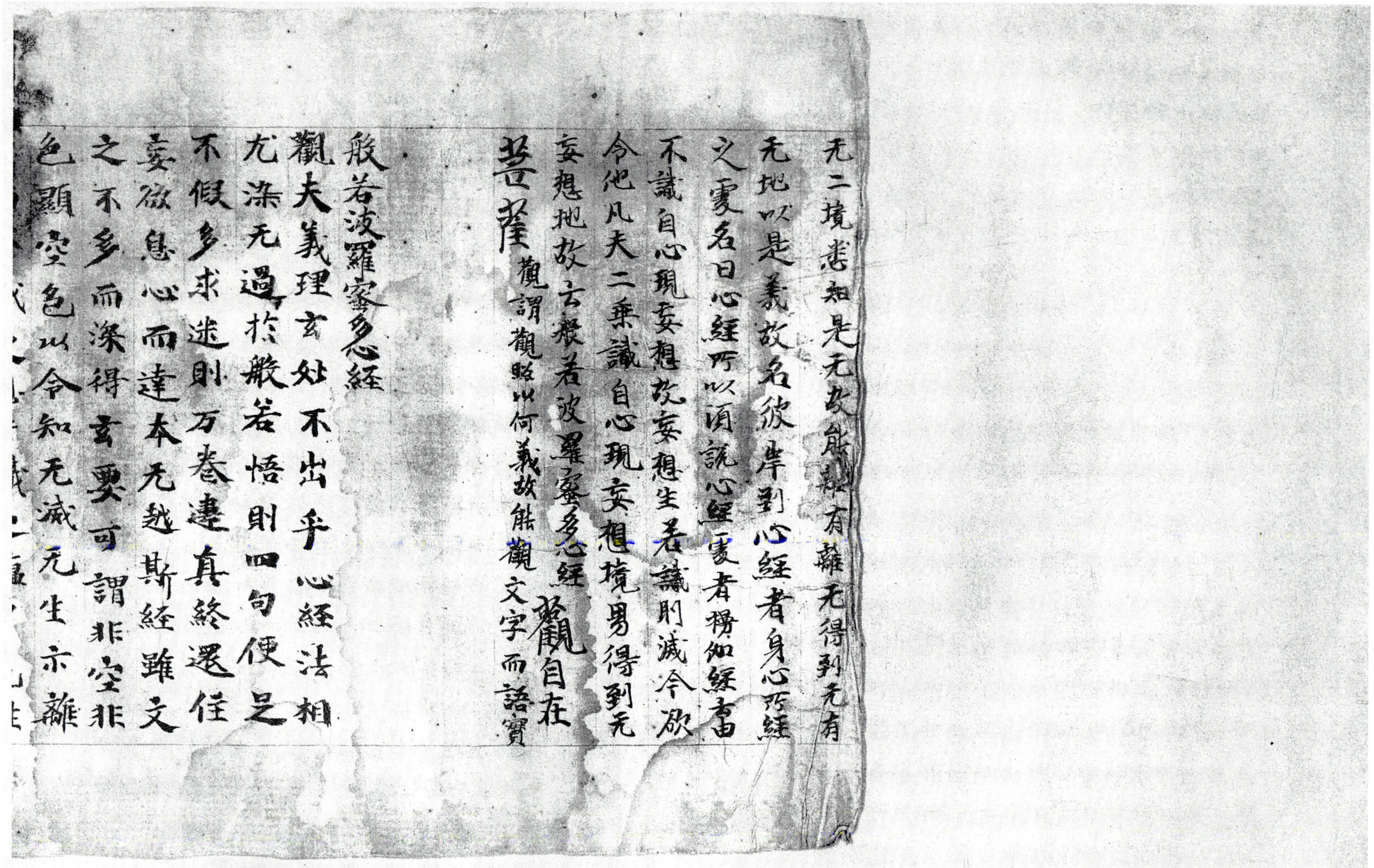
无二境悉知是无故能離有離无得到无有
无地以是義故名彼岸到心經者身心所經
之處名曰心經所以須說心經處者攀緣者由
不識自心現妄想故妄想生若識則滅令欲
令他凡夫二乘識自心現妄想境界得到无
妄想地故云般若波羅蜜多心經　觀自在
菩薩　觀謂觀照以何義故能觀文字而語實
般若波羅蜜多心經
觀夫義理玄妙不出乎心經法相
尤深无過於般若悟則四句便足
不假多求迷則万卷遶真終還住
妄欲息心而達本无越斯經雖文
之不多而深得玄要可謂非空非
色顯空色以令知无滅无生亦離

BD03610號　般若波羅蜜多心經註（佚名甲本）　（7–1）

觀夫義理玄文不出乎[illegible]
无染无過，於般若悟則四句便足。之
不假多求，迷則万卷違真終還住
妄。欲息心而達本，无越斯經。雖文
之不多，而深得玄要，可謂非空非
色，顯空色以令知无滅无生，亦離
生而不滅，受想行識之蘊，了色性
而方空，苦集滅道之言，覺心緣
而自遣，故得根塵兩捨，智得雙亡
无明可明，十二因緣都寂都暫丹川
公情希十善，志樂三空，爰命小傳，注
述斯典，然而真想幽隱，空智難明，
雖隱旨理有參，實深慚於翰墨，敢
題序引，用暢玄猷，冀有識而會
真悟心經而返照。

般若波羅蜜多心經 般若梵語，漢云智惠。智惠不同，有其耶正。耶即歸於生死，正則趣向菩提。世得不論正耶，一槩咸稱智惠。只如凡夫住有，二乘住无，悉並是耶，不名爲正。菩薩行於中道，
不住有无，既離有无，乃名爲正，故知智惠觀察
有无，觀有之心名之爲智，了有非有名之惠。波羅蜜多
名彼岸，到住有住无悉名此岸，不住有无乃名彼岸。所以
菩薩以智惠力照見有无二境，悉知是无，故能離有離
无，得到无有无地，以是義故名彼岸到。心經者，身心
所經之處名曰心經，所以須說心經處者，楞伽經云：由不
識自心現妄想故，妄想生；若識，則滅。今欲令他凡夫二乘識自
心現妄想境界，得到无妄想地，故云般若波羅蜜多心經。

觀自在菩薩 觀謂觀照。以何義故能觀文字詮實
相理名爲觀照，以何義故能觀文字而悟實相，只如聞說
四大和合假名爲身，四大无主身亦无我，此即名爲文字

BD03610號　般若波羅蜜多心經註（佚名甲本）　（7–2）

心現妄想境界得到无妄想地故云般若波羅蜜多心經
觀自在菩薩 觀謂觀照以何義故能觀文字詮實
相理名為觀照以何義故能觀文字而悟實相只如聞說
四大和合假名為身四大无主身亦无我此即名為文字
般若既聞此語便即思之思量不已乃知此身骨宍堅性
名為地大膿血濕潤名為水大煖熟氣名為火大動轉
行來名為風大既知四大是身因緣由躡身遂能折旋俯仰
語言談咲未知此中語言者誰為是骨宍語耶為是膿
血語耶為煖氣語耶若是骨宍語者死人有
其骨宍云何不語若是濕氣膿血語者膿血无知云何能語
若是煖氣語者煖氣无所知解亦何能語若是風氣語者
應不假彼地水火等三緣共成不知四大緣中語屬何緣作
此觀時名為觀照般若既知語无所屬善語惡語悉皆如如
即能聞毀不嗔聞譽不喜遂不為世八風之所傾動如是知者
是名得見知如正智實相般若復由三種般若力故即知四大无
主身亦无我觀身既介觀他亦然故得於自於他其心平等
此觀既然一切文字悉皆具此三種般若若欲知者餘
二文准此觀之此觀自在菩薩由作此觀照故非但知
四大身空亦知五蘊法空既達人法二空即是於觀自在
所以稱為觀自在菩薩故文殊般若經云知自觀身
實相觀佛亦然准有智者方能知耳是名觀佛
行深般若波羅蜜多時 文字觀照名淺般若實
相之智名深般若此觀自在菩薩行此實相深智
惠時而於諸相而不妄想知妄想因行有漏善行有
漏報生於人道天道知无妄想因行无漏善得无漏
報生淨居天及出三界證得須陁洹果斯陁含果阿那含
果此人乃能住无所住如諸佛住始得名為行深般若故大
般若云般若者非有漏非无漏非有相非无相滅同一相
所謂无相以是義故菩薩行深般若能從此岸得到彼
岸如此之時 照見五蘊皆空 言五蘊者謂色
受想行識是也一念見色之時具此五心始成善惡種

BD03610號　般若波羅蜜多心經註（佚名甲本）　（7–3）

果此人乃能住无所住如諸佛住始得名為行深般若故大
般若去般若者非有漏非无漏非有相非无相滅同一相
所謂无相以是義故菩薩行深般若能從此岸得到彼
岸如此之時 照見五蘊皆空 言五蘊者謂色
受想行識是也一念見色之時具此五心始成善惡種
子由此種子隨流生死以何義故而得知耶具如眼見
質㝵物時名之為色領納此物乃知是境非瓶盆等名之
為受既受納已便於此境取其境像是名為想因此
想故即起貪求是名為行由行因緣乃生執取資熏
成業記持在心則名為識以此識蘊積聚成因因此因
故還招後報令欲發菩提心斷生死因者當須却推
此識種子從何而得乃知此識從於行得行從想得想
從受得受從色得又復觀色是其眼緣眼即為因
色即為緣因緣和合發生於識三緣具足方始能見
令推此見為當屬眼為當屬色為當屬識耶若屬於眼死
人有眼何故不見若其屬色色即頑㝵无知云何能
見若言屬識闕前二緣識亦不見一一緣中求其
見相想不可得此即眼見色時知色是空空中无物
即无所受以无受故諸想不生想不生故行无造作无
造作故識无記持无記持故即不被熏不被熏故遂
不成因緣不成因將何感報故得无業无報翛然解
脫以是義故菩薩照見五蘊皆空
度一切苦厄 由見五蘊是有貪着五蘊法故造其
苦因言苦因者所謂八苦八苦是何一者生苦二
者老苦三者病苦四者死苦五者愛別離苦六
者怨憎會苦七者求不得苦八者五盛陰苦所言厄者
厄謂厄難即八難也八難者何一者地獄難二餓鬼

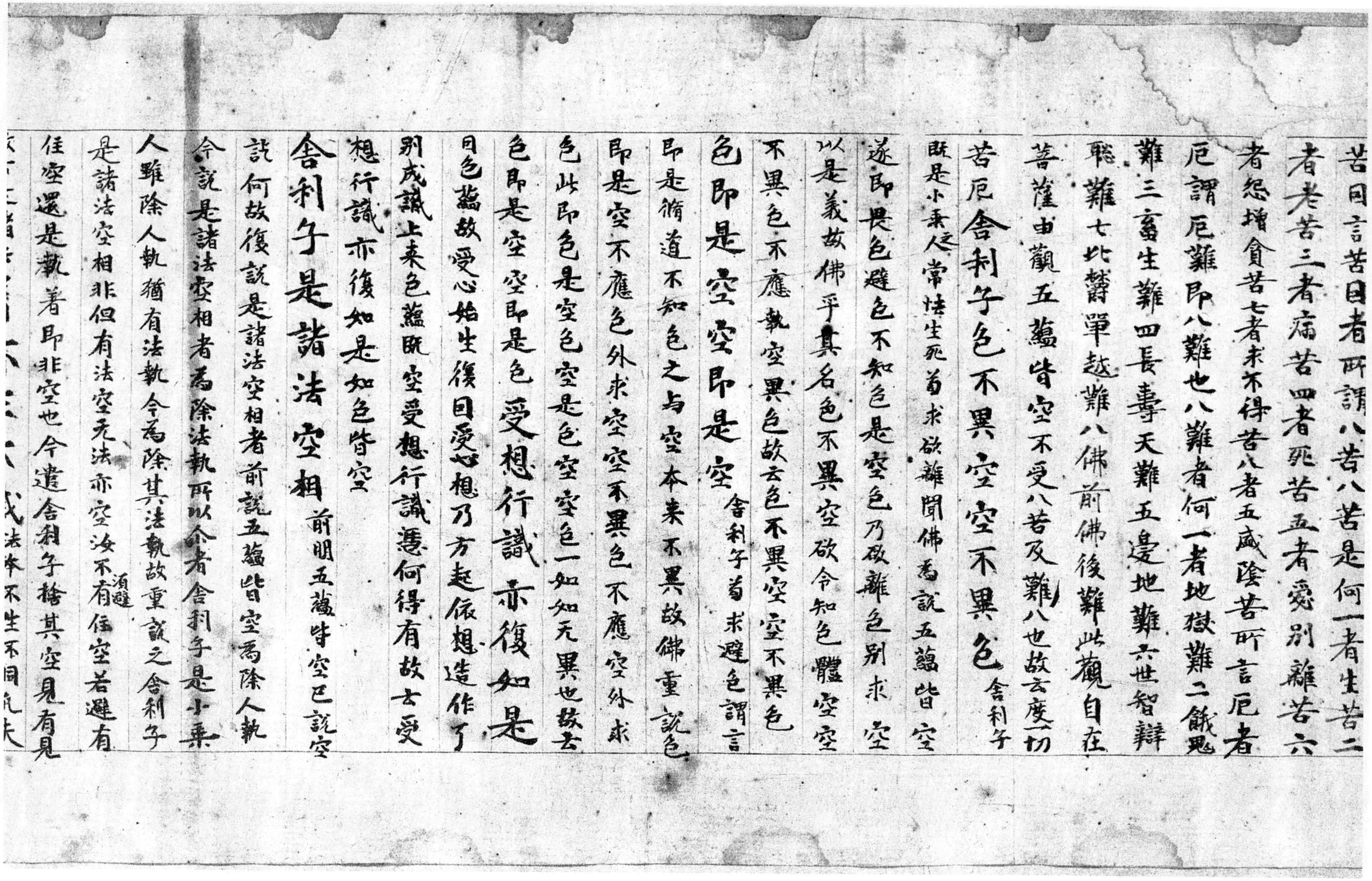
苦曰言苦目者所謂八苦八苦是何一者生苦二
者老苦三者病苦四者死苦五者愛別離苦六
者怨憎會苦七者求不得苦八者五盛陰苦所言厄者
厄謂厄難即八難也八難者何一者地獄難二餓鬼
難三畜生難四長壽天難五邊地難六世智辯
聰難七北鬱單越難八佛前佛後難此觀自在
菩薩由觀五蘊皆空不受八苦及難八也故云度一切
苦厄舍利子色不異空空不異色 舍利子
既是小乘之人常怯生死苟求欲離聞佛為說五蘊皆空
遂即畏色避色不知色是空色乃欲離色別求空
以是義故佛乎其名色不異空欲令知色體空空
不異色不應執空異色故云色不異空空不異色
色即是空空即是空 舍利子苟求避色謂言
即是脩道不知色之与空本來不異故佛重說色
即是空不應色外求空空不異色不應空外求
色此即色是空色空是色空空色一如如无異也故云
色即是空空即是色受想行識亦復如是
曰色蘊故受心始生復因受心想乃方起依想造作了
別成識上來色蘊既空受想行識憑何得有故云受
想行識亦復如是如色皆空
舍利子是諸法空相 前明五蘊皆空已說空
訖何故復說是諸法空相者前說五蘊皆空為除人執
今說是諸法空相者為除法執所以今者舍利子是小乘
人雖除人執猶有法執今為除其法執故重說之舍利子
是諸法空相非但有法空无法亦空汝不有須避任空若避有
住空還是執著即非空也今遣舍利子捨其空見有見
[illegible]法本不生不同凡夫

BD03610號　般若波羅蜜多心經註（佚名甲本）　　（7–5）

令說是諸法空相者爲除法執所以命者舍利子是小乘
人雖除人執猶有法執今爲除其法執故重說之舍利子
是諸法空相非但有法空无法亦空汝不須遣有任空若遣有
任空還是執著即非空也今遣舍利子捨其空見有見
故云是諸法空相 不生不滅 法本不生不同凡夫
生法本不滅不同二乘滅所以然者生法是有滅法是无
法既離有離无不應作有无解若作有无見者
即是邊理云何知然故經云迦葉有是一邊无是一
邊中者非有亦非是无以无處所此義應知以是義
故不應於真如法中强安處所令云不生不滅者
爲破凡夫妄想生二乘斷滅見令舍利子離有離无
行於中道故云不生不滅 不垢不淨 諸法體
性无無垢淨想生由垢淨想故即於淨生愛於垢生增
增愛之情從斯而起令諸菩薩聞佛爲說真如之法不
垢不淨遂即如理作意如理思惟見真法界无垢淨想
始知无始時來妄生垢淨乃能捨離歸正如法脩行斷
妄想心應真如理常覺正智不生垢淨之相妄習既盡真
性復成故得垢淨雙亡淨穢悲皆平等所以維摩經
云非垢行非淨行是菩薩行以是義故云不垢不淨
不增不減 清淨之法猶如虛空縱脩不增不脩不
減若其不脩則減脩之則增何得名爲是常住法但諸
凡夫未識真理隨逐世情於真法界而生妄想謂言法
有生滅於此生想起增生想滅時謂言是滅遂於无增
減法中起增減想違於湛然常住之法法既常住豈
合增減故四謗中云若言諸法是有即是增謗若言
諸法是无名損減謗若言諸法亦有亦无是相違謗

凡夫未識真理隨遂世情於真法界而生妄想謂言法
有生滅於此生想起增生想滅時謂言是滅遂於无增
減法中起增減想違於湛然常住之法法既常住豈
合增減故四謗中去若言諸法是有即是增謗若言
諸法是无名損減謗若言諸法亦有亦无是相違謗
若言諸非有非无是戲論謗令啟令他離於增減
之謗故說諸法不增不減是故空中无色
无受想行識言是故者以是義故諸法空中无
質㝵相故所以无色此顯色性自空非色滅而始空
色有質㝵是可見物求之尚无受想行識但有其
名如何得有又復因色而生受想行識以色无故
受想行識亦无若言无色而有受想行識者无有
是處何以故如樹无根豈有枝條花葉實未故知无
色受想行識亦復隨无故云是故空中无色无受想
行識无眼耳鼻舌身意

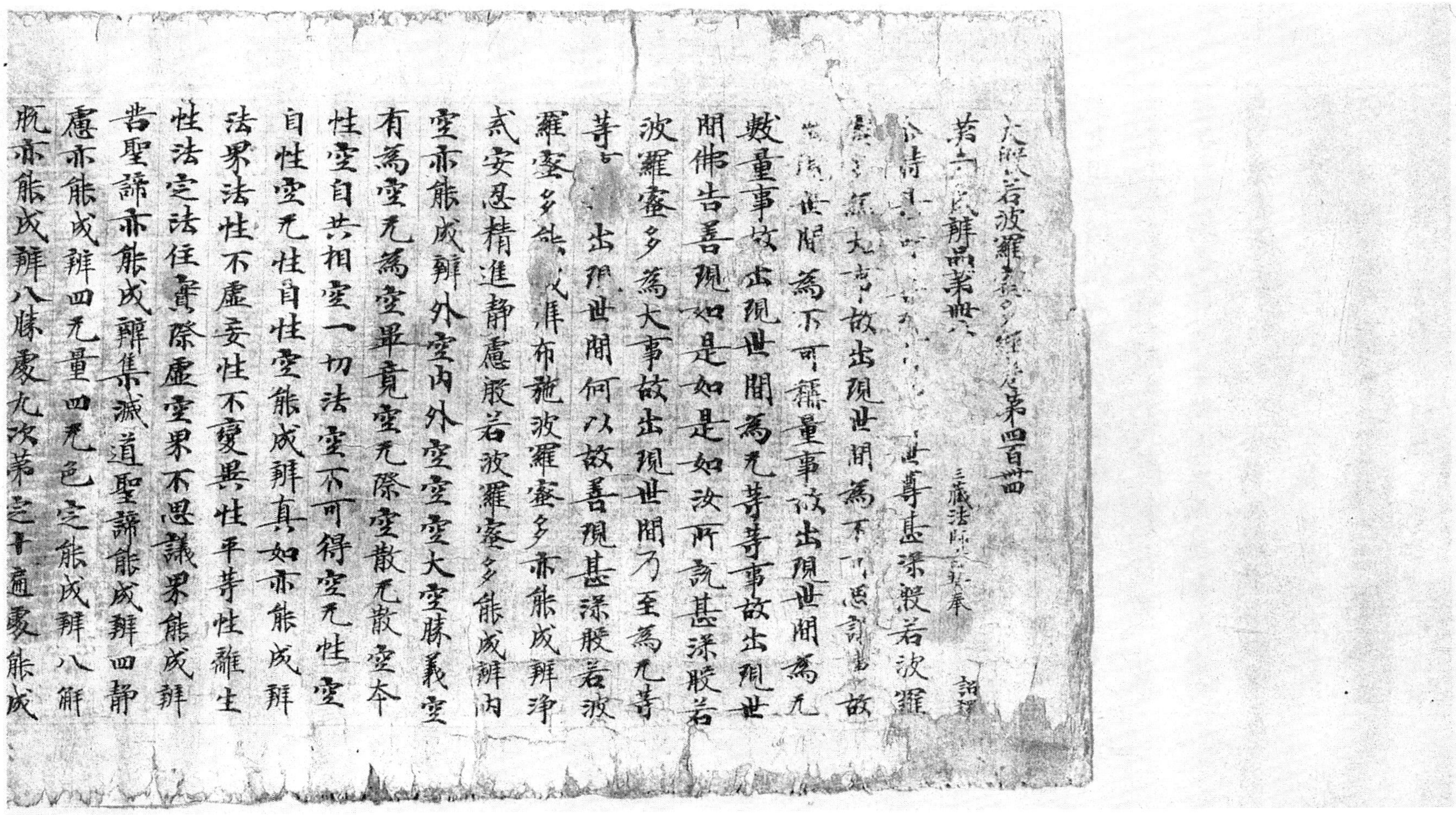
大般若波羅蜜多經卷第四百卌四
三藏法師玄奘奉　詔譯
苐二分成辦品第卌八
介時具壽善現白佛言世尊甚深般若波羅
蜜多為大事故出現世間為不可思議事故
出現世間為不可稱量事故出現世間為无
數量事故出現世間為无等等事故出現世
間佛告善現如是如是如汝所說甚深般若
波羅蜜多為大事故出現世間乃至為无等
等事故出現世間何以故善現甚深般若波
羅蜜多能成辦布施波羅蜜多亦能成辦淨
戒安忍精進靜慮般若波羅蜜多能成辦內
空亦能成辦外空內外空空空大空勝義空
有為空无為空畢竟空无際空散无散空本
性空自共相空一切法空不可得空无性空
自性空无性自性空能成辦真如亦能成辦
法界法性不虛妄性不變異性平等性離生
性法定法住實際虛空界不思議界能成辦
苦聖諦亦能成辦集滅道聖諦能成辦四靜
慮亦能成辦四无量四无色定能成辦八解
脫亦能成辦八勝處九次第定十遍處能成

BD03611 號　大般若波羅蜜多經卷四四四　（4–1）

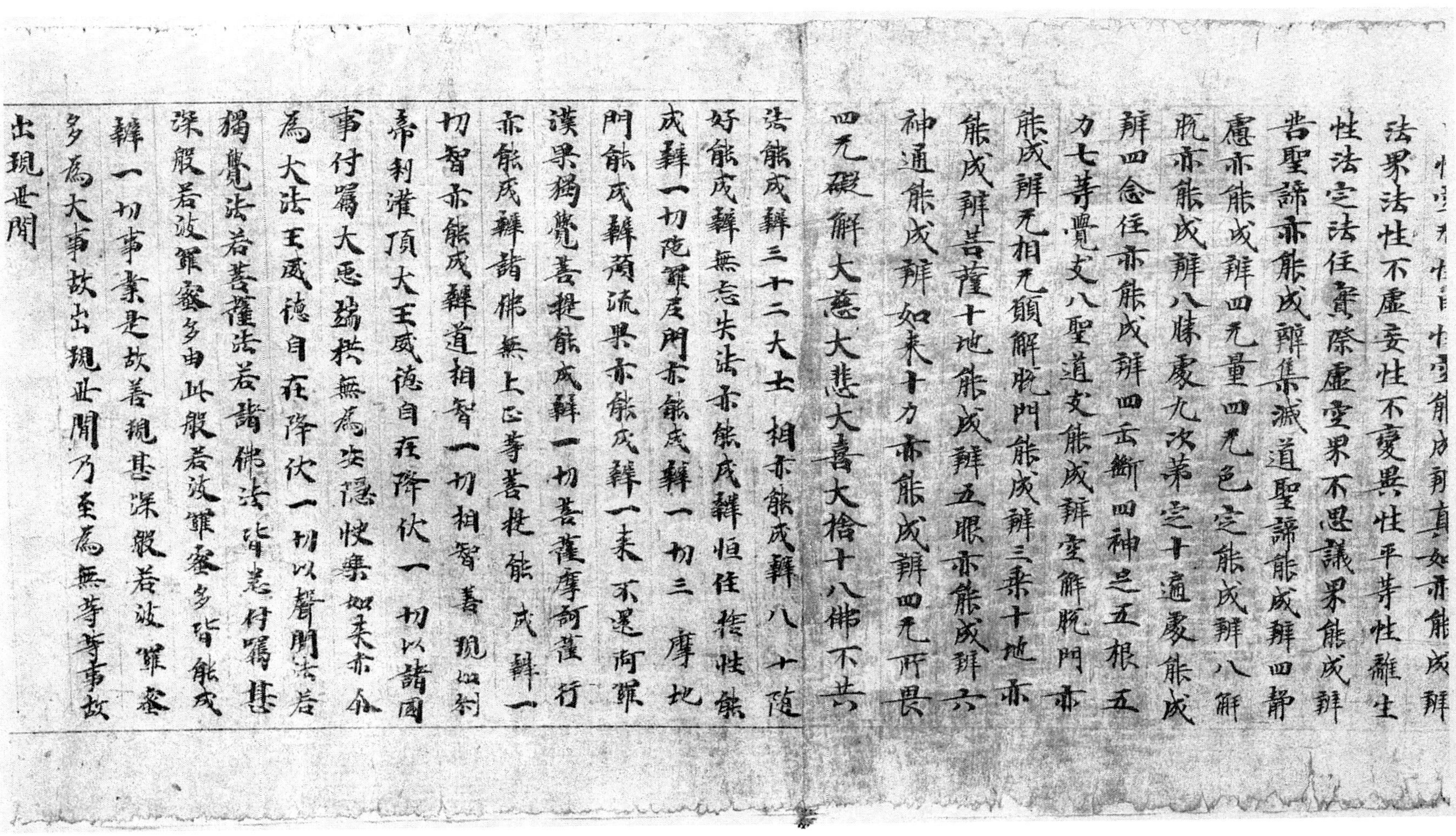
性空无性自性空能成辦真如亦能成辦
法界法性不虛妄性不變異性平等性離生
性法定法住實際虛空界不思議界能成辦
苦聖諦亦能成辦集滅道聖諦能成辦四靜
慮亦能成辦四无量四无色定能成辦八解
脫亦能成辦八勝處九次第定十遍處能成
辦四念住亦能成辦四正斷四神足五根五
力七等覺支八聖道支能成辦空解脫門亦
能成辦无相无願解脫門能成辦三乘十地亦
能成辦菩薩十地能成辦五眼亦能成辦六
神通能成辦如來十力亦能成辦四无所畏
四无礙解大慈大悲大喜大捨十八佛不共
法能成辦三十二大士相亦能成辦八十隨
好能成辦無忘失法亦能成辦恒住捨性能
成辦一切陀羅尼門亦能成辦一切三摩地
門能成辦預流果亦能成辦一來不還阿羅
漢果獨覺菩提能成辦一切菩薩摩訶薩行
亦能成辦諸佛無上正等菩提能成辦一
切智亦能成辦道相智一切相智善現如刹
帝利灌頂大王威德自在降伏一切以諸國
事付囑大臣端拱無為安隱快樂如來亦尒
為大法王威德自在降伏一切以聲聞法若
獨覺法若菩薩法若諸佛法皆悉付囑甚
深般若波羅蜜多由此般若波羅蜜多皆能成
辦一切事業是故善現甚深般若波羅蜜
多為大事故出現世間乃至為無等等事故
出現世間

BD03611 號　大般若波羅蜜多經卷四四四　（4–2）

獲覺法若善者諸法若[illegible]
深般若波羅蜜多由此般若波羅蜜多皆能成
辦一切事業是故善現甚深般若波羅蜜
多為大事故出現世間乃至為無等等事故
出現世間
復次善現甚深般若波羅蜜多於色無取無
執故出現世間能成辦事於受想行識無取
無執故出現世間能成辦事於眼處無取無
執故出現世間能成辦事於耳鼻舌身意
處無取無執故出現世間能成辦事於色處
無取無執故出現世間能成辦事於聲香味
觸法處無取無執故出現世間能成辦事於眼
界無取無執故出現世間能成辦事於耳鼻
舌身意界無取無執故出現世間能成辦事
於色界無取無執故出現世間能成辦事於
聲香味觸法界無取無執故出現世間能成
辦事於眼識界無取無執故出現世間能成
辦事於耳鼻舌身意識界無取無執故出
現世間能成辦事於眼觸無取無執故出現
世間能成辦事於耳鼻舌身意觸無取無執
故出現世間能成辦事於眼觸為緣所生諸受
無取無執故出現世間能成辦事於耳鼻
舌身意觸為緣所生諸受無取無執故出現
世間能成辦事於地界無取無執故出現世
間能成辦事於水火風空識界無取無執故
出現世間能成辦事於無明無取無執故出
現世間能成辦事於行識名色六處觸受愛

BD03611號　大般若波羅蜜多經卷四四四　（4–3）

舌身意觸為緣所生諸受無取無執故出現
世間能成辦事於地界無取無執故出現世
間能成辦事於水火風空識界無取無執故
出現世間能成辦事於無明無取無執故出
現世間能成辦事於行識名色六處觸受愛
取有生老死無取無執故出現世間能成辦
事於布施波羅蜜多無取無執故出現
世間能成辦事乃至於般若波羅蜜多無取
無執故出現世間能成辦事於內空無取無執
故出現世間能成辦事乃至於無性自性空
無取無執故出現世間能成辦事於真如無
取無執故出現世間能成辦事乃至於不思
議界無取無執故出現世間能成辦事於苦
聖諦無取無執故出現世間能成辦事於集
滅道聖諦無取無執故出現世間能成辦事
於四靜慮無取無執故出現世間能成辦事
於四無量四無色定無取無執故出現世間能
成辦事於八解脫無取無執故出現世間能成
辦事於八勝處九次第定十遍處無取無執
故出現世間能成辦事於四念住無取無執
故出現世間能成辦事乃至於八聖道支無
取無執故出現世間能成辦事於空解脫門
無取無執故出現世間能成辦事於無相無
願解脫門無取無執故出現世間能成辦事

BD03611號　大般若波羅蜜多經卷四四四　（4–4）

尊随宜說法難解難知尒時
義而說偈言
破有法王　出現世間　隨衆生欲　種種說法
如來尊重　智慧深遠　久默斯要　不務速說
有智若聞　則能信解　无智疑悔　則為永失
是故迦葉　隨力為說　以種種緣　令得正見
迦葉當知　譬如大雲　起於世間　遍覆一切
慧雲含潤　電光晃曜　雷聲遠震　令衆悅豫
日光掩蔽　地上清涼　靉靆垂布　如可承攬
其雨普等　四方俱下　流澍无量　率土充洽
山川險谷　幽邃所生　卉木藥草　大小諸樹
百穀苗稼　甘蔗蒱桃　雨之所潤　无不豐足
乾地普洽　藥木並茂　其雲所出　一味之水
草木藂林　隨分受潤　一切諸樹　上中下等
稱其大小　各得生長　根莖枝葉　華菓光色
一雨所及　皆得鮮澤　如其體相　性分大小

BD03612 號　妙法蓮華經卷三　（23–1）

百穀苗稼　甘蔗蒱桃　雨之所潤　无不豐足
乾地普洽　藥木並茂　其雲所出　一味之水
草木藂林　隨分受潤　一切諸樹　上中下等
稱其大小　各得生長　根莖枝葉　華菓光色
一雨所及　皆得鮮澤　如其體相　性分大小
所潤是一　而各滋茂　佛亦如是　出現於世
譬如大雲　普覆一切　既出于世　為諸衆生
分別演說　諸法之實　大聖世尊　於諸天人
一切衆中　而宣是言　我為如來　兩足之尊
出于世間　猶如大雲　充潤一切　枯槁衆生
皆令離苦　得安隱樂　世間之樂　及涅槃樂
諸天人衆　一心善聽　皆應到此　勤无上尊
我為世尊　无能及者　安隱衆生　故現於世
為大衆說　甘露淨法　其法一味　解脫涅槃
以一妙音　演暢斯義　常為大乘　而作因緣
我觀一切　普皆平等　无有彼此　愛憎之心
我无貪著　亦无限礙　恒為一切　平等說法
如為一人　衆多亦然　常演說法　曾无他事
去來坐立　終不疲猒　充足世間　如雨普潤
貴賤上下　持戒毀戒　威儀具足　及不具足
正見邪見　利根鈍根　等雨法雨　而无懈惓
一切衆生　聞我法者　隨力所受　住於諸地
或處人天　轉輪聖王　釋梵諸王　是小藥草
知无漏法　能得涅槃　起六神通　及得三明
獨處山林　常行禪定　得緣覺證　是中藥草
求世尊處　我當作佛　行精進定　是上藥草
又諸佛子　專心佛道　常行慈悲　自知作佛

BD03612 號　妙法蓮華經卷三　（23–2）

知无漏法　能得涅槃　起六神通　及得三明
獨處山林　常行禪定　得緣覺證　是中藥草
求世尊處　我當作佛　行精進定　是上藥草
又諸佛子　專心佛道　常行慈悲　自知作佛
決定无疑　是名小樹　安住神通　轉不退輪
度无量億　百千衆生　如是菩薩　名為大樹
佛平等說　如一味雨　隨衆生性　所受不同
如彼草木　所稟各異　佛以此喻　方便開示
種種言辭　演說一法　於佛智慧　如海一渧
我雨法雨　充滿世間　一味之法　隨力脩行
如彼叢林　藥草諸樹　隨其大小　漸增茂好
諸佛之法　常以一味　令諸世間　普得具足
漸次脩行　皆得道果　聲聞緣覺　處於山林
住最後身　聞法得果　是名藥草　各得增長
若諸菩薩　智慧堅固　了達三界　求最上乘
是名小樹　而得增長　復有住禪　得神通力
聞諸法空　心大歡喜　放无數光　度諸衆生
是名大樹　而得增長　如是迦葉　佛所說法
譬如大雲　以一味雨　潤於人華　各得成實
迦葉當知　以諸因緣　種種譬喻　開示佛道
是我方便　諸佛亦然　今為汝等　說最實事
諸聲聞衆　皆非滅度　汝等所行　是菩薩道
漸漸脩學　悉當成佛

妙法蓮華經授記第六

尒時世尊說是偈已告諸大衆唱如是言我
此弟子摩訶迦葉於未來世當得奉覲三百
万億諸佛世尊供養恭敬尊重讚歎廣宣諸

妙法蓮華經授記第六
尒時世尊說是偈已告諸大衆唱如是言我
此弟子摩訶迦葉於未來世當得奉覲三百
万億諸佛世尊供養恭敬尊重讚歎廣宣諸
佛无量大法於最後身得成為佛名曰光明
如來應供正遍知明行足善逝世間解无上
士調御丈夫天人師佛世尊國名光德劫名
大莊嚴佛壽十二小劫正法住世二十小劫
像法亦住二十小劫國界嚴飾无諸穢惡凡
礫荊棘便利不淨其土平正无有高下坑坎
堆阜琉璃為地寶樹行列黃金為繩以界道
側散諸寶華周遍清淨其國菩薩无量千
億諸聲聞衆亦復无數无有魔事雖有魔及
魔民皆護佛法尒時世尊欲重宣此義而說偈言
告諸比丘　我以佛眼　見是迦葉　於未來世
過无數劫　當得作佛　而於來世　供養奉覲
三百万億　諸佛世尊　為佛智慧　淨脩梵行
供養最上　二足尊已　脩習一切　无上之慧
於最後身　得成為佛　其土清淨　瑠璃為地
多諸寶樹　行列道側　金繩界道　見者歡喜
常出好香　散衆名華　種種奇妙　以為莊嚴
其地平正　无有丘坑　諸菩薩衆　不可稱計
其心調柔　逮大神通　奉持諸佛　大乘經典
諸聲聞衆　无漏後身　法王之子　亦不可計
乃以天眼　不能數知　其佛當壽　十二小劫
正法住世　二十小劫　像法亦住　二十小劫
光明世尊　其事如是

其心調柔　逮大神通　奉持諸佛　大乘經典
諸聲聞衆　无漏後身　法王之子　亦不可計
乃以天眼　不能數知　其佛當壽　十二小劫
正法住世　二十小劫　像法亦住　二十小劫
光明世尊　其事如是
尒時大目揵連須菩提摩訶迦栴延等皆
悉悚慄一心合掌瞻仰世尊目不暫捨即共
同聲而說偈言
大雄猛世尊　諸釋之法王　哀愍我等故　而賜佛音聲
若知我深心　見為授記者　如以甘露灑　除熱得清涼
如從飢國來　忽遇大王饍　心猶懷疑懼　未敢即便食
若復得王教　然後乃敢食　我等亦如是　每惟小乘過
不知當云何　得佛无上慧　雖聞佛音聲　言我等作佛
心尚懷憂懼　如未敢便食　若蒙佛授記　尒乃快安樂
大雄猛世尊　常欲安世間　願賜我等記　如飢須教食
尒時世尊知諸大弟子心之所念告諸比丘是
須菩提於當來世奉覲三百万億那由他
佛供養恭敬尊重讚歎常脩梵行具菩薩道
於最後身得成為佛号曰名相如來應供正
遍知明行足善逝世間解无上士調御丈夫
天人師佛世尊劫名有寶國名寶生其土平正
頗梨為地寶樹莊嚴无諸丘坑沙礫荊棘便
利之穢寶華覆地周遍清淨其土人民皆處
寶臺珎妙樓閣聲聞弟子无量无邊算數
譬喻所不能知諸菩薩衆无數千万億那由
他佛壽十二小劫正法住世二十小劫像法亦
住二十小劫其佛常處虛空為衆說法度

BD03612號　妙法蓮華經卷三　（23–5）

利之穢寶華覆地周遍清淨其土人民皆處
寶臺珎妙樓閣聲聞弟子无量无邊算數
譬喻所不能知諸菩薩衆无數千万億那由
他佛壽十二小劫正法住世二十小劫像法亦
住二十小劫其佛常處虛空為衆說法度
脫无量菩薩及聲聞衆尒時世尊欲重宣此義
而說偈言
諸比丘衆　今告汝等　皆當一心　聽我所說
我大弟子　須菩提者　當得作佛　号曰名相
當供无數　万億諸佛　隨佛所行　漸具大道
最後身得　三十二相　端正殊妙　猶如寶山
其佛國土　嚴淨第一　衆生見者　无不愛樂
佛於其中　度无量衆　其佛法中　多諸菩薩
皆悉利根　轉不退輪　彼國常以　菩薩莊嚴
諸聲聞衆　不可稱數　皆得三明　具六神通
住八解脫　有大威德　其佛說法　現於无量
神通變化　不可思議　諸天人民　數如恒沙
皆共合掌　聽受佛語　其佛當壽　十二小劫
正法住世　二十小劫　像法亦住　二十小劫
尒時世尊復告諸比丘衆我今語汝是大迦
栴延於當來世以諸供具供養奉事八千億
佛恭敬尊重諸佛滅後各起塔廟高千由旬
縱廣正等五百由旬以金銀琉璃車𤦲馬瑙
真珠玫瑰七寶合成衆華瓔珞塗香末香燒
香繒蓋幢幡供養塔廟過是已後當復供養
二万億佛亦復如是供養是諸佛已具菩薩
道當得作佛号曰閻浮那提金光如來應供

BD03612號　妙法蓮華經卷三　（23–6）

真珠玫瑰七寶合成衆華瓔珞塗香末香燒
香繒蓋幢幡供養塔廟過是已後當復供養
二万億佛亦復如是供養是諸佛已具菩薩
道當得作佛号曰閻浮那提金光如來應供
正遍知明行足善逝世間解无上士調御丈夫
天人師佛世尊其土平正頗梨為地寶樹
莊嚴黄金為繩以界道側妙華覆地周遍清
淨見者歡喜无四惡道地獄餓鬼畜生阿脩
羅道多有天人諸聲聞衆及諸菩薩无量万
億莊嚴其國佛壽十二小劫正法住世二十小
劫像法亦住二十小劫尒時世尊欲重宣此義
而說偈言
諸比丘衆　皆一心聽　如我所說　真實无異
是迦旃延　當以種種　妙好供具　供養諸佛
諸佛滅後　起七寶塔　亦以華香　供養舍利
其冣後身　得佛智慧　成等正覺　國土清淨
度脫无量　万億衆生　皆為十方　之所供養
佛之光明　无能勝者　其佛号曰　閻浮金光
菩薩聲聞　斷一切有　无量无數　莊嚴其國
尒時世尊復告大衆我今語汝是大目揵連
當以種種供具供養八千諸佛恭敬尊重諸
佛滅後各起塔廟高千由旬縱廣正等五百
由旬以金銀琉璃車𤦲馬瑙真珠玫瑰七寶合
成衆華瓔珞塗香末香燒香繒蓋幢幡以用
供養過是已後當復供養二百万億諸佛
亦復如是當得成佛号曰多摩羅跋栴檀香
如來應供正遍知明行足善逝世間解无上

BD03612號　妙法蓮華經卷三　（23–7）

成衆華瓔珞塗香末香燒香繒蓋幢幡以用
供養過是已後當復供養二百万億諸佛
亦復如是當得成佛号曰多摩羅跋栴檀香
如來應供正遍知明行足善逝世間解无上
士調御丈夫天人師佛世尊劫名喜滿國名
意樂其土平正頗梨為地寶樹莊嚴散真珠
華周遍清淨見者歡喜多諸天人菩薩聲聞
其數无量佛壽二十四小劫正法住世四十
小劫像法亦住四十小劫尒時世尊欲重宣
此義而說偈言
我此弟子　大目揵連　捨是身已　得見八千
二百万億　諸佛世尊　為佛道故　供養恭敬
於諸佛所　常脩梵行　於无量劫　奉持佛法
諸佛滅後　起七寶塔　長表金刹　華香伎樂
而以供養　諸佛塔廟　漸漸具足　菩薩道已
於意樂國　而得作佛　号多摩羅　栴檀之香
其佛壽命　二十四劫　常為天人　演說佛道
聲聞无量　如恒河沙　三明六通　有大威德
菩薩无數　志固精進　於佛智慧　皆不退轉
佛滅度後　正法當住　四十小劫　像法亦尒
我諸弟子　威德具足　其數五百　皆當授記
於未來世　咸得成佛　我及汝等　宿世因緣
吾今當說　汝等善聽
妙法蓮華經化城喻品第七
佛告諸比丘乃往過去无量无邊不可思議
阿僧祇劫尒時有佛名大通智勝如來應供
正遍知明行足善逝世間解无上士調御丈

BD03612號　妙法蓮華經卷三　（23–8）

妙法蓮華經化城喻品第七
佛告諸比丘乃往過去无量无邊不可思議
阿僧秖劫尒時有佛名大通智勝如來應供
正遍知明行足善逝世間解无上士調御丈
夫天人師佛世尊其國名好成劫名大相諸
比丘彼佛滅度已來甚大久遠譬如三千大
千世界所有地種假使有人磨以為墨過於
東方千國土乃下一點大如微塵又過千國
土復下一點如是展轉盡地種墨於汝等意
云何是諸國土若算師若算師弟子能得邊
際知其數不不也世尊諸比丘是人所經國土
若點不點盡末為塵一塵一劫彼佛滅度已
來復過是數无量无邊百千万億阿僧秖劫
我以如來知見力故觀彼久遠猶若今日尒時
世尊欲重宣此義而說偈言
我念過去世　无量无邊劫　有佛兩足尊　名大通智勝
如人以力磨　三千大千土　盡此諸地種　皆悉以為墨
過於千國土　乃下一塵點　如是展轉點　盡此諸塵墨
如是諸國土　點與不點等　復盡末為塵　一塵為一劫
此諸微塵數　其劫復過是　彼佛滅度來　如是无量劫
如來无礙智　知彼佛滅度　及聲聞菩薩　如見今滅度
諸比丘當知　佛智淨微妙　无漏无所礙　通達无量劫
佛告諸比丘大通智勝佛壽五百四十万億那
由他劫其佛本坐道場破魔軍已垂得阿耨
多羅三藐三菩提而諸佛法不現在前如是
一小劫乃至十小劫結加趺坐身心不動
而諸佛法猶不在前尒時忉利諸天先為彼

BD03612號　妙法蓮華經卷三　（23–9）

佛告諸比丘大通智勝佛壽五百四十万億那
由他劫其佛本坐道場破魔軍已垂得阿耨
多羅三藐三菩提而諸佛法不現在前如是
一小劫乃至十小劫結加趺坐身心不動
而諸佛法猶不在前尒時忉利諸天先為彼
佛於菩提樹下敷師子座高一由旬佛於此座
當得阿耨多羅三藐三菩提適坐此座時諸
梵天王雨衆天華面百由旬香風時來吹去
萎華更雨新者如是不絕滿十小劫供養
於佛乃至滅度常雨此華四王諸天為供養
佛常擊天鼓其餘諸天作天伎樂滿十小劫
至于滅度亦復如是諸比丘大通智勝佛過
十小劫諸佛之法乃現在前成阿耨多羅三
藐三菩提其佛未出家時有十六子其第一
者名曰智積諸子各有種種珍異玩好之具聞
父得成阿耨多羅三藐三菩提皆捨所珍
往詣佛所諸母涕泣而隨送之其祖轉輪聖
王與一百大臣及餘百千万億人民皆共圍
繞隨至道場咸欲親近大通智勝如來供養
恭敬尊重讚歎到已頭面礼足繞佛畢一心合
掌瞻仰世尊以偈頌曰
大威德世尊　為度衆生故　於无量億歲　尒乃得成佛
諸願已具足　善哉吉无上　世尊甚希有　一坐十小劫
身體及手足　靜然安不動　其心常惔怕　未曾有散亂
究竟永寂滅　安住无漏法　今者見世尊　安隱成佛道
我等得善利　稱慶大歡喜　衆生常苦惱　盲瞑无導師
不識苦盡道　不知求解脫　長夜增惡趣　減損諸天衆

BD03612號　妙法蓮華經卷三　（23–10）

身體及手足 靜然安不動 其心常惔怕 未曾有散亂
究竟永寂滅 安住无漏法 今者見世尊 安隱成佛道
我等得善利 稱慶大歡喜 衆生常苦惱 盲瞑无導師
不識苦盡道 不知求解脫 長夜增惡趣 減損諸天衆
從瞑入於瞑 永不聞佛名 今佛得最上 安隱无漏法
我等及天人 為得最大利 是故咸稽首 歸命无上尊
尒時十六王子偈讚佛已勸請世尊轉於法輪
咸作是言世尊說法多所安隱憐愍饒益諸
天人民重說偈言
世雄无等倫 百福自莊嚴 得无上智慧 願為世間說
度脫於我等 及諸衆生類 為分別顯示 令得是智慧
若我等得佛 衆生亦復然 世尊知衆生 深心之所念
亦知所行道 又知智慧力 欲樂及脩福 宿命所行業
世尊悉知已 當轉无上輪
佛告諸比丘大通智勝佛得阿耨多羅三藐三
菩提時十方各五百万億諸佛世界六種震
動其國中間幽瞑之處日月威光所不能照
而皆大明其中衆生各得相見咸作是言此
中云何忽生衆生又其國界諸天宮殿乃至
梵宮六種震動大光普照遍滿世界勝諸天
光尒時東方五百万億諸國土中梵天宮
殿光明照曜倍於常明諸梵天王各作是念今
者宮殿光明昔所未有以何因緣而現此相
是時諸梵天王即各相詣共議此事而彼衆中
有一大梵天王名救一切為諸梵衆而說偈言
我等諸宮殿 光明昔未有 此是何因緣 宜各共求之

BD03612號　妙法蓮華經卷三　(23–11)

殿光明照曜倍於常明諸梵天王各作是念今
者宮殿光明昔所未有以何因緣而現此相
是時諸梵天王即各相詣共議此事而彼衆中
有一大梵天王名救一切為諸梵衆而說偈言
我等諸宮殿 光明昔未有 此是何因緣 宜各共求之
為大德天生 為佛出世間 而此大光明 遍照於十方
尒時五百万億國土諸梵天王與宮殿俱各以
衣裓盛諸天華共詣西方推尋是相見大通智
勝如來處于道場菩提樹下坐師子座
諸天龍王乾闥婆緊那羅摩睺羅伽人非人
等恭敬圍繞及見十六王子請佛轉法輪即
時諸梵天王頭面禮佛繞百千帀即以天華
而散佛上其所散華如須弥山并以供養佛
菩提樹其菩提樹高十由旬華供養已各以
宮殿奉上彼佛而作是言唯見哀愍饒益我
等所獻宮殿願垂納處時諸梵天王即於佛
前一心同聲以偈頌曰
世尊甚希有 難可得值遇 具无量功德 能救護一切
天人之大師 哀愍於世間 十方諸衆生 普皆蒙饒益
我等所從來 五百万億國 捨深禪定樂 為供養佛故
我等先世福 宮殿甚嚴飾 今以奉世尊 唯願哀納受
尒時諸梵天王偈讚佛已各作是言唯願世
尊轉於法輪度脫衆生開涅槃道時諸梵天
王一心同聲而說偈言
世雄兩足尊 唯願演說法 以大慈悲力 度苦惱衆生
尒時大通智勝如來嘿然許之又諸比丘東
南方五百万億國土諸大梵天王各自見宮殿

BD03612號　妙法蓮華經卷三　(23–12)

尊轉於法輪度脫衆生開涅槃道時諸梵天
王一心同聲而說偈言
世雄兩足尊　唯願演說法　以大慈悲力　度苦惱衆生
尒時大通智勝如來嘿然許之又諸比丘東
南方五百万億國土諸大梵天王各自見宮殿
光明照曜昔所未有歡喜踊躍生希有心即
各相詣共議此事而彼衆中有一大梵天王
名曰大悲為諸梵衆而說偈言
是事何因緣　而現如此相　我等諸宮殿　光明昔未有
為大德天生　為佛出世間　未曾見此相　當共一心求
過千万億土　尋光共推之　多是佛出世　度脫苦衆生
尒時五百万億諸梵天王與宮殿俱各以衣裓
盛諸天華共詣西北方推尋是相見大通智
勝如來處于道場菩提樹下坐師子座諸
天龍王乾闥婆緊那羅摩睺羅伽人非人等
恭敬圍繞及見十六王子請佛轉法輪時諸
梵天王頭面礼佛繞百千帀即以天華而散
佛上所散之華如須彌山并以供養佛菩提
樹華供養已各以宮殿奉上彼佛而作是言
唯見哀愍饒益我等所獻宮殿願垂納處
尒時諸梵天王即於佛前一心同聲以偈頌曰
聖主天中王　迦陵頻伽聲　哀愍衆生者　我等今敬礼
世尊甚希有　久遠乃一現　一百八十劫　空過无有佛
三惡道充滿　諸天衆減少　今佛出於世　為衆生作眼
世間所歸趣　救護於一切　為衆生之父　哀愍饒益者
我等宿福慶　今得值世尊
尒時諸梵天王偈讚佛已各作是言唯願世尊
哀愍一切轉於法輪度脫衆生時諸梵天王

BD03612 號　妙法蓮華經卷三　（23–13）

世間所歸趣　救護於一切　為衆生之父　哀愍饒益者
我等宿福慶　今得值世尊
尒時諸梵天王偈讚佛已各作是言唯願世尊
哀愍一切轉於法輪度脫衆生時諸梵天王
一心同聲而說偈言
大聖轉法輪　顯示諸法相　度苦惱衆生　令得大歡喜
衆生聞此法　得道若生天　諸惡道減少　忍善者增益
尒時大通智勝如來嘿然許之又諸比丘南
方五百万億國土諸大天王各自見宮殿光
明照曜昔所未有歡喜踊躍生希有心即各
相詣共議此事以何因緣我等宮殿有此光曜
而彼衆中有一大梵天王名曰妙法為諸梵
衆而說偈言
我等諸宮殿　光明甚威曜　此非无因緣　是相宜求之
過於百千劫　未曾見是相　為大德天生　為佛出世間
尒時五百万億諸梵天王與宮殿俱各以衣裓
盛諸天華共詣北方推尋是相見大通智勝
如來處于道場菩提樹下坐師子座諸天
龍王乾闥婆緊那羅摩睺羅伽人非人等恭
敬圍繞及見十六王子請佛轉法輪時諸梵
天王頭面礼佛繞百千帀即以天華而散佛上
所散之華如須彌山并以供養佛菩提樹華
供養已各以宮殿奉上彼佛而作是言唯見
哀愍饒益我等所獻宮殿願垂納處尒時諸梵
天王即於佛前一心同聲以偈頌曰
世尊甚難見　破諸煩惱者　過百三十劫　今乃得一見
諸飢渴衆生　以法雨充滿　昔所未曾都　无量智慧者

BD03612 號　妙法蓮華經卷三　（23–14）

哀愍饒益我等所獻宮殿願垂納處尒時諸梵
天王即於佛前一心同聲以偈頌曰
世尊甚難見　破諸煩惱者　過百三十劫　今乃得一見
諸飢渴衆生　以法雨充滿　昔所未曾覩　无量智慧者
如優曇波羅　今日乃值遇　我等諸宮殿　蒙光故嚴飾
世尊大慈愍　唯願垂納受
尒時諸梵天王偈讚佛已各作是言唯願世
尊轉於法輪令一切世間諸天魔梵沙門婆羅
門皆獲安隱而得度脫時諸梵天王一心同
聲以偈頌曰
唯願天人尊　轉无上法輪　擊于大法鼓　而吹大法螺
普雨大法雨　度无量衆生　我等咸歸請　當演深遠音
尒時大通智勝如來嘿然許之西南方乃至下
方亦復如是尒時上方五百万億國土諸大
梵天王皆悉自覩所止宮殿光明威曜昔所
未有歡喜踊躍生希有心即各相詣共議此事
以何因緣我等宮殿有斯光明而彼衆中有
一大梵天王名曰尸棄為諸梵衆而說偈言
今以何因緣　我等諸宮殿　威德光明曜　嚴飾未曾有
如是之妙相　昔所未聞見　為大德天生　為佛出世間
尒時五百万億諸梵天王與宮殿俱各以衣裓盛
諸天華共詣下方推尋是相見大通智勝
如來處于道場菩提樹下坐師子座諸天
龍王乹闥婆緊那羅摩睺羅伽人非人等恭
敬圍繞及見十六王見請佛轉法輪時諸梵天
王頭面礼佛繞百千帀即以天華而散佛上所
散之華如須弥山并以供養佛菩提樹華供

BD03612 號　妙法蓮華經卷三　(23–15)

龍王乹闥婆緊那羅摩睺羅伽人非人等恭
敬圍繞及見十六王見請佛轉法輪時諸梵天
王頭面礼佛繞百千帀即以天華而散佛上所
散之華如須弥山并以供養佛菩提樹華供
養已各以宮殿奉上彼佛而作是言唯見哀
愍饒益我等所獻宮殿願垂納處時諸梵天王
即於佛前一心同聲以偈頌曰
善哉見諸佛　救世之聖尊　能於三界獄　勉出諸衆生
普智天人尊　愍哀群萌類　能開甘露門　廣度於一切
於昔无量劫　空過无有佛　世尊未出時　十方常暗瞑
三惡道增長　阿脩羅亦盛　諸天衆轉減　死多墮惡道
不從佛聞法　常行不善事　色力及智慧　斯等皆減少
罪業因緣故　失樂及樂想　住於邪見法　不識善儀則
不蒙佛所化　常墮於惡道　佛為世間眼　久遠時乃出
哀愍諸衆生　故現於世間　超出成正覺　我等甚欣慶
及餘一切衆　喜歎未曾有　我等諸宮殿　蒙光故嚴飾
今以奉世尊　唯垂哀納受　願以此功德　普及於一切
我等與衆生　皆共成佛道
尒時五百万億諸梵天王偈讚佛已各白佛言
唯願世尊轉於法輪多所安隱多所度脫時
諸梵天王而說偈言
世尊轉法輪　擊甘露法鼓　度苦惱衆生　開示涅槃道
唯願受我請　以大微妙音　哀愍而敷演　无量劫習法
尒時大通智勝如來受十方諸梵天王及十
六王子請即時三轉十二行法輪若沙門婆羅
門若天魔梵及餘世間所不能轉謂是苦
是苦集是苦滅是苦滅道及廣說十二因緣

BD03612 號　妙法蓮華經卷三　(23–16)

尒時大通智勝如来受十方諸梵天王及十
六王子請即時三轉十二行法輪若沙門婆羅
門若天魔梵及餘世間所不能轉謂是苦
是苦集是苦滅是苦滅道及廣說十二因緣
法无明緣行行緣識識緣名色名色緣六入
六入緣觸觸緣受受緣愛愛緣取取緣有有
緣生生緣老死憂悲苦惱无明滅則行滅行
滅則識滅識滅則名色滅名色滅則六入滅六
入滅則觸滅觸滅則受滅受滅則愛滅愛
滅則取滅取滅則有滅有滅則生滅生滅則
老死憂悲苦惱滅佛於天人大衆之中說是
法時六百万億那由他人以不受一切法故
而於諸漏心得解脫皆得深妙禪定三明六
通具八解脫第二第三第四說法時千万億
恒河沙那由他等衆生亦以不受一切法故
而於諸漏心得解脫從是已後諸聲聞衆无
量无邊不可稱數尒時十六王子皆以童子出
家而為沙弥諸根通利智慧明了已曾供
養百千万億諸佛淨脩梵行求阿耨多羅三
藐三菩提俱白佛言世尊是諸无量千万億
大德聲聞皆已成就世尊亦當為我等說阿
耨多羅三藐三菩提法我等聞已皆共脩學
世尊我等志願如来知見深心所念佛自證
知尒時轉輪聖王所將衆中八万億人見十六
王子出家亦求出家王即聽許尒時彼佛受
沙弥請過二万劫已乃於四衆之中說是大
乘經名妙法蓮華教菩薩法佛所護念說是
經已十六沙弥為阿耨多羅三藐三菩提故

BD03612號　妙法蓮華經卷三　（23-17）

王子出家亦求出家王即聽許尒時彼佛受
沙弥請過二万劫已乃於四衆之中說是大
乘經名妙法蓮華教菩薩法佛所護念說是
經已十六沙弥為阿耨多羅三藐三菩提故
皆共受持諷誦通利說是經時十六菩薩
沙弥皆悉信受聲聞衆中亦有信解其餘衆
生千万億種皆生疑惑佛說是經於八千劫
未曾休廢說此經已即入靜室住於禪定八
万四千劫是時十六菩薩沙弥知佛入室寂
然禪定各昇法座亦於八万四千劫為四部
衆廣說分別妙法華經一一皆度六百万億那
由他恒河沙等衆生示教利喜令發阿耨
多羅三藐三菩提心大通智勝佛過八万四
千劫已從三昧起往詣法座安詳而坐普告
大衆是十六菩薩沙弥甚為希有諸根通利
智慧明了已曾供養无量千万億數諸佛於
諸佛所常脩梵行受持佛智開示衆生令入
其中汝等皆當數數親近而供養之所以者何
若聲聞辟支佛及諸菩薩能信是十六菩
薩所說經法受持不毀者是人皆當得阿耨
多羅三藐三菩提如来之慧佛告諸比丘是
十六菩薩常樂說是妙法蓮華經一一菩薩
所化六百万億那由他恒河沙等衆生世世
所生與菩薩俱從其聞法悉皆信解以此因
緣得值四万億諸佛世尊于今不盡諸比丘
我今語汝彼佛弟子十六沙弥今皆得阿耨
多羅三藐三菩提於十方國土現在說法有
无量百千万億菩薩聲聞以為眷屬其二沙

BD03612號　妙法蓮華經卷三　（23-18）

所生與菩薩俱從其聞法悉皆信解以此因
緣得值四万億諸佛世尊于今不盡諸比丘
我今語汝彼佛弟子十六沙弥今皆得阿耨
多羅三藐三菩提於十方國土現在說法有
无量百千万億菩薩聲聞以為眷屬其二沙
弥東方作佛一名阿閦在歡喜國二名須弥
頂東南方二佛一名師子音二名師子相南
方二佛一名虛空住二名常滅西南方二佛
一名帝相二名梵相西方二佛一名阿弥陁
二名度一切世間苦惱西北方二佛一名多摩
羅跋栴檀香神通二名須弥相北方二佛一
名雲自在二名雲自在王東北方佛名壞一
切世間怖畏第十六我釋迦牟尼佛於娑
婆國土成阿耨多羅三藐三菩提諸比丘我
等為沙弥時各各教化无量百千万億恒河
沙等衆生從我聞法為阿耨多羅三藐三菩
提此諸衆生于今有住聲聞地者我常教化
阿耨多羅三藐三菩提是諸人等應以是法
漸入佛道所以者何如來智慧難信難解尒
時所化无量恒河沙等衆生者汝等諸比丘
及我滅度後未來世中聲聞弟子是也我滅
度後復有弟子不聞是經不知不覺菩薩所
行自於所得功德生滅度想當入涅槃我於
餘國作佛更有異名是人雖生滅度之想入
於涅槃而於彼土求佛智慧得聞是經唯以
佛乘而得滅度更无餘乘除諸如來方便說法
諸比丘若如來自知涅槃時到衆又清淨信

餘國作佛更有異名是人雖生滅度之想入
於涅槃而於彼土求佛智慧得聞是經唯以
佛乘而得滅度更无餘乘除諸如來方便說法
諸比丘若如來自知涅槃時到衆又清淨信
解堅固了達空法深入禪定便集諸菩薩及
聲聞衆為說是經世間无有二乘而得滅度
唯一佛乘得滅度耳比丘當知如來方便深入衆
生之性知其志樂小法深著五欲為是等
故說於涅槃是人若聞則便信受譬如五
百由旬險難惡道曠絕无人怖畏之處若有多
衆欲過此道至珎寶處有一導師聰慧明
達善知險道通塞之相將導衆人欲過此難
所將人衆中路懈退白導師言我等疲極
而復怖畏不能復進前路猶遠今欲退還導
師多諸方便而作是念此等可愍云何捨大
珎寶而欲退還作是念已以方便力於險道中
過三百由旬化作一城告衆人言汝等勿怖
莫得退還今此大城可於中止隨意所作若
入是城快得安隱若能前至寶所亦可得去
是時疲極之衆心大歡喜歎未曾有我等
今者免斯惡道快得安隱於是衆人前入化
城生已度想生安隱想尒時導師知此人衆
既得止息无復疲惓即滅化城語衆人言汝
等去來寶處在近向者大城我所化作為止
息耳諸比丘如來亦復如是今為汝等作大
導師知諸生死煩惱惡道險難長遠應去應
度若衆生但聞一佛乘者則不欲見佛不欲

寶處在近向者大城我所化作為止
息耳諸比丘如來亦復如是今為汝等作大
導師知諸生死煩惱惡道險難長遠應去應
度若衆生但聞一佛乘者則不欲見佛不欲
親近便作是念佛道長遠久受勤苦乃可得
成佛知是心怯弱下劣以方便力而於中道
為止息故說二涅槃若衆生住於二地如來尒
時即便為說汝等所作未辦汝所住地近於
佛慧當觀察籌量所得涅槃非真實也但是
如來方便之力於一佛乘分別說三如彼導
師為止息故化作大城既知息已而告之言
寶處在近此城非實我化作耳尒時世尊
欲重宣此義而說偈言
大通智勝佛　十劫坐道場　佛法不現前　不得成佛道
諸天神龍王　阿脩羅衆等　常雨於天華　以供養彼佛
諸天擊天鼓　并作衆伎樂　香風吹萎華　更雨新好者
過十小劫已　乃得成佛道　諸天及世人　心皆懷踊躍
彼佛十六子　皆與其眷屬　千万億圍繞　俱行至佛所
頭面礼佛足　而請轉法輪　聖師子法雨　充我及一切
世尊甚難值　久遠時一現　為覺悟群生　震動於一切
東方諸世界　五百万億國　梵宮殿光曜　昔所未曾有
諸梵見此相　尋來至佛所　散華以供養　并奉上宮殿
請佛轉法輪　以偈而讚歎　佛知時未至　受請嘿然坐
三方及四維　上下亦復尒　散華奉宮殿　請佛轉法輪
世尊甚難值　願以大慈悲　廣開甘露門　轉无上法輪
无量慧世尊　受彼衆人請　為宣種種法　四諦十二緣
无明至老死　皆從生緣有　如是衆過患　汝等應當知
宣暢是法時　六百万億姟　得盡諸苦際　皆成阿羅漢

BD03612號　妙法蓮華經卷三

(23–21)

三方及四維　上下亦復尒　散華奉宮殿　請佛轉法輪
世尊甚難值　願以大慈悲　廣開甘露門　轉无上法輪
无量慧世尊　受彼衆人請　為宣種種法　四諦十二緣
无明至老死　皆從生緣有　如是衆過患　汝等應當知
宣暢是法時　六百万億姟　得盡諸苦際　皆成阿羅漢
第二說法時　千万恒沙衆　於諸法不受　亦得阿羅漢
從是後得道　其數无有量　万億劫筭數　不能得其邊
時十六王子　出家作沙弥　皆共請彼佛　演說大乘法
我等及營從　皆當成佛道　願得如世尊　慧眼第一淨
佛知童子心　宿世之所行　以无量因緣　種種諸譬喻
說六波羅蜜　及諸神通事　分別真實法　菩薩所行道
說是法華經　如恒河沙偈　彼佛說經已　靜室入禪定
一心一處坐　八万四千劫　是諸沙弥等　知佛禪未出
為无量億衆　說佛无上慧　各各坐法座　說是大乘經
於佛宴寂後　宣揚助法化　一一沙弥等　所度諸衆生
有六百万億　恒河沙等衆　彼佛滅度後　是諸聞法者
在在諸佛土　常與師俱生　是十六沙弥　具足行佛道
今現在十方　各得成正覺　尒時聞法者　各在諸佛所
其有住聲聞　漸教以佛道　我在十六數　曾亦為汝說
是故以方便　引汝趣佛慧　以是本因緣　今說法華經
令汝入佛道　慎勿懷驚懼　譬如險惡道　逈絕多毒獸
又復无水草　人所怖畏處　无數千万衆　欲過此險道
其路甚曠遠　經五百由旬　時有一導師　強識有智慧
明了心決定　在險濟衆難　衆人皆疲惓　而白導師言
我等今頓乏　於此欲退還　導師作是念　此輩甚可愍
如何欲退還　而失大珎寶　尋時思方便　當設神通力
化作大城郭　莊嚴諸舍宅　周帀有園林　渠流及浴池
重門高樓閣　男女皆充滿　即作是化已　慰衆言勿懼

BD03612號　妙法蓮華經卷三

(23–22)

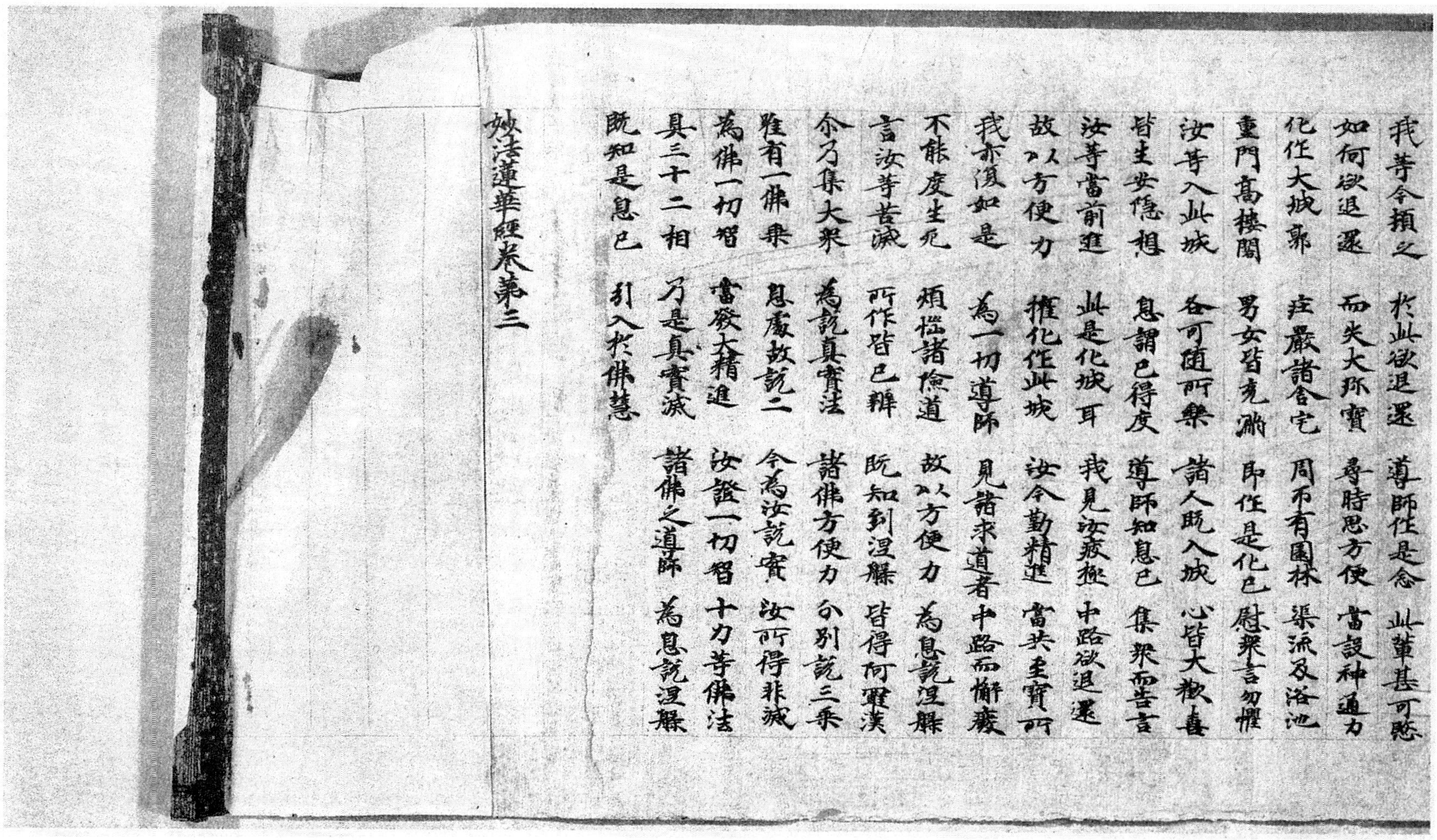

我等今頓乏　於此欲退還　導師作是念　此輩甚可愍
如何欲退還　而失大珍寶　尋時思方便　當設神通力
化作大城郭　莊嚴諸舍宅　周帀有園林　渠流及浴池
重門高樓閣　男女皆充滿　即作是化已　慰眾言勿懼
汝等入此城　各可隨所樂　諸人既入城　心皆大歡喜
皆生安隱想　自謂已得度　導師知息已　集眾而告言
汝等當前進　此是化城耳　我見汝疲極　中路欲退還
故以方便力　權化作此城　汝今勤精進　當共至寶所
我亦復如是　為一切導師　見諸求道者　中路而懈廢
不能度生死　煩惱諸險道　故以方便力　為息說涅槃
言汝等苦滅　所作皆已辦　既知到涅槃　皆得阿羅漢
爾乃集大眾　為說真實法　諸佛方便力　分別說三乘
唯有一佛乘　息處故說二　今為汝說實　汝所得非滅
為佛一切智　當發大精進　汝證一切智　十力等佛法
具三十二相　乃是真實滅　諸佛之導師　為息說涅槃
既知是息已　引入於佛慧

妙法蓮華經卷第三

BD03612 號　妙法蓮華經卷三　　（23–23）

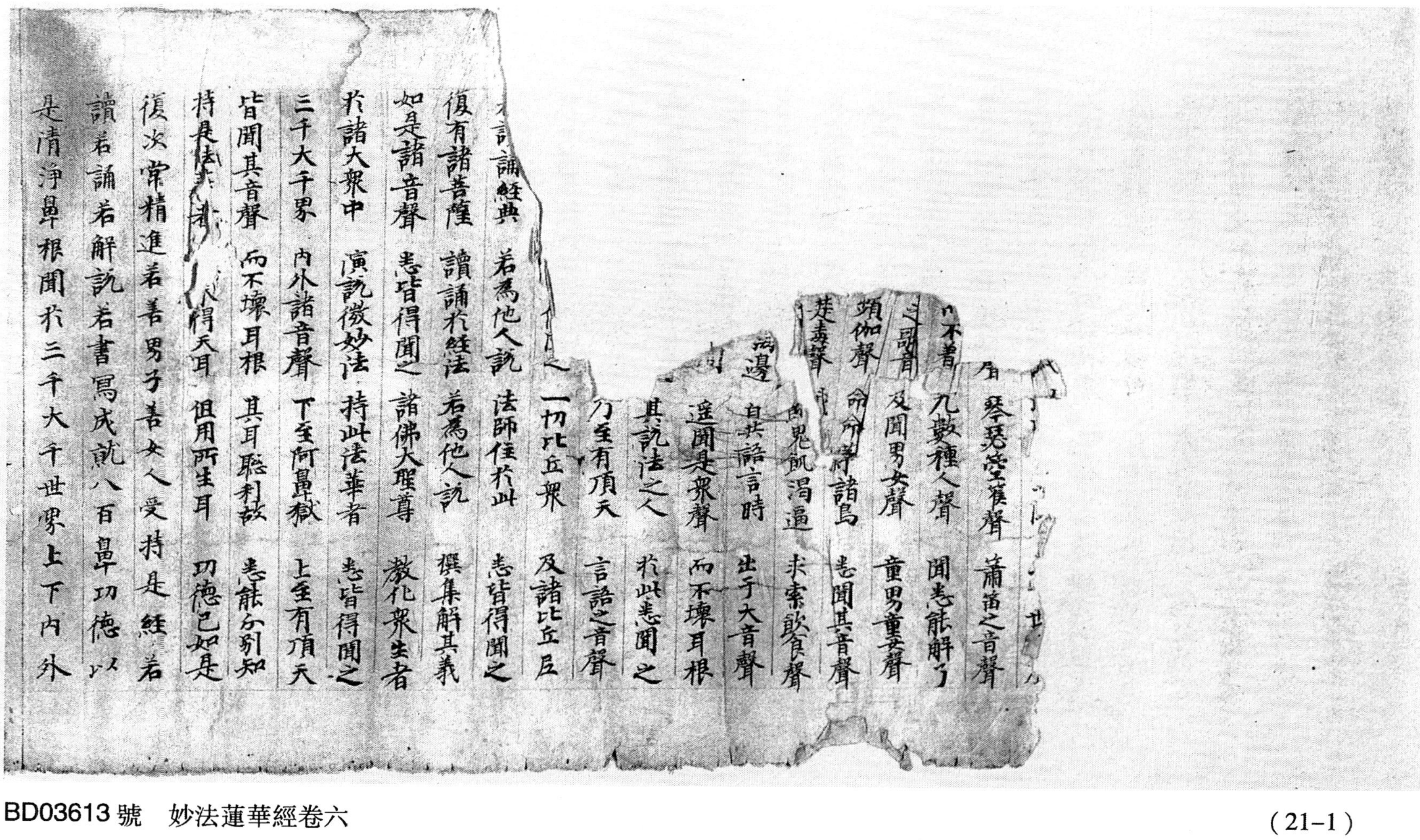

琴瑟箜篌聲　簫笛之音聲
不著　無數種人聲　聞悉能解了
歌音　及聞男女聲　童男童女聲
頻伽聲　命命等諸鳥　悉聞其音聲
楚毒聲　餓鬼飢渴逼　求索飲食聲
海邊　自共語言時　出于大音聲
遙聞是眾聲　而不壞耳根
其說法之人　於此悉聞之
乃至有頂天　言語之音聲
一切比丘眾　及諸比丘尼
若讀誦經典　若為他人說　法師住於此　悉皆得聞之
復有諸菩薩　讀誦於經法　若為他人說　撰集解其義
如是諸音聲　悉皆得聞之　諸佛大聖尊　教化眾生者
於諸大眾中　演說微妙法　持此法華者　悉皆得聞之
三千大千界　內外諸音聲　下至阿鼻獄　上至有頂天
皆聞其音聲　而不壞耳根　其耳聰利故　悉能分別知
持是法華者　雖未得天耳　但用所生耳　功德已如是
復次常精進　若善男子善女人受持是經　若
讀若誦若解說若書寫　成就八百鼻功德　以
是清淨鼻根　聞於三千大千世界上下內外

BD03613 號　妙法蓮華經卷六　　（21–1）

皆聞其音聲　而不壞耳根　其耳聰利故　悉能分別知
持是法花者　雖未得天耳　但用所生耳　功德已如是
復次常精進若善男子善女人受持是經若
讀若誦若解說若書寫成就八百鼻功德以
是清淨鼻根聞於三千大千世界上下內外
種種諸香須曼那華香闍提華香末利華香
瞻蔔華香波羅羅華香赤蓮華香青蓮華香
白蓮華香華樹香菓樹香栴檀香沉水香多
摩羅跋香多伽羅香及千万種和香若末若
丸若塗香持是經者於此間住悉能分別又
復別知眾生之香象香馬香牛羊等香男香
女香童子香童女香及草木叢林香若近若
遠所有諸香悉皆得聞分別不錯持是經者
雖住於此亦聞天上諸天之香波利質多羅
拘鞞陀羅樹香及曼陀羅華香摩訶曼陀羅
華香曼殊沙華香摩訶曼殊沙華香栴檀沉
水種種末香諸雜華香如是等天香和合所
出之香无不聞知又聞諸天身香釋提桓因
在勝殿上五欲娛樂嬉戲時香若在妙法堂
上為忉利諸天說法時香若於諸園遊戲時
香及餘天等男女身香皆悉遙聞如是展轉
乃至梵世上至有頂諸天身香亦皆聞之并
聞諸天所燒之香及聲聞香辟支佛香菩薩
香諸佛身香亦皆遙聞知其所在雖聞此香
然於鼻根不壞不錯若欲分別為他人說憶
念不謬尒時世尊欲重宣此義而說偈言
是人鼻清淨　於此世界中　若香若臭物　種種悉聞知
須曼那闍提　多摩羅栴檀　沉水及桂香　種種華菓香

BD03613 號　妙法蓮華經卷六

(21–2)

然於鼻根不壞不錯若欲分別為他人說憶
念不謬尒時世尊欲重宣此義而說偈言
是人鼻清淨　於此世界中　若香若臭物　種種悉聞知
須曼那闍提　多摩羅栴檀　沉水及桂香　種種華菓香
及知眾生香　男子女人香　說法者遠住　聞香知所在
大勢轉輪王　小轉輪及子　群臣諸宮人　聞香知所在
身所著珍寶　及地中寶藏　轉輪王寶女　聞香知所在
諸人嚴身具　衣服及瓔珞　種種所塗香　聞則知其身
諸天若行坐　遊戲及神變　持是法華者　聞香悉能知
諸樹華菓實　及蘇油香氣　持經者住此　悉知其所在
諸山深嶮處　栴檀樹華敷　眾生在中者　聞香皆能知
鐵圍山大海　地中諸眾生　持經者聞香　悉知其所在
阿脩羅男女　及其諸眷屬　鬪諍遊戲時　聞香皆能知
曠野險隘處　師子象虎狼　野牛水牛等　聞香知所在
若有懷妊者　未辯其男女　无根及非人　聞香悉能知
以聞香力故　知其初懷妊　成就不成就　安樂產福子
以聞香力故　知男子所念　染欲癡恚心　亦知脩善者
地中眾伏藏　金銀諸珍寶　銅器之所盛　聞香悉能知
種種諸瓔珞　无能識其價　聞香知貴賤　出處及所在
天上諸華等　曼陀曼殊沙　波利質多樹　聞香悉能知
天上諸宮殿　上中下差別　眾寶華莊嚴　聞香悉能知
天園林勝殿　諸觀妙法堂　在中而娛樂　聞香悉能知
諸天若聽法　或受五欲時　來往行坐臥　聞香悉能知
天女所著衣　好華香莊嚴　周旋遊戲時　聞香悉能知
如是展轉上　乃至於梵世　入禪出禪者　聞香悉能知
光音遍淨天　乃至于有頂　初生及退沒　聞香悉能知
諸比丘眾等　於法常精進　若坐若經行　及讀誦經法
或在林樹下　專精而坐禪　持經者聞香　悉知其所在

BD03613 號　妙法蓮華經卷六

(21–3)

如是展轉上　乃至於梵世　入禪出禪者　聞香悉能知
光音遍淨天　乃至于有頂　初生及退沒　聞香悉能知
諸比丘衆等　於法常精進　若坐若經行　及讀誦經法
或在林樹下　專精而坐禪　持經者聞香　悉知其所在
菩薩志堅固　坐禪若讀誦　或為人說法　聞香悉能知
在在方世尊　一切所恭敬　愍衆而說法　聞香悉能知
衆生在佛前　聞經皆歡喜　如法而修行　聞香悉能知
雖未得菩薩　无漏法生鼻　而是持經者　先得此鼻相
復次常精進若善男子善女人受持是經若
讀若誦若解說若書寫得千二百舌功德若
好若醜若美不美及諸苦澀物在其舌根皆
變成上味如天甘露无不美者若以舌根於
大衆中有所演說出深妙聲能入其心皆令
歡喜快樂又諸天子天女釋梵諸天聞是深
妙音聲有所演說言論次第皆悉來聽及諸
龍龍女夜叉夜叉女乾闥婆乾闥婆女阿脩
羅阿脩羅女迦樓羅迦樓羅女緊那羅緊那
羅女摩睺羅伽摩睺羅伽女為聽法故皆來
親近恭敬供養及比丘比丘尼優婆塞優婆
夷國王王子羣臣眷屬小轉輪王大轉輪王
七寶千子內外眷屬乘其宮殿俱來聽法以
是菩薩善說法故婆羅門居士國內人民盡
其形壽隨侍供養又諸聲聞辟支佛菩薩諸
佛常樂見之是人所在方面諸佛皆向其處
說法悉能受持一切佛法又能出於深妙法
音爾時世尊欲重宣此義而說偈言
是人舌根淨　終不受惡味　其有所食噉　悉皆成甘露
以深淨妙音　於大衆說法　以諸因緣喻　引導[illegible]

BD03613號　妙法蓮華經卷六　（21–4）

佛常樂見之是人所在方面諸佛皆向其處
說法悉能受持一切佛法又能出於深妙法
音爾時世尊欲重宣此義而說偈言
是人舌根淨　終不受惡味　其有所食噉　悉皆成甘露
以深淨妙音　於大衆說法　以諸因緣喻　引導衆生心
聞者皆歡喜　設諸上供養　諸天龍夜叉　及阿脩羅等
皆以恭敬心　而共來聽法　是說法之人　若欲以妙音
遍滿三千界　隨意即能至　大小轉輪王　及千子眷屬
合掌恭敬心　常來聽受法　諸天龍夜叉　羅剎毗舍闍
亦以歡喜心　常樂來供養　梵天王魔王　自在大自在
如是諸天衆　常來至其所　諸佛及弟子　聞其說法音
常念而守護　或時為現身
復次常精進若善男子善女人受持是經若
讀若誦若解說若書寫得八百身功德得清
淨身如淨瑠璃衆生憙見其身淨故三千大
千世界衆生生時死時上下好醜生善處惡
處悉於中現及鐵圍山大鐵圍山弥樓山摩
訶弥樓山等諸山及其中衆生悉於中現下
至阿鼻地獄上至有頂所有及衆生悉於中
現若聲聞辟支佛菩薩諸佛說法皆於身中
現其色像爾時世尊欲重宣此義而說偈言
若持法華者　其身甚清淨　如彼淨瑠璃　衆生皆憙見
又如淨明鏡　悉見諸色像　菩薩於淨身　皆見世所有
唯獨自明了　餘人所不見　三千世界中　一切諸羣萌
天人阿脩羅　地獄鬼畜生　如是諸色像　皆於身中現
諸天等宮殿　乃至於有頂　鐵圍及弥樓　摩訶弥樓山
諸大海水等　皆於身中現　諸佛及聲聞　佛子菩薩等
若獨若在衆　說法悉皆現　雖未得无漏　法性之妙身

BD03613號　妙法蓮華經卷六　（21–5）

天人阿脩羅　地獄鬼畜生　如是諸色像　皆於身中現
諸天等宮殿　乃至於有頂　鐵圍及彌樓　摩訶彌樓山
諸大海水等　皆於身中現　諸佛及聲聞　佛子菩薩等
若獨若在眾　說法悉皆現　雖未得无漏　法性之妙身
以清淨常體　一切於中現
復次常精進若善男子善女人如來滅後受
持是經若讀若誦若解說若書寫得千二百
意功德以是清淨意根乃至聞一偈一句通
達无量无邊之義解是義已能演說一句一
偈至於一月四月乃至一歲諸所說法隨其
義趣皆與實相不相違背若說俗間經書治
世語言資生業等皆順正法三千大千世界
六趣眾生心之所行心所動作心所戲論皆
悉知之雖未得无漏智慧而其意根清淨如
此是人有所思惟籌量言說皆是佛法无不
真實亦是先佛經中所說尒時世尊欲重宣
此義而說偈言
是人意清淨　明利无穢濁　以此妙意根　知上中下法
乃至聞一偈　通達无量義　次第如法說　月四月至歲
是世界內外　一切諸眾生　若天龍及人　夜叉鬼神等
其在六趣中　所念若干種　持法華之報　一時皆悉知
十方无數佛　百福莊嚴相　為眾生說法　悉聞能受持
思惟无量義　說法亦无量　終始不忘錯　以持法華故
悉知諸法相　隨義識次第　達名字語言　如所知演說
此人有所說　皆是先佛法　以演此法故　於眾无所畏
持法華經者　意根淨若斯　雖未得无漏　先有如是相
是人持此經　安住希有地　為一切眾生　歡喜而愛敬
能以千万種　善巧之語言　分別而說法　持法華經故
妙法蓮華經常不輕菩薩品第二十

BD03613號　妙法蓮華經卷六　（21–6）

持法華經者　意根淨若斯　雖未得无漏　先有如是相
是人持此經　安住希有地　為一切眾生　歡喜而愛敬
能以千万種　善巧之語言　分別而說法　持法華經故
妙法蓮華經常不輕菩薩品第二十
尒時佛告得大勢菩薩摩訶薩汝今當知若
比丘比丘尼優婆塞優婆夷持法華經者若
有惡口罵詈誹謗獲大罪報如前所說其所
得功德如向所說眼耳鼻舌身意清淨得大
勢乃往古昔過无量无邊不可思議阿僧祇
劫有佛名威音王如來應供正遍知明行足
善逝世間解无上士調御丈夫天人師佛世
尊劫名離衰國名大成其威音王佛於彼世
中為天人阿脩羅說法為求聲聞者說應四
諦法度生老病死究竟涅槃為求辟支佛者
說應十二因緣法為諸菩薩因阿耨多羅三
藐三菩提說應六波羅蜜法究竟佛慧得大
勢是威音王佛壽四十万億那由他恒河沙
劫正法住世劫數如一閻浮提微塵像法住
世劫數如四天下微塵其佛饒益眾生已然
後滅度正法像法滅盡之後於此國土復有
佛出亦号威音王如來應供正遍知明行足
善逝世間解无上士調御丈夫天人師佛世
尊如是次第有二万億佛皆同一号最初威
音王如來既已滅度正法滅後於像法中增
上慢比丘有大勢力尒時有一菩薩比丘名
常不輕得大勢以何因緣名常不輕是比丘
凡有所見若比丘比丘尼優婆塞優婆夷皆
悉礼拜讚歎而作是言我深敬汝等不敢輕
慢所以者何汝等皆行菩薩道當得作佛而

BD03613號　妙法蓮華經卷六　（21–7）

常不輕得大勢以何因緣名常不輕是比丘
凡有所見若比丘比丘尼優婆塞優婆夷皆
悉礼拜讚嘆而作是言我深敬汝等不敢輕
慢所以者何汝等皆行菩薩道當得作佛而
是比丘不專讀誦經典但行礼拜乃至遠見
四衆亦復故往礼拜讚嘆而作是言我不敢
輕於汝等汝等皆當作佛故四衆之中有生
瞋恚心不淨者惡口罵詈言是无智比丘從
何所來自言我不輕汝而與我等受記當得
作佛我等不用如是虛妄受記如此經歷多
年常被罵詈不生瞋恚常作是言汝當作佛
説是語時衆人或以杖木瓦石而打擲之避
走遠住猶高聲唱言我不敢輕於汝等汝等
皆當作佛以其常作是語故增上慢比丘比
丘尼優婆塞優婆夷号之為常不輕是比丘
臨欲終時於虛空中具聞威音王佛先所説
法華經二十千万億偈悉能受持即得如上
眼根清淨耳鼻舌身意根清淨得是六根清
淨已更增壽命二百万億那由他歲廣為人
説是法華經於時增上慢四衆比丘比丘尼
優婆塞優婆夷輕賤是人為作不輕名者見
其得大神通力樂説辯力大善寂力聞其所
説皆信伏隨從是菩薩復化千万億衆令住
阿耨多羅三藐三菩提命終之後得值二千
億佛皆号日月燈明於其法中説是法華經
以是因緣復值二千億佛同号雲自在燈王
於此諸佛法中受持讀誦為諸四衆説此經
典故得是常眼清淨耳鼻舌身意諸根清淨
於四衆中説法心无所畏得大勢是常不輕

BD03613號　妙法蓮華經卷六　（21–8）

億佛皆号日月燈明於其法中説是法華經
以是因緣復值二千億佛同号雲自在燈王
於此諸佛法中受持讀誦為諸四衆説此經
典故得是常眼清淨耳鼻舌身意諸根清淨
於四衆中説法心无所畏得大勢是常不輕
菩薩摩訶薩供養如是若干諸佛恭敬尊重
讚嘆種諸善根於後復值千万億佛亦於諸
佛法中説是經典功德成就當得作佛得大
勢於意云何尒時常不輕菩薩豈異人乎則
我身是若我於宿世不受持讀誦此經為他
人説者不能疾得阿耨多羅三藐三菩提我
於先佛所受持讀誦此經為人説故疾得阿
耨多羅三藐三菩提得大勢彼時四衆比丘
比丘尼優婆塞優婆夷以瞋恚意輕賤我故
二百億劫常不值佛不聞法不見僧千劫於
阿鼻地獄受大苦惱畢是罪已復遇常不輕
菩薩教化阿耨多羅三藐三菩提得大勢於
汝意云何尒時四衆常輕是菩薩者豈異人
乎今此會中跋陀婆羅等五百菩薩師子月
等五百比丘尼思佛等五百優婆塞皆於阿
耨多羅三藐三菩提不退轉者是得大勢當
知是法華經大饒益諸菩薩摩訶薩能令至
於阿耨多羅三藐三菩提是故諸菩薩摩訶
薩於如來滅後常應受持讀誦解説書寫是
經尒時世尊欲重宣此義而説偈言
過去有佛　号威音王　神智无量　將導一切
天人龍神　所共供養　是佛滅後　法欲盡時
有一菩薩　名常不輕　時諸四衆　計著於法
不輕菩薩　往到其所　而語之言　我不輕汝
汝等行道　皆當作佛　諸人聞已　輕毀罵詈

BD03613號　妙法蓮華經卷六　（21–9）

經尒時世尊欲重宣此義而說偈言
過去有佛　号威音王　神智无量　將導一切
天人龍神　所共供養　是佛滅後　法欲盡時
有一菩薩　名常不輕　時諸四衆　計著於法
不輕菩薩　往到其所　而語之言　我不輕汝
汝等行道　皆當作佛　諸人聞已　輕毀罵詈
不輕菩薩　能忍受之　其罪畢已　臨命終時
得聞此經　六根清淨　神通力故　增益壽命
復為諸人　廣說是經　諸著法衆　皆蒙菩薩
教化成就　令住佛道　不輕命終　值无數佛
說是經故　得无量福　漸具功德　疾成佛道
彼時不輕　則我身是　時四部衆　著法之者
聞不輕言　汝當作佛　以是因緣　值无數佛
此會菩薩　五百之衆　并及四部　清信士女
今於我前　聽法者是　我於前世　勸是諸人
聽受斯經　第一之法　開示教人　令住涅槃
世世受持　如是經典　億億万劫　至不可議
時乃得聞　是法華經　億億万劫　至不可議
諸佛世尊　時說是經　是故行者　於佛滅後
聞如是經　勿生疑惑　應當一心　廣說此經
世世值佛　疾成佛道

妙法蓮華經如來神力品第二十一

尒時千世界微塵等菩薩摩訶薩從地踊出
者皆於佛前一心合掌瞻仰尊顏而白佛言
世尊我等於佛滅後世尊分身所在國土滅
度之處當廣說此經所以者何我等亦自欲
得是真淨大法受持讀誦解說書寫而供養
之尒時世尊於文殊師利等无量百千万億
舊住娑婆世界菩薩摩訶薩及諸比丘比丘
尼優婆塞優婆夷天龍夜叉乾闥婆阿脩羅

BD03613號　妙法蓮華經卷六

（21–10）

度之處當廣說此經所以者何我等亦自欲
得是真淨大法受持讀誦解說書寫而供養
之尒時世尊於文殊師利等无量百千万億
舊住娑婆世界菩薩摩訶薩及諸比丘比丘
尼優婆塞優婆夷天龍夜叉乾闥婆阿脩羅
迦樓羅緊那羅摩睺羅伽人非人等一切衆
前現大神力出廣長舌上至梵世一切毛孔
放於无量无數色光皆悉遍照十方世界衆
寶樹下師子座上諸佛亦復如是出廣長舌
放无量光釋迦牟尼佛及寶樹下諸佛現神
力時滿百千歲然後還攝舌相一時謦欬俱
共彈指是二音聲遍至十方諸佛世界地皆
六種震動其中衆生天龍夜叉乾闥婆阿脩
羅迦樓羅緊那羅摩睺羅伽人非人等以佛
神力故皆見此娑婆世界无量无邊百千万
億衆寶樹下師子座上諸佛及見釋迦牟尼
佛共多寶如來在寶塔中坐師子座又見无
量无邊百千万億菩薩摩訶薩及諸四衆恭
敬圍繞釋迦牟尼佛既見是已皆大歡喜得
未曾有即時諸天於虛空中高聲唱言過此
无量无邊百千万億阿僧祇世界有國名娑
婆是中有佛名釋迦牟尼今為諸菩薩摩訶
薩說大乘經名妙法蓮華教菩薩法佛所護
念汝等當深心隨喜亦當礼拜供養釋迦牟
尼佛彼諸衆生聞虛空中聲已合掌向娑婆
世界作如是言南无釋迦牟尼佛南无釋迦
牟尼佛以種種華香瓔珞幡蓋及諸嚴身之
具珎寶妙物皆共遙散娑婆世界所散諸物
從十方來譬如雲集變成寶帳遍覆此間諸

BD03613號　妙法蓮華經卷六

（21–11）

世界作如是言南无釋迦牟尼佛南无釋迦
牟尼佛以種種華香瓔珞幡蓋及諸嚴身之
具珎寶妙物皆共遥散娑婆世界所散諸物
從十方来譬如雲集變成寶帳遍覆此間諸
佛之上于時十方世界通達无㝵如一佛土
尒時佛告上行等菩薩大衆諸佛神力如是
无量无邊不可思議若我以是神力於无量
无邊百千万億阿僧祇劫為囑累故說此經
功德猶不能盡以要言之如来一切所有之
法如来一切自在神力如来一切秘要之藏
如来一切甚深之事皆於此經宣示顯說是
故汝等於如来滅後應一心受持讀誦解說
書寫如說脩行所在國土若有受持讀誦解
說書寫如說脩行若經卷所住之處若於園
中若於林中若於樹下若於僧坊若白衣舍
若在殿堂若山谷曠野是中皆應起塔供養
所以者何當知是處即是道場諸佛於此得
阿耨多羅三藐三菩提諸佛於此轉于法輪
諸佛於此而般涅槃尒時世尊欲重宣此義
而說偈言
諸佛救世者　住於大神通　為悅衆生故　現无量神力
舌相至梵天　身放无數光　為求佛道者　現此希有事
諸佛謦欬聲　及彈指之聲　周聞十方國　地皆六種動
以佛滅度後　能持是經故　諸佛皆歡喜　現无量神力
囑累是經故　讚美受持者　於无量劫中　猶故不能盡
是人之功德　无邊无有窮　如十方虛空　不可得邊際
能持是經者　則為已見我　亦見多寶佛　及諸分身者
又見我今日　教化諸菩薩　能持是經者　令我及分身
滅度多寶佛　一切皆歡喜　十方現在佛　并過去未来

BD03613號　妙法蓮華經卷六　(21-12)

囑累是經故　讚美受持者　於无量劫中　猶故不能盡
是人之功德　无邊无有窮　如十方虛空　不可得邊際
能持是經者　則為已見我　亦見多寶佛　及諸分身者
又見我今日　教化諸菩薩　能持是經者　令我及分身
滅度多寶佛　一切皆歡喜　十方現在佛　并過去未来
亦見亦供養　亦令得歡喜　諸佛坐道場　所得秘要法
能持是經者　不久亦當得　能持是經者　於諸法之義
名字及言辭　樂說无窮盡　如風於空中　一切无障㝵
於如来滅後　知佛所說經　因緣及次第　隨義如實說
如日月光明　能除諸幽冥　斯人行世間　能滅衆生闇
教无量菩薩　畢竟住一乘　是故有智者　聞此功德利
於我滅度後　應受持斯經　是人於佛道　決定无有疑

妙法蓮華經囑累品第二十二

尒時釋迦牟尼佛從法座起現大神力以右
手摩无量菩薩摩訶薩頂而作是言我於无
量百千万億阿僧祇劫脩習是難得阿耨多
羅三藐三菩提法今以付囑汝等汝等應當
一心流布此法廣令增益如是三摩諸菩薩
摩訶薩頂而作是言我於无量百千万億阿
僧祇劫脩習是難得阿耨多羅三藐三菩提
法今以付囑汝等汝等當受持讀誦廣宣此
法令一切衆生普得聞知所以者何如来有
大慈悲无諸慳悋亦无所畏能與衆生佛之
智慧如来智慧自然智慧如来是一切衆生
之大施主汝等亦應隨學如来之法勿生慳
悋於未来世若有善男子善女人信如来智
慧者當為演說此法華經使得聞知為令其
人得佛慧故若有衆生不信受者當於如来
餘深法中示教利喜汝等若能如是則為已
報諸佛之恩時諸菩薩摩訶薩聞佛作是說

BD03613號　妙法蓮華經卷六　(21-13)

悋於未來世若有善男子善女人信如來智
慧者當為演說此法華經使得聞知為令其
人得佛慧故若有衆生不信受者當於如來
餘深法中示教利喜汝等若能如是則為已
報諸佛之恩時諸菩薩摩訶薩聞佛作是說
已皆大歡喜遍滿其身益加恭敬曲躬低頭
合掌向佛俱發聲言如世尊勑當具奉行唯
然世尊願不有慮諸菩薩摩訶薩衆如是三
反俱發聲言如世尊勑當具奉行唯然世尊
願不有慮尒時釋迦牟尼佛令十方來諸分
身佛各還本土而作是言諸佛各隨所安多
寶佛塔還可如故說是語時十方无量分身
諸佛坐寶樹下師子座上者及多寶佛并上
行等无邊阿僧祇菩薩大衆舍利弗等聲聞
四衆及一切世間天人阿脩羅等聞佛所說
皆大歡喜

妙法蓮華經藥王菩薩本事品第二十三

尒時宿王華菩薩白佛言世尊藥王菩薩云
何遊於娑婆世界世尊是藥王菩薩有若干
百千万億那由他難行苦行善哉世尊願少
解說諸天龍神夜叉乾闥婆阿脩羅迦樓羅
緊那羅摩睺羅伽人非人等又他國土諸來
菩薩及此聲聞衆聞皆歡喜尒時佛告宿王
華菩薩乃往過去无量恒河沙劫有佛号曰
月淨明德如來應供正遍知明行足善逝世
間解无上士調御丈夫天人師佛世尊其佛
有八十億大菩薩摩訶薩七十二恒河沙大
聲聞衆佛壽四万二千劫菩薩壽命亦等彼
國无有女人地獄餓鬼畜生阿脩羅等及以
諸難地平如掌琉璃所成寶樹莊嚴寶帳覆

BD03613號　妙法蓮華經卷六

（21–14）

有八十億大菩薩摩訶薩七十二恒河沙大
聲聞衆佛壽四万二千劫菩薩壽命亦等彼
國无有女人地獄餓鬼畜生阿脩羅等及以
諸難地平如掌琉璃所成寶樹莊嚴寶帳覆
上垂寶華幡寶瓶香爐周遍國界七寶為臺
一樹一臺其樹去臺盡一箭道此諸寶樹皆
有菩薩聲聞而坐其下諸寶臺上各有百億
諸天作天伎樂歌歎於佛以為供養尒時彼
佛為一切衆生憙見菩薩及衆菩薩諸聲聞
衆說法華經是一切衆生憙見菩薩樂習苦
行於日月淨明德佛法中精進經行一心求
佛滿万二千歲已得現一切色身三昧得此
三昧已心大歡喜即作念言我得現一切色
身三昧皆是得聞法華經力我今當供養日
月淨明德佛及法華經即時入是三昧於虛
空中雨曼陁羅華摩訶曼陁羅華細末堅黑
栴檀滿虛空中如雲而下又雨海此岸栴檀
之香此香六銖價直娑婆世界以供養佛作
是供養已從三昧起而自念言我雖以神力
供養於佛不如以身供養即服諸香栴檀薰
陸兜樓婆畢力迦沈水膠香又飲瞻蔔諸華
香油滿千二百歲已香油塗身於日月淨明
德佛前以天寶衣而自纏身灌諸香油以神
通力願而自然身光明遍照八十億恒河沙
世界其中諸佛同時讚言善哉善哉善男子
是真精進是名真法供養如來若以華香瓔
珞燒香末香塗香天繒幡蓋及海此岸栴檀
之香如是等種種諸物供養所不能及假使
國城妻子布施亦所不及善男子是名第一

BD03613號　妙法蓮華經卷六

（21–15）

是真精進是名真法供養如來若以華香瓔
珞燒香末香塗香天繒幡蓋及海此岸栴檀
之香如是等種種諸物供養所不能及假使
國城妻子布施亦所不及善男子是名第一
之施於諸施中最尊最上以法供養諸如來
故作是語已而各嘿然其身火然千二百歲
過是已後其身乃盡一切眾生憙見菩薩作
如是法供養已命終之後復生日月淨明德
佛國中於淨德王家結加趺坐忽然化生即
為其父而說偈言
大王今當知　我經行彼處　即時得一切　現諸身三昧
勤行大精進　捨所愛之身
說是偈已而白父言日月淨明德佛今故現
在我先供養佛已得解一切眾生語言陀羅
尼復聞是法華經八百千万億那由他甄迦
羅頻婆羅阿閦婆等偈大王我今當還供養
此佛白已即坐七寶之臺上昇虛空高七多
羅樹往到佛所頭面礼足合十指爪以偈讚
佛
容顏甚奇妙　光明照十方　我適曾供養　今復還親近
尒時一切眾生憙見菩薩說是偈已而白佛
言世尊世尊猶故在世尒時日月淨明德佛
告一切眾生憙見菩薩善男子我涅槃時到
滅盡時至汝可安施床座我於今夜當般涅
槃又勅一切眾生憙見菩薩善男子我以佛
法囑累於汝及諸菩薩大弟子并阿耨多羅
三藐三菩提法亦以三千大千七寶世界諸
寶樹寶臺及給侍諸天悉付於汝我滅度後
所有舍利亦付囑汝當令流布廣設供養應

BD03613號　妙法蓮華經卷六　（21–16）

法囑累於汝及諸菩薩大弟子并阿耨多羅
三藐三菩提法亦以三千大千七寶世界諸
寶樹寶臺及給侍諸天悉付於汝我滅度後
所有舍利亦付囑汝當令流布廣設供養應
起若干千塔如是日月淨明德佛勅一切眾
生憙見菩薩已於夜後分入於涅槃尒時一
切眾生憙見菩薩見佛滅度悲感懊惱戀慕
於佛即以海此岸栴檀為積供養佛身而以
燒之火滅已後收取舍利作八万四千寶瓶
以起八万四千塔高三世界表刹莊嚴垂諸
幡蓋懸眾寶鈴尒時一切眾生憙見菩薩復
自念言我雖作是供養心猶未足我今當更
供養舍利便語諸菩薩大弟子及天龍夜叉
等一切大眾汝等當一心念我今供養日月
淨明德佛舍利作是語已即於八万四千塔
前然百福莊嚴臂七万二千歲而以供養令
无數求聲聞眾无量阿僧祇人發阿耨多羅
三藐三菩提心皆使得住現一切色身三昧
尒時諸菩薩天人阿脩羅等見其无臂憂惱
悲哀而作是言此一切眾生憙見菩薩是我
等師教化我者而今燒臂身不具足于時一
切眾生憙見菩薩於大眾中立此誓言我捨
兩臂必當得佛金色之身若實不虛令我兩
臂還復如故作是誓已自然還復由斯菩薩
福德智慧淳厚所致當尒之時三千大千世
界六種震動天雨寶華一切人天得未曾有
佛告宿王華菩薩於汝意云何一切眾生憙
見菩薩豈異人乎今藥王菩薩是也其所捨
身布施如是无量百千万億那由他數宿王

BD03613號　妙法蓮華經卷六　（21–17）

界六種震動天雨寶華一切人天得未曾有
佛告宿王華菩薩於汝意云何一切衆生憙
見菩薩豈異人乎今藥王菩薩是也其所捨
身布施如是无量百千万億那由他數宿王
華若有發心欲得阿耨多羅三藐三菩提者
能燃手指乃至足一指供養佛塔勝以國城
妻子及三千大千國土山林河池諸珎寶物
而供養者若復有人以七寶滿三千大千世
界供養於佛及大菩薩辟支佛阿羅漢是人
所得功德不如受持此法華經乃至一四句
偈其福冣多宿王華譬如一切川流江河諸
水之中海為第一此法華經亦復如是於諸
如來所說經中冣為深大又如土山黑山小
鐵圍山大鐵圍山及十寶山衆山之中須弥
山為第一此法華經亦復如是於諸經中冣
為其上又如衆星之中月天子冣為第一此
法華經亦復如是於千万億種諸經法中冣
為照明又如日天子能除諸闇此經亦復如
是能破一切不善之闇又如諸小王中轉輪
聖王冣為第一此經亦復如是於衆經中冣
為其尊又如帝釋於三十三天中王此經亦
復如是諸經中王又如大梵天王一切衆生
之父此經亦復如是一切賢聖學无學及發
菩薩心者之父又如一切凡夫人中須陁洹
斯陁含阿那含阿羅漢辟支佛為第一此經
亦復如是一切如來所說若菩薩所說若聲
聞所說諸經法中冣為第一有能受持是經
典者亦復如是於一切衆生中亦為第一

BD03613號　妙法蓮華經卷六

(21–18)

菩薩心者之父又如一切凡夫人中須陁洹
斯陁含阿那含阿羅漢辟支佛為第一此經
亦復如是一切如來所說若菩薩所說若聲
聞所說諸經法中冣為第一有能受持是經
典者亦復如是於一切衆生中亦為第一
切聲聞辟支佛中菩薩為第一此經亦復如
是於一切諸經法中冣為第一如佛為諸法
王此經亦復如是諸經中王宿王華此經能
救一切衆生者此經能令一切衆生離諸苦
惱此經能大饒益一切衆生充滿其願如清
涼池能滿一切諸渴乏者如寒者得火如裸
者得衣如商人得主如子得母如渡得舡如
病得醫如暗得燈如貧得寶如民得王如賈
客得海如炬除暗此法華經亦復如是能令
衆生離一切苦一切病痛能解一切生死之
縛若人得聞此法華經若自書若使人書所
得功德以佛智慧籌量多少不得其邊若書
是經卷華香瓔珞燒香末香塗香幡蓋衣服
種種之燈蘇燈油燈諸香油燈瞻蔔油燈須
曼油燈波羅羅油燈婆利師迦油燈那婆摩
利油燈供養所得功德亦復无量宿王華若
有人聞是藥王菩薩本事品者亦得无量无
邊功德若有女人聞是藥王菩薩本事品能
受持者盡是女身後不復受若如來滅後後
五百歲中若有女人聞是經典如說脩行於
此命終即往安樂世界阿弥陁佛大菩薩衆
圍繞住處生蓮華中寶座之上不復為貪欲
所惱亦復不為瞋恚愚癡所惱亦復不為憍
慢嫉妬諸垢所惱得菩薩神通无生法忍得
是忍已眼根[illegible]

BD03613號　妙法蓮華經卷六

(21–19)

此命終即往安樂世界阿彌陀佛大菩薩衆
圍繞住處生蓮華中寶座之上不復為貪欲
所惱亦復不為瞋恚愚癡所惱亦復不為憍
慢嫉妬諸垢所惱得菩薩神通无生法忍得
是忍已眼根清淨以是清淨眼根見七百万
二千億那由他恒河沙等諸佛如來是時諸
佛遥共讚言善哉善哉善男子汝能於釋迦
牟尼佛法中受持讀誦思惟是經為他人說
所得福德无量无邊火不能燒水不能漂汝
之功德千佛共說不能令盡汝今已能破諸
魔賊壞生死軍諸餘怨敵皆悉摧滅善男子
百千諸佛以神通力共守護汝於一切世間
天人之中无如汝者唯除如來其諸聲聞辟
支佛乃至菩薩智慧禪定无有與汝等者宿
王華此菩薩成就如是功德智慧之力若有
人聞是藥王菩薩本事品能隨喜讚善者是
人現世口中常出青蓮華香身毛孔中常出
牛頭栴檀香所得功德如上所說是故宿王
華以此藥王菩薩本事品囑累於汝我滅度
後後五百歲中廣宣流布於閻浮提无令斷
絕惡魔魔民諸天龍夜叉鳩槃荼等得其便
也宿王華汝當以神通之力守護是經所以
者何此經則為閻浮提人病之良藥若人有
病得聞是經病即消滅不老不死宿王華汝
若見有受持是經者應以青蓮華盛滿末香
供散其上散已作是念言此人不久必當取
草坐於道場破諸魔軍當吹法螺擊大法鼓
度脫一切衆生老病死海是故求佛道者見
有受持是經典人應當如是生恭敬心說是
藥王菩薩本事品時八万四千菩薩得解一

BD03613號　妙法蓮華經卷六

（21-20）

王華此菩薩成就如是功德智慧之力若有
人聞是藥王菩薩本事品能隨喜讚善者是
人現世口中常出青蓮華香身毛孔中常出
牛頭栴檀香所得功德如上所說是故宿王
華以此藥王菩薩本事品囑累於汝我滅度
後後五百歲中廣宣流布於閻浮提无令斷
絕惡魔魔民諸天龍夜叉鳩槃荼等得其便
也宿王華汝當以神通之力守護是經所以
者何此經則為閻浮提人病之良藥若人有
病得聞是經病即消滅不老不死宿王華汝
若見有受持是經者應以青蓮華盛滿末香
供散其上散已作是念言此人不久必當取
草坐於道場破諸魔軍當吹法螺擊大法鼓
度脫一切衆生老病死海是故求佛道者見
有受持是經典人應當如是生恭敬心說是
藥王菩薩本事品時八万四千菩薩得解一
切衆生語言陀羅尼多寶如來於寶塔中讚
宿王華菩薩言善哉善哉宿王華汝成就不
可思議功德乃能問釋迦牟尼佛如此之事
利益无量一切衆生

妙法蓮華經卷第六

BD03613號　妙法蓮華經卷六

（21-21）

得好此當荅言我得天瓶瓶能出種種
物故富如是客言出瓶見示并所出物即為
出瓶瓶中引出種種物憍泆立瓶上
舞瓶即破壞一切衆物亦一時滅持戒之人
亦復如是種種妙樂无願不得若人破戒憍
泆自恣亦如彼人破瓶失利復次持戒之人
名稱之香今世後世周滿天上及在人中復
次持戒之人人所樂施不惜財物不脩世利
而无所乏得生天上十方佛前入三乘道而
得解脫種種邪見持戒殘无所得復次若人
雖不出家但能脩行戒法亦得生天若天持
戒清淨行禪智慧欲求度脫老病死苦此願
必得持戒之人雖无兵杖衆惡不加持戒之
財无能奪者持戒親親雖死不離持戒莊嚴
勝於七寶以是之故當護於戒如護身命如
愛寶物破戒之人受苦万端如向貧人破瓶
失物復次持戒之人觀破戒人罪應自免厲
一心持戒云何名為破戒人罪破戒之人人
所不敬其家如塚人所不到破戒之人失諸
功德辟如枯樹人不愛樂破戒之人如霜蓮
華人不憙見破戒之人惡心可畏辟如羅刹

BD03614號　大智度論卷一三　（12–1）

勝於七寶以是之故當護於戒如護身命如
愛寶物破戒之人受苦万端如向貧人破瓶
失物復次持戒之人觀破戒人罪應自免厲
一心持戒云何名為破戒人罪破戒之人人
所不敬其家如塚人所不到破戒之人失諸
功德辟如枯樹人不愛樂破戒之人如霜蓮
華人不憙見破戒之人惡心可畏辟如羅刹
破戒之人人不歸向辟如渴人不向井破戒
之人心常疑悔辟如犯事之人常畏罪至破
戒之人如田被雹不可依仰破戒之人辟如
苦依雖形似甘種而不可食破戒之人如賊
聚落不可依止破戒之人辟如大病人不欲
近破戒之人不得免苦辟如惡道難可得過
破戒之人不可共止辟如惡賊難可親近破
戒之人辟如大坑行者避之破戒之人難可
共住辟如毒蛇破戒之人不可近觸辟如大
火破戒之人辟如破船不可乘度破戒之人
辟如吐食不可更噉破戒之人在好衆中辟
如惡馬在善馬群中破戒之人與善人異如
驢在牛群破戒之人在精進衆辟如儜兒在
健人中破戒之人雖似比丘辟如死尸在眠
人中破戒之人辟如偽珠在真珠中破戒之
人辟如伊蘭在栴檀林中破戒之人雖形似
善人內无善法雖復剃頭染衣次第捉籌名
為比丘實非比丘破戒之人若著法服則是
熱銅鐵鍱以纏其身若持鉢盂則是盛洋銅

BD03614號　大智度論卷一三　（12–2）

善人内无善法雖復剃頭染衣次第捉籌名
為比丘實非比丘破戒之人若著法服則是
熱銅鐵鍱以纏其身若持鉢盂則是盛洋銅
器若所噉食則是吞燒鐵丸飲熱洋銅若受
人供養供給則是地獄獄卒守之若入精舍
則是入大地獄若坐衆僧床榻是為坐熱鐵
牀上復次破戒之人常懷怖懼如重病人常
畏死至亦如五逆罪人心常自念我為佛賊
藏覆避隈如賊畏人歲月日過常不安隱破
戒之人雖得供養利樂不樂不淨譬如愚人
供養莊嚴死屍智者聞之德不欲見如是種
種无量破戒之罪不可稱說行者應當一心
持戒　問曰已知如是種種功德果報
云何為戒答曰惡止不更作若心生若口言
若從他受息身口惡是為戒云何名為惡若
實是衆生知是衆生發心欲殺而奪其命生
身業有作色是名殺生罪其餘繫閉鞭打等
是助殺法復次殺他得殺罪非自殺身心知
衆生而殺是殺罪不如夜中見人謂為杌樹
而殺者故殺生得殺罪非不故也快心殺生
得殺罪非狂癡命根斷是殺罪非作創身業
是殺罪非但口教勅口教是殺罪非但心生
如是等名殺罪不作是罪名為戒若人受戒
心生口言我從今日不復殺生若身不動口
不言而獨心生自誓我從今日不復殺生是

是殺罪非但口教勅口教是殺罪非但心生
如是等名殺罪不作是罪名為戒若人受戒
心生口言我從今日不復殺生若身不動口
不言而獨心生自誓我從今日不復殺生是
名不殺生戒有人言是不殺生戒善或无
記問曰如阿毗曇中說一切戒律儀皆善今
何以言无記答曰如迦旃延子阿毗曇中言
一切善如餘阿毗曇中言不殺戒或善或无
記何以故若不殺戒常善者持此戒人應如
得道人常不墮惡道以是故或時應无記无
記无報故不生天上人中問曰不以戒无記
故墮地獄更有惡心生故墮地獄答曰不殺
生得无量善法作无作福常日夜生故若作
少罪有限有量何以故隨有量而不隨无量
以是故知不殺戒中或有无記復次有人不
從師受戒而但心生自誓我從今日不復殺
生如是不殺戒時无記問曰是不殺戒何界
繫答曰迦旃延子阿毗曇中言一切受戒律
儀皆欲界繫餘阿毗曇中言戒欲界繫或不
繫以實言之應有三種戒欲界繫戒色界繫
戒不繫殺生法雖欲界不殺戒應隨殺在欲
界但色界不殺无漏不殺遠處故是真不殺
戒
復次有人不受戒而從生已來不好殺生或
善或无記是名无記是不殺生非心悲心數

戒
復次有人不受戒而從生已來不好殺生或
善或无記是名无記是不殺生非心非心數
法亦非心相應或共心生或不共心生迦旃
延子阿毗曇中言不殺生是身口業或作色
或无作色或隨心行或不隨心行非先世業
報二種脩應脩二種證應證思惟斷一切欲
界繫後得見斷時斷凡夫聖人所得是色法
或可見或不可見法或有對法或无對法有
報法有果法有漏法有為法有上法非相應
因如是等分別是名不殺戒問曰八直道中
戒亦不殺生何以獨言不殺生戒有報有漏
答曰此中但說受戒律儀不說无漏律儀復
次餘阿毗曇中言不殺法常不逐心行非身
口業不隨心業行或有報或无報或有漏或
无漏是為異法餘者皆同復有言諸佛賢聖
不戲論諸法現前衆生各各惜命是故佛言
莫奪他命奪他命世世受諸苦痛衆生有无
後當說問曰人能以力勝人并國殺怨或田
獵皮肉所濟處大今不殺生得何等利答曰
得无所畏安樂无怖我以无害於彼故彼亦
无害於我以是故无怖无畏好殺之人雖復
位極人王亦不自安如持戒之人單行獨遊
无所畏難復次好殺之人有命之屬皆不憙
見若不好殺一切衆生皆樂依附復次持戒

BD03614 號　大智度論卷一三　（12–5）

无害於我以是故无怖无畏好殺之人雖復
位極人王亦不自安如持戒之人單行獨遊
无所畏難復次好殺之人有命之屬皆不憙
見若不好殺一切衆生皆樂依附復次持戒
之人命欲終時其心安樂无疑无悔若生天
上若在人中常得長壽是為得道因緣乃至
得佛住壽无量復次殺生之人今世後世受
種種身心苦痛不殺之人无此衆難是為大
利復次行者思惟我自惜命愛身彼亦如是
與我何異以是之故不應殺生復次若殺
生者為善人所訶怨家所嫉負他命故常有
怖畏為彼所憎死時心悔當墮地獄若畜生
中若出為人常當短命復次假令後世无罪
不為善人所訶怨家所嫉尚不應故奪他命
何以故善相之人所不應行何況兩世有罪
弊惡果報復次殺為罪中之重何以故人有
死急不惜重寶但以活命為先譬如賈客入
海採寶垂出大海其舩卒壞珍寶失盡而自
喜慶舉手而言幾失大寶衆人怪言汝失財
物裸形得脫云何喜言幾失大寶答言一切
寶中人命第一人為命故求財不為財故求
命以是故佛說十不善道中殺罪在初五戒
中亦罪在初若人種種脩諸福德而无不殺
生戒則无所益何以故雖在富貴處生勢力
豪強而无壽命誰受此樂以是故知諸餘罪
中殺罪最重諸功德中不殺第一世間中惜

BD03614 號　大智度論卷一三　（12–6）

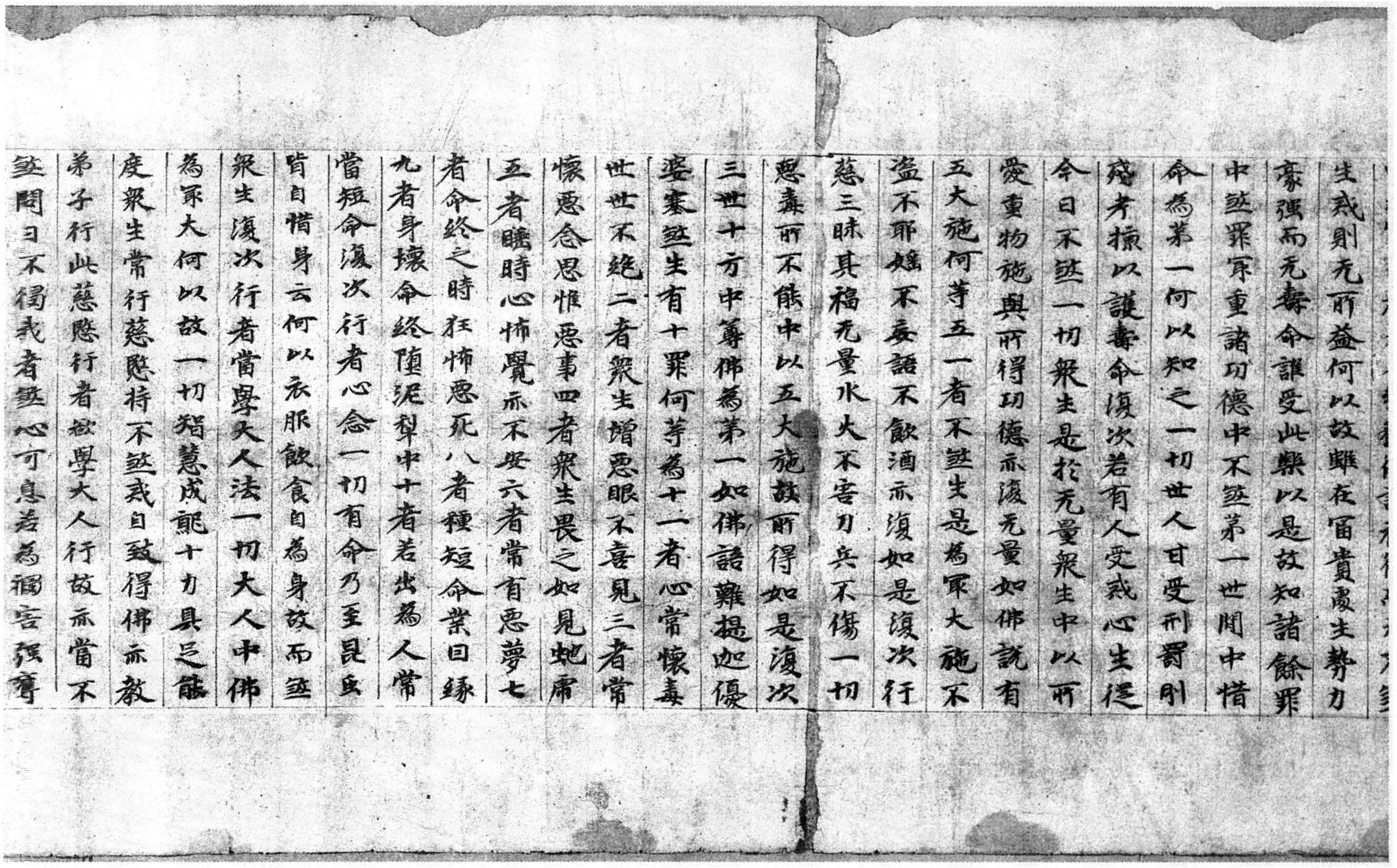
生戒則无所益何以故雖在富貴處生勢力
豪強而无壽命誰受此樂以是故知諸餘罪
中殺罪最重諸功德中不殺第一世間中惜
命為第一何以知之一切世人甘受刑罰刑
殘考掠以護壽命復次若有人受戒心生從
今日不殺一切衆生是於无量衆生中以所
愛重物施與所得功德亦復无量如佛說有
五大施何等五一者不殺生是為最大施不
盜不邪婬不妄語不飲酒亦復如是復次行
慈三昧其福无量水火不害刀兵不傷一切
惡毒所不能中以五大施故所得如是復次
三世十方中尊佛為第一如佛語難提迦優
婆塞殺生有十罪何等為十一者心常懷毒
世世不絕二者衆生憎惡眼不喜見三者常
懷惡念思惟惡事四者衆生畏之如見蛇虎
五者睡時心怖覺亦不安六者常有惡夢七
者命終之時狂怖惡死八者種短命業因緣
九者身壞命終墮泥犁中十者若出為人常
當短命復次行者心念一切有命乃至昆虫
皆自惜身云何以衣服飲食自為身故而殺
衆生復次行者當學大人法一切大人中佛
為最大何以故一切智慧成就十力具足能
度衆生常行慈愍持不殺戒自致得佛亦教
弟子行此慈愍行者欲學大人行故亦當不
殺問曰不得我者殺心可息若為侵害強奪

BD03614號　大智度論卷一三　（12–7）

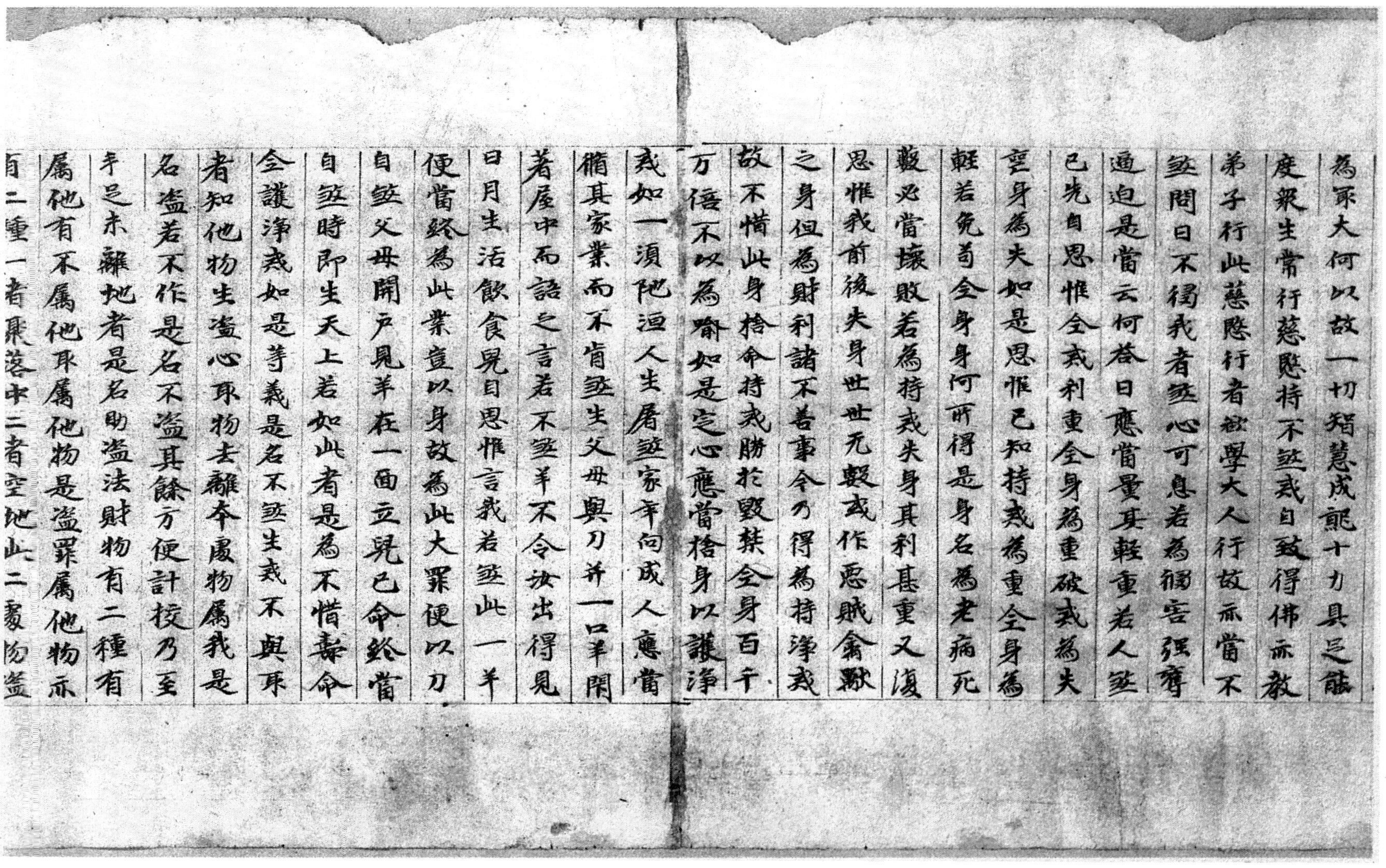
為最大何以故一切智慧成就十力具足能
度衆生常行慈愍持不殺戒自致得佛亦教
弟子行此慈愍行者欲學大人行故亦當不
殺問曰不得我者殺心可息若為侵害強奪
逼迫是當云何答曰應當量其輕重若人殺
己先自思惟全戒利重全身為重破戒為失
喪身為失如是思惟已知持戒為重全身為
輕若苟全身何所得是身名為老病死
藪必當壞敗若為持戒失身其利甚重又復
思惟我前後失身世世无數或作惡賊禽獸
之身但為財利諸不善事今乃得為持淨戒
故不惜此身捨命持戒勝於毀禁全身百千
万倍不以為喻如是定心應當捨身以護淨
戒如一須陀洹人生屠殺家年向成人應當
脩其家業而不肯殺生父母與刀并一口羊閉
著屋中而語之言若不殺羊不令汝出得見
日月生活飲食兒自思惟言我若殺此一羊
便當終為此業豈以身故為此大罪便以刀
自殺父母開戶見羊在一面立兒已命終當
自殺時即生天上若如此者是為不惜壽命
全護淨戒如是等義是名不殺生戒不與取
者知他物生盜心取物去離本處物屬我是
名盜若不作是名不盜其餘方便計挍乃至
手捉未離地者是名助盜法財物有二種有
屬他有不屬他取屬他物是盜罪屬他物亦
有二種一者聚落中二者空地此二處物盜

BD03614號　大智度論卷一三　（12–8）

者知他物生盜心取物去離本處物屬我是
名盜若不作是名不盜其餘方便計挍乃至
手捉未離地者是名助盜法財物有二種有
屬他有不屬他取屬他物是盜罪屬他物亦
有二種一者聚落中二者空地此二處物盜
心取得盜罪若物在空地當撿挍如是物近
誰國是物應當有屬不應取如毗泥中說種
種不盜是名不盜相問曰不盜有何等利答
曰人命有二種一者內二者外若奪財物是
為奪外命何以故命依飲食衣被故活若劫
若奪是名奪外命如偈說
一切諸眾生　衣食以自活　若奪若劫取　是名劫奪命
以是事故有智之人不應劫奪復次當自思
惟劫奪得物以自供養雖身充足會亦當死
死入地獄家室親屬雖共受樂獨自受罪亦
不能救已得此觀應當不盜復次是不與取
有二種一者偷二者劫此二共名不與取於
不與取中盜為最重何以故一切人以財自
活而或穿踰盜取是最不淨何以故无力勝
人畏死盜取故劫盜之中盜為罪重如偈說
飢餓身羸瘦　受罪大苦處　他物不可觸　譬如大火聚
若盜取他物　其主泣懊惱　假使天王等　猶亦以為苦
煞生人罪雖重然於所煞者是賊偷盜人於
一切有物人中賊若犯餘戒於異國中有不
以為罪者偷盜人一切諸國无不治罪問曰劫
奪之人今世有人讚美其健於此劫奪何

BD03614號　大智度論卷一三　（12–9）

若盜取他物　其主泣懊惱　假使天王等　猶亦以為苦
煞生人罪雖重然於所煞者是賊偷盜人於
一切有物人中賊若犯餘戒於異國中有不
以為罪者偷盜人一切諸國无不治罪問曰劫
奪之人今世有人讚美其健於此劫奪何
以放捨答曰不與而偷盜是不善相劫奪之
中雖有差降俱為不善譬如美食雜毒惡食
雜毒美惡雖殊雜毒不異亦如明闇蹈火晝
夜雖異燒足一也今世愚人不識罪福二世
果報无仁慈心見人能以力相侵強奪他財
讚以為強諸佛賢聖慈愍一切了達三世殃
福不朽所不稱譽以是故知劫盜之罪俱為
不善善人行者之所不為如佛說不與取有
十罪何等為十一者物主常瞋二者人疑三
者非時行不籌量四者多黨惡人遠離賢善
五者破善相六者得罪於官七者財物沒入
八者種貧窮業因緣九者死入地獄十者若
出為人勤苦求財五家所共若王若賊若火
若水若不愛子用乃至藏埋亦失邪婬者女
人為父母兄弟姉妹夫主兒子世間法王法
守護若犯者是名邪婬若有雖不守護以法
為守云何法守一切出家女人在家受一日
戒是名法守若以力若以財若誑誆若自有
妻受戒有身乳兒非道乃至以華鬘與婬女
為要如是犯者名為邪婬如是種種不作名
為不邪婬問曰人守人瞋法守破法應名邪

BD03614號　大智度論卷一三　（12–10）

為守云何法守一切出家女人在家受一日
戒是名法守若以力若以財若誘誑若自有
妻受戒有身乳兒非道乃至以華鬘與婬女
為要如是犯者名為邪婬如是種種不作名
為不邪婬問曰人守人瞋法守破法應名邪
婬人自有妻何以為邪荅曰既聽受一日戒
墮於法中本雖是婦今不自在過受戒時則
非法守有身婦人以其身重猒本所習又為
傷身乳兒時婬其母乳則竭又以心著婬欲
不復讓兒非道之處則非女相女心不樂強
以非理故名邪婬是事不作名為不邪婬問
曰若夫主不知不見不惱他有何罪荅曰以
其邪故既名為邪是為不正是故有罪復次
此有種種罪過夫妻之情異身同體奪他所
愛破其本心是名為賊復有重罪惡名醜聲
為人所憎少樂多畏或畏刑獄又畏夫主傍
人所知多懷妄語聖人所訶罪中之罪復次
婬泆之人當自思惟我婦他妻同為女人骨
肉情態彼此无異而我何為橫生惑心隨逐
邪意邪婬之人破失今世後世之樂好名善譽身心安樂今世
得也生天得道涅槃之利後世得也復次迴己易處以自制心若彼偶我
妻我則忿毒彼亦何異如己自制故言不
作復次如佛所說邪婬之人後墮劍樹地獄
衆若備受得出為人家道不穆常值婬婦邪
僻殘賊邪婬為患辟如蝮虵亦如大火不急
避之禍害將及如佛所說邪婬有十罪一者

BD03614號　大智度論卷一三　（12–11）

其邪故既名為邪是為不正是故有罪復次
此有種種罪過夫妻之情異身同體奪他所
愛破其本心是名為賊復有重罪惡名醜聲
為人所憎少樂多畏或畏刑獄又畏夫主傍
人所知多懷妄語聖人所訶罪中之罪復次
婬泆之人當自思惟我婦他妻同為女人骨
肉情態彼此无異而我何為橫生惑心隨逐
邪意邪婬之人破失今世後世之樂好名善譽身心安樂今世
得也生天得道涅槃之利後世得也復次迴己易處以自制心若彼偶我
妻我則忿毒彼亦何異如己自制故言不
作復次如佛所說邪婬之人後墮劍樹地獄
衆若備受得出為人家道不穆常值婬婦邪
僻殘賊邪婬為患辟如蝮虵亦如大火不急
避之禍害將及如佛所說邪婬有十罪一者
常為所婬夫主欲危害之二者夫婦不穆常
共鬪諍三者諸不善法日日增長於諸善法
日日損減四者不守護身妻子孤寡五者財
產日耗六者有諸惡事常為人所[illegible]七者親
屬知識所不[illegible]
身壞命

BD03614號　大智度論卷一三　（12–12）

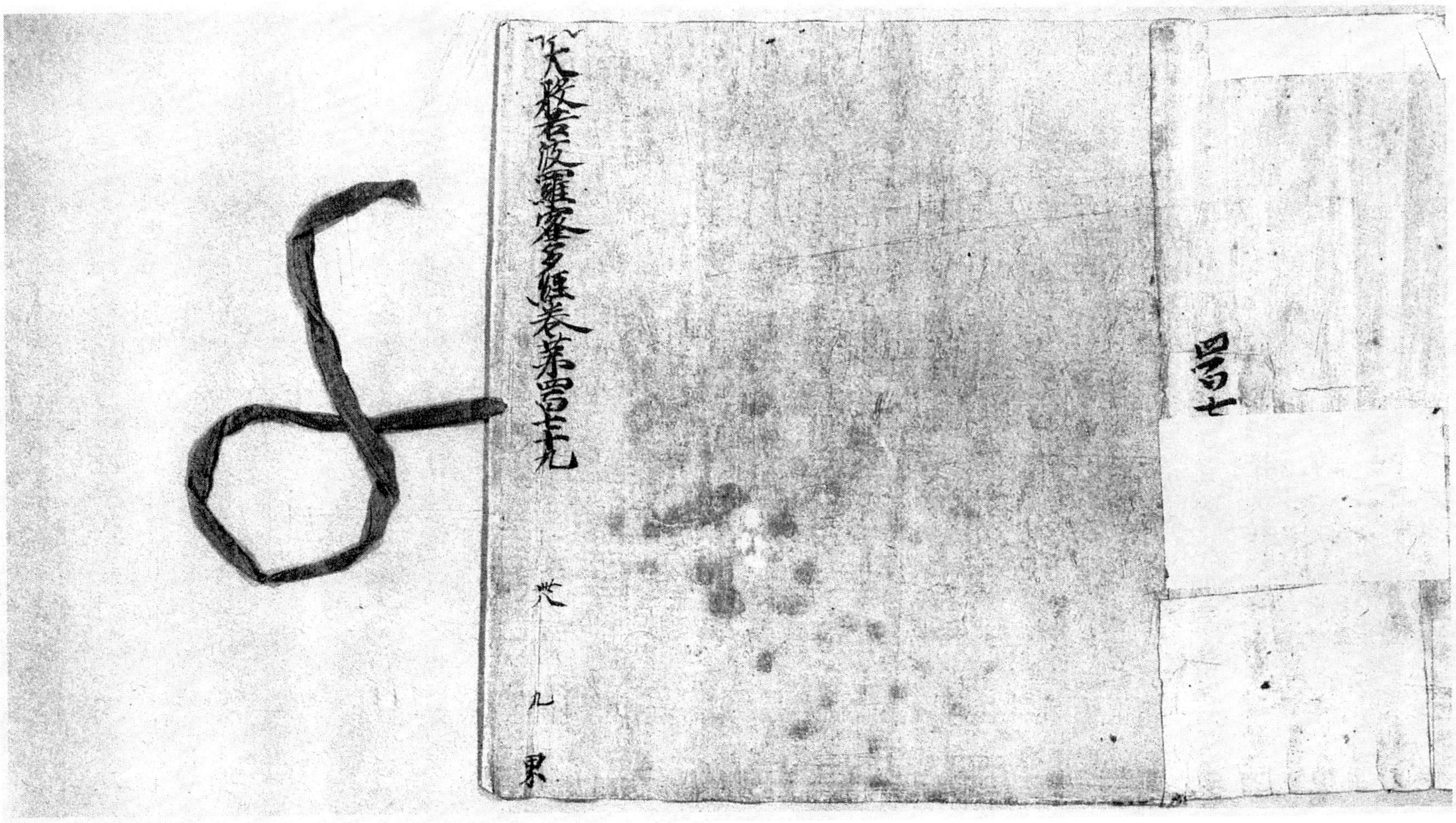

大般若波羅蜜多經卷第四百七十九

BD03615 號背　大般若波羅蜜多經卷四七九護首　（1–1）

大般若波羅蜜多經卷第四百七十九

第三分緣起品第一　三藏法師玄奘奉　詔譯

如是我聞一時薄伽梵住王舍城鷲峯山中

與大苾芻衆五億人俱皆阿羅漢諸漏已盡

BD03615 號　大般若波羅蜜多經卷四七九　（4–1）

大般若波羅蜜多經卷第四百七十九
第三分緣起品第一　　三藏法師玄奘奉　詔譯
如是我聞一時薄伽梵住王舍城鷲峯山中
與大苾芻衆五億人俱皆阿羅漢諸漏已盡
無復煩惱得真自在心善解脫慧善解脫如
調慧馬亦如大龍已作所作已辦所辦棄諸
重擔逮得己利盡諸有結正知解脫至心自
在第一究竟除阿難陀獨居學地舍利子等
而為上首復有五百苾芻尼衆皆阿羅漢孫
輸達羅而為上首復有多千鄔波索迦鄔波
斯迦皆已見法復有無量無數不可稱不可
量不可說無等等大菩薩僧一切皆得大陀
羅尼勝三摩地安住空性行無相境願無分別
得一切法平等性忍具無礙解諸所演說
深妙理趣辯才無盡遊戲五通永無退失氣
調溫雅一切欽異勤進勇銳無諸懈怠捨親
棄財忘身殉命不以矯詐有所貪求為諸有
情而宣妙理證深法忍至等極趣得大無畏
身意坦然超出衆魔所作事業降煩惱敵息
諸業障一切他論所不能伏聲聞獨覺不測
其量於法於心皆得自在解脫所有業煩惱
障於說衆緣無不善巧雜深緣起無盡理趣
滅見隨眠斷諸纏結於衆諦理智皆善證發
弘誓願已經多劫含咲先言容顏舒泰詞韻
和美妙辯無窮處衆尊嚴威容肅穆動止儀

BD03615號　大般若波羅蜜多經卷四七九　（4–2）

其量於法於心皆得自在解脫所有業煩惱
障於說衆緣無不善巧雜深緣起無盡理趣
滅見隨眠斷諸纏結於衆諦理智皆善證發
弘誓願已經多劫含咲先言容顏舒泰詞韻
和美妙辯無窮處衆尊嚴威容肅穆動止儀
雅無畏坦然那庾多劫巧說無盡觀諸法
門猶如幻事陽焰夢境水月響聲既類空花
鏡像光影亦如變化及尋香城雖體實無而現
似有於甚深理說無所畏讚頌巧妙心不下
劣善知有情種種勝解心行所趣微細差別
善能通達後際無礙成就最勝無生法忍如
實悟入法平等性攝受無邊大願佛土於十
方界無數諸佛由等持力常念現前一切如
來出興于世皆能應事無空過者亦能勸請
久住世間轉正法輪度無量衆善能伏滅一切
隨眠及諸見趣煩惱纏垢引發遊戲百千
等持於諸法門能善悟入是諸菩薩摩訶薩
衆具如是等無量功德經無數劫歎不能盡
其名曰賢守菩薩寶性菩薩導師菩薩人授
菩薩日授菩薩水天菩薩帝授菩薩上慧菩
薩觀自在菩薩得大勢菩薩妙吉祥菩薩金
剛慧菩薩寶印手菩薩常舉手菩薩慈氏
菩薩如是等無量百千俱胝那庾多菩薩
摩訶薩而為上首
爾時世尊於師子座上自敷尼師壇結跏趺
坐端身正願住對面念入等持王妙三摩地

BD03615號　大般若波羅蜜多經卷四七九　（4–3）

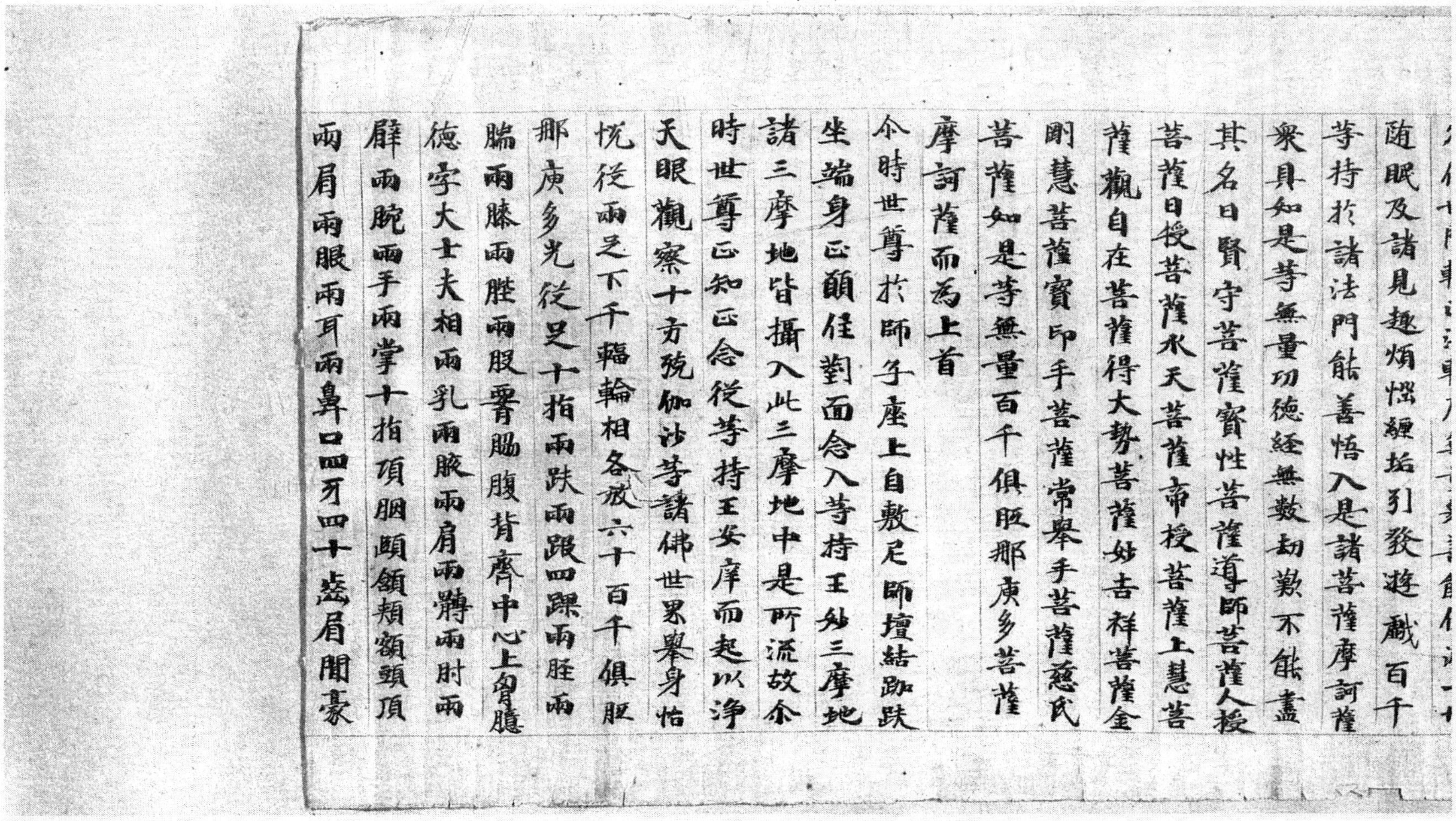
隨眠及諸見趣煩惱纏垢引發遊戲百千
等持於諸法門能善悟入是諸菩薩摩訶薩
衆具知是等無量功德經無數劫歎不能盡
其名曰賢守菩薩寶性菩薩導師菩薩仁授
菩薩星授菩薩水天菩薩帝授菩薩上慧菩
薩觀自在菩薩得大勢菩薩妙吉祥菩薩金
剛慧菩薩寶印手菩薩常舉手菩薩慈氏
菩薩如是等無量百千俱胝那庾多菩薩
摩訶薩而為上首
爾時世尊於師子座上自敷尼師檀結跏趺
坐端身正願住對面念入等持王妙三摩地
諸三摩地皆攝入此三摩地中是所流故爾
時世尊正知正念從等持王安庠而起以淨
天眼觀察十方殑伽沙等諸佛世界舉身怡
悅從兩足下千輻輪相各放六十百千俱胝
那庾多光從足十指兩趺兩跟四踝兩脛兩
腨兩膝兩髀兩股腰脅腹背臍中心上胸臆
德字大士夫相兩乳兩腋兩肩兩髆兩肘兩
臂兩腕兩手兩掌十指項咽頤頷頰額頭頂
兩眉兩眼兩耳兩鼻口四牙四十齒眉間毫

BD03615 號　大般若波羅蜜多經卷四七九　（4–4）

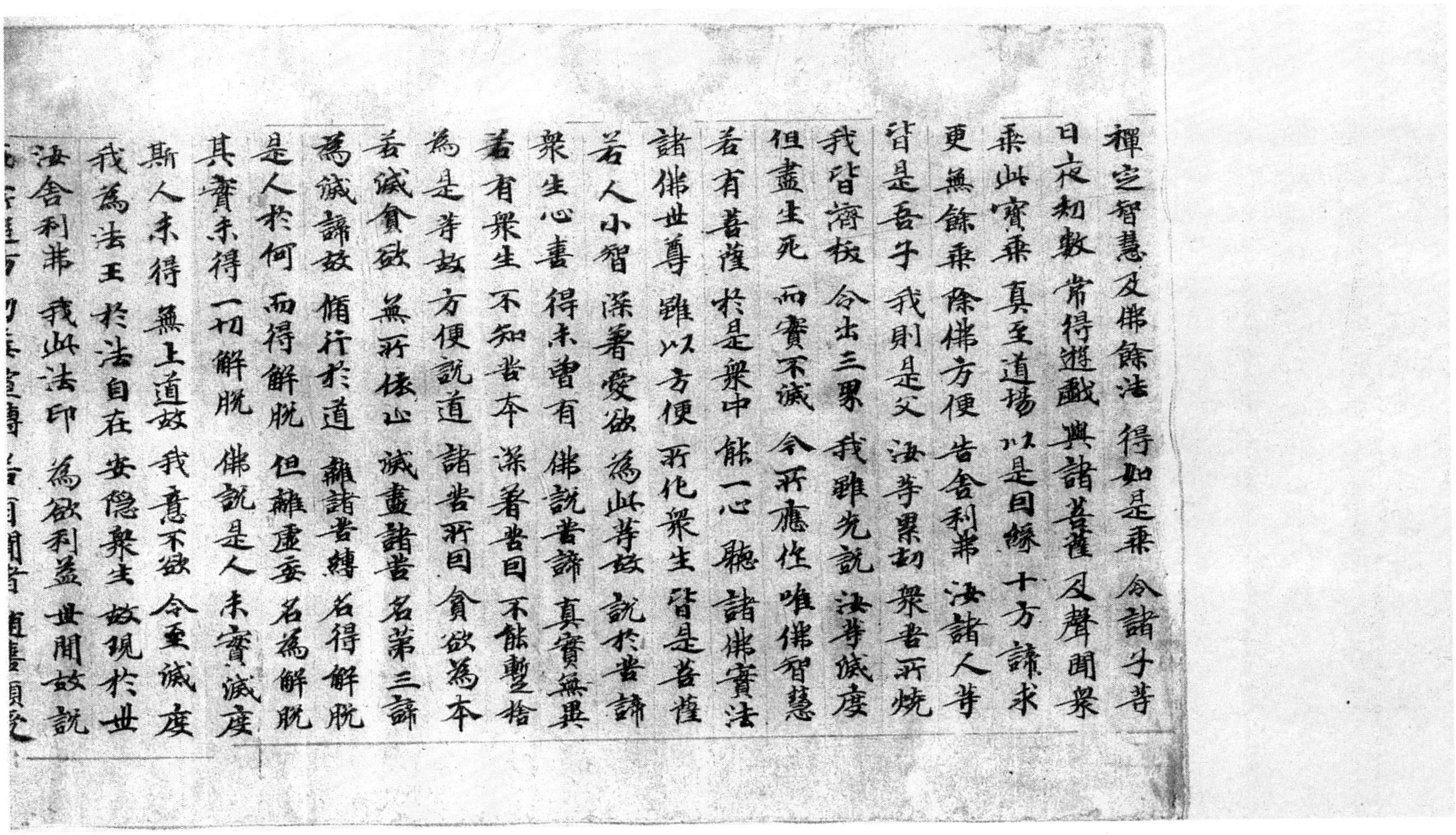
禪定智慧及佛餘法　得如是乘　令諸子等
日夜劫數　常得遊戲　與諸菩薩　及聲聞衆
乘此寶乘　直至道場　以是因緣　十方諦求
更無餘乘　除佛方便　告舍利弗　汝諸人等
皆是吾子　我則是父　汝等累劫　衆苦所燒
我皆濟拔　令出三界　我雖先說　汝等滅度
但盡生死　而實不滅　今所應作　唯佛智慧
若有菩薩　於是衆中　能一心聽　諸佛實法
諸佛世尊　雖以方便　所化衆生　皆是菩薩
若人小智　深著愛欲　為此等故　說於苦諦
衆生心喜　得未曾有　佛說苦諦　真實無異
若有衆生　不知苦本　深著苦因　不能暫捨
為是等故　方便說道　諸苦所因　貪欲為本
若滅貪欲　無所依止　滅盡諸苦　名第三諦
為滅諦故　修行於道　離諸苦縛　名得解脫
是人於何　而得解脫　但離虛妄　名為解脫
其實未得　一切解脫　佛說是人　未實滅度
斯人未得　無上道故　我意不欲　令至滅度
我為法王　於法自在　安隱衆生　故現於世
汝舍利弗　我此法印　為欲利益　世間故說

BD03616 號　妙法蓮華經卷二　（14–1）

是人於何而得解脫　但離虛妄名為解脫
其實未得一切解脫　佛說是人未實滅度
斯人未得無上道故　我意不欲令至滅度
我為法王於法自在　安隱眾生故現於世
汝舍利弗我此法印　為欲利益世間故說
在所遊方勿妄宣傳　若有聞者隨喜頂受
當知是人阿惟越致　若有信受此經法者
是人已曾見過去佛　恭敬供養亦聞是法
若人有能信汝所說　則為見我亦見於汝
及比丘僧并諸菩薩　斯法華經為深智說
淺識聞之迷惑不解　一切聲聞及辟支佛
於此經中力所不及　汝舍利弗尚於此經
以信得入況餘聲聞　其餘聲聞信佛語故
隨順此經非己智分　又舍利弗憍慢懈怠
計我見者莫說此經　凡夫淺識深著五欲
聞不能解亦勿為說　若人不信毀謗此經
則斷一切世間佛種　或復顰蹙而懷疑惑
汝當聽說此人罪報　若佛在世若滅度後
其有誹謗如斯經典　見有讀誦書持經者
輕賤憎嫉而懷結恨　此人罪報汝今復聽
其人命終入阿鼻獄　具足一劫劫盡更生
如是展轉至無數劫　從地獄出當墮畜生
若狗野干其形頊瘦　黧黮疥癩人所觸嬈
又復為人之所惡賤　常困飢渴骨肉枯竭
生受楚毒死被瓦石　斷佛種故受斯罪報
若作駱駝或生驢中　身常負重加諸杖捶

BD03616號　妙法蓮華經卷二　（14–2）

其人命終入阿鼻獄　具足一劫劫盡更生
如是展轉至無數劫　從地獄出當墮畜生
若狗野干其形頊瘦　黧黮疥癩人所觸嬈
又復為人之所惡賤　常困飢渴骨肉枯竭
生受楚毒死被瓦石　斷佛種故受斯罪報
若作駱駝或生驢中　身常負重加諸杖捶
但念水草餘無所知　謗斯經故獲罪如是
有作野干來入聚落　身體疥癩又無一目
為諸童子之所打擲　受諸苦痛或時致死
於此死已更受蟒身　其形長大五百由旬
聾騃無足宛轉腹行　為諸小虫之所唼食
晝夜受苦無有休息　謗斯經故獲罪如是
若得為人諸根闇鈍　矬陋攣躄盲聾背傴
有所言說人不信受　口氣常臭鬼魅所著
貧窮下賤為人所使　多病痟瘦無所依怙
雖親附人人不在意　若有所得尋復忘失
若修醫道順方治病　更增他疾或復致死
若自有病無人救療　設服良藥而復增劇
若他反逆抄劫竊盜　如是等罪橫羅其殃
如斯罪人永不見佛　眾聖之王說法教化
如斯罪人常生難處　狂聾心亂永不聞法
於無數劫如恒河沙　生輒聾瘂諸根不具
常處地獄如遊園觀　在餘惡道如己舍宅
駝驢猪狗是其行處　謗斯經故獲罪如是
若得為人聾盲瘖瘂　貧窮諸衰以自莊嚴
水腫乾痟疥癩癰疽　如是等病以為衣服

BD03616號　妙法蓮華經卷二　（14–3）

常處地獄　如遊園觀　在餘惡道　如己舍宅
駝驢猪狗　是其行處　謗斯經故　獲罪如是
若得為人　聾盲瘖瘂　貧窮諸衰　以自莊嚴
水腫乾痟　疥癩癰疽　如是等病　以為衣服
身常臭處　垢穢不淨　深著我見　增益瞋恚
婬欲熾盛　不擇禽獸　謗斯經故　獲罪如是
告舍利弗　謗斯經者　若說其罪　窮劫不盡
以是因緣　我故語汝　無智人中　莫說此經
若有利根　智慧明了　多聞強識　求佛道者
如是之人　乃可為說　若人曾見　億百千佛
殖諸善本　深心堅固　如是之人　乃可為說
若人精進　常修慈心　不惜身命　乃可為說
若人恭敬　無有異心　離諸凡愚　獨處山澤
如是之人　乃可為說　又舍利弗　若見有人
捨惡知識　親近善友　如是之人　乃可為說
若見佛子　持戒清潔　如淨明珠　求大乘經
如是之人　乃可為說　若人無瞋　質直柔軟
常愍一切　恭敬諸佛　如是之人　乃可為說
復有佛子　於大眾中　以清淨心　種種因緣
譬喻言辭　說法無礙　如是之人　乃可為說
若有比丘　為一切智　四方求法　合掌頂受
但樂受持　大乘經典　乃至不受　餘經一偈
如是之人　乃可為說　如人至心　求佛舍利
如是求經　得已頂受　其人不復　志求餘經
亦未曾念　外道典籍　如是之人　乃可為說
告舍利弗　我說是相　求佛道者　窮劫不盡
如是等人　則能信解　汝當為說　妙法華經

如是之人　乃可為說　如人至心　求佛舍利
如是求經　得已頂受　其人不復　志求餘經
亦未曾念　外道典籍　如是之人　乃可為說
告舍利弗　我說是相　求佛道者　窮劫不盡
如是等人　則能信解　汝當為說　妙法華經
妙法蓮華經信解品第四
爾時慧命須菩提摩訶迦旃延摩訶迦葉
摩訶目揵連從佛所聞未曾有法世尊授舍
利弗阿耨多羅三藐三菩提記發希有心歡
喜踊躍即從座起整衣服偏袒右肩右膝著
地一心合掌曲躬恭敬瞻仰尊顏而白佛言
我等居僧之首年並朽邁自謂已得涅槃無
所堪任不復進求阿耨多羅三藐三菩提世
尊往昔說法既久我時在座身體疲懈但
念空無相無作於菩薩法遊戲神通淨佛國
土成就眾生心不喜樂所以者何世尊令我等
出於三界得證涅槃又今我等年已朽邁
於佛教化菩薩阿耨多羅三藐三菩提不生一
念好樂之心我等今於佛前聞授聲聞阿耨
多羅三藐三菩提記心甚歡喜得未曾有不
謂於今忽然得聞希有之法深自慶幸獲
大善利無量珍寶不求自得世尊我等今者
樂說譬喻以明斯義譬若有人年既幼稚捨
父逃逝久住他國或十二十至五十歲年既長大
加復窮困馳騁四方以求衣食漸漸遊行
遇向本國其父先來求子不得中止一城其

大善利無量珎寶不求自得世尊我等今者
樂說譬喻以明斯義譬若有人年旣幼稚捨
父逃逝久住他國或十二十至五十歲年旣長大
加復窮困馳騁四方以求衣食漸漸遊行
遇向本國其父先來求子不得中止一城其
家大富財寶無量金銀琉璃珊瑚虎珀頗梨
珠等其諸倉庫悉皆盈溢多有僮僕臣佐吏
民象馬車乘牛羊無數出入息利乃遍他國
商估賈客亦甚衆多時貧窮子遊諸聚落
經歷國邑遂到其父所止之城父每念子與子
離別五十餘年而未曾向人說如此事但自思
惟心懷悔恨自念老朽多有財物金銀珎寶
倉庫盈溢無有子息一旦終沒財物散失
無所委付是以慇懃每憶其子復作是念
我若得子委付財物坦然快樂無復憂慮世尊
尒時窮子傭賃展轉遇到父舍住立門側
遙見其父踞師子床寶几承足諸婆羅門
剎利居士皆恭敬圍繞以眞珠瓔珞價直千萬
莊嚴其身吏民僮僕手執白拂侍立左右覆以
寶帳垂諸華幡香水灑地散衆名華羅列寶
物出內取與有如是等種種嚴飾威德特尊
窮子見父有大力勢即懷恐怖悔來至此竊
作是念此或是王或是王等非我傭力得物
之處不如往至貧里肆力有地衣食易得若
久住此或見逼迫强使我作作是念已疾走
而去時富長者於師子座見子便識心大歡

BD03616號　妙法蓮華經卷二　（14–6）

作是念此或是王或是王等非我傭力得物
之處不如往至貧里肆力有地衣食易得若
久住此或見逼迫强使我作作是念已疾走
而去時富長者於師子座見子便識心大歡
喜即作是念我財物庫藏今有所付我常思
念此子無由見之而忽自來甚適我願我雖
年朽猶故貪惜即遣傍人急追將還尒時使者
疾走往捉窮子驚愕稱怨大喚我不相犯
何爲見捉使者執之逾急强牽將還于時
窮子自念無罪而被囚執此必定死轉更惶
怖悶絕躄地父遙見之而語使言不須此人
勿强將來以冷水灑面令得醒悟莫復與語所
以者何父知其子志意下劣自知豪貴爲子所
難審知是子而以方便不語他人云是我子
使者語之我今放汝隨意所趣窮子歡喜
得未曾有從地而起往至貧里以求衣食尒時
長者將欲誘引其子而設方便密遣二人形
色憔悴無威德者汝可詣彼徐語窮子此
有作處倍與汝直窮子若許將來使作若
言欲何所作便可語之雇汝除糞我等二人亦共
汝作時二使人即求窮子旣已得之具陳上事
尒時窮子先取其價尋與除糞其父見
子愍而怪之又以他日於窻牖中遙見子身
羸瘦憔悴糞土塵坌汙穢不淨即脫瓔珞細
軟上服嚴飾之具更著麤弊垢膩之衣塵土
坌身右手執持除糞之器狀有所畏語諸作

BD03616號　妙法蓮華經卷二　（14–7）

子愍而怪之又以他日於窓牖中遥見子身
羸瘦憔悴糞土塵坌汙穢不淨即脫瓔珞細
軟上服嚴飾之具更著麤弊垢膩之衣塵土
坌身右手執持除糞之器狀有所畏語諸作
人汝等勤作勿得懈息以方便故得近其子後
復告言咄男子汝常此作勿復餘去當加
汝價諸有所須盆器米麵塩酢之屬莫自疑
難亦有老弊使人須者相給好自安意我如
汝父勿復憂慮所以者何我年老大而汝少壯
汝常作時無有欺怠瞋恨怨言都不見汝
有此諸惡如餘作人自今已後如所生子即時
長者更與作字名之為兒尒時窮子雖欣此
遇猶故自謂客作賤人由是之故於二十年中
常令除糞過是已後心相體信入出無難
然其所止猶在本處世尊尒時長者有疾自
知將死不久語窮子言我今多有金銀珎寶
倉庫盈溢其中多少所應取與汝悉知之我
心如是當體此意所以者何今我與汝便為
不異宜加用心無令漏失尒時窮子即受教
勅領知衆物金銀珎寶及諸庫藏而無悕
取一飡之意然其所止故在本處下劣之心亦
未能捨復經少時父知子意漸以通泰成就
大志自鄙先心臨欲終時而命其子并會親
族國王大臣刹利居士皆悉已集即自宣言
諸君當知此是我子我之所生於某城中捨
吾逃走跉跰辛苦五十餘年其本字某我

BD03616 號　妙法蓮華經卷二　（14–8）

大志自鄙先心臨欲終時而命其子并會親
族國王大臣刹利居士皆悉已集即自宣言
諸君當知此是我子我之所生於某城中捨
吾逃走跉跰辛苦五十餘年其本字某我
名某甲昔在本城懷憂推覓忽於此間遇
會得之此實我子我實其父今我所有一切財物
皆是子有先所出內是子所知世尊是時窮子
聞父此言即大歡喜得未曾有而作是念
我本無心有所悕求今此寶藏自然而至
世尊大富長者則是如來我等皆似佛子如
來常說我等為子世尊我等以三苦故於生
死中受諸熱惱迷惑無知樂著小法今日世尊
令我等思惟蠲除諸法戲論之糞我等於
中勤加精進得至涅槃一日之價既得此已心
大歡喜自以為足便自謂言於佛法中勤精
進故所得弘多然世尊先知我等心著弊欲樂
於小法便見縱捨不為分別汝等當有如來
知見寶藏之分世尊以方便力說如來智慧
我等從佛得涅槃一日之價以為大得於此
大乘無有志求我等又因如來智慧為
諸菩薩開示演說而自於此無有志願所
以者何佛知我等心樂小法以方便力隨我等
說而我等不知真是佛子今我等方知世尊
於佛智慧無所悋惜所以者何我等昔來
真是佛子而但樂小法若我等有樂大之心
佛則為我說大乘法今此經中唯說一乘而昔

BD03616 號　妙法蓮華經卷二　（14–9）

諸菩薩開示演說而自於此無有志願所
以者何佛知我等心樂小法以方便力隨我等
說而我等不知真是佛子今我等方知世尊
於佛智慧無所悋惜所以者何我等昔來
真是佛子而但樂小法若我等有樂大之心
佛則為我說大乘法於此經中唯說一乘而昔
於菩薩前毀呰聲聞樂小法者然佛實以大
乘教化是故我等說本無心有所希求今法
王大寶自然而至如佛子所應得者皆已得
之爾時摩訶迦葉欲重宣此義而說偈言
我等今日　聞佛音教　歡喜踴躍　得未曾有
佛說聲聞　當得作佛　無上寶聚　不求自得
譬如童子　幼稚無識　捨父逃逝　遠到他土
周流諸國　五十餘年　其父憂念　四方推求
求之既疲　頓止一城　造立舍宅　五欲自娛
其家巨富　多諸金銀　車璖馬瑙　真珠琉璃
象馬牛羊　輦輿車乘　田業僮僕　人民眾多
出入息利　乃遍他國　商估賈人　無處不有
千萬億眾　圍繞恭敬　常為王者　之所愛念
群臣豪族　皆共宗重　以諸緣故　往來者眾
豪富如是　有大力勢　而年朽邁　益憂念子
夙夜惟念　死時將至　癡子捨我　五十餘年
庫藏諸物　當如之何　爾時窮子　求索衣食
從邑至邑　從國至國　或有所得　或無所得
飢餓羸瘦　體生瘡癬　漸次經歷　到父住城
傭賃展轉　遂至父舍　爾時長者　於其門內
施大寶帳　處師子座　眷屬圍遶　諸人侍衛

BD03616號　妙法蓮華經卷二　（14–10）

庫藏諸物　當如之何　爾時窮子　求索衣食
從邑至邑　從國至國　或有所得　或無所得
飢餓羸瘦　體生瘡癬　漸次經歷　到父住城
傭賃展轉　遂至父舍　爾時長者　於其門內
施大寶帳　處師子座　眷屬圍遶　諸人侍衛
或有計算　金銀寶物　出內財產　注記券疏
窮子見父　豪貴尊嚴　謂是國王　若國王等
驚怖自怪　何故至此　覆自念言　我若久住
或見逼迫　強驅使作　思惟是已　馳走而去
借問貧里　欲往傭作　長者是時　在師子座
遙見其子　默而識之　即敕使者　追捉將來
窮子驚喚　迷悶躃地　是人執我　必當見殺
何用衣食　使我至此　長者知子　愚癡狹劣
不信我言　不信是父　即以方便　更遣餘人
眇目矬陋　無威德者　汝可語之　云當相雇
除諸糞穢　倍與汝價　窮子聞之　歡喜隨來
為除糞穢　淨諸房舍　長者於牖　常見其子
念子愚劣　樂為鄙事　於是長者　著弊垢衣
執除糞器　往到子所　方便附近　語令勤作
既益汝價　并塗足油　飲食充足　薦席厚煖
如是苦言　汝當勤作　又以軟語　若如我子
長者有智　漸令入出　經二十年　執作家事
示其金銀　真珠頗梨　諸物出入　皆使令知
猶處門外　止宿草庵　自念貧事　我無此物
父知子心　漸已曠大　欲與財物　即聚親族
國王大臣　剎利居士　於此大眾　說是我子
捨我他行　經五十歲　自見子來　已二十年

BD03616號　妙法蓮華經卷二　（14–11）

示其金銀 真珠頗梨 諸物出入 皆使令知
猶處門外 止宿草菴 自念貧事 我無此物
父知子心 漸已曠大 欲與財物 即聚親族
國王大臣 剎利居士 於此大眾 說是我子
捨我他行 經五十歲 自見子來 已二十年
昔於某城 而失是子 周行求索 遂來至此
凡我所有 舍宅人民 悉以付之 恣其所用
子念昔貧 志意下劣 今於父所 大獲珍寶
并及舍宅 一切財物 甚大歡喜 得未曾有
佛亦如是 知我樂小 未曾說言 汝等作佛
而說我等 得諸無漏 成就小乘 聲聞弟子
佛勅我等 說最上道 修習此者 當得成佛
我承佛教 為大菩薩 以諸因緣 種種譬喻
若干言辭 說無上道 諸佛子等 從我聞法
日夜思惟 精勤修習 是時諸佛 即授其記
汝於來世 當得作佛 一切諸佛 秘藏之法
但為菩薩 演其實事 而不為我 說斯真要
如彼窮子 得近其父 雖知諸物 心不希取
我等雖說 佛法寶藏 自無志願 亦復如是
我等內藏 自謂為足 唯了此事 更無餘事
我等若聞 淨佛國土 教化眾生 都無欣樂
所以者何 一切諸法 皆悉空寂 無生無滅
無大無小 無漏無為 如是思惟 不生喜樂
我等長夜 於佛智慧 無貪無著 無復志願
而自於法 謂是究竟 我等長夜 修習空法
得脫三界 苦惱之患 住最後身 有餘涅槃

BD03616號　妙法蓮華經卷二　（14–12）

無大無小 無漏無為 如是思惟 不生喜樂
我等長夜 於佛智慧 無貪無著 無復志願
而自於法 謂是究竟 我等長夜 修習空法
得脫三界 苦惱之患 住最後身 有餘涅槃
佛所教化 得道不虛 則為已得 報佛之恩
我等雖為 諸佛子等 說菩薩法 以求佛道
而於是法 永無願樂 導師見捨 觀我心故
初不勸進 說有實利 如富長者 知子志劣
以方便力 柔伏其心 然後乃付 一切財物
佛亦如是 現希有事 知樂小者 以方便力
調伏其心 乃教大智 我等今日 得未曾有
非先所望 而今自得 如彼窮子 得無量寶
世尊我今 得道得果 於無漏法 得清淨眼
我等長夜 持佛淨戒 始於今日 得其果報
法王法中 久修梵行 今得無漏 無上大果
我等今者 真是聲聞 以佛道聲 令一切聞
我等今者 真阿羅漢 於諸世間 天人魔梵
普於其中 應受供養 世尊大恩 以希有事
憐愍教化 利益我等 無量億劫 誰能報者
手足供給 頭頂禮敬 一切供養 皆不能報
若以頂戴 兩肩荷負 於恒沙劫 盡心恭敬
又以美膳 無量寶衣 及諸臥具 種種湯藥
牛頭栴檀 及諸珍寶 以起塔廟 寶衣布地
如斯等事 以用供養 於恒沙劫 亦不能報
諸佛希有 無量無邊 不可思議 大神通力
無漏無為 諸法之王 能為下劣 忍于斯事

BD03616號　妙法蓮華經卷二　（14–13）

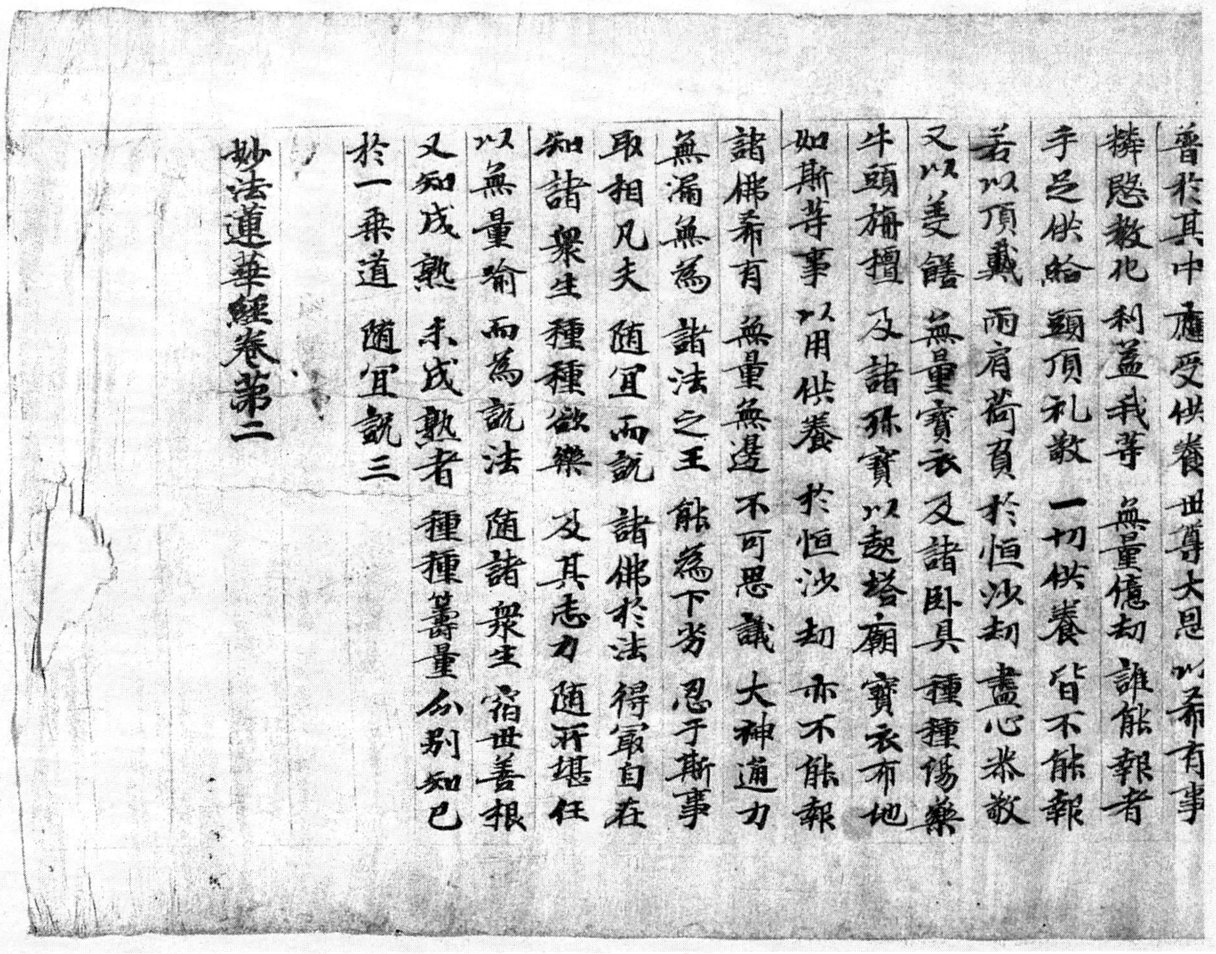

普於其中 應受供養 世尊大恩 以希有事
憐愍教化 利益我等 無量億劫 誰能報者
手足供給 頭頂礼敬 一切供養 皆不能報
若以頂戴 兩肩荷負 於恒沙劫 盡心恭敬
又以美饍 無量寶衣 及諸卧具 種種湯藥
牛頭栴檀 及諸珍寶 以起塔廟 寶衣布地
如斯等事 以用供養 於恒沙劫 亦不能報
諸佛希有 無量無邊 不可思議 大神通力
無漏無為 諸法之王 能為下劣 忍于斯事
取相凡夫 随宜而說 諸佛於法 得最自在
知諸眾生 種種欲樂 及其志力 随所堪任
以無量喻 而為說法 随諸眾生 宿世善根
又知成熟 未成熟者 種種籌量 分别知已
於一乘道 随宜說三

妙法蓮華經卷第二

BD03616號　妙法蓮華經卷二　（14–14）

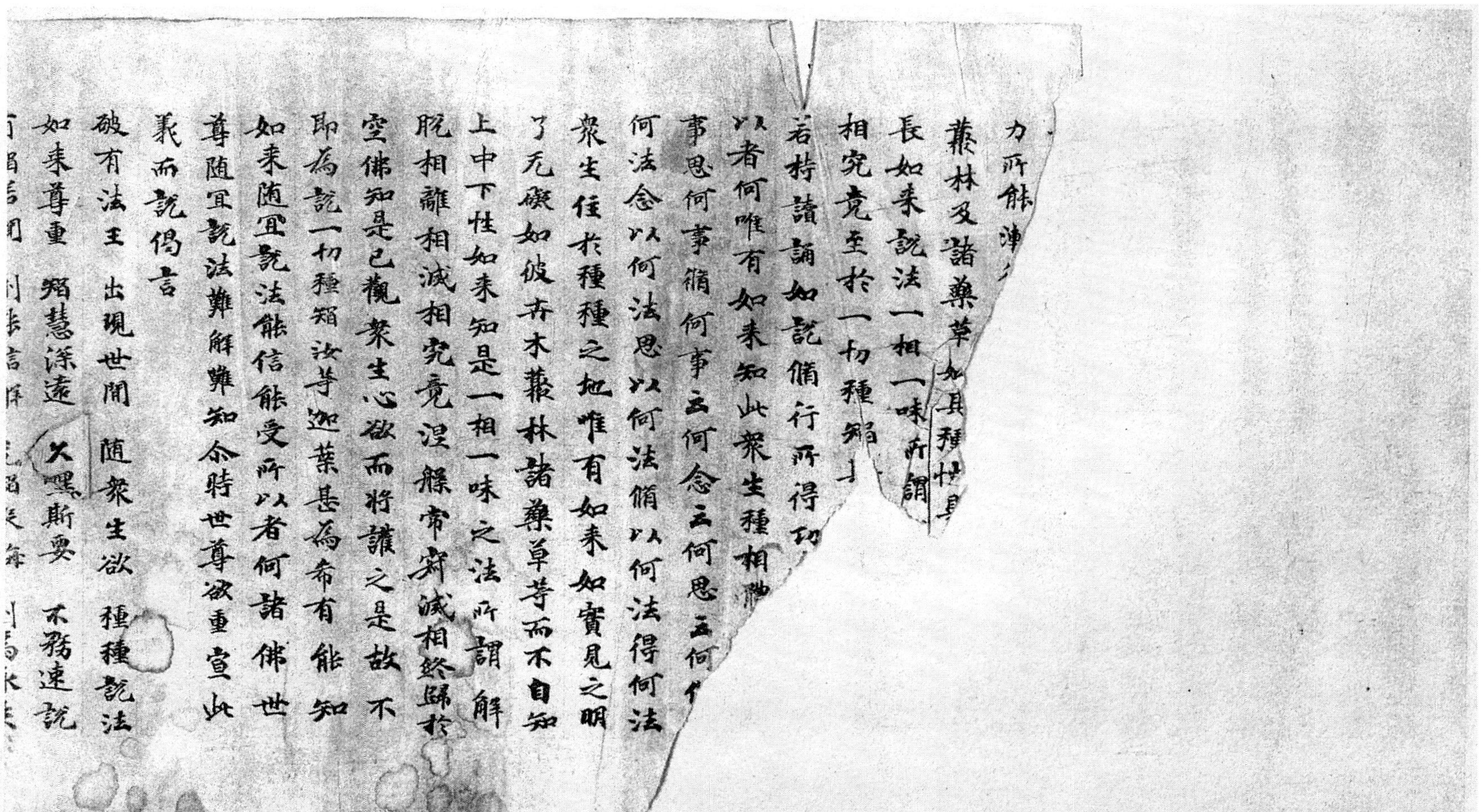

力所能淨
藂林及諸藥草如其種性具
長如来說法一相一味所謂
相究竟至於一切種智
若持讀誦如說脩行所得功
以者何唯有如来知此眾生種相體
事思何事脩何事云何念云何思云何
何法念以何法思以何法脩以何法得何法
眾生住於種種之地唯有如来如實見之明
了无礙如彼卉木藂林諸藥草等而不自知
上中下性如来知是一相一味之法所謂解
脫相離相滅相究竟涅槃常寂滅相終歸於
空佛知是已觀眾生心欲而將護之是故不
即為說一切種智汝等迦葉甚為希有能知
如来随宜說法能信能受所以者何諸佛世
尊随宜說法難解難知尒時世尊欲重宣此
義而說偈言
破有法王 出現世間 随眾生欲 種種說法
如来尊重 智慧深遠 久默斯要 不務速說
有智若聞 則能信解 无智疑悔 則為永失

BD03617號　妙法蓮華經卷三　（4–1）

如來隨宜說法能信能受所以者何諸佛世
尊隨宜說法難解難知尒時世尊欲重宣此
義而說偈言
破有法王　出現世間　隨衆生欲　種種說法
如來尊重　智慧深遠　久嘿斯要　不務速說
有智若聞　則能信解　无智疑悔　則為永失
是故迦葉　隨力為說　以種種緣　令得正見
迦葉當知　譬如大雲　起於世間　遍覆一切
慧雲含潤　電光晃曜　雷聲遠震　令衆悅豫
日光掩蔽　地上清涼　靉靆垂布　如可承攬
其雨普等　四方俱下　流澍无量　率土充洽
山川險谷　幽邃所生　卉木藥草　大小諸樹
百穀苗稼　甘蔗蒲桃　雨之所潤　无不豐足
乾地普洽　藥木並茂　其雲所出　一味之水
草木叢林　隨分受潤　一切諸樹　上中下等
稱其大小　各得生長　根莖枝葉　華果光色
一雨所及　皆得鮮澤　如其體相　性分大小
所潤是一　而各滋茂　佛亦如是　出現於世
譬如大雲　普覆一切　既出于世　為諸衆生
分別演說　諸法之實　大聖世尊　於諸天人
一切衆中　而宣是言　我為如來　兩足之尊
出于世間　猶如大雲　充潤一切　枯槁衆生
皆令離苦　得安隱樂　世間之樂　及涅槃樂
諸天人衆　一心善聽　皆應到此　覲无上尊
我為世尊　无能及者　安隱衆生　故現於世
為大衆說　甘露淨法　其法一味　解脫涅槃
以一妙音　演暢斯義　常為大乘　而作因緣

皆令離苦　得安隱樂　世間之樂　及涅槃樂
諸天人衆　一心善聽　皆應到此　覲无上尊
我為世尊　无能及者　安隱衆生　故現於世
為大衆說　甘露淨法　其法一味　解脫涅槃
以一妙音　演暢斯義　常為大乘　而作因緣
我觀一切　普皆平等　无有彼此　愛憎之心
我无貪著　亦无限礙　恒為一切　平等說法
如為一人　衆多亦然　常演說法　曾无他事
去來坐立　終不疲猒　充足世間　如雨普潤
貴賤上下　持戒毀戒　威儀具足　及不具足
正見邪見　利根鈍根　等雨法雨　而无懈惓
一切衆生　聞我法者　隨力所受　住於諸地
或處人天　轉輪聖王　釋梵諸王　是小藥草
知无漏法　能得涅槃　起六神通　及得三明
獨處山林　常行禪定　得緣覺證　是中藥草
求世尊處　我當作佛　行精進定　是上藥草
又諸佛子　專心佛道　常行慈悲　自知作佛
決定无疑　是名小樹　安住神通　轉不退輪
度无量億　百千衆生　如是菩薩　名為大樹
佛平等說　如一味雨　隨衆生性　所受不同
如彼草木　所稟各異　佛以此喻　方便開示
種種言辭　演說一法　於佛智慧　如海一渧
我雨法雨　充滿世間　一味之法　隨力脩行
如彼叢林　藥草諸樹　隨其大小　漸增茂好
諸佛之法　常以一味　令諸世間　普得具足
漸次脩行　皆得道果　聲聞緣覺　處於山林
住最後身　聞法得果　是名藥草　各得增長

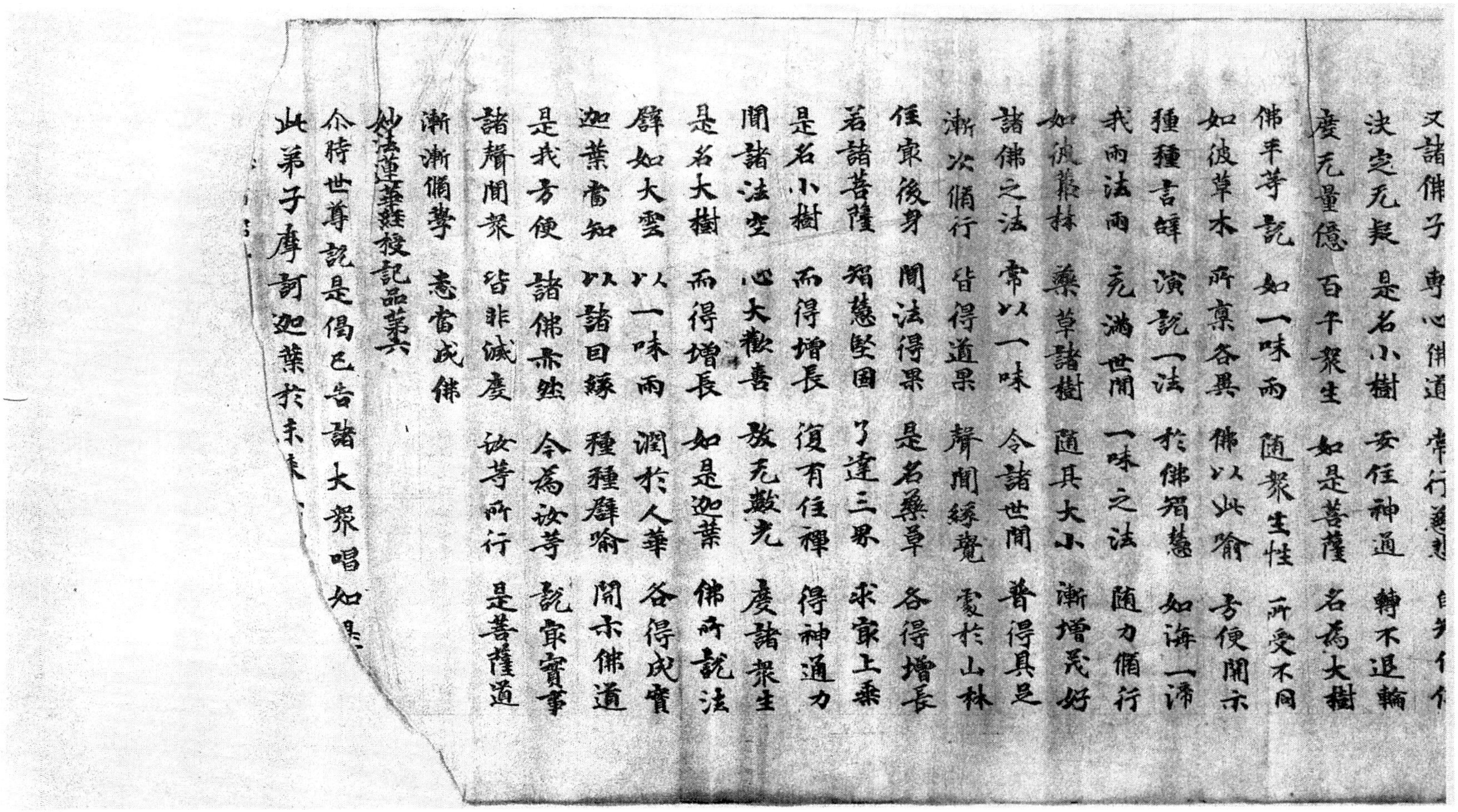
又諸佛子 專心佛道 常行慈悲 自知作佛
決定无疑 是名小樹 安住神通 轉不退輪
度无量億 百千衆生 如是菩薩 名爲大樹
佛平等說 如一味雨 隨衆生性 所受不同
如彼草木 所稟各異 佛以此喻 方便開示
種種言辭 演說一法 於佛智慧 如海一渧
我雨法雨 充滿世間 一味之法 隨力脩行
如彼叢林 藥草諸樹 隨其大小 漸增茂好
諸佛之法 常以一味 令諸世間 普得具足
漸次脩行 皆得道果 聲聞緣覺 處於山林
住最後身 聞法得果 是名藥草 各得增長
若諸菩薩 智慧堅固 了達三界 求最上乘
是名小樹 而得增長 復有住禪 得神通力
聞諸法空 心大歡喜 放无數光 度諸衆生
是名大樹 而得增長 如是迦葉 佛所說法
譬如大雲 以一味雨 潤於人華 各得成實
迦葉當知 以諸因緣 種種譬喻 開示佛道
是我方便 諸佛亦然 今爲汝等 說最實事
諸聲聞衆 皆非滅度 汝等所行 是菩薩道
漸漸脩學 悉當成佛
妙法蓮華經授記品第六
尒時世尊說是偈已告諸大衆唱如是
此弟子摩訶迦葉於未來

BD03617 號　妙法蓮華經卷三　（4–4）

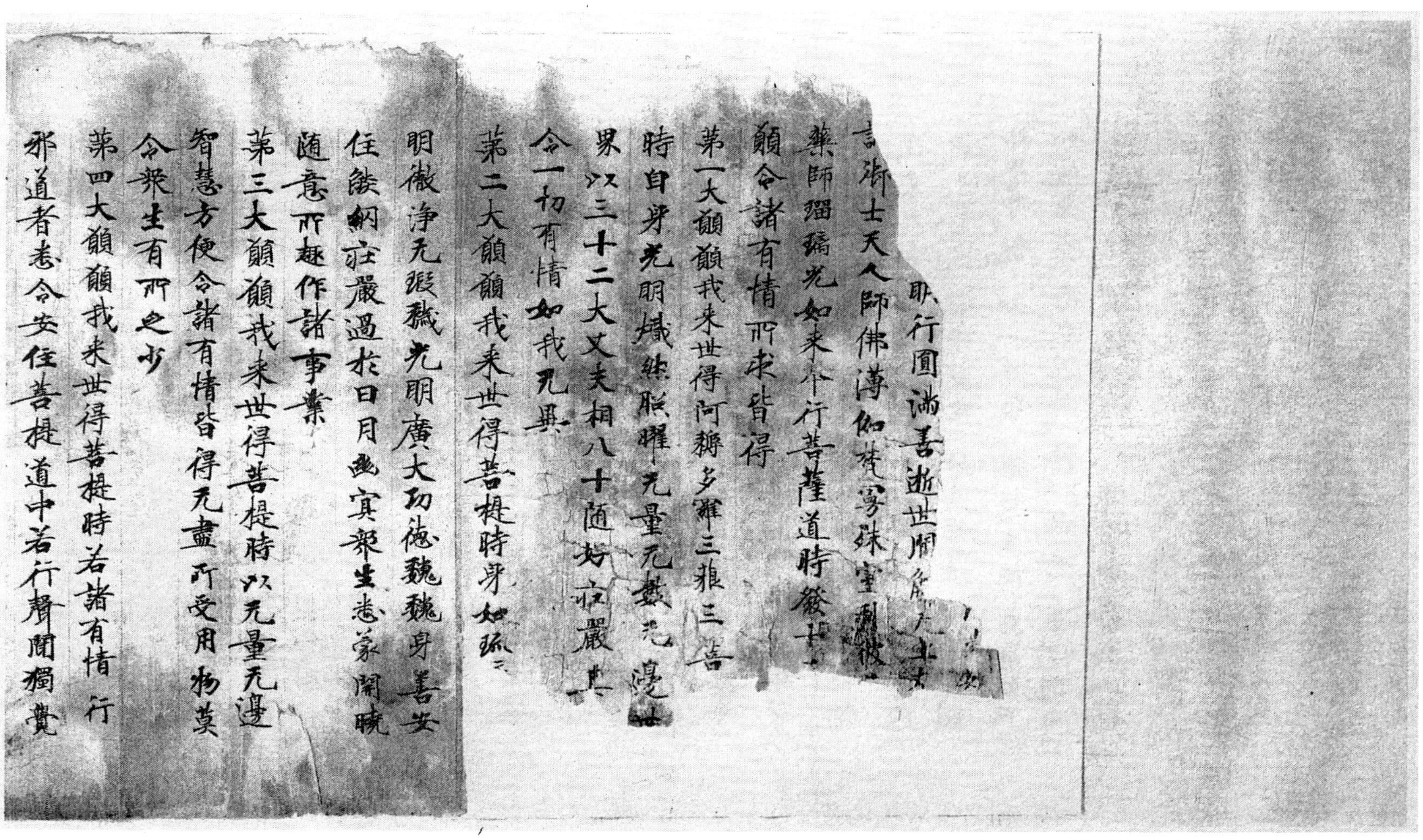
明行圓滿善逝世間解无上
言御士天人師佛薄伽梵曼殊室利彼
藥師瑠璃光如来本行菩薩道時發十二大
願令諸有情所求皆得
第一大願願我来世得阿耨多羅三藐三菩
提時自身光明熾然照曜无量无數无邊世
界以三十二大丈夫相八十隨好莊嚴其身
令一切有情如我无異
第二大願願我来世得菩提時身如瑠璃
明徹淨无瑕穢光明廣大功德巍巍身善安
住燄網莊嚴過於日月幽冥衆生悉蒙開曉
隨意所趣作諸事業
第三大願願我来世得菩提時以无量无邊
智慧方便令諸有情皆得无盡所受用物莫
令衆生有所乏少
第四大願願我来世得菩提時若諸有情行
邪道者悉令安住菩提道中若行聲聞獨覺

BD03618 號　藥師琉璃光如來本願功德經　（5–1）

智慧方便令諸有情皆得无盡所受用物莫
令衆生有所乏少
第四大願願我來世得菩提時若諸有情行
邪道者悉令安住菩提道中若行聲聞獨覺
乘者皆以大乘而安立之
第五大願願我來世得菩提時若有无量无
邊有情於我法中脩行梵行一切皆令得不
缺戒具三聚戒設有毀犯聞我名已還得清
淨不墮惡趣
第六大願願我來世得菩提時若諸有情其
身下劣諸根不具醜陋頑愚盲聾瘖瘂攣躄
背僂白癩顛狂種種病苦聞我名已一切皆
得端政黠慧諸根完具无諸疾苦
第七大願願我來世得菩提時若諸有情衆
病逼切无救无歸无醫无藥无親无家貧
窮多苦我之名号一經其耳衆病悉除身心安
樂家屬資具悉皆豐足乃至證得无上菩提
第八大願願我來世得菩提時若有女人為
女百惡之所逼惱極生厭離願捨女身聞我
名已一切皆得轉女成男具丈夫相乃至證
得无上菩提
第九大願願我來世得菩提時令諸有情出魔
羂網解脫一切外道纏縛若墮種種惡見稠
林皆當引攝置於正見漸令脩習諸菩薩行
速證无上正等菩提
第十大願願我來世得菩提時若諸有情

BD03618號　藥師琉璃光如來本願功德經　（5–2）

羂網解脫一切外道纏縛若墮種種惡見稠
林皆當引攝置於正見漸令脩習諸菩薩行
速證无上正等菩提
第十大願願我來世得菩提時若諸有情王
法所縛縲鞭撻繫閉牢獄或當刑戮及餘
无量災難陵辱悲愁煎迫身心受苦若聞我
名以我福德威神力故皆得解脫一切憂苦
第十一大願願我來世得菩提時若諸有情飢
渴所惱為求食故造諸惡業得聞我名專
念受持我當先以上妙飲食飽足其身後以
法味畢竟安樂而建立之
第十二大願願我來世得菩提時若諸有情
貧无衣服蚊蝱寒熱晝夜逼惱若聞我名專
念受持如其所好即得種種上妙衣服亦得
一切寶莊嚴具華鬘塗香鼓樂衆伎隨心所
翫皆令滿足
曼殊室利是為彼世尊藥師瑠璃光如來應
正等覺行菩薩道時所發十二微妙上願
復次曼殊室利彼世尊藥師瑠璃光如來行
菩薩道時所發大願及彼佛土功德莊嚴我
若一劫若一劫餘說不能盡然彼佛土一向清
淨无有女人亦无惡趣及苦音聲瑠璃為
地金繩界道城闕宮閣軒窓羅網皆七寶成
亦如西方極樂世界功德莊嚴等无差別於
其國中有二菩薩摩訶薩一名日光遍照二
名月光遍照是彼无量无數菩薩衆之上首

BD03618號　藥師琉璃光如來本願功德經　（5–3）

如金繩界道城闕宮閣軒窓羅網皆七寶成
亦如西方極樂世界功德莊嚴等无差別於
其國中有二菩薩摩訶薩一名日光遍照二
名月光遍照是彼无量无數菩薩衆之上首
悉能持彼世尊藥師瑠璃光如來正法寶藏
是故曼殊室利諸有信心善男子善女人等
應當願生彼佛世界
尒時世尊復告曼殊室利童子言曼殊室利
有諸衆生不識善惡唯懷貪悋不知布施及
施果報愚癡无智闕於信根多聚財寶勤
加守護見乞者来其心不喜設不獲已而行施
時如割身肉深心痛惜復有无量慳貪有情
積集資財於其自身尚不受用何況能與父
母妻子奴婢作使及来乞者彼諸有情從此
命終生餓鬼界或傍生趣由昔人間曾得暫
聞藥師瑠璃光如來名故今在惡趣暫得憶
念彼如来名即於念時從彼處沒還生人中
得宿命念畏惡趣苦不樂欲樂好行惠施讚
歎施者一切所有悉无貪惜漸次尚能以頭
目手足血肉身分施来求者況餘財物
復次曼殊室利若諸有情雖於如來受諸學
處而破尸羅有雖不破尸羅而破軌則有於
尸羅軌則雖得不壞然毀正見有雖不毀正
見而棄多聞於佛所說契經深義不能解了
有雖多聞而增上慢由增上慢覆蔽心故自
是非他嫌謗正法為魔伴黨如是愚人自行邪

BD03618號　藥師琉璃光如來本願功德經　（5–4）

時如割身肉深心痛惜復有无量慳貪有情
積集資財於其自身尚不受用何況能與父
母妻子奴婢作使及来乞者彼諸有情從此
命終生餓鬼界或傍生趣由昔人間曾得暫
聞藥師瑠璃光如來名故今在惡趣暫得憶
念彼如来名即於念時從彼處沒還生人中
得宿命念畏惡趣苦不樂欲樂好行惠施讚
歎施者一切所有悉无貪惜漸次尚能以頭
目手足血肉身分施来求者況餘財物
復次曼殊室利若諸有情雖於如來受諸學
處而破尸羅有雖不破尸羅而破軌則有於
尸羅軌則雖得不壞然毀正見有雖不毀正
見而棄多聞於佛所說契經深義不能解了
有雖多聞而增上慢由增上慢覆蔽心故自
是非他嫌謗正法為魔伴黨如是愚人自行邪

BD03618號　藥師琉璃光如來本願功德經　（5–5）

日第[illegible]
郭子鳥占一卷
請[illegible]受二千[illegible]之[illegible]文[illegible]
妙法華
佛說八揚神
佛說八揚

BD03618 號背　雜寫　（2–1）

妙法蓮華
妙法蓮
妙
佛
妙法蓮華経
妙法蓮華経觀世音菩薩普門品第二十五

BD03618 號背　雜寫　（2–2）

者大臣
聽佛所說莫不歡喜一
東方去此佛刹十恒河沙有
師琉璃光如來无所著至真等正
行足善逝世間解无上士調御丈夫天
師佛世尊度脫生老病死苦患此藥師琉
璃光本所脩行菩薩道時發心自誓行十二
上願令一切衆生所求皆得
第一願者使我來世得作佛時自身光明普
照十方三十二相八十種好而自莊嚴令一
切衆生如我无異
第二願者使我來世自身猶如琉璃内外明
徹淨无瑕穢妙色廣大功德巍巍安住十方
如日照世幽冥衆生悉蒙開曉
第三願者使我來世智惠廣大如海无窮潤
澤枯涸无量衆生普使蒙益悉令飽滿无
飢渴想甘食美饍悉持施与
第四願者使我來世佛道成就巍巍堂堂如
星中之月消除生死之雲令无有翳明照世
界行者見道熱得清涼解除垢穢
第五願者使我來世發大精進淨持戒地令

BD03619號　灌頂章句拔除過罪生死得度經　（15–1）

飢渴想甘食美饍悉持施与
第四願者使我來世佛道成就巍巍堂堂如
星中之月消除生死之雲令无有翳明照世
界行者見道熱得清涼解除垢穢
第五願者使我來世發大精進淨持戒地令
无濁穢慎護所受令无缺犯亦令一切戒行
具足堅持不犯至无上道
第六願者若有衆生諸根毀敗盲者使視聾
者能聽瘂者得語僂者能申跛者能行如是
不完具者悉令具足
第七願者使我來世十方世界若有苦惱无
救護者我為此等設大法藥令諸疾病皆得
除愈无復苦患至得佛造
第八願者使我來世以善業因緣為諸愚冥
无量衆生講宣妙法令得度脫入智惠門普
使明了无諸疑惑
第九願者使我來世摧伏惡魔及諸外道顯
揚清淨无上道法使入正真无諸邪僻迴向
菩提八正覺路
第十願者使我來世若有衆生王法所加臨
當刑戮无量怖畏愁憂苦惱若復鞭撻枷鎖
其體種種恐懼逼切其身如是无邊諸苦惱
等悉令解脫无有衆難
第十一願者使我來世若有衆生飢火所惱
令得種種甘美飲食天諸餚饍種種无數悉
以施与令身充足
第十二願者使我來世若有貧凍裸露衆生

BD03619號　灌頂章句拔除過罪生死得度經　（15–2）

等悉令解脫无有衆難
令得種種甘美飲食天諸餚饍種種无數悉
以施与令身充足
第十二願者使我來世若有貧凍裸露衆生
即得衣服窮乏之者施以珎寶倉庫盈溢无
所乏少一切皆受无量快樂乃至无有一人受
苦使諸衆生和顏悅色形皃端嚴人所喜見
瑟琴鼓吹如是无量最上微妙音聲施与一
切无量衆生是爲十二微妙上願
佛告文殊師利此藥師琉璃光本願功德如
是我今爲汝略說其國莊嚴之事此藥師琉
璃光如來國土清淨无五濁无愛慾无意垢
以白銀琉璃爲地宮殿樓閣悉用七寶亦如
西方无量壽國无有異也
有二菩薩一名日曜二名月淨是二菩薩次
補佛處諸善男子及善女人亦當願生彼國
土也文殊師利白佛言唯願演說藥師琉璃
光如來无量功德饒益衆生令得佛道佛言
若有男子女人新破衆魔來入正道得聞我
說藥師琉璃光如來名字者魔家眷屬退散
馳走如是无量拔衆生苦我今說之
佛告文殊師利世間有人不解罪福慳貪不
知布施今世後世當得其福世人愚癡但知
貪惜寧自割身宍而噉食之不肯持錢財布
施求後世之福世又有人身不能衣食此大
慳貪命終以後當墮地獄餓鬼及在畜生中

BD03619號　灌頂章句拔除過罪生死得度經　（15–3）

佛告文殊師利世間有人不解罪福慳貪不
知布施今世後世當得其福世人愚癡但知
貪惜寧自割身宍而噉食之不肯持錢財布
施求後世之福世又有人身不能衣食此大
慳貪命終以後當墮地獄餓鬼及在畜生中
聞是藥師琉璃光如來名字之時无不解脫
憂苦者也皆作信心貪福畏罪人從索頭与
頭索眼与眼乞妻与妻乞子与子求金銀珎
寶皆大布施一時歡喜即發无上正真道意
佛言若復有人受佛淨戒遵奉明法不解罪
福雖知明經不及中義不能分別曉了中事
以自貢高恒當瞋憤乃与世間衆魔從事更
作縛著不解行之戀著婦女恩愛之情口爲
說空行在有中不能發覺復不自知但能論
說他人是非如此人輩皆當墮於三惡道中
聞我說是藥師琉璃光本願功德无不歡喜
念欲捨家行作沙門者也
佛言世間有人好自稱舉皆是貢高當墮三
惡道中後還爲人牛馬奴婢生下賤人中當
乘其力負重而行困苦疲極亡失人身聞我
說是藥師琉璃光如來本願功德者皆當一
心歡喜踊躍更作謙敬即得解脫衆苦之患
長得歡樂聰明智慧遠離惡道得生善處与
善知識共相值遇无復憂惱離諸魔縛
佛言世間愚癡人輩兩舌鬪諍惡口罵詈更
相嫌恨或就山神樹下鬼神日月之神南北
辰諸鬼神等所作諸呪咀或作人名字或作

BD03619號　灌頂章句拔除過罪生死得度經　（15–4）

善知識共相值遇无復憂惱離諸魔縛
佛言世間愚癡人輩兩舌鬪諍惡口罵詈更
相嫉恨或就山神樹下鬼神日月之神南北
辰諸鬼神等所作諸呪檮或作人名字或作
人形像或作符書以相厭禱呪咀言說聞我
說是藥師琉璃光本願功德无不兩作和解
俱生慈心惡意悉滅各各歡喜无復惡念佛
言若四輩弟子比丘比丘尼清信士清信女
常脩月六齋年三長齋或晝夜精勤一心苦
行願欲往生西方阿弥陀佛國者憶念晝夜
若一日二日三日四日五日六日七日或復
中悔聞我說是藥師琉璃光本願功德盡
其壽命欲終之日有八菩薩文殊師利菩薩
觀世音菩薩大勢至菩薩无盡意菩薩寶
檀華菩薩藥王菩薩藥上菩薩弥勒菩薩皆
當飛往迎其精神不逕八難生蓮華中自然
音樂而相娛樂
佛言假使壽命自欲盡時臨終之日得聞我
說是琉璃光佛本願功德者命終皆得上生
天上不復經歷三惡道中天上福盡若下生人
間當為帝王家作子或生豪姓長者居士富
貴家生皆當端正聰明智惠高才勇猛若是
女人化成男子无復憂苦患難者也
佛語文殊我稱譽顯說琉璃光佛至真等正
覺本所脩集无量行願功德如是文殊師利
從坐而起長跪叉手白佛言世尊佛去世後
當以此法開化十方一切衆生使其受持是

BD03619號　灌頂章句拔除過罪生死得度經　（15–5）

女人化成男子无復憂苦患難者也
佛語文殊我稱譽顯說琉璃光佛至真等正
覺本所脩集无量行願功德如是文殊師利
從坐而起長跪叉手白佛言世尊佛去世後
當以此法開化十方一切衆生使其受持是
經典也若有男子女人愛樂是經受持讀誦
宣通之者復能專念若一日二日三日四日
五日乃至七日憶念不忘能以好素帛書
取是經五色雜綵作囊盛之是時當有天諸
善神四天大王龍神八部常來營衛愛敬此
經能日日作礼是持經者不墮橫死所在安
隱惡氣消滅諸魔鬼神亦不中害佛言如是
如是如汝所說文殊師利言天尊所說言无
不善佛言文殊若有善男子善女人等發心
造立藥師琉璃光如來形像供養礼拜懸雜
色幡蓋燒香散華歌詠讚嘆圍遶百匝還本
坐處端坐思惟念藥師琉璃光佛无量功德
有男子女人七日七夜菜食長齋供養礼拜
藥師琉璃光佛求心中所願者无不獲得求
長壽得長壽求富饒得富饒求安隱得安
求男女得男女求官位得官位若命過以後
欲生妙樂天上者亦當礼敬琉璃光佛至真
等正覺若欲上生三十三天者亦當礼拜琉
璃光佛必得往生若欲與明師世世相值者
亦當礼敬琉璃光佛
佛告文殊若欲生十方妙樂國土者亦應礼
敬琉璃光佛若欲得生兜率天上見弥勒者

BD03619號　灌頂章句拔除過罪生死得度經　（15–6）

等正覺若欲上生三十三天者亦當礼拜琉
璃光佛必得往生若欲与明師世世相值者
亦當礼敬琉璃光佛
佛告文殊若欲生十方妙樂國土者亦應礼
敬琉璃光佛若欲得生兜率天上見弥勒者
亦應礼敬琉璃光佛若欲遠諸邪見亦應礼
敬琉璃光佛若夜惡夢鳥鳴百怪蜚尸邪忤
魍魎鬼神之所嬈者亦當礼敬琉璃光佛若為
水火之所焚漂亦當礼敬琉璃光佛若入山谷
為虎狼熊羆蒺藜諸獸烏龍蚖虵蝮蝎種種
雜類若有惡心来想向者心當存念琉璃光佛
山中諸難不能為害若他方怨賊偷竊惡人
怨家債主欲来侵陵心當存念琉璃光佛則
不為害以善男子善女人礼敬琉璃光如来
功德所致華報如是況果報也是故吾今勸
諸四輩礼事琉璃光佛至真等正覺
佛告文殊我但為汝略說琉璃光佛礼敬功
德若使我廣說是琉璃光佛无量功德与一
切人求心中所願者從一劫至一劫故不周遍
其世間人若有著床瘦黄困篤惡病連年
累月不差者聞我說是琉璃光佛名字之時
橫病之厄无不除愈唯除宿殃不請耳
佛告文殊若男子女人受三自歸若五戒若十
戒若善信菩薩二十四戒若沙門二百五十
戒若比丘尼五百戒若菩薩戒若破是諸戒
若能至心一懺悔者復聞我說琉璃光佛終
不墮三惡道中必得解脫若人愚癡不受父
母師友教誨不信佛不信經戒不信聖僧應

BD03619 號　灌頂章句拔除過罪生死得度經　（15–7）

[illegible]
戒若比丘尼五百戒若菩薩戒若破是諸戒
若能至心一懺悔者復聞我說琉璃光佛終
不墮三惡道中必得解脫若人愚癡不受父
母師友教誨不信佛不信經戒不信聖僧應
墮三惡道中者忘失人種受畜生身聞我說
是琉璃光佛善願功德者即得解脫
佛告文殊世有惡人雖受佛禁戒觸事違犯
或煞无道偷竊他人財寶欺詐忘語婬他婦
女飲酒鬪亂兩舌惡口罵詈毆人犯戒為惡
復祠祀鬼神有如是過罪當墮地獄中若當
屠割若抱銅柱若鐵鉤出舌若洋銅灌口者
聞我說是藥師琉璃光佛无不即得解脫者
也佛告文殊其世間人豪貴下賤不信佛不
信經道不信沙門不信有須陁洹不信有斯
陁含不信有阿那含不信有阿羅漢不信有
辟支佛不信有十住菩薩不信有三世之事
不信有十方諸佛不信有本師釋迦文佛不
信人死神明更生善者受福惡者受殃有如
是之罪應墮三惡道中聞我說是藥師琉璃
光佛名字之者一切過罪自然消滅
佛告文殊若有善男子善女人聞我說是藥
師琉璃光佛至真等正覺其誰不發无上正
真道意後皆當得作佛人居世間仕官不遷
治生不得飢寒困厄亡失財產无復方計聞
我說是藥師琉璃光佛各各得心中所願仕
官皆得高遷財物自然長益飲食充饒皆得
富貴若為縣官之所拘錄惡人侵枉若為怨

BD03619 號　灌頂章句拔除過罪生死得度經　（15–8）

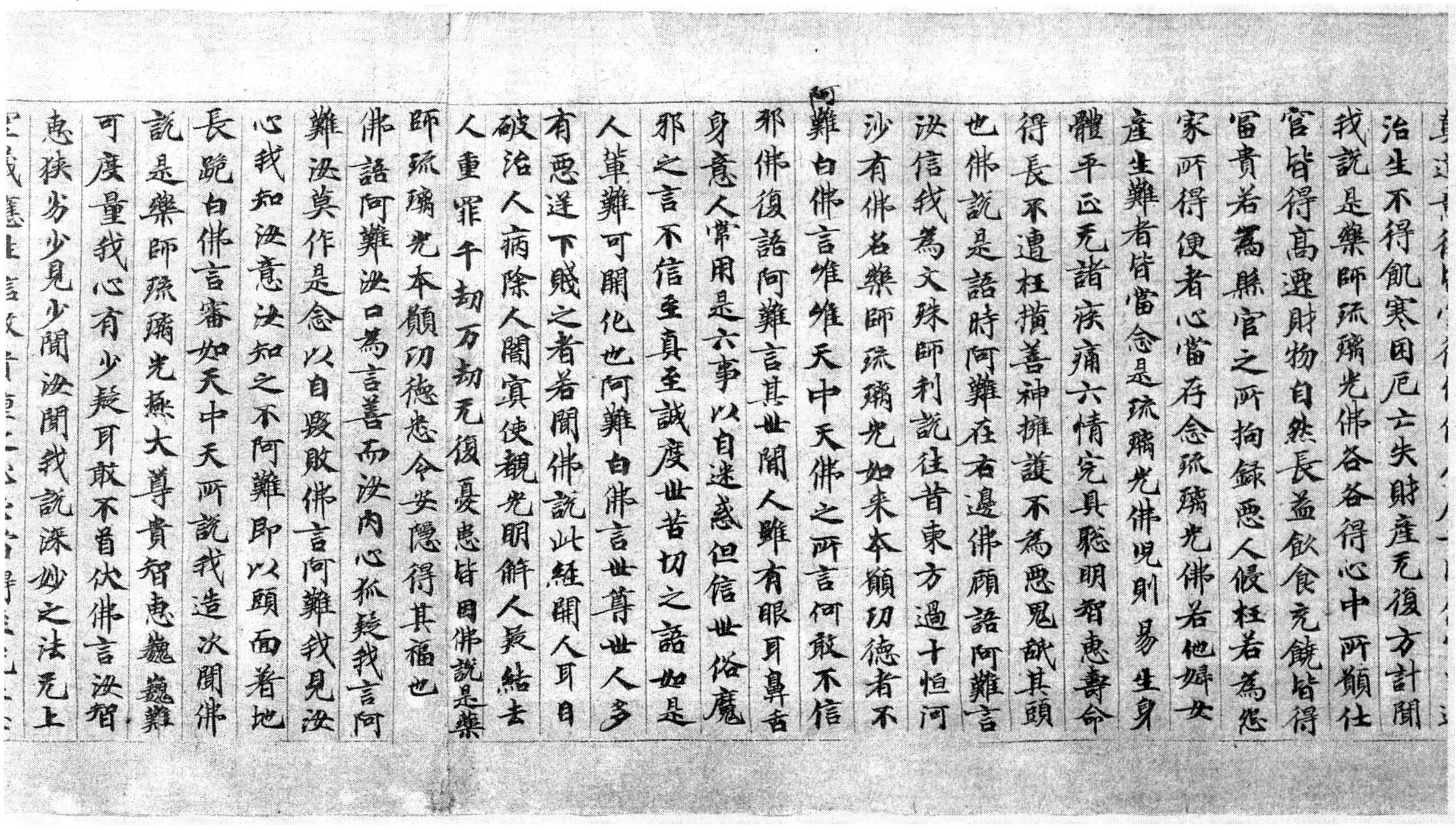

治生不得飢寒困厄亡失財產无復方計聞
我說是藥師琉璃光佛各各得心中所願仕
官皆得高遷財物自然長益飲食充饒皆得
富貴若爲縣官之所拘錄惡人侵枉若爲怨
家所得便者心當存念琉璃光佛若他婦女
產生難者皆當念是琉璃光佛児則易生身
體平正无諸疾痛六情完具聡明智恵壽命
得長不遭枉橫善神擁護不爲惡鬼猷其頭
也佛說是語時阿難在右邊佛顧語阿難言
汝信我爲文殊師利說往昔東方過十恒河
沙有佛名藥師琉璃光如来本願功德者不
阿難白佛言唯唯天中天佛之所言何敢不信
邪佛復語阿難言其世間人雖有眼耳鼻舌
身意人常用是六事以自迷惑但信世俗魔
邪之言不信至真至誠度世苦切之語如是
人輩難可開化也阿難白佛言世尊世人多
有惡逆下賤之者若聞佛說此經開人耳目
破治人病除人闇冥使覩光明解人疑結去
人重罪千劫万劫无復憂患皆因佛說是藥
師琉璃光本願功德悉令安隱得其福也
佛語阿難汝口爲言善而汝內心狐疑我言阿
難汝莫作是念以自毀敗佛言阿難我見汝
心我知汝意汝知之不阿難即以頭面着地
長跪白佛言審如天中天所說我造次聞佛
說是藥師琉璃光撫大尊貴智恵巍巍難
可度量我心有少疑耳敢不首伏佛言汝智
恵狹劣少見少聞汝聞我說深妙之法无上

BD03619號　灌頂章句拔除過罪生死得度經　（15–9）

長跪白佛言審如天中天所說我造次聞佛
說是藥師琉璃光撫大尊貴智恵巍巍難
可度量我心有少疑耳敢不首伏佛言汝智
恵狹劣少見少聞汝聞我說深妙之法无上
空義應生信敬貴重之心必當得至无上正
真道也
文殊問佛言世尊佛說是藥師琉璃光如来
无量功德如是不審誰肯信此言者佛告文
殊師利言唯有百億諸菩薩摩訶薩當信是
言唯有十方三世諸佛當信是言
佛言我說是藥師琉璃光如来本願功德難
可得見何況得聞亦難得說亦難得書寫亦
難得讀文殊師利若有男子女人能信是經
受持讀誦書著竹帛復能爲他人解說中義
此皆先世以發道意今復得聞此微妙法開
化十方无量衆生當知此人必當得至无上
正真道也
佛告阿難我作佛以来從生死復至生死勤
苦累劫无所不遥无所不歷无所不作无所不
爲如是不可思議況復琉璃光佛本願功德
者乎汝所以有疑者亦復如是阿難汝聞佛
所說汝諦信之莫作疑惑佛語至誠无有虛
爲亦无二言佛爲信者施不爲疑者說也
阿難汝莫作小疑以毀大乘之業汝却後亦
當發摩訶衍心莫以小道毀汝功德也阿難
言唯唯天中天我從今日以去无復介心唯佛
自當知我心耳
佛語阿難此經能照諸天宮宅若三灾延時

BD03619號　灌頂章句拔除過罪生死得度經　（15–10）

阿難汝莫作小疑以毀大乘之業汝却後亦
當發摩訶衍心莫以小道毀汝功德也阿難
言唯唯天中天我從今日以去无復尒心唯佛
自當知我心耳
佛語阿難此經能照諸天宮宅若三災起時
中有天人發心念此琉璃光佛本願功德經
者皆得離於彼處之難是經能除水涸不
調是經能除他方逆賊悉令斷滅四方夷狄谷
能除穀貴飢凍是經能滅惡星變怪是經能
除疾毒之病是經能救三惡道苦地獄餓鬼
畜生等苦若人得聞此經典者无不解脫厄
難者也
尒時衆中有一菩薩名曰救脫從坐而起整
理衣服叉手合掌而白佛言我今日聞佛世
尊演說過東方恒河沙世界有佛号琉璃光
一切衆會靡不歡喜救脫菩薩復白佛言若
族姓男女其有尩羸著床痛惱无救護者我
今當勸請諸衆僧七日七夜齋戒一心受持
八禁六時行道四十九遍讀是經典勸然七層
之燈亦勸懸五色續命神幡阿難問救脫菩
薩言續命幡燈法則云何救脫菩薩語阿難
言神幡五色四十九尺燈亦復尒七層之燈
一層七燈燈如車輪若遭厄難閉在牢獄枷
鎖著身亦應造立五色神幡然四十九燈
應放雜類衆生至四十九可得過度危厄之
難不為諸橫惡鬼所持
救脫菩薩語阿難言若天王大臣及諸輔相
王子妃主宮中婇女若為病苦所惱亦應造

應放雜類衆生至四十九可得過度危厄之
難不為諸橫惡鬼所持
救脫菩薩語阿難言若天王大臣及諸輔相
王子妃主宮中婇女若為病苦所惱亦應造
立五色繒幡然燈續明放諸生命散雜色華
燒衆名香王當放赦屋厄之人徒鎖解脫王
得其福天下太平雨澤以時人民歡喜惡龍
攝毒无病苦者四方夷狄不生逆害國玉通
洞慈心相向无諸怨害四海歌詠稱王之德
乘此福祿在意所生見佛聞法信受教誨從
是福報至无上道阿難又問救脫菩薩言命
可續也救脫菩薩答阿難言我聞世尊說有
諸橫勸造幡蓋令其脩福又言阿難昔沙弥
救蟻以脩福故盡其壽命不更苦患身體安
寧福德力強使之然也阿難因復問救脫菩
薩言橫有幾種世尊說言橫乃无數略而說
之大橫有九一者橫病二者橫有口舌三者橫
遭縣官四者身羸无福又持戒不完橫為
鬼神之所得便五者橫為劫賊之所剝脫六
者橫為水火焚漂七者橫為雜類禽獸所噉
八者橫為怨讎符書厭禱邪神牽引未得其
福但受其殃先亡牽引亦名橫死九者有病
不治又不脩福湯藥不慎針灸失度不值良
醫為病所困於是滅亡又信世間妖孽之師為
作恐動寒熱言語妄發福禍所犯者多心不
自正不能自定卜問覓禍煞豬狗牛羊種種
衆生解奏神明呼諸邪妖魍魎鬼神請乞福

不浼又不脩福淥犇不慎針灸失度不值良
醫為病所困於是滅亡又信世間妖𡃤之師為
作恐動寒熱言語妄發福禍所犯者多心不
自正不能自定卜問覓禍煞豬狗牛羊種種
衆生解奏神明呼諸邪妖魍魎鬼神請乞福
祚欲望長生終不能得愚癡迷惑信邪倒見
死入地獄展轉其中无解脫時是名九橫救
脫菩薩語阿難言其世間人瘦黃之病困篤
著床求生不得求死不得考楚万端此病人
者或其前世造作惡業罪過所招殃咎所引
故使然也救脫菩薩語阿難閻羅王者領
世間名籍之記若人為惡作諸非法无孝順心
造作五逆破滅三寶无君臣法又有衆生不
持五戒不信正法設有受者多所毀犯於是
地下鬼神及伺候者奏上五官五官料簡除
死定生或注錄精神未判是非若已定者奏
上閻羅閻羅監察隨罪輕重考而治之世間
瘦黃之病困篤不死一絕一生猶其罪福未
得料簡錄其精神在彼王所或七日五三七
日乃至七七日名籍定者放其精神還其身
中如從夢中見其善惡其人若明了者信驗
罪福是故我今勸諸四輩造續命神幡然四
十九燈放諸生命以此幡燈放生功德拔彼
精神令得度脫令世後世不遭厄難
救脫菩薩語阿難言如來世尊說是經典威
神功德利益不少坐中諸鬼神有十二神王
從坐而起往到佛所胡跪合掌白佛言我等
十二鬼神在所作護若城邑聚落空閑林中

BD03619 號　灌頂章句拔除過罪生死得度經　（15–13）

十九燈放諸生命以此幡燈放生功德拔彼
精神令得度脫令世後世不遭厄難
救脫菩薩語阿難言如來世尊說是經典威
神功德利益不少坐中諸鬼神有十二神王
從坐而起往到佛所胡跪合掌白佛言我等
十二鬼神在所作護若城邑聚落空閑林中
若四輩弟子誦持此經令所結願无求不得
阿難問言其名云何為我說之救脫菩薩言
灌頂章句其名如是
神名金毗羅　神名和耆羅　神名祢佉羅　神名安陀羅
神名摩尼羅　神名宋林羅　神名因持羅　神名波耶羅
神名摩休羅　神名真陀羅　神名照頭羅　神名毗伽羅
救脫菩薩語阿難言此諸鬼神別有七千以
為眷屬皆悉叉手低頭聽佛世尊說是藥師
琉璃光如來本願功德莫不一時捨鬼神形得
受人身長得度脫无衆惱患若人急疾厄難
之日當以五色縷結其名字得如願已然後
解結令人得福灌頂章句法應如是
佛說是經時比丘僧八千人諸菩薩三万六
千人俱諸天龍鬼神八部大王无不歡喜何
難從坐而起前白佛言世尊演說此法當何
名之佛言此經凡有三名一名藥師琉璃光
本願功德二名灌頂章句十二神王結願神
呪三者拔除過罪生死得度佛說經竟大衆
人民作礼奉行

佛說藥師經

BD03619 號　灌頂章句拔除過罪生死得度經　（15–14）

救脫菩薩語阿難言此諸鬼神別有七千以
為眷屬皆悲叉手低頭聽佛世尊說是藥師
琉璃光如來本願功德莫不一時捨鬼神形得
受人身長得度脫无衆惱患若人急疾厄難
之日當以五色縷結其名字得如願已然後
解結令人得福灌頂章句法應如是
佛說是經時比丘僧八千人諸菩薩三万六
千人俱諸天龍鬼神八部大王无不歡喜阿
難從坐而起前白佛言世尊演說此法當何
名之佛言此經凡有三名一名藥師琉璃光
本願功德二名灌頂章句十二神王結願神
呪三者拔除過罪生死得度佛說經竟大衆
人民作礼奉行

佛說藥師經

BD03619號　灌頂章句拔除過罪生死得度經　（15–15）

利弗於
長者等與諸子珍寶大車寧有虛妄不舍利
弗言不也世尊是長者但令諸子得免火難
全其軀命非為虛妄何以故若全身命便為
已得玩好之具況復方便於彼火宅而拔濟
之世尊若是長者乃至不與最小一車猶不
虛妄何以故是長者先作是意我以方便令
子得出以是因緣無虛妄也何況長者自知
財富無量欲饒益諸子等與大車佛告舍利
弗善哉善哉如汝所言舍利弗如來亦復如
是則為一切世間之父於諸怖畏衰惱憂患
無明闇蔽永盡無餘而悉成就無量知見力
無所畏有大神力及智慧力具足方便智慧
波羅蜜大慈大悲常無懈惓恒求善事利益
一切而生三界朽故火宅為度衆生生老病
死憂悲苦惱愚痴闇蔽三毒之火教化令得
阿耨多羅三藐三菩提見諸衆生為生老病
死憂悲苦惱之所燒煑亦以五欲財利故受
種種苦又以貪著追求故現受衆苦後受地

BD03620號　妙法蓮華經卷二　（22–1）

死憂悲苦惱愚癡暗蔽三毒之火教化令得
阿耨多羅三藐三菩提見諸衆生爲生老病
死憂悲苦惱之所燒煮亦以五欲財利故受
種種苦又以貪著追求故現受衆苦後受地
獄畜生餓鬼之苦若生天上及在人間貧窮
困苦愛別離苦怨憎會苦如是等種種諸苦
衆生沒在其中歡喜遊戲不覺不知不驚不
怖亦不生猒不求解脫於此三界火宅東西
馳走雖遭大苦不以爲患舍利弗佛見此已
便作是念我爲衆生之父應拔其苦難與無
量無邊佛智慧樂令其遊戲舍利弗如來復
作是念若我但以神力及智慧力捨於方便
爲諸衆生讚如來知見力無所畏者衆生不
能以是得度所以者何是諸衆生未免生老
病死憂悲苦惱而爲三界火宅所燒何由能
解佛之智慧舍利弗如彼長者雖復身手有
力而不用之但以慇勤方便免濟諸子火宅
之難然後各與珎寶大車如來亦復如是雖
有力無所畏而不用之但以智慧方便於三
界火宅拔濟衆生爲說三乘聲聞辟支佛佛
乘而作是言汝等莫得樂住三界火宅勿貪
麁弊色聲香味觸也若貪著生愛則爲所燒
汝速出三界當得三乘聲聞辟支佛佛乘我
令爲汝保任此事終不虛也汝等但當勤脩

麁弊色聲香味觸也若貪著生愛則爲所燒
汝速出三界當得三乘聲聞辟支佛佛乘我
令爲汝保任此事終不虛也汝等但當勤脩
精進如來以是方便誘進衆生復作是言汝
等當知此三乘法皆是聖所稱歎自在無繫
無所依求乘是三乘以無漏根力覺道禪定
解脫三昧等而自娛樂便得無量安隱快樂
舍利弗若有衆生內有智性從佛世尊聞法
信受慇勤精進欲速出三界自求涅槃是名
聲聞乘如彼諸子爲求羊車出於火宅若有
衆生從佛世尊聞法信受慇勤精進求自然
慧樂獨善寂深知諸法因緣是名辟支佛乘
如彼諸子爲求鹿車出於火宅若有衆生從
佛世尊聞法信受勤脩精進求一切智佛智
自然智無師智如來知見力無所畏愍念安
樂無量衆生利益天人度脫一切是名大乘
菩薩求此乘故名爲摩訶薩如彼諸子爲求
牛車出於火宅舍利弗如彼長者見諸子等
安隱得出火宅到無畏處自惟財富無量等
以大車而賜諸子如來亦復如是爲一切衆生
之父若見無量億千衆生以佛教門出三
界苦怖畏險道得涅槃樂如來爾時便作是
念我有無量無邊智慧力無畏等諸佛法藏
是諸衆生皆是我子等與大乘不令有人獨
得滅度皆以如來滅度而滅度之是諸衆生

界苦怖畏險道得涅槃樂如来尒時便作是
念我有無量無邊智慧力無畏等諸佛法藏
是諸衆生皆是我子等與大乘不令有人獨
得滅度皆以如来滅度而滅度之是諸衆生
脫三界者悉與諸佛禪定解脫等娛樂之具
皆是一相一種聖所稱歎能生淨妙第一之
樂舍利弗如彼長者初以三車誘引諸子然
後但與大車寶物莊嚴安隱第一然彼長者
無虛妄之咎如来亦復如是無有虛妄初說
三乘引導衆生然後但以大乘而度脫之何
以故如来有無量智慧力無所畏諸法之藏
能與一切衆生大乘之法但不盡能受舍利
弗以是因緣當知諸佛方便力故於一佛乘
分別說三佛欲重宣此義而說偈言
譬如長者 有一大宅 其宅久故 而復頓弊
堂舍高危 柱根摧朽 梁棟傾斜 基陛頹毀
牆壁圮坼 泥塗褫落 覆苫亂墜 椽梠差脫
周障屈曲 雜穢充遍 有五百人 止住其中
鵄梟鵰鷲 烏鵲鳩鴿 蚖蛇蝮蠍 蜈蚣蚰蜒
守宮百足 狖狸鼷鼠 諸惡虫輩 交橫馳走
屎尿臭處 不淨流溢 蜣蜋諸虫 而集其上
狐狼野干 咀嚼踐蹋 嚌齧死屍 骨肉狼藉
由是群狗 競來搏撮 飢羸慞惶 處處求食
鬪諍䶥掣 啀喍嘷吠 其舍恐怖 變狀如是

屎尿臭處 不淨流溢 蜣蜋諸虫 而集其上
狐狼野干 咀嚼踐蹋 嚌齧死屍 骨肉狼藉
由是群狗 競來搏撮 飢羸慞惶 處處求食
鬪諍䶥掣 啀喍嘷吠 其舍恐怖 變狀如是
處處皆有 魑魅魍魎 夜叉惡鬼 食噉人肉
毒虫之屬 諸惡禽獸 孚乳產生 各自藏護
夜叉競來 爭取食之 食之既飽 惡心轉熾
鬪諍之聲 甚可怖畏 鳩槃荼鬼 蹲踞土埵
或時離地 一尺二尺 往反遊行 縱逸嬉戲
捉狗兩足 撲令失聲 以脚加頸 怖狗自樂
復有諸鬼 其身長大 裸形黑瘦 常住其中
發大惡聲 叫呼求食 復有諸鬼 其咽如針
復有諸鬼 首如牛頭 或食人肉 或復噉狗
頭髮蓬亂 殘害兇險 飢渴所逼 叫喚馳走
夜叉餓鬼 諸惡鳥獸 飢急四向 窺看窓牖
如是諸難 恐畏無量 是朽故宅 屬于一人
其人近出 未久之間 於後舍宅 欻然火起
四面一時 其焰俱熾 棟梁椽柱 爆聲震裂
摧折墮落 牆壁崩倒 諸鬼神等 揚聲大叫
鵰鷲諸鳥 鳩槃荼等 周慞惶怖 不能自出
惡獸毒虫 藏竄孔穴 毗舍闍鬼 亦住其中
薄福德故 為火所逼 共相殘害 飲血噉肉
野干之屬 並已前死 諸大惡獸 競來食噉
臭烟熢㶿 四面充塞 蜈蚣蚰蜒 毒蛇之類
為火所燒 爭走出穴 鳩槃荼鬼 隨取而食

惡獸毒虫 藏竄孔穴 毗舍闍鬼 亦住其中
薄福德故 為火所逼 共相殘害 飲血噉肉
野干之屬 並已前死 諸大惡獸 競來食噉
臭烟熢㶿 四面充塞 蜈蚣蚰蜒 毒蛇之類
為火所燒 爭走出穴 鳩槃荼鬼 隨取而食
又諸餓鬼 頭上火然 飢渴熱惱 周章悶走
其宅如是 甚可怖畏 毒害火災 眾難非一
是時宅主 在門外立 聞有人言 汝諸子等
先因遊戲 來入此宅 稚小無知 歡娛樂著
長者聞已 驚入火宅 方宜救濟 令無燒害
告喻諸子 說眾患難 惡鬼毒虫 災火蔓莚
眾苦次第 相續不絕 毒蛇蚖蝮 及諸夜叉
鳩槃荼鬼 野干狐狗 鵰鷲鵄梟 百足之屬
飢渴惱急 甚可怖畏 此苦難處 況復大火
諸子無知 雖聞父誨 猶故樂著 嬉戲不已
是時長者 而作是念 諸子如此 益我愁惱
今此舍宅 無一可樂 而諸子等 耽湎嬉戲
不受我教 將為火害 即便思惟 設諸方便
告諸子等 我有種種 珍玩之具 妙寶好車
羊車鹿車 大牛之車 今在門外 汝等出來
吾為汝等 造作此車 隨意所樂 可以遊戲
諸子聞說 如此諸車 即時奔競 馳走而出
到於空地 離諸苦難 長者見子 得出火宅
住於四衢 坐師子座 而自慶言 我今快樂
此諸子等 生育甚難 愚小無知 而入險宅

BD03620 號　妙法蓮華經卷二　（22–6）

諸子聞說 如此諸車 即時奔競 馳走而出
到於空地 離諸苦難 長者見子 得出火宅
住於四衢 坐師子座 而自慶言 我今快樂
此諸子等 生育甚難 愚小無知 而入險宅
多諸毒虫 魑魅可畏 大火猛焰 四面俱起
而此諸子 貪樂嬉戲 我已救之 令得脫難
是故諸人 我今快樂 爾時諸子 知父安坐
皆詣父所 而白父言 願賜我等 三種寶車
如前所許 諸子出來 當以三車 隨汝所欲
今正是時 唯垂給與 長者大富 庫藏眾多
金銀琉璃 車璖馬碯 以眾寶物 造諸大車
莊校嚴飾 周帀欄楯 四面懸鈴 金繩交絡
真珠羅網 張施其上 金華諸瓔 處處垂下
眾綵雜飾 周帀圍繞 柔耎繒纊 以為茵蓐
上妙細疊 價直千億 鮮白淨潔 以覆其上
有大白牛 肥壯多力 形體姝好 以駕寶車
多諸儐從 而侍衛之 以是妙車 等賜諸子
諸子是時 歡喜踊躍 乘是寶車 遊於四方
嬉戲快樂 自在無礙 告舍利弗 我亦如是
眾聖中尊 世間之父 一切眾生 皆是吾子
深著世樂 無有慧心 三界無安 猶如火宅
眾苦充滿 甚可怖畏 常有生老 病死憂患
如是等火 熾然不息 如來已離 三界火宅
寂然閑居 安處林野 今此三界 皆是我有
其中眾生 悉是吾子 而今此處 多諸患難

BD03620 號　妙法蓮華經卷二　（22–7）

衆苦充滿 甚可怖畏 常有生老 病死憂患
如是等火 熾然不息 如來已離 三界火宅
寂然閑居 安處林野 今此三界 皆是我有
其中衆生 悉是吾子 而今此處 多諸患難
唯我一人 能為救護 雖復教詔 而不信受
於諸欲染 貪著深故 是以方便 為說三乘
令諸衆生 知三界苦 開示演說 出世間道
是諸子等 若心決定 具足三明 及六神通
有得緣覺 不退菩薩 汝舍利弗 我為衆生
以此譬喻 說一佛乘 汝等若能 信受是語
一切皆當 成得佛道 是乘微妙 清淨第一
於諸世間 為無有上 佛所悅可 一切衆生
所應稱讚 供養礼拜 無量億千 諸力解脫
禪定智慧 及佛餘法 得如是乘 令諸子等
日夜劫數 常得遊戲 與諸菩薩 及聲聞衆
乘此寶乘 直至道場 以是因緣 十方諦求
更無餘乘 除佛方便 告舍利弗 汝諸人等
皆是吾子 我則是父 汝等累劫 衆苦所燒
我皆濟拔 令出三界 我雖先說 汝等滅度
但盡生死 而實不滅 今所應作 唯佛智慧
若有菩薩 於是衆中 能一心聽 諸佛實法
諸佛世尊 雖以方便 所化衆生 皆是菩薩
若人小智 深著愛欲 為此等故 說於苦諦
衆生心喜 得未曾有 佛說苦諦 真實無異
若有衆生 不知苦本 深著苦因 不能暫捨

BD03620號　妙法蓮華經卷二　（22–8）

諸佛世尊 雖以方便 所化衆生 皆是菩薩
若人小智 深著愛欲 為此等故 說於苦諦
衆生心喜 得未曾有 佛說苦諦 真實無異
若有衆生 不知苦本 深著苦因 不能暫捨
為是等故 方便說道 諸苦所因 貪欲為本
若滅貪欲 無所依止 滅盡諸苦 名第三諦
為滅諦故 脩行於道 離諸苦縛 名得解脫
是人於何 而得解脫 但離虛妄 名為解脫
其實未得 一切解脫 佛說是人 未實滅度
斯人未得 無上道故 我意不欲 令至滅度
我為法王 於法自在 安隱衆生 故現於世
汝舍利弗 我此法印 為欲利益 世間故說
在所遊方 勿妄宣傳 若有聞者 隨喜頂受
當知是人 阿鞞跋致 若有信受 此經法者
是人已曾 見過去佛 恭敬供養 亦聞是法
若人有能 信汝所說 則為見我 亦見於汝
及比丘僧 并諸菩薩 斯法華經 為深智說
淺識聞之 迷惑不解 一切聲聞 及辟支佛
於此經中 力所不及 汝舍利弗 尚於此經
以信得入 況餘聲聞 其餘聲聞 信佛語故
隨順此經 非己智分 又舍利弗 憍慢懈怠
計我見者 莫說此經 凡夫淺識 深著五欲
聞不能解 亦勿為說 若人不信 毀謗此經
則斷一切 世間佛種 或復顰蹙 而懷疑惑
汝當聽說 此人罪報 若佛在世 若滅度後

BD03620號　妙法蓮華經卷二　（22–9）

計我見者 莫說此經 凡夫淺識 深著五欲
聞不能解 亦勿為說 若人不信 毀謗此經
則斷一切 世間佛種 或復嚬蹙 而懷疑惑
汝當聽說 此人罪報 若佛在世 若滅度後
其有誹謗 如斯經典 見有讀誦 書持經者
輕賤憎嫉 而懷結恨 此人罪報 汝今復聽
其人命終 入阿鼻獄 具足一劫 劫盡更生
如是展轉 至無數劫 從地獄出 當墮畜生
若狗野干 其形頦瘦 黧黮疥癩 人所觸嬈
又復為人 之所惡賤 常困飢渴 骨肉枯竭
生受楚毒 死被瓦石 斷佛種故 受斯罪報
若作駱駝 或生驢中 身常負重 加諸杖捶
但念水草 餘無所知 謗斯經故 獲罪如是
有作野干 來入聚落 身體疥癩 又無一目
為諸童子 之所打擲 受諸苦痛 或時致死
於此死已 更受蟒身 其形長大 五百由旬
聾騃無足 宛轉腹行 為諸小蟲 之所唼食
晝夜受苦 無有休息 謗斯經故 獲罪如是
若得為人 諸根闇鈍 矬陋攣躄 盲聾背傴
有所言說 人不信受 口氣常臭 鬼魅所著
貧窮下賤 為人所使 多病痟瘦 無所依怙
雖親附人 人不在意 若有所得 尋復忘失
若脩醫道 順方治病 更增他疾 或復致死
若自有病 無人救療 設服良藥 而復增劇
若他反逆 抄劫竊盜 如是等罪 橫羅其殃

BD03620號　妙法蓮華經卷二　（22-10）

若脩醫道 順方治病 更增他疾 或復致死
若自有病 無人救療 設服良藥 而復增劇
若他反逆 抄劫竊盜 如是等罪 橫羅其殃
如斯罪人 永不見佛 眾聖之王 說法教化
如斯罪人 常生難處 狂聾心亂 永不聞法
於無數劫 如恒河沙 生輒聾瘂 諸根不具
常處地獄 如遊園觀 在餘惡道 如己舍宅
駝驢猪狗 是其行處 謗斯經故 獲罪如是
若得為人 聾盲瘖瘂 貧窮諸衰 以自莊嚴
水腫乾痟 疥癩癰疽 如是等病 以為衣服
身常臭處 垢穢不淨 深著我見 增益瞋恚
婬欲熾盛 不擇禽獸 謗斯經故 獲罪如是
告舍利弗 謗斯經者 若說其罪 窮劫不盡
以是因緣 我故語汝 無智人中 莫說此經
若有利根 智慧明了 多聞強識 求佛道者
如是之人 乃可為說 若人曾見 億百千佛
植諸善本 深心堅固 如是之人 乃可為說
若人精進 常脩慈心 不惜身命 乃可為說
若人恭敬 無有異心 離諸凡愚 獨處山澤
如是之人 乃可為說 又舍利弗 若見有人
捨惡知識 親近善友 如是之人 乃可為說
若見佛子 持戒清潔 如淨明珠 求大乘經
如是之人 乃可為說 若人無瞋 質直柔軟
常愍一切 恭敬諸佛 如是之人 乃可為說
復有佛子 於大眾中 以清淨心 種種因緣

BD03620號　妙法蓮華經卷二　（22-11）

若見佛子 持戒清潔 如淨明珠 求大乘經
如是之人 乃可為說 若人無瞋 質直柔軟
常愍一切 恭敬諸佛 如是之人 乃可為說
復有佛子 於大眾中 以清淨心 種種因緣
譬喻言辭 說法無礙 如是之人 乃可為說
若有比丘 為一切智 四方求法 合掌頂受
但樂受持 大乘經典 乃至不受 餘經一偈
如是之人 乃可為說 如人至心 求佛舍利
如是求經 得已頂受 其人不復 志求餘經
亦未曾念 外道典籍 如是之人 乃可為說
告舍利弗 我說是相 求佛道者 窮劫不盡
如是等人 則能信解 汝當為說 妙法華經

妙法蓮華經信解品第四

尒時慧命須菩提摩訶迦旃延摩訶迦葉摩
訶目揵連從佛所聞未曾有法世尊授舍利
弗阿耨多羅三藐三菩提記發希有心歡喜
踊躍即從座起整衣服偏袒右肩右膝著地
一心合掌曲躬恭敬瞻仰尊顏而白佛言我
等居僧之首年並朽邁自謂已得涅槃無所
堪任不復進求阿耨多羅三藐三菩提世尊
往昔說法既久我時在座身體疲懈但念空
無相無作於菩薩法遊戲神通淨佛國土成
就眾生心不喜樂所以者何世尊令我等出
於三界得涅槃證又今我等年已朽邁於佛
教化菩薩阿耨多羅三藐三菩提不生一念

無相無作於菩薩法遊戲神通淨佛國土成
就眾生心不喜樂所以者何世尊令我等出
於三界得涅槃證又今我等年已朽邁於佛
教化菩薩阿耨多羅三藐三菩提不生一念
好樂之心我等今於佛前聞授聲聞阿耨多
羅三藐三菩提記心甚歡喜得未曾有不謂
於今忽然得聞希有之法深自慶幸獲大善
利無量珍寶不求自得世尊我等今者樂說
譬喻以明斯義譬若有人年既幼稚捨父逃
逝久住他國或十二十至五十歲年既長大
加復窮困馳騁四方以求衣食漸漸遊行遇
向本國其父先來求子不得中止一城其家
大富財寶無量金銀瑠璃珊瑚虎珀頗梨珠
等其諸倉庫悉皆盈溢多有僮僕臣佐吏民
象馬車乘牛羊無數出入息利乃遍他國商
估賈客亦甚眾多時貧窮子遊諸聚落經歷
國邑遂到其父所止之城父每念子與子離
別五十餘年而未曾向人說如此事但自思
惟心懷悔恨自念老朽多有財物金銀珍寶
倉庫盈溢無有子息一旦終沒財物散失無
所委付是以慇懃每憶其子復作是念我若
得子委付財物坦然快樂無復憂慮世尊尒
時窮子傭賃展轉遇到父舍住立門側遙見
其父踞師子牀寶几承足諸婆羅門剎利居
士皆恭敬圍遶以真珠瓔珞價直千萬莊嚴

所委付是以慇懃每憶其子復作是念我若
得子委付財物坦然快樂無復憂慮世尊尒
時窮子傭賃展轉遇到父舍住立門側遥見
其父踞師子牀寶几承足諸婆羅門剎利居
士皆恭敬圍繞以真珠瓔珞價直千萬莊嚴
其身吏民僮僕手執白拂侍立左右覆以寶
帳垂諸華幡香水灑地散衆名華羅列寶物
出內取與有如是等種種嚴飾威德特尊窮
子見父有大力勢即懷恐怖悔来至此竊作
是念此或是王或是王等非我傭力得物之
處不如往至貧里肆力有地衣食易得若久
住此或見逼迫強使我作作是念已疾走而
去時富長者於師子座見子便識心大歡喜
即作是念我財物庫藏今有所付我常思念
此子無由見之而忽自来甚適我願我雖年
朽猶故貪惜即遣傍人急追將還尒時使者
疾走往捉窮子驚愕稱怨大喚我不相犯何
為見捉使者執之逾急強牽將還于時窮子
自念無罪而被囚執此必定死轉更惶怖悶
絶躃地父遥見之而語使言不須此人勿強
將来以冷水灑面令得醒悟莫復與語所以
者何父知其子志意下劣自知豪貴為子所
難審知是子而以方便不語他人云是我子
使者語之我今放汝隨意所趣窮子歡喜得
未曾有從地而起往至貧里以求衣食尒時

BD03620號　妙法蓮華經卷二　（22–14）

難審知是子而以方便不語他人云是我子
使者語之我今放汝隨意所趣窮子歡喜得
未曾有從地而起往至貧里以求衣食尒時
長者將欲誘引其子而設方便密遣二人形
色憔悴無威德者汝可詣彼徐語窮子此有
作處倍與汝直窮子若許將来使作若言欲
何所作便可語之雇汝除糞我等二人亦共
汝作時二使人即求窮子既已得之具陳上
事尒時窮子先取其價尋與除糞其父見子
愍而怪之又以他日於窻牖中遥見子身羸
瘦憔悴糞土塵坌汙穢不淨即脫瓔珞細軟
上服嚴飾之具更著麤弊垢膩之衣塵土坌
身右手執持除糞之器狀有所畏語諸作人
汝等勤作勿得懈息以方便故得近其子後
復告言咄男子汝常此作勿復餘去當加汝
價諸有所須瓫器米麵塩酢之屬莫自疑難
亦有老弊使人須者相給好自安意我如汝
父勿復憂慮所以者何我年老大而汝少壯
汝常作時無有欺怠瞋恨怨言都不見汝有
此諸惡如餘作人自今已後如所生子即時
長者更與作字名之為兒尒時窮子雖欣此
遇猶故自謂客作賤人由是之故於二十年
中常令除糞過是已後心相體信入出無難
然其所止猶在本處世尊尒時長者有疾自

BD03620號　妙法蓮華經卷二　（22–15）

長者更與作字名之爲兒尒時窮子雖欣此
遇猶故自謂客作賤人由是之故於二十年
中常令除糞過是已後心相體信入出無難
然其所止猶在本處世尊尒時長者有疾自
知將死不久語窮子言我今多有金銀珎寶
倉庫盈溢其中多少所應取與汝悉知之我
心如是當體此意所以者何今我與汝便爲
不異宜加用心無令漏失尒時窮子即受教
勑領知衆物金銀珎寶及諸庫藏而無悕取
一飡之意然其所止故在本處下劣之心亦
未能捨復經少時父知子意漸已通泰成就
大志自鄙先心臨欲終時而命其子并會親
族國王大臣剎利居士皆悉已集即自宣言
諸君當知此是我子我之所生於某城中捨
吾逃走跉跰辛苦五十餘年其本字某我名
某甲昔在本城懷憂推覓忽於此間遇會得
之此實我子我實其父今我所有一切財物
皆是子有先所出内是子所知世尊是時窮
子聞父此言即大歡喜得未曾有而作是念
我本無心有所悕求今此寶藏自然而至世
尊大富長者則是如來我等皆似佛子如來
常說我等爲子世尊我等以三苦故於生死
中受諸熱惱迷惑無知樂着小法今日世尊
令我等思惟蠲除諸法戲論之糞我等於中
勤加精進得至涅槃一日之價既得此已心

BD03620號　妙法蓮華經卷二　（22-16）

常說我等爲子世尊我等以三苦故於生死
中受諸熱惱迷惑無知樂着小法今日世尊
令我等思惟蠲除諸法戲論之糞我等於中
勤加精進得至涅槃一日之價既得此已心
大歡喜自以爲足便自謂於佛法中勤精進
故所得弘多然世尊先知我等心着弊欲樂
於小法便見縱捨不爲分別汝等當有如來
知見寶藏之分世尊以方便力說如來智慧
我等從佛得涅槃一日之價以爲大得於此
大乘無有志求我等又因如來智慧爲諸菩
薩開示演說而自於此無有志願所以者何
佛知我等心樂小法以方便力隨我等說而
我等不知真是佛子今我等方知世尊於佛
智慧無所悋惜所以者何我等昔來真是佛
子而但樂小法若我等有樂大之心佛則爲
我說大乘法今此經中唯說一乘而昔於菩
薩前毀呰聲聞樂小法者然佛實以大乘教
化是故我等說本無心有所希求今法王大
寶自然而至如佛子所應得者皆已得之尒
時摩訶迦葉欲重宣此義而說偈言
我等今日　聞佛音教　歡喜踊躍　得未曾有
佛說聲聞　當得作佛　無上寶聚　不求自得
譬如童子　幼稚無識　捨父逃逝　遠到他土
周流諸國　五十餘年　其父憂念　四方推求
求之既疲　頓止一城　造立舍宅　五欲自娛

BD03620號　妙法蓮華經卷二　（22-17）

佛說聲聞　當得作佛　無上寶聚　不求自得
譬如童子　幼稚無識　捨父逃逝　遠到他土
周流諸國　五十餘年　其父憂念　四方推求
求之既疲　頓止一城　造立舍宅　五欲自娛
其家巨富　多諸金銀　車𤦲馬瑙　真珠瑠璃
象馬牛羊　輦輿車乘　田業僮僕　人民衆多
出入息利　乃遍他國　商估賈人　無處不有
千萬億衆　圍繞恭敬　常為王者　之所愛念
群臣豪族　皆共宗重　以諸緣故　往來者衆
豪富如是　有大力勢　而年朽邁　益憂念子
夙夜惟念　死時將至　癡子捨我　五十餘年
庫藏諸物　當如之何　尒時窮子　求索衣食
從邑至邑　從國至國　或有所得　或無所得
飢餓羸瘦　體生瘡癬　漸次經歷　到父住城
傭賃展轉　遂至父舍　尒時長者　於其門內
施大寶帳　處師子座　眷屬圍繞　諸人侍衛
或有計算　金銀寶物　出內財產　注記券疏
窮子見父　豪貴尊嚴　謂是國王　若是王等
驚怖自恠　何故至此　覆自念言　我若久住
或見逼迫　强驅使作　思惟是已　馳走而去
借問貧里　欲往傭作　長者是時　在師子座
遙見其子　嘿而識之　即勅使者　追捉將來
窮子驚喚　迷悶躄地　是人執我　必當見殺
何用衣食　使我至此　長者知子　愚癡狹劣
不信我言　不信是父　即以方便　更遣餘人

BD03620號　妙法蓮華經卷二　（22–18）

遙見其子　嘿而識之　即勅使者　追捉將來
窮子驚喚　迷悶躄地　是人執我　必當見殺
何用衣食　使我至此　長者知子　愚癡狹劣
不信我言　不信是父　即以方便　更遣餘人
眇目矬陋　無威德者　汝可語之　云當相雇
除諸糞穢　倍與汝價　窮子聞之　歡喜隨來
為除糞穢　淨諸房舍　長者於牖　常見其子
念子愚劣　樂為鄙事　於是長者　著弊垢衣
執除糞器　往到子所　方便附近　語令勤作
既益汝價　并塗足油　飲食充足　薦席厚煖
如是苦言　汝當勤作　又以軟語　若如我子
長者有智　漸令入出　經二十年　執作家事
示其金銀　真珠頗梨　諸物出入　皆使令知
猶處門外　止宿草菴　自念貧事　我無此物
父知子心　漸已曠大　欲與財物　即聚親族
國王大臣　剎利居士　於此大衆　說是我子
捨我他行　經五十歲　自見子來　已二十年
昔於某城　而失是子　周行求索　遂來至此
凡我所有　舍宅人民　悉以付之　恣其所用
子念昔貧　志意下劣　今於父所　大獲珍寶
并及舍宅　一切財物　甚大歡喜　得未曾有
佛亦如是　知我樂小　未曾說言　汝等作佛
而說我等　得諸無漏　成就小乘　聲聞弟子
佛勅我等　說最上道　脩習此者　當得成佛
我承佛教　為大菩薩　以諸因緣　種種譬喻

BD03620號　妙法蓮華經卷二　（22–19）

而說我等　得諸無漏　成就小乘　聲聞弟子
佛勅我等　說冣上道　循習此者　當得成佛
我承佛教　為大菩薩　以諸因緣　種種譬喻
若干言辞　說無上道　諸佛子等　從我聞法
日夜思惟　精勤循習　是時諸佛　即授其記
汝於來世　當得作佛　一切諸佛　秘藏之法
但為菩薩　演其實事　而不為我　說斯真要
如彼窮子　得近其父　雖知諸物　心不希取
我等雖說　佛法寶藏　自無志願　亦復如是
我等內滅　自謂為足　唯了此事　更無餘事
我等若聞　淨佛國土　教化眾生　都無欣樂
所以者何　一切諸法　皆悉空寂　無生無滅
無大無小　無漏無為　如是思惟　不生喜樂
我等長夜　於佛智慧　無貪無著　無復志願
而自於法　謂是究竟　我等長夜　循習空法
得脫三界　苦惱之患　住最後身　有餘涅槃
佛所教化　得道不虛　則為已得　報佛之恩
我等雖為　諸佛子等　說菩薩法　以求佛道
而於是法　永無願樂　導師見捨　觀我心故
初不勸進　說有實利　如富長者　知子志劣
以方便力　柔伏其心　然後乃付　一切財物
佛亦如是　現希有事　知樂小者　以方便力
調伏其心　乃教大智　我等今日　得未曾有
非先所望　而今自得　如彼窮子　得無量寶
世尊我今　得道得果　於無漏法　得清淨眼

BD03620號　妙法蓮華經卷二　（22–20）

以方
佛亦如是　現希有事　知樂小者　以方便力
調伏其心　乃教大智　我等今日　得未曾有
非先所望　而今自得　如彼窮子　得無量寶
世尊我今　得道得果　於無漏法　得清淨眼
我等長夜　持佛淨戒　始於今日　得其果報
法王法中　久循梵行　今得無漏　無上大果
我等今者　真是聲聞　以佛道聲　令一切聞
我等今者　真阿羅漢　於諸世間　天人魔梵
普於其中　應受供養　世尊大恩　以希有事
憐愍教化　利益我等　無量億劫　誰能報者
手足供給　頭頂禮敬　一切供養　皆不能報
若以頂戴　兩肩荷負　於恒沙劫　盡心恭敬
又以美膳　無量寶衣　及諸臥具　種種湯藥
牛頭栴檀　及諸珍寶　以起塔廟　寶衣布地
如斯等事　以用供養　於恒沙劫　亦不能報
諸佛希有　無量無邊　不可思議　大神通力
無漏無為　諸法之王　能為下劣　忍于斯事
取相凡夫　隨宜為說　諸佛於法　得冣自在
知諸眾生　種種欲樂　及其志劣　隨所堪任
以無量喻　而為說法　隨諸眾生　宿世善根
又知成熟　未成熟者　種種籌量　分別知已
於一乘道　隨宜說三

妙法蓮華經卷第二

BD03620號　妙法蓮華經卷二　（22–21）

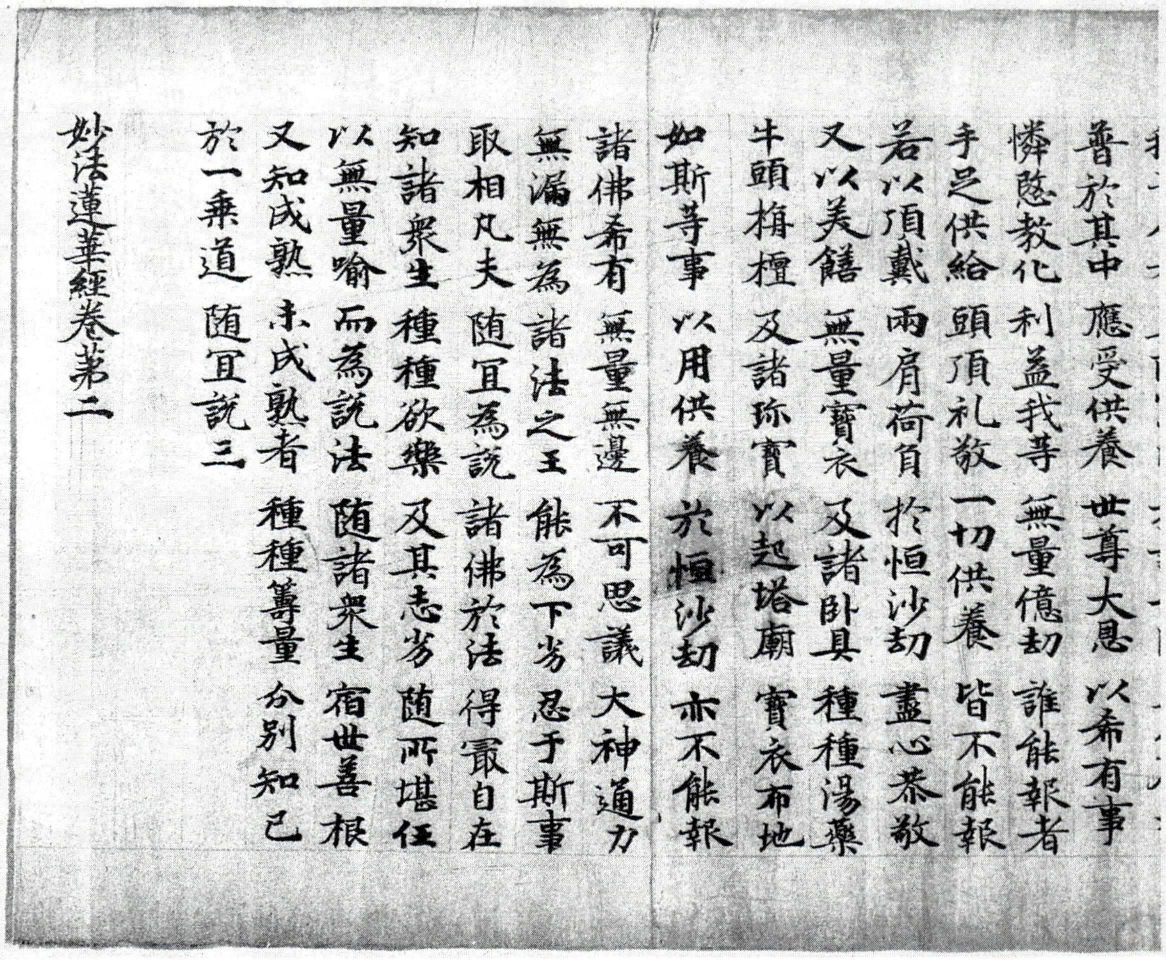

普於其中　應受供養　世尊大恩　以希有事
憐愍教化　利益我等　無量億劫　誰能報者
手足供給　頭頂礼敬　一切供養　皆不能報
若以頂戴　兩肩荷負　於恒沙劫　盡心恭敬
又以美饍　無量寶衣　及諸卧具　種種湯藥
牛頭栴檀　及諸珎寶　以起塔廟　寶衣布地
如斯等事　以用供養　於恒沙劫　亦不能報
諸佛希有　無量無邊　不可思議　大神通力
無漏無為　諸法之王　能為下劣　忍于斯事
取相凡夫　随宜為説　諸佛於法　得最自在
知諸衆生　種種欲樂　及其志力　随所堪任
以無量喻　而為説法　随諸衆生　宿世善根
又知成熟　未成熟者　種種籌量　分別知已
於一乘道　随宜説三

妙法蓮華經卷第二

BD03620號　妙法蓮華經卷二　（22–22）

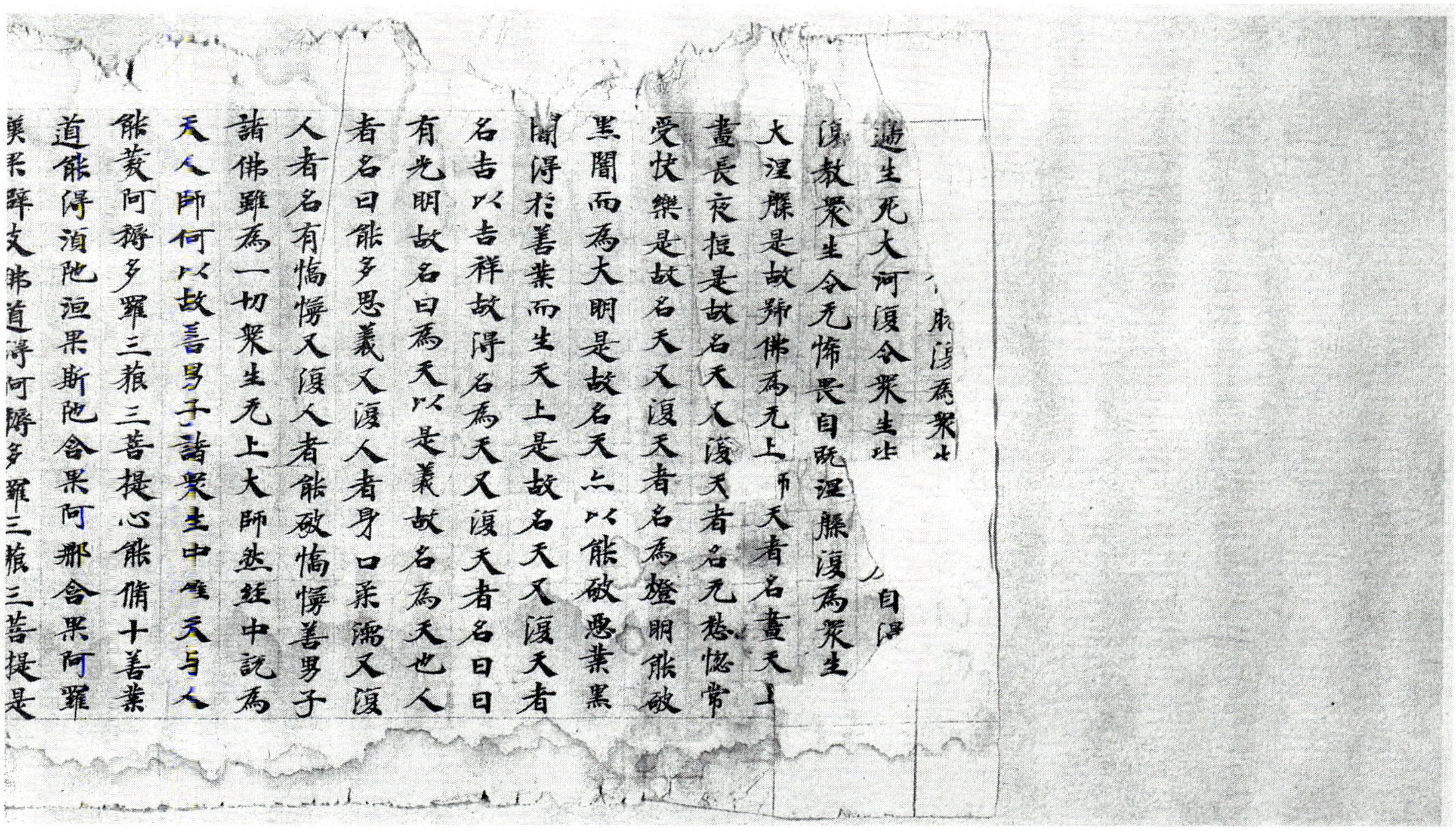

脫復為衆生 自淂
度生死大河復令衆生於
復教衆生令无怖畏自既涅槃復為衆生
大涅槃是故稱佛為无上師天者名晝天上
晝長夜短是故名天又復天者名无愁惱常
受快樂是故名天又復天者名為燈明能破
黒闇而為大明是故名天亦以能破惡業黒
闇得於善業而生天上是故名天又復天者
名吉以吉祥故得名為天又復天者名日日
有光明故名曰為天以是義故名為天也人
者名曰能多思義又復人者身口柔濡又復
人者名有憍慢又復人者能破憍慢善男子
諸佛雖為一切衆生无上大師然經中説為
天人師何以故善男子諸衆生中唯天与人
能發阿耨多羅三藐三菩提心能脩十善業
道能得湏陁洹果斯陁含果阿那含果阿羅
漢果辟支佛道得阿耨多羅三藐三菩提是

BD03621號　大般涅槃經（北本　異卷）卷一八　（23–1）

天人師何以故善男子諸衆生中唯天与人
能發阿耨多羅三藐三菩提心能脩十善業
道能得須陁洹果斯陁含果阿那含果阿羅
漢果辟支佛道得阿耨多羅三藐三菩提是
故號佛爲天人師云何名佛佛者名覺既自
覺悟復能覺他善男子辟如有人覺知有賊
賊无能爲菩薩摩訶薩能覺一切无量煩惱
既覺了已令諸煩惱无所能爲是故名佛以
是覺故不生不老不病不死是故名佛婆伽
婆者婆伽名破婆名煩惱能破煩惱故名婆
伽婆又能成就諸善法故又能善解諸法義
故有大功德无能勝故有大名聞遍十方故
又能種種大惠施故又於无量阿僧祇劫吐
女根故善男子若男若女有能如是脩念佛
者若行若住若坐若卧若晝若夜若明若闇
常得不離見佛世尊善男子何故名爲如來
應正遍知乃至婆伽婆而有如是无量功德
大名稱耶善男子菩薩摩訶薩於昔无量阿
僧祇劫恭敬父母和上諸師上坐長老於无
量劫常爲衆生而行布施堅持禁戒脩習忍
辱懃行精進禪定智慧大慈大悲大喜大捨
是故今得三十二相八十種好金剛之身又
復菩薩於昔无量阿僧祇劫脩習信念進定
慧根於諸師長恭敬供養常爲法利不爲食

BD03621號 大般涅槃經（北本 異卷）卷一八 （23–2）

辱懃行精進禪定智慧大慈大悲大喜大捨
是故今得三十二相八十種好金剛之身又
復菩薩於昔无量阿僧祇劫脩習信念進定
慧根於諸師長恭敬供養常爲法利不爲食
利菩薩若持十二部經若讀若誦常爲衆生
令得解脫安隱快樂終不自爲何以故菩薩
常脩出世間心及出家心无爲之心无諍訟
心无垢穢心无繫縛心无取著心无覆蓋心
无无記心无生死心无疑同心无貪欲心无
瞋恚心无愚癡心无憍慢心无濁穢心无煩
惱心无苦心无量心廣大心虛空心无心无
无心調心不護心无覆藏心无世間心常定心
常脩心常解脫心无報心无願心善願心无
語心柔濡心不住心自在心无漏心第一義
心不退心无常心正直心无諂曲心純善心
无多少心无軟心无凡夫心无聲聞心无緣
覺心善知心界知心生界知心住界知心自
在界知心是故今得十力四无所畏大悲三念
處常樂我淨是故得稱如來乃至婆伽婆是
名菩薩摩訶薩念佛云何菩薩摩訶薩念法
善男子菩薩摩訶薩思惟諸佛所可說法實
妙寂上因是法故能令衆生得現在果唯此
正法无有時節法眼所見非肉眼見然不可
以譬喻爲比不生不出不住不滅不始不終
无爲无數无舍宅者爲作舍宅无歸作歸无

BD03621號 大般涅槃經（北本 異卷）卷一八 （23–3）

妙寂上因是法故能令衆生得現在果唯此
正法无有時節法眼所見非肉眼見然不可
以譬喻爲比不生不出不住不滅不始不終
无爲无數无舍宅者爲作舍宅无歸作歸无
明作明未到彼岸令到彼岸爲无香處作无
导香不可見見不動不轉不長不短永斷諸
樂而安隱樂畢竟微妙非色斷色而々是色
乃至非識斷識而々是識非業斷業非結斷結
非物斷物而々是物非界斷界而々是界非
有斷有而々是有非入斷入而々是入非因
斷因而々是因非果斷果而々是果非虚非
實斷一切實而々是實非生非滅永斷生滅而
々是滅非相非非相斷一切相而々是相非
教非不教而々是師非怖非安斷一切怖而
々是安非忍非不忍永斷不忍而々是忍非
止非不止斷一切止而々是正一切法頂志
能永斷一切煩惱清淨无相永脫諸相无量
衆生畢竟住處能滅一切生死熾火乃是諸
佛所遊居處常不變易是名菩薩念法云何
念僧諸佛聖僧如法而住受正直法隨順脩
行不可覩見不可捉持不可破壞无能嬈害
不可思議一切衆生良祐福田雖爲福田无
所受取清淨无穢无漏无爲廣普无邊其心
調柔平等无二无有擾濁常不變易是名念

BD03621號　大般涅槃經（北本　異卷）卷一八　　（23–4）

不可思議一切衆生良祐福田雖爲福田无
所受取清淨无穢无漏无爲廣普无邊其心
調柔平等无二无有擾濁常不變易是名念
僧云何念戒菩薩思惟有戒不破不漏不壞
不雜雖无形色而可護持雖无觸對善脩方
便可得具足无有過咎諸佛菩薩之所讚嘆
是大方等大涅槃因善男子譬如大地船舫
瓔珞大姓大海灰汁舍宅刀劍橋梁良醫妙
藥阿伽陀藥如意寶珠脚足眼目父母蔭涼
无能劫盜不可嬈害火不能焚水不能漂大
山梯橙諸佛菩薩妙寶勝幢若住是戒得須
陀洹果我亦有分然我不須何以故若我得
是須陀洹果不能廣度一切衆生若住是戒
得阿耨多羅三藐三菩提我亦有分是我所
欲何以故若得阿耨多羅三藐三菩提當爲
衆生廣說妙法而作救護是名菩薩摩訶薩
念戒云何念施菩薩摩訶薩深觀此施乃是
阿耨多羅三藐三菩提因諸佛菩薩親近脩
習如是布施我亦如是親近脩習若不惠施
不能莊嚴四部之衆施雖不能畢竟斷結而
能除破現在煩惱以施因緣故常爲十方无
量无邊恒河沙等世界衆生之所稱嘆菩薩
摩訶薩施衆生食則施其命以是果報得佛
之時常不變易以施樂故成佛之時則得安
樂菩薩施時如法求財不侵彼施是故成佛

BD03621號　大般涅槃經（北本　異卷）卷一八　　（23–5）

能除破現在煩惱以施因緣故常爲十方无
量无邊恒河沙等世界衆生之所稱嘆菩薩
摩訶薩施衆生食則施其命以是果報得佛
之時常不變易以施樂故成佛之時則得安
樂菩薩施時如法求財不侵彼施是故成佛
得清淨涅槃菩薩施時令諸衆生不求而得
是故成佛得自在我以施因緣令他得力是
故成佛獲得十力以施因緣令他得語是故
成佛得四无导諸佛菩薩脩習是施爲涅槃
因我亦如是脩習布施爲涅槃因廣說如雜
華中云何念天有四天王處乃至非想非非
想處若有信心得四天王處我亦有分若我
多聞布施智慧得四天王處乃至得非想非
非想處我亦有分然非我欲何以故四天王處
乃至非想非非想處皆是无常以无常故
生老病死以是義故非我所欲譬如幻化誑
於愚夫智慧之人所不惑著如幻化者即是
四天王處乃至非想非非想處愚者即是一
切凡夫我則不同凡夫愚人我曾聞有第一
義天謂諸佛菩薩常不變易以常住故不生
不老不病不死我爲衆生精懃求於第一義
天何以故第一義天能令衆生除斷煩惱猶
如意樹若我有信乃至有慧則能得是第一
義天當爲衆生廣分別說第一義天是名菩
薩摩訶薩念天善男子是名菩薩非世間也是

BD03621 號　大般涅槃經（北本　異卷）卷一八　　（23–6）

義天謂諸佛菩薩常不變易以常住故不生
不老不病不死我爲衆生精懃求於第一義
天何以故第一義天能令衆生除斷煩惱猶
如意樹若我有信乃至有慧則能得是第一
義天當爲衆生廣分別說第一義天是名菩
薩摩訶薩念天善男子是名菩薩非世間也是
爲世間不知見覺而是菩薩所知見覺善男
子若我弟子謂受持讀誦書寫演說十二部
經及以受持讀誦書寫敷演解說大涅槃經
等无差別者是義不然何以故善男子大涅
槃者即是一切諸佛世尊甚深秘藏以是諸
佛甚深秘藏是則爲勝善男子以是義故大
涅槃經甚奇甚特不可思議迦葉菩薩白佛
言世尊我亦知是大涅槃經甚奇甚特不可
思議佛法衆僧不可思議菩薩菩提大涅槃
經亦不可思議世尊以何義故復言菩薩不
可思議善男子菩薩摩訶薩无有教者而能
自發菩提之心既發心已懃脩精進正使大
火焚燒身首終不求救捨念法心何以故菩
薩摩訶薩常自思惟我於无量阿僧祇劫或
在地獄餓鬼畜生人中天上爲諸結火之所
燒燃初不曾得一決定法決定法者即是阿
耨多羅三藐三菩提若我爲於阿耨多羅三
藐三菩提終不護惜身心与命我爲阿耨多
羅三藐三菩提正使碎身猶如微塵終不放

BD03621 號　大般涅槃經（北本　異卷）卷一八　　（23–7）

燒燃初不曾得一決定法決定法者即是阿
耨多羅三藐三菩提若我為於阿耨多羅三
藐三菩提終不護惜身心与命我為阿耨多
羅三藐三菩提正使碎身猶如微塵終不放
捨懃精進也何以故懃進之心即是阿耨多
羅三藐三菩提因善男子如是菩薩未見阿
耨多羅三藐三菩提乃能如是不惜身命況
復見已是故菩薩不可思議又復不可思議
菩薩摩訶薩所見生死无量過患非是聲聞
緣覺所及雖知生死无量過惡為衆生故於
中受苦不生厭離是故復名不可思議菩薩
摩訶薩為衆生故雖在地獄受諸苦惱如三
禪樂是故復名不可思議善男子辟如長者
其家失火長者見已從舍而出諸子在後未
脫火難長者尒時定知火害為諸子故還投
赴救不顧其難菩薩摩訶薩亦復如是雖知
生死多諸過患為衆生故處之不厭是故復
名不可思議善男子无量衆生發菩提心見
生死中多諸過惡心即退沒或為聲聞或為
緣覺若有菩薩聞是經者終不退失菩提之
心而為聲聞辟支佛也如是菩薩雖復未階
初不動地而心堅固无有退沒是故復名不
可思議善男子若有人言我能浮度大海之
水如是之言可思議不世尊如是之言或可
思議或不可思議何以故若人度者則不可

心而為聲聞辟支佛也如是菩薩雖復未階
初不動地而心堅固无有退沒是故復名不
可思議善男子若有人言我能浮度大海之
水如是之言可思議不世尊如是之言或可
思議或不可思議何以故若人度者則不可
思議阿脩羅度則可思議善男子我亦不說
阿脩羅也正說人可世尊人中亦有可思議
者不可思議者世尊人亦二種一者聖人二
者凡夫凡夫之人則不可思議賢聖之人則
可思議善男子我說凡夫不說聖人世尊若
凡夫人實不可思議善男子凡夫之人實不
能度大海水也如是菩薩實能度於生死大海
是故復名不可思議善男子若有人能以藕
根糸懸須弥山可思議不不也世尊善男子
菩薩摩訶薩於一念頃悉能稱量一切生死
是故復名不可思議善男子菩薩摩訶薩已
於无量阿僧祇劫常觀生死无常无我无樂
无淨而為衆生分別演說常樂我淨雖如是
說然非耶見是故復名不可思議善男子如
人入水水不能溺入大猛火火不能燒如是
之事不可思議菩薩摩訶薩亦復如是雖處
生死不為生死之所惱害是故復名不可思
議善男子人有三品謂上中下下品之人初
入胎時作是念言我今處廁衆穢歸處如死
[illegible]

生死不爲生死之所惱害是故復名不可思
議善男子人有三品謂上中下下品之人初
入胎時作是念言我今處廁衆穢歸處如死
屍聞衆蕀刺中大黑闇處初出胎時復作是
念我今出廁出衆穢處乃至出於大黑闇處中
品之人作是念言我今入於衆樹林中清
淨河中房舍屋宅出時亦念上品之人作是
念言我昇殿堂在華林間乘馬乘象登涉高
山出時亦念菩薩摩訶薩初入胎時自知入
胎住時知住出時知出終不生於貪瞋之心
而未得階初住地也是故復名不可思議善男
子阿耨多羅三藐三菩提實不可以譬喻爲
比善男子心亦不可以方喻爲比而皆可說
菩薩摩訶薩无有師諮受學之處而能得於
阿耨多羅三藐三菩提得是法已心无慳悋
常爲衆生而演說之是故復名不可思議善
男子菩薩摩訶薩有身遠離非口有口遠離
非身有非身口而亦遠離身遠離者謂離煞
盜淫是名身離非口口遠離者謂離妄語兩
舌惡口无義語是名口離非身非身非口亦
是遠離者所謂遠離貪嫉瞋恚耶見善男子是
名非身非口而是遠離善男子菩薩摩訶薩不
見一法是身是業及与離主而亦有離是故
復名不可思議口亦如是善男子從身離身從

名非身非口而是遠離善男子菩薩摩訶薩不
見一法是身是業及与離主而亦有離是故
復名不可思議口亦如是善男子從身離身從
口離口從慧遠離非身非口善男子實有此慧
然不能令菩薩遠離何以故善男子无有一
法能壞能作有爲法性異生異滅是故此慧
不能遠離善男子慧不能破火不能燒水不
能爛風不能吹地不能持生不能生老不能
老住不能住壞不能壞貪不能貪瞋不能瞋
癡不能癡以有爲性異生異滅故菩薩摩訶
薩終不生念我以此慧破諸煩惱而自說言
我破煩惱雖作是說非是虛妄是故復名不
可思議迦葉復言世尊我今始知菩薩摩訶
薩不可思議佛法衆僧大涅槃經及受持者
菩提涅槃不可思議世尊无上佛法當久近
住幾時而滅善男子若大涅槃經乃至有是
五行所謂聖行梵行天行病行嬰兒行若我
弟子有能受持讀誦書寫演說其義爲諸衆
生之所恭敬尊重讚嘆種種供養當知爾時
佛法未滅善男子若大涅槃經具足流布當
爾之時我諸弟子多犯禁戒造作衆惡不能
敬信如是經典以不信故不能受持讀誦書
寫解說其義不爲衆人之所恭敬乃至供養
見受持者輕毀誹謗汝是六師非佛弟子當
知佛法將滅不久

寫解說其義不爲衆人之所恭敬乃至供養
見受持者輕毀誹謗汝是六師非佛弟子當
知佛法將滅不久
迦葉菩薩復白佛言世尊我親從佛聞如是
義迦葉佛法住世七日然後滅盡世尊迦葉
如來有是經不如其有者云何言滅如其无
者云何說言大涅槃經是諸如來秘密之藏
佛言善男子我先說言唯有文殊乃解是義
今當重說至心諦聽善男子諸佛世尊有二
種法一者世法二者第一義法世法可滅第
一義法則不壊滅復有二種一者无常无我
无樂无淨二者常樂我淨无常无我无樂无
淨則有壊滅常樂我淨則无壊滅復有二種
一者二乘所持二者菩薩所持二乘所持則
有壊滅菩薩所持則无壊滅復有二種一者
外二者內外法者則有壊滅內法者則无壊
滅復有二種一者有爲二者无爲有爲之法
則有壊滅无爲之法无有壊滅復有二種一
者可得二者不可得可得之法則有壊滅不
可得者无有壊滅復有二種一者共法二者
不共共法壊滅不共之法无有壊滅復有二
種一者人中二者天中人中壊滅天无壊滅
復有二種一者十一部經二者方等經十一
部經則有壊滅方等經典无有壊滅善男子

BD03621號　大般涅槃經（北本　異卷）卷一八　（23–12）

種一者人中二者天中人中壊滅天无壊滅
復有二種一者十一部經二者方等經十一
部經則有壊滅方等經典无有壊滅善男子
若我弟子受持讀誦書寫解說方等經典恭
敬供養尊重讚嘆當知尒時佛法不滅善男
子汝向所問迦葉如來有是經不者善男子
大涅槃經悉是一切諸佛秘藏何以故諸佛
雖有十一部經不說佛性不說如來常樂我
淨諸佛世尊不畢竟涅槃是故此經名爲如
來秘密之藏十一部經所不說故故名爲藏
如人七寶不出外用名之爲藏善男子是人
所以藏積此物爲未來事故何等未來事所
謂饑貴賊來侵國值遇惡王爲用贖命道路
嶮難財難得時乃當出用善男子諸佛如來
秘密之藏亦復如是爲未來世諸惡比丘畜
不淨物爲四衆說如來畢竟入於涅槃讀誦
世典不敬佛經如是等惡現於世時如來爲
欲滅是諸惡令得遠離邪命利養如來則爲
演說是經若是經典秘密之藏滅不現時當
知尒時佛法則滅善男子大涅槃經常不變
易云何難言迦葉佛時有是經不善男子迦
葉佛時所有衆生貪欲微薄智慧滋多多
諸菩薩摩訶薩等調柔易化有大威德捴持
不忘如大象王世界清淨一切衆生悉知如
來終不畢竟入於涅槃常住无變雖有是典

BD03621號　大般涅槃經（北本　異卷）卷一八　（23–13）

葉佛時所有衆生貪欲微薄智慧滋多
諸菩薩摩訶薩等調柔易化有大威德揔持
不忘如大象王世界清淨一切衆生悉知如
來終不畢竟入於涅槃常住无變雖有是典
不須演說善男子今世衆生多諸煩惱愚癡
喜妄无有智慧多諸疑网信根不立世界不
淨一切衆生咸謂如來无常遷變畢竟入於大
般涅槃是故如來演說是典善男子迦葉佛
法實亦不滅何以故常不變故善男子若有
衆生我見无我无我見我常見无常无常見
常樂見无樂无樂見樂淨見不淨不淨見淨
不滅見滅滅見不滅罪見非罪非罪見罪輕
罪見重重罪見輕乘見非乘非乘見乘道見
非道非道見道實是菩提見非菩提實非菩
提謂見菩提苦見非苦集見非集滅見非滅
實見非實實是世諦見第一義諦第一義諦
見是世諦歸見非歸非歸見歸以真佛語名
為魔語實是魔語以為佛語如是之時諸佛
乃說大涅槃經善男子寧說蚉嘴盡大海底
不可說言如來法滅寧言以索繫縛猛風不
可說言如來法滅寧說口吹須弥散壞不可
說言如來法滅寧言佉陁羅火中生蓮華不可
說言如來法滅寧說阿伽陁藥而為毒藥不
可說言如來法滅寧說月可令熱日可令冷

BD03621號　大般涅槃經（北本　異卷）卷一八　（23–14）

可說言如來法滅寧說口吹須弥散壞不可
說言如來法滅寧言佉陁羅火中生蓮華不可
說言如來法滅寧說阿伽陁藥而為毒藥不
可說言如來法滅寧說月可令熱日可令冷
不可說言如來法滅寧說四大各捨己性不
可說言如來法滅善男子若佛初出得阿耨
多羅三藐三菩提已未有弟子解甚深義彼
佛世尊便涅槃者當知是法不久住世復次
善男子若佛初出得阿耨多羅三藐三菩提
已有諸弟子解甚深義佛雖涅槃當知是法
久住於世復次善男子若佛初出得阿耨多
羅三藐三菩提雖有弟子解甚深義无有篤
信白衣檀越敬重佛法佛使涅槃當知是法
不久住世復次善男子若佛初出得阿耨多
羅三藐三菩提已有諸弟子解甚深義多有
篤信白衣檀越敬重佛法佛雖涅槃當知是
法久住於世復次善男子若佛初出得阿耨
多羅三藐三菩提已有諸弟子解甚深義雖
有篤信白衣檀越敬重佛法而諸弟子演說經
法貪為利養不為涅槃佛復滅度當知是法
不久住世復次善男子若佛初出得阿耨多
羅三藐三菩提已有諸弟子解甚深義復有
篤信白衣檀越敬重佛法彼諸弟子凡所演
說不貪利養為求涅槃佛雖滅度當知是法

BD03621號　大般涅槃經（北本　異卷）卷一八　（23–15）

不久住世復次善男子若佛初出得阿耨多
羅三藐三菩提已有諸弟子解甚深義復有
篤信白衣檀越敬重佛法彼諸弟子凡所演
說不貪利養為求涅槃佛雖滅度當知是法
久住於世復次善男子若佛初出得阿耨多
羅三藐三菩提已雖有弟子解甚深義復有
篤信白衣檀越敬重佛法而諸弟子多起諍
訟互相是非佛復涅槃當知是法不久住世
復次善男子若佛初出得阿耨多羅三藐三
菩提已有諸弟子解甚深義復有篤信白衣
檀越敬重佛法彼諸弟子脩和敬法不相是
非互相尊重佛雖涅槃當知是法久住不滅
復次善男子若佛初出得阿耨多羅三藐三
菩提已雖有弟子解甚深義復有篤信白
衣檀越敬重佛法彼諸弟子為大涅槃而演
說法互相恭敬不起諍訟然畜一切不淨之
物復自讚言我得須陁洹果乃至阿羅漢果
佛復涅槃當知是法不久住世復次善男子
若佛初出得阿耨多羅三藐三菩提已有諸
弟子解甚深義復有篤信白衣檀越敬重佛
法彼諸弟子為大涅槃演說經法善脩和敬
互相尊重不畜一切不淨之物亦不自言得
須陁洹乃至得阿羅漢彼佛世尊雖復滅度
當知是法久住於世復次善男子佛初出世

BD03621 號　大般涅槃經（北本　異卷）卷一八　（23–16）

法彼諸弟子為大涅槃演說經法善脩和敬
互相尊重不畜一切不淨之物亦不自言得
須陁洹乃至得阿羅漢彼佛世尊雖復滅度
當知是法久住於世復次善男子佛初出世
得阿耨多羅三藐三菩提已有諸弟子乃至
不畜不淨之物又不自言得須陁洹至阿羅
漢各執所見種種異說而作是言長老諸佛
所制四重之法乃至七滅諍法為眾生故
或遮或開十二部經亦復如是何以故佛知國
土時節各異眾生不同利鈍差別是故如來
或遮或開有輕重說善男子辟如良醫為病
服乳為病遮乳熱病聽服冷病則遮如來亦
尒觀諸眾生煩惱病根亦開亦遮長老我親
從佛聞如是義唯我知義汝不能知唯我解
律汝不能解我知諸經汝不能知彼佛復滅
當知是法不久住世復次善男子若佛初出
得阿耨多羅三藐三菩提已有諸弟子乃至
不言我得須陁洹果至阿羅漢亦不說言諸
佛世尊為眾生故或遮或開長老我親從佛
聞如是義如是法如是律長老當依如來十
二部經此義若是我當受持如其非者我當
棄捨彼佛世尊雖復涅槃當知是法久住於
世善男子我法滅時有聲聞弟子或說有神
或說神空或說有中陰或說无中陰或說有

BD03621 號　大般涅槃經（北本　異卷）卷一八　（23–17）

棄捨彼佛世尊雖復涅槃當知是法久住於
世善男子我法滅時有聲聞弟子或說有神
或說神空或說有中陰或說无中陰或說有
三世或說无三世或說有三乘或說无三乘
或言一切有或言一切无或言衆生有始有
終或言衆生无始无終或言十二因緣是有
爲法或言因緣是无爲法或言如來有病苦
行或言如來无病苦行或言如來不聽比丘
食十種肉何等爲十人蛇鳥馬驢狗師子猪
狐獼猴其餘悉聽或言一切不聽或言比丘
不作五事何等爲五不賣生口刀酒酪沙胡
麻油其餘悉聽或言不聽入五種舍何等爲
五屠兒婬女酒家王宮旃陀羅舍餘舍悉聽
或言不聽著憍舍耶衣餘一切聽或言如來
聽諸比丘畜衣食卧具其價各直十万兩金
或言不聽或言涅槃常樂我淨或言涅槃直
是結盡更无别法名爲涅槃譬如縷織名之
爲衣衣既壞已名爲无衣實无别法名无衣
也涅槃之體亦復如是善男子當尒之時我
諸弟子正說者少耶說者多受正法少受耶
法多受佛語少受魔語多善男子尒時拘睒弥
國有二弟子一者阿羅漢二者破戒破戒徒衆
凡有五百阿羅漢衆其數一百破戒者說如
來畢竟入於涅槃我親從佛聞如是義如來
所制四重之法若持亦可犯亦无罪我今亦

法多受佛語少受魔語多善男子尒時拘睒弥
國有二弟子一者阿羅漢二者破戒破戒徒衆
凡有五百阿羅漢衆其數一百破戒者說如
來畢竟入於涅槃我親從佛聞如是義如來
所制四重之法若持亦可犯亦无罪我今亦
得阿羅漢果四无导智而阿羅漢亦犯如是
四重之法四重之法若是實罪阿羅漢者終不
應犯如來在世制言堅持臨涅槃時悉皆放
捨時阿羅漢諸比丘言長老汝不應說如來
畢竟入於涅槃我知如來常不變易如來在
世及涅槃後犯四重禁罪无差別若言羅漢
犯四重禁是義不然何以故須陀洹人尚不
犯禁況阿羅漢若長老言我言阿羅漢阿羅
漢者終不生想我得羅漢阿羅漢者唯說善
法不說不善長老所說純是非法若有得見
十二部經定知長老非阿羅漢善男子尒時
破戒比丘徒衆即共斷是阿羅漢命善男子
是時魔王因是二衆忿恚之心悉共害是六百
比丘尒時凡夫各共說言哀哉佛法於是滅盡
而我正法實不滅也是時其國有十二万諸
大菩薩善持我法云何當言我法滅耶當于
尒時閻浮提內无一比丘爲我弟子尒時波
旬悉以大火焚燒一切所有經典其中或有遺
餘在者諸婆羅門即共偷取處處採拾安置
已典以是義故諸小菩薩佛未出時率共信

尒時閻浮提内无一比丘為我弟子尒時波
旬悉以大火焚燒一切所有經典其中或有遺
餘在者諸婆羅門即共偷取處處採拾安置
己典以是義故諸小菩薩佛未出時率共信
受婆羅門語諸婆羅門雖作是說我有齋戒
而諸外道真實无也諸外道等雖復說言有
我樂淨而實不解我樂淨義直以佛法一字
二字一句二句說言我典有如是義尒時拘
尸那城娑羅雙樹閒无量无邊阿僧祇衆聞
是語已悉共唱言世間虛空世間虛空迦葉
菩薩告諸大衆汝等且莫憂愁啼哭世間不
空如來常住无有變易法僧亦尒尒時大衆
聞是語已啼哭即止悉發阿耨多羅三藐三
菩提心尒時王舍大城阿闍世王其性弊惡
憙行煞戮具口四過貪恚愚癡其心熾盛唯
見現在不見未來純以惡人而為眷屬貪著
現在五欲樂故父王无辜橫加逆害因害父
已心生悔熱身諸瓔珞伎樂不御心悔熱
故遍體生瘡其瘡臭穢不可附近尋自念言
我今此身已受華報地獄果報將近不遠尒
時其毋字韋提希以種種藥而為傅之其瘡
遂增无有降損王即白毋如是瘡者從心而
生非四大起若言衆生有能治者无有是處
時有大臣名曰月稱往至王所在一面立白

BD03621號　大般涅槃經（北本　異卷）卷一八　　（23–20）

遂增无有降損王即白毋如是瘡者從心而
生非四大起若言衆生有能治者无有是處
時有大臣名曰月稱往至王所在一面立白
言大王何故愁悴顏容不悅為身痛也為心
痛乎王答臣言我今身心豈得不痛我父无
辜橫加逆害我從智者曾聞是義世有五人
不脫地獄謂五逆罪我今已有无量无邊阿
僧祇罪云何身心而得不痛又无良醫治我
身心臣言大王莫大愁苦即說偈言
若常愁苦　愁遂增長　如人喜眠　眠則滋多
貪婬嗜酒　亦復如是
如王所言世有五人不脫地獄誰往見之來
語王耶言地獄者直是世間多智者說如王
所言世无良醫治身心者今有大醫名富蘭
那一切知見得自在定畢竟脩習清淨梵行
常為无量无邊衆生演說无上涅槃之道為
諸弟子說如是法无有黑業无黑業報无有
白業无白業報无黑白業无黑白業報无有
上業及以下業是師今在王舍城中唯願大
王屈駕往彼可令是師療治身心時王答言
審能如是滅除我罪我當歸依復有一臣名
曰藏德復往王所而作是言大王何故面貌
憔悴脣口乾燋音聲微細猶如怯人見大怨
敵顏色皺剝將何所苦為心痛耶為身痛乎

BD03621號　大般涅槃經（北本　異卷）卷一八　　（23–21）

[illegible]如是病隨我實我當身代[illegible]有一臣名
曰藏得復往王所而作是言大王何故面貌
雉悴脣口乾燋音聲微細猶如怯人見大怨
敵顔色變怪將何所苦為心痛耶為身痛乎
王即荅言我今身心云何不痛我之癡盲无
有慧目近諸惡友而為親善隨調婆達惡人
之言正法之王横加逆害我昔曾聞智人說
偈
若於父母　佛及弟子　生不善心　起於惡業
如是果報　在阿鼻獄
以是事故令我心怖生大苦惱又无良醫而
見救療大臣復言唯願大王且莫愁怖法有
二種一者出家二者王法王法者謂害其父
則王國土雖云是逆實无有罪如迦迦羅虫
要壞母腹然後乃生生法如是雖破母身實
亦无罪騾懷任等亦復如是治國之法法應
如是雖殺父王實无有罪出家法者乃至蚉
蟻殺亦有罪唯願大王寬意莫愁何以故
若常愁苦　愁遂增長　如人喜眠　眠則滋多
貪婬嗜酒　亦復如是
如王所言世无良醫治身心者今有大師名
末伽梨拘舍離子一切知見憐愍衆生猶如
赤子已離煩惱能拔衆生三毒利箭一切衆
生於一切法无知見覺唯是一人獨知見覺
如是大師常為弟子說如是法一切衆生身

BD03621號　大般涅槃經（北本　異卷）卷一八　（23–22）

若常愁苦　愁遂增長　如人喜眠　眠則滋多
貪婬嗜酒　亦復如是
如王所言世无良醫治身心者今有大師名
末伽梨拘舍離子一切知見憐愍衆生猶如
赤子已離煩惱能拔衆生三毒利箭一切衆
生於一切法无知見覺唯是一人獨知見覺
如是大師常為弟子說如是法一切衆生身
有七分何等為七地水火風苦樂壽命如是
七分非化非作不可毀害如伊師迦草安住
不動如須弥山不捨不作猶如乳酪各不諍
訟若苦若樂若善不善投之利刀无所傷害
何以故七分空中无妨㝵故命亦无害何以
故无有害者及死者故无作无受无說无聽
无有念者及以教者常說是法能令衆生滅
除一切无量重罪是師今在王舍大城唯願
大王往至其所王若見者衆罪消除時王荅
言審能如是滅除我罪我當歸依

大般涅槃經卷第十八

BD03621號　大般涅槃經（北本　異卷）卷一八　（23–23）

則名為常涅槃亦
常生滅亦尒如是相者名為涅槃
涅槃非有非无非有无非非有非无
法不受內窮滅名涅槃何以故
涅槃不名有 有則老死相 終无有有法 離於老死相
眼見一切万物皆生滅故是老死相涅槃若
是有則應有老死相但是事不然是故涅槃
不名有又不見離生滅老死別有定法若涅
槃是有即應有生滅老死相以離老死相故
名為涅槃復次
若涅槃是有 涅槃即有為 終无有一法 而是无為者
涅槃非是有何以故一切万物從衆緣生皆
是有為无有一法名為无為者雖常法假名
无為以理推之无常法尚无有何況常法不
可見不可得而有復次
若涅槃是有 云何名无受 无有不從受 而名為法者
若謂涅槃是有者經則不應說无受是涅槃

BD03622號　中論（八卷本）卷八　（18–1）

无為以理推之无常法尚无有何況常法不
可見不可得而有復次
若涅槃是有 云何名无受 无有不從受 而名為法者
若謂涅槃是有者經則不應說无受是涅槃
何以故无有法不受而有是故涅槃非有問
曰若有非涅槃者无應是涅槃耶荅曰
有尚非涅槃 何況於无耶 涅槃无有有 何處當有无
若有非涅槃无云何是涅槃何以故因有故
有无有云何有无如經說先有今則名无涅
槃則不尒何以故非有法變為无故是故无
亦不作涅槃復次
若无是涅槃 云何名不受 未曾有不受 而名為无法
若謂无是涅槃經則不應說不受名涅槃何
以故无有不受而名无法是故知涅槃非无
問曰若涅槃非有非无者何等是涅槃荅曰
受諸因緣故 輪轉生死中 不受諸因緣 是名為涅槃
不如實知顛倒故因五受陰往來生死如實
知顛倒故則不復因五受陰往來生死无性
五陰不復相續故說名涅槃復次
如佛經中說 斷有斷非有 是故知涅槃 非有亦非无
有名三有非有名三有斷滅佛說斷此二事
故當知涅槃非有亦非无問曰若有若无非
涅槃者今有无共合是涅槃耶荅曰
若謂於有无 合為涅槃者 有无即解脫 是事則不然
若謂有无合為涅槃者即有无二事合為解

BD03622號　中論（八卷本）卷八　（18–2）

故當知涅槃非有亦非无問曰若有若无非
涅槃者今有无共合是涅槃耶荅曰
若謂於有无 合爲涅槃者 有无卽解脫 是事則不然
若謂有无合爲涅槃者卽有无二事合爲解
脫是事不然何以故有无二事相違故云何
一處有復次
若謂於有无 合爲涅槃者 涅槃非无受 是二從受生
若有无合爲涅槃者經不應說涅槃名无受
何以故有无二事從受生相因而有是故有
无二事不得合爲涅槃復次
有无共合成 云何名涅槃 涅槃名无爲 有无是有爲
有无二事共合不得名涅槃涅槃名无爲有
无是有爲是故有无非是涅槃復次
有无二事共 云何是涅槃 是二不同處 如明闇不俱
有无二事不得名涅槃何以故有无相違一
處不可得如明闇不俱是故有時无无无時
无有云何有无共合而名爲涅槃問曰若有
无共合非涅槃今非有非无應是涅槃荅曰
若非有非无 名之爲涅槃 此非有非无 以何而分別
若涅槃非有非无者此非有非无曰何而分
別是故非有非无是涅槃者是事不然復次
分別非有无 如是名涅槃 若有无成者 非有非无成
汝分別非无非有是涅槃者是事不然何以
故若有无成者然後非有非无成有相違名

BD03622號　中論（八卷本）卷八

（18–3）

別是故非有非无是涅槃者是事不然復次
分別非有无 如是名涅槃 若有无成者 非有非无成
汝分別非无非有是涅槃者是事不然何以
故若有无成者然後非有非无成有相違名
无无相違名有是有无第三句中已破有
无无故云何有非有非无是故涅槃非非有
非非无復次
如來滅度後 不言有与无 亦不言有无 非有及非无
如來現在時 不言有与无 亦不言有无 非有及非无
若如來滅後若現在有如來亦不受无如來
亦不受亦有如來亦无如來亦不受非有如
來非无如來亦不受以不受故不應分別涅
槃有无等離如來誰當得涅槃何時何處以
何法說涅槃是故一切時一切種求涅槃相
不可得復次
涅槃与世間 无有少分別 世間与涅槃 亦无少分別
五陰相續往來因緣故說名世間五陰性畢
竟空无受寂滅此義先已說以一切法不生
不滅故世間与涅槃无有分別涅槃与世間
亦无分別復次
涅槃之實際 及与世間際 如是二際者 无毫釐差別
究竟世間涅槃實際无生際以平等不可得
故无毫釐差別復次
滅後有无等 有邊等常等 諸見依涅槃 未來過去世

BD03622號　中論（八卷本）卷八

（18–4）

涅槃之實際 及與世間際 如是二際者 无豪釐差別
究竟世間涅槃實際无生際以平等不可得
故无豪釐差別復次
滅後有无等 有邊等常等 諸見依涅槃 未來過去世
如來滅後有如來无如來亦有如來亦无如
來非有如來非无如來世間有邊世間无邊
世間亦有邊亦无邊世間非有邊非无邊世
間常世間无常世間亦常亦无常世間非有
常非无常此三種十二見如來滅後有无等
四見依涅槃起世間有邊无邊等四見依未
來世起世間
常无常等四見依過去世起如來滅後有无
等不可得涅槃亦如是如世間前際後際有
邊无邊有常无常等不可得涅槃亦如是是
故說世間涅槃等无有異復次
一切法空故 何有邊无邊 亦邊亦无邊 非有非无邊
何者為一異 何有常无常 亦常亦无常 非常非无常
諸法不可得 滅一切戲論 无人亦无處 佛亦无所說
一切法一切時一切種從眾緣生故畢竟空
故无自性如是法中何者是有邊誰為有邊
何者是无邊亦有邊亦无邊非有邊非无
无邊誰為非有邊非无邊何者是常誰為是常
是无常常无常非常非无常誰為非常非无
常何者身即是神何者身異於神如是等六十二
邪見於畢竟空中皆不可得諸有所得皆息

BD03622號　中論（八卷本）卷八　（18–5）

何者是无邊亦有邊亦无邊非有邊非无
无邊誰為非有邊非无邊何者是常誰為是常
是无常常无常非常非无常誰為非常非无
常何者身即是神何者身異於神如是等六十二
邪見於畢竟空中皆不可得諸有所得皆息
戲論皆滅戲論滅故通達諸法實相得安隱道
從因緣品來分別推求諸法有亦无无亦无有
无亦无无非有非无亦无是名諸法實相亦名
如法性實際涅槃是故如來无時无處為人說涅
槃定相是故說諸法有所得皆息戲論皆滅

觀十二因緣品第廿六

問曰汝以摩訶衍說第一義道我今欲聞說
聲聞法入第一義道荅曰
眾生癡所覆 為後起三行 以起是行故 隨行入六趣
以諸行因緣 識受六道身 以有識著故 增長於名色
名色增長故 因而生六入 情塵識和合 而生於六觸
因於六觸故 即生於三受 以因於受故 而生於渴愛
因愛有四取 因取故有有 若取者不取 則解脫无有
從有而生生 從生有老死 從老死故有 憂悲諸苦惱
如是等諸事 皆從生而有 但以是因緣 而集大苦陰
是謂為生死 諸行之根本 无明者所造 智者所不為
以是事滅故 是事則不生 但是苦陰聚 如是而正滅
凡夫為无明所盲故以身口意業為後身起
六趣諸行隨所起行有上中下識入六趣隨
[illegible]

BD03622號　中論（八卷本）卷八　（18–6）

以是事滅故 是事則不生 但是苦陰聚 如是而正滅
凡夫為无明所盲故以身口意業為後身起
六趣諸行隨所起行有上中下識入六趣隨
行受身以識着因緣故名色集名色集故有
六入六入因緣故有六觸六觸因緣故有三
受三受因緣故生渴愛渴愛因緣故有四取
取四取時以身口意業起罪福令後三有相
續從有而有生從生而有老死從老死有憂
悲苦惱種種衆患但有大苦陰集是故知凡
夫无智起此生死諸行根本智者所不起以
如實見故則无明滅无明滅故諸行亦滅
以因滅故果亦滅如是修習觀十二因緣生
滅智故是事滅是事滅故乃至生老死憂悲
大苦陰皆如實正滅正滅者畢竟滅是十二
因緣生滅義如阿毗曇脩多羅中廣說

觀邪見品第廿七

問曰以聞大乘法破邪見今欲聞聲聞法破
邪見答曰
我於過去世 為有為是无 世間常等見 皆依過去世
我於未來世 為作為无作 有邊等諸見 皆依未來世
我於過去世為有為无為有无為非有非无
是名常等諸見依過去世我於未來世為作
為不作為作不作為非作非不作是名邊无
邊等諸見依未來世如是等諸邪見何因緣

BD03622號　中論（八卷本）卷八　（18–7）

我於過去世為有為无為有无為非有非无
是名常等諸見依過去世我於未來世為作
為不作為作不作為非作非不作是名邊无
邊等諸見依未來世如是等諸邪見何因緣
故名為邪見是事今當說
過去世有我 是事不可得 過去世中我 不作今世我
若謂我即是 而身有異相 若當離於身 何處別有我
離身无有我 是事為已成 若謂身即我 若都无有我
但身不為我 身相生滅故 云何當以受 而作於受者
若離身有我 是事則不然 无受而有我 而實不可得
今我不離受 亦不但是受 非无受非无 此即決定義
我於過去世有者是事不然何以故先世中
我不即作今我有常過故若常則有无量過
何以故如人修福因緣故作天然後作人若
先世我即是今我者天即是人又以人罪業
因緣故作旃陁羅後作婆羅門若先世我即
是今我者旃陁羅即是婆羅門譬如舍衛國
婆羅門名提達到王舍城亦名提達不以至王
舍故為異若先為天後作人則天即是人旃
陁羅即是婆羅門但是事不然何以故天不
即是人旃陁羅不即婆羅門有此常過故若
謂先世我不作今我如人浣衣時名為浣者
刈時名為刈者而浣者与刈者雖不異而浣
者不即是刈者如是我受天身名為天我受

BD03622號　中論（八卷本）卷八　（18–8）

即是人梅陁羅不即婆羅門有此常過故若
謂先世我不作今我如人洗衣時名為洗者
刈時名為刈者而洗者与刈者雖不異而洗
者不即是刈者如是我受天身名為天我受
人身名為人我不異而身有異者是事不然
何以故若即是者不應天即是人今洗者於
刈時為異為不異若不異洗者應即是刈者
如是先世天即是人梅陁羅即是婆羅門亦
我有常過若異者洗者即不作刈者如是天
不作人我亦无常无常則无我相是故不得
異問曰我即是但因受故分別是天
是人受名五陰身以業因緣故分別是天是
人是梅陁羅是婆羅門而我實非天非人非
梅陁羅非婆羅門是故无如是過答曰是事
不然何以故若身作天作人作梅陁羅作婆
羅門非是我者則離身別有我今罪福生死
往来皆是身非是我罪因緣故墮三惡道福
因緣故生三善道若苦樂瞋喜憂怖等皆是
身非我者何用我為如治俗人罪不豫出家
人五陰因緣相續罪福不失故有解脫若皆
是身非我者何用我為問曰罪福等依止於
我我有所知身无知故知者應是起業因緣
罪福是作法當知應有作者作者是我身是
我所因亦是我所住處譬如舍主以草木泥

是身非我者何用我為問曰罪福等依止於
我我有所知身无知故知者應是起業因緣
罪福是作法當知應有作者作者是我身是
我所因亦是我所住處譬如舍主以草木泥
塗等治舍自為身故隨所用治舍有好惡
我亦如是隨作善惡得好醜身六道生死皆
我所作是故罪福之身皆屬於我譬如舍但
屬舍主不屬他人答曰是事不然何以故舍
主有形有觸有力故能治舍汝所說我无形
无觸故无作力自无作力亦不能使他若世
間有一法无形无觸能有所作者則可信受
知有作者但是事不然若我是作者則不應
自作苦事若是念者可貪樂事不應忘失若
我不作苦而苦強生者餘一切皆亦自生非
我所作若見者是我眼能見色眼應是我若
眼見而非我則違先言見者是我若見者是
我我則不應得聞聲等諸塵何以故眼是見
者不能得聲等塵故是我是見者是事不
然若謂如刈者用鎌刈草我亦如是以手等
能有所作者是事不然何以故今離鎌別有刈
者而離身心諸根无別作者若謂作者雖非
眼耳等所得亦有作者則石女兒能有所作
如是一切諸根皆應无我若謂右眼見物而
左眼識當知別有見者是事不然今右手習

眼耳等所得亦有作者則石女兒能有所作
如是一切諸根皆應无我若謂右眼見物而
左眼識當知別有見者是事不然今右手習
作佐佐手不能是故无別有作者若別有作
者右手所習佐手亦應能而實不能是故更
无作者復次有我者言見他食菓口中涎出
是為我相是事不然何以故是念力故非是
我力又亦即是破我因緣人在衆中愧於涎
出而涎強出不得自在當知无我復次若有
顛倒過罪先世是父今世為子是父子我一但
身有異如從一舍至一舍父故是父不以入
異舍故便有異若有我是二應一有如是
過若謂无我五陰相續中亦有是過是
事不然何以故五陰雖相續或時有用
或時无用如蒲桃果持戒者應飲蒲桃酒
不應飲若變為苦酒還復應飲五陰相續亦
如是有用有不用若始終一我有如是過五
陰相續无如是過但五陰和合故假名為我
无有決定如梁椽和合有舍離梁椽无別舍
如是五陰和合故有我若離五陰實无別我
是故我但有假名无有定實汝先說離受別
有受者以受分別受者是天是人是皆不然
當知但有受无別受者若謂離受別有我是

BD03622號　中論（八卷本）卷八　（18–11）

如是五陰和合故有我若離五陰實无別我
是故我但有假名无有定實汝先說離受別
有受者以受分別受者是天是人是皆不然
當知但有受无別受者若謂離受別有我是
事不然若離受有我云何可得說是我相若
无相可說則離受无我若謂離身无我但身
是我是亦不然何以故身有生滅相我則不
尒復次云何以受即名受者若謂離受有受
者是事不然若不受五陰而有受者應離五
陰別有受者眼等根可得而實不可得是故
我不離受不即受亦非无受亦復非无此是
定義是故當知過去世有我者是事不然何
以故

過去我不作　是事則不然　過去世中我　異今亦不然
若謂有異者　離彼應有今　我住過去世　而今我自生
如是則斷滅　失於業果報　彼作而此受　有如是等過
先无而今有　此中亦有過　我則是作法　亦為是无因

過去世中我不作是事不然何以故過去世
中我与今我不異若今我与過去世我異者
應離彼我而有今我又過去我亦應住彼此
身自更生若尒者即墮斷邊失諸業果報又
彼人作罪此人受報有如是等无量過又
是我應先无而今有是亦有過　我則作
法亦是无因生是故過去我不作是事不然

BD03622號　中論（八卷本）卷八　（18–12）

身自更生若命者即墮斷邊失諸業果報又
彼人作罪此人受報有如是等无量過又
是我應先无而今有是亦有過我則作
法亦是无因生是故過去我不作是事不然
復次
如過去世中　有我无我見　若共若不共　是事皆不然
如是推求過去世中耶見有无亦有亦无非
有非无是諸耶見先說因緣過故是皆不
然
我於未來世　為作為不作　如是之見者　皆同過去世
我於未來世中為作為不作如是四句如過
去世中過咎應在此中說復次
若天即是人　則墮於常邊　天則為无生　常法不生故
若天即是人是則為常若天不生人中云
何名為人常法不生故是故常亦不然
復次
若天異於人　是即為无常　若天異人者　是則无相續
若天与人異則為无常无常則有斷滅等
過如先說過若天与人異則无相續若有相
續不得言異復次
若半天半人　則墮於二邊　常及於无常　是事則不然
若衆生半身是天半身是人若命則有常无
常半天是常半人是无常但是事不然何以
故一身有二相過故復次
若常及无常　是二共成者　如是則應成　非常非无常

BD03622號　中論（八卷本）卷八　（18–13）

若衆生半身是天半身是人若命則有常无
常半天是常半人是无常但是事不然何以
故一身有二相過故復次
若常及无常　是二共成者　如是則應成　非常非无常
若常无常二俱成者然後成非常非无常
与常无常相違故今實常无常不成是故非
常非无常亦不成復次今生死无始是亦不
然何以故
法若定有來　及定有去者　生死則无始　而實无此事
法若決定有所從來有所從去者生死則應
无始是法以智慧推求不得有所從來有所
從去是故生死无始是事不然復次
今若无有常　云何有无常　亦常亦无常　非常非无常
若命者以智慧推求无法可得常者誰當有
无常因常有无常故若二俱无者云何有亦
有常亦无常若无有常无常云何有非有常
非无常因亦有常亦无常故有非有常非无
常是故依止過去世常等四句不可得有邊
无邊等四句依止未來世是事不可得今當
說何以故
若世間有邊　云何有後世　若世間无邊　云何有後世
若世間有邊不應有後世而今實有後世是
故世間有邊不然若世間无邊亦不應有後
世而實有後世是故世間无邊亦不然復次

BD03622號　中論（八卷本）卷八　（18–14）

若世間有邊　云何有後世　若世間无邊　云何有後世
若世間有邊不應有後世而今實有後世是
故世間有邊不然若世間无邊亦不應有後
世而實有後世是故世間无邊亦不然復次
是二邊不可得何以故
五陰常相續　猶如燈火炎　以是故世間　不應邊无邊
從五陰復生五陰是五陰次第相續如衆緣
和合有燈炎若衆緣不盡燈則不滅若盡則
滅是故不得說世間有邊无邊復次
若先五陰壞　不因是五陰　更生後五陰　世間則有邊
若先陰不壞　亦不因是陰　而生後五陰　世間則无邊
若先五陰壞不因是五陰更生後五陰如是
則世間有邊先五陰滅已更不生餘五陰是
名爲邊邊名末後身若先五陰不壞不因是
五陰而生後五陰世間則无邊是則爲常而
實不尒是故世間无邊不然世間有二種國
土世間衆生世間此是衆生世間復次如四
百觀中說
真法及說者　聽者難得故　如是則生死　非有邊无邊
不得真法因緣故生死往来无有邊或時得
聞真法得道故不得言无邊今當更破亦有
亦无邊
若世半有邊　世間半无邊　是則亦有邊　亦无邊不然
若世間半有邊半无邊則應是亦有邊亦无
邊若尒者則一法二相是事不然何以故

聞真法得道故不得言无邊今當更破亦有
亦无邊
若世半有邊　世間半无邊　是則亦有邊　亦无邊不然
若世間半有邊半无邊則應是亦有邊亦无
邊若尒者則一法二相是事不然何以故
彼受五陰者　云何一分破　一分而不破　是事則不然
受亦復如是　云何一分破　一分而不破　是事亦不然
受五陰者云何一分破一分不破一事不得
亦常亦不常受亦如是云何一分破一分不
破常无常二相過故是故世間亦有邊亦无
邊則不然今當破非有邊非邊見
若亦有无邊　是二得成者　非有非无邊　是則亦應成
与有邊相違故有无邊如長相違有短有无
相違則有亦有亦无亦与有亦无相違故則
有非有非无若亦有邊亦无邊定成者應有
非有邊非无邊何以故相因待故上已破亦
有邊亦无邊第三句今云何當有非有邊非
无邊以无相待故如是推求依止未来世有
邊无邊等四見皆不可得復次
一切法空故　世間常等見　何處於何時　誰起是諸見
上以聲聞法破諸見今此大乘法中說諸法
從本已来畢竟空性如是空性法中无人无
法不應生耶見正見處名土地時名日月歲
數誰名爲人是名諸見體若有常无常等

邊无邊等四見皆不可得復次
一切法空故　世間常等見　何處於何時　誰起是諸見
上以聲聞法破諸見今此大乘法中說諸法
從本已來畢竟空性如是空性法中无人无
法不應生耶見正見處名土地時名日月歲
數誰名爲人是名諸見體若有常无常等
決定見者應當有人出生此見破我故无
人生是見應有處所色法現見尚可破何
況時方若有諸見者應有定實若定則不應
破上來已種種因緣破是故當知見无定法
云何得生如偈說何處何時誰起是諸見
瞿曇大聖主　憐愍說是法　悉斷一切見　我今稽首禮
一切見者略說則五見廣說則六十二見爲
斷是諸見故說法大聖主瞿曇是无量无邊
不可思議智慧者是故我稽首禮

中論經卷第八

BD03622號　中論（八卷本）卷八　（18–17）

況時方若有諸見者應有定實若定則不應
破上來已種種因緣破是故當知見无定法
云何得生如偈說何處何時誰起是諸見
瞿曇大聖主　憐愍說是法　悉斷一切見　我今稽首禮
一切見者略說則五見廣說則六十二見爲
斷是諸見故說法大聖主瞿曇是无量无邊
不可思議智慧者是故我稽首禮

中論經卷第八

BD03622號　中論（八卷本）卷八　（18–18）

而以與之作是言仁者
時觀世音菩薩不肯受
音菩薩言仁者愍我等
告觀世音菩薩當愍此
天龍夜叉乾闥婆阿脩羅
睺羅伽人非人等故受是
菩薩愍諸四衆及於天
珞分作二分一分奉釋
寶佛塔无盡意觀世音菩薩
力遊於娑婆世界尒時无盡意菩
世尊妙相具　我今重問彼　佛子何因緣　名爲觀
具足妙相尊　偈荅无盡意　汝聽觀音行　善應諸方所
弘誓深如海　歷劫不思議　侍多千億佛　發大清淨願
我爲汝略說　聞名及見身　心念不空過　能滅諸有苦
假使興害意　推落大火坑　念彼觀音力　火坑變成池
或漂流巨海　龍魚諸鬼難　念彼觀音力　波浪不能沒
或在須彌峯　爲人所推墮　念彼觀音力　如日虛空住

BD03623號　妙法蓮華經卷七　（17–1）

弘誓深如海　歷劫不思議　侍多千億佛　發大清淨願
我爲汝略說　聞名及見身　心念不空過　能滅諸有苦
假使興害意　推落大火坑　念彼觀音力　火坑變成池
或漂流巨海　龍魚諸鬼難　念彼觀音力　波浪不能沒
或在須彌峯　爲人所推墮　念彼觀音力　如日虛空住
或被惡人逐　墮落金剛山　念彼觀音力　不能損一毛
或值怨賊遶　各執刀加害　念彼觀音力　咸即起慈心
或遭王難苦　臨刑欲壽終　念彼觀音力　刀尋段段壞
或囚禁枷鎖　手足被杻械　念彼觀音力　釋然得解脫
呪詛諸毒藥　所欲害身者　念彼觀音力　還著於本人
或遇惡羅剎　毒龍諸鬼等　念彼觀音力　時悉不能害
若惡獸圍遶　利牙爪可怖　念彼觀音力　疾走无邊方
蚖蛇及蝮蝎　氣毒煙火然　念彼觀音力　尋聲自迴去
雲雷鼓掣電　降雹澍大雨　念彼觀音力　應時得消散
衆生被困厄　无量苦逼身　觀音妙智力　能救世間苦
具足神通力　廣脩智方便　十方諸國土　无剎不現身
種種諸惡趣　地獄鬼畜生　生老病死苦　以漸悉令滅
真觀清淨觀　廣大智慧觀　悲觀及慈觀　常願常瞻仰
无垢清淨光　慧日破諸闇　能伏災風火　普明照世間
悲體戒雷震　慈意妙大雲　澍甘露法雨　滅除煩惱焰
諍訟經官處　怖畏軍陣中　念彼觀音力　衆怨悉退散
妙音觀世音　梵音海潮音　勝彼世間音　是故須常念
念念勿生疑　觀世音淨聖　於苦惱死厄　能爲作依怙
具一切功德　慈眼視衆生　福聚海无量　是故應頂禮
尒時持地菩薩即從座起前白佛言世尊若

BD03623號　妙法蓮華經卷七　（17–2）

諍訟經官處　怖畏軍陣中　念彼觀音力　衆怨悉退散
妙音觀世音　梵音海潮音　勝彼世間音　是故須常念
念念勿生疑　觀世音淨聖　於苦惱死厄　能為作依怙
具一切功德　慈眼視衆生　福聚海无量　是故應頂禮
尒時持地菩薩即從座起前白佛言世尊若
有衆生聞是觀世音菩薩品自在之業普門
示現神通力者當知是人功德不少佛説是
普門品時衆中八万千衆生皆發无等等
阿耨多羅三藐三菩提心
妙法蓮華經陁羅尼品第二十六
尒時藥王菩薩即從座起偏袒右肩合掌向
佛而白佛言世尊若善男子善女人有能受
持法華經者若讀誦通利若書寫經卷得幾
所福佛告藥王若有善男子善女人供養八
百万億那由他恒河沙等諸佛於汝意云何
其所得福寧為多不甚多世尊佛言若善男
子善女人能於是經乃至受持一四句偈讀
誦解義如説修行功德甚多尒時藥王菩薩
白佛言世尊我今當與説法者陁羅尼呪以
守護之即説呪曰
安尒一　曼尒二　摩祢三　摩摩祢四　旨隸五　遮
棃第六　賒咩羊鳴音七　賒履同雉反　多瑋八　羶輸干反
帝九　目帝十　目多履十一　娑履十二　阿瑋娑履十三
桒履十四　娑履十五　叉裔十六　阿叉裔十七　阿耆膩十八
羶帝十九　賒履二十　陁羅尼二十一　阿盧伽婆娑蔡反
[illegible]

BD03623號　妙法蓮華經卷七　（17–3）

棃第六　賒咩羊鳴音七　賒履同雉反　多瑋八　羶輸干反
帝九　目帝十　目多履十一　娑履十二　阿瑋娑履十三
桒履十四　娑履十五　叉裔十六　阿叉裔十七　阿耆膩十八
羶帝十九　賒履二十　陁羅尼二十一　阿盧伽婆娑蔡反
簸蔗毗叉膩二十二　祢毗剃二十三　阿便哆都餓反
羅祢履剃二十四　阿亶哆波隸輸地途賣反二十五　漚
究隸二十六　牟究隸二十七　阿羅隸二十八　波羅隸二十
九　首迦差初几反三十　阿三磨三履三十一　佛馱毗
吉利袠帝三十二　達磨波利差猜離反帝三十三　僧
伽涅瞿沙祢三十四　婆舍婆舍輸地三十五　曼哆
邏三十六　曼哆邏叉夜多三十七　郵樓哆三十八　郵
樓哆憍舍略三十九　惡叉邏四十　惡叉冶多冶四十一
阿婆盧四十二　阿摩若荏蔗反　那多夜四十三
世尊是陁羅尼神呪六十二億恒河沙等
諸佛所説若有侵毀此法師者則為侵毀是諸
佛已時釋迦牟尼佛讚藥王菩薩言善哉善
哉藥王汝愍念擁護此法師故説是陁羅尼
於諸衆生多所饒益尒時勇施菩薩白佛言
世尊我亦為擁護讀誦受持法華經者説陁
羅尼若此法師得是陁羅尼若夜叉若羅刹
若富單那若吉蔗若鳩槃荼若餓鬼等伺求
其短无能得便即於佛前而説呪曰
痤挫𡎺反隸一　摩訶痤隸二　郁枳三　目枳四　阿隸
五　阿羅婆第六　涅隸第七　涅隸多婆第八　伊
緻猪履反柅九　韋緻柅十　旨緻柅十一　涅隸墀

BD03623號　妙法蓮華經卷七　（17–4）

痤(挫墀反)隸一摩訶痤隸二郁枳三目枳四阿隸
五阿羅婆第六涅隸第七涅隸多婆第八伊
緻(猪履反)柅九韋緻柅十旨緻柅十一涅隸墀
柅十二涅犁墀婆底十三
世尊是陁羅尼神呪恒河沙等諸佛所說
亦皆隨喜若有侵毀此法師者則為侵毀是諸
佛已尒時毗沙門天王護世者白佛言世尊
我亦為愍念衆生擁護此法師故說是陁羅
尼即說呪曰
阿梨一那梨二㝹那梨三阿那盧四那履五
拘那履六
世尊以是神呪擁護法師我亦自當擁護持
是經者令百由旬內无諸衰患尒時持國天
王在此會中與千万億那由他乹闥婆衆恭
敬圍繞前詣佛所合掌白佛言世尊我亦以
陁羅尼神呪擁護持法華經者即說呪曰
阿伽祢一伽祢二瞿利三乹陁利四旃陁利
五摩蹬耆六常求利七浮樓莎柅八頞底九
世尊是陁羅尼神呪四十二億諸佛所說若
有侵毀此法師者則為侵毀是諸佛已尒時
有羅剎女等一名藍婆二名毗藍婆三名曲
齒四名華齒五名黑齒六名多髮七名无猒
足八名持瓔珞九名睪帝十名奪一切衆生
精氣是十羅剎女與鬼子母并其子及眷屬
俱詣佛所同聲白佛言世尊我等亦欲擁護
讀誦受持法華經者除其衰患若有伺求法

BD03623號　妙法蓮華經卷七　（17–5）

足八名持瓔珞九名睪帝十名奪一切衆生
精氣是十羅剎女與鬼子母并其子及眷屬
俱詣佛所同聲白佛言世尊我等亦欲擁護
讀誦受持法華經者除其衰患若有伺求法
師短者令不得便即於佛前而說呪曰
伊提履一伊提泯二伊提履三阿提履四伊
提履五泥履六泥履七泥履八泥履九泥
履十樓醯十一樓醯十二樓醯十三樓醯十四多醯
十五多醯十六多醯十七兜醯十八㝹醯十九
寧上我頭上莫惱於法師若夜叉若羅剎若
餓鬼若富單那若吉蔗若毗陁羅若楗䭾若
烏摩勒伽若阿跋摩羅若夜叉吉蔗若人吉
蔗若熱病若一日若二日若三日若四日若
至七日若常熱病若男形若女形若童男形
若童女形乃至夢中亦復莫惱即於佛前
而說偈言
若不順我呪　惱亂說法者　頭破作七分　如阿梨樹枝
如殺父母罪　亦如壓油殃　斗秤欺誑人　調達破僧罪
犯此法師者　當獲如是殃
諸羅剎女說此偈已白佛言世尊我等亦當
身自擁護受持讀誦脩行是經者令得安隱
離諸衰患消衆毒藥佛告諸羅剎女善哉善
哉汝等但能擁護受持法華名者福不可量
何況擁護具足受持供養經卷華香瓔珞
香塗香燒香幡蓋伎樂燃種種燈蘇燈油燈
諸香油燈蘇摩那華油燈瞻蔔華油燈婆師

BD03623號　妙法蓮華經卷七　（17–6）

離諸衰患消衆毒藥佛告諸羅刹女善哉善
哉汝等但能擁護受持法華名者福不可量
何況擁護具足受持供養經卷華香瓔珞末
香塗香燒香幡蓋伎樂燃種種燈蘇燈油燈
諸香油燈蘇摩那華油燈瞻蔔華油燈婆師
迦華油燈優鉢羅華油燈如是等百千種供
養者睪帝汝等及眷屬應當擁護如是法師
說是陁羅尼品時六万八千人得无生法忍
妙法蓮華經妙莊嚴王本事品第二十七
尒時佛告諸大衆乃往古世過无量无邊不
可思議阿僧祇劫有佛名雲雷音宿王華智
多陁阿伽度阿羅呵三藐三佛陁國名光明
莊嚴劫名憙見彼佛法中有王名妙莊嚴其
王夫人名曰淨德有二子一名淨藏二名淨
眼是二子有大神力福德智慧久脩菩薩所
行之道所謂檀波羅蜜尸羅波羅蜜羼提波
羅蜜毗梨耶波羅蜜禪波羅蜜般若波羅蜜
方便波羅蜜慈悲喜捨乃至三十七助道法
皆悉明了通達又得菩薩淨三昧日星宿三
昧淨光三昧淨色三昧淨照明三昧長莊嚴
三昧大威德藏三昧於此三昧亦悉通達尒
時彼佛欲引導妙莊嚴王及愍念衆生故說
是法華經時淨藏淨眼二子到其母所合十
指爪掌白言願母往詣雲雷音宿王華智佛
所我等亦當侍從親近供養礼拜所以者何

BD03623號　妙法蓮華經卷七　（17-7）

時彼佛欲引導妙莊嚴王及愍念衆生故說
是法華經時淨藏淨眼二子到其母所合十
指爪掌白言願母往詣雲雷音宿王華智佛
所我等亦當侍從親近供養礼拜所以者何
此佛於一切天人衆中說法華經宜應聽受
母告子言汝父信受外道深著婆羅門法汝
等應往白父與共俱去淨藏淨眼合十爪指
掌白母我等是法王子而生此耶見家母告
子言汝等當憂念汝父爲現神變若得見者
心必清淨或聽我等往至佛所於是二子念
其父故踊在虛空高七多羅樹現種種神變
於虛空中行住坐卧身上出水身下出火身
下出水身上出火或現大身滿虛空中而復
現小小復現大於空中滅忽然在地入地如水
履水如地現如是等種種神變令其父王
心淨信解時父見子神力如是心大歡喜得
未曾有合掌向子言汝等師爲是誰誰之弟
子二子白言大王彼雲雷音宿王華智佛今
在七寶菩提樹下法座上坐於一切世間天
人衆中廣說法華經是我等師我是弟子
父語子言我今亦欲見汝等師可共俱往於是
二子從空中下到其母所合掌白母父王今
已信解堪任發阿耨多羅三藐三菩提心我
等爲父已作佛事願母見聽於彼佛所出家
修道尒時二子欲重宣其意以偈白母
願母放我等　出家作沙門　諸佛甚難值　我等隨佛學

BD03623號　妙法蓮華經卷七　（17-8）

已信解堪任發阿耨多羅三藐三菩提心我
等為父已作佛事願母見聽於彼佛所出家
脩道尒時二子欲重宣其意以偈白母
願母放我等　出家作沙門　諸佛甚難值　我等隨佛學
如優曇波羅　值佛復難是　脫諸難亦難　願聽我出家
母即告言聽汝出家所以者何佛難值故於
是二子白父母言善哉父母願時往詣雲雷
音宿王華智佛所親近供養所以者何佛難
得值如優曇波羅華又如一眼之龜值浮木
孔而我等宿福深厚生值佛法是故父母當
聽我等令得出家所以者何諸佛難值時亦
難遇彼時妙庄嚴王後宮八万四千人皆悉
堪任受持是法華經淨眼菩薩於法華三昧
久已通達淨藏菩薩已於无量百千万億劫
通達離諸惡趣三昧欲令一切衆生離諸惡
趣故其王夫人得諸佛習三昧能知諸佛秘
密之藏二子如是以方便力善化其父令心
信解好樂佛法於是妙庄嚴王與羣臣眷
屬俱淨德夫人與後宮采女眷屬俱其王二子
與四万二千人俱一時共詣佛所到已頭面
礼足遶佛三帀卻住一面尒時彼佛為王說
法示教利喜王大歡喜尒時妙庄嚴王及其
夫人解頸真珠瓔珞價直百千以散佛上於
虛空中化成四柱寶臺臺中有大寶床敷百
千万天衣其上有佛結跏趺坐放大光明尒

法示教利喜王大歡喜尒時妙庄嚴王及其
夫人解頸真珠瓔珞價直百千以散佛上於
虛空中化成四柱寶臺臺中有大寶床敷百
千万天衣其上有佛結跏趺坐放大光明尒
時妙庄嚴王作是念佛身希有端嚴殊特
成就第一微妙之色時雲雷音宿王華智佛告
四衆言汝等見是妙庄嚴王於我前合掌立
不此王於我法中作比丘精勤脩習助佛道
法當得作佛号娑羅樹王國名大光劫名大
高王其娑羅樹王佛有无量菩薩衆及无量
聲聞其國平正功德如是其王即時以國付
弟與夫人二子并諸眷屬於佛法中出家脩
道王出家已於八万四千歲常勤精進脩行
妙法華經過是已後得一切淨功德庄嚴三
昧即昇虛空高七多羅樹而白佛言世尊此
我二子已作佛事以神通變化轉我邪心令
得安住於佛法中得見世尊此二子者是我
善知識為欲發起宿世善根饒益我故來生
我家尒時雲雷音宿王華智佛告妙庄嚴王
言如是如是如汝所言若善男子善女人種
善根故世世得善知識其善知識能作佛事
示教利喜令入阿耨多羅三藐三菩提大王
當知善知識者是大因緣所謂化導令得見
佛發阿耨多羅三藐三菩提心大王汝見此
二子不此二子已曾供養六十五百千万億

亦教利喜令入阿耨多羅三藐三菩提大王
當知善知識者是大因緣所謂化導令得見
佛發阿耨多羅三藐三菩提心大王汝見此
二子不此二子已曾供養六十五百千万億
那由他恒河沙等佛親近恭敬於諸佛所受
持法華經愍念邪見衆生令住正見妙莊嚴
王即從虛空中下而白佛言世尊如來甚希
有以功德智慧故頂上肉髻光明顯照其眼
長廣而紺青色眉間毫相白如珂月齒白齊
密常有光明脣色赤好如頻婆菓尒時妙莊
嚴王讚歎佛如是等无量百千万億功德已
於如來前一心合掌復白言世尊未曾有
也如來之法具足成就不可思議微妙功德
教戒所行安隱快善我從今日不復自隨心
行不生邪見憍慢瞋恚諸惡之心說是語已
礼佛而出佛告大衆於意云何妙莊嚴王豈
異人乎今華德菩薩是其淨德夫人今佛前
光照莊嚴相菩薩是哀愍妙莊嚴王及諸眷
屬故於彼中生其二子者今藥王菩薩藥上
菩薩是是藥王藥上菩薩成就如此諸大功
德已於无量百千万億諸佛所殖衆德本成
就不可思議諸善功德若有人識是二菩薩
名字者一切世間諸天人民亦應礼拜佛說
是妙莊嚴王本事品時八万四千人遠塵離
垢於諸法中得法眼淨

BD03623號　妙法蓮華經卷七

（17–11）

就不可思議諸善功德若有人識是二菩薩
名字者一切世間諸天人民亦應礼拜佛說
是妙莊嚴王本事品時八万四千人遠塵離
垢於諸法中得法眼淨

妙法蓮華經普賢菩薩勸發品第廿八

尒時普賢菩薩以自在神通威德名聞與大
菩薩无量无邊不可稱數從東方來所經諸
國普皆震動雨寶蓮華作无量百千万億種
種伎樂又與无數諸天龍夜叉乾闥婆阿脩
羅迦樓羅緊那羅摩睺羅伽人非人等大衆
圍繞各現威德神通之力到娑婆世界耆闍
崛山中頭面礼釋迦牟尼佛右繞七帀白佛
言世尊我於寶威德上王佛國遙聞此娑婆
世界說法華經與无量无邊百千万億諸菩
薩衆共來聽受唯願世尊當為說之若善
男子善女人於如來滅後云何能得是法華經
佛告普賢菩薩若善男子善女人成就四法
於如來滅後當得是法華經一者為諸佛護
念二者殖衆德本三者入正定聚四者發救
一切衆生之心善男子善女人如是成就四
法於如來滅後必得是經尒時普賢菩薩白
佛言世尊於後五百歲濁惡世中其有受持
是經典者我當守護除其衰患令得安隱使
无伺求得其便者若魔若魔子若魔女若魔
民若為魔所著者若夜叉若羅剎若鳩槃荼

BD03623號　妙法蓮華經卷七

（17–12）

佛言世尊於後五百歲濁惡世中其有受持
是經典者我當守護除其衰患令得安隱使
无伺求得其便者若魔若魔子若魔女若魔
民若為魔所著者若夜叉若羅剎若鳩槃荼
若毗舍闍若吉蔗若富單那若韋陁羅等諸
惱人者皆不得便是人若行若立讀誦此經
我尒時乘六牙白象王與大菩薩眾俱詣其
所而自現身供養守護安慰其心亦為供養
法華經故是人若坐思惟此經尒時我復乘
白象王現其人前其人若於法華經有所忘
失一句一偈我當教之與共讀誦還令通利
尒時受持讀誦法華經者得見我身甚大
歡喜轉復精進以見我故即得三昧及陁羅尼
名為旋陁羅尼百千万億旋陁羅尼法音方
便陁羅尼得如是等陁羅尼世尊若後世後
五百歲濁惡世中比丘比丘尼優婆塞優婆
夷求索者受持者讀誦者書寫者欲脩習
是法華經於三七日中應一心精進滿三七日已
我當乘六牙白象與无量菩薩而自圍繞
以一切眾生所憙見身現其人前而為說法
亦教利喜亦復與其陁羅尼呪得是陁羅尼
故无有非人能破壞者亦不為女人之所惑
亂我身亦自常護是人唯願世尊聽我說此
陁羅尼即於佛前而說呪曰
阿檀地(途賣反)一 檀陁婆地二 檀陁婆帝三 檀陁

亂我身亦自常護是人唯願世尊聽我說此
陁羅尼即於佛前而說呪曰
阿檀地(途賣反)一 檀陁婆地二 檀陁婆帝三 檀陁
鳩舍隸四 檀陁脩陁隸五 脩陁隸六 脩陁羅
婆底七 佛馱波羶禰八 薩婆陁羅尼阿婆多
尼九 薩婆婆沙阿婆多尼十 脩阿婆多尼十一
僧伽婆履叉尼十二 僧伽涅伽陁尼十三 阿僧祇
十四 僧伽波伽地十五 帝隸阿惰僧伽兜略(盧遮反)
波羅帝十六 薩婆僧伽三摩地伽蘭地十七 薩婆
達磨脩波利剎帝十八 薩婆薩埵樓馱憍舍略
阿㝹伽地十九 辛阿毗吉利地帝二十
世尊若有菩薩得聞是陁羅尼者當知普
賢神通之力若法華經行閻浮提有受持者應
作此念皆是普賢威神之力若有受持讀誦
正憶念解其義趣如說脩行當知是人行普
賢行於无量无邊諸佛所深種善根為諸如
來手摩其頭若但書寫是人命終當生忉利
天上是時八万四千天女作種伎樂而來迎
之其人即著七寶冠於来女中娛樂快樂何
況受持讀誦正憶念解其義趣如說脩行若
有人受持讀誦解其義趣是人命終為千佛
授手令不恐怖不墮惡趣即往兜率天上彌
勒菩薩所彌勒菩薩有三十二相大菩薩眾
所共圍繞有百千万億天女眷屬而於中生
有如是等功德利益是故智者應當一心自

有人受持讀誦解其義趣是人命終為千佛
授手令不恐怖不墮惡趣即往兜率天上彌
勒菩薩所彌勒菩薩有三十二相大菩薩衆
所共圍繞有百千万億天女眷屬而於中生
有如是等功德利益是故智者應當一心自
書若使人書受持讀誦正憶念如說修行世
尊我今以神通力守護是經於如來滅後閻
浮提內廣令流布使不斷絕尒時釋迦牟尼
佛讚言善哉善哉普賢汝能護助是經令多
所衆生安樂利益汝已成就不可思議功德
深大慈悲從久遠來發阿耨多羅三藐三菩
提意而能作是神通之願守護是經我當以
神通力守護能受持普賢菩薩名者普賢若
有受持讀誦正憶念修習書寫是法華經者
當知是人則見釋迦牟尼佛如從佛口聞此經
典當知是人供養釋迦牟尼佛當知是人佛
讚善哉當知是人為釋迦牟尼佛手摩其
頭當知是人為釋迦牟尼佛衣之所覆如是之
人不復貪著世樂不好外道經書手筆亦復
不喜親近其人及諸惡者若屠兒若畜猪
羊雞狗若獵師若衒賣女色是人心意質直
有正憶念有福德力是人不為三毒所惱亦不
為嫉妬我慢邪慢增上慢所惱是人少欲知
足能修普賢之行普賢若如來滅後後五
百歲若有人見受持讀誦法華經者應作是念

BD03623號　妙法蓮華經卷七　（17–15）

有正憶念有福德力是人不為三毒所惱亦不
為嫉妬我慢邪慢增上慢所惱是人少欲知
足能修普賢之行普賢若如來滅後後五
百歲若有人見受持讀誦法華經者應作是念
此人不久當詣道場破諸魔衆得阿耨多羅三
藐三菩提轉法輪擊法鼓吹法螺雨法雨
當坐天人大衆中師子法座上普賢若於
後世受持讀誦是經典者是人不復貪著衣服
卧具飲食資生之物所願不虛亦於現世
得其福報若有人輕毀之言汝狂人耳空作
是行終无所獲如是罪報當世世无眼若有
供養讚歎之者當於今世得現果報若復見
受持是經者出其過惡若實若不實此人現
世得白癩病若輕笑之者當世世牙齒踈缺
醜脣平鼻手脚繚戾眼目角睞身體臭穢惡
瘡膿血水腹短氣諸惡重病是故普賢若見
受持是經典者當起遠迎當如敬佛說是普賢
勸發品時恒河沙等无量无邊菩薩得百千
億旋陀羅尼三千大千世界微塵等諸菩
薩具普賢道佛說是經時普賢等諸菩薩舍
利弗等諸聲聞及諸天龍人非人等一切大會
皆大歡喜受持佛語作禮而去

妙法蓮華經卷第七

BD03623號　妙法蓮華經卷七　（17–16）

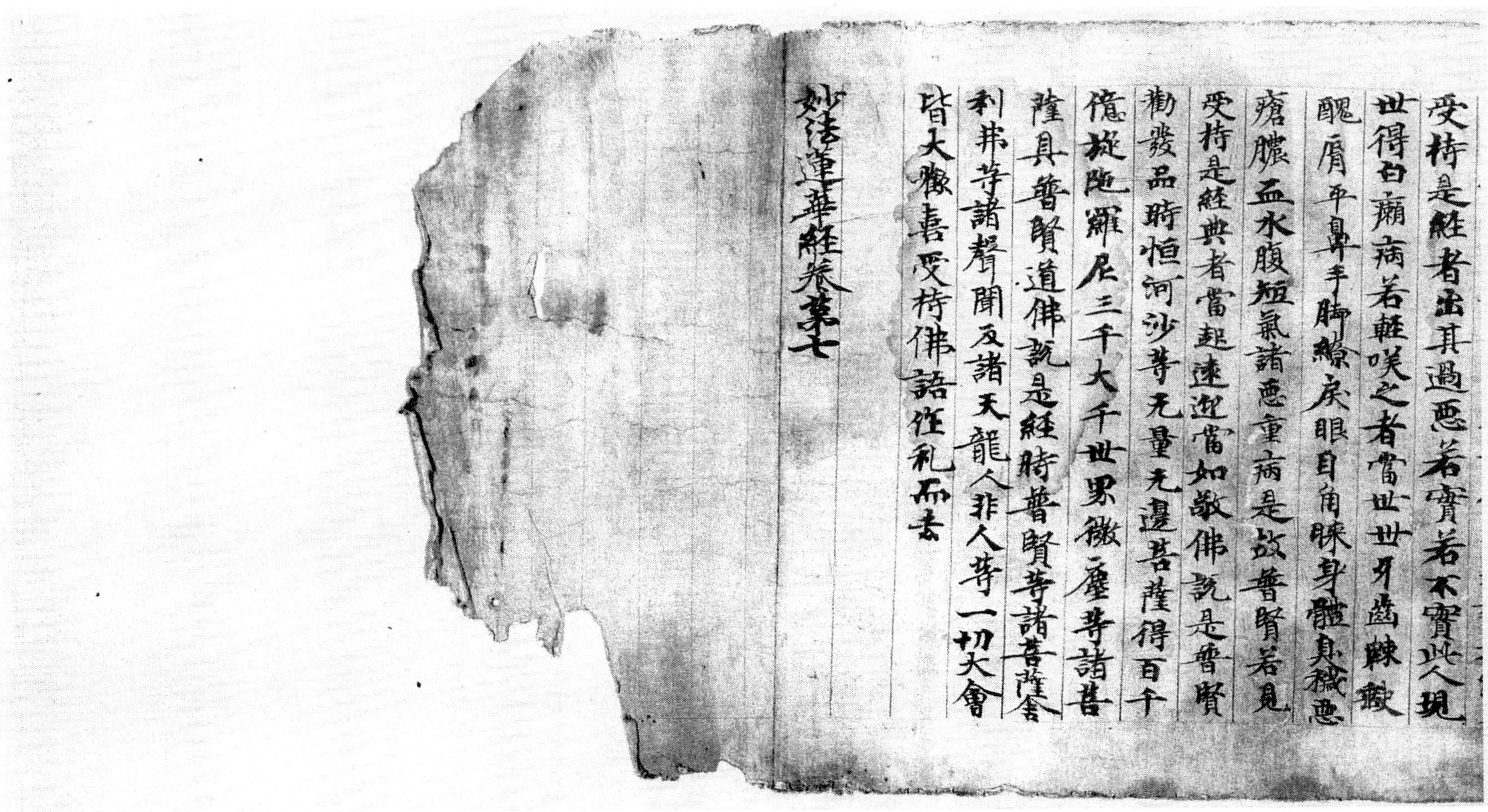

受持是經者出其過惡若實若不實此人現
世得白癩病若輕咲之者當世世牙齒踈缺
醜脣平鼻手脚繚戾眼目角睞身體臭穢惡
瘡膿血水腹短氣諸惡重病是故普賢若見
受持是經典者當起遠迎當如敬佛說是普賢
勸發品時恒河沙等无量无邊菩薩得百千
億旋陀羅尼三千大千世界微塵等諸菩
薩具普賢道佛說是經時普賢等諸菩薩舍
利弗等諸聲聞及諸天龍人非人等一切大會
皆大歡喜受持佛語作禮而去

妙法蓮華經卷第七

BD03623號　妙法蓮華經卷七　（17–17）

法華經第七卷[illegible]

BD03623號背　勘記　（1–1）

大乘无量壽經
如是我聞一時薄伽梵在舍衛國祇樹給孤獨園與大苾芻僧千二百五十人大
菩薩摩訶薩衆俱同會坐尒時世尊告曼殊室利童子曼殊上方有世界
名无量功德聚彼土有佛号无量智決定王如來阿羅訶三藐三菩提現為
衆生開示說法曼殊諦聽南閻浮提人皆短壽大限百年於中殀枉橫死者
衆曼殊如是无量壽如來功德名稱法要若有衆生得聞名号若自書或使
人書能為經卷受持讀誦若於舍宅所住之處以種種花鬘瓔珞塗香末香
而為供養如其命盡復得延年滿足百歲如是曼殊若有衆生得聞是无
量壽智決定王如來一百八名号者益其長壽若有衆生大命將盡憶念是
如來名号更得增壽如是曼殊若有善男子善女人欲求長壽於是无量壽如
來一百八名号有得聞者或自書若使人書受持讀誦得如是等果報福德具足陀
羅尼曰
南謨薄伽勃底一阿波唎蜜多二阿喻紇硯娜三須毗你悉指陀四囉佐耶五怛他羯他耶六
怛姪他唵七薩婆桑悉迦羅八波唎輸底九達磨底十伽迦娜十一莎訶某特迦底十二
薩婆婆毗輸底十三摩訶娜耶十四波唎婆囉莎訶十五
世尊復告曼殊室利如是如來一百八名号若有自書或使人書為經卷受持讀
誦壽命盡復滿百年壽終此身後得往无量福智世界无量壽淨土陀羅尼曰
南謨薄伽勃底一阿波唎蜜多二阿喻紇硯娜三須毗你悉指陀四囉佐耶五怛他羯
他耶六怛姪他唵七薩婆桑悉迦羅八波唎輸底九達磨底十伽迦娜十一莎訶某
特迦底十二薩婆婆毗輸底十三摩訶娜耶十四波唎婆囉莎訶十五
尒時有九十九姟佛等一時同聲說是无量壽宗要經陀羅尼曰
南謨薄伽勃底一阿波唎蜜多二阿喻紇硯娜三須毗你悉指陀四囉佐耶五怛他羯

BD03624 號　無量壽宗要經

（7–1）

南謨薄伽勃底一阿波唎蜜多二阿喻紇硯娜三須毗你悉指陀四囉佐耶五怛他羯
他耶六怛姪他唵七薩婆桑悉迦羅八波唎輸底九達磨底十伽迦娜十一莎訶某
特迦底十二薩婆婆毗輸底十三摩訶娜耶十四波唎婆囉莎訶十五
尒時有九十九姟佛等一時同聲說是无量壽宗要經陀羅尼曰
南謨薄伽勃底一阿波唎蜜多二阿喻紇硯娜三須毗你悉指陀四囉佐耶五怛他羯
他耶六怛姪他唵七薩婆桑悉迦羅八波唎輸底九達磨底十伽迦娜十一莎訶
某特迦底十二薩婆婆毗輸底十三摩訶娜耶十四波唎婆囉莎訶十五
尒時復有一百四姟佛一時同聲說是无量壽宗要經陀羅尼曰
南謨薄伽勃底一阿波唎蜜多二阿喻紇硯娜三須毗你悉指陀四囉佐耶五怛他
羯他耶六怛姪他唵七薩婆桑悉迦羅八波唎輸底九達磨底十伽迦娜十一
莎訶某特迦底十二薩婆婆毗輸底十三摩訶娜耶十四波唎婆囉莎訶十五
尒時復有七姟佛一時同聲說是无量壽宗要經陀羅尼曰
南謨薄伽勃底一阿波唎蜜多二阿喻紇硯娜三須毗你悉指陀四囉佐耶五
怛他羯他耶六怛姪他唵七薩婆桑悉迦羅八波唎輸底九達磨底十伽迦娜十一莎訶
某特迦底十二薩婆婆毗輸底十三摩訶娜耶十四波唎婆囉莎訶十五
尒時復有六十五姟佛一時同聲說是无量壽宗要經陀羅尼曰
南謨薄伽勃底一阿波唎蜜多二阿喻紇硯娜三須毗你悉指陀四囉佐耶五怛他羯他耶六
怛姪他唵七薩婆桑悉迦羅八波唎輸底九達磨底十伽迦娜十一莎訶某特迦底十二
薩婆婆毗輸底十三摩訶娜耶十四波唎婆囉莎訶十五
尒時復有四十五姟佛一時同聲說是无量壽宗要經陀羅尼曰
南謨薄伽勃底一阿波唎蜜多二阿喻紇硯娜三須毗你悉指陀四囉佐耶五怛他羯
他耶六怛姪他唵七薩婆桑悉迦羅八波唎輸底九達磨底十伽迦娜十一莎訶某特
迦底十二薩婆婆毗輸底十三摩訶娜耶十四波唎婆囉莎訶
尒時復有三十六姟佛一時同聲說是无量壽宗要經陀羅尼曰
南謨薄伽勃底一阿波唎蜜多二阿喻紇硯娜三須毗你悉指陀四囉佐耶五
怛他羯他耶六怛姪他唵七薩婆桑悉迦羅八波唎輸底九達磨底十伽迦娜十一
莎訶某特迦底十二薩婆婆毗輸底十三摩訶娜耶十四波唎婆囉莎訶十五
尒時復有二十五姟佛一時同聲說是无量壽宗要經陀羅尼曰
南謨薄伽勃底一阿波唎蜜多二阿喻紇硯娜三須毗你悉指陀四囉佐耶五
怛他羯他耶六怛姪他唵七薩婆桑悉迦羅八波唎輸底九達磨底十伽迦娜十一

BD03624 號　無量壽宗要經

（7–2）

南謨薄伽勃底一阿波唎蜜多二阿喻紇硯娜三須毗你悉指陀四囉佐耶五
怛他羯他耶六怛姪他唵七薩婆桑悉迦羅八波唎輸底九達磨底十伽迦娜十一
莎訶某特迦底十二薩婆娑毗輸底十三摩訶娜耶十四波唎婆嚩莎訶十五
爾時復有二十五殑佛一時同聲說是无量壽宗要經陀羅尼曰
南謨薄伽勃底一阿波唎蜜多二阿喻紇硯娜三須毗你悉指陀四囉佐耶五
怛他羯他耶六怛姪他唵七薩婆桑悉迦羅八波唎輸底九達磨底十伽迦娜十一
莎訶某特迦底十二薩婆娑毗輸底十三摩訶娜耶十四波唎婆嚩莎訶十五
爾時復有恒河沙殑佛一時同聲說是无量壽宗要經陀羅尼曰
南謨薄伽勃底一阿波唎蜜多二阿喻紇硯娜三須毗你悉指陀四囉佐耶五怛他
羯他耶六怛姪他唵七薩婆桑悉迦羅八波唎輸底九達磨底十伽迦娜十一
莎訶某特迦底十二薩婆娑毗輸底十三摩訶娜耶十四波唎婆嚩莎訶十五
善男子若有自書寫教人書寫是无量壽宗要經讀誦受持畢竟不墮地獄
在在所生得宿命智陀羅尼曰　南謨薄伽勃底一阿波唎蜜多二阿喻紇硯娜三
須毗你悉指陀四囉佐耶五怛他羯他耶六怛姪他唵七薩婆桑悉迦羅八波唎輸底九
磨底十伽迦娜十一莎訶某特迦底十二薩婆娑毗輸底十三摩訶娜耶十四波唎婆
嚩莎訶十五
若有自書寫教人書寫是无量壽宗要經受持讀誦如同書寫八万四千一切經典陀
羅尼曰　南謨薄伽勃底一阿波唎蜜多二阿喻紇硯娜三須毗你悉指陀四
囉佐耶五怛他羯他耶六怛姪他唵七薩婆桑悉迦羅八波唎輸底九達磨底十
伽迦娜十一莎訶某特迦底十二薩婆娑毗輸底十三摩訶娜耶十四
波唎婆嚩莎訶十五
若有自書寫教人書寫是无量壽宗要經即是書寫八万四千部建立塔廟陀羅
尼曰　南謨薄伽勃底一阿波唎蜜多二阿喻紇硯娜三須毗你悉指陀四
囉佐耶五怛他羯他耶六怛姪他唵七薩婆桑悉迦羅八波唎輸底九達磨底十
伽迦娜十一莎訶某特迦底十二薩婆娑毗輸底十三摩訶娜耶十四波唎婆
嚩莎訶十五
若有自書寫教人書寫是无量壽宗要經能滅五无間等一切重罪陀羅尼曰
南謨薄伽勃底一阿波唎蜜多二阿喻紇硯娜三須毗你悉指陀四囉佐耶五怛他
羯他耶六怛姪他唵七薩婆桑悉迦羅八波唎輸底九達磨底十伽迦娜十一
莎訶某特迦底十二薩婆娑毗輸底十三摩訶娜耶十四波唎婆嚩莎訶

BD03624號　無量壽宗要經

(7-3)

嚩莎訶　十五
若有自書寫教人書寫是无量壽宗要經能滅五无間等一切重罪陀羅尼曰
南謨薄伽勃底一阿波唎蜜多二阿喻紇硯娜三須毗你悉指陀四囉佐耶五怛他
羯他耶六怛姪他唵七薩婆桑悉迦羅八波唎輸底九達磨底十伽迦娜十一
莎訶某特迦底十二薩婆娑毗輸底十三摩訶娜耶十四波唎婆嚩莎訶
若有自書寫教人書寫是无量壽宗要經受持讀誦設有重罪猶如須盡能除滅
陀羅尼曰　南謨薄伽勃底一阿波唎蜜多二阿喻紇硯娜三須毗你悉指陀四
囉佐耶五怛他羯他耶六怛姪他唵七薩婆桑悉迦羅八波唎輸底九達磨底十
伽迦娜十一莎訶某特迦底十二薩婆娑毗輸底十三摩訶娜耶十四波唎婆嚩
莎訶　十五
若有自書寫教人書寫是无量宗要經受持讀誦若魔魔之眷屬夜叉羅剎不得其便
橫死枉死陀羅尼曰　南謨薄伽勃底一阿波唎蜜多二阿喻紇硯娜三須毗你悉
指陀四囉佐耶五怛他羯他耶六怛姪他唵七薩婆桑悉迦羅八波唎輸底九
達磨底十伽迦娜十一莎訶某特迦底十二薩婆娑毗輸底十三摩訶娜耶十四
波唎婆嚩莎訶　十五
若有自書寫教人書寫是无量壽宗要經受持讀誦當命終時有九十九
殑佛一時同聲
南謨薄伽勃底一阿波唎蜜多二阿喻紇硯娜三須毗你悉指陀四囉佐耶五
怛他羯他耶六怛姪他唵七薩婆桑悉迦羅八波唎輸底九達磨底十
伽迦娜十一莎訶某特迦底十二薩婆娑毗輸底十三摩訶娜耶十四
波唎婆嚩莎訶
若有自書寫教人書寫是无量壽宗要經受持讀誦常得四天大王隨其衛護
陀羅尼曰　南謨薄伽勃底一阿波唎蜜多二阿喻紇硯娜三須毗你悉
指陀四囉佐耶五怛他羯他耶六怛姪他唵七薩婆桑悉迦羅八波唎輸底九
達磨底十伽迦娜十一莎訶某特迦底十二薩婆娑毗輸底十三摩訶娜耶十四
波唎婆嚩莎訶　十五
若有自書寫教人書寫是无量宗要經受持讀誦當得往生西方極樂世界
阿彌陀淨土陀羅尼曰　南謨薄伽勃底一阿波唎蜜多二阿喻紇硯娜三
須毗你悉指陀四囉佐耶五怛他羯他耶六怛姪他唵七薩婆桑悉迦羅八
波唎輸底九達磨底十伽迦娜十一莎訶某特迦底十二薩婆娑毗輸底十三

BD03624號　無量壽宗要經

(7-4)

波唎婆嚩莎訶
若有自書寫教人書寫是无量宗要經受持讀誦當得往生西方極樂世界
阿弥陁淨土陁羅尼曰　南謨薄伽勃底一阿波唎蜜多二阿喻紇硯娜三
須毗你悉指陁四羅佐耶五怛他羯他耶六怛姪他唵七薩婆桑悉迦羅八
波唎輸底九達磨底十伽迦娜十一莎訶某特迦底十二薩婆婆毗輸底十三
摩訶娜耶十四波唎婆嚩莎訶　十五
若有方所自書寫使人書寫是无量壽經典之處則為是塔皆應恭敬作礼
若是畜生或為鳥獸得聞是經如是等類皆當不久得成一切種智陁羅尼曰
南謨薄伽勃底一阿波唎蜜多二阿喻紇硯娜三須毗你悉指陁四羅佐耶五
怛他羯他耶六怛姪他唵七薩婆桑悉迦羅八波唎輸底九達磨底十伽迦娜十一
莎訶某特迦底十二薩婆婆毗輸底十三摩訶娜耶十四波唎婆嚩莎訶十五
若有於是无量壽經自書寫若使人書畢竟不受女人之身陁羅尼曰
南謨薄伽勃底一阿波唎蜜多二阿喻紇硯娜三須毗你悉指陁四羅佐耶五
怛他羯他耶六怛姪他唵七薩婆桑悉迦羅八波唎輸底九達磨底十
伽迦娜十一莎訶某特迦底十二薩婆婆毗輸底十三摩訶娜耶十四波唎婆嚩
莎訶　十五
若有能於是經少分惠施者等於三千大千世界滿中七寶布施陁羅尼曰
南謨薄伽勃底一阿波唎蜜多二阿喻紇硯娜三須毗你悉指陁四羅佐耶五怛他羯
他耶六怛姪他唵七薩婆桑悉迦羅八波唎輸底九達磨底十伽迦娜十一莎訶某
特迦底十二薩婆婆毗輸底十三摩訶娜耶十四波唎婆嚩莎訶　十五
若有能供養是經者則是供養一切諸經等无有異陁羅尼曰
南謨薄伽勃底一阿波唎蜜多二阿喻紇硯娜三須毗你悉指陁四羅佐耶五
怛他羯他耶六怛姪他唵七薩婆桑悉迦羅八波唎輸底九達磨底十
伽迦娜十一莎訶某特迦底十二薩婆婆毗輸底十三摩訶娜耶十四波唎
婆嚩莎訶　十五
如是毗婆尸佛尸棄佛毗舍浮佛俱留孫佛俱那含牟尼佛迦葉佛釋迦牟尼
佛若有人以七寶供養如是七佛其福有限書寫受持是无量壽經典所有功
德不可限量陁羅尼曰　南謨薄伽勃底一阿波唎蜜多二阿喻紇硯娜三
須毗你悉指陁四羅佐耶五怛他羯他耶六怛姪他唵七薩婆桑悉迦羅八
波唎輸底九達磨底十伽迦娜十一莎訶某特迦底十二薩婆婆毗輸底十三
摩訶娜耶十四波唎婆嚩莎訶　十五

BD03624號　無量壽宗要經　（7–5）

婆嚩莎訶　十五
如是毗婆尸佛尸棄佛毗舍浮佛俱留孫佛俱那含牟尼佛迦葉佛釋迦牟尼
佛若有人以七寶供養如是七佛其福有限書寫受持是无量壽經典所有功
德不可限量陁羅尼曰　南謨薄伽勃底一阿波唎蜜多二阿喻紇硯娜三
須毗你悉指陁四羅佐耶五怛他羯他耶六怛姪他唵七薩婆桑悉迦羅八
波唎輸底九達磨底十伽迦娜十一莎訶某特迦底十二薩婆婆毗輸底十三
摩訶娜耶十四波唎婆嚩莎訶　十五
若有七寶等於須弥山以用布施其福上能知其限量是无量壽經典其福不可知數
陁羅尼曰　南謨薄伽勃底一阿波唎蜜多二阿喻紇硯娜三須毗你悉指陁四
羅佐耶五怛他羯他耶六怛姪他唵七薩婆桑悉迦羅八波唎輸底九達磨
底十伽迦娜十一莎訶某特迦底十二薩婆婆毗輸底十三摩訶娜耶十四
波唎婆嚩莎訶　十五
如是四大海水可知滴數是无量壽經典所生果報不可數量陁羅尼曰
南謨薄伽勃底一阿波唎蜜多二阿喻紇硯娜三須毗你悉指陁四羅佐耶五
怛他羯他耶六怛姪他唵七薩婆桑悉迦羅八波唎輸底九達磨底十伽迦娜十一
莎訶某特迦底十二薩婆婆毗輸底十三摩訶娜耶十四波唎婆嚩莎訶十五
若有自書使人書寫是无量經典又能讚揚供養即如恭敬供養一切十方佛
去如來无有別異陁羅尼曰
南謨薄伽勃底一阿波唎蜜多二阿喻紇硯娜三須毗你悉指陁四羅佐耶五怛他
羯他耶六怛姪他唵七薩婆桑悉迦羅八波唎輸底九達磨底十伽迦娜十一
莎訶某特迦底十二薩婆婆毗輸底十三摩訶娜耶十四波唎婆嚩莎訶十五
布施力能成正覺　悟布施力人師子　布施力能聲普聞　慈悲階漸眾能入
持戒力能成正覺　悟持戒力人師子　持戒力能聲普聞　慈悲階漸眾能入
忍辱力能成正覺　悟忍辱力人師子　忍辱力能聲普聞　慈悲階漸眾能入
精進力能成正覺　悟精進力人師子　精進力能聲普聞　慈悲階漸眾能入
禪定力能成正覺　悟禪定力人師子　禪定力能聲普聞　慈悲階漸眾能入
智慧力能成正覺　悟智慧力人師子　智慧力能聲普聞　慈悲階漸眾能入
尒時如來說是經已一切世間天人阿脩羅揵闥婆等聞佛所說皆大歡喜信受
奉行　大乘无量壽宗要經

BD03624號　無量壽宗要經　（7–6）

底十 伽迦娜十一 莎訶某犢迦底十二 薩婆娑毗輸底十三 摩訶娜耶十四
波唎婆曬莎訶 十五
如是四大海水可知滴數，是无量壽經典所生果報不可數量。陀羅尼曰：
南謨薄伽勃底一 阿波唎蜜多二 阿喻紇硯娜三 須毗你悉指陀四 羅佐耶五
怛他羯他耶六 怛姪他唵七 薩婆桑悉迦羅八 波唎輸底九 達磨底十 伽迦娜十一
莎訶某犢迦底十二 薩婆娑毗輸底十三 摩訶娜耶十四 波唎婆曬莎訶十五
若有自書、使人書寫是无量壽經典，受持讀誦，即如恭敬供養一切十方佛
土如來，无有別異。陀羅尼曰：
南謨薄伽勃底一 阿波唎蜜多二 阿喻紇硯娜三 須毗你悉指陀四 羅佐耶五 怛他
羯他耶六 怛姪他唵七 薩婆桑悉迦羅八 波唎輸底九 達磨底十 伽迦娜十一
莎訶某犢迦底十二 薩婆娑毗輸底十三 摩訶娜耶十四 波唎婆曬莎訶十五
布施力能成正覺 悟布施力人師子 布施力能聲普聞 慈悲階漸眾能入
持戒力能成正覺 悟持戒力人師子 持戒力能聲普聞 慈悲階漸眾能入
忍辱力能成正覺 悟忍辱力人師子 忍辱力能聲普聞 慈悲階漸眾能入
精進力能成正覺 悟精進力人師子 精進力能聲普聞 慈悲階漸眾能入
禪定力能成正覺 悟禪定力人師子 禪定力能聲普聞 慈悲階漸眾能入
智慧力能成正覺 悟智慧力人師子 智慧力能聲普聞 慈悲階漸眾能入
尒時如來說是經已，一切世間天人阿脩羅揵闥婆等聞佛所說，皆大歡喜，信受
奉行。无量壽宗要經

王宗

佛說无量壽宗要經

BD03624 號　無量壽宗要經　　　　（7–7）

人相眾生相壽者相，即非菩薩。
復次，須菩提，菩薩於法應无所住行於布施，
所謂不住色布施，不住聲香味觸法布施。須
菩提，菩薩應如是布施，不住於相。何以故？若
菩薩不住相布施，其福德不可思量。須菩提，
於意云何？東方虛空可思量不？不也，世尊。須
菩提，南西北方四維上下虛空可思量不？不
也，世尊。須菩提，菩薩无住相布施，福德亦復
如是不可思量。須菩提，菩薩但應如所教住。
須菩提，於意云何？可以身相見如來不？不也，
世尊，不可以身相得見如來。何以故？如來所
說身相即非身相。佛告須菩提：凡所有相皆
是虛妄，若見諸相非相，則見如來。
須菩提白佛言：世尊，頗有眾生得聞如是言
說章句生實信不？佛告須菩提：莫作是說。如
來滅後後五百歲，有持戒脩福者，於此章句
能生信心，以此為實。當知是人不於一佛二
佛三四五佛而種

BD03625 號　金剛般若波羅蜜經　　　　（15–1）

須菩提白佛言世尊頗有衆生得聞如是言
說章句生實信不佛告須菩提莫作是說如
來滅後後五百歲有持戒脩福者於此章句
能生信心以此爲實當知是人不於一佛二
佛三四五佛而種善根已於无量千万佛所
種諸善根聞是章句乃至一念生淨信者須
菩提如來悉知悉見是諸衆生得如是无量
福德何以故是諸衆生无復我相人相衆生
相壽者相无法相亦无非法相何以故是諸
衆生若心取相則爲著我人衆生壽者若取
法相即著我人衆生壽者何以故若取非法
相即著我人衆生壽者是故不應取法不應
取非法以是義故如來常說汝等比丘知我
說法如筏喻者法尚應捨何況非法
須菩提於意云何如來得阿耨多羅三藐三
菩提耶如來有所說法耶須菩提言如我解
佛所說義无有定法名阿耨多羅三藐三菩
提亦无有定法如來可說何以故如來所說
法皆不可取不可說非法非非法所以者何
一切賢聖皆以无爲法而有差別
須菩提於意云何若人滿三千大千世界七
寶以用布施是人所得福德寧爲多不須菩
提言甚多世尊何以故是福德即非福德性
是故如來說福德多若復有人於此經中受

BD03625 號　金剛般若波羅蜜經　（15–2）

須菩提於意云何若人滿三千大千世界七
寶以用布施是人所得福德寧爲多不須菩
提言甚多世尊何以故是福德即非福德性
是故如來說福德多若復有人於此經中受
持乃至四句偈等爲他人說其福勝彼何以
故須菩提一切諸佛及諸佛阿耨多羅三藐
三菩提法皆從此經出須菩提所謂佛法者
即非佛法
須菩提於意云何須陁洹能作是念我得須
陁洹果不須菩提言不也世尊何以故須陁
洹名爲入流而无所入不入色聲香味觸法
是名須陁洹須菩提於意云何斯陁含能作
是念我得斯陁含果不須菩提言不也世尊
何以故斯陁含名一往來而實无往來是名
斯陁含須菩提於意云何阿那含能作是念
我得阿那含果不須菩提言不也世尊何以
故阿那含名爲不來而實无來是故名阿那
含須菩提於意云何阿羅漢能作是念我得
阿羅漢道不須菩提言不也世尊何以故實
无有法名阿羅漢世尊若阿羅漢作是念我
得阿羅漢道即爲著我人衆生壽者世尊佛
說我得无諍三昧人中最爲第一是第一離
欲阿羅漢我不作是念我是離欲阿羅漢世
尊我若作是念我得阿羅漢道世尊則不說

BD03625 號　金剛般若波羅蜜經　（15–3）

得阿羅漢道即爲著我人衆生壽者世尊佛
説我得无諍三昧人中最爲第一是第一離
欲阿羅漢我不作是念我是離欲阿羅漢世
尊我若作是念我得阿羅漢道世尊則不説
須菩提是樂阿蘭那行者以須菩提實无所
行而名須菩提是樂阿蘭那行
佛告須菩提於意云何如来昔在然燈佛所
於法有所得不世尊如来在然燈佛所於法
實无所得須菩提於意云何菩薩莊嚴佛土
不不也世尊何以故莊嚴佛土者則非莊嚴
是名莊嚴是故須菩提諸菩薩摩訶薩應如
是生清淨心不應住色生心不應住聲香味
觸法生心應无所住而生其心須菩提譬如
有人身如須弥山王於意云何是身爲大不
須菩提言甚大世尊何以故佛説非身是名
大身須菩提如恒河中所有沙數如是沙等
恒河於意云何是諸恒河沙寧爲多不須菩
提言甚多世尊但諸恒河尚多无數何況其
沙須菩提我今實言告汝若有善男子善女
人以七寶滿尒所恒河沙數三千大千世界
以用布施得福多不須菩提言甚多世尊佛
告須菩提若善男子善女人於此經中乃至
受持四句偈等爲他人説而此福德勝前福
德復次須菩提隨説是經乃至四句偈等當

BD03625號　金剛般若波羅蜜經　（15–4）

以用布施得福多不須菩提言甚多世尊佛
告須菩提若善男子善女人於此經中乃至
受持四句偈等爲他人説而此福德勝前福
德復次須菩提隨説是經乃至四句偈等當
知此處一切世間天人阿脩羅皆應供養如
佛塔廟何況有人盡能受持讀誦須菩提當
知是人成就最上第一希有之法若是經典
所在之處則爲有佛若尊重弟子
尒時須菩提白佛言世尊當何名此經我等
云何奉持佛告須菩提是經名爲金剛般若
波羅蜜以是名字汝當奉持所以者何須菩
提佛説般若波羅蜜則非般若波羅蜜須菩
提於意云何如来有所説法不須菩提白佛
言世尊如来无所説須菩提於意云何三千
大千世界所有微塵是爲多不須菩提言甚
多世尊須菩提諸微塵如来説非微塵是名
微塵如来説世界非世界是名世界須菩提
於意云何可以三十二相見如来不不也世
尊何以故如来説三十二相即是非相是名
三十二相須菩提若有善男子善女人以恒
河沙等身命布施若復有人於此經中乃至
受持四句偈等爲他人説其福甚多
尒時須菩提聞説是經深解義趣涕淚悲泣
而白佛言希有世尊佛説如是甚深經典我

BD03625號　金剛般若波羅蜜經　（15–5）

三十二相須菩提若有善男子善女人以恒
河沙等身命布施若復有人於此經中乃至
受持四句偈等為他人說其福甚多
尒時須菩提聞說是經深解義趣涕淚悲泣
而白佛言希有世尊佛說如是甚深經典我
從昔來所得慧眼未曾得聞如是之經世尊
若復有人得聞是經信心清淨則生實相當
知是人成就第一希有功德世尊是實相者
則是非相是故如來說名實相世尊我今得
聞如是經典信解受持不足為難若當來世
後五百歲其有衆生得聞是經信解受持是
人則為第一希有何以故此人无我相人相
衆生相壽者相所以者何我相即是非相人
相衆生相壽者相即是非相何以故離一切
諸相則名諸佛佛告須菩提如是如是若復
有人得聞是經不驚不怖不畏當知是人甚
為希有何以故須菩提如來說第一波羅蜜
非第一波羅蜜是名第一波羅蜜
須菩提忍辱波羅蜜如來說非忍辱波羅蜜
何以故須菩提如我昔為歌利王割截身體
我於尒時无我相无人相无衆生相无壽者
相何以故我於往昔節節支解時若有我相
人相衆生相壽者相應生瞋恨須菩提又念
過去於五百世作忍辱仙人於尒所世无我

BD03625 號　金剛般若波羅蜜經　（15–6）

我於尒時无我相无人相无衆生相无壽者
相何以故我於往昔節節支解時若有我相
人相衆生相壽者相應生瞋恨須菩提又念
過去於五百世作忍辱仙人於尒所世无我
相无人相无衆生相无壽者相是故須菩提
菩薩應離一切相發阿耨多羅三藐三菩提
心不應住色生心不應住聲香味觸法生心
應生无所住心若心有住則為非住是故佛
說菩薩心不應住色布施須菩提菩薩為利
益一切衆生應如是布施如來說一切諸相
即是非相又說一切衆生則非衆生須菩提
如來是真語者實語者如語者不誑語者不
異語者須菩提如來所得法此法无實无虛
須菩提若菩薩心住於法而行布施如人入
闇則无所見若菩薩心不住相而行布施如
人有目日光明照見種種色須菩提當來之
世若有善男子善女人能於此經受持讀誦
則為如來以佛智慧悉知是人悉見是人皆
得成就无量无邊功德
須菩提若有善男子善女人初日分以恒河
沙等身布施中日分復以恒河沙等身布施
後日分亦以恒河沙等身布施如是无量百
千万億劫以身布施若復有人聞此經典信
心不逆其福勝彼何況書寫受持讀誦為人

BD03625 號　金剛般若波羅蜜經　（15–7）

沙等身布施中日分復以恒河沙等身布施
後日分亦以恒河沙等身布施如是无量百
千万億劫以身布施若復有人聞此經典信
心不逆其福勝彼何況書寫受持讀誦為人
解說須菩提以要言之是經有不可思議不
可稱量无邊功德如來為發大乘者說為發
㝡上乘者說若有人能受持讀誦廣為人說
如來悉知是人悉見是人皆成就不可量不
可稱无有邊不可思議功德如是人等則為
荷擔如來阿耨多羅三藐三菩提何以故須
菩提若樂小法者著我見人見衆生見壽者
見則於此經不能聽受讀誦為人解說須菩
提在在處處若有此經一切世間天人阿脩
羅所應供養當知此處則為是塔皆應恭敬
作礼圍遶以諸華香而散其處
復次須菩提善男子善女人受持讀誦此經
若為人輕賤是人先世罪業應墮惡道以今
世人輕賤故先世罪業則為消滅當得阿耨
多羅三藐三菩提須菩提我念過去无量阿
僧祇劫於然燈佛前得值八百四千万億那
由他諸佛悉皆供養承事无空過者若復有
人於後末世能受持讀誦此經所得功德於
我所供養諸佛功德百分不及一千万億分
乃至筭數譬喻所不能及須菩提若善男子

BD03625號　金剛般若波羅蜜經　（15–8）

僧祇劫於然燈佛前得值八百四千万億那
由他諸佛悉皆供養承事无空過者若復有
人於後末世能受持讀誦此經所得功德於
我所供養諸佛功德百分不及一千万億分
乃至筭數譬喻所不能及須菩提若善男子
善女人於後末世有受持讀誦此經所得功
德我若具說者或有人聞心則狂亂狐疑不
信須菩提當知是經義不可思議果報亦不
可思議
尒時須菩提白佛言世尊善男子善女人發
阿耨多羅三藐三菩提心云何應住云何降
伏其心佛告須菩提善男子善女人發阿耨
多羅三藐三菩提者當生如是心我應滅度
一切衆生滅度一切衆生已而无有一衆生
實滅度者何以故若菩薩有我相人相衆生
相壽者相則非菩薩所以者何須菩提實无
有法發阿耨多羅三藐三菩提者須菩提於
意云何如來於然燈佛所有法得阿耨多羅
三藐三菩提不不也世尊如我解佛所說義
佛於然燈佛所无有法得阿耨多羅三藐三
菩提佛言如是如是須菩提實无有法如來
得阿耨多羅三藐三菩提須菩提若有法如
來得阿耨多羅三藐三菩提然燈佛則不與
我受記汝於來世當得作佛号釋迦牟尼以

BD03625號　金剛般若波羅蜜經　（15–9）

菩提佛言如是如是須菩提實无有法如來
得阿耨多羅三藐三菩提須菩提若有法如
來得阿耨多羅三藐三菩提然燈佛則不與
我受記汝於來世當得作佛號釋迦牟尼以
實无有法得阿耨多羅三藐三菩提是故然
燈佛與我受記作是言汝於來世當得作佛
号釋迦牟尼何以故如來者即諸法如義若
有人言如來得阿耨多羅三藐三菩提須菩
提實无有法佛得阿耨多羅三藐三菩提須
菩提如來所得阿耨多羅三藐三菩提於是
中无實无虛是故如來說一切法皆是佛法
須菩提所言一切法者即非一切法是故名
一切法須菩提譬如人身長大須菩提言世
尊如來說人身長大則為非大身是名大身
須菩提菩薩亦如是若作是言我當滅度无
量衆生則不名菩薩何以故須菩提實无有
法名為菩薩是故佛說一切法无我无人无衆
生无壽者須菩提若菩薩作是言我當莊嚴
佛土是不名菩薩何以故如來說莊嚴佛土
者即非莊嚴是名莊嚴須菩提若菩薩通達
无我法者如來說名真是菩薩
須菩提於意云何如來有肉眼不如是世尊
如來有肉眼須菩提於意云何如來有天眼
不如是世尊如來有天眼須菩提於意云何

BD03625 號　金剛般若波羅蜜經　（15–10）

无我法者如來說名真是菩薩
須菩提於意云何如來有肉眼不如是世尊
如來有肉眼須菩提於意云何如來有天眼
不如是世尊如來有天眼須菩提於意云何
如來有慧眼不如是世尊如來有慧眼須菩
提於意云何如來有法眼不如是世尊如來
有法眼須菩提於意云何如來有佛眼不如
是世尊如來有佛眼須菩提於意云何恒河
中所有沙佛說是沙不如是世尊如來說是
沙須菩提於意云何如一恒河中所有沙有
如是等恒河是諸恒河所有沙數佛世界如
是寧為多不甚多世尊佛告須菩提尒所國
土中所有衆生若干種心如來悉知何以故
如來說諸心皆為非心是名為心所以者何
須菩提過去心不可得現在心不可得未來
心不可得須菩提於意云何若有人滿三千
大千世界七寶以用布施是人以是因緣得
福多不如是世尊此人以是因緣得福甚多
須菩提若福德有實如來不說得福德多以
福德无故如來說得福德多
須菩提於意云何佛可以具足色身見不不
也世尊如來不應以色身見何以故如來說
具足色身即非具足色身是名具足色身須
菩提於意云何如來可以具足諸相見不不

BD03625 號　金剛般若波羅蜜經　（15–11）

須菩提於意云何佛可以具足色身見不不
也世尊如来不應以色身見何以故如来說
具足色身即非具足色身是名具足色身須
菩提於意云何如来可以具足諸相見不不
也世尊如来不應以具足諸相見何以故如
来說諸相具足即非具足是名諸相具足須
菩提汝勿謂如来作是念我當有所說法莫
作是念何以故若人言如来有所說法即為
謗佛不能解我所說故須菩提說法者无法
可說是名說法須菩提白佛言世尊佛得阿
耨多羅三藐三菩提為无所得耶如是如是
須菩提我於阿耨多羅三藐三菩提乃至无
有少法可得是名阿耨多羅三藐三菩提復
次須菩提是法平等无有高下是名阿耨多
羅三藐三菩提以无我无人无衆生无壽者
脩一切善法則得阿耨多羅三藐三菩提須
菩提所言善法者如来說非善法是名善法
須菩提若三千大千世界中所有諸須弥山
王如是等七寶聚有人持用布施若人以此
般若波羅蜜經乃至四句偈等受持為他人
說於前福德百分不及一百千万億分乃至
筭數譬喻所不能及
須菩提於意云何汝等勿謂如来作是念我
當度衆生須菩提莫作是念何以故實无有

BD03625號　金剛般若波羅蜜經　（15–12）

說於前福德百分不及一百千万億分乃至
筭數譬喻所不能及
須菩提於意云何汝等勿謂如来作是念我
當度衆生須菩提莫作是念何以故實无有
衆生如来度者若有衆生如来度者如来則
有我人衆生壽者須菩提如来說有我者則
非有我而凡夫之人以為有我須菩提凡夫
者如来說則非凡夫須菩提於意云何可以
三十二相觀如来不須菩提言如是如是以三
十二相觀如来佛言須菩提若以三十二
相觀如来者轉輪聖王則是如来須菩提白
佛言世尊如我解佛所說義不應以三十二
相觀如来尒時世尊而說偈言
若以色見我　以音聲求我　是人行邪道　不能見如来
須菩提汝若作是念如来不以具足相故得
阿耨多羅三藐三菩提須菩提莫作是念如
来不以具足相故得阿耨多羅三藐三菩提
須菩提汝若作是念發阿耨多羅三藐三菩
提者說諸法斷滅莫作是念何以故發阿耨
多羅三藐三菩提者於法不說斷滅相須菩
提若菩薩以滿恒河沙等世界七寶布施若
復有人知一切法无我得成於忍此菩薩勝
前菩薩所得功德須菩提以諸菩薩不受福
德故須菩提白佛言世尊云何菩薩不受福

BD03625號　金剛般若波羅蜜經　（15–13）

提若菩薩以滿恒河沙等世界七寶布施若
復有人知一切法无我得成於忍此菩薩勝
前菩薩所得功德須菩提以諸菩薩不受福
德故須菩提白佛言世尊云何菩薩不受福
德須菩提菩薩所作福德不應貪著是故說
不受福德須菩提若有人言如來若來若去
若坐若卧是人不解我所說義何以故如來
者无所從來亦无所去故名如來須菩提若
善男子善女人以三千大千世界碎為微塵
於意云何是微塵衆寧為多不甚多世尊何
以故若是微塵衆實有者佛則不說是微塵
衆所以者何佛說微塵衆則非微塵衆是名
微塵衆世尊如來所說三千大千世界則非
世界是名世界何以故若世界實有則是一
合相如來說一合相則非一合相是名一合
相須菩提一合相者則是不可說但凡夫之
人貪著其事須菩提若人言佛說我見人見
衆生見壽者見須菩提於意云何是人解我
所說義不世尊是人不解如來所說義何以
故世尊說我見人見衆生見壽者見即非我
見人見衆生見壽者見是名我見人見衆生
見壽者見須菩提發阿耨多羅三藐三菩提
心者於一切法應如是知如是見如是信解
不生法相須菩提所言法相如來說即非法

BD03625號　金剛般若波羅蜜經　（15–14）

見壽者見須菩提發阿耨多羅三藐三菩提
心者於一切法應如是知如是見如是信解
不生法相須菩提所言法相如來說即非法
相是名法相須菩提若有人以滿无量阿僧
祇世界七寶持用布施若有善男子善女人
發菩薩心者持於此經乃至四句偈等受持
讀誦為人演說其福勝彼云何為人演說不
取於相如如不動何以故
一切有為法　如夢幻泡影　如露亦如電　應作如是觀
佛說是經已長老須菩提及諸比丘比丘尼
優婆塞優婆夷一切世間天人阿脩羅聞佛
所說皆大歡喜信受奉行

金剛般若波羅蜜經

BD03625號　金剛般若波羅蜜經　（15–15）

南訶
南謨最勝王佛
南謨觀自在菩薩摩訶薩　南謨地藏菩薩摩訶薩
南謨虛空藏菩薩摩訶薩　南謨妙吉祥菩薩摩訶薩
南謨金剛手菩薩摩訶薩　南謨普賢菩薩摩訶薩
南謨无盡意菩薩摩訶薩　南謨大勢至菩薩摩訶薩
南謨慈氏菩薩摩訶　薩　南謨善慧菩薩摩訶薩
陁　羅　尼　曰
南謨曷喇怛娜怛喇夜也　怛　姪　他
君　睇　君　睇　矩析　矖矩析　矖
壹窒哩　窒哩　莎訶
佛告善住菩薩此陁羅尼是三世佛母若
有善男子善女人持此呪者能生无量无邊
福德之聚即是供養恭敬尊重讚歎无數
諸佛如是諸佛皆與此人授阿耨多羅三藐三
菩提記善住若有人能持此呪者隨其所欲
衣食財寶多聞聡慧无病長壽獲福甚多
隨所願求无不遂意善住持是呪者乃至未證
无上菩提常與金城山菩薩慈氏菩薩大海菩
薩觀自在菩薩妙吉祥菩薩大氷伽羅菩薩
等而共居止為諸菩薩之所擁護善住當知
持此呪時作如是法先應誦持滿一万八遍

BD03626號　金光明最勝王經卷五

（15–1）

隨所願求无不遂意善住持是呪者乃至未證
无上菩提常與金城山菩薩慈氏菩薩大海菩
薩觀自在菩薩妙吉祥菩薩大氷伽羅菩薩
等而共居止為諸菩薩之所擁護善住當知
持此呪時作如是法先應誦持滿一万八遍
為前方便次於闇室莊嚴道場黑月一日清
淨洗浴著鮮潔衣燒香散花種種供養并
諸飲食入道場中先當稱礼如前所說諸佛
菩薩至心懇重悔先罪已右膝著地可誦前
呪滿一千八遍端坐思惟念其所願日未出時
於道場中食淨黑食日唯一食至十五日方
出道場能令此人福德威力不可思議隨所
願求无不圓滿若不遂意重入道場既稱心
已常持莫忘
金光明最勝王經重顯空性品第九
尒時世尊說此呪已為欲利益菩薩摩訶薩
人天大衆令得悟解甚深真實第一義故重
明空性而說頌曰
我已於餘甚深經　廣說真空微妙法
今復於此經王内　略說空法不思議
於諸廣大甚深法　有情无智不能解
故我於斯重敷演　令於空法得開悟
大悲哀愍有情故　以善方便勝因緣
我今於此大衆中　演說令彼明空義
當知此身如空聚　六賊依止不相知
六塵諸賊別依根　各不相知亦如是

BD03626號　金光明最勝王經卷五

（15–2）

故我於斯重數演　令於空法得開悟
大悲哀愍有情故　以善方便勝因緣
我今於此大衆中　演說令彼明空義
當知此身如空聚　六賊依止不相知
六塵諸賊別依根　各不相知亦如是
眼根常觀於色處　耳根聽聲不斷絕
鼻根恒嗅於香境　舌根鎮嘗於美味
身根受於輕軟觸　意根了法不知厭
此等六根隨事起　各於自境生分別
識如幻化非真實　依止根處妄貪求
如人奔走空聚中　六識依根亦如是
心遍馳求隨處轉　託根緣境了諸事
常愛色聲香味觸　於法尋思无暫停
隨緣遍行於六根　如鳥飛空无障礙
藉此諸根作依處　方能了別於外境
此身无知无作者　體不堅固託緣成
皆從虛妄分別生　譬如機關由業轉
地水火風共成身　隨彼因緣招異果
同在一處相違害　如四毒蛇居一篋
此四大蛇性各異　雖居一處有昇沈
或上或下遍於身　斯等終歸於滅法
於此四種毒蛇中　地水二蛇多沈下
風火二蛇性輕舉　由此乖違衆病生
心識依止於此身　造作種種善惡業
當往人天三惡趣　隨其業力受身形
遭諸疾病身死後　大小便利悉盈流

BD03626 號　金光明最勝王經卷五　（15–3）

風火二蛇性輕舉　由此乖違衆病生
心識依止於此身　造作種種善惡業
當往人天三惡趣　隨其業力受身形
遭諸疾病身死後　大小便利悉盈流
膿爛蟲蛆不可樂　棄在尸林如朽木
汝等當觀法如是　云何執有我衆生
一切諸法盡无常　悉從无明緣力起
彼諸大種咸虛妄　本非實有體无生
故說大種性皆空　知此浮虛非實有
无明自性本是无　藉衆緣力和合有
於一切時失正慧　故我說彼為无明
行識為緣有名色　六處及觸受隨生
愛取有緣生老死　憂悲苦惱恒隨逐
衆苦惡業常纏迫　生死輪迴无息時
本來非有體是空　由不如理生分別
我斷一切諸煩惱　常以正智現前行
了五蘊宅悉皆空　求證菩提真實處
我開甘露大城門　示現甘露微妙器
既得甘露真實味　常以甘露施群生
我擊最勝大法鼓　我吹最勝大法蠡
我然最勝大明燈　我降最勝大法雨
降伏煩惱諸怨結　建立无上大法幢
於生死海濟群迷　我當關閉三惡趣
煩惱熾火燒衆生　无有救護无依止
清涼甘露充足彼　身心熱惱並皆除

BD03626 號　金光明最勝王經卷五　（15–4）

降伏煩惱諸怨結　建立无上大法幢
於生死海濟群迷　我當關閉三惡趣
煩惱熾火燒衆生　无有救護无依止
清涼甘露充足彼　身心熱惱並皆除
由是我於无量劫　恭敬供養諸如來
堅持禁戒趣菩提　求證法身安樂處
施他眼耳及手足　妻子僮僕心无悋
財寶七珍莊嚴具　隨來求者咸供給
忍等諸度皆遍脩　十地圓滿成正覺
故我得稱一切智　无有衆生度量者
假使三千大千界　盡此土地生長物
所有叢林諸樹木　稻麻竹葦及枝條
此等諸物皆伐取　並悉細末作微塵
隨處積集量難知　乃至充滿虛空界
一切十方諸剎土　所有三千大千界
地土皆悉末為塵　此微塵量不可數
假使一切衆生智　以此智慧與一人
如是智者量无邊　容可知彼微塵數
牟尼世尊一念智　令彼智人共度量
於多俱胝劫數中　不能筭知其少分
時諸大衆聞佛說此甚深空性有无量衆
生悉能了達四大五蘊體性俱空六根六境
妄生繫縛願捨輪迴正脩出離深心慶喜如
說奉持
金光明最勝王經依空滿願品第十一
尒時如意寶光耀天女於大衆中聞說深法

BD03626號　金光明最勝王經卷五

(15–5)

妄生繫縛願捨輪迴正脩出離深心慶喜如
說奉持
金光明最勝王經依空滿願品第十一
尒時如意寶光耀天女於大衆中聞說深法
歡喜踊躍從座而起偏袒右肩右膝著地
合掌恭敬白佛言世尊唯願為說於甚深
理脩行之法而說頌言
我問照世界　兩足最勝尊　菩薩正行法　唯願慈聽許
佛言善女天　若有疑惑者　隨汝意所問　吾當分別說
是時天女請世尊曰
云何諸菩薩行菩提正行離生死涅槃饒益自他故
佛告善女天依於法界行菩提法脩平等行
云何依於法界行菩提法脩平等行謂於五
蘊能現法界法界即是五蘊五蘊不可說非
五蘊亦不可說何以故若法界是五蘊即是斷
見若離五蘊即是常見離於二相不著二
邊不可見過所見无名无相是則名為說於
法界善女天云何五蘊能現法界如是五蘊
不從因緣生何以故若從因緣生者為已生故
生為未生故生若已生者何用因緣若未
生生者不可得生何以故未生諸法即是
非有无名无相非校量譬喻之所能及非是
因緣之所生故善女天譬如鼓聲依木依皮
及桴手等故得出聲如是鼓聲過去亦空未
來亦空現在亦空何以故是鼓音聲不從木

BD03626號　金光明最勝王經卷五

(15–6)

因緣之所生故善女天譬如皷聲依木依皮
及桴手等故得出聲如是皷聲過去亦空未
來亦空現在亦空何以故是皷音聲不從木
生不從皮生及桴手生不於三世生是則不
生若不可生則不可滅若不可滅无所從來
若无所從來亦无所去若无所去則非常非
斷若非常非斷則不一不異何以故此若是
一則不異法界若如是者凡夫之人應見真
諦得於无上安樂涅槃既不如是故知不一
若言異者一切諸佛菩薩行相即是執著未
得解脫煩惱繫縛即不證阿耨多羅三藐三
菩提何以故一切聖人於行非行同真實性
是故不異故知五蘊非有非无不從因緣生
非无因緣生是聖所知非餘境故亦非言說
之所能及无名无相无因无緣亦无譬喻始
終寂靜本來自空是故五蘊能現法界善女
天若善男子善女人欲求阿耨多羅三藐三
菩提異真異俗難可思量於凡聖境體非
一異不捨於俗不離於真依於法界行菩提
行尒時世尊作是語已時善女天踊躍歡喜
即從座起偏袒右肩右膝著地合掌恭敬一
心頂礼而白佛言世尊如上所說菩提正行我
今當學是時索訶世界主大梵天王於大衆
中問如意寶光耀善女天曰此菩提行難可
脩行汝今云何於菩提行而得自在尒時善
女天荅梵王曰大梵王如佛所說實是甚深

BD03626號　金光明最勝王經卷五　（15–7）

心頂礼而白佛言世尊如上所說菩提正行我
今當學是時索訶世界主大梵天王於大衆
中問如意寶光耀善女天曰此菩提行難可
脩行汝今云何於菩提行而得自在尒時善
女天荅梵王曰大梵王如佛所說實是甚深
一切異生不解其義是聖境界微妙難知若
使我今依於此法得安樂住是實語者願令
一切五濁惡世无量无數无邊衆生皆得金
色三十二相非男非女坐寶蓮花受无量樂
雨天妙花諸天音樂不皷自鳴一切供養皆
悉具足時善女天說是語已一切五濁惡世所
有衆生皆悉金色具大人相非男非女坐寶
蓮花受无量樂猶如他化自在天宮无諸惡
道寶樹行列七寶蓮花遍滿世界又雨七寶
上妙天花作天伎樂如意寶光耀善女天即
轉女身作梵天身時大梵天王問如意寶光耀
菩薩言仁者如何行菩提行荅言梵王若水
中月行菩提行我亦行菩提行若夢中行菩
提行我亦行菩提行若陽焰行菩提行
我亦行菩提行若谷響行菩提行我亦行
菩提行時大梵王聞此說已白菩薩言仁依
何義而說此語荅言梵王无有一法是實相者
但由因緣而得成故梵王言若如是者諸凡夫
人皆悉應得阿耨多羅三藐三菩提荅言仁
以何意而作是說愚癡人異智慧人異菩提異
非菩提異解脫異非解脫異梵王如是諸法

BD03626號　金光明最勝王經卷五　（15–8）

何義而說此語荅言梵王无有一法是實相者
但由因緣而得成故梵王言若如是者諸凡夫
人皆悉應得阿耨多羅三藐三菩提荅言仁
以何意而作是說愚癡人異智慧人異菩提異
非菩提異解脫異非解脫異梵王如是諸法
平等无異於此法界真如不一不異无有中間
而可執着无增无減梵王譬如幻師及幻弟子
善解幻術於四衢道取諸沙土草木葉等聚
在一處作諸幻術使人覩見象眾馬眾車兵
等眾七寶之聚種種倉庫若有眾生愚癡
无智不能思惟不知幻本若見若聞作是思
惟我所見聞象馬等眾此是實有餘皆虛
妄於後更不審察思惟有智之人則不如是
了於幻本若見若聞作如是念如我所見象
馬等眾非是真實唯有幻事惑人眼目妄謂
象等及諸倉庫有名无實如我見聞不執
為實後時思惟知其虛妄是故智者了一切
法皆无實體但隨世俗如見如聞表宣其事
思惟諦理則不如是復由假說顯實義故梵
王愚癡異生未得出世聖慧之眼未知一切諸
法真如不可說故是諸凡愚若見若聞行非
行法如是思惟便生執着謂以為實於第一
義不能了知諸法真如是不可說是諸聖人
若見若聞行非行法隨其力能不生執着以
為實有了知一切无實行法无實非行法但
妄思量行非行相唯有名字无有實體是諸

BD03626號　金光明最勝王經卷五

（15–9）

若見若聞行非行法隨其力能不生執着以
為實有了知一切无實行法无實非行法但
妄思量行非行相唯有名字无有實體是諸
聖人隨世俗說為欲令他知真實義如是梵
王是諸聖人以聖智見了法真如不可說故行
非行法亦復如是令他證知故說種種世俗
名言時大梵王問如意寶光耀菩薩言有
幾眾生能解如是甚深正法荅言梵王有眾
幻人心心數法能解如是甚深正法梵王曰
此幻化人體是非有此之心數從何而生荅曰
若知法界不有不无如是眾生能解深義
尒時梵王白佛言世尊是如意寶光耀菩
薩不可思議通達如是甚深之義佛言如是
如是梵王如汝所言此如意寶光耀已教汝等
發心脩學无生忍法是時大梵天王與諸梵眾
從座而起偏袒右肩合掌恭敬頂礼如意寶
光耀菩薩足作如是言希有希有我等今
日幸遇大士得聞正法
尒時世尊告梵王言是如意寶光耀於未
來世當得作佛号寶𦦨吉祥藏如來應正
遍知明行圓滿善逝世間解无上士調御丈
夫天人師佛世尊說是品時有三千億菩薩
於阿耨多羅三藐三菩提得不退轉八千億
天子无量无數國王臣民遠塵離垢得法眼
淨

BD03626號　金光明最勝王經卷五

（15–10）

於阿耨多羅三藐三菩提得不退轉八千億
天子无量无數國王臣民遠塵離垢得法眼
淨
尒時會中有五十億苾芻行菩薩行欲退
菩提心聞如意寶光耀菩薩說是法時皆
得堅固不可思議滿足上願更復發起菩提
之心各自脫衣供養菩薩重發无上勝進之
心作如是願願令我等功德善根悉皆不退迴
向阿耨多羅三藐三菩提梵王是諸苾芻依
此功德如說脩行過九十大劫當得解悟出
離生死尒時世尊即為授記汝諸苾芻過
三十阿僧祇劫當得作佛劫名難勝光王國
名无垢光同時皆得阿耨多羅三藐三菩提
皆同一号名願莊嚴聞飾王十号具足梵王
是金光明微妙經典若正聞持有大威力假
使有人於百千大劫行六波羅蜜无有方便
若有善男子善女人書寫如是金光明經半月
滿月專心讀誦是功德聚於前功德百分不
及一乃至筭數譬喻所不能及梵王是故我今
令汝脩學憶念受持為他廣說何以故我於
往昔行菩薩道時猶如勇士入於戰陣不惜
身命流通如是微妙經王受持讀誦為他解
說梵王譬如轉輪聖王若王在世七寶不滅
王若命終所有七寶自然滅盡梵王是金光
明微妙經王若現在世无上法寶悉皆不滅

BD03626號　金光明最勝王經卷五　（15–11）

說梵王譬如轉輪聖王若王在世七寶不滅
王若命終所有七寶自然滅盡梵王是金光
明微妙經王若現在世无上法寶悉皆不滅
若无是經隨處隱沒是故應當於此經王專
心聽聞受持讀誦為他解說勸令書寫行
精進波羅蜜不惜身命不憚疲勞功德中
勝我諸弟子應當如是精勤脩學
尒時大梵天王與无量梵眾帝釋四王及諸
藥叉俱從座起偏袒右肩右膝著地合掌恭
敬而白佛言世尊我等皆願守護流通是
金光明微妙經典及說法師若有諸難我當
除遣令具眾善色力充足辯才无礙身意泰
然時會聽者皆受安樂所在國土若有飢饉
怨賊非人為惱害者我等天眾皆為擁護使
其人民安隱豐樂无諸枉橫皆是我等天眾
之力若有供養是經典者我等亦當恭敬供
養如佛不異
尒時佛告大梵天王及諸梵眾乃至四王諸
藥叉等善哉善哉汝等得聞甚深妙法復
能於此微妙經王發心擁護及持經者當獲
无邊殊勝之福速成无上正等菩提時梵王
等聞佛語已歡喜頂受
金光明最勝王經四天王觀察人天品第十一
尒時多聞天王持國天王增長天王廣目天王
俱從座起偏袒右肩右膝著地合掌向佛礼

BD03626號　金光明最勝王經卷五　（15–12）

等聞佛語已歡喜頂受
金光明最勝王經四天王觀察人天品第十一
尒時多聞天王持國天王增長天王廣目天王
俱從座起偏袒右肩右膝著地合掌向佛礼
佛足已白言世尊是金光明最勝王經一切諸
佛常念觀察一切菩薩之所恭敬一切天龍
常所供養及諸天衆常生歡喜一切護世稱
揚讚歎聲聞獨覺皆共受持悉能明照諸
天宮殿能與一切衆生殊勝安樂止息地獄
餓鬼傍生諸趣苦惱一切怖畏悉能除殄所
有怨敵尋即退散飢饉惡時能令豐稔疾
疫病苦皆令蠲愈一切災變百千苦惱咸悉
消滅世尊是金光明最勝王經能為如是安
隱利樂饒益我等唯願世尊於大衆中廣
為宣說我等四王并諸眷屬聞此甘露无上
法味氣力充實增益威光精進勇猛神通
倍勝世尊我等四王脩行正法常說正法以
法化世我等令彼天龍藥叉揵闥婆阿蘇羅
揭路荼俱槃荼緊那羅莫呼羅伽及諸人王
常以正法而化於世遮去諸惡所有鬼神吸
人精氣无慈悲者悉令遠去世尊我等四王
與二十八部藥叉大將并與无量百千藥叉
以淨天眼過於世人觀察擁護此贍部洲世
尊以此因緣我等諸王名護世者又復於此
洲中若有國王被他怨賊常來侵擾及多飢

BD03626號　金光明最勝王經卷五　（15–13）

人精氣无慈悲者悉令遠去世尊我等四王
與二十八部藥叉大將并與无量百千藥叉
以淨天眼過於世人觀察擁護此贍部洲世
尊以此因緣我等諸王名護世者又復於此
洲中若有國王被他怨賊常來侵擾及多飢
饉疾疫流行无量百千災厄之事世尊我等
四王於此金光明最勝王經恭敬供養若有苾
蒭法師受持讀誦我等四王共往覺悟勸請
其人時彼法師由我神通覺悟力故往彼國
界廣宣流布是金光明微妙經典由經力故
令彼无量百千衰惱災厄之事悉皆除遣世
尊若諸人王於其國內有持是經苾蒭法師
至彼國時當知此經亦至其國世尊時彼國王
應往法師處聽其所說聞已歡喜於彼法師
恭敬供養深心擁護令无憂惱演說此經利
益一切世尊以是緣故我等四王皆共一心護是
人王及國人民令離災患常得安隱世尊若有苾
蒭苾蒭尼鄔波索迦鄔波斯迦持是經者時
彼人王隨其所須供給供養令无乏少我等
四王令彼國主及以國人悉皆安隱遠離災患
世尊若有受持讀誦是經典者人王於此供
養恭敬尊重讚歎我等當令彼王於諸王
中恭敬尊重最為第一諸餘國王共所稱歎
大衆聞已歡喜受持

金光明最勝王經卷第五

BD03626號　金光明最勝王經卷五　（15–14）

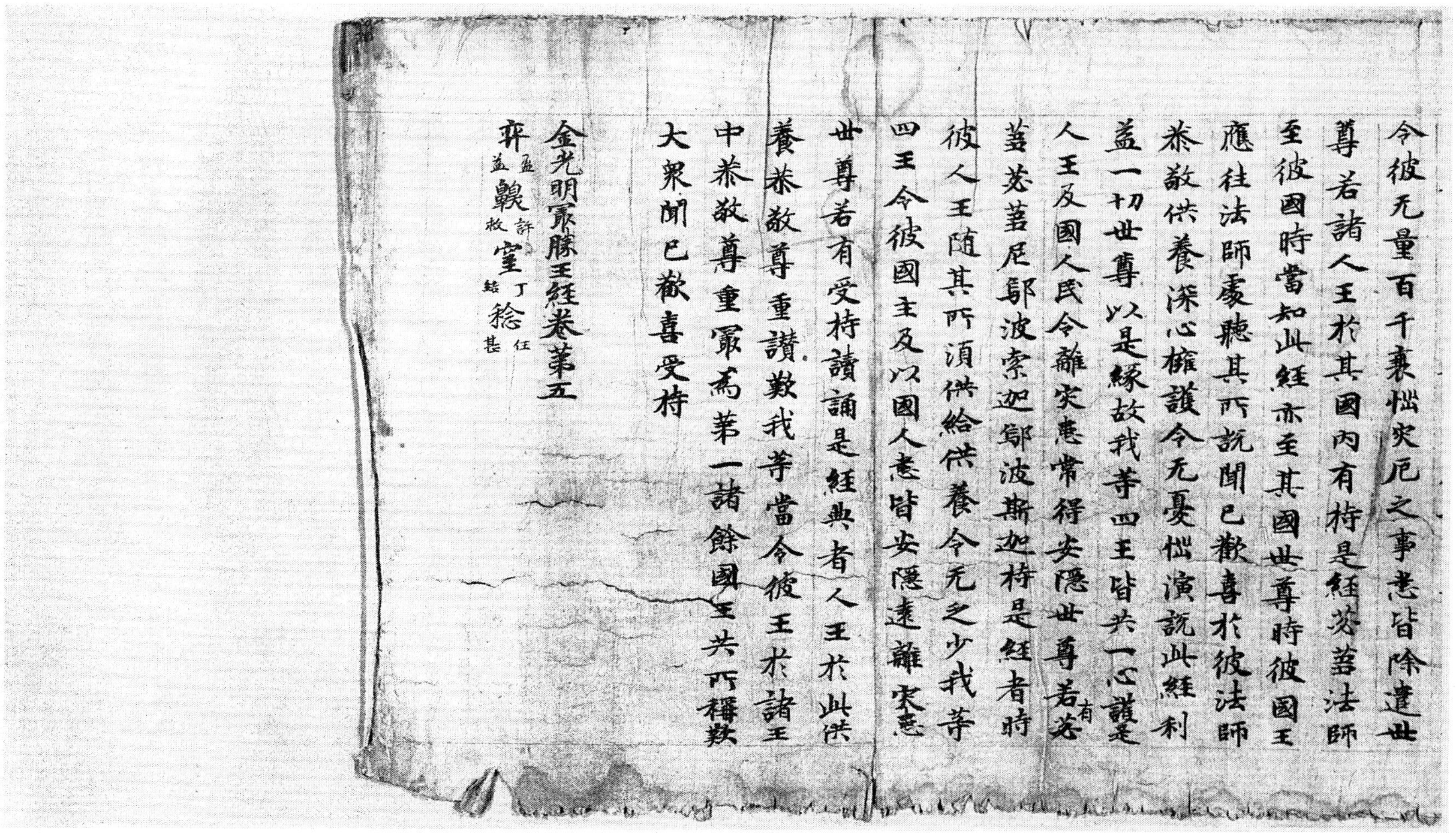

令彼无量百千衆惱災厄之事悉皆除遣世
尊若諸人王於其國內有持是經苾蒭法師
至彼國時當知此經亦至其國世尊時彼國王
應往法師處聽其所說聞已歡喜於彼法師
恭敬供養深心擁護令无憂惱演說此經利
益一切世尊以是緣故我等四王皆共一心護是
人王及國人民令離災患常得安隱世尊若有
苾蒭苾蒭尼鄔波索迦鄔波斯迦持是經者時
彼人王隨其所須供給供養令无乏少我等
四王令彼國主及以國人悉皆安隱遠離災患
世尊若有受持讀誦是經典者人王於此供
養恭敬尊重讚歎我等當令彼王於諸王
中恭敬尊重最為第一諸餘國王共所稱歎
大衆聞已歡喜受持
金光明最勝王經卷第五
弃 五孟 䴥 許牧 室 丁結 総 任甚

BD03626 號　金光明最勝王經卷五　（15–15）

BD03626 號背 1　妙法蓮華經卷四　（1–1）

BD03626 號背 2　妙法蓮華經卷四　　（1–1）

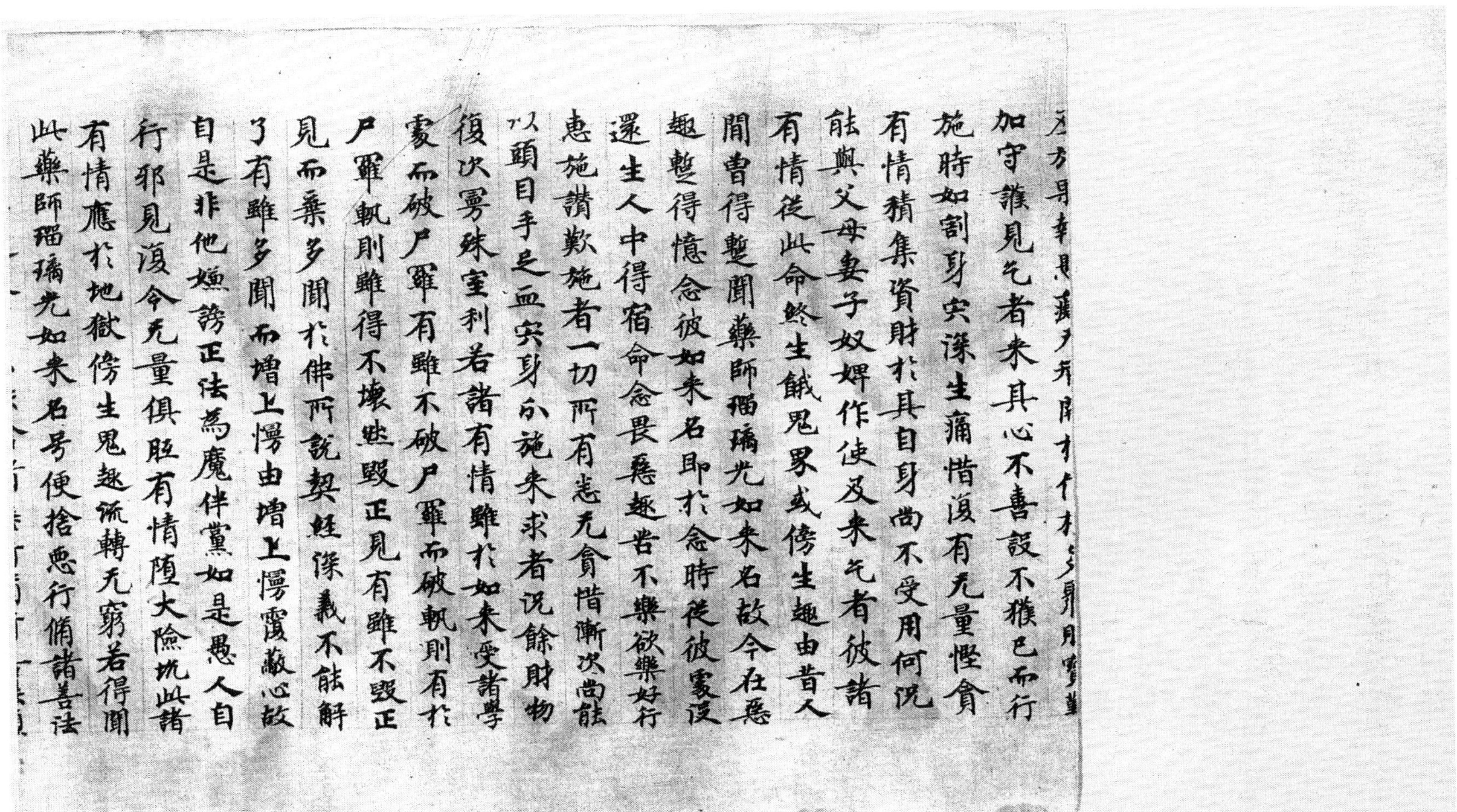

加守護見乞者來其心不喜設不獲已而行
施時如割身宍深生痛惜復有无量慳貪
有情積集資財於其自身尚不受用何況
能與父母妻子奴婢作使及來乞者彼諸
有情從此命終生餓鬼界或傍生趣由昔人
間曾得蹔聞藥師瑠璃光如來名故今在惡
趣蹔得憶念彼如來名即於念時從彼處沒
還生人中得宿命念畏惡趣苦不樂欲樂好行
惠施讚歎施者一切所有悉无貪惜漸次尚能
以頭目手足血宍身分施來求者況餘財物
復次曼殊室利若諸有情雖於如來受諸學
處而破尸羅有雖不破尸羅而破軌則有於
尸羅軌則雖得不壞然毀正見有雖不毀正
見而棄多聞於佛所說契經深義不能解
了有雖多聞而增上慢由增上慢覆蔽心故
自是非他嫌謗正法為魔伴黨如是愚人自
行邪見復令无量俱胝有情墮大險坑此諸
有情應於地獄傍生鬼趣流轉无窮若得聞
此藥師瑠璃光如來名号便捨惡行脩諸善法

BD03628 號　藥師琉璃光如來本願功德經　　（2–1）

復次曼殊室利若諸有情雖於如来受諸學
處而破尸羅有雖不破尸羅而破軌則有於
尸羅軌則雖得不壞然毀正見有雖不毀正
見而棄多聞於佛所說契經深義不能解
了有雖多聞而增上慢由增上慢覆蔽心故
自是非他嫌謗正法為魔伴黨如是愚人自
行邪見復令无量俱胝有情墮大險坑此諸
有情應於地獄傍生鬼趣流轉无窮若得聞
此藥師瑠璃光如来名号便捨惡行脩諸善法
不墮惡趣設有不能捨諸惡行脩行善法墮
惡趣者以彼如来本願威力令其現前暫聞
名号從彼命終還生人趣得正見精進善調
意樂便能捨家趣於非家如来法中受持學
處无有毀犯正見多聞解甚深義離增上
慢不謗正法不為魔伴漸次脩行諸菩薩行
速得圓滿

BD03628號　藥師琉璃光如來本願功德經　（2–2）

舍利弗從此佛
佛世界名然炬佛名
不可量聲　阿羅訶三藐三佛陁現
說法若善男子善女人聞彼阿弥陁佛名三
遍稱南无无量聲如来南无无量聲如来南
无无量聲如来是人畢竟不墮三惡道定心
阿耨多羅三藐三菩提　舍利弗復過彼世界
度千佛國土有佛世界名无塵彼有佛同名
阿弥陁劬沙　阿羅訶三藐三佛陁現
在說法若善男子善女人聞彼佛名深心敬重
受持讀誦恭敬礼拜是人超越一世間十二劫
舍利弗復過廿千佛國土有佛世界名難勝
彼處　有佛名大稱
阿羅訶三藐三佛陁若善男子善女人聞彼
佛名合掌作如是言南无大稱如来若復有
人以須弥山等七寶日日布施滿一百歲比
聞此佛名礼拜功德百分不及一乃至筭數
分不及一
次礼十二部尊經大藏法輪
南无句義經　南无鷹王經
南无須達經　南无弘道三昧經

BD03629號　佛名經（十六卷本）卷一一　（3–1）

聞此佛名礼拜功德百分不及一乃至筭數
分不及一
次礼十二部尊經大藏法輪
南无句義經　南无鷹王經
南无須達經　南无弘道三昧經
南无義決律經　南无須邪越國貧人經
南无齋經　南无等入法嚴經
南无陰持入經　南无佛說護淨經
南无方便心論經　南无諫心經
南无摩訶剎頭經　南无中陰經
南无所欲致患經　南无流離王經
南无孫陀耶致經　南无□遊經
南无僧大經　南无夫婦經
南无佛般泥洹後灌臘經　南无天皇梵摩經
南无遺日定行經　南无十二死經
南无和難經　南无施陀梨呪經
南无犯戒罪報輕重經　南无菩薩大業經
次礼十方諸大菩薩
南无等觀菩薩　南无不等觀菩薩
南无等不等觀菩薩　南无定自在王菩薩
南无法自在王菩薩　南无法相菩薩
南无光相菩薩　南无光嚴菩薩
南无大嚴菩薩　南无寶積菩薩
南无辯積菩薩　南无寶手菩薩
南无寶印手菩薩　南无常舉手菩薩

BD03629號　佛名經（十六卷本）卷一一　（3-2）

南无等不等觀菩薩　南无定自在王菩薩
南无法自在王菩薩　南无法相菩薩
南无光相菩薩　南无光嚴菩薩
南无大嚴菩薩　南无寶積菩薩
南无辯積菩薩　南无寶手菩薩
南无寶印手菩薩　南无常舉手菩薩
南无常下手菩薩　南无常慘菩薩
南无喜根菩薩　南无喜王菩薩
南无辯音菩薩　南无虛空藏菩薩
南无執寶炬菩薩　南无寶勇菩薩
南无寶見菩薩　南无帝網菩薩
南无明網菩薩　南无无緣觀菩薩
次礼聲聞緣覺一切賢聖
南无見人飛騰辟支佛　南无可波羅辟支佛
南无秦摩利辟支佛　南无月淨辟支佛
南无善智辟支佛　南无脩陀辟支佛
南无善法辟支佛　南无應求辟支佛
南无善求辟支佛　南无大勢辟支佛
南无脩行不著辟支佛　南无難捨辟支佛
歸命如是等无量无邊辟〻
礼三寶已次復懺

BD03629號　佛名經（十六卷本）卷一一　（3-3）

普雨大法雨　度無量衆
尒時大通智勝如來黙然許之西南方乃
下方亦復如是尒時上方五百萬億國土諸大
梵王皆悉自覩所止宮殿光明威曜昔所未
有歡喜踊躍生希有心即各相詣共議此事
以何因緣我等宮殿有斯光明時彼衆中有
一大梵天王名曰尸棄為諸梵衆而說偈言
今以何因緣　我等諸宮殿　威德光明曜　嚴飾未曾有
如是之妙相　昔所未聞見　為大德天生　為佛出世間
尒時五百萬億諸梵天王與宮殿俱各以衣
祴盛諸天華共詣下方推尋是相見大通智
勝如來處于道場菩提樹下坐師子座諸天
龍王乾闥婆緊那羅摩睺羅伽人非人等恭
敬圍繞及見十六王子請佛轉法輪時諸梵
天王頭面礼佛繞百千帀即以天華而散佛
上所散之華如須弥山并以供養佛菩提樹
華供養已各以宮殿奉上彼佛而作是言唯
見哀愍饒益我等所獻宮殿願垂納處時諸
梵天王即於佛前一心同聲以偈頌曰

BD03630號　妙法蓮華經卷三　（10–1）

敬圍繞及見十六王子請佛轉法輪時諸梵
天王頭面礼佛繞百千帀即以天華而散佛
上所散之華如須弥山并以供養佛菩提樹
華供養已各以宮殿奉上彼佛而作是言唯
見哀愍饒益我等所獻宮殿願垂納處時諸
梵天王即於佛前一心同聲以偈頌曰
善哉見諸佛　救世之聖尊　能於三界獄　勉出諸衆生
普智天人尊　哀愍群萌類　能開甘露門　廣度於一切
於昔無量劫　空過無有佛　世尊未出時　十方常暗瞑
三惡道增長　阿脩羅亦盛　諸天衆轉減　死多墮惡道
不從佛聞法　常行不善事　色力及智慧　斯等皆減少
罪業因緣故　失樂及樂想　住於邪見法　不識善儀則
不蒙佛所化　常墮於惡道　佛為世間眼　久遠時乃出
哀愍諸衆生　故現於世間　超出成正覺　我等甚欣慶
及餘一切衆　喜歎未曾有　我等諸宮殿　蒙光故嚴飾
今以奉世尊　唯垂哀納受　願以此功德　普及於一切
我等與衆生　皆共成佛道
尒時五百万億諸梵天王偈讚佛已各白佛
言唯願世尊轉於法輪多所安隱多所度脫
時諸梵天王而說偈言
世尊轉法輪　擊甘露法鼓　度苦惱衆生　開示涅槃道
唯願受我請　以大微妙音　哀愍而敷演　无量劫習法
尒時大通智勝如來受十方諸梵天王及十
六王子請即時三轉十二行法輪若沙門婆羅
門若天魔梵及餘世間所不能轉謂是苦是
苦集是苦滅是苦滅道及廣說十二因緣法

BD03630號　妙法蓮華經卷三　（10–2）

唯願受我請 以大微妙音 哀愍而敷演 无量劫習法
尒時大通智勝如来受十方諸梵天王及十
六王子請即時三轉十二行法輪若沙門婆羅
門若天魔梵及餘世間所不能轉謂是苦是
苦集是苦滅是苦滅道及廣說十二因緣法
无明緣行行緣識識緣名色名色緣六入
六入緣觸觸緣受受緣愛愛緣取取緣有有
緣生生緣老死憂悲苦惱无明滅則行滅行
滅則識滅識滅則名色滅名色滅則六入滅
六入滅則觸滅觸滅則受滅受滅則愛滅愛
滅則取滅取滅則有滅有滅則生滅生滅則
老死憂悲苦惱滅佛於天人大衆之中說是
法時六百万億那由他人以不受一切法故而
於諸漏心得解脫皆得深妙禪定三明六通
具八解脫苐二苐三苐四說法時千万億
恒河沙那由他等衆生亦以不受一切法故
而於諸漏心得解脫從是已後諸聲聞衆无
量无邊不可稱數尒時十六王子皆以童子
出家而為沙弥諸根通利智慧明了已曾供
養百千万億諸佛淨脩梵行求阿耨多羅三
藐三菩提俱白佛言世尊是諸无量千万億
大德聲聞皆已成就世尊亦當為我等說阿
耨多羅三藐三菩提法我等聞已皆共脩學
世尊我等志願如来知見深心所念佛自證
知尒時轉輪聖王所將衆中八万億人見十

BD03630 號　妙法蓮華經卷三　（10–3）

大德聲聞皆已成就世尊亦當為我等說阿
耨多羅三藐三菩提法我等聞已皆共脩學
世尊我等志願如来知見深心所念佛自證
知尒時轉輪聖王所將衆中八万億人見十
六王子出家亦求出家王即聽許尒時彼佛
受沙弥請過二万劫已乃於四衆之中說是
大乘經名妙法蓮華教菩薩法佛所護念
說是經已十六沙弥為阿耨多羅三藐三菩
提故皆共受持諷誦通利說是經時十六菩
薩沙弥皆悉信受聲聞衆中亦有信解其餘
衆生千万億種皆生疑惑佛說是經於八千劫
未曾休廢說此經已即入靜室住於禪定八
万四千劫是時十六菩薩沙弥知佛入室寂
然禪定各昇法座亦於八万四千劫為四部
衆廣說分別妙法華經一一皆度六百万億
那由他恒河沙等衆生示教利喜令發阿耨
多羅三藐三菩提心大通智勝佛過八万四
千劫已從三昧起往詣法座安詳而坐普告
大衆是十六菩薩沙弥甚為希有諸根通利
智慧明了已曾供養无量千万億數諸佛
於諸佛所常脩梵行受持佛智開示衆生令入
其中汝等皆當數數親近而供養之所以者
何若聲聞辟支佛及諸菩薩能信是十六菩
薩所說經法受持不毀者是人皆當得阿
耨多羅三藐三菩提如来之慧佛告諸比丘是
十六菩薩常樂說是妙法蓮華經一一菩薩

BD03630 號　妙法蓮華經卷三　（10–4）

其中汝等皆當數數親近而供養之所以者
何若聲聞辟支佛及諸菩薩能信是十六菩
薩所說經法受持不毀者是人皆當得阿
耨多羅三藐三菩提如來之慧佛告諸比丘是
十六菩薩常樂說是妙法蓮華經一一菩薩
所化六百萬億那由他恒河沙等衆生世世所
生與菩薩俱從其聞法悉皆信解以此因緣
得值四萬億諸佛世尊于今不盡諸比丘
我今語汝彼佛弟子十六沙弥今皆得阿耨多羅
三藐三菩提於十方國土現在說法有無
量百千萬億菩薩聲聞以為眷屬其二沙
弥東方作佛一名阿閦在歡喜國二名須弥
頂東南方二佛一名師子音二名師子相南
方二佛一名虛空住二名常滅西南方二佛
一名帝相二名梵相西方二佛一名阿弥陁
二名度一切世間苦惱西北方二佛一名多
摩羅跋栴檀香神通二名須弥相北方二佛
一名雲自在二名雲自在王東北方佛名壞
一切世間怖畏第十六我釋迦牟尼佛於娑
婆國土成阿耨多羅三藐三菩提諸比丘我
等為沙弥時各各教化無量百千萬億恒河
沙等衆生從我聞法為阿耨多羅三藐三菩
提此諸衆生于今有住聲聞地者我常教化
阿耨多羅三藐三菩提是諸人等應以是法
漸入佛道所以者何如來智慧難信難解尒

BD03630 號　妙法蓮華經卷三　（10–5）

沙等衆生從我聞法為阿耨多羅三藐三菩
提此諸衆生于今有住聲聞地者我常教化
阿耨多羅三藐三菩提是諸人等應以是法
漸入佛道所以者何如來智慧難信難解尒
時所化無量恒河沙等衆生者汝等諸比丘
及我滅度後未來世中聲聞弟子是也我滅
度後復有弟子不聞是經不知不覺菩薩所
行自於所得功德生滅度想當入涅槃我於
餘國作佛更有異名是人雖生滅度之想入
於涅槃而於彼土求佛智慧得聞是經唯以
佛乘而得滅度更無餘乘除諸如來方便說法
諸比丘若如來自知涅槃時到衆又清淨信
解堅固了達空法深入禪定便集諸菩薩及
聲聞衆為說是經世間無有二乘而得滅
度唯一佛乘得滅度耳比丘當知如來方便
深入衆生之性知其志樂小法深著五欲為
是等故說於涅槃是人若聞則便信受譬如
五百由旬險難惡道曠絕無人怖畏之處若
有多衆欲過此道至珎寶處有一導師聰慧
明達善知險道通塞之相將導衆人欲過此
難所將人衆中路懈退白導師言我等疲極
而復怖畏不能復進前路猶遠今欲退還導
師多諸方便而作是念此等可愍云何捨大
珎寶而欲退還作是念已以方便力於險道
中過三百由旬化作一城告衆人言汝等勿怖

BD03630 號　妙法蓮華經卷三　（10–6）

難所將人衆中路懈退白導師言我等疲極
而復怖畏不能復進前路猶遠今欲退還導
師多諸方便而作是念此等可愍云何捨大
珎寶而欲退還作是念已以方便力於險道
中過三百由旬化作一城告衆人言汝等勿怖
莫得退還今此大城可於中止隨意所作
若入是城快得安隱若能前至寶所亦可得
去是時疲極之衆心大歡喜歎未曾有我等今
者免斯惡道快得安隱於是衆人前入化城
生已度想生安隱想尒時導師知此人衆
既得止息無復疲惓即滅化城語衆人言
等去來寶處在近向者大城我所化作為止
息耳諸比丘如來亦復如是今為汝等作大
導師知諸生死煩惱惡道險難長遠應去應
度若衆生但聞一佛乘者則不欲見佛不欲
親近便作是念佛道長遠久受勤苦乃可得
成佛知是心怯弱下劣以方便力而於中道
為止息故說二涅槃若衆生住於二地如來
尒時即便為說汝等所作未辦汝所住地近於
佛慧當觀察籌量所得涅槃非真實也但
是如來方便之力於一佛乘分別說三如彼
導師為止息故化作大城既知息已而告之
言寶處在近此城非實我化作耳尒時世尊
欲重宣此義而說偈言
大通智勝佛　十劫坐道場　佛法不現前　不得成佛道

導師為止息故化作大城既知息已而告之
言寶處在近此城非實我化作耳尒時世尊
欲重宣此義而說偈言
大通智勝佛　十劫坐道場　佛法不現前　不得成佛道
諸天神龍王　阿脩羅衆等　常雨於天華　以供養彼佛
諸天擊天鼓　并作衆伎樂　香風吹萎華　更雨新好者
過十小劫已　乃得成佛道　諸天及世人　心皆懷踊躍
彼佛十六子　皆與其眷屬　千萬億圍繞　俱行至佛所
頭面礼佛足　而請轉法輪　聖師子法雨　充我及一切
世尊甚難值　久遠時一現　為覺悟群生　震動於一切
東方諸世界　五百萬億國　梵宮殿光曜　昔所未曾有
諸梵見此相　尋來至佛所　散華以供養　并奉上宮殿
請佛轉法輪　以偈而讚歎　佛知時未至　受請默然坐
三方及四維　上下亦復尒　散華奉宮殿　請佛轉法輪
世尊甚難值　願以大慈悲　廣開甘露門　轉無上法輪
無量慧世尊　受彼衆人請　為宣種種法　四諦十二緣
無明至老死　皆從生緣有　如是衆過患　汝等應當知
宣暢是法時　六百萬億姟　得盡諸苦際　皆成阿羅漢
第二說法時　千萬恒沙衆　於諸法不受　亦得阿羅漢
從是後得道　其數無有量　萬億劫筭數　不能得其邊
時十六王子　出家作沙弥　皆共請彼佛　演說大乘法
我等及營從　皆當成佛道　願得如世尊　慧眼第一淨
佛知童子心　宿世之所行　以無量因緣　種種諸譬喻
說六波羅蜜　及諸神通事　分別真實法　菩薩所行道
說是法華經　如恒河沙等　彼佛說經已　靜室入禪定

我等及營從　皆當成佛道　願得如世尊　慧眼第一淨
佛知童子心　宿世之所行　以無量因緣　種種諸譬喻
說六波羅蜜　及諸神通事　分別真實法　菩薩所行道
說是法華經　如恒河沙偈　彼佛說經已　靜室入禪定
一心一處坐　八萬四千劫　是諸沙彌等　知佛禪未出
為無量億眾　說佛無上慧　各各坐法座　說是大乘經
於佛宴寂後　宣揚助法化　一一沙彌等　所度諸眾生
有六百萬億　恒河沙等眾　彼佛滅度後　是諸聞法者
在在諸佛土　常與師俱生　是十六沙彌　具足行佛道
今現在十方　各得成正覺　爾時聞法者　各在諸佛所
其有住聲聞　漸教以佛道　我在十六數　曾亦為汝說
是故以方便　引汝趣佛慧　以是本因緣　今說法華經
令汝入佛道　慎勿懷驚懼　譬如險惡道　迥絕多毒獸
又復無水草　人所怖畏處　無數千萬眾　欲過此險道
其路甚曠遠　經五百由旬　時有一導師　強識有智慧
明了心決定　在險濟眾難　眾人皆疲惓　而白導師言
我等今頓乏　於此欲退還　導師作是念　此輩甚可愍
如何欲退還　而失大珍寶　尋時思方便　當設神通力
化作大城郭　莊嚴諸舍宅　周帀有園林　渠流及浴池
重門高樓閣　男女皆充滿　即作是化已　慰眾言勿懼
汝等入此城　各可隨所樂　諸人既入城　心皆大歡喜
皆生安隱想　自謂已得度　導師知息已　集眾而告言
汝等當前進　此是化城耳　我見汝疲極　中路欲退還
故以方便力　權化作此城　汝今勤精進　當共至寶所
我亦復如是　為一切導師　見諸求道者　中路而懈廢

BD03630號　妙法蓮華經卷三　（10–9）

我等今頓乏　於此欲退還　導師作是念　此輩甚可愍
如何欲退還　而失大珍寶　尋時思方便　當設神通力
化作大城郭　莊嚴諸舍宅　周帀有園林　渠流及浴池
重門高樓閣　男女皆充滿　即作是化已　慰眾言勿懼
汝等入此城　各可隨所樂　諸人既入城　心皆大歡喜
皆生安隱想　自謂已得度　導師知息已　集眾而告言
汝等當前進　此是化城耳　我見汝疲極　中路欲退還
故以方便力　權化作此城　汝今勤精進　當共至寶所
我亦復如是　為一切導師　見諸求道者　中路而懈廢
不能度生死　煩惱諸險道　故以方便力　為息說涅槃
言汝等苦滅　所作皆已辦　既知到涅槃　皆得阿羅漢
爾乃集大眾　為說真實法　諸佛方便力　分別說三乘
唯有一佛乘　息處故說二　今為汝說實　汝所得非滅
為佛一切智　當發大精進　汝證一切智　十力等佛法
具三十二相　乃是真實滅　諸佛之導師　為息說涅槃
既知是息已　引入於佛慧

妙法蓮華經卷第三

BD03630號　妙法蓮華經卷三　（10–10）

時觀世音
音菩薩言仁者
告觀世音菩薩當
天龍夜叉乾闥婆阿
睺羅伽人非人等故受
菩薩愍諸四眾及於天龍
分作二分一分奉釋迦牟尼
佛塔无盡意觀世音菩薩有
力遊於娑婆世界尒時无盡意菩
曰
世尊妙相具 我今重問彼 佛子何因緣 名為觀世音
具足妙相尊 偈答无盡意 汝聽觀音行 善應諸方所
弘誓深如海 歷劫不思議 侍多千億佛 發大清淨願
我為汝略說 聞名及見身 心念不空過 能滅諸有苦
假使興害意 推落大火坑 念彼觀音力 火坑變成池
或漂流巨海 龍魚諸鬼難 念彼觀音力 波浪不能沒
或在須彌峯 為人所推墮 念彼觀音力 如日虛空住
或被惡人逐 墮落金剛山 念彼觀音力 不能損一毛

BD03631號　觀世音經　（3–1）

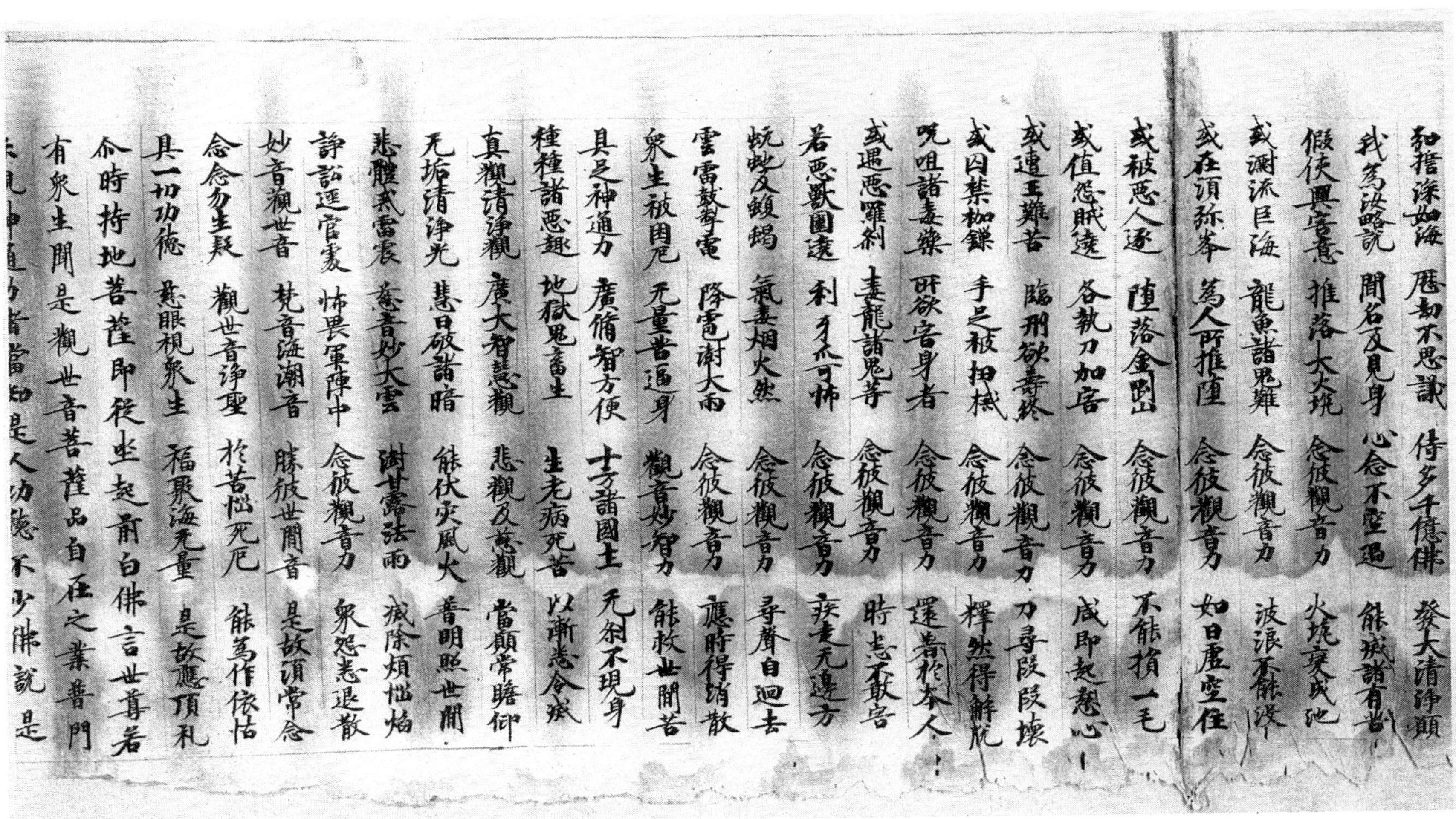

弘誓深如海 歷劫不思議 侍多千億佛 發大清淨願
我為汝略說 聞名及見身 心念不空過 能滅諸有苦
假使興害意 推落大火坑 念彼觀音力 火坑變成池
或漂流巨海 龍魚諸鬼難 念彼觀音力 波浪不能沒
或在須彌峯 為人所推墮 念彼觀音力 如日虛空住
或被惡人逐 墮落金剛山 念彼觀音力 不能損一毛
或值怨賊遶 各執刀加害 念彼觀音力 咸即起慈心
或遭王難苦 臨刑欲壽終 念彼觀音力 刀尋段段壞
或囚禁枷鎖 手足被杻械 念彼觀音力 釋然得解脫
呪詛諸毒藥 所欲害身者 念彼觀音力 還著於本人
或遇惡羅剎 毒龍諸鬼等 念彼觀音力 時悉不敢害
若惡獸圍遶 利牙爪可怖 念彼觀音力 疾走无邊方
蚖蛇及蝮蠍 氣毒煙火然 念彼觀音力 尋聲自迴去
雲雷鼓掣電 降雹澍大雨 念彼觀音力 應時得消散
眾生被困厄 无量苦逼身 觀音妙智力 能救世間苦
具足神通力 廣脩智方便 十方諸國土 无剎不現身
種種諸惡趣 地獄鬼畜生 生老病死苦 以漸悉令滅
真觀清淨觀 廣大智慧觀 悲觀及慈觀 常願常瞻仰
无垢清淨光 慧日破諸闇 能伏災風火 普明照世間
悲體戒雷震 慈意妙大雲 澍甘露法雨 滅除煩惱焰
諍訟經官處 怖畏軍陣中 念彼觀音力 眾怨悉退散
妙音觀世音 梵音海潮音 勝彼世間音 是故須常念
念念勿生疑 觀世音淨聖 於苦惱死厄 能為作依怙
具一切功德 慈眼視眾生 福聚海无量 是故應頂禮
尒時持地菩薩即從座起前白佛言世尊若
有眾生聞是觀世音菩薩品自在之業普門
示現神通力者當知是人功德不少佛說是

BD03631號　觀世音經　（3–2）

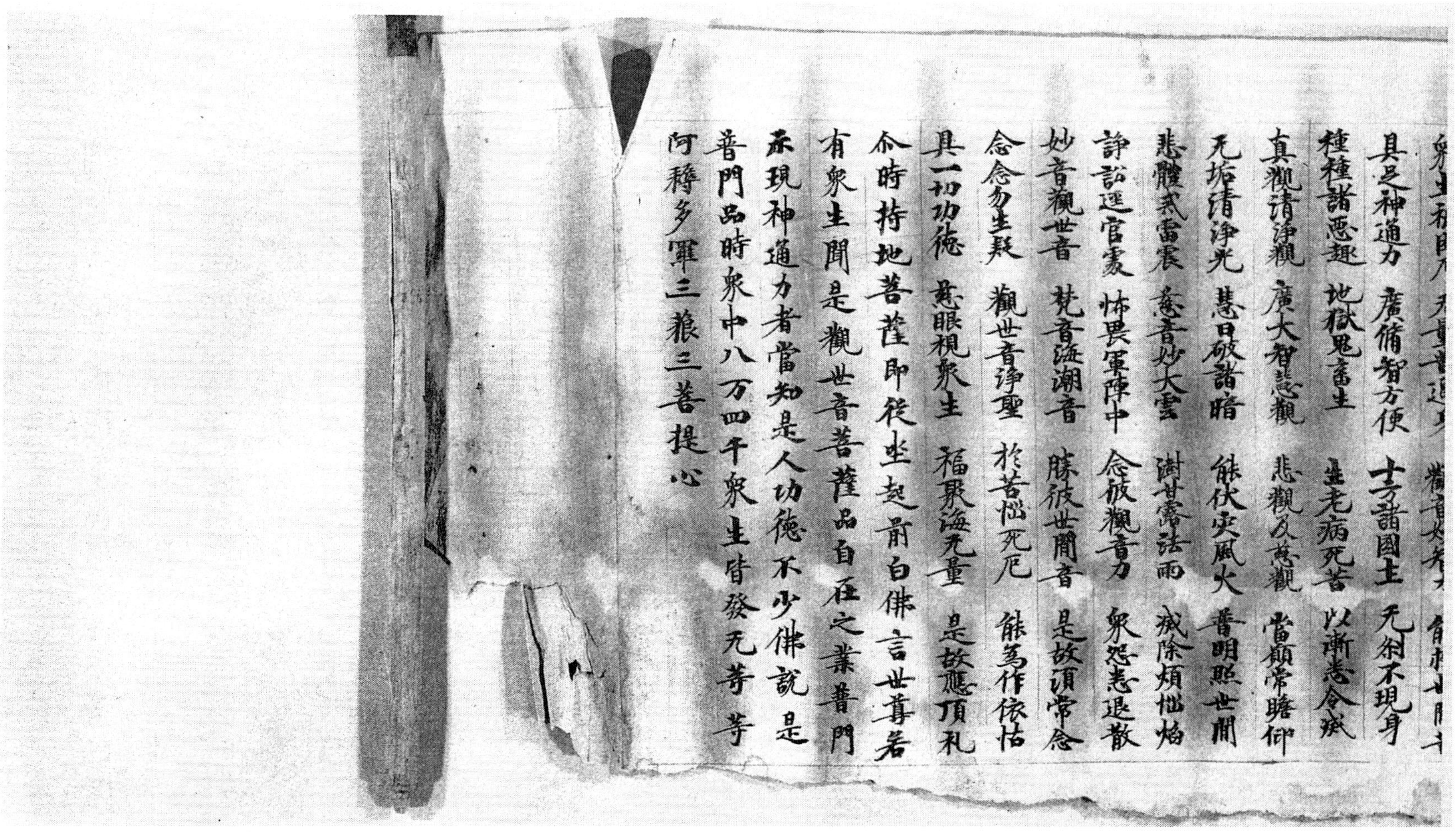
具足神通力 廣脩智方便 十方諸國土 无刹不現身
種種諸惡趣 地獄鬼畜生 生老病死苦 以漸悉令滅
真觀清淨觀 廣大智慧觀 悲觀及慈觀 常願常瞻仰
无垢清淨光 慧日破諸闇 能伏灾風火 普明照世間
悲體戒雷震 慈意妙大雲 澍甘露法雨 滅除煩惱焰
諍訟經官處 怖畏軍陣中 念彼觀音力 衆怨悉退散
妙音觀世音 梵音海潮音 勝彼世間音 是故須常念
念念勿生疑 觀世音淨聖 於苦惱死厄 能為作依怙
具一切功德 慈眼視衆生 福聚海无量 是故應頂礼
尒時持地菩薩即從座起前白佛言世尊若
有衆生聞是觀世音菩薩品自在之業普門
示現神通力者當知是人功德不少佛說是
普門品時衆中八万四千衆生皆發无等等
阿耨多羅三藐三菩提心

BD03631 號　觀世音經

(3–1)

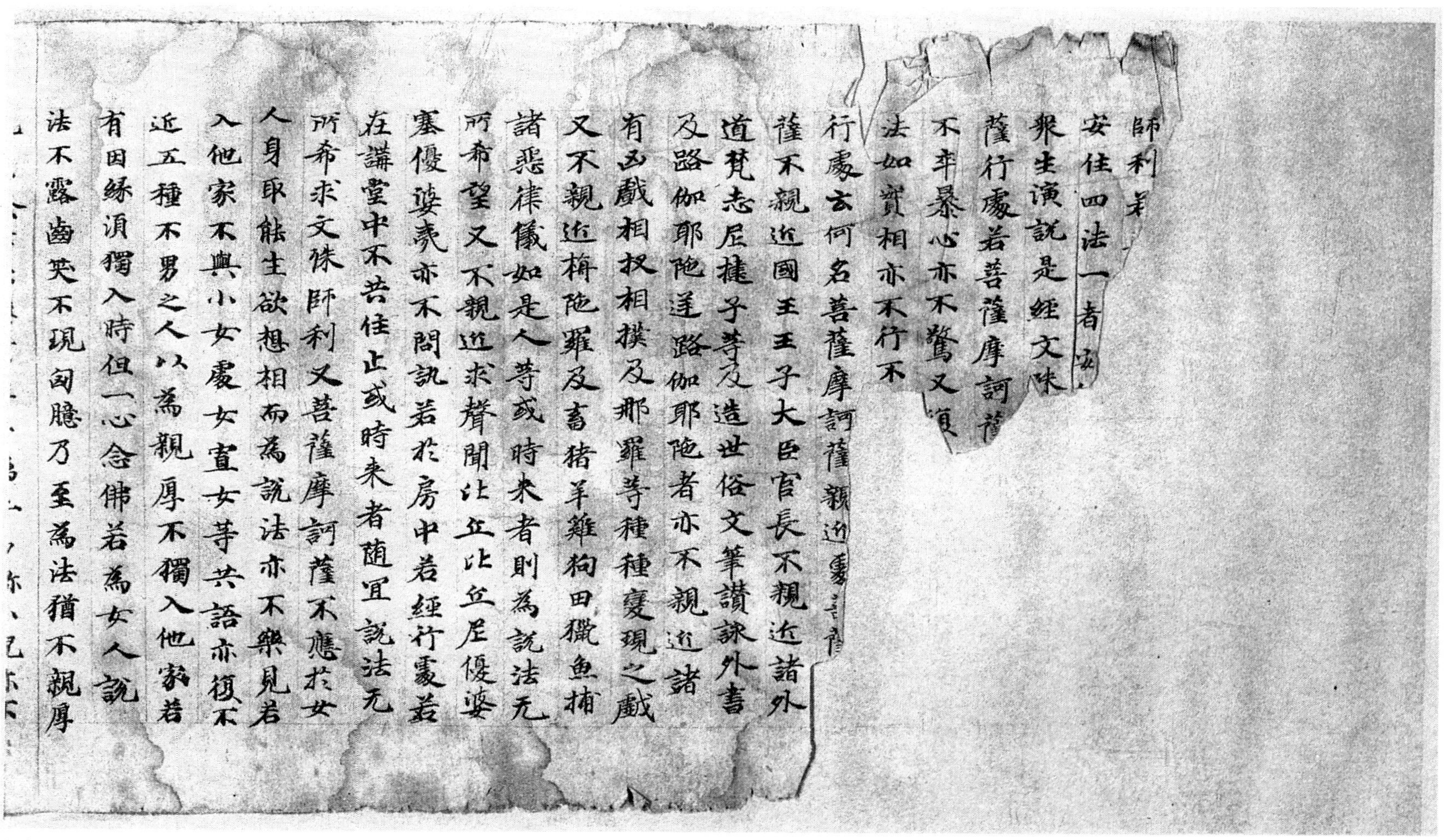
師利若
安住四法一者安
衆生演說是經文殊
薩行處若菩薩摩訶薩
不卒暴心亦不驚又復
法如實相亦不行不
行處云何名菩薩摩訶薩親近處菩薩
薩不親近國王王子大臣官長不親近諸外
道梵志尼揵子等及造世俗文筆讚詠外書
及路伽耶陁逆路伽耶陁者亦不親近諸
有凶戲相扠相撲及那羅等種種變現之戲
又不親近旃陁羅及畜猪羊雞狗田獵魚捕
諸惡律儀如是人等或時來者則為說法无
所希望又不親近求聲聞比丘比丘尼優婆
塞優婆夷亦不問訊若於房中若經行處若
在講堂中不共住止或時來者隨宜說法无
所希求文殊師利又菩薩摩訶薩不應於女
人身取能生欲想相而為說法亦不樂見若
入他家不與小女處女寡女等共語亦復不
近五種不男之人以為親厚不獨入他家若
有因緣須獨入時但一心念佛若為女人說
法不露齒笑不現胸臆乃至為法猶不親厚

BD03632 號　妙法蓮華經卷五

(28–1)

人身取能生欲想相而為說法亦不樂見若
入他家不與小女處女寡女等共語亦復不
近五種不男之人以為親厚不獨入他家若
有因緣須獨入時但一心念佛若為女人說
法不露齒笑不現胸臆乃至為法猶不親厚
況復餘事不樂畜年少弟子沙弥小兒亦不
與同師常好坐禪在於閑處脩攝其心文
殊師利是名初親近處復次菩薩摩訶薩觀
一切法空如實相不顛倒不動不退不轉如
虛空无所有性一切語言道斷不生不出不
起无名无相實无所有无量无邊无礙无鄣
但以因緣有從顛倒生故說常樂觀如是法
相是名菩薩摩訶薩第二親近處尒時世尊
欲重宣此義而說偈言

若有菩薩　於後惡世　无怖畏心　欲說是經
應入行處　及親近處　常離國王　及國王子
大臣官長　凶險戲者　及旃陀羅　外道梵志
亦不親近　增上慢人　貪著小乘　三藏學者
破戒比丘　名字羅漢　及比丘尼　好戲笑者
深著五欲　求現滅度　諸優婆夷　皆勿親近
若是人以　以好心來　到菩薩所　為聞佛道
菩薩則以　无所畏心　不懷希望　而為說法
寡女處女　及諸不男　皆勿親近　以為親厚
亦莫親近　屠兒魁膾　畋獵魚捕　為利殺害
販肉自活　衒賣女色　如是之人　皆勿親近
凶險相撲　種種嬉戲　諸婬女等　盡勿親近
莫獨屏處　為女說法　若說法時　无得戲笑

BD03632號　妙法蓮華經卷五　（28–2）

亦莫親近　屠兒魁膾　畋獵魚捕　為利殺害
販肉自活　衒賣女色　如是之人　皆勿親近
凶險相撲　種種嬉戲　諸婬女等　盡勿親近
莫獨屏處　為女說法　若說法時　无得戲笑
入里乞食　將一比丘　若无比丘　一心念佛
是則名為　行處近處　以此二處　能安樂說
又復不行　上中下法　有為无為　實不實法
亦不分別　是男是女　不得諸法　不知不見
是則名為　菩薩行處
一切諸法　空无所有　无有常住　亦无起滅
是名智者　所親近處
顛倒分別　諸法有无　是實非實　是生非生
在於閑處　脩攝其心　安住不動　如須弥山
觀一切法　皆无所有　猶如虛空　无有堅固
不生不出　不動不退　常住一相　是名近處
若有比丘　於我滅後　入是行處　及親近處
說斯經時　无有怯弱
菩薩有時　入於靜室　以正憶念　隨義觀法
從禪定起　為諸國王　王子臣民　婆羅門等
開化演暢　說斯經典　其心安隱　无有怯弱
文殊師利　是名菩薩　安住初法　能於後世
說法華經

又文殊師利如來滅後於末法中欲說是經
應住安樂行若口宣說若讀經時不樂說人
及經典過亦不輕慢諸餘法師不說他人好
惡長短於聲聞人亦不稱名說其過惡亦不
稱名讚歎其美又亦不生怨嫌之心善脩如

BD03632號　妙法蓮華經卷五　（28–3）

説法華經
又文殊師利如來滅後於末法中欲說是經
應住安樂行若口宣說若讀經時不樂說人
及經典過亦不輕慢諸餘法師不說他人好
惡長短於聲聞人亦不稱名說其過惡亦不
稱名讚嘆其美又亦不生怨嫌之心善修如
是安樂心故諸有聽者不逆其意有所難
問不以小乘法答但以大乘而為解說令得
一切種智尒時世尊欲重宣此義而說偈言
菩薩常樂　安隱說法　於清淨地　而施床座
以油塗身　澡浴塵穢　着新淨衣　內外俱淨
安處法座　隨問為說
若有比丘　及比丘尼　諸優婆塞　及優婆夷
國王王子　群臣士民　以微妙義　和顏為說
若有難問　隨義而答　因緣譬喻　敷演分別
以是方便　皆使發心　漸漸增益　入於佛道
除嬾惰意　及懈怠想　離諸憂惱　慈心說法
晝夜常說　无上道教　以諸因緣　无量譬喻
開示眾生　咸令歡喜
衣服卧具　飲食醫藥　而於其中　无所悕望
但一心念　說法因緣　願成佛道　令眾亦尒
是則大利　安樂供養
我滅度後　若有比丘　能演說斯　妙法華經
心无嫉恚　諸惱障礙　亦无憂愁　及罵詈者
又无怖畏　加刀杖等　亦无擯出　安住忍故
智者如是　善修其心　能住安樂　如我上說
其人功德　千万億劫　筭數譬喻　說不能盡

BD03632 號　妙法蓮華經卷五　（28–4）

我滅度後　若有比丘　能演說斯　妙法華經
心无嫉恚　諸惱障礙　亦无憂愁　及罵詈者
又无怖畏　加刀杖等　亦无擯出　安住忍故
智者如是　善修其心　能住安樂　如我上說
其人功德　千万億劫　筭數譬喻　說不能盡
又文殊師利菩薩摩訶薩於後末世法欲滅
時受持讀誦斯經典者无懷嫉妬諂誑之心亦
勿輕罵學佛道者求其長短若比丘比丘尼
優婆塞優婆夷求聲聞者求辟支佛者求
菩薩道者无得惱之令其疑悔語其人言汝
等去道甚遠終不能得一切種智所以者何
汝是放逸之人於道懈怠故又亦不應戲論
諸法有所諍競當於一切眾生起大悲想於
諸如來起慈父想於諸菩薩起大師想於十
方諸大菩薩應深心恭敬礼拜於一切眾生
平等說法以順法故不多不少乃至深愛法
者亦不為多說文殊師利是菩薩摩訶薩於
後末世法欲滅時有成就是第三安樂行者
說是法時无能惱亂得好同學共讀誦是經
亦得大眾而來聽受聽已能持持已能誦
誦已能說說已能書若使人書供養經卷恭
敬尊重讚歎尒時世尊欲重宣此義而說偈
言
若欲說是經　當捨嫉恚慢　諂誑邪偽心　常修質直行
不輕蔑於人　亦不戲論法　不令他疑悔　云汝不得佛
是佛子說法　常柔和能忍　慈悲於一切　不生懈怠心
十方大菩薩　愍眾故行道　應生恭敬心　是則我大師
於諸佛世尊　生无上父想　破於憍慢心　說法无障礙

BD03632 號　妙法蓮華經卷五　（28–5）

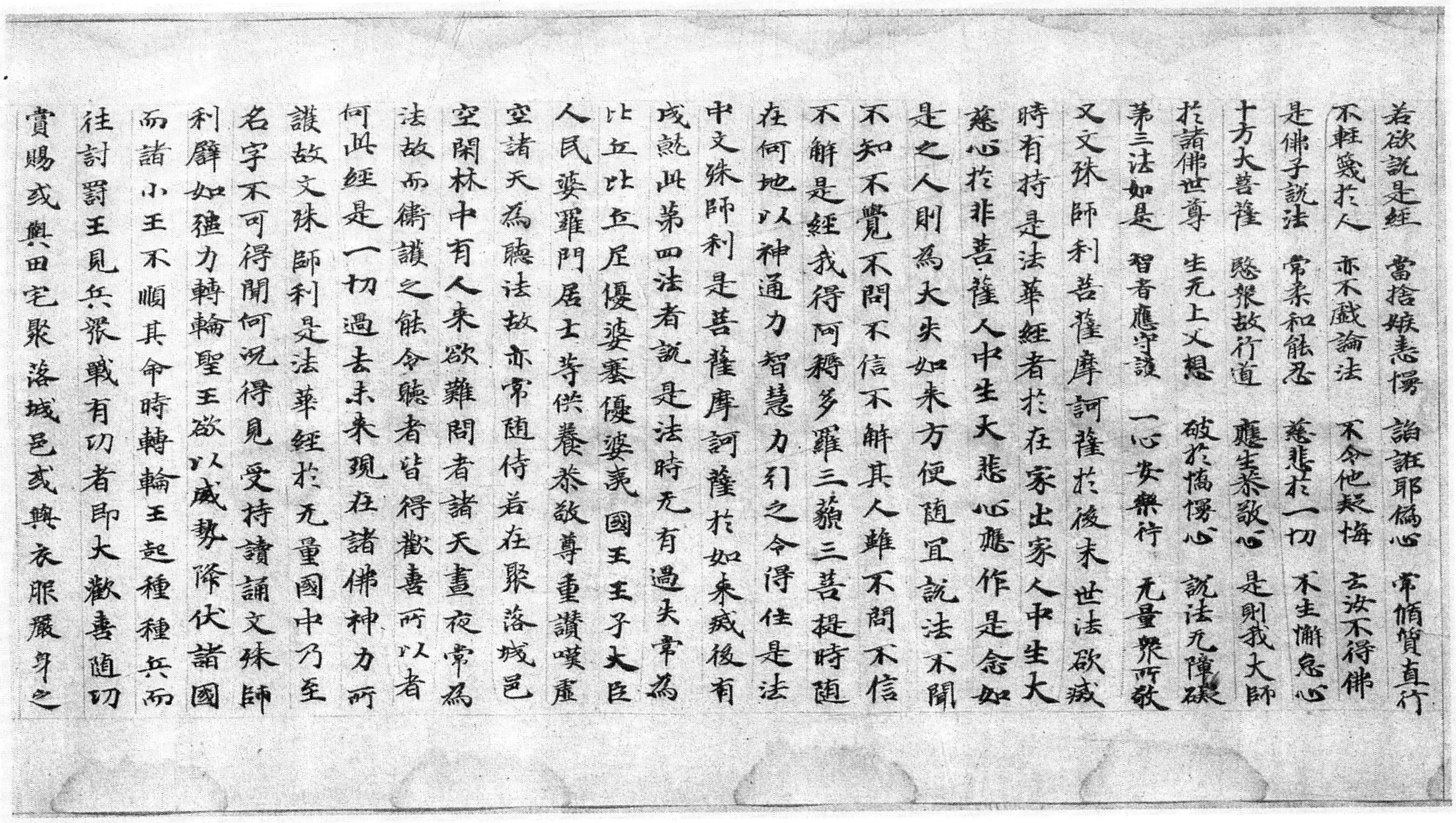
若欲說是經　當捨嫉恚慢　諂誑耶偽心　常脩質直行
不輕蔑於人　亦不戲論法　不令他疑悔　云汝不得佛
是佛子說法　常柔和能忍　慈悲於一切　不生懈怠心
十方大菩薩　愍衆故行道　應生恭敬心　是則我大師
於諸佛世尊　生无上父想　破於憍慢心　說法无障礙
第三法如是　智者應守護　一心安樂行　无量衆所敬
又文殊師利菩薩摩訶薩於後末世法欲滅
時有持是法華經者於在家出家人中生大
慈心於非菩薩人中生大悲心應作是念如
是之人則為大失如來方便隨宜說法不聞
不知不覺不問不信不解其人雖不問不信
不解是經我得阿耨多羅三藐三菩提時隨
在何地以神通力智慧力引之令得住是法
中文殊師利是菩薩摩訶薩於如來滅後有
成就此第四法者說是法時无有過失常為
比丘比丘尼優婆塞優婆夷國王王子大臣
人民婆羅門居士等供養恭敬尊重讚嘆虛
空諸天為聽法故亦常隨侍若在聚落城邑
空閑林中有人來欲難問者諸天晝夜常為
法故而衛護之能令聽者皆得歡喜所以者
何此經是一切過去未來現在諸佛神力所
護故文殊師利是法華經於无量國中乃至
名字不可得聞何況得見受持讀誦文殊師
利譬如強力轉輪聖王欲以威勢降伏諸國
而諸小王不順其命時轉輪王起種種兵而
往討罰王見兵衆戰有功者即大歡喜隨功
賞賜或與田宅聚落城邑或與衣服嚴身之

BD03632號　妙法蓮華經卷五　（28–6）

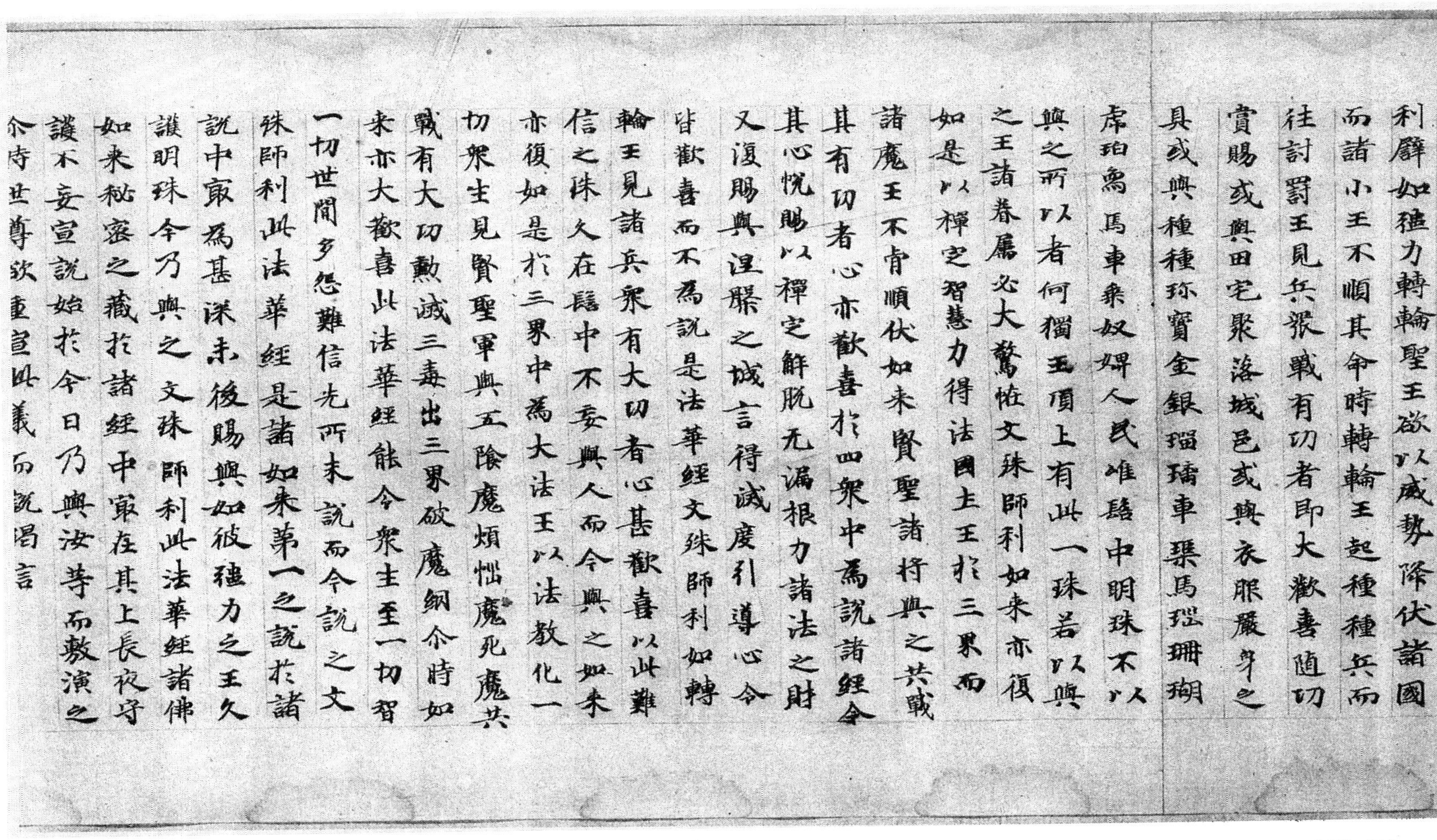
利譬如強力轉輪聖王欲以威勢降伏諸國
而諸小王不順其命時轉輪王起種種兵而
往討罰王見兵衆戰有功者即大歡喜隨功
賞賜或與田宅聚落城邑或與衣服嚴身之
具或與種種珎寶金銀瑠璃車渠馬瑙珊瑚
虎珀象馬車乘奴婢人民唯髻中明珠不以
與之所以者何獨王頂上有此一珠若以與
之王諸眷屬必大驚怪文殊師利如來亦復
如是以禪定智慧力得法國土王於三界而
諸魔王不肯順伏如來賢聖諸將與之共戰
其有功者心亦歡喜於四衆中為說諸經令
其心悅賜以禪定解脫无漏根力諸法之財
又復賜與涅槃之城言得滅度引導其心令
皆歡喜而不為說是法華經文殊師利如轉
輪王見諸兵衆有大功者心甚歡喜以此難
信之珠久在髻中不妄與人而今與之如來
亦復如是於三界中為大法王以法教化一
切衆生見賢聖軍與五陰魔煩惱魔死魔共
戰有大功勳滅三毒出三界破魔網尒時如
來亦大歡喜此法華經能令衆生至一切智
一切世間多怨難信先所未說而今說之文
殊師利此法華經是諸如來第一之說於諸
說中最為甚深末後賜與如彼強力之王久
護明珠今乃與之文殊師利此法華經諸佛
如來秘密之藏於諸經中最在其上長夜守
護不妄宣說始於今日乃與汝等而敷演之
尒時世尊欲重宣此義而說偈言

BD03632號　妙法蓮華經卷五　（28–7）

譬明珠令乃與之 文殊師利此法華經諸佛
如來秘密之藏於諸經中最在其上長夜守
護不妄宣說始於今日乃與汝等而敷演之
尒時世尊欲重宣此義而說偈言
常行忍辱 哀愍一切 乃能演說 佛所讚經
後末世時 持此經者 於家出家 及非菩薩
應生慈悲 斯等不聞 不信是經 則為大失
我得佛道 以諸方便 為說此法 令住其中
譬如強力 轉輪之王 兵戰有功 賞賜諸物
象馬車乘 嚴身之具 及諸田宅 聚落城邑
或與衣服 種種珎寶 奴婢財物 歡喜賜與
如有勇健 能為難事 王解髻中 明珠賜之
如來亦尒 為諸法王 忍辱大力 智慧寶藏
以大慈悲 如法化世 見一切人 受諸苦惱
欲求解脫 與諸魔戰 為是衆生 說種種法
以大方便 說此諸經 既知衆生 得其力已
末後乃為 說是法華 如王解髻 明珠與之
此經為尊 衆經中上 我常守護 不妄開示
今正是時 為汝等說
我滅度後 求佛道者 欲得安隱 演說斯經
應當親近 如是四法 讀是經者 常无憂惱
又无病痛 顏色鮮白 不生貧窮 卑賤醜陋
衆生樂見 如慕賢聖 天諸童子 以為給使
刀杖不加 毒不能害 若人惡罵 口則閉塞
遊行无畏 如師子王 智慧光明 如日之照
若於夢中 但見妙事 見諸如來 坐師子座
諸比丘衆 圍遶說法 又見龍神 阿脩羅等

BD03632號 妙法蓮華經卷五 (28–8)

衆生樂見 如慕賢聖 天諸童子 以為給使
刀杖不加 毒不能害 若人惡罵 口則閉塞
遊行无畏 如師子王 智慧光明 如日之照
若於夢中 但見妙事 見諸如來 坐師子座
諸比丘衆 圍遶說法 又見龍神 阿脩羅等
數如恒沙 恭敬合掌 自見其身 而為說法
又見諸佛 身相金色 放无量光 照於一切
以梵音聲 演說諸法 佛為四衆 說无上法
見身處中 合掌讚佛 聞法歡喜 而為供養
得陀羅尼 證不退智 佛知其心 深入佛道
即為授記 成最正覺 汝善男子 當於來世
得无量智 佛之大道 國土嚴淨 廣大无比
亦有四衆 合掌聽法 又見自身 在山林中
脩習善法 證諸實相 深入禪定 見十方佛
諸佛身金色 百福相莊嚴 聞法為人說 常有是好夢
又夢作國王 捨宮殿眷屬 及上妙五欲 行詣於道場
在菩提樹下 而處師子座 求道過七日 得諸佛之智
成无上道已 起而轉法輪 為四衆說法 經千万億劫
說无漏妙法 度无量衆生 後當入涅槃 如烟盡燈滅
若後惡世中 說是第一法 是人得大利 如上諸功德
妙法蓮華經從地踊出品第十五
尒時他方國土諸來菩薩摩訶薩過八恒河
沙數於大衆中起立合掌作礼而白佛言世
尊若聽我等於佛滅後在此娑婆世界勤加
精進護持讀誦書寫供養是經典者當於此
土而廣說之尒時佛告諸菩薩摩訶薩衆止
善男子不須汝等護持此經所以者何我娑
婆世界自有六万恒河沙等菩薩摩訶薩一

BD03632號 妙法蓮華經卷五 (28–9)

精進護持讀誦書寫供養是經典者當於此
土而廣說之尒時佛告諸菩薩摩訶薩衆止
善男子不須汝等護持此經所以者何我娑
婆世界自有六万恒河沙等菩薩摩訶薩一
一菩薩各有六万恒河沙眷屬是諸人等能
於我滅後護持讀誦廣說此經佛說是時娑
婆世界三千大千國土地皆震裂而於其中
有无量千万億菩薩摩訶薩同時踊出是諸
菩薩身皆金色三十二相无量光明先盡在
此娑婆世界之下此界虚空中住是諸菩薩
聞釋迦牟尼佛所說音聲從下發來一一菩
薩皆是大衆唱導之首各將六万恒河沙眷
屬況將五万四万三万二万一万恒河沙等
眷屬者況復乃至一恒河沙半恒河沙四分
之一乃至千万億那由他分之一況復千万
億那由他眷屬況復億万眷屬況復千万百
万乃至一万況復一千一百乃至一十況復
將五四三二一弟子者況復單已樂遠離行
如是等比无量无邊筭數譬喻所不能知是
諸菩薩從地出已各詣虚空七寶妙塔多寶
如來釋迦牟尼佛所到已向二世尊頭面礼
足及至諸寶樹下師子座上佛所亦皆作礼
右遶三帀合掌恭敬以諸菩薩種種讚法而
以讚嘆住在一面欣樂瞻仰於二世尊是諸菩
薩摩訶薩從初踊出以諸菩薩種種讚法而讚
於佛如是時間經五十小劫是時釋迦牟尼

BD03632號　妙法蓮華經卷五　（28–10）

右遶三帀合掌恭敬以諸菩薩種種讚法而
以讚嘆住在一面欣樂瞻仰於二世尊是諸菩
薩摩訶薩從初踊出以諸菩薩種種讚法而讚
於佛如是時間經五十小劫是時釋迦牟尼
佛默然而坐及諸四衆亦皆默然五十小劫
佛神力故令諸大衆謂如半日尒時四衆亦
以佛神力故見諸菩薩遍滿无量百千万
億國土虚空是菩薩衆中有四導師一名上
行二名无邊行三名淨行四名安立行是
四菩薩於其衆中最為上首唱導之師在大
衆前各共合掌觀釋迦牟尼佛而問訊言世
尊少病少惱安樂行不所應度者受教易
不不令世尊生疲勞耶尒時四大菩薩而說
偈言
世尊安樂　少病少惱　教化衆生　得无疲倦
又諸衆生　受化易不　不令世尊　生疲勞耶
尒時世尊於菩薩大衆中而作是言如是如
是諸善男子如來安樂少病少惱諸衆生等
易可化度无有疲勞所以者何是諸衆生世
世已來常受我化亦於過去諸佛供養尊重
種諸善根此諸衆生始見我身聞我所說即
皆信受入如來慧除先脩習學小乘者如是
之人我今亦令得聞是經入於佛慧尒時諸
大菩薩而說偈言
善哉善哉　大雄世尊　諸衆生等　易可化度
能問諸佛　甚深智慧　聞已信行　我等隨喜
於時世尊讚嘆上首諸大菩薩善哉善哉善

BD03632號　妙法蓮華經卷五　（28–11）

善哉善哉　大雄世尊　諸衆生等　易可化度
能問諸佛　甚深智慧　聞已信行　我等隨喜
於時世尊讚嘆上首諸大菩薩善哉善哉善
男子汝等能於如來發隨喜心尒時弥勒菩
薩及八千恒河沙諸菩薩衆皆作是念我等
從昔已來不見不聞如是大菩薩摩訶薩衆
從地踊出住世尊前合掌供養問訊如來時
弥勒菩薩摩訶薩知八千恒河沙諸菩薩等
心之所念并欲自決所疑合掌向佛以偈問
曰
无量千万億　大衆諸菩薩　昔所未曾見　願兩足尊說
是從何所來　以何因緣集　巨身大神通　智慧叵思議
其志念堅固　有大忍辱力　衆生所樂見　為從何所來
一一諸菩薩　所將諸眷屬　其數无有量　如恒河沙等
或有大菩薩　將六万恒河　如是諸大衆　一心求佛道
是諸大師等　六万恒河沙　俱來供養佛　及護持是經
將五万恒沙　其數過於是　四万及三万　二万至一万
一千一百等　乃至一恒沙　半及三四分　億万分之一
千万那由他　万億諸弟子　乃至於半億　其數復過上
百万至一万　一千及一百　五十與一十　乃至三二一
單己无眷屬　樂於獨處者　俱來至佛所　其數轉過上
如是諸大衆　若人行籌數　過於恒沙劫　猶不能盡知
是諸大威德　精進菩薩衆　誰為其說法　教化而成就
從誰初發心　稱揚何佛法　受持行誰經　修習何佛道
如是諸菩薩　神通大智力　四方地震裂　皆從中踊出
世尊我昔來　未曾見是事　願說其所從　國土之名号
我常遊諸國　未曾見是衆

BD03632號　妙法蓮華經卷五

（28–12）

從誰初發心　稱揚何佛法　受持行誰經　修習何佛道
如是諸菩薩　神通大智力　四方地震裂　皆從中踊出
世尊我昔來　未曾見是事　願說其所從　國土之名号
我常遊諸國　未曾見是衆
我於此衆中　乃不識一人　忽然從地出　願說其因緣
今此之大會　无量百千億　是諸菩薩等　皆欲知此事
是諸菩薩衆　本末之因緣　无量德世尊　唯願決衆疑
尒時釋迦牟尼分身諸佛從无量千万億他
方國土來者在於八方諸寶樹下師子座上
結跏趺坐其佛侍者各各見是菩薩大衆於
三千大千世界四方從地踊出住於虛空各
白其佛言世尊此諸无量无邊阿僧祇菩薩
大衆從何所來尒時諸佛各告侍者諸善男
子且待須臾有菩薩摩訶薩名曰弥勒釋迦
牟尼佛之所授記次後作佛已問斯事佛今
荅之汝等自當因是得聞尒時釋迦牟尼佛
告弥勒菩薩善哉善哉阿逸多乃能問佛如
是大事汝等當共一心被精進鎧發堅固意
如來今欲顯發宣示諸佛智慧諸佛自在神
通之力諸佛師子奮迅之力諸佛威猛大勢
之力尒時世尊欲重宣此義而說偈言
當精進一心　我欲說此事　勿得有疑悔　佛智叵思議
汝出信力　住於忍善中　昔所未聞法　今皆當得聞
我今安慰汝　勿得懷疑懼　佛无不實語　智慧不可量
所得第一法　甚深叵分別　如是今當說　汝等一心聽
尒時世尊說此偈已告弥勒菩薩我今於此
大衆宣告汝等阿逸多是諸大菩薩摩訶

BD03632號　妙法蓮華經卷五

（28–13）

我今安慰汝　勿得懷疑懼　佛无不實語　智慧不可量
所得第一法　甚深叵分別　如是今當說　汝等一心聽
尒時世尊說此偈已告弥勒菩薩我今於此
大衆宣告汝等阿逸多是諸大菩薩摩訶
薩无量无數阿僧祇從地踊出汝等昔所未見
者我於是娑婆世界得阿耨多羅三藐三菩
提已教化示導是諸菩薩調伏其心令發道
意此諸菩薩皆於是娑婆世界之下此界虛
空中住於諸經典讀誦通利思惟分別正憶
念阿逸多是諸善男子等不樂在衆多有所
說常樂靜處勤行精進未曾休息亦不依止
人天而住常樂深智无有鄣礙亦常樂於諸
佛之法一心精進求无上慧尒時世尊欲重
宣此義而說偈言
阿逸汝當知　是諸大菩薩　從无數劫來　脩習佛智慧
悉是我所化　令發大道心　此等是我子　依止是世界
常行頭陁事　志樂於靜處　捨大衆憒閙　不樂多所說
如是諸子等　學習我道法　晝夜常精進　爲求佛道故
在娑婆世界　下方空中住
志念力堅固　常勤求智慧　說種種妙法　其心无所畏
我於伽耶城　菩提樹下坐　得成最正覺　轉无上法輪
尒乃教化之　令初發道心　今皆住不退　悉當得成佛
我今說實語　汝等一心信　我從久遠來　教化是等衆
尒時弥勒菩薩摩訶薩及无數諸菩薩等心
生疑惑恠未曾有而作是念云何世尊於少
時間教化如是无量无邊阿僧祇諸大菩薩
令住阿耨多羅三藐三菩提即白佛言世尊

BD03632號　妙法蓮華經卷五

(28–14)

尒時弥勒菩薩摩訶薩及无數諸菩薩等心
生疑惑恠未曾有而作是念云何世尊於少
時間教化如是无量无邊阿僧祇諸大菩薩
令住阿耨多羅三藐三菩提即白佛言世尊
如來爲太子時出於釋宮去伽耶城不遠坐
於道場得成阿耨多羅三藐三菩提從是以
來始過四十餘年世尊云何於此少時大作
佛事以佛勢力以佛功德教化如是无量大
菩薩衆當成阿耨多羅三藐三菩提世尊此
大菩薩衆假使有人於千万億劫數不能盡
不得其邊斯等久遠以來於无量无邊諸佛
所殖諸善根成就菩薩道常脩梵行世尊如
此之事世所難信譬如有人色美髮黑年二
十五指百歲人言是我子其百歲人亦指年
少言是我父生育我等是事難信佛亦如是
得道已來其實未久而此大衆諸菩薩等已
於无量千万億劫爲佛道故勤行精進善入
出住无量百千万億三昧得大神通久脩梵
行善能次第集諸善法巧於問荅人中之寶
一切世間甚爲希有今日世尊方云得佛道
時初令發心教化示導令向阿耨多羅三藐
三菩提世尊得佛未久乃能作此大功德事
我等雖復信佛隨宜所說佛所出言未曾虛
妄佛所知者皆悉通達然諸新發意菩薩於
佛滅後若聞是語或不信受而起破法罪業
因緣唯然世尊願爲解說除我等疑及未來
世諸善男子聞此事已亦不生疑尒時弥勒菩

BD03632號　妙法蓮華經卷五

(28–15)

佛滅後若聞是語或不信受而起破法罪業
因縁唯然世尊願為解說除我等疑及未来
世諸善男子聞此事已亦不生疑尒時弥勒菩
薩欲重宣此義而說偈言
佛昔從釋種　出家近伽耶　坐於菩提樹　尒来尚未久
此諸佛子等　其數不可量　久已行佛道　住神通智力
善學菩薩道　不染世間法　如蓮華在水　從地而踊出
皆起恭敬心　住於世尊前　是事難思議　云何而可信
佛得道甚近　所成就甚多　願為除衆疑　如實分別說
譬如少壯人　年始二十五　示人百歲子　髮白而面皺
是等我所生　子亦說是父　父少而子老　舉世所不信
世尊亦如是　得道来甚近　是諸菩薩等　志固无怯弱
從无量劫来　而行菩薩道　巧於難問荅　其心无所畏
忍辱心決定　端正有威德　十方佛所讚　善能分別說
不樂在人衆　常好在禪定　為求佛道故　於下空中住
我等從佛聞　於此事无疑　願佛為未来　演說令開解
若有於此經　生疑不信者　即當墮惡道　願今為解說
是无量菩薩　云何於少時　教化令發心　而住不退地

妙法蓮華經如来壽量品第十六

尒時佛告諸菩薩及一切大衆諸善男子汝等
當信解如来誠諦之語復告大衆汝等當信解
如来誠諦之語又復告諸大衆汝等當信
解如来誠諦之語是時菩薩大衆弥勒為
首合掌白佛言世尊唯願說之我等當信受
佛語如是三白已復言唯願說之我等當信
受佛語尒時世尊知諸菩薩三請不止而告
之言汝等諦聽如来秘密神通之力一切世

BD03632號　妙法蓮華經卷五　（28–16）

解如来誠諦之語是時菩薩大衆弥勒為
首合掌白佛言世尊唯願說之我等當信受
佛語如是三白已復言唯願說之我等當信
受佛語尒時世尊知諸菩薩三請不止而告
之言汝等諦聽如来秘密神通之力一切世
間天人及阿脩羅皆謂今釋迦牟尼佛出釋
氏宮去伽耶城不遠坐於道場得阿耨多羅
三藐三菩提然善男子我實成佛已来无量
无邊百千万億那由他劫譬如五百千万億
那由他阿僧祇三千大千世界假使有人末
為微塵過於東方五百千万億那由他阿僧
祇國乃下一塵如是東行盡是微塵諸善男
子於意云何是諸世界可得思惟挍計知其
數不弥勒菩薩等俱白佛言世尊是諸世界
无量无邊非筭數所知亦非心力所及一切
聲聞辟支佛以无漏智不能思惟知其限數
我等住阿惟越致地於是事中亦所不達世
尊如是諸世界无量无邊尒時佛告大菩薩
衆諸善男子今當分明宣語汝等是諸世界
若著微塵及不著者盡以為塵一塵一劫我
成佛已来復過於此百千万億那由他阿僧
祇劫自從是来我常在此娑婆世界說法教
化亦於餘處百千万億那由他阿僧祇國導
利衆生諸善男子於是中間我說然燈佛等
又復言其入於涅槃如是皆以方便分別諸
善男子若有衆生来至我所我以佛眼觀其
信等諸根利鈍隨所應度處處自說名字不

BD03632號　妙法蓮華經卷五　（28–17）

利衆生諸善男子於是中間我說然燈佛等
又復言其入於涅槃如是皆以方便分別諸
善男子若有衆生來至我所我以佛眼觀其
信等諸根利鈍隨所應度處處自說名字不
同年紀大小亦復現言當入涅槃又以種種
方便說微妙法能令衆生發歡喜心諸善男
子如来見諸衆生樂於小法德薄垢重者為
是人說我少出家得阿耨多羅三藐三菩提
然我實成佛已来久遠若斯但以方便教化
衆生令入佛道作如是說諸善男子如来所
演經典皆為度脫衆生或說己身或說他身
或示己身或示他身或示己事或示他事諸
所言說皆實不虛所以者何如来如實知見
三界之相无有生死若退若出亦无在世及
滅度者非實非虛不如非異不如三界見於
三界如斯之事如来明見无有錯謬以諸衆
生有種種性種種欲種種行種種憶想分別
故欲令生諸善根以若干因緣譬喻言辭種
種說法所作佛事未曾暫廢如是我成佛已
来甚大久遠壽命无量阿僧祇劫常住不滅
諸善男子我本行菩薩道所成壽命今猶未
盡復倍上數然今非實滅度而便唱言當取
滅度如来以是方便教化衆生所以者何若
佛久住於世薄德之人不種善根貧窮下賤
貪著五欲入於憶想妄見網中若見如来常
在不滅便起憍恣而懷厭怠不能生難遭想

BD03632 號　妙法蓮華經卷五

（28–18）

滅度如来以是方便教化衆生所以者何若
佛久住於世薄德之人不種善根貧窮下賤
貪著五欲入於憶想妄見網中若見如来常
在不滅便起憍恣而懷厭怠不能生難遭想
恭敬之心是故如来以方便說比丘當知諸佛出
世難可值遇所以者何諸薄德人過无量百
千万億劫或有見佛或不見者以此事故我
作是言諸比丘如来難可得見斯衆生等聞
如是語必當生於難遭之想心懷戀慕渴
仰於佛便種善根是故如来雖不實滅而言
滅度又善男子諸佛如来法皆如是為度衆
生皆實不虛譬如良醫智慧聰達明練方
藥善治衆病其人多諸子息若十二十乃至
百數以有事緣遠至餘國諸子於後飲他毒
藥藥發悶亂宛轉于地是時其父還来歸家
諸子飲毒或失本心或不失者遙見其父皆
大歡喜拜跪問訊善安隱歸我等愚癡誤服
毒藥願見救療更賜壽命父見子等苦惱如
是依諸經方求好藥草色香美味皆悉具足
擣篩和合與子令服而作是言此大良藥色
香美味皆悉具足汝等可服速除苦惱无復
衆患其諸子中不失心者見此良藥色香俱
好即便服之病盡除愈餘失心者見其父来
雖亦歡喜問訊求索治病然與其藥而不肯
服所以者何毒氣深入失本心故於此好色
香藥而謂不美父作是念此子可愍為毒所

BD03632 號　妙法蓮華經卷五

（28–19）

患其諸子中不失心者見此良藥色香俱
好即便服之病盡除愈餘失心者見其父來
雖亦歡喜問訊求索治病然與其藥而不肯
服所以者何毒氣深入失本心故於此好色
香藥而謂不美父作是念此子可愍為毒所
中心皆顛倒雖見我喜求索救療如是好藥
而不肯服我今當設方便令服此藥即作是
言汝等當知我今衰老死時已至是好良藥
今留在此汝可取服勿憂不差作是教已復
至他國遣使還告汝父已死是時諸子聞父
背喪心大憂惱而作是念若父在者慈愍我
等能見救護今者捨我遠喪他國自惟孤露
无復恃怙常懷悲感心遂醒悟乃知此藥色
味香美即取服之毒病皆愈其父聞子悉已
得差尋便來歸咸使見之諸善男子於意云
何頗有人能說此良醫虛妄罪不不也世尊
佛言我亦如是成佛已來无量无邊百千万
億那由他阿僧祇劫為衆生故以方便力言
當滅度亦无有能如法說我虛妄過者尒時
世尊欲重宣此義而說偈言
自我得佛來　所經諸劫數　无量百千万　億載阿僧祇
常說法教化　无數億衆生　令入於佛道　尒來无量劫
為度衆生故　方便現涅槃　而實不滅度　常住此說法
我常住於此　以諸神通力　令顛倒衆生　雖近而不見
衆見我滅度　廣供養舍利　咸皆懷戀慕　而生渴仰心
衆生既信伏　質直意柔濡　一心欲見佛　不自惜身命
時我及衆僧　俱出靈鷲山
我時語衆生　常在此不滅　以方便力故　現有滅不滅

BD03632號　妙法蓮華經卷五　（28–20）

我常住於此　以諸神通力　令顛倒衆生　雖近而不見
衆見我滅度　廣供養舍利　咸皆懷戀慕　而生渴仰心
衆生既信伏　質直意柔濡　一心欲見佛　不自惜身命
時我及衆僧　俱出靈鷲山
我時語衆生　常在此不滅　以方便力故　現有滅不滅
餘國有衆生　恭敬信樂者　我復於彼中　為說无上法
汝等不聞此　但謂我滅度
我見諸衆生　沒在於苦惱　故不為現身　令其生渴仰
因其心戀慕　乃出為說法　神通力如是　於阿僧祇劫
常在靈鷲山　及餘諸住處　衆生見劫盡　大火所燒時
我此土安隱　天人常充滿　園林諸堂閣　種種寶莊嚴
寶樹多華菓　衆生所遊樂　諸天擊天鼓　常作衆伎樂
雨曼陀羅華　散佛及大衆　我淨土不毀　而衆見燒盡
憂怖諸苦惱　如是悉充滿　是諸罪衆生　以惡業因緣
過阿僧祇劫　不聞三寶名　諸有脩功德　柔和質直者
則皆見我身　在此而說法　或時為此衆　說佛壽无量
久乃見佛者　為說佛難值　我智力如是　慧光照无量
壽命无數劫　久脩業所得　汝等有智者　勿於此生疑
當斷令永盡　佛語實不虛　如醫善方便　為治狂子故
實在而言死　无能說虛妄　我亦為世父　救諸苦患者
為凡夫顛倒　實在而言滅　以常見我故　而生憍恣心
放逸著五欲　墮於惡道中　我常知衆生　行道不行道
隨應所可度　為說種種法　每自作是意　以何令衆生
得入无上道　速成就佛身
妙法華蓮經分別功德品第十七
尒時大會聞佛說壽命劫數長遠如是无量无
邊阿僧祇衆生得大饒益於時世尊告弥勒
菩薩摩訶薩阿逸多我說是如來壽命長遠

BD03632號　妙法蓮華經卷五　（28–21）

隨應所可度　為說種種法　每自作是意　以何令衆生
得入无上道　速成就佛身

妙法蓮華經分別功德品第十七

尒時大會聞佛說壽命劫數長遠如是无量无
邊阿僧祇衆生得大饒益於時世尊告弥勒
菩薩摩訶薩阿逸多我說是如來壽命長遠
時六百八十万億那由他恒河沙衆生得无
生法忍復千倍菩薩摩訶薩得聞持陁羅
尼門復有一世界微塵數菩薩摩訶薩得樂
說无㝵辯才復有一世界微塵數菩薩摩訶
薩得百千万億无量旋陁羅尼復有三千大
千世界微塵數菩薩摩訶薩能轉不退法輪
復有二千中國土微塵數菩薩摩訶薩能轉
清淨法輪復有小千國土微塵數菩薩摩訶
薩八生當得阿耨多羅三藐三菩提復有四
四天下微塵數菩薩摩訶薩四生當得阿耨
多羅三藐三菩提復有三四天下微塵數菩
薩摩訶薩三生當得阿耨多羅三藐三菩提
復有二四天下微塵數菩薩摩訶薩二生當
得阿耨多羅三藐三菩提復有一四天下微
塵數菩薩摩訶薩一生當得阿耨多羅三藐三
菩提復有八世界微塵數衆生皆發阿耨多
羅三藐三菩提心佛說是諸菩薩摩訶薩得
大法利時於虛空中雨曼陁羅華摩訶曼陁
羅華以散无量百千万億寶樹下師子座上
諸佛并散七寶塔中師子座上釋迦牟尼佛
及久滅度多寶如來亦散一切諸大菩薩及

BD03632號　妙法蓮華經卷五　（28–22）

羅三藐三菩提心佛說是諸菩薩摩訶薩得
大法利時於虛空中雨曼陁羅華摩訶曼陁
羅華以散无量百千万億寶樹下師子座上
諸佛并散七寶塔中師子座上釋迦牟尼佛
及久滅度多寶如來亦散一切諸大菩薩及
四部衆又雨細末栴檀沉水香等於虛空中
天鼓自鳴妙聲深遠又雨千種天衣垂諸瓔
珞真珠瓔珞摩尼珠瓔珞如意珠瓔珞遍於
九方衆寶香爐燒无價香自然周至供養大
會一一佛上有諸菩薩執持幡蓋次第而上
至于梵天是諸菩薩以妙音聲歌无量頌讚
嘆諸佛尒時弥勒菩薩從座而起偏袒右肩
合掌向佛而說偈言

佛說希有法　昔所未曾聞　世尊有大力　壽命不可量
无數諸佛子　聞世尊分別　說得法利者　歡喜充遍身
或住不退地　或得陁羅尼　或无㝵樂說　万億旋總持
或有大千界　微塵數菩薩　各各皆能轉　不退之法輪
復有中千界　微塵數菩薩　各各皆能轉　清淨之法輪
復有小千界　微塵數菩薩　餘各八生在　當得成佛道
復有四三二　如此四天下　微塵諸菩薩　隨數生成佛
或一四天下　微塵數菩薩　餘有一生在　當成一切智
如是等衆生　聞佛壽長遠　得无量无漏　清淨之果報
復有八世界　微塵數衆生　聞佛說壽命　皆發无上心
世尊說无量　不可思議法　多有所饒益　如虛空无邊
雨天曼陁羅　摩訶曼陁羅　釋梵如恒沙　无數佛土來
雨栴檀沉香　繽紛而亂墜　如鳥飛空下　供散於諸佛
天鼓虛空中　自然出妙聲　天衣千万種　旋轉而來下

BD03632號　妙法蓮華經卷五　（28–23）

世尊說无量　不可思議法　多有所饒益　如虛空无邊
雨天曼陁羅　摩訶曼陁羅　釋梵如恒沙　无數佛土來
雨栴檀沉香　繽紛而亂墜　如鳥飛空下　供散於諸佛
天鼓虛空中　自然出妙聲　天衣千万種　旋轉而來下
衆寶妙香爐　燒无價之香　自然悉周遍　供養諸世尊
其大菩薩衆　執七寶幡蓋　高妙万億種　次第至梵天
一一諸佛前　寶幢懸勝幡　亦以千万偈　歌詠諸如來
如是種種事　昔所未曾見　聞佛壽无量　一切皆歡喜
佛名聞十方　廣饒益衆生　一切具善根　以助无上心
尒時佛告弥勒菩薩摩訶薩阿逸多其有衆
生聞佛壽命長遠如是乃至能生一念信解
所得功德无有限量若有善男子善女人為
阿耨多羅三藐三菩提故於八十万億那由他
劫行五波羅蜜檀波羅蜜尸羅波羅蜜羼
提波羅蜜毗梨耶波羅蜜禪波羅蜜除般若
波羅蜜以是功德比前功德百分千分百千
万億分不及其一乃至筭數譬喻所不能知
若善男子善女人有如是功德於阿耨多羅
三藐三菩提退者无有是處尒時世尊欲重
宣此義而說偈言
若人求佛慧　於八十万億　那由他劫數　行五波羅蜜
於是諸劫數　布施供養佛　及緣覺弟子　并諸菩薩衆
珎異之飲食　上服与卧具　栴檀立精舍　以園林莊嚴
如是等布施　種種皆微妙　盡此諸劫數　以迴向佛道
若復持禁戒　清淨无缺漏　求於无上道　諸佛之所歎
若復行忍辱　住於調柔地　設衆惡來加　其心不傾動
諸有得法者　懷於增上慢　為此所輕惱　如是亦能忍
若復勤精進　志念常堅固　於无量億劫　一心不懈息

BD03632 號　妙法蓮華經卷五　（28–24）

珎異之飲食　上服与卧具　栴檀立精舍　以園林莊嚴
如是等布施　種種皆微妙　盡此諸劫數　以迴向佛道
若復持禁戒　清淨无缺漏　求於无上道　諸佛之所歎
若復行忍辱　住於調柔地　設衆惡來加　其心不傾動
諸有得法者　懷於增上慢　為此所輕惱　如是亦能忍
若復勤精進　志念常堅固　於无量億劫　一心不懈息
又於无數劫　住於空閑處　若坐若經行　除睡常攝心
以是因緣故　能生諸禪定　八十億万劫　安住心不亂
持此一心福　願求无上道　我得一切智　盡諸禪定際
是人於百千　万億劫數中　行此諸功德　如上之所說
有善男女等　聞我說壽命　乃至一念信　其福過於彼
若人悉无有　一切諸疑悔　深心須臾信　其福為如此
其有諸菩薩　无量劫行道　聞我說壽命　是則能信受
如是諸人等　頂受此經典　願我於未來　長壽度衆生
如今日世尊　諸釋中之王　道場師子吼　說法无所畏
我等未來世　一切所尊敬　坐於道場時　說壽亦如是
若有深心者　清淨而質直　多聞能捴持　隨義解佛語
如是之人等　於此无有疑
又阿逸多若有聞佛壽命長遠解其言趣是
人所得功德无有限量能起如來无上之慧
何況廣聞是經若教人聞若自持若教人持
若自書若教人書若以華香瓔珞幢幡繒蓋
香油蘇燈供養經卷是人功德无量无邊能
生一切種智阿逸多若善男子善女人聞我
說壽命長遠深心信解則為見佛常在耆闍
崛山共大菩薩諸聲聞衆圍遶說法又見此
娑婆世界其地瑠璃坦然平正閻浮檀金以
界八道寶樹行列諸臺樓觀皆悉寶成其菩

BD03632 號　妙法蓮華經卷五　（28–25）

主一切種智阿逸多若善男子善女人聞我
說壽命長遠深心信解則為見佛常在耆闍
崛山共大菩薩諸聲聞眾圍遶說法又見此
娑婆世界其地瑠璃坦然平正閻浮檀金以
界八道寶樹行列諸臺樓觀皆悉寶成其菩
薩眾咸處其中若有能如是觀者當知是為
深信解相又復如來滅後若聞是經而不毀
呰起隨喜心當知已為深信解相何況讀誦
受持之者斯人則為頂戴如來阿逸多是善
男子善女人不須為我復起塔寺及作僧坊
以四事供養眾僧所以者何是善男子善女
人受持讀誦是經典者為已起塔造立僧坊
供養眾僧則為以佛舍利起七寶塔高廣漸
小至于梵天懸諸幡蓋及眾寶鈴華香瓔珞
末香塗香燒香眾鼓伎樂簫笛箜篌種種儛
戲以妙音聲歌唄讚誦則為於无量千万億
劫作是供養已阿逸多若我滅後聞是經典
有能受持若自書若教人書則為起立僧坊
以赤栴檀作諸殿堂三十有二高八多羅樹
高廣嚴好百千比丘於其中止園林流池經
行禪窟衣服飲食牀蓐湯藥一切樂具充滿
其中如是僧坊堂閣若干百千万億其數无
量以此現前供養於我及比丘僧是故我說
如來滅後若有受持讀誦為他人說若自書
若教人書供養經卷不須復起塔寺及造僧
坊供養眾僧況復有人能持是經兼行布
施持戒忍辱精進一心智慧其德最勝无量

BD03632號　妙法蓮華經卷五　（28–26）

如來滅後若有受持讀誦為他人說若自書
若教人書供養經卷不須復起塔寺及造僧
坊供養眾僧況復有人能持是經兼行布
施持戒忍辱精進一心智慧其德最勝无量
无邊譬如虛空東西南北四維上下无量无邊
是人功德亦復如是无量无邊疾至一切種
智若人讀誦受持是經為他人說若自書若
教人書復能起塔及造僧坊供養讚歎聲聞
眾僧亦以百千万億讚歎之法讚歎菩薩功
德又為他人種種因緣隨義解說此法華經
復能清淨持戒與柔和者而共同止忍辱无
瞋志念堅固常貴坐禪得諸深定精進勇猛
攝諸善法利根智慧善答問難阿逸多若我
滅後諸善男子善女人受持讀誦是經典者
復有如是諸善功德當知是人已趣道場近
阿耨多羅三藐三菩提坐道樹下阿逸多是
善男子若坐若立若行處是中便應起塔一
切天人皆應供養如佛之塔尒時世尊欲重
宣此義而說偈言
若我滅度後　能奉持此經　斯人福无量　如上之所說
是則為具足　一切諸供養　以舍利起塔　七寶而莊嚴
表刹甚高廣　漸小至梵天　寶鈴千万億　風動出妙音
又於无量劫　而供養此塔　華香諸瓔珞　天衣眾伎樂
然香油蘇燈　周帀常照明　惡世法末時　能持是經者
則為已如上　具足諸供養　若能持此經　則如佛現在
以牛頭栴檀　起僧坊供養　堂有三十二　高八多羅樹
上饌妙衣服　牀臥皆具足　百千眾住處　園林諸流池
經行及禪窟　種種皆嚴好　若有信解心　受持讀誦書

BD03632號　妙法蓮華經卷五　（28–27）

則為已如上 具足諸供養 若能持此經 則如佛現在
以牛頭栴檀 起僧坊供養 堂有三十二 高八多羅樹
上饌妙衣服 牀卧皆具足 百千衆住處 園林諸流池
經行及禪窟 種種皆嚴好 若有信解心 受持讀誦書
若復教人書 及供養經卷 散華香末香 以須曼瞻蔔
阿提目多伽 薰油常然之 如是供養者 得无量功德
如虛空无邊 其福亦如是 況復持此經 兼布施持戒
忍辱樂禪定 不瞋不惡口 恭敬於塔廟 謙下諸比丘
遠離自高心 常思惟智慧 有問難不瞋 隨順為解說
若能行是行 功德不可量 若見此法師 成就如是德
應以天華散 天衣覆其身 頭面接足礼 生心如佛想
又應作是念 不久詣道樹 得无漏无為 廣利諸天人
其所住止處 經行若坐卧 乃至說一偈 是中應起塔
莊嚴令妙好 種種以供養 佛子住此地 則是佛受用
常在於其中 經行及坐卧

妙法蓮華經卷第五

BD03632號　妙法蓮華經卷五　（28–28）

復有
頭髮蓬亂 殘害凶險 飢渴所逼
夜叉餓鬼 諸惡鳥獸 飢急四向 窺
如是諸難 恐畏无量 是朽故宅 屬于一人
其人近出 未久之間 於後舍宅 欻然火起
四面一時 其焰俱熾 棟梁椽柱 爆聲震裂
摧折墮落 墻壁崩倒 諸鬼神等 揚聲大叫
鵰鷲諸鳥 鳩槃荼等 周慞惶怖 不能自出
惡獸毒虫 藏竄孔穴 毗舍闍鬼 亦住其中
薄福德故 為火所逼 共相殘害 飲血噉肉
野干之屬 並已前死 諸大惡獸 競來食噉
臭烟熢㶿 四面充塞 蜈蚣蚰蜒 毒蛇之類
為火所燒 爭走出穴 鳩槃荼鬼 隨取而食
又諸餓鬼 頭上火然 飢渴熱惱 周章悶走
其宅如是 甚可怖畏 毒害火災 衆難非一
是時宅主 在門外立 聞有人言 汝諸子等
先因遊戲 來入此宅 稚小无知 歡娛樂著
長者聞已 驚入火宅 方宜救濟 令无燒害
告喻諸子 說衆患難 惡鬼毒虫 災火蔓莚
衆苦次第 相續不絕 毒蛇蚖蝮 及諸夜叉
鳩槃荼鬼 野干狐狗 鵰鷲鵄梟 百足之屬
飢渴惱急 甚可怖畏 此苦難處 況復大火
諸子无知 雖聞父誨 猶故樂著 嬉戲不已

BD03633號　妙法蓮華經卷二　（17–1）

告喻諸子　說衆患難　惡鬼毒虫　灾火蔓莚
衆苦次第　相續不絕　毒蛇蚖蝮　及諸夜叉
鳩槃荼鬼　野干狐狗　鵰鷲鵄梟　百足之屬
飢渴惱急　甚可怖畏　此苦難處　況復大火
諸子无知　雖聞父誨　猶故樂著　嬉戲不已
是時長者　而作是念　諸子如此　益我愁惱
今此舍宅　无一可樂　而諸子等　耽湎嬉戲
不受我教　將為火害　即便思惟　設諸方便
告諸子等　我有種種　珎玩之具　妙寶好車
羊車鹿車　大牛之車　今在門外　汝等出來
吾為汝等　造作此車　隨意所樂　可以遊戲
諸子聞說　如此諸車　即時奔競　馳走而出
到於空地　離諸苦難　長者見子　得出火宅
住於四衢　坐師子座　而自慶言　我今快樂
此諸子等　生育甚難　愚小无知　而入險宅
多諸毒虫　魑魅可畏　大火猛焰　四面俱起
而此諸子　貪樂嬉戲　我已救之　令得脫難
是故諸人　我今快樂　尒時諸子　知父安坐
皆詣父所　而白父言　願賜我等　三種寶車
如前所許　諸子出來　當以三車　隨汝所欲
今正是時　唯垂給與　長者大富　庫藏衆多
金銀瑠璃　車𤦲馬瑙　以衆寶物　造諸大車
莊校嚴飾　周帀欄楯　四面懸鈴　金繩交絡
真珠羅網　張施其上　金華諸瓔　處處垂下
衆綵雜飾　周帀圍繞　柔軟繒纊　以為茵蓐
上妙細疊　價直千億　鮮白淨潔　以覆其上
有大白牛　肥壯多力　形體姝好　以駕寶車
多諸儐從　而侍衛之　以是妙車　等賜諸子

BD03633號　妙法蓮華經卷二　（17–2）

衆綵雜飾　周帀圍繞　柔軟繒纊　以為茵蓐
上妙細疊　價直千億　鮮白淨潔　以覆其上
有大白牛　肥壯多力　形體姝好　以駕寶車
多諸儐從　而侍衛之　以是妙車　等賜諸子
諸子是時　歡喜踊躍　乘是寶車　遊於四方
嬉戲快樂　自在无礙　告舍利弗　我亦如是
衆聖中尊　世間之父　一切衆生　皆是吾子
深著世樂　无有慧心　三界无安　猶如火宅
衆苦充滿　甚可怖畏　常有生老　病死憂患
如是等火　熾然不息　如來已離　三界火宅
寂然閑居　安處林野　今此三界　皆是我有
其中衆生　悉是吾子　而今此處　多諸患難
唯我一人　能為救護　雖復教詔　而不信受
於諸欲染　貪著深故　是以方便　為說三乘
令衆諸生　知三界苦　開示演說　出世間道
是諸子等　若心決定　具足三明　及六神通
有得緣覺　不退菩薩　汝舍利弗　我為衆生
以此譬喻　說一佛乘　汝等若依　信受是語
一切皆當　得成佛道　是乘微妙　清淨第一
於諸世間　為无有上　佛所悅可　一切衆生
所應稱讚　供養礼拜　无量億千　諸力解脫
禪定智慧　及佛餘法　得如是乘　令諸子等
日夜劫數　常得遊戲　與諸菩薩　及聲聞衆
乘此寶乘　直至道場　以是因緣　十方諦求
更无餘乘　除佛方便　告舍利弗　汝諸人等
皆是吾子　我則是父　汝等累劫　衆苦所燒
我皆濟拔　令出三界　我雖先說　汝等滅度

BD03633號　妙法蓮華經卷二　（17–3）

禪定智慧 及佛餘法 得如是乘 令諸子等
日夜劫數 常得遊戲 與諸菩薩 及聲聞衆
乘此寶乘 直至道場 以是因緣 十方諦求
更无餘乘 除佛方便 告舍利弗 汝諸人等
皆是吾子 我則是父 汝等累劫 衆苦所燒
我皆濟拔 令出三界 我雖先說 汝等滅度
但盡生死 而實不滅 今所應作 唯佛智慧
若有菩薩 於是衆中 能一心聽 諸佛實法
諸佛世尊 雖以方便 所化衆生 皆是菩薩
若人小智 深著愛欲 為此等故 說於苦諦
衆生心喜 得未曾有 佛說苦諦 真實无異
若有衆生 不知苦本 深著苦因 不能暫捨
為是等故 方便說道 諸苦所因 貪欲為本
若滅貪欲 无所依止 滅盡諸苦 名第三諦
為滅諦故 脩行於道 離諸苦縛 名得解脫
是人於何 而得解脫 但離虛妄 名為解脫
其實未得 一切解脫 佛說是人 未實滅度
斯人未得 无上道故 我意不欲 令至滅度
我為法王 於法自在 安隱衆生 故現於世
汝舍利弗 我此法印 為欲利益 世間故說
在所遊方 勿妄宣傳 若有聞者 隨喜頂受
當知是人 阿鞞跋致 若有信受 此經法者
是人已曾 見過去佛 恭敬供養 亦聞是法
若人有能 信汝所說 則為見我 亦見於汝
及比丘僧 并諸菩薩 斯法華經 為深智說
淺識聞之 迷惑不解 一切聲聞 及辟支佛
於此經中 力所不及 汝舍利弗 尚於此經

BD03633號 妙法蓮華經卷二 （17–4）

是人已曾 見過去佛 恭敬供養 亦聞是法
若人有能 信汝所說 則為見我 亦見於汝
及比丘僧 并諸菩薩 斯法華經 為深智說
淺識聞之 迷惑不解 一切聲聞 及辟支佛
於此經中 力所不及 汝舍利弗 尚於此經
以信得入 況餘聲聞 其餘聲聞 信佛語故
隨順此經 非已智分 又舍利弗 憍慢懈怠
計我見者 莫說此經 凡夫淺識 深著五欲
聞不能解 亦勿為說 若人不信 毀謗此經
則斷一切 世間佛種 或復顰蹙 而懷疑惑
汝當聽說 此人罪報 若佛在世 若滅度後
其有誹謗 如斯經典 見有讀誦 書持經者
輕賤憎嫉 而懷結恨 此人罪報 汝今復聽
其人命終 入阿鼻獄 具足一劫 劫盡更生
如是展轉 至无數劫 從地獄出 當墮畜生
若狗野干 其形頓瘦 黧黮疥癩 人所觸嬈
又復為人 之所惡賤 常困飢渴 骨肉枯竭
生受楚毒 死被瓦石 斷佛種故 受斯罪報
若作駱駝 或生驢中 身常負重 加諸杖捶
但念水草 餘无所知 謗斯經故 獲罪如是
有作野干 來入聚落 身體疥癩 又无一目
為諸童子 之所打擲 受諸苦痛 或時致死
於此死已 更受蟒身 其形長大 五百由旬
聾騃无足 蜿轉腹行 為諸小虫 之所唼食
晝夜受苦 无有休息 謗斯經故 獲罪如是
若得為人 諸根闇鈍 矬陋攣躄 盲聾背傴
有所言說 人不信受 口氣常臭 鬼魅所著
貧窮下賤 為人所使 多病痟瘦 无所依怙

BD03633號 妙法蓮華經卷二 （17–5）

推此死已　更受蟒身　其形長大　五百由旬
聾騃无足　宛轉腹行　為諸小虫　之所唼食
晝夜受苦　无有休息　謗斯經故　獲罪如是
若得為人　諸根暗鈍　矬陋攣躄　盲聾背傴
有所言說　人不信受　口氣常臭　鬼魅所著
貧窮下賤　為人所使　多病痟瘦　无所依怙
雖親附人　人不在意　若有所得　尋復忘失
若脩醫道　順方治病　更增他疾　或復致死
若自有病　无人救療　設服良藥　而復增劇
若他反逆　抄劫竊盜　如是等罪　橫羅其殃
如斯罪人　永不見佛　衆聖之王　說法教化
如斯罪人　常生難處　狂聾心亂　永不聞法
於无數劫　如恒河沙　生輙聾瘂　諸根不具
常處地獄　如遊園觀　在餘惡道　如己舍宅
駝驢猪狗　是其行處　謗斯經故　獲罪如是
若得為人　聾盲瘖瘂　貧窮諸衰　以自莊嚴
水腫乾痟　疥癩癰疽　如是等病　以為衣服
身常臭處　垢穢不淨　深著我見　增益瞋恚
婬欲熾盛　不擇禽獸　謗斯經故　獲罪如是
告舍利弗　謗斯經者　若說其罪　窮劫不盡
以是因緣　我故語汝　无智人中　莫說此經
若有利根　智慧明了　多聞強識　求佛道者
如是之人　乃可為說　若人曾見　億百千佛
殖諸善本　深心堅固　如是之人　乃可為說
若人精進　常脩慈心　不惜身命　乃可為說
若人恭敬　无有異心　離諸凡愚　獨處山澤
如是之人　乃可為說　又舍利弗　若見有人

BD03633號　妙法蓮華經卷二　（17–6）

如是之人　乃可為說　若人曾見　億百千佛
殖諸善本　深心堅固　如是之人　乃可為說
若人精進　常脩慈心　不惜身命　乃可為說
若人恭敬　无有異心　離諸凡愚　獨處山澤
如是之人　乃可為說　又舍利弗　若見有人
捨惡知識　親近善友　如是之人　乃可為說
若見佛子　持戒清潔　如淨明珠　求大乘經
如是之人　乃可為說　若人无瞋　質直柔軟
常愍一切　恭敬諸佛　如是之人　乃可為說
復有佛子　於大衆中　以清淨心　種種因緣
譬喻言辭　說法无礙　如是之人　乃可為說
若有比丘　為一切智　四方求法　合掌頂受
但樂受持　大乘經典　乃至不受　餘經一偈
如是之人　乃可為說　如人至心　求佛舍利
如是求經　得已頂受　其人不復　志求餘經
亦未曾念　外道典籍　如是之人　乃可為說
告舍利弗　我說是相　求佛道者　窮劫不盡
如是等人　則能信解　汝當為說　妙法華經

妙法蓮華經信解品第四

尒時慧命須菩提摩訶迦旃延摩訶迦葉摩
訶目揵連從佛所聞未曾有法世尊授舍利
弗阿耨多羅三藐三菩提記發希有心歡喜
踊躍即從座起整衣服偏袒右肩右膝著地
一心合掌曲躬恭敬瞻仰尊顏而白佛言我
等居僧之首年並朽邁自謂已得涅槃无所
堪任不復進求阿耨多羅三藐三菩提世尊

BD03633號　妙法蓮華經卷二　（17–7）

踊躍即從座起整衣服偏袒右肩右膝著地
一心合掌曲躬恭敬瞻仰尊顏而白佛言我
等居僧之首年並朽邁自謂已得涅槃无所
堪任不復進求阿耨多羅三藐三菩提世尊
往昔說法既久我時在座身體疲懈但念空
无相无作於菩薩法遊戲神通淨佛國土成
就眾生心不喜樂所以者何世尊令我等出
於三界得涅槃證又今我等年已朽邁於佛
教化菩薩阿耨多羅三藐三菩提不生一念
好樂之心我等今於佛前聞授聲聞阿耨多
羅三藐三菩提記心甚歡喜得未曾有不謂
於今忽然得聞希有之法深自慶幸獲大善
利无量珎寶不求自得世尊我等今者樂說
譬喻以明斯義譬若有人年既幼稚捨父逃
逝久住他國或十二十至五十歲年既長大
加復窮困馳騁四方以求衣食漸漸遊行遇
向本國其父先來求子不得中止一城其家
大富財寶无量金銀琉璃珊瑚虎珀頗梨珠
等其諸倉庫悉皆盈溢多有僮僕臣佐吏民
象馬車乘牛羊无數出入息利乃遍他國商
估賈客亦甚眾多時貧窮子遊諸聚落經歷
國邑遂到其父所止之城父每念子與子離
別五十餘年而未曾向人說如此事但自思
惟心懷悔恨自念老朽多有財物金銀珎寶
倉庫盈溢无有子息一旦終沒財物散失无
所委付是以慇懃每憶其子復作是念我若

別五十餘年而未曾向人說如此事但自思
惟心懷悔恨自念老朽多有財物金銀珎寶
倉庫盈溢无有子息一旦終沒財物散失无
所委付是以慇懃每憶其子復作是念我若
得子委付財物坦然快樂无復憂慮世尊尒
時窮子傭賃展轉遇到父舍住立門側遙見
其父踞師子床寶几承足諸婆羅門剎利居
士皆恭敬圍繞以真珠瓔珞價直千万莊嚴
其身吏民僮僕手執白拂侍立左右覆以
寶帳垂諸華幡香水灑地散眾名華羅列寶
物出內取與有如是等種種嚴飾威德特尊窮
子見父有大力勢即懷恐怖悔來至此竊作
是念此或是王或是王等非我傭力得物之
處不如往至貧里肆力有地衣食易得若久
住此或見逼迫強使我作作是念已疾走而
去時富長者於師子座見子便識心大歡喜
即作是念我財物庫藏今有所付我常思念
此子无由見之而忽自來甚適我願我雖年
朽猶故貪惜即遣傍人急追將還尒時使者
疾走往捉窮子驚愕稱怨大喚我不相犯何
為見捉使者執之愈急強牽將還于時窮子
自念无罪而被囚執此必定死轉更惶怖悶
絕躃地父遙見之而語使言不須此人勿強
將來以冷水灑面令得醒悟莫復與語所以
者何父知其子志意下劣自知豪貴為子所
難審知是子而以方便不語他人云是我子

絶躃地父遥見之而語使言不須此人勿強
將来以冷水灑面令得醒悟莫復與語所以
者何父知其子志意下劣自知豪貴爲子所
難審知是子而以方便不語他人云是我子
使者語之我今放汝随意所趣窮子歡喜得
未曾有從地而起往至貧里以求衣食尒時
長者將欲誘引其子而設方便密遣二人形
色憔悴无威德者汝可詣彼徐語窮子此有
作處倍與汝直窮子若許將来使作若言欲
何所作便可語之肩汝除糞我等二人亦共
汝作時二使人即求窮子既已得之具陳上
事尒時窮子先取其價尋與除糞其父見子
愍而怪之又以他日於窓牖中遥見子身羸
瘦憔悴糞土塵坌汙穢不淨即脫瓔珞細軟
上服嚴飾之具更著麁弊垢膩之衣塵土坌
身右手執持除糞之器狀有所畏語諸作人
汝等勤作勿得懈怠以方便故得近其子後
復告言咄男子汝常此作勿復餘去當加汝
價諸有所須瓫器米麵塩酢之屬莫自疑難
亦有老弊使人須者相給好自安意我如汝
父勿復憂慮所以者何我年老大而汝少壯
汝常作時无有欺怠瞋恨怨言都不見汝有
此諸悪如餘作人自今已後如所生子即時
長者更與作字名之爲兒尒時窮子雖欣此
遇猶故自謂客作賤人由是之故於二十年
中常令除糞過是已後心相體信入出无難

BD03633號　妙法蓮華經卷二　（17–10）

此諸悪如餘作人自今已後如所生子即時
長者更與作字名之爲兒尒時窮子雖欣此
遇猶故自謂客作賤人由是之故於二十年
中常令除糞過是已後心相體信入出无難
然其所止猶在本處世尊尒時長者有疾自
知將死不久語窮子言我今多有金銀珎寶
倉庫盈溢其中多少所應取與汝悉知之我
心如是當體此意所以者何今我與汝便爲
不異宜加用心无令漏失尒時窮子即受教
勑領知衆物金銀珎寶及諸庫藏而无悕取
一飡之意然其所止故在本處下劣之心亦
未能捨復經少時父知子意漸已通泰成就
大志自鄙先心臨欲終時而命其子并會親
族國王大臣刹利居士皆悉已集即自宣言
諸君當知此是我子我之所生於某城中捨
吾逃走跉跰辛苦五十餘年其本字某我名
某甲昔在本城懐憂推覓忽於此間遇會得
之此實我子我實其父今我所有一切財物
皆是子有先所出内是子所知世尊是時窮
子聞父此言即大歡喜得未曾有而作是念
我本无心有所悕求今此寶藏自然而至世
尊大富長者則是如来我等皆似佛子如来
常說我等爲子世尊我等以三苦故於生死
中受諸熱惱迷惑无知樂著小法今日世尊
令我等思惟蠲除諸法戲論之糞我等於中
勤加精進得至涅槃一日之價既得此已心
大歡喜自以爲足而便自謂於佛法中勤精

BD03633號　妙法蓮華經卷二　（17–11）

常說我等為子世尊我等以三苦故於生死
中受諸熱惱迷惑无知樂著小法今日世尊
令我等思惟蠲除諸法戲論之糞我等於中
勤加精進得至涅槃一日之價既得此已心
大歡喜自以為足而便自謂於佛法中勤精
進故所得弘多然世尊先知我等心著弊欲
樂於小法便見縱捨不為分別汝等當有如
來知見寶藏之分世尊以方便力說如來智
慧我等從佛得涅槃一日之價以為大得於
此大乘无有志求我等又因如來智慧為諸
菩薩開示演說而自於此无有志願所以者
何佛知我等心樂小法以方便力隨我等說
而我等不知真是佛子今我等方知世尊於
佛智慧无所悋惜所以者何我等昔來真是
佛子而但樂小法若我等有樂大之心佛則
為我說大乘法於此經中唯說一乘而昔於
菩薩前毀呰聲聞樂小法者然佛實以大乘
教化是故我等說本无心有所悕求今法王
大寶自然而至如佛子所應得者皆已得之
尒時摩訶迦葉欲重宣此義而說偈言
我等今日　聞佛音教　歡喜踊躍　得未曾有
佛說聲聞　當得作佛　无上寶聚　不求自得
譬如童子　幼稚无識　捨父逃逝　遠到他土
周流諸國　五十餘年　其父憂念　四方推求
求之既疲　頓止一城　造立舍宅　五欲自娛
其家巨富　多諸金銀　車𤦲馬瑙　真珠瑠璃
象馬牛羊　輦轝車乘　田業僮僕　人民衆多

BD03633號　妙法蓮華經卷二　（17–12）

周流諸國　五十餘年　其父憂念　四方推求
求之既疲　頓止一城　造立舍宅　五欲自娛
其家巨富　多諸金銀　車𤦲馬瑙　真珠瑠璃
象馬牛羊　輦轝車乘　田業僮僕　人民衆多
出入息利　乃遍他國　商估賈人　无處不有
千万億衆　圍繞恭敬　常為王者　之所愛念
羣臣豪族　皆共宗重　以諸緣故　往来者衆
豪富如是　有大力勢　而年朽邁　益憂念子
夙夜惟念　死時將至　癡子捨我　五十餘年
庫藏諸物　當如之何　尒時窮子　求索衣食
從邑至邑　從國至國　或有所得　或无所得
飢餓羸瘦　體生瘡癬　漸次經歷　到父住城
傭賃展轉　遂至父舍　尒時長者　於其門內
施大寶帳　處師子座　眷屬圍繞　諸人侍衛
或有計算　金銀寶物　出內財產　注記券疏
窮子見父　豪貴尊嚴　謂是國王　若是王等
驚怖自恠　何故至此　覆自念言　我若久住
或見逼迫　彊駈使作　思惟是已　馳走而去
借問貧里　欲往傭作　長者是時　在師子座
遙見其子　嘿而識之　即勑使者　追捉將來
窮子驚喚　迷悶躄地　是人執我　必當見煞
何用衣食　使我至此　長者知子　愚癡狹劣
不信我言　不信是父　即以方便　更遣餘人
眇目矬陋　无威德者　汝可語之　云當相雇
除諸糞穢　倍與汝價　窮子聞之　歡喜隨來
為除糞穢　淨諸房舍　長者於牖　常見其子

BD03633號　妙法蓮華經卷二　（17–13）

不信我言　不信是父　即以方便　更遣餘人
眇目痤陋　无威德者　汝可語之　云當相雇
除諸糞穢　倍與汝價　窮子聞之　歡喜隨來
為除糞穢　淨諸房舍　長者於牖　常見其子
念子愚劣　樂為鄙事　於是長者　著弊垢衣
執除糞器　往到子所　方便附近　語令勤作
既益汝價　并塗足油　飲食充足　薦席厚暖
如是苦言　汝當勤作　又以軟語　若如我子
長者有智　漸令入出　經二十年　執作家事
示其金銀　真珠頗梨　諸物出入　皆使令知
猶處門外　止宿草菴　自念貧事　我无此物
父知子心　漸已曠大　欲與財物　即聚親族
國王大臣　刹利居士　於此大衆　說是我子
捨我他行　經五十歲　自見子來　已二十年
昔於某城　而失是子　周行求索　遂來至此
凡我所有　舍宅人民　悉以付之　恣其所用
子念昔貧　志意下劣　今於父所　大獲珎寶
并及舍宅　一切財物　甚大歡喜　得未曾有
佛亦如是　知我樂小　未曾說言　汝等作佛
而說我等　得諸无漏　成就小乘　聲聞弟子
佛勅我等　說最上道　脩習此者　當得成佛
我承佛教　為大菩薩　以諸因緣　種種譬喻
若干言辭　說无上道　諸佛子等　從我聞法
日夜思惟　精勤脩習　是時諸佛　即授其記
汝於來世　當得作佛　一切諸佛　祕藏之法
但為菩薩　演其實事　而不為我　說斯真要
如彼窮子　得近其父　雖知諸物　心不希取

BD03633號　妙法蓮華經卷二　（17–14）

若干言辭　說无上道　諸佛子等　從我聞法
日夜思惟　精勤脩習　是時諸佛　即授其記
汝於來世　當得作佛　一切諸佛　祕藏之法
但為菩薩　演其實事　而不為我　說斯真要
如彼窮子　得近其父　雖知諸物　心不悕取
我等雖說　佛法寶藏　自无志願　亦復如是
我等內滅　自謂為足　唯了此事　更无餘事
我等若聞　淨佛國土　教化衆生　都无欣樂
所以者何　一切諸法　皆悉空寂　无生无滅
无大无小　无漏无為　如是思惟　不生喜樂
我等長夜　於佛智慧　无貪无著　无復志願
而自於法　謂是究竟　我等長夜　脩習空法
得脫三界　苦惱之患　住最後身　有餘涅槃
佛所教化　得道不虛　則為已得　報佛之恩
我等雖為　諸佛子等　說菩薩法　以求佛道
而於是法　永无願樂　導師見捨　觀我心故
初不勸進　說有實利　如富長者　知子志劣
以方便力　柔伏其心　然後乃付　一切財物
佛亦如是　現希有事　知樂小者　以方便力
調伏其心　乃教大智　我等今日　得未曾有
非先所望　而今自得　如彼窮子　得无量寶
世尊我今　得道得果　於无漏法　得清淨眼
我等長夜　持佛淨戒　始於今日　得其果報
法王法中　久脩梵行　今得无漏　无上大果
我等今者　真是聲聞　以佛道聲　令一切聞
我等今者　真阿羅漢　於諸世間　天人魔梵
普於其中　應受供養　世尊大恩　以希有事

BD03633號　妙法蓮華經卷二　（17–15）

法王法中　久脩梵行　今得无漏　无上大果
我等今者　真是聲聞　以佛道聲　令一切聞
我等今者　真阿羅漢　於諸世間　天人魔梵
普於其中　應受供養　世尊大恩　以希有事
憐愍教化　利益我等　无量億劫　誰能報者
手足供給　頭頂礼敬　一切供養　皆不能報
若以頂戴　兩肩荷負　於恒沙劫　盡心恭敬
又以美饍　无量寶衣　及諸卧具　種種湯藥
牛頭栴檀　及諸珎寶　以起塔廟　寶衣布地
如斯等事　以用供養　於恒沙劫　亦不能報
諸佛希有　无量无邊　不可思議　大神通力
无漏无為　諸法之王　能為下劣　忍于斯事
取相凡夫　随宜為說　諸佛於法　得最自在
知諸衆生　種種欲樂　及其志力　随所堪任
以无量喻　而為說法　随諸衆生　宿世善根
又知成熟　未成熟者　種種籌量　分別知已
於一乘道　随宜說三

妙法蓮華經卷第二

BD03633號　妙法蓮華經卷二　（17–16）

又以美饍　无量寶衣　及諸卧具　種種湯藥
牛頭栴檀　及諸珎寶　以起塔廟　寶衣布地
如斯等事　以用供養　於恒沙劫　亦不能報
諸佛希有　无量无邊　不可思議　大神通力
无漏无為　諸法之王　能為下劣　忍于斯事
取相凡夫　随宜為說　諸佛於法　得最自在
知諸衆生　種種欲樂　及其志力　随所堪任
以无量喻　而為說法　随諸衆生　宿世善根
又知成熟　未成熟者　種種籌量　分別知已
於一乘道　随宜說三

妙法蓮華經卷第二

BD03633號　妙法蓮華經卷二　（17–17）

……通利智慧
言佛淨脩梵行……阿耨多羅三
白佛言世尊是諸无量千万億
……皆已成就世尊亦當為我等說阿
……羅三藐三菩提法我等聞已皆共脩學
世尊我等志願如來知見深心所念佛自證
知尒時轉輪聖王所將眾中八万億人見十
六王子出家亦求出家王即聽許尒時彼佛
受沙弥請過二万劫已乃於四眾之中說是
大乘經名妙法蓮華教菩薩法佛所護念說
是經已十六沙弥為阿耨多羅三藐三菩提
故皆共受持諷誦通利說是經時十六菩薩
沙弥皆悉信受聲聞眾中亦有信解其餘
眾生千万億種皆生疑惑佛說是經於八千劫
未曾休廢說此經已即入靜室住於禪定八
万四千劫是時十六菩薩沙弥知佛入室寂
然禪定各昇法座亦於八万四千劫為四部
眾廣說分別妙法華經一一皆度六百万億
那由他恒河沙等眾生示教利喜令發阿耨
[illegible]

BD03634號　妙法蓮華經卷三　（7–1）

万四千劫是時十六菩薩沙弥知佛入室寂
然禪定各昇法座亦於八万四千劫為四部
眾廣說分別妙法華經一一皆度六百万億
那由他恒河沙等眾生示教利喜令發阿耨
多羅三藐三菩提心大通智勝佛過八万四
千劫已從三昧起往詣法座安詳而坐普告
大眾是十六菩薩沙弥甚為希有諸根通利
智慧明了已曾供養无量千万億數諸佛
於諸佛所常脩梵行受持佛智開示眾生令
入其中汝等皆當數數親近而供養之所以者
何若聲聞辟支佛及諸菩薩能信是十六菩
薩所說經法受持不毀者是人皆當得阿耨
多羅三藐三菩提如來之慧佛告諸比丘是
十六菩薩常樂說是妙法蓮華經一一菩薩
所化六百万億那由他恒河沙等眾生世世所
生與菩薩俱從其聞法悉皆信解以此因
緣得值四万億諸佛世尊于今不盡諸比丘
我今語汝彼佛弟子十六沙弥今皆得阿耨
多羅三藐三菩提於十方國土現在說法有
无量百千万億菩薩聲聞以為眷屬其二沙
弥東方作佛一名阿閦在歡喜國二名須弥
頂東南方二佛一名師子音二名師子相南
方二佛一名虛空住二名常滅西南方二佛
一名帝相二名梵相西方二佛一名阿弥陀
二名度一切世間苦惱西北方二佛一名多摩
羅跋栴檀香神通二名須弥相北方二佛一

BD03634號　妙法蓮華經卷三　（7–2）

方二佛一名虚空住二名常滅西南方二佛
一名帝相二名梵相西方二佛一名阿弥陁
二名度一切世間苦惱西北方二佛一名多摩
羅跋栴檀香神通二名須弥相北方二佛一
名雲自在二名雲自在王東北方佛名壊一切
世間怖畏第十六我釋迦牟尼佛於娑婆國
土成阿耨多羅三藐三菩提諸比丘我等為
沙弥時各各教化无量百千万億恒河沙等
衆生從我聞法為阿耨多羅三藐三菩提此
諸衆生于今有住聲聞地者我常教化
阿耨多羅三藐三菩提是諸人等應以是法
漸入佛道所以者何如来智慧難信難解尒
時所化无量恒河沙等衆生者汝等諸比丘
及我滅度後未来世中聲聞弟子是也我滅
度後復有弟子不聞是經不知不覺菩薩所
行自於所得功德生滅度想當入涅槃我於
餘國作佛更有異名是人雖生滅度之想入
於涅槃而於彼土求佛智慧得聞是經唯以
佛乘而得滅度更无餘乘除諸如来方便說
法諸比丘若如来自知涅槃時到衆又清淨
信解堅固了達空法深入禪定便集諸菩
薩及聲聞衆為說是經世間无有二乘而得滅
度唯一佛乘得滅度耳比丘當知如来方便
深入衆生之性知其志樂小法深著五欲為
是等故說於涅槃是人若聞則便信受譬
如五百由旬險難悪道曠絶无人怖畏之處

BD03634號　妙法蓮華經卷三　（7–3）

深入衆生之性知其志樂小法深著五欲為
是等故說於涅槃是人若聞則便信受譬
如五百由旬險難悪道曠絶无人怖畏之處
若有多衆欲過此道至珎寶處有一導師聦
慧明達善知險道通塞之相將導衆人欲過
此難所將人衆中路懈退白導師言我等疲
極而復怖畏不能復進前路猶遠今欲退還
導師多諸方便而作是念此等可愍云何捨
大珎寶而欲退還作是念已以方便力於險
道中過三百由旬化作一城告衆人言汝等
勿怖莫得退還今此大城可於中止隨意所
作若入是城快得安隠若能前至寶所亦可
得去是時疲極之衆心大歡喜歎未曾有我
等今者免斯悪道快得安隠於是衆人前入
化城生已度想生安隠想尒時導師知此人
衆既得止息无復疲惓即滅化城語衆人
言汝等去来寶處在近向者大城我所化作為
止息耳諸比丘如来亦復如是今為汝等作
大導師知諸生死煩惱悪道險難長遠應
去應度若衆生但聞一佛乘者則不欲見
佛不欲親近便作是念佛道長遠久受勤苦乃
可得成佛知是心怯弱下劣以方便力而於中
道為止息故說二涅槃若衆生住於二地如来
尒時即便為說汝等所作未辦汝所住地近
於佛慧當觀察籌量所得涅槃非真實也
但是如来方便之力於一佛乘分別說三如彼

BD03634號　妙法蓮華經卷三　（7–4）

可得成佛知是心怯弱下劣以方便力而於中
道為止息故說二涅槃若衆生住於二地如來
尒時即便為說汝等所作未辦汝所住地近
於佛慧當觀察籌量所得涅槃非真實也
但是如來方便之力於一佛乘分別說三如彼
導師為止息故化作大城既知息已而告之言
寶處在近此城非實我化作耳尒時世尊
欲重宣此義而說偈言
大通智勝佛 十劫坐道場 佛法不現前 不得成佛道
諸天神龍王 阿脩羅衆等 常雨於天華 以供養彼佛
諸天擊天鼓 并作衆伎樂 香風吹萎華 更雨新好者
過十小劫已 乃得成佛道 諸天及世人 心皆懷踊躍
彼佛十六子 皆與其眷屬 千万億圍繞 俱行至佛所
頭面禮佛足 而請轉法輪 聖師子法雨 充我及一切
世尊甚難值 久遠時一現 為覺悟群生 震動於一切
東方諸世界 五百万億國 梵宮殿光曜 昔所未曾有
諸梵見此相 尋來至佛所 散華以供養 并奉上宮殿
請佛轉法輪 以偈而讚歎 佛知時未至 受請默然坐
三方及四維 上下亦復然 散華奉宮殿 請佛轉法輪
世尊甚難值 願以大慈悲 廣開甘露門 轉无上法輪
无量慧世尊 受彼衆人請 為宣種種法 四諦十二緣
无明至老死 皆從生緣有 如是衆過患 汝等應當知
宣暢是法時 六百万億姟 得盡諸苦際 皆成阿羅漢
第二說法時 千万恒沙衆 於諸法不受 亦得阿羅漢
時十六王子 出家作沙弥 皆共請彼佛 演說大乘經
我等及營從 皆當成佛道 願得如世尊 慧眼第一淨
佛知童子心 宿世之所行 以无量因緣 種種諸譬喻

BD03634號 妙法蓮華經卷三 (7–5)

宣暢是法時 六百万億姟 得盡諸苦際 皆成阿羅漢
第二說法時 千万恒沙衆 於諸法不受 亦得阿羅漢
時十六王子 出家作沙弥 皆共請彼佛 演說大乘經
我等及營從 皆當成佛道 願得如世尊 慧眼第一淨
佛知童子心 宿世之所行 以无量因緣 種種諸譬喻
說六波羅蜜 及諸神通事 分別真實法 菩薩所行道
說是法華經 如恒河沙偈 彼佛說經已 靜室入禪定
一心一處坐 八万四千劫 是諸沙弥等 知佛禪未出
為无量億衆 說佛无上慧 各各坐法座 說是大乘經
於佛宴寂後 宣揚助法化 一一沙弥等 所度諸衆生
有六百万億 恒河沙等衆 彼佛滅度後 是諸聞法者
在在諸佛土 常與師俱生 是十六沙弥 具足行佛道
今現在十方 各得成正覺 尒時聞法者 各在諸佛所
其有住聲聞 漸教以佛道 我在十六數 曾亦為汝說
是故以方便 引汝趣佛慧 以是本因緣 今說法華經
令汝入佛道 慎勿懷驚懼 譬如險惡道 逈絕多毒獸
又復无水草 人所怖畏處 无數千万衆 欲過此險道
其路甚曠遠 經五百由旬 時有一導師 強識有智慧
明了心決定 在險濟衆難 衆人皆疲惓 而白導師言
我等今頓乏 於此欲退還 導師作是念 此輩甚可愍
如何欲退還 而失大珎寶 尋時思方便 當設神通力
化作大城郭 莊嚴諸舍宅 周匝有園林 渠流及浴池
重門高樓閣 男女皆充滿 即作是化已 慰衆言勿懼
汝等入此城 各可隨所樂 諸人既入城 心皆大歡喜
皆生安隱想 自謂已得度 導師知息已 集衆而告言
汝等當前進 此是化城耳 我見汝疲極 中路欲退還

BD03634號 妙法蓮華經卷三 (7–6)

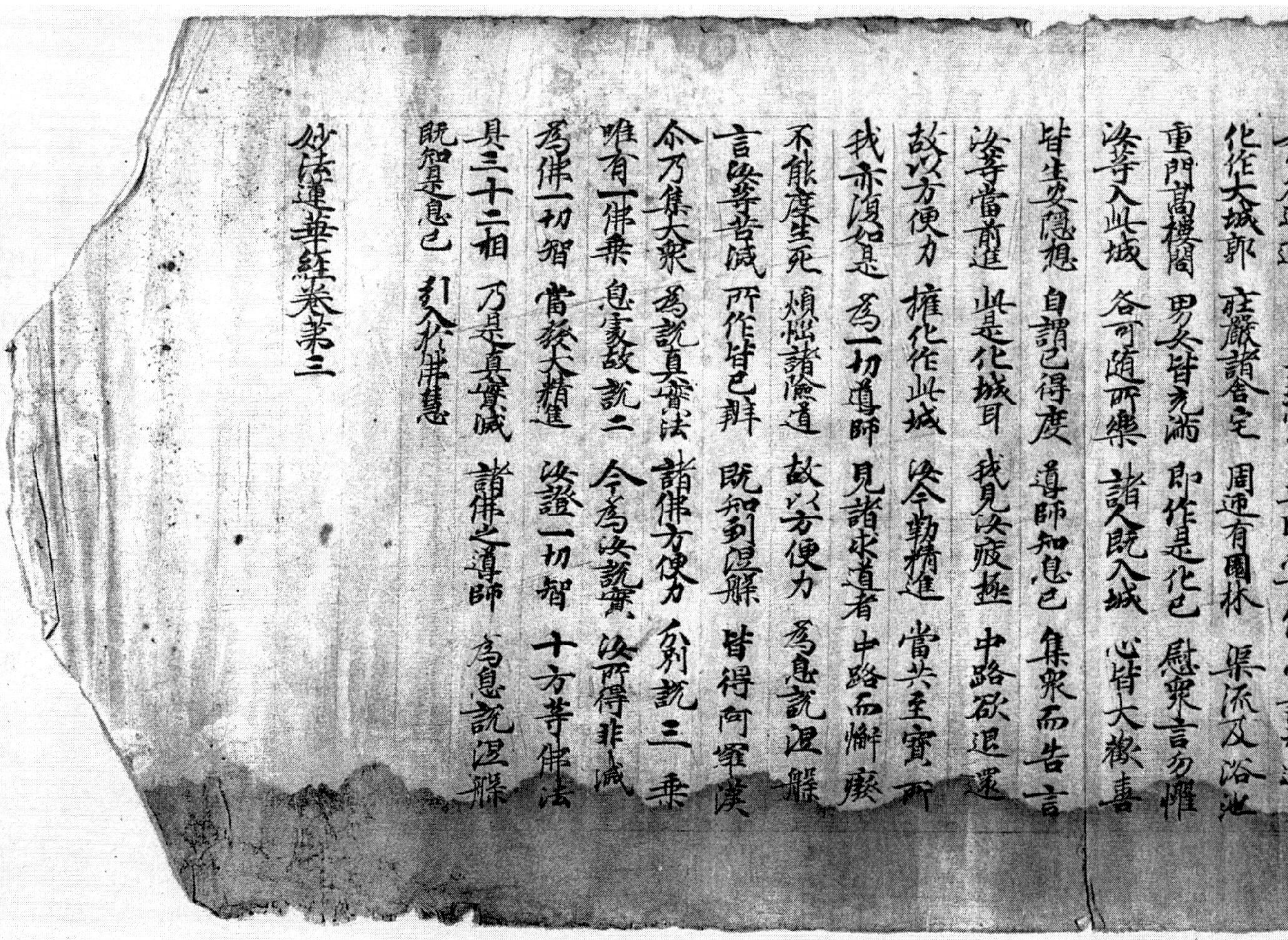
化作大城郭　莊嚴諸舍宅　周匝有園林　渠流及浴池
重門高樓閣　男女皆充滿　即作是化已　慰眾言勿懼
汝等入此城　各可隨所樂　諸人既入城　心皆大歡喜
皆生安隱想　自謂已得度　導師知息已　集眾而告言
汝等當前進　此是化城耳　我見汝疲極　中路欲退還
故以方便力　權化作此城　汝今勤精進　當共至寶所
我亦復如是　為一切導師　見諸求道者　中路而懈廢
不能度生死　煩惱諸險道　故以方便力　為息說涅槃
言汝等苦滅　所作皆已辦　既知到涅槃　皆得阿羅漢
爾乃集大眾　為說真實法　諸佛方便力　分別說三乘
唯有一佛乘　息處故說二　今為汝說實　汝所得非滅
為佛一切智　當發大精進　汝證一切智　十力等佛法
具三十二相　乃是真實滅　諸佛之導師　為息說涅槃
既知是息已　引入於佛慧

妙法蓮華經卷第三

BD03634號　妙法蓮華經卷三　（7–7）

法花經第三

BD03634號背　勘記　（1–1）

品第十
念日時欲至
知其意而語言
欲食而聞法乎若
得 時
示諸大衆上方界分
土有國名衆香佛号香
在中其國香氣比於十方諸佛世
香最為第一彼土无有聲聞辟
清淨大菩薩衆佛為說法其界一切
作樓閣經行香地苑園皆香其
十方无量世界時彼佛與諸菩
有諸天子皆号香嚴悉發阿耨
菩提心供養彼佛 菩薩此
維摩詰問衆菩薩諸仁
佛食以文殊師利威神力故咸
詰言仁者此大衆无乃可恥文
佛所言勿輕未學於是維摩詰
衆會前化作菩薩相好光明威
衆會而告之曰汝往上方界分
恒河沙佛土有國名衆香佛号
薩方共坐食汝往到彼如我辭

BD03635號　維摩詰所說經卷下　（21–1）

衆會前化作菩薩相好光明威
衆會而告之曰汝往上方界分
恒河沙佛土有國名衆香佛号
薩方共坐食汝往到彼如我辭
首世尊足下致敬无量問訊起
氣力安不願得世尊所食之餘
界施作佛事令此樂小法者得
如來名聲普聞時化菩薩即於
方舉衆皆見其去到衆香界礼彼佛
其言維摩詰稽首世尊足下致敬无量問訊
起居少病少惱氣力安不願得世尊所食之
餘欲於娑婆世界施作佛事使此樂小法者
得弘大道亦使如來名聲普聞彼諸大士見
化菩薩歎未曾有今此上人從何所來娑婆
世界為在何許云何名為樂小法者即以問
佛佛告之曰下方度如四十二恒河沙佛土有
世界名娑婆佛号釋迦牟尼今現在於五濁世
為樂小法衆生敷演道教彼有菩薩名維摩
詰住不可思議解脫為諸菩薩說法故遣化來
稱揚我名并讚此土令彼菩薩增益功德彼
菩薩言其人何如乃作是化德力无畏神足
若斯佛言甚大一切十方皆遣化往施作佛
事饒益衆生於是香積如來以衆香鉢盛滿
香飯與化菩薩時彼九百万菩薩俱發聲言
我欲詣娑婆世界供養釋迦牟尼佛并欲見
維摩詰等諸菩薩衆佛言可往攝汝身香无
令彼諸衆生起惑著心又當捨汝本形勿使

BD03635號　維摩詰所說經卷下　（21–2）

事饌盖衆生於是香積如来以衆香鉢盛滿
香飯與化菩薩時彼九百万菩薩俱發聲言
我欲詣娑婆世界供養釋迦牟尼佛并欲見
維摩詰等諸菩薩衆佛言可往攝汝身香无
令彼諸衆生起惑著心又當捨汝本形勿使
彼國求菩薩者而自鄙恥又汝於彼莫懷輕
賤而作㝵想所以者何十方國土皆如虛空
又諸佛為欲化諸樂小法者不盡現其清淨
土耳時化菩薩既受鉢飯與彼九百万菩薩
俱承佛威神及維摩詰力於彼世界忽然不
現須臾之間至維摩詰舍維摩詰即化作九
百万師子之座嚴好如前諸菩薩皆坐其上
化菩薩以滿鉢香飯與維摩詰飯香普薰毗
耶離城及三千大千世界時毗耶離婆羅門
居士等聞是香氣身意快然歎未曾有於是
長者主月蓋從八万四千人来入維摩詰舍
見其室中菩薩甚多諸師子座高廣嚴好皆
大歡喜礼衆菩薩及大弟子却住一面諸地
神虛空神及欲色界諸天聞此香氣亦皆来
入維摩詰舍時維摩詰語舍利弗等諸大聲
聞仁者可食如来甘露味飯大悲所薰无以
限意食之使不消也有異聲聞念是飯少如
此大衆人人當食化菩薩曰勿以聲聞小德
小智稱量如来无量福慧四海有竭此飯无
盡使一切人食揣若須弥乃至一劫猶不能
盡所以者何无盡戒定智慧解脫解脫知見
功德具足者所食之餘終不可盡於是鉢飯
悉飽衆會猶故不盡其諸菩薩聲聞天人食

BD03635 號　維摩詰所說經卷下

（21–3）

盡使一切人食揣若須弥乃至一劫猶不能
盡所以者何无盡戒定智慧解脫解脫知見
功德具足者所食之餘終不可盡於是鉢飯
悉飽衆會猶故不盡其諸菩薩聲聞天人食
此飯者身安快樂譬如一切樂莊嚴國諸菩
薩也又諸毛孔皆出妙香亦如衆香國土諸
樹之香
尒時維摩詰問衆香菩薩香積如来以何說
法彼菩薩曰我土如来无文字說但以衆香
令諸天人得入律行菩薩各各坐香樹下聞
斯妙香即獲一切德藏三昧得是三昧者菩
薩亦有功德皆悉具足彼諸菩薩問維摩詰
今世尊釋迦牟尼以何說法維摩詰言此土
衆生剛強難化故佛為說剛強之語以調伏
之言是地獄是畜生是餓鬼是諸難處是愚
人生處是身邪行是身邪行報是口邪行是
口邪行報是意邪行是意邪行報是殺生是
殺生報是不與取是不與取報是邪婬是邪
婬報是妄語是妄語報是兩舌是兩舌報是
惡口是惡口報是无義語是无義語報是貪
嫉是貪嫉報是瞋惱是瞋惱報是邪見是邪
見報是慳悋是慳悋報是毀戒是毀戒報是
瞋恚是瞋恚報是懈怠是懈怠報是亂意是
亂意報是愚癡是愚癡報是結戒是持戒是
犯戒是應作是不應作是鄣㝵是不鄣㝵是
得罪是離罪是淨是垢是有漏是无漏是邪
道是正道是有為是无為是世間是涅槃以

BD03635 號　維摩詰所說經卷下

（21–4）

犯戒是應作是不應作是鄣㝵是不鄣㝵是
得罪是離罪是淨是垢是有漏是无漏是
道是正道是有為是无為是世間是涅槃以
難化之人心如猨猴故以若干種法制御其
心乃可調伏譬如象馬𢤱悷不調加諸楚毒
乃至徹骨然後調伏如是剛強難化衆生故
以一切苦切之言乃可入律彼諸菩薩聞說
是已皆曰未曾有也如世尊釋迦牟尼佛隱
其无量自在之力乃以貧所樂法度脫衆生
斯諸菩薩亦能勞謙以无量大悲生是佛土
維摩詰言此土菩薩於諸衆生大悲堅固誠
如所言然其一世饒益衆生多於彼國百千
劫行所以者何此娑婆世界有十事善法諸
餘淨土之所无有何等為十以布施攝貧窮
以淨戒攝毀禁以忍辱攝瞋恚以精進攝懈
怠以禪定攝亂意以智慧攝愚癡說除難法
度八難者以大乘法度樂小乘者以諸善根
濟无德者常以四攝成就衆生是為十彼菩
薩曰菩薩成就幾法於此世界行无創疣生
于淨土維摩詰言菩薩成就八法於此世界
行无創疣生于淨土何等為八饒益衆生而
不望報代一切衆生受諸苦惱所作功德盡
以施之等心衆生謙下无㝵於諸菩薩視之
如佛所未聞經聞之不疑不與聲聞而相違
背不嫉彼供不高己利而於其中調伏其心
常省己過不訟彼短恒以一心求諸功德是
為八維摩詰文殊師利於大衆中說是法時

BD03635號　維摩詰所說經卷下　（21–5）

背不嫉彼供不高己利而於其中調伏其心
常省己過不訟彼短恒以一心求諸功德是
為八維摩詰文殊師利於大衆中說是法時
百千天人皆發阿耨多羅三藐三菩提心十
千菩薩得无生法忍

菩薩行品第十一

是時佛說法於菴羅樹園其地忽然廣博嚴
事一切衆會皆作金色阿難白佛言世尊以
何因緣有此瑞應是處忽然廣博嚴事一切
衆會皆作金色佛告阿難是維摩詰文殊師
利與諸大衆恭敬圍遶發意欲來故先為此
瑞應於是維摩詰語文殊師利可共見佛與
諸菩薩礼事供養文殊師利言善哉行矣今
正是時維摩詰即以神力持諸大衆并師子
座置於右掌往詣佛所到已著地稽首佛足
右遶七帀一心合掌在一面立其諸菩薩即
皆避坐稽首佛足亦遶七帀於一面立諸大
弟子釋梵四天王等亦皆避坐稽首佛足在
一面立於是世尊如法慰問諸菩薩已各令
復坐即皆受教衆坐已定佛語舍利弗汝見
菩薩大士自在神力之所為乎唯然已見於
汝意云何世尊我覩其為不可思議非意所
圖非度所測尒時阿難白佛言世尊今所聞
香自昔未有是為何香佛告阿難是彼菩薩
毛孔之香於是舍利弗語阿難言我等毛孔
亦出是香阿難言此所從來曰是長者維摩
詰從衆香國取佛餘飯於舍食者一切毛孔

BD03635號　維摩詰所說經卷下　（21–6）

毛孔之香於是舍利弗語阿難言我等毛孔
亦出是香阿難言此所從來曰是長者維摩
詰從衆香國取佛餘飯於舍食者一切毛孔
皆香若此阿難問維摩詰是香氣住當久如
維摩詰言至此飯消曰此飯久如當消曰此
飯勢力至于七日然後乃消又阿難若聲聞
人未入正位食此飯者得入正位然後乃消
已入正位食此飯者得心解脫然後乃消若
未發大乘意食此飯者至發意乃消已發意
食此飯者得无生忍然後乃消已得无生忍
食此飯者至一生補處然後乃消譬如有藥
名曰上味其有服者身諸毒滅然後乃消此
飯如是滅除一切諸煩惱毒然後乃消阿難
白佛言未曾有也世尊如此香飯能作
佛事佛言如是如是阿難或有佛土以佛光
明而作佛事有以諸菩薩而作佛事有以佛
所化人而作佛事有以菩提樹而作佛事有
以佛衣服卧具而作佛事有以飯食而作佛
事有以園林臺觀而作佛事有以三十二相八
十隨形好而作佛事有以佛身而作佛事有
以虛空而作佛事衆生應以此緣得入律行
有以夢幻影響鏡中像水中月熱時炎如是
等喻而作佛事有以音聲語言文字而作佛
事或有清淨佛土寂漠无言无說无示无識
无作无為而作佛事如是阿難諸佛威儀進
止諸所施為无非佛事阿難有此四魔八万四

等喻而作佛事有以音聲語言文字而作佛
事或有清淨佛土寂漠无言无說无示无識
无作无為而作佛事如是阿難諸佛威儀進
止諸所施為无非佛事阿難有此四魔八万四
千諸煩惱門而諸衆生為之疲勞諸佛即以此
法而作佛事是名入一切諸佛法門菩薩入
此門者若見一切淨妙佛土不以為喜不貪不
高若見一切不淨佛土不以為憂不㝵不沒
但於諸佛生清淨心歡喜恭敬未曾有也諸
佛如來功德平等為教化衆生故而現佛土
不同阿難汝見諸佛國土地有若干而虛空
无若干也如是見諸佛色身有若干耳其无
㝵慧无若干也阿難諸佛色身威相種姓戒
定智慧解脫解脫知見力无所畏不共之法
大慈大悲威儀所行及其壽命說法教化成
就衆生淨佛國土具諸佛法悉皆同等是故
名為三藐三佛陀名為多陀阿伽度名為佛
陀阿難若我廣說此三句義汝以劫壽不能
盡受正使三千大千世界滿中衆生皆如阿
難多聞第一得念總持此諸人等以劫之壽
亦不能受如是阿難諸佛阿耨多羅三藐三
菩提无有限量智慧辯才不可思議阿難白
佛言我從今已往不敢自謂以為多聞佛告
阿難勿起退意所以者何我說汝於聲聞中
為最多聞非謂菩薩且止阿難其有智者不應
限度諸菩薩也一切海淵尚可測量菩薩禪
定智慧總持辯才一切功德不可量也阿難

阿難勿起退意所以者何我說汝於聲聞中
為最多聞非謂菩薩且止阿難其有智者不應
限度諸菩薩也一切海淵尚可測量菩薩禪
定智慧總持辯才一切功德不可量也阿難
汝等捨置菩薩所行是維摩詰一時所現神
通之力一切聲聞辟支佛於百千劫盡力變
化所不能作
尒時衆香世界菩薩來者合掌白佛言世尊
我等初見此土生下劣想今自悔責捨離是
心所以者何諸佛方便不可思議為度衆生
故隨其所應現佛國異唯然世尊願賜少法
還於彼土當念如來佛告諸菩薩有盡无盡
解脫法門汝等當學何謂為盡謂有為法何
謂无盡謂无為法如菩薩者不盡有為不住
无為何謂不盡有為謂不離大慈不捨大悲
深發一切智心而不忽忘教化衆生終不厭
惓於四攝法常念順行護持正法不惜軀命
種諸善根无有疲厭志常安住方便迴向求
法不懈說法无悋勤供諸佛故入生死而无
所畏於諸榮辱心无憂喜不輕未學敬學如
佛墮煩惱者令發正念於遠離樂不以為貴
不著己樂慶於彼樂在諸禪定如地獄想於
生死中如園觀想見來求者為善師想捨諸
所有具一切智想見毀戒人起救護想諸波
羅蜜為父母想道品之法為眷屬想發行善
根无有齊限以諸淨國嚴飾之事成己佛土
開門大施具足相好除一切惡淨身口意淨

所有具一切智想見毀戒人起救護想諸波
羅蜜為父母想道品之法為眷屬想發行善
根无有齊限以諸淨國嚴飾之事成己佛土
開門大施具足相好除一切惡淨身口意淨
故生死无數劫意而有勇聞佛无量德志而
不惓以智慧劍破煩惱賊出陰界入荷負衆生
永使解脫以大精進摧伏魔軍常求无念實相
智慧於世間法少欲知足於出世間法不懷感
儀而能隨俗起神通慧引導衆生得念總持
所聞不忘善別諸根斷衆生疑以樂說辯演法
无导淨十善道受天人福脩四无量開梵天
道勸請說法隨喜讚善得佛音聲身口意善
得佛威儀深脩善法所行轉勝以大乘教成
菩薩僧心无放逸不失衆善行如此法是名
菩薩不盡有為何謂菩薩不住无為謂脩學
空不以空為證脩學无相无作不以无相无
作為證脩學无起不以无起為證觀於无常
而不厭善本觀世間苦而不惡生死觀於无
我而誨人不惓觀於寂滅而不永寂滅觀於
遠離而身心脩善觀无所歸而歸趣善法觀
於无生而以生法荷負一切觀於无漏而不
斷諸漏觀无所行而以行法教化衆生觀於
空无而不捨大悲觀正法位而不隨小乘觀
諸法虛妄无牢无人无主无相本願未滿而
不虛福德禪定智慧脩如此法是名菩薩不
住无為又具福德故不住无為具智慧故不
盡有為大慈悲故不住无為滿本願故不盡
有為集法藥故不住无為隨授藥故不盡有

諸法虛妄无牢无人无主无相本願未滿而
不虛福德禪定智慧脩如此法是名菩薩不
住无為又具福德故不住无為具智慧故不
盡有為大慈悲故不住无為滿本願故不盡
有為集法藥故不住无為隨授藥故不盡有
為知衆生病故不住无為滅衆生病故不盡
有為諸正士菩薩已脩此法不盡有為不住
无為是名盡无盡解脫法門汝等當學尒時
彼諸菩薩聞說是法皆大歡喜以衆妙華若
干種色若干種香散遍三千大千世界供養
於佛及此經法并諸菩薩已稽首佛足歎未
曾有言釋迦牟尼佛乃能於此善行方便言
已忽然不現還到彼國
見阿閦佛品第十二
尒時世尊問維摩詰汝欲見如來為以何等
觀如來乎維摩詰言如自觀身實相觀佛亦
然我觀如來前際不來後際不去今則不住
不觀色不觀色如不觀色性不觀受想行識
不觀識如不觀識性非四大起同於虛空六
入无積眼耳鼻舌身心已過不在三界三垢
已離順三脫門三明與无明等不一相不異
相不自相不他相非无相非取相不此垢不
彼垢不中流而化衆生觀於寂滅亦不永滅
不此不彼不以此不以彼不可以智知不可
以識識无晦无明无名无相无強无弱非淨
非穢不在方不離方非有為非无為无示无
說不施不慳不戒不犯不忍不恚不進不怠
不定不亂不智不愚不誠不欺不來不去不

不此不彼不以此不以彼不可以智知不可
以識識无晦无明无名无相无強无弱非淨
非穢不在方不離方非有為非无為无示无
說不施不慳不戒不犯不忍不恚不進不怠
不定不亂不智不愚不誠不欺不來不去不
出不入一切言語道斷非福田非不福田非
應供養非不應供養非取非捨非有相非无
相不增不減同真際等法性不可稱不可量
過諸稱量非大非小非見非聞非覺非知離衆
結縛等諸智同衆生於諸法无分別一切无失
无濁无惱无作无起无生无滅无畏无憂无喜
无厭无著无已有无當有无今有不可以一切
言說分別顯示世尊如來身為若此作如是觀
以斯觀者名為正觀若他觀者名為耶觀尒
時舍利弗問維摩詰汝於何沒而來生此維
摩詰言汝所得法有沒生乎舍利弗言无沒
生也若諸法无沒生相云何問言汝於何沒
而來生此於意云何譬如幻師幻作男女寧
有沒生耶舍利弗言无沒生也汝豈不聞佛
說諸法如幻相乎答曰如是若一切法如幻
相者云何問言汝於何沒而來生此舍利弗
沒者為虛誑法壞敗之相生者為虛誑法相
續之相菩薩雖沒不盡善本雖生不長諸惡
是時佛告舍利弗有國名妙喜佛号无動是
維摩詰於彼國沒而來生此舍利弗言未曾
有也世尊是人乃能捨清淨土而來樂此多
怒害處維摩詰語舍利弗於意云何日光出
[illegible]

維摩詰於彼國沒而來生此舍利弗言未曾
有也世尊是人乃能捨清淨土而來樂此多
怒害處維摩詰語舍利弗於意云何日光出
時與冥合乎荅曰不也日光出時則无衆冥
維摩詰言夫日何故行閻浮提荅曰欲以明
照為之除冥維摩詰言菩薩如是雖生不淨
佛土為化衆生不與愚闇而共合也但滅衆
生煩惱闇耳
是時大衆渴仰欲見妙喜世界不動如來及
其菩薩聲聞之衆佛知一切衆會所念告維
摩詰言善男子為此衆會現妙喜國不動如
來及諸菩薩聲聞之衆衆皆欲見於是維摩
詰心念吾當不起于座接妙喜國鐵圍山川
溪谷江河大海泉源須彌諸山及日月星宿
天龍鬼神梵天等宮并諸菩薩聲聞之衆城
邑聚落男女大小乃至无動如來及菩提樹
諸妙蓮華能於十方作佛事者三道寶階從
閻浮提至忉利天以此寶階諸天來下悉為
礼敬无動如來聽受經法閻浮提人亦登其
階上昇忉利見彼諸天妙喜世界成就如是
无量功德上至阿迦貳吒天下至水際以右
手斷取如陶家輪入此世界猶持華鬘示一
切衆作是念已入於三昧現神通力以其右
手斷取妙喜世界置於此土彼得神通菩薩
及聲聞衆并餘天人俱發聲言唯然世尊誰
取我去願見救護无動佛言非我所為是維
摩詰神力所作其餘未得神通者不覺不知

手斷取妙喜世界置於此土彼得神通菩薩
及聲聞衆并餘天人俱發聲言唯然世尊誰
取我去願見救護无動佛言非我所為是維
摩詰神力所作其餘未得神通者不覺不知
己之所往妙喜世界雖入此土而不增減於
是世界亦不迫隘如本无異
尒時釋迦牟尼佛告諸大衆汝等且觀妙喜
世界无動如來其國嚴飾菩薩行淨弟子清
白皆曰唯然已見佛言若菩薩欲得如是清
淨佛土當學无動如來所行之道現此妙喜
國時娑婆世界十四那由他人發阿耨多羅
三藐三菩提心皆願生於妙喜佛土釋迦牟
尼佛即記之曰當生彼國時妙喜世界於此
國土所應饒益其事訖已還復本處舉衆皆
見佛告舍利弗汝見此妙喜世界及无動佛
不唯然已見世尊願使一切衆生得清淨土
如无動佛獲神通力如維摩詰世尊我等快
得善利得見是人親近供養其諸衆生若今
現在若佛滅後聞此經者亦得善利況復聞
已信解受持讀誦解說如法脩行若有手得
是經典者便為已得法寶之藏若有讀誦解
釋其義如說脩行則為諸佛之所護念其有
供養如是人者當知則為供養於佛其有書
持此經卷者當知其室則有如來若聞是經
能隨喜者斯人則為取一切智若能信解此
經乃至一四句偈為他說者當知此人即是
受阿耨多羅三藐三菩提記
法供養品第十三

於此經[illegible]
能隨喜者斯人則為取一切智若能信解此
經乃至一四句偈為他說者當知此人即是
受阿耨多羅三藐三菩提記
法供養品第十三
尒時釋提桓因於大衆中白佛言世尊我雖
從佛及文殊師利聞百千經未曾聞此不可
思議自在神通決定實相經典如我解佛所
說義趣若有衆生聞是經法信解受持讀誦
之者必得是法不疑何況如說脩行斯人則
為閉衆惡趣開諸善門常為諸佛之所護念
降伏外學摧滅魔怨脩治菩提安處道場履
踐如來所行之跡世尊若有受持讀誦如說
脩行者我當與諸眷屬供養給事所在聚落
城邑山林曠野有是經處我亦與諸眷屬聽
受法故共到其所其未信者當令生信其已
信者當為作護佛言善哉善哉天帝如汝所
說吾助尒喜此經廣說過去未來現在諸佛
不可思議阿耨多羅三藐三菩提是故天帝
若善男子善女人受持讀誦供養是經者則
為供養去來今佛天帝正使三千大千世界
如來滿中譬如甘蔗竹葦稻麻叢林若有善
男子善女人或一劫或減一劫恭敬尊重讚
歎供養奉諸所安至諸佛滅後以一一全身
舍利起七寶塔縱廣一四天下高至梵天表
刹莊嚴以一切華香瓔珞幢幡伎樂微妙第
一若一劫若減一劫而供養之於天帝意云
阿其人殖福寧為多不釋提桓因言多矣世

BD03635 號　維摩詰所說經卷下

（21-15）

歎供[illegible]
舍利起七寶塔縱廣一四天下高至梵天表
刹莊嚴以一切華香瓔珞幢幡伎樂微妙第
一若一劫若減一劫而供養之於天帝意云
阿其人殖福寧為多不釋提桓因言多矣世
尊彼之福德若以百千億劫說不能盡佛告
天帝當知是善男子善女人聞是不可思議
解脫經典信解受持讀誦脩行福多於彼所
以者何諸佛菩提皆從是生菩提之相不可
限量以是因緣福不可量
佛告天帝過去无量阿僧祇劫時世有佛号
曰藥王如來應供正遍知明行足善逝世間
解无上士調御丈夫天人師佛世尊世界曰
大莊嚴劫曰莊嚴佛壽二十小劫其聲聞僧卅
六億那由他菩薩僧有十二億天帝是時有
轉輪聖王名曰寶蓋七寶具足主四天下王
有千子端正勇健能伏怨敵尒時寶蓋與其
眷屬供養藥王如來施諸所安至滿五劫過
五劫已告其千子汝等亦當如我以深心
供養於佛於是千子受父王命供養藥王如
來復滿五劫一切施安其王一子名曰月蓋
獨坐思惟寧有供養殊過此者以佛神力空
中有天曰善男子法之供養勝諸供養即問
何謂法之供養天曰汝可往問藥王如來當
廣為汝說法之供養即時月蓋王子行詣藥
王如來稽首佛足却住一面白佛言世尊諸
供養中法供養勝云何名為法之供養佛言
善男子法供養者諸佛所說深經一切世間

BD03635 號　維摩詰所說經卷下

（21-16）

何謂法之供養天曰汝可往問藥王如來當
廣為汝說法之供養即時月蓋王子行詣藥
王如來稽首佛足却住一面白佛言世尊諸
供養中法供養勝云何名為法之供養佛言
善男子法供養者諸佛所說深經一切世間
難信難受微妙難見清淨无染非但分別思
惟之所能得菩薩法藏所攝陁羅尼印印之
至不退轉成就六度善分別義順菩提法衆
經之上入大慈悲離衆魔事及諸耶見順因
緣法无我无人无衆生无壽命空无相无作
无起能令衆生坐於道場而轉法輪諸天龍
神乾闥婆等所共嘆譽能令衆生入佛法藏
攝諸賢聖一切智慧說衆菩薩所行之道依
於諸法實相之義明宣无常苦空无我寂滅
之法能救一切毀禁衆生諸魔外道及貪著
者能使怖畏諸佛賢聖所共稱嘆背生死苦
示涅槃樂十方三世諸佛所說若聞如是等
經信解受持讀誦以方便力為諸衆生分別
解說顯示分明守護法故是名法之供養又
於諸法如說修行隨順十二因緣離諸耶見
得无生忍決定无我无有衆生而於因緣果
報无違无諍離諸我所依於義不依語依於
智不依識依了義經不依不了義經依於法
不依人隨順法相无所入无所歸无明畢竟滅
故諸行亦畢竟滅乃至生畢竟滅故老死亦
畢竟滅作如是觀十二因緣无有盡相不復
起見是名最上法之供養佛告天帝王子月

故諸行亦畢竟滅乃至生畢竟滅故老死亦
畢竟滅作如是觀十二因緣无有盡相不復
起見是名最上法之供養佛告天帝王子月
蓋從藥王佛聞如是法得柔順忍即解寶衣
嚴身之具以供養佛白佛言世尊如來滅後
我當行法供養守護正法願以威神加哀建
立令我得降魔怨脩菩薩行佛知其深心所
念而記之曰汝於末後守護法城天帝時王
子月蓋見法清淨聞佛受記以信出家脩集
善法精進不久得五神通逮菩薩道得陁羅
尼无斷辯才於佛滅後以其所得神通揔持
辯才之力滿十小劫藥王如來所轉法輪隨
而分布月蓋比丘以守護法懃行精進即於
此身化百万億人於阿耨多羅三藐三菩提
立不退轉十四那由他人深發聲聞辟支佛
心无量衆生得生天上天帝時王寶蓋豈異
人乎今現得佛号寶炎如來其王千子即賢
劫中千佛是也從迦羅鳩孫大為始得佛最
後如來号曰樓至月蓋比丘則我身是如是
天帝當知此要以法供養於諸供養為上為
最第一无比是故天帝當以法之供養供養
於佛

囑累品第十四

於是佛告弥勒菩薩言弥勒我今以是无量
億阿僧祇劫所集阿耨多羅三藐三菩提付
囑於汝如是輩經於佛滅後末世之中汝等
當以神力廣宣流布於閻浮提无令斷絶所

於佛
囑累品第十四
於是佛告弥勒菩薩言弥勒我今以是无量
億阿僧祇劫所集阿耨多羅三藐三菩提付
囑於汝如是輩經於佛滅後末世之中汝等
當以神力廣宣流布於閻浮提无令斷絶所
以者何未來世中當有善男子善女人及天
龍鬼神乾闥婆羅剎等發阿耨多羅三藐三
菩提心樂于大法若使不聞如是等經則失
善利如此輩人聞是等經必多信樂發希有
心當以頂受隨諸衆生所應得利而為廣說
弥勒當知菩薩有二相何謂為二一者好於
雜句文飾之事二者不畏深義如實能入若
好雜句文飾事者當知是為新學菩薩若於
如是无染无著甚深經典无有恐畏能入其
中聞已心淨受持讀誦如說脩行當知是為
久脩道行弥勒復有二法名新學者不能決
定於甚深法何等為二一者所未聞深經聞
之驚怖生疑不能隨順毀謗不信而作是言
我初不聞從何所來二者若有護持解說如
是深經者不肯親近供養恭敬或時於中說
其過惡有此二法當知是新學菩薩為自毀
傷不能於深法中調伏其心弥勒復有二法
菩薩雖信解深法猶自毀傷而不能得无生
法忍何等為二一者輕慢新學菩薩而不教
誨二者雖解深法而取相分別是為二法
弥勒菩薩聞說是已白佛言世尊未曾有也

BD03635號　維摩詰所說經卷下　　(21–19)

傷不能於深法中調伏其心弥勒復有二法
菩薩雖信解深法猶自毀傷而不能得无生
法忍何等為二一者輕慢新學菩薩而不教
誨二者雖解深法而取相分別是為二法
弥勒菩薩聞說是已白佛言世尊未曾有也
如佛所說我當遠離如斯之惡奉持如來无
數阿僧祇劫所集阿耨多羅三藐三菩提法
若未來世善男子善女人求大乘者當令手
得如是等經與其念力使受持讀誦為他廣
說世尊若後末世有能受持讀誦為他人說
者當知是弥勒神力之所建立佛言善哉善
哉弥勒如汝所說佛助尒喜於是一切菩薩
合掌白佛我等亦於如來滅後十方國土廣
宣流布阿耨多羅三藐三菩提復當開導諸
說法者令得是經
尒時四天王白佛言世尊在在處處城邑聚
落山林曠野有是經卷讀誦解說者我當率
諸官屬為聽法故往詣其所擁護其人面百
由旬令无伺求得其便者是時佛告阿難受
持是經廣宣流布阿難言唯然我已受持要
者世尊當何名斯經佛言阿難是經名為維
摩詰所說亦名不可思議解脫法門如是受
持佛說是經已長者維摩詰文殊師利舍利
弗阿難等及諸天人阿脩羅一切大衆聞佛
所說皆大歡喜

維摩詰經卷下

BD03635號　維摩詰所說經卷下　　(21–20)

洛山林曠野有是經卷讀誦解說者我當率
諸官屬為聽法故往詣其所擁護其人面百
由旬令无伺求得其便者是時佛告阿難受
持是經廣宣流布阿難言唯然我已受持要
者世尊當何名斯經佛告阿難是經名為維
摩詰所說亦名不可思議解脫法門如是受
持佛說是經已長者維摩詰文殊師利舍利
弗阿難等及諸天人阿脩羅一切大眾聞佛
所說皆大歡喜

維摩詰經卷下

BD03635號　維摩詰所說經卷下　　　　（21–21）

金剛般若波羅蜜經
如是我聞一時佛
興大比丘眾千二百五十[illegible]
時著衣持鉢入舍衛大城乞[illegible]其城中次
第乞已還至本處飯食訖[illegible]洗足已敷
座而坐時長老須菩提在[illegible]即從座起
偏袒右肩右膝著地合掌恭敬而白佛言希
有世尊如來善護念諸菩薩善付囑諸菩薩
世尊善男子善女人發阿耨多羅三藐三菩
提心應云何住云何降伏其心佛言善哉善
哉須菩提如汝所說如來善護念諸菩薩善
付囑諸菩薩汝今諦聽當為汝說善男子善
女人發阿耨多羅三藐三菩提心應如是住
如是降伏其心唯然世尊願樂欲聞
佛告須菩提諸菩薩摩訶薩應如是降伏其
心所有一切眾生之類若卵生若胎生若濕
生若化生若有色若无色若有想若无想若
非有想若非无想我皆令入无餘涅槃而滅
度之如是滅度无量无數无邊眾生實无眾
生得滅度者何以故須菩提若菩薩有我相

BD03636號　金剛般若波羅蜜經　　　　（14–1）

佛告須菩提諸菩薩摩訶薩應如是降伏其
心所有一切衆生之類若卵生若胎生若濕
生若化生若有色若无色若有想若无想若
非有想若非无想我皆令入无餘涅槃而滅
度之如是滅度无量无數无邊衆生實无衆
生得滅度者何以故須菩提若菩薩有我相
人相衆生相壽者相即非菩薩
復次須菩提菩薩於法應无所住行於布施
所謂不住色布施不住聲香味觸法布施須
菩提菩薩應如是布施不住於相何以故若
菩薩不住相布施其福德不可思量須菩提
於意云何東方虛空可思量不不也世尊須
菩提南西北方四維上下虛空可思量不不
也世尊須菩提菩薩无住相布施福德亦復
如是不可思量須菩提菩薩但應如所教住
須菩提於意云何可以身相見如來不不也
世尊不可以身相得見如來何以故如來所
說身相即非身相佛告須菩提凡所有相皆
是虛妄若見諸相非相則見如來
須菩提白佛言世尊頗有衆生得聞如是言
說章句生實信不佛告須菩提莫作是說如
來滅後後五百歲有持戒脩福者於此章句
能生信心以此為實當知是人不於一佛二
佛三四五佛而種善根已於无量千万佛所
種諸善根聞是章句乃至一念生淨信者須
菩提如來悉知悉見是諸衆生得如是无量
福德何以故是諸衆生无復我相人相衆生
相壽者相无法相亦无非法相何以故是諸

BD03636號　金剛般若波羅蜜經　（14–2）

佛三四五佛而種善根已於无量千万佛所
種諸善根聞是章句乃至一念生淨信者須
菩提如來悉知悉見是諸衆生得如是无量
福德何以故是諸衆生无復我相人相衆生
相壽者相无法相亦无非法相何以故是諸
衆生若心取相則為著我人衆生壽者若取
法相即著我人衆生壽者何以故若取非法
相即著我人衆生壽者是故不應取法不應
取非法以是義故如來常說汝等比丘知我
說法如栰喻者法尚應捨何況非法
須菩提於意云何如來得阿耨多羅三藐三
菩提耶如來有所說法耶須菩提言如我解
佛所說義无有定法名阿耨多羅三藐三菩
提亦无有定法如來可說何以故如來所說
法皆不可取不可說非法非非法所以者何
一切賢聖皆以无為法而有差別
須菩提於意云何若人滿三千大千世界七
寶以用布施是人所得福德寧為多不須菩
提言甚多世尊何以故是福德即非福德性
是故如來說福德多若復有人於此經中受
持乃至四句偈等為他人說其福勝彼何以
故須菩提一切諸佛及諸佛阿耨多羅三藐
三菩提法皆從此經出須菩提所謂佛法者
即非佛法
須菩提於意云何須陁洹能作是念我得須
陁洹果不須菩提言不也世尊何以故須陁
洹名為入流而无所入不入色聲香味觸法
是名須陁洹須菩提於意云何斯陁含能作

BD03636號　金剛般若波羅蜜經　（14–3）

[illegible]
即非佛法
須菩提於意云何須陁洹能作是念我得須
陁洹果不須菩提言不也世尊何以故須陁
洹名為入流而无所入不入色聲香味觸法
是名須陁洹須菩提於意云何斯陁含能作
是念我得斯陁含果不須菩提言不也世尊
何以故斯陁含名一往來而實无往來是名
斯陁含須菩提於意云何阿那含能作是念
我得阿那含果不須菩提言不也世尊何以
故阿那含名為不來而實无來是故名阿那
含須菩提於意云何阿羅漢能作是念我得
阿羅漢道不須菩提言不也世尊何以故實
无有法名阿羅漢世尊若阿羅漢作是念我
得阿羅漢道即為著我人衆生壽者世尊佛
說我得无諍三昧人中最為第一是第一離
欲阿羅漢我不作是念我是離欲阿羅漢世
尊我若作是念我得阿羅漢道世尊則不說
須菩提是樂阿蘭那行者以須菩提實无所
行而名須菩提是樂阿蘭那行
佛告須菩提於意云何如來昔在然燈佛所
於法有所得不世尊如來在然燈佛所於法
實无所得
須菩提於意云何菩薩莊嚴佛土不不也世
尊何以故莊嚴佛土者則非莊嚴是名莊嚴
是故須菩提諸菩薩摩訶薩應如是生清淨
心不應住色生心不應住聲香味觸法生心
應无所住而生其心須菩提譬如有人身如

BD03636 號　金剛般若波羅蜜經　（14–4）

須菩提於意云何菩薩莊嚴佛土不不也世
尊何以故莊嚴佛土者則非莊嚴是名莊嚴
是故須菩提諸菩薩摩訶薩應如是生清淨
心不應住色生心不應住聲香味觸法生心
應无所住而生其心須菩提譬如有人身如
須弥山王於意云何是身為大不須菩提言
甚大世尊何以故佛說非身是名大身
須菩提如恒河中所有沙數如是沙等恒河
於意云何是諸恒河沙寧為多不須菩提言
甚多世尊但諸恒河尚多无數何況其沙須
菩提我今實言告汝若有善男子善女人以
七寶滿尒所恒河沙數三千大千世界以用
布施得福多不須菩提言甚多世尊佛告須
菩提若善男子善女人於此經中乃至受持
四句偈等為他人說而此福德勝前福德
復次須菩提隨說是經乃至四句偈等當知
此處一切世間天人阿脩羅皆應供養如佛
塔廟何況有人盡能受持讀誦須菩提當知
是人成就最上第一希有之法若是經典所
在之處則為有佛若尊重弟子
尒時須菩提白佛言世尊當何名此經我等
云何奉持佛告須菩提是經名為金剛般若
波羅蜜以是名字汝當奉持所以者何須菩
提佛說般若波羅蜜則非般若波羅蜜須菩
提於意云何如來有所說法不須菩提白佛
言世尊如來无所說須菩提於意云何三千
大千世界所有微塵是為多不須菩提言甚
多世尊須菩提諸微塵如來說非微塵是名

BD03636 號　金剛般若波羅蜜經　（14–5）

提於意云何如來有所說法不須菩提白佛
言世尊如來无所說須菩提於意云何三千
大千世界所有微塵是為多不須菩提言甚
多世尊須菩提諸微塵如來說非微塵是名
微塵如來說世界非世界是名世界須菩提
於意云何可以三十二相見如來不不也世
尊不可以三十二相得見如來何以故如來
說三十二相即是非相是名三十二相
須菩提若有善男子善女人以恒河沙等身
命布施若復有人於此經中乃至受持四句
偈等為他人說其福甚多
尒時須菩提聞說是經深解義趣涕淚悲泣
而白佛言希有世尊佛說如是甚深經典我
從昔來所得慧眼未曾得聞如是之經世尊
若復有人得聞是經信心清淨則生實相當
知是人成就第一希有功德世尊是實相者
則是非相是故如來說名實相世尊我今得
聞如是經典信解受持不足為難若當來世
後五百歲其有眾生得聞是經信解受持是
人則為第一希有何以故此人无我相人相
眾生相壽者相所以者何我相即是非相人
相眾生相壽者相即是非相何以故離一切
諸相則名諸佛
佛告須菩提如是如是若復有人得聞是經
不驚不怖不畏當知是人甚為希有何以故
須菩提如來說第一波羅蜜非第一波羅蜜
是名第一波羅蜜
須菩提忍辱波羅蜜如來說非忍辱波羅蜜

BD03636 號　金剛般若波羅蜜經　（14–6）

佛告須菩提如是如是若復有人得聞是經
不驚不怖不畏當知是人甚為希有何以故
須菩提如來說第一波羅蜜非第一波羅蜜
是名第一波羅蜜
須菩提忍辱波羅蜜如來說非忍辱波羅蜜
何以故須菩提如我昔為歌利王割截身體
我於尒時无我相无人相无眾生相无壽者
相何以故我於往昔節節支解時若有我相
人相眾生相壽者相應生瞋恨須菩提又念
過去於五百世作忍辱仙人於尒所世无我
相无人相无眾生相无壽者相是故須菩提
菩薩應離一切相發阿耨多羅三藐三菩提
心不應住色生心不應住聲香味觸法生心
應生无所住心若心有住則為非住是故佛
說菩薩心不應住色布施須菩提菩薩為利
益一切眾生應如是布施如來說一切諸相
即是非相又說一切眾生則非眾生
須菩提如來是真語者實語者如語者不誑
語者不異語者須菩提如來所得法此法无
實无虛
須菩提若菩薩心住於法而行布施如人入
闇則无所見若菩薩心不住法而行布施如
人有目日光明照見種種色
須菩提當來之世若善男子善女人能於此
經受持讀誦則為如來以佛智慧悉知是人
悉見是人皆得成就无量无邊功德
須菩提若有善男子善女人初日分以恒河
沙等身布施中日分復以恒河沙等身布施

BD03636 號　金剛般若波羅蜜經　（14–7）

須菩提當來之世若善男子善女人能於此
經受持讀誦則為如來以佛智慧悉知是人
悉見是人皆得成就無量無邊功德
須菩提若有善男子善女人初日分以恒河
沙等身布施中日分復以恒河沙等身布施
後日分亦以恒河沙等身布施如是無量百
千万億劫以身布施若復有人聞此經典信
心不逆其福勝彼何況書寫受持讀誦為人
解說
須菩提以要言之是經有不可思議不可稱
量無邊功德如來為發大乘者說為發最上
乘者說若有人能受持讀誦廣為人說如來
悉知是人悉見是人皆得成就不可量不可
稱無有邊不可思議功德如是人等則為荷
擔如來阿耨多羅三藐三菩提何以故須菩
提若樂小法者著我見人見眾生見壽者見
則於此經不能聽受讀誦為人解說須菩提
在在處處若有此經一切世間天人阿脩羅
所應供養當知此處則為是塔皆應恭敬作
礼圍遶以諸華香而散其處
復次須菩提善男子善女人受持讀誦此經
若為人輕賤是人先世罪業應墮惡道以今
世人輕賤故先世罪業則為消滅當得阿耨
多羅三藐三菩提須菩提我念過去無量阿
僧祇劫於然燈佛前得值八百四千万億那
由他諸佛悉皆供養承事無空過者若復有
人於後末世能受持讀誦此經所得功德於
我所供養諸佛功德百分不及一千万億分

世人輕賤故先世罪業則為消滅當得阿耨
多羅三藐三菩提須菩提我念過去無量阿
僧祇劫於然燈佛前得值八百四千万億那
由他諸佛悉皆供養承事無空過者若復有
人於後末世能受持讀誦此經所得功德於
我所供養諸佛功德百分不及一千万億分
乃至算數譬喻所不能及須菩提若善男子
善女人於後末世有受持讀誦此經所得功
德我若具說者或有人聞心則狂亂狐疑不
信須菩提當知是經義不可思議果報亦不
可思議
尒時須菩提白佛言世尊善男子善女人發
阿耨多羅三藐三菩提心云何應住云何降
伏其心佛告須菩提善男子善女人發阿耨
多羅三藐三菩提者當生如是心我應滅度
一切眾生滅度一切眾生已而無有一眾生
實滅度者何以故若菩薩有我相人相眾生
相壽者相則非菩薩所以者何須菩提實無
有法發阿耨多羅三藐三菩提者
須菩提於意云何如來於然燈佛所有法得
阿耨多羅三藐三菩提不不也世尊如我解
佛所說義佛於然燈佛所無有法得阿耨多
羅三藐三菩提佛言如是如是須菩提實無
有法如來得阿耨多羅三藐三菩提須菩提
若有法如來得阿耨多羅三藐三菩提然燈
佛則不與我受記汝於來世當得作佛號釋
迦牟尼以實無有法得阿耨多羅三藐三菩
提是故然燈佛與我受記作是言汝於來世

若有法如來得阿耨多羅三藐三菩提然燈
佛則不與我受記汝於來世當得作佛号釋
迦牟尼以實无有法得阿耨多羅三藐三菩
提是故然燈佛與我受記作是言汝於來世
當得作佛号釋迦牟尼何以故如來者即諸
法如義若有人言如來得阿耨多羅三藐三
菩提須菩提實无有法佛得阿耨多羅三藐
三菩提須菩提如來所得阿耨多羅三藐三
菩提於是中无實无虛是故如來說一切法
皆是佛法須菩提所言一切法者即非一切
法是故名一切法
須菩提譬如人身長大須菩提言世尊如來
說人身長大則為非大身是名大身
須菩提菩薩亦如是若作是言我當滅度无
量衆生則不名菩薩何以故須菩提實无有
法名為菩薩是故佛說一切法无我无人无
衆生无壽者須菩提若菩薩作是言我當莊
嚴佛土是不名菩薩何以故如來說莊嚴佛
土者即非莊嚴是名莊嚴須菩提若菩薩通
達无我法者如來說名真是菩薩
須菩提於意云何如來有肉眼不如是世尊
如來有肉眼須菩提於意云何如來有天眼
不如是世尊如來有天眼須菩提於意云何
如來有慧眼不如是世尊如來有慧眼須菩
提於意云何如來有法眼不如是世尊如來
有法眼須菩提於意云何如來有佛眼不如
是世尊如來有佛眼須菩提於意云何恒河
中所有沙佛說是沙不如是世尊如來說是

提於意云何如來有法眼不如是世尊如來
有法眼須菩提於意云何如來有佛眼不如
是世尊如來有佛眼須菩提於意云何恒河
中所有沙佛說是沙不如是世尊如來說是
沙須菩提於意云何如一恒河中所有沙有
如是等恒河是諸恒河所有沙數佛世界如
是寧為多不甚多世尊佛告須菩提尒所國
土中所有衆生若干種心如來悉知何以故如
來說諸心皆為非心是名為心所以者何須
菩提過去心不可得現在心不可得未來心
不可得須菩提於意云何若有人滿三千大
千世界七寶以用布施是人以是因緣得福
多不如是世尊此人以是因緣得福甚多
須菩提若福德有實如來不說得福德多以
福德无故如來說得福德多
須菩提於意云何佛可以具足色身見不不
也世尊如來不應以具足色身見何以故如
來說具足色身即非具足色身是名具足色
身須菩提於意云何如來可以具足諸相見
不不也世尊如來不應以具足諸相見何以故
如來說諸相具足即非具足是名諸相具足
須菩提汝勿謂如來作是念我當有所說法
莫作是念何以故若人言如來有所說法即
為謗佛不能解我所說故須菩提說法者无
法可說是名說法
須菩提白佛言世尊佛得阿耨多羅三藐三
菩提為无所得耶如是如是須菩提我於阿

法可說是名說法
須菩提白佛言世尊佛得阿耨多羅三藐三
菩提為無所得耶如是如是須菩提我於阿
耨多羅三藐三菩提乃至無有少法可得是
名阿耨多羅三藐三菩提復次須菩提是法
平等無有高下是名阿耨多羅三藐三菩提
以無我無人無衆生無壽者脩一切善法則
得阿耨多羅三藐三菩提須菩提所言善法
者如來說非善法是名善法
須菩提若三千大千世界中所有諸須弥山
王如是等七寶聚有人持用布施若人以此
般若波羅蜜經乃至四句偈等受持讀誦為
他人說於前福德百分不及一百千万億分
乃至筭數譬喻所不能及
須菩提於意云何汝等勿謂如來作是念我
當度衆生須菩提莫作是念何以故實無有
衆生如來度者若有衆生如來度者如來則
有我人衆生壽者須菩提如來說有我者則
非有我而凡夫之人以為有我須菩提凡夫
者如來說則非凡夫
須菩提於意云何可以卅二相觀如來不須
菩提言如是如是以卅二相觀如來佛言須
菩提若以卅二相觀如來者轉輪聖王則是
如來須菩提白佛言世尊如我解佛所說義
不應以卅二相觀如來尒時世尊而說偈言
若以色見我　以音聲求我　是人行邪道　不能見如來
須菩提汝若作是念如來不以具足相故得

BD03636號　金剛般若波羅蜜經　（14–12）

如來須菩提白佛言世尊如我解佛所說義
不應以卅二相觀如來尒時世尊而說偈言
若以色見我　以音聲求我　是人行邪道　不能見如來
須菩提汝若作是念如來不以具足相故得
阿耨多羅三藐三菩提須菩提莫作是念如
來不以具足相故得阿耨多羅三藐三菩提
須菩提汝若作是念發阿耨多羅三藐三菩
提者說諸法斷滅莫作是念何以故發阿耨
多羅三藐三菩提者於法不說斷滅相須菩
提若菩薩以滿恒河沙等世界七寶布施若
復有人知一切法無我得成於忍此菩薩勝
前菩薩所得功德須菩提以諸菩薩不受福
德故須菩提白佛言世尊云何菩薩不受福
德須菩提菩薩所作福德不應貪著是故說
不受福德
須菩提若有人言如來若來若去若坐若卧
是人不解我所說義何以故如來者無所從
來亦無所去故名如來
須菩提若善男子善女人以三千大千世界
碎為微塵於意云何是微塵衆寧為多不甚
多世尊何以故若是微塵衆實有者佛則不
說是微塵衆所以者何佛說微塵衆則非微
塵衆是名微塵衆世尊如來所說三千大千
世界則非世界是名世界何以故若世界實
有者則是一合相如來說一合相則非一合
相是名一合相須菩提一合相者則是不可說
但凡夫之人貪著其事須菩提若人言佛說

BD03636號　金剛般若波羅蜜經　（14–13）

世界則非世界是名世界何以故若世界實
有者則是一合相如來說一合相則非一合相
是名一合相須菩提一合相者則是不可說
但凡夫之人貪著其事須菩提若人言佛說
我見人見衆生見壽者見須菩提於意云何
是人解我所說義不世尊是人不解如來所
說義何以故世尊說我見人見衆生見壽者
見即非我見人見衆生見壽者見是名我見
人見衆生見壽者見須菩提發阿耨多羅三
藐三菩提心者於一切法應如是知如是見
如是信解不生法相須菩提所言法相者如來
說即非法相是名法相須菩提若有人以滿
无量阿僧祇世界七寶持用布施若有善男
子善女人發菩薩心者持於此經乃至四句
偈等受持讀誦為人演說其福勝彼云
何為人演說不取於相如如不動何以故
一切有為法　如夢幻泡影　如露亦如電　應作如是觀
佛說是經已長老須菩提及諸比丘比丘尼
優婆塞優婆夷一切世間天人阿修羅聞佛
所說皆大歡喜信受奉持

金剛般若波羅蜜經

BD03636 號　金剛般若波羅蜜經

（14–14）

無邊皆說名爲菩提
舍利子尒時薄伽梵大蘊如來應正
是精進行童子開示如是大菩提道時彼
子具於佛所聞是法已又聞讚說過去未
現在諸佛得大歡喜即以上妙衣服肴饍
食牀敷醫藥什物衆具持以奉獻大蘊
及聲聞衆如是乃經九十六拘胝
敬尊重讚歎又復興發菩提大願
無量功德而大蘊如來未與童
多羅三藐三菩提記舍利子汝謂
行童子豈異人乎勿作餘疑即
於彼佛所以諸供養奉佛及僧
復發起大菩提願然彼如來不授
來世當得作佛号釋迦牟尼如來
舍利子從大蘊如來滅度之後經　僧企耶
劫尒時有佛出興于世名曰寶性如來應正
等覺明行圓滿善逝世間解無上丈夫調御
士天人師佛薄伽梵舍利子寶性如來有八
十那庾多聲聞弟子共會說法一切皆是大

BD03637 號　大寶積經卷五四

（2–1）

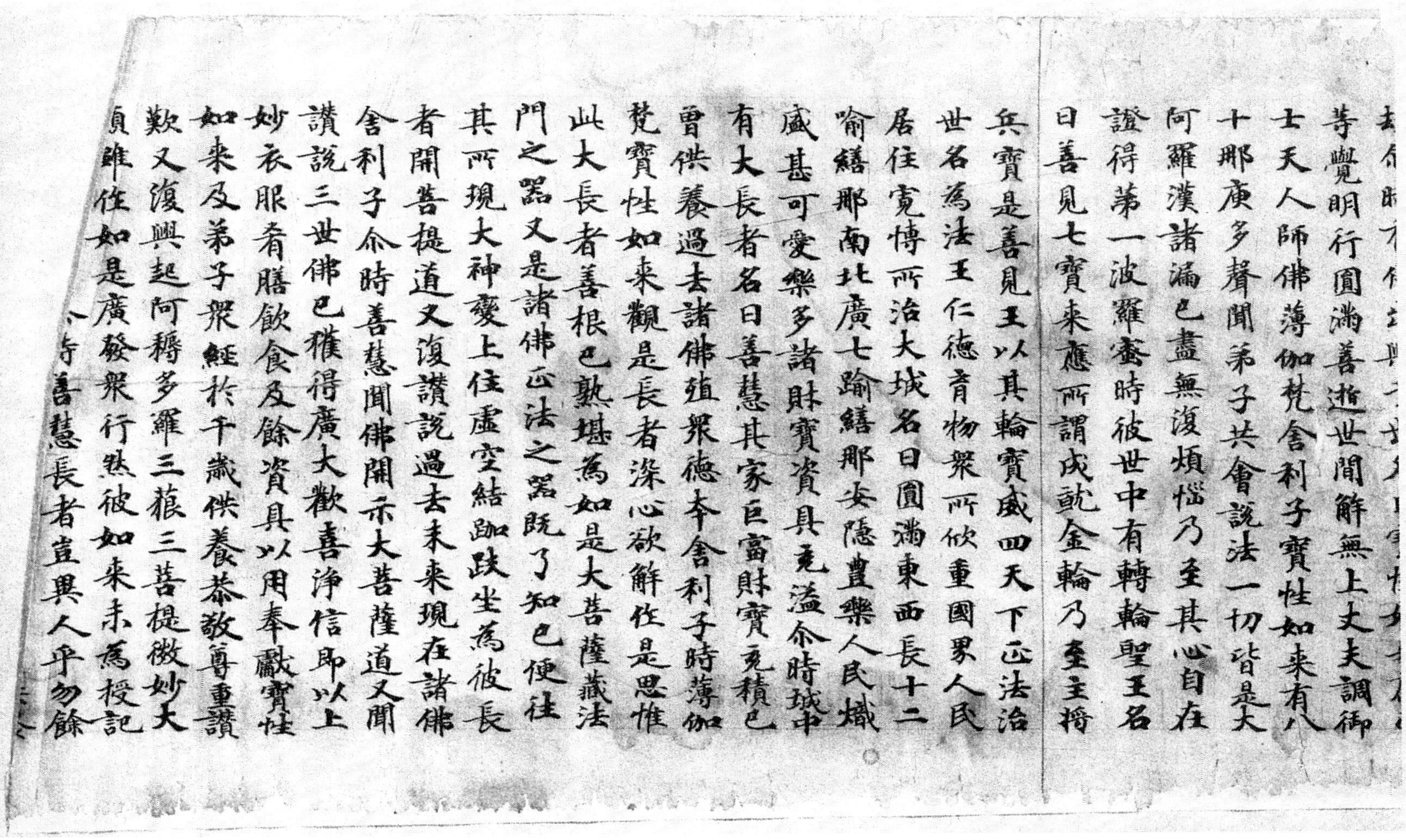

等覺明行圓滿善逝世間解無上丈夫調御
士天人師佛薄伽梵舍利子寶性如来有八
十那庾多聲聞弟子共會說法一切皆是大
阿羅漢諸漏已盡無復煩惱乃至其心自在
證得第一波羅蜜時彼世中有轉輪聖王名
日善見七寶来應所謂成就金輪乃至主將
兵寶是善見王以其輪寶威四天下正法治
世名為法王仁德育物衆所欽重國界人民
居住寬博所治大城名日圓滿東西長十二
踰繕那南北廣七踰繕那安隱豐樂人民熾
盛甚可愛樂多諸財寶資具充溢尒時城中
有大長者名日善慧其家巨富財寶充積已
曾供養過去諸佛殖衆德本舍利子時薄伽
梵寶性如来觀是長者深心欲解作是思惟
此大長者善根已熟堪為如是大菩薩藏法
門之器又是諸佛正法之器既了知已便往
其所現大神變上住虛空結跏趺坐為彼長
者開菩提道又復讚說過去未来現在諸佛
舍利子尒時善慧聞佛開示大菩薩道又聞
讚說三世佛已獲得廣大歡喜淨信即以上
妙衣服肴膳飲食及餘資具以用奉獻寶性
如来及弟子衆經於千歲供養恭敬尊重讚
歎又復興起阿耨多羅三藐三菩提微妙大
願雖作如是廣發衆行然彼如来未為授記
尒時善慧長者豈異人乎勿餘

BD03637 號　大寶積經卷五四

（2–2）

BD03637 號背　勘記

（1–1）

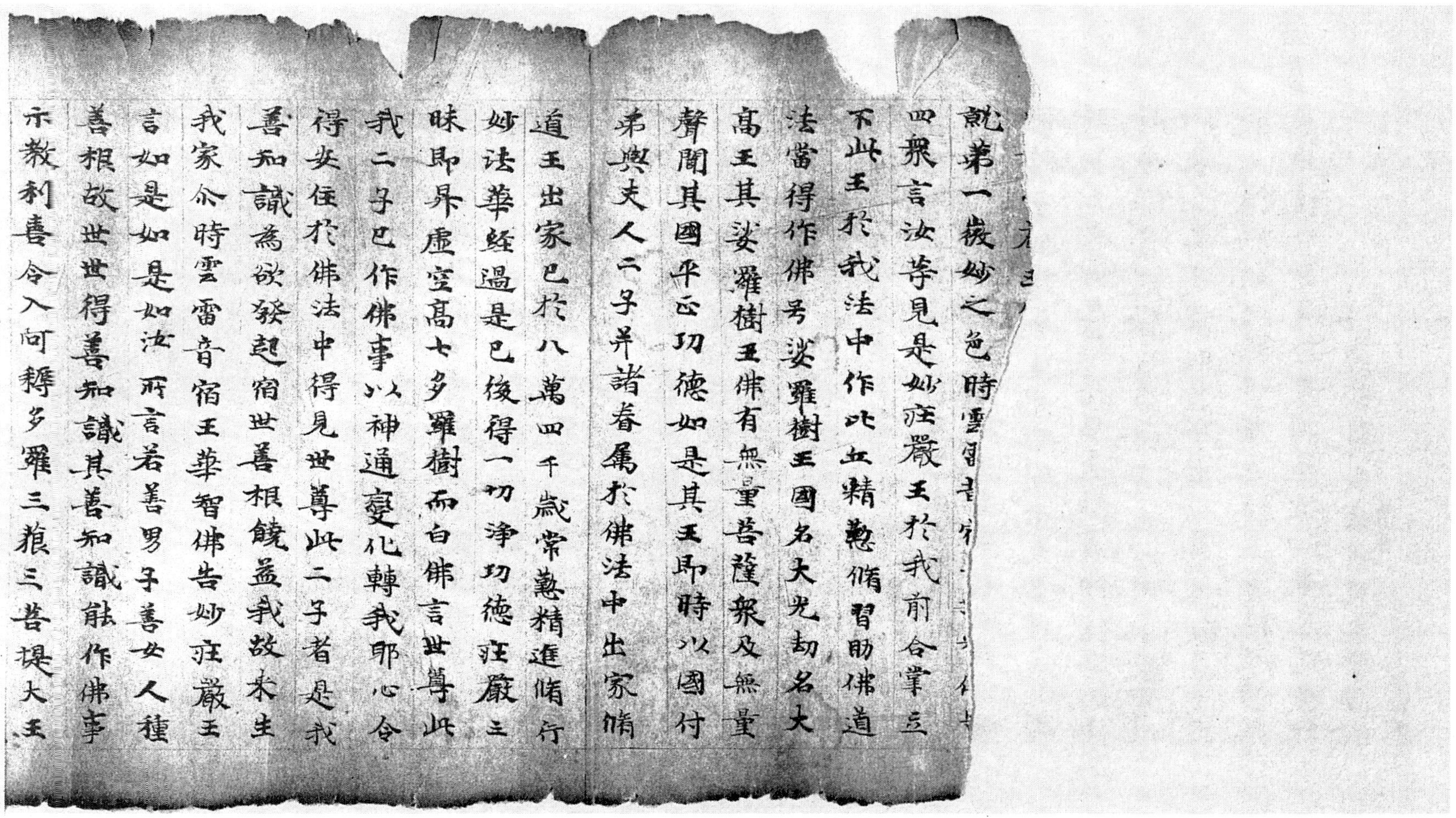

就第一微妙之色時雲雷音宿
四衆言汝等見是妙莊嚴王於我前合掌立
不此王於我法中作比丘精懃脩習助佛道
法當得作佛号娑羅樹王國名大光劫名大
高王其娑羅樹王佛有無量菩薩衆及無量
聲聞其國平正功德如是其王即時以國付
弟與夫人二子并諸眷屬於佛法中出家脩
道王出家已於八萬四千歲常懃精進脩行
妙法華經過是已後得一切淨功德莊嚴三
昧即昇虛空高七多羅樹而白佛言世尊此
我二子已作佛事以神通變化轉我邪心令
得安住於佛法中得見世尊此二子者是我
善知識為欲發起宿世善根饒益我故來生
我家尒時雲雷音宿王華智佛告妙莊嚴王
言如是如是如汝所言若善男子善女人種
善根故世世得善知識其善知識能作佛事
示教利喜令入阿耨多羅三藐三菩提大王

BD03638號　妙法蓮華經（八卷本）卷八　　（8–1）

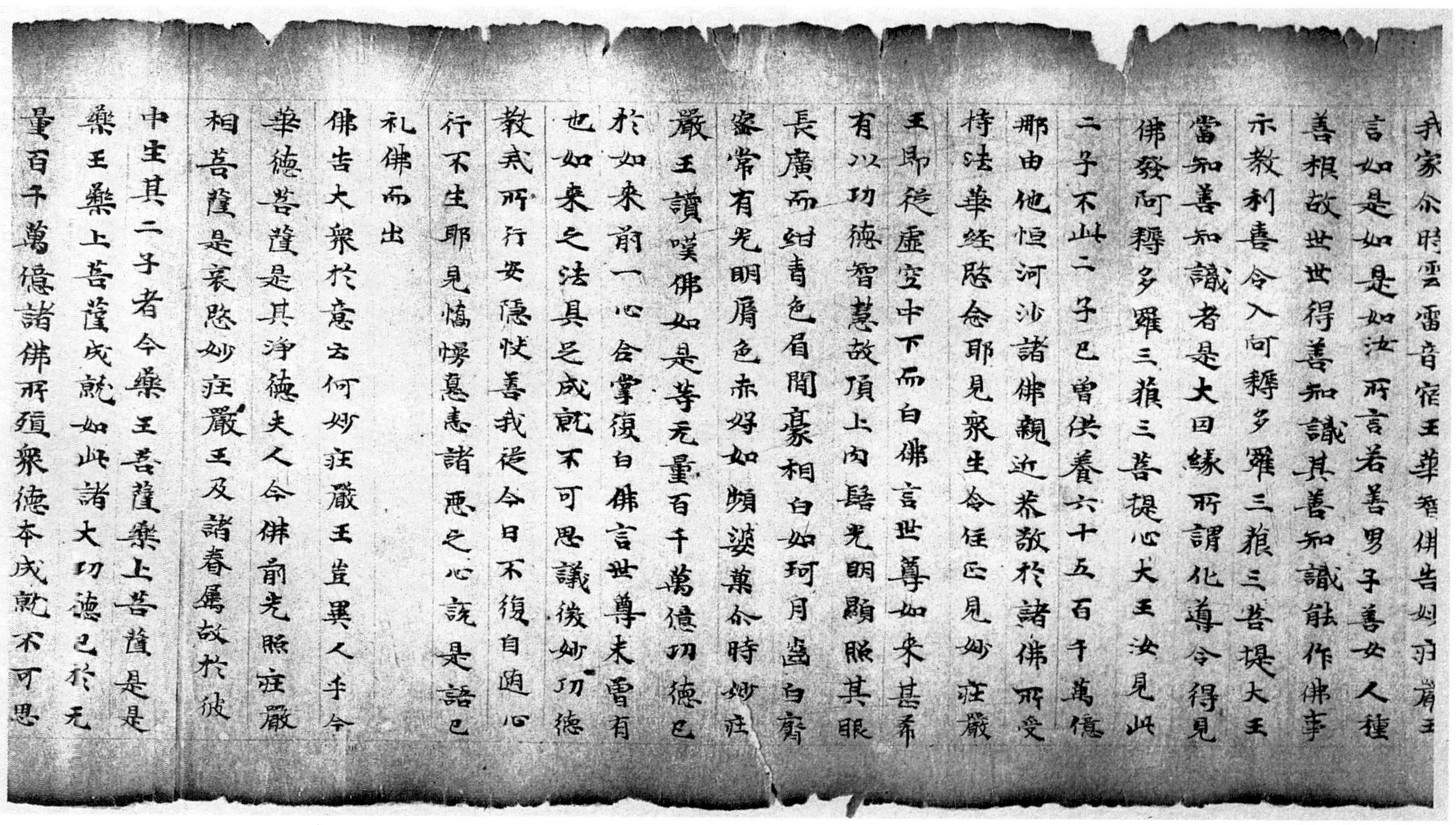

我家尒時雲雷音宿王華智佛告妙莊嚴王
言如是如是如汝所言若善男子善女人種
善根故世世得善知識其善知識能作佛事
示教利喜令入阿耨多羅三藐三菩提大王
當知善知識者是大因緣所謂化導令得見
佛發阿耨多羅三藐三菩提心大王汝見此
二子不此二子已曾供養六十五百千萬億
那由他恒河沙諸佛親近恭敬於諸佛所受
持法華經愍念邪見衆生令住正見妙莊嚴
王即從虛空中下而白佛言世尊如來甚希
有以功德智慧故頂上肉髻光明顯照其眼
長廣而紺青色眉間毫相白如珂月齒白齊
密常有光明脣色赤好如頻婆菓尒時妙莊
嚴王讚歎佛如是等无量百千萬億功德已
於如來前一心合掌復白佛言世尊未曾有
也如來之法具足成就不可思議微妙功德
教戒所行安隱快善我從今日不復自隨心
行不生邪見憍慢瞋恚諸惡之心說是語已
礼佛而出
佛告大衆於意云何妙莊嚴王豈異人乎今
華德菩薩是其淨德夫人今佛前光照莊嚴
相菩薩是哀愍妙莊嚴王及諸眷屬故於彼
中生其二子者今藥王菩薩藥上菩薩是是
藥王藥上菩薩成就如此諸大功德已於无
量百千萬億諸佛所殖衆德本成就不可思

BD03638號　妙法蓮華經（八卷本）卷八　　（8–2）

中宮其二子者今藥王菩薩藥上菩薩是是
藥王藥上菩薩成就如此諸大功德已於无
量百千萬億諸佛所殖衆德本成就不可思
議諸善功德若有人識是二菩薩名字者一
切世間諸天人民亦應礼拜佛說是妙莊嚴
王本事品時八萬四千人遠塵離垢於諸法
中得法眼淨
妙法蓮華經普賢菩薩勸發品第二十八
尒時普賢菩薩以自在神通力威德名聞與
大菩薩無量無邊不可稱數從東方來所經
諸國普皆震動雨寶蓮華作无量百千萬億
種種伎樂又與无數諸天龍夜叉乾闥婆阿
脩羅迦樓羅緊那羅摩睺羅伽人非人等大
衆圍繞各現威德神通之力到娑婆世界耆
闍崛山中頭面礼釋迦牟尼佛右繞七帀白
佛言世尊我於寶威德上王佛國遙聞此娑
婆世界說法華經與无量无邊百千萬億諸
菩薩衆共來聽受唯願世尊當為說之若善
男子善女人於如來滅後云何能得是法華
經佛告普賢菩薩若善男子善女人成就四
法於如來滅後當得是法華經一者為諸佛
護念二者殖諸德本三者入正定聚四者發
救一切衆生之心善男子善女人如是成就
四法於如來滅後必得是經
尒時普賢菩薩白佛言世尊於後五百歲濁

BD03638號　妙法蓮華經（八卷本）卷八　（8–3）

法於如來滅後當得是法華經一者為諸佛
護念二者殖諸德本三者入正定聚四者發
救一切衆生之心善男子善女人如是成就
四法於如來滅後必得是經
尒時普賢菩薩白佛言世尊於後五百歲濁
惡世中其有受持是經典者我當守護除其
衰患令得安隱使无伺求得其便者若魔若
魔子若魔女若魔民若為魔所著者若夜叉
若羅刹若鳩槃荼若毗舍闍若吉蔗若富單
那若韋陁羅等諸惱人者皆不得便是人若
行若立讀誦此經我尒時乘六牙白象王與
大菩薩衆俱詣其所而自現身供養守護安
慰其心亦為供養法華經故是人若坐思惟
此經尒時我復乘白象王現其人前其人若
於法華經有所忘失一句一偈我當教之與
共讀誦還令通利尒時受持讀誦法華經者
得見我身甚大歡喜轉復精進以見我故即
得三昧及陁羅尼名為旋陁羅尼百千萬億
旋陁羅尼法音方便陁羅尼得如是等陁羅
尼世尊若後世後五百歲濁惡世中比丘比
丘尼優婆塞優婆夷求索者受持者讀誦者
書寫者欲脩習是法華經於三七日中應一
心精進滿三七日已我當乘六牙白象與无
量菩薩而自圍繞以一切衆生所憙見身現
其人前而為說法示教利憙亦復與其陁羅

BD03638號　妙法蓮華經（八卷本）卷八　（8–4）

書寫者欲脩習是法華經於三七日中應一
心精進滿三七日已我當乘六牙白象與无
量菩薩而自圍繞以一切眾生所喜見身現
其人前而為說法亦教利喜亦復與其陁羅
尼呪得是陁羅尼故无有非人能破壞者亦
不為女人之所惑亂我身亦自常護是人唯
願世尊聽我說此陁羅尼即於佛前而說呪
曰
阿檀地途賣反一 檀陁婆地二 檀陁婆帝三 檀陁鳩舍隸四
檀陁脩陁隸五 脩陁隸六 脩陁羅婆底七 佛馱波羶祢八
薩婆陁羅尼阿婆多尼九 薩婆婆沙阿婆多尼十
脩阿婆多尼十一 僧伽婆履叉尼十二 僧伽涅伽陁尼十三 阿僧祇十四
僧伽波伽地十五 帝隸阿惰僧伽兜略盧遮反十六 阿羅帝波羅帝十六
薩婆僧伽三摩地伽蘭地十七 薩婆達磨脩波利剎帝十八
薩婆薩埵樓馱憍舍略阿㝹伽地十九 辛阿毗吉利地帝二十
世尊若有菩薩得聞是陁羅尼者當知普賢
神通之力若法華經行閻浮提有受持者應
作此念皆是普賢威神之力若有受持讀誦
正憶念解其義趣如說脩行當知是人行普
賢行於无量无邊諸佛所深種善根為諸如來
手摩其頭若但書寫是人命終當生忉利天
上是時八萬四千天女作眾伎樂而來迎之
其人即著七寶冠於婇女中娛樂快樂何況
受持讀誦正憶念解其義趣如說脩行若有
人受持讀誦解其義趣是人命終為千佛

BD03638號 妙法蓮華經（八卷本）卷八 （8–5）

上是時八萬四千天女作眾伎樂而來迎之
其人即著七寶冠於婇女中娛樂快樂何況
受持讀誦正憶念解其義趣如說脩行若有
人受持讀誦解其義趣是人命終為千佛
授手令不恐怖不墮惡趣即往兜率天上彌
勒菩薩所彌勒菩薩有三十二相大菩薩眾
所共圍繞有百千萬億天女眷屬而於中生
有如是等功德利益是故智者應當一心自
書若使人書受持讀誦正憶念如說脩行世
尊我今以神通力故守護是經於如來滅後
閻浮提內廣令流布使不斷絕
尒時釋迦牟尼佛讚言善哉善哉普賢汝能
護助是經令多所眾生安樂利益汝已成就
不可思議功德深大慈悲從久遠來發阿耨
多羅三藐三菩提意而能作是神通之願守
護是經我當以神通力守護能受持普賢菩
薩名者普賢若有受持讀誦正憶念脩習書
寫是法華經者當知是人則見釋迦牟尼佛
如從佛口聞此經典當知是人供養釋迦牟
尼佛當知是人佛讚善哉當知是人為釋迦
牟尼佛手摩其頭當知是人為釋迦牟尼佛
衣之所覆如是之人不復貪著世樂不好外
道經書手筆亦復不喜親近其人及諸惡者
若屠兒若畜猪羊雞狗若獵師若衒賣女色
是人心意質直有正憶念有福德力是人不

BD03638號 妙法蓮華經（八卷本）卷八 （8–6）

善哉善哉大慧者　善哉善哉大超悟
善哉善哉速出家　定成堅固正等覺
舍利子時放光菩薩摩訶薩為淨居天所開
悟已以清淨信趣於非家當出家夜即成阿
耨多羅三藐三菩提時彼世尊便以如是廣
大名稱出現世間号曰放光如來十号具足
為諸天人之所讚頌時勝怨王聞光主王子
出家修行證得無上正等菩提名曰放光即
便往告光主王言我聞卿子出家成佛不審
世尊大慈悲故能來降不若不垂慜至於此
者我當嚴備四種刀軍往如來所躬事奉敬
舍利子時光主王即集大臣守衛軍衆具宣
是事諸大臣言天於今者應自往詣放光如
来詣問是事大悲世尊慜衆生故為欲往彼
勝怨王所為不往耶時光主王即便嚴駕與
諸大臣侍衛導從往如来所既到彼已頂礼
佛足即以上事具白世尊時放光如来告父
王曰大王當知我今往詣勝怨王所慜衆生
故舍利子時放光如来隨所樂欲别住一處
勝怨王都即與二十拘胝大阿羅漢出詣彼
國尒時父王亦備四種强力軍衆隨從佛後
辦具種種上妙衣服肴膳飲食牀敷醫藥及
餘資具供佛及僧乃至隨逐如来到已王領
國界之際便礼佛足繞無數帀涕泣哽噎辭
退而還時勝怨王聞放光如来與諸大衆將
来詣此盛蓮華城即便嚴飾所都大城除去
一切沙礫瓦石清淨夷坦街巷道路掃灑修

退而還時勝怨王聞放光如来與諸大衆將
来詣此盛蓮華城即便嚴飾所都大城除去
一切沙礫瓦石清淨夷坦街巷道路掃灑修
治𢪛令華嚴又以香水重增霑灑散布名華
量齊人膝以妙香瓶列重於道敷置種種微
妙寶衣於上虛空張施幡蓋作倡伎樂勝旛
充滿舍利子時勝怨王作如是等莊嚴綺飾
盛蓮華城大王都已又下嚴勅擊鼓宣令於
此王都城之内外所有華鬘及塗香等無令
有人輙自受用并將出賣一切皆當奉獻供
養放光如来若違此令當加重罸舍利子時
勝怨王賫持種種華鬘塗香末香弥妙衣服
幢幡寶蓋鼓鞞種種諸妙音樂又設羽儀現
大嚴備以王威勢出所都城為欲瞻仰彼如
来故并由礼拜陳諸供養與四種軍及王城
内所有婆羅門長者居士豪族顯等往詣佛
所既到彼已時勝怨王㝡先頂礼彼如来足
復以種種華鬘塗香末香上妙衣服幢幡寶
蓋供養如来自供養已復令王子大臣及諸
侍衛婆羅門長者居士等亦如大王廣修供
養舍利子時勝怨王既供養已具歡喜心具
妙善心具離善心具適悅心與諸羣臣而隨
佛後舍利子尒時有婆羅門名曰珎寶住大
雪山王側五百儒童以為弟子衆人所宗名
德遠被善持藝術於三毗陁經達到彼岸又
於尼犍荼書及計羅娑論分别字論伊底訶
娑論五分記論隨順世論祠祀呪論丈夫相

佛後舍利子尒時
雪山王側五百儒童以為弟子衆人所宗名
德遠被善持藝術於三毗陁經達到彼岸又
於尼揵荼書及計羅婆論分別字論伊底訶
婆論五分記論隨順世論祠祀呪論丈夫相
論於是等論皆善通達及以自宗師傳三明
大教曉其理趣妙識開遮舍利子是婆羅門
有一儒童近住弟子名曰迷伽受學珎寶倫
通幽旨藝術經論並皆明達智與師齊堪為
導首時彼迷伽白其師曰大師當知所學經
論皆已通達我今當返自所生地去何奉酬
大師恩德時師告曰伐㛐迷伽夫為弟子欲
報師恩當以財寶方陳厚意所謂何等若辦
五百羯利沙鉢那者足表深心舍利子尒時
迷伽儒童奉師教已致敬右繞辭退而行遍
遊村城亭館國邑王都處處追覓謝師財寶
既具集已將陳酬報漸漸往詣盛蓮華城遥
見王都種種嚴飾明發華麗甚可愛樂即問
傍人今此王都有何盛事榮飾周帀莊嚴乃
尒傍人荅曰卿不知耶今日放光如來應正
等覺與八十拘胝大阿羅漢八萬四千諸大
菩薩將入此城其中人民當行大施當興大
福由斯事故致此莊嚴時迷伽儒童忽聞如
是佛名之聲獲得廣大歡喜淨信竊自惟忖
諸佛如來出世甚難㦤難得值過烏曇華又
似盲龜難遇浮孔百千大劫時或一遇我今
奉見甚為希有定應以此五百羯利沙鉢那

BD03639 號　大寶積經卷五四　（20–5）

似盲龜難遇浮孔百千大劫時或一遇我今
奉見甚為希有定應以此五百羯利沙鉢那
貿華散奉放光如來當更求財用酬師德舍
利子當於尒時有一女人賫持七莖殟鉢羅
華從市而來迷伽告曰何處得此水生華來
女曰我於某處賫華鬻所以五百羯利沙鉢
那買得此華迷伽告曰今酬本價䏻與華不
女曰不然又曰若不許者今有五百羯利沙
鉢那汝當獨取此七莖華二人當共為可尒
不女曰卿用此華為作何等告曰將用奉諸
放光如來女曰如卿所言從今已往於諸有
趣常䏻降及為我夫者當以此華持用相委
尒時迷伽便報女曰止止女人勿作是說何
以故汝女人性掉動輕轉多諸放逸汝之所
言不足收採又我當於阿僧企耶劫修集佛
法廣行布施或以金銀珎寶珊瑚末尼真珠
瑠璃螺貝璧玉象馬駞驢牛羊群畜乃至
或捨大國王位車路服飾內宮妃后男女眷
屬或捨手足耳鼻皮肉骨髓髻中明珠眼目頭
首大略而言無有一切內外之物於我施門
而不捨者或復有時當捨於汝入佛法中以
信出家趣於非家汝性掉動輕轉放逸或當
尒時於我大捨而為障礙其女報曰審如所
言我為大利縱使卿今賣我此身乃至竟一
羯利沙鉢那者終無異心於施留礙或復割
截我身段段捨施定無留礙修集佛法迷伽
告曰若䏻如是此則為可宜速與華尒時女

BD03639 號　大寶積經卷五四　（20–6）

言我為大利縱使㑊令賣我此身乃至充一
羯利沙鉢那者終無異心於施留礙或復割
截我身叚叚捨施定無留礙修集佛法迷伽
告日若能如是此則為可宜速與華尒時女
人持華授與迷伽取華便即往詣放光能所
遥見如来為無量百千拘胝那庾多衆生前
後圍繞威儀庠序導衆而前乃至以無量百
千功德莊嚴從彼而来於世尊所心生浄信
以無量種清浄歡喜滌愛重心前詣佛所桒
敬礼拜不勝欣慶又見多人以諸大價微妙
衣服為供佛故敷施行道便作是念我今雖
無上妙衣服唯有所著弊麁皮衣當敷道中
藉如来足作是念已脫衣布地尒時諸人競
取皮衣遠棄他所感生𧏙責云何為是含靈
中寶敷設如此弊麁皮衣時彼迷伽即便馳
往四衢道邊泥濕之處取麁皮衣敷置其上
作如是念放光如来大慈悲者加哀憐我以
遍照眼及遍照智賜觀所為希願以足蹈我
衣上尒時如来愍其所念便以足蹈麁皮
衣迷伽見已心生慶悅踊躍歡喜即以所持
殟鉢羅華用散佛上於時復有無量天子住
虛空中以天曼陁羅華殟鉢羅華鉢持摩
華拘貿陁華奔荼利華及天栴檀末香俱散
佛上作天音樂詠天清歌遍滿虛空大興供養
時彼迷伽所散之華列住空中乃復變成無
量千數殟鉢羅華葉皆垂下合成華盖隨佛

佛上作天音樂詠天清歌遍滿虛空大興供養
時彼迷伽所散之華列住空中乃復變成無
量千數殟鉢羅華葉皆垂下合成華盖隨佛
而行迷伽見已倍復踊躍心生淨信於如来
前解十二年金色髮髻以布于地便發無上
菩提大願若我来世當成如来應正等覺審
不虛者唯願今者放光如来授手安慰又發
堅固勢力弘誓作如是言若使如来不以足
趾蹈金色髮授手安慰及下授我菩提記者
我終不起即於此地乾枯命終舍利子尒時
放光如来應正等覺具遍照眼及遍照智於
三世中無事不達知彼迷伽意欲解已便舉
之趾蹋其髮上即便右顧如龍象迴告諸聲
聞一切大衆汝等苾芻勿蹈其髮所以者何
此儒童者却後過阿僧企耶劫當成如来應
正等覺号釋迦牟尼舍利子是時迷伽聞佛
授記歡喜踊躍上昇虛空高七多羅樹證得
百千那庾多拘胝無動諸定又以神通智力
見東方過殑伽沙等無量諸佛皆為授記
作如是言儒童當知汝於来世經阿僧企耶
劫當得作佛号釋迦牟尼如是南西北方四
維上下周遍十方各如殑伽沙等無量如来
皆如東方諸佛授記舍利子迷伽儒童既家
諸佛授記安慰已從虛空下来詣佛所以信
捨家趣於非家修習堅固清淨梵行舍利子
汝今於此無生疑惑謂彼往世迷伽儒童是

皆如東方諸佛授記舍利子迷伽儒童既蒙
諸佛授記安慰已從虛空下來詣佛所以信
捨家趣於非家修習堅固清淨梵行舍利子
汝今於此無生疑惑謂彼往世迷伽儒童是
餘人乎勿作是觀即我為彼儒童菩薩我於
尒時以是五莖青色蓮華奉散彼佛復解金
鬘數置道上與如來行便蒙授記是故舍利
子若有菩薩摩訶薩欲得速如來記者當作
如是大菩薩藏微妙法門殷重聽聞受持讀
誦通明義趣廣為他說分別開示復應於行
無相正行何以故我憶往昔未得值遇放光
佛前無有一切白淨行法不修行者雖作如
是無量勤苦然不蒙佛為我授記所以者何
由修諸行皆有相故從是已後我方於是大
菩薩藏微妙法門隨所聞已安住正行如是
行者謂無相行無功用行無所得行行如是
等無相行已放光如來乃為授記舍利子我
憶往昔冣初得見放光佛時便得超過一切
有相有功用行又初見佛便能隨覺一切法
性又得通達一切諸法自性無生從是已後
放光如來乃為授記作如是言迷伽儒童汝
於未世過阿僧企耶劫當得作佛号釋迦牟
尼如來應正等覺舍利子當授記時我便證
得無生法忍舍利子證得何等無生法忍所
謂證得一切色法無所得忍證得受想行識
法無所得忍證得蘊界處法無所得忍舍利

BD03639 號　大寶積經卷五四　(20-9)

尼如來應正等覺舍利子當授記時我便證
得無生法忍舍利子證得何等無生法忍所
謂證得一切色法無所得忍證得受想行識
法無所得忍證得蘊界處法無所得忍舍利
子言得忍者是則名為忍受諸法都無所得
何以故非於證得如是忍時世間之法而復
現行非異生法非諸學法非無學法非獨覺
法非菩薩法非諸佛法而復現行所以者何
由一切法不現行故說名得忍由一切法畢
竟無得亦無所得故名得忍又是忍者於一
剎那盡一切相及諸所緣說得名忍又是忍
者不忍於眼不壞於眼及諸所緣故名得忍
不忍於耳鼻舌身意不壞於意如是忍者無
盡境界如是忍者非趣境界故名得忍是故
舍利子若有菩薩摩訶薩欲得速為如來授
記證是忍者當於如是大菩薩藏微妙法門
慇重聽聞受持讀誦通達義趣廣為他說分
別開示安住正行謂無相行無功用行無所
得行如是等法名為正行
尒時大衆中有長者子名那羅達多從薄伽
梵聞說如是大菩薩藏微妙法門又聞讚歎
諸佛菩薩勝功德已即從座起披一肩衣以
右膝輪安置于地向佛合掌頂礼恭敬而白
佛言世尊先為諸長者等廣說諸法相續不
絶如是開示如是教導皆令證得阿羅漢果
即於此生盡老死際而未聞說大菩薩藏微
妙法門讚歎諸佛菩薩功德我幸大利今具

BD03639 號　大寶積經卷五四　(20-10)

佛言世尊先為諸長者等廣說諸法相續不
絕如是開示如是教導皆令證得阿羅漢果
畢於此生盡老死際而未聞說大菩薩藏微
妙法門讚歎諸佛菩薩功德我幸大利今具
得聞竊生是念如是大乘為尊為勝為上為
妙為無有上更無過上所謂阿耨多羅三藐
三菩提我今現前親聞佛說受持領悟開顯
諸法如是法者分別諸法無所依執無我我
所無有攝受世尊我作是念如是妙法為尊
為勝為上為妙為無有上更無過上如是法
者我當修集世尊我今思惟一切乘中為無
上者所謂佛乘諸佛如來亦說此乘冣為第
一冣為無上我從今日發起無上正等覺心
為欲利安多衆生故為欲悲愍諸世間故利
益安樂無量天人如佛建立諸大菩薩所有
學處於今皆當悉依隨學說是語已尒時世
尊告長者子善哉善哉善男子阿耨多羅三
藐三菩提甚難證信甚難脩習汝今乃能深
發是意時長者子白佛言世尊無上菩提雖
復甚難證信修集然我今者發起如勇猛精
進必當修集阿耨多羅三藐三菩提不以為
難又我於此阿耨多羅三藐三菩提奉修牢
强定無退轉世尊我於今者發大知揩假使
發菩提心如殑伽沙數方證無上正等覺者
我於是事弥增精進乃至如上一一發心經
如殑伽沙等劫乃至隨是發菩提心一一
所發要由斬截殑伽沙等身分頭首方能起

BD03639號　大寶積經卷五四　（20–11）

强定無退轉世尊我於今者發大知揩假使
發菩提心如殑伽沙數方證無上正等覺者
我於是事弥增精進乃至如上一一發心經
如殑伽沙等劫乃至隨是發菩提心一一
所發要由斬截殑伽沙等身分頭首方能起
者是菩提心雖復經履如是勤苦我於是中
倍加精進終不放捨無上菩提何以故縱逢
如是諸苦難事猶應修集藉斯緣故必證菩
提何況為證無上菩提受諸安樂而不修學
所以者何阿耨多羅三藐三菩提其性高廣
具足周大無上佛法不可思議不可稱量無
有涯際不可宣說雖復諸佛無障礙智經歷
百千拘胝那庾多劫以諸言音說此菩提
非易可盡尒時長者子那羅達多即於佛
前而說頌曰
百千拘胝劫　乃發菩提心　雖衆苦所逼　不捨含生界
隨發菩提心　要斷諸身首　衆量高迷樓　我亦能堪忍
我安住菩提　利樂含生故　願我於來世　如今日世尊
遠彼聲聞乘　兼濟下乘者　願我於來世　如今日世尊
此乘為大乘　冣上佛稱讚　我觀無與等　故欣樂菩提
為拔濟危厄　為脫三惡趣　為求是如來　出世現成佛
尒時長者子那羅達多說是頌已便自思惟
我今明達廣大佛法如何不以教化妻子諸
眷屬等此非我宜作是念已即從座起頂禮
佛足右繞三帀速疾還家嚴辦種種諸供養
具與其七妻男女奴婢各有七人賫持千雙
上妙衣服及諸華香供養之調又與五百樂

BD03639號　大寶積經卷五四　（20–12）

我今明達廣大佛法如何不以教化妻子諸
眷屬等此非我宜作是念已即從座起頂礼
佛足右繞三帀速疾還家嚴辦種種諸供養
具與其七妻男女奴婢各有七人賫持千雙
上妙衣服及諸華香供養之調又與五百樂
人相隨疾出王舍大城為欲奉見薄伽梵故
時王舍城有多人衆見長者子與其眷屬速
疾馳出因而問曰汝等今者有何怱遽與諸
眷屬將往何所長者子言諸善男子豈不知
乎今者如來應正等覺在鷲峯山無量百
千天人大衆前後圍繞無數方便為諸衆生分
別開示廣大佛法故我今者率領眷屬將往
佛所為求如是廣大佛法為欲成辦不可思
議不可稱量諸佛智慧為欲種殖無上正等
菩提善根汝等若欲成就廣大諸佛法者可
共同詣彼如來所當共種是廣大佛法無上
善根尒時王舍城中人民之類聞長者子說
是語已有十千人皆樂隨從往至佛所時長
者子耶羅達多與其眷屬及以隨從滿十千
人同時見佛頂礼佛足却住一面時長者子
與諸俱來所有大衆賫持華鬘塗香末香衣
蓋幢幡作衆伎樂歌詠讚歎供養如來復以
千雙淨妙珎服以覆佛上時長者子住是奉
已歡喜無量即於佛前說伽他讚其頌曰

第一有情微妙者　成清淨行上菩提
能發無邊勝智見　如是我今修供養

千雙淨妙珎服以覆佛上時長者子住是奉
已歡喜無量即於佛前說伽他讚其頌曰

第一有情微妙者　成清淨行上菩提
能發無邊勝智見　如是我今修供養
昔無量劫多修行　為利衆生求大覺
證法自在現成佛　如是我今修供養
我與妻子眷屬衆　為利含識求菩提
并及多千人民等　同共歸依大覺者

尒時長者子說是伽他讚歎佛已便白佛言
世尊我今與此諸有情等至如來所皆已安
住阿耨多羅三藐三菩提唯願世尊哀愍此
等復為說法當令一切於阿耨多羅三藐三
菩提不復退轉又我今者欲於佛所種諸善
根唯願世尊現為我證當使如是善根力故
令諸衆生平等速證阿耨多羅三藐三菩提
又獲無量廣大佛法亦如今者現在世尊時
長者子與諸眷屬五百樂工十千人衆一心
同聲白佛言世尊我等今者於如來前同共
至誠歸依於佛歸依於法歸依於僧唯願世
尊憶持我等是鄔波索迦始從今日乃至壽
終寧棄身命不捨歸趣清淨信心又復世尊
憶持我等始從今日乃至菩提為阿耨多羅
三藐三菩提故發起增上勇猛之心又復世
尊憶持我等唯願速證阿耨多羅三藐三菩
提為諸衆生宣說正法亦如今者如來無異又
復世尊憶持我等唯願來世成佛之時大衆
圍繞如今無異又復世尊憶持我等唯願來

尊憶持我等唯願速證阿耨多羅三藐三菩
提爲諸衆生宣說正法亦如今者如来無異又
復世尊憶持我等唯願来世成佛之時大衆
圍繞如今無異又復世尊憶持我等唯願来
世度脫無量普遍衆生如今無異時長者
子及諸来衆并五百樂工作是誓已復以種
種微妙音樂供養如来右繞三帀尒時世尊
愍此等故上昇虚空結跏趺坐時五百樂工
既覩如来現此神變於世尊所倍生淨信以
佛威力諸音音樂不假搊持自然上踊住在
空中無所憑據作衆伎樂鏗會克溢右繞如
来時長者子俱来大衆咸覩神變歎未曾有
心生慶悅踊躍歡喜皆共合掌致敬如来尒
時空中周帀正等一踰繕那復有無量百千
音樂亦無執持自然而現猶如蜂旁懸處虚
空作倡伎樂發微妙音尒時長者子與其眷
屬及五百樂工十千城人及以先来聽法衆
内六十千人諸苾芻衆千二百五十人佛威
力故皆踊空中又佛神力於上空中五百樂
臺自然出現是諸臺中皆說妙法又有四大
樂臺現於佛前莊嚴彫飾窮世環異又有無
量百千拘胝諸天子衆列住空中以天曼陁
羅華而散佛上佛神力故所散之華於虚空
中變成八万高妙華臺時諸大衆覩上臺中
有如是等廣大莊嚴於如来所倍生淨信愛
敬之心歎未曾有尒時世尊知諸大衆其心
清淨又復了知耶羅達多及俱来衆增上意

中變成八万高妙華臺時諸大衆覩上臺中
有如是等廣大莊嚴於如来所倍生淨信愛
敬之心歎未曾有尒時世尊知諸大衆其心
清淨又復了知耶羅達多及俱来衆增上意
已便現微笑如前廣說乃至其光還從頂沒
時長老阿難既覩微笑披一肩衣向佛合掌
恭敬作礼白佛言世尊有何因緣現此微笑
我惟如来所現神相非無因緣佛告阿難汝
今當知此長者子耶羅達多七婦男女并奴
婢等三十六人由供養我善根力故當来之
世經千拘胝劫不墮惡趣人天往返受諸快
樂過是劫已值佛出世名曰商主如来應正
等覺明行圓滿善逝世間解無上丈夫調御
士天人師佛薄伽梵於是佛所供養恭敬尊
重讚歎廣修梵行從是已後復經二十拘胝劫
不墮惡道阿難當知是長者子七婦七女
及以七婢自此命終便捨女身得成男子恒
與耶羅達多不相捨離行菩薩道於當来世
同處一劫得成阿耨多羅三藐三菩提阿難
當知長者子耶羅達多菩薩摩訶薩當成佛
時号平等心如来應等正覺出現於世十号
具足是大菩薩所有眷屬當成佛時皆同一
号阿若未若如来應正等覺具足十号是五
百樂工以供養我善根力故當来又經阿僧
企耶劫不墮惡趣又經於彼滿千拘胝轉輪聖
王而爲翼從阿難當知是五百樂工大略

百樂工以供養我善根力故當來又經阿僧
企耶劫不墮惡趣又經於彼滿千拘胝轉輪聖
王而為翼從阿難當知是五百樂工大略
而言於是劫中得值十千諸佛皆得親承供
養無空過者從是已後同一劫中得成阿耨
多羅三藐三菩提皆号美音是十千人以供
養我善根力故中四百人當得值遇慈氏如
來於彼佛所淨修梵行得盡諸漏便般涅槃
所餘人等當來又經殑伽沙等如是大劫不
墮惡道漸次得值千拘胝佛於彼佛所廣修
諸行尒後一劫得成阿耨多羅三藐三菩提
皆同一号名甚希有阿難當知是六萬衆中
具滿千人於我滅後正法已盡又過於彼刀
兵中劫慈氏如來未出現前衆生壽命漸增
長時尒時贍部當有八萬獨覺出現於世是
一千人皆得值遇供養修善於後復值慈氏
如來還得供養從是已後經二十五拘胝耶
庾多劫不墮惡趣冣後人身諸善根力所覺
曉故淨信捨家趣於非家便得證悟緣覺菩
提阿難當知於此衆中有十千人具生聖見
餘千人等同發阿耨多羅三藐三菩提心復
有六十那庾多諸天子等遠塵離垢於諸法
中生淨法眼如是阿難誰有見斯殊特勝利
而於佛所不生淨信愛樂恭敬發希有心唯
除愚癡不肖之士何以故彼諸人等於如來所
但修如是微細善根乃能獲得如來大我或復
證入無上涅槃尒時世尊欲重宣此義而說頌曰

而於佛所不生淨信愛樂恭敬發希有心唯
除愚癡不肖之士何以故彼諸人等於如來所
但修如是微細善根乃能獲得如來大我或復
證入無上涅槃尒時世尊欲重宣此義而說頌曰
於佛所修諸敬養　獲得如斯勝功德
若有希求高大果　當於導師修供養
若佛現在修供養　或復於佛涅槃後
供養馱都如芥子　常得奉侍諸如來
若復欲修諸供養　如來住世或涅槃
供養馱都如芥子　行平等心果平等
若有具修平等心　供養平等人中上
當成平等之勝報　及證平等妙菩提
若有欲攝諸善趣　遮障絕除衆惡道
及欲趣向涅槃路　如是獲得不為難
佛具冣勝淨尸羅　佛具冣勝三摩地
若生冣勝淨信已　當獲冣勝如來果
若修冣勝諸供養　速登冣勝之善道
及證冣勝尊正見　能宣冣勝微妙法
若樂人中聰叡者　親持諸佛清淨法
當修猛利正欲樂　多聞如理正思惟
有得轉輪之聖主　或為帝釋梵天王
廣修無量勝功德　定趣無餘大寂滅
尒時世尊說是頌已告長老舍利子若有安
住大乘諸善男子及善女人欲疾證得阿耨
多羅三藐三菩提者當於如是大菩薩藏微
妙法門發生猛利清淨欲樂殷重聽聞受持
讀誦通達究竟廣為他說[illegible]

[illegible]
多羅三藐三菩提者當於如是大菩薩藏微
妙法門發生猛利清淨欲樂殷重聽聞受持
讀誦通達義趣廣為他說分别開示何以故
若於是經受持讀誦乃至為他分别說者能
令三寶永不斷絶常不遠離四無量行常勤
修習六到彼岸恒正方便以四攝法攝化衆
生舍利子如是大乘大菩薩藏微妙法門當
知即是諸菩薩道所以者何是經典者善能
攝持阿耨多羅三藐三菩提故舍利子是經
乃是諸菩薩等聖珎寶藏我依是經正修學
已畢竟證得生死永斷又證一切波羅蜜多
由證是故即号無上正等覺者舍利子如来
於一切波羅蜜多皆已畢竟如来於一切所
住皆已静悉如来於無量諸地皆已證得又
復更證無邊之地何以故由佛證是諸波羅
蜜多故而能究竟安住一切到彼岸法是故
諸菩薩摩訶薩應當於是大菩薩藏微妙法
門精進修行如我所證尒時世尊而說頌曰
於業應知業　於報應知報　無業亦無報　是安隱涅槃
諸有為皆苦　於中無有智　是故智生已　有為皆解脫
尒時世尊說是頌已長老舍利子及大苾芻
并諸天人健達縛阿素洛等一切衆生聞佛
所說皆大歡喜信受奉行

大寶積經卷第五十四

BD03639號　大寶積經卷五四　（20–19）

已畢竟證得生死永斷又證一切波羅蜜多
由證是故即号無上正等覺者舍利子如来
於一切波羅蜜多皆已畢竟如来於一切所
住皆已静悉如来於無量諸地皆已證得又
復更證無邊之地何以故由佛證是諸波羅
蜜多故而能究竟安住一切到彼岸法是故
諸菩薩摩訶薩應當於是大菩薩藏微妙法
門精進修行如我所證尒時世尊而說頌曰
於業應知業　於報應知報　無業亦無報　是安隱涅槃
諸有為皆苦　於中無有智　是故智生已　有為皆解脫
尒時世尊說是頌已長老舍利子及大苾芻
并諸天人健達縛阿素洛等一切衆生聞佛
所說皆大歡喜信受奉行

大寶積經卷第五十四

BD03639號　大寶積經卷五四　（20–20）

佛當擊天鼓其餘諸天作天伎樂滿十小劫
至于滅度亦復如是諸比丘大通智勝佛過
十小劫諸佛之法乃現在前成阿耨多羅三
藐三菩提其佛未出家時有十六子其第一
者名曰智積諸子各有種種珎異玩好之具
聞父得成阿耨多羅三藐三菩提皆捨所珎
往詣佛所諸母涕泣而隨送之其祖轉輪聖
王與一百大臣及餘百千萬億人民皆共圍
繞隨至道場咸欲親近大通智勝如來供養
恭敬尊重讚歎到已頭面礼足繞佛畢已一心
合掌瞻仰世尊以偈頌曰
大威德世尊　為度衆生故　於無量億歲　尒乃得成佛
諸願已具足　善哉吉無上　世尊甚希有　一坐十小劫
身體及手足　靜然安不動　其心常惔怕　未曾有散亂
究竟永寂滅　安住無漏法　今者見世尊　安隱成佛道
我等得善利　稱慶大歡喜　衆生常苦惱　盲瞑無導師
不識苦盡道　不知求解脫　長夜增惡趣　減損諸天衆
從瞑入於瞑　永不聞佛名　今佛得最上　安隱無漏法
我等及天人　為得最大利　是故咸稽首　歸命無上尊
尒時十六王子偈讚佛已勸請世尊轉於法輪
咸作是言世尊說法多所安隱憐愍饒益諸

BD03640號　妙法蓮華經卷三　（14–1）

從瞑入於瞑　永不聞佛名　今佛得最上　安隱無漏法
我等及天人　為得最大利　是故咸稽首　歸命無上尊
尒時十六王子偈讚佛已勸請世尊轉於法輪
咸作是言世尊說法多所安隱憐愍饒益諸
天人民重說偈言
世雄無等倫　百福自莊嚴　得無上智慧　願為世間說
度脫於我等　及諸衆生類　為分別顯示　令得是智慧
若我等得佛　衆生亦復然　世尊知衆生　深心之所念
亦知所行道　又知智慧力　欲樂及脩福　宿命所行業
世尊悉知已　當轉無上輪
佛告諸比丘大通智勝佛得阿耨多羅三藐
三菩提時十方各五百万億諸佛世界六種
震動其國中間幽瞑之處日月威光所不能
照而皆大明其中衆生各得相見咸作是言
此中云何忽生衆生又其國界諸天宮殿乃
至梵宮六種震動大光普照遍滿世界勝諸
天光尒時東方五百萬億諸國土中梵天宮
殿光明照曜倍於常明諸梵天王各作是念
今者宮殿光明昔所未有以何因緣而現此
相是時諸梵天王即各相詣共議此事而彼
衆中有一大梵天王名救一切為諸梵衆而
說偈言
我等諸宮殿　光明昔未有　此是何因緣　宜各共求之
為大德天生　為佛出世間　而此大光明　遍照於十方
尒時五百萬億國土諸梵天王與宮殿俱各
以衣裓盛諸天華共詣西方推尋是相見大
通智勝如來處于道場菩提樹下坐師子座

BD03640號　妙法蓮華經卷三　（14–2）

我等諸宮殿　光明昔未有　此是何因緣　宜各共求之
為大德天生　為佛出世間　而此大光明　遍照於十方
尒時五百萬億國土諸梵天王與宮殿俱各
以衣裓盛諸天華共詣西方推尋是相見大
通智勝如來處于道場菩提樹下坐師子座
諸天龍王乾闥婆緊那羅摩睺羅伽人非人
等恭敬圍繞及見十六王子請佛轉法輪即
時諸梵天王頭面礼佛繞百千帀即以天華
而散佛上其所散華如須弥山并以供養佛
菩提樹其菩提樹高十由旬華供養已各以
宮殿奉上彼佛而作是言唯見哀愍饒益
我等所獻宮殿願垂納處時諸梵天王即於
佛前一心同聲以偈頌曰
世尊甚希有　難可得值遇　具無量功德　能救護一切
天人之大師　哀愍於世間　十方諸眾生　普皆蒙饒益
我等所從來　五百萬億國　捨深禪定樂　為供養佛故
我等先世福　宮殿甚嚴飾　今以奉世尊　唯願哀納受
尒時諸梵天王偈讚佛已各作是言唯願世尊
轉於法輪度脫眾生開涅槃道時諸梵天王
一心同聲而說偈言
世雄兩足尊　唯願演說法　以大慈悲力　度苦惱眾生
尒時大通智勝如來默然許之又諸比丘東南
方五百萬億國土諸大梵王各自見宮殿光
明照曜昔所未有歡喜踊躍生希有心即各
相詣共議此事而彼眾中有一大梵天王名
曰大悲為諸梵眾而說偈言
是事何因緣　而現如此相　我等諸宮殿　光明昔未有

BD03640號　妙法蓮華經卷三　（14–3）

方五百萬億國土諸大梵王各自見宮殿光
明照曜昔所未有歡喜踊躍生希有心即各
相詣共議此事而彼眾中有一大梵天王名
曰大悲為諸梵眾而說偈言
是事何因緣　而現如此相　我等諸宮殿　光明昔未有
為大德天生　為佛出世間　未曾見此相　當共一心求
過千萬億土　尋光共推之　多是佛出世　度脫苦眾生
尒時五百萬億諸梵天王與宮殿俱各以衣
裓盛諸天華共詣西北方推尋是相見大通
智勝如來處于道場菩提樹下坐師子座諸
天龍王乾闥婆緊那羅摩睺羅伽人非人等
恭敬圍繞及見十六王子請佛轉法輪時諸
梵天王頭面礼佛繞百千帀即以天華而散
佛上所散之華如須弥山并以供養佛菩提
樹華供養已各以宮殿奉上彼佛而作是言
唯見哀愍饒益我等所獻宮殿願垂納處
尒時諸梵天王即於佛前一心同聲以偈頌曰
聖主天中王　迦陵頻伽聲　哀愍眾生者　我等今敬礼
世尊甚希有　久遠乃一現　一百八十劫　空過無有佛
三惡道充滿　諸天眾減少　今佛出於世　為眾生作眼
世間所歸趣　救護於一切　為眾生之父　哀愍饒益者
我等宿福慶　今得值世尊
尒時諸梵天王偈讚佛已各作是言唯願世
尊哀愍一切轉於法輪度脫眾生時諸梵天
王一心同聲而說偈言
大聖轉法輪　顯示諸法相　度苦惱眾生　令得大歡喜
眾生聞此法　得道若生天　諸惡道減少　忍善者增益

BD03640號　妙法蓮華經卷三　（14–4）

王一心同聲而說偈言
大聖轉法輪　顯示諸法相　度苦惱衆生　令得大歡喜
衆生聞此法　得道若生天　諸惡道減少　忍善者增益
尒時大通智勝如來嘿然許之又諸比丘南方
五百萬億國土諸大梵王各自見宮殿光明
照曜昔所未有歡喜踊躍生希有心即各相
詣共議此事以何因緣我等宮殿有此光
曜而彼衆中有一大梵天王名曰妙法為諸
梵衆而說偈言
我等諸宮殿　光明甚威曜　此非無因緣　是相宜求之
過於百千劫　未曾見是相　為大德天生　為佛出世間
尒時五百萬億諸梵天王與宮殿俱各以衣
裓盛諸天華共詣北方推尋是相見大通智
勝如來處于道場菩提樹下坐師子座諸天
龍王乾闥婆緊那羅摩睺羅伽人非人等恭
敬圍繞及見十六王子請佛轉法輪時諸梵
天王頭面禮佛繞百千帀即以天華而散佛上
所散之華如須彌山并以供養佛菩提樹
華供養已各以宮殿奉上彼佛而作是言唯
見哀愍饒益我等所獻宮殿願垂納受尒時
諸梵天王即於佛前一心同聲以偈頌曰
世尊甚難見　破諸煩惱者　過百三十劫　今乃得一見
諸飢渴衆生　以法雨充滿　昔所未曾覩　無量智慧者
如優曇波羅　今日乃值遇　我等諸宮殿　蒙光故嚴飾
世尊大慈愍　唯願垂納受
尒時諸梵天王偈讚佛已各作是言唯願世
尊轉於法輪令一切世間諸天魔梵沙門婆

BD03640號　妙法蓮華經卷三　（14–5）

如優曇波羅　今日乃值遇　我等諸宮殿　蒙光故嚴飾
世尊大慈愍　唯願垂納受
尒時諸梵天王偈讚佛已各作是言唯願世
尊轉於法輪令一切世間諸天魔梵沙門婆
羅門皆獲安隱而得度脫時諸梵天王一心
同聲以偈頌曰
唯願天人尊　轉無上法輪　擊于大法鼓　而吹大法螺
普雨大法雨　度無量衆生　我等咸歸請　當演深遠音
尒時大通智勝如來嘿然許之西南方乃至
下方亦復如是尒時上方五百萬億國土諸
大梵王皆悉自覩所止宮殿光明威曜昔所
未有歡喜踊躍生希有心即各相詣共議此
事以何因緣我等宮殿有斯光明而彼衆中
有一大梵天王名曰尸棄為諸梵衆而說
偈言
今以何因緣　我等諸宮殿　威德光明曜　嚴飾未曾有
如是之妙相　昔所未聞見　為大德天生　為佛出世間
尒時五百萬億諸梵天王與宮殿俱各以衣
裓盛諸天華共詣下方推尋是相見大通智
勝如來處于道場菩提樹下坐師子座諸天
龍王乾闥婆緊那羅摩睺羅伽人非人等恭
敬圍繞及見十六王子請佛轉法輪時諸梵
天王頭面禮佛繞百千帀即以天華而散佛
上所散之華如須彌山并以供養佛菩提樹
華供養已各以宮殿奉上彼佛而作是言唯
見哀愍饒益我等所獻宮殿願垂納受時諸
梵天王即於佛前一心同聲以偈頌曰

BD03640號　妙法蓮華經卷三　（14–6）

天王頭面礼佛繞百千帀即以天華而散佛
上所散之華如須弥山并以供養佛菩提樹
華供養已各以宮殿奉上彼佛而作是言唯
見哀愍饒益我等所獻宮殿願垂納處時諸
梵天王即於佛前一心同聲以偈頌曰
善哉見諸佛　救世之聖尊　能於三界獄　免出諸衆生
普智天人尊　慜哀群萌類　能開甘露門　廣度於一切
於昔無量劫　空過無有佛　世尊未出時　十方常闇暝
三惡道增長　阿脩羅亦盛　諸天衆轉減　死多墮惡道
不從佛聞法　常行不善事　色力及智慧　斯等皆減少
罪業因緣故　失樂及樂想　住於邪見法　不識善儀則
不蒙佛所化　常墮於惡道　佛為世間眼　久遠時乃出
哀愍諸衆生　故現於世間　超出成正覺　我等甚欣慶
及餘一切衆　喜歎未曾有　我等諸宮殿　蒙光故嚴飾
今以奉世尊　唯垂哀納受　願以此功德　普及於一切
我等與衆生　皆共成佛道
尒時五百萬億諸梵天王偈讚佛已各白佛
言唯願世尊轉於法輪多所安隱多所度脫
時諸梵天王而說偈言
世尊轉法輪　擊甘露法鼓　度苦惱衆生　開示涅槃道
唯願受我請　以大微妙音　哀愍而敷演　無量劫習法
尒時大通智勝如來受十方諸梵天王及十六
王子請即時三轉十二行法輪若沙門婆羅
門若天魔梵及餘世間不所能轉謂是苦
是苦集是苦滅是苦滅道及廣說十二因緣
法無明緣行行緣識識緣名色名色緣六入
六入緣觸觸緣受受緣愛愛緣取取緣有有

BD03640號　妙法蓮華經卷三　（14–7）

王子請即時三轉十二行法輪若沙門婆羅
門若天魔梵及餘世間不所能轉謂是苦
是苦集是苦滅是苦滅道及廣說十二因緣
法無明緣行行緣識識緣名色名色緣六入
六入緣觸觸緣受受緣愛愛緣取取緣有有
緣生生緣老死憂悲苦惱無明滅則行滅行
滅則識滅識滅則名色滅名色滅則六入滅
六入滅則觸滅觸滅則受滅受滅則愛滅愛
滅則取滅取滅則有滅有滅則生滅生滅則老
死憂悲苦惱滅佛於天人大衆之中說是
法時六百万億那由他人以不受一切法故
而於諸漏心得解脫皆得深妙禪定三明六通
具八解脫第二第三第四說法時千萬億恒
河沙那由他等衆生亦以不受一切法故而
於諸漏心得解脫從是已後諸聲聞衆無
量無邊不可稱數尒時十六王子皆以童子
出家而為沙弥諸根通利智慧明了已曾供
養百千萬億諸佛淨脩梵行求阿耨多羅三
藐三菩提俱白佛言世尊是諸無量千萬億
大德聲聞皆已成就世尊亦當為我等說阿
耨多羅三藐三菩提法我等聞已皆共脩學
世尊我等志願如來知見深心所念佛自證
知尒時轉輪聖王所將衆中八萬億人見十
六王子出家亦求出家王即聽許尒時彼佛
受沙弥請過二萬劫已乃於四衆之中說是
大乘經名妙法蓮華教菩薩法佛所護念說
是經已十六沙弥為阿耨多羅三藐三菩提

BD03640號　妙法蓮華經卷三　（14–8）

受沙弥請過二萬劫已乃於四衆之中說是
大乘經名妙法華教菩薩法佛所護念說
是經已十六沙弥為阿耨多羅三藐三菩提
故皆共受持讀誦通利說是經時十六菩薩
沙弥皆悉信受聲聞衆中亦有信解其餘衆
生千萬億種皆生疑惑佛說是經於八千劫
未曾休廢說此經已即入靜室住於禪定八
萬四千劫是時十六菩薩沙弥知佛入室寂然
禪定各昇法座亦於八萬四千劫為四部衆
廣說分別妙法華經一一皆度六百萬億那
由他恒河沙等衆生示教利喜令發阿耨多
羅三藐三菩提心大通智勝佛過八萬四
千劫已從三昧起往詣法座安詳而坐普告大
衆是十六菩薩沙弥甚為希有諸根通利智
慧明了已曾供養無量千萬億數諸佛於
諸佛所常脩梵行受持佛智開示衆生令
入其中汝等皆當數數親近而供養之所以者
何若聲聞辟支佛及諸菩薩能信是十六菩
薩所說經法受持不毀者是人皆當得阿耨
多羅三藐三菩提如來之慧佛告諸比丘是
十六菩薩常樂說是妙法蓮華經一一菩薩所
化六百萬億那由他恒河沙等衆生世世所
生與菩薩俱從其聞法悉皆信解以此因
緣得值四萬億諸佛世尊于今不盡諸比丘
我今語汝彼佛弟子十六沙弥今皆得阿耨
多羅三藐三菩提於十方國土現在說法有無
量百千萬億菩薩聲聞以為眷屬其二沙

BD03640號　妙法蓮華經卷三　（14–9）

緣得值四萬億諸佛世尊于今不盡諸比丘
我今語汝彼佛弟子十六沙弥今皆得阿耨
多羅三藐三菩提於十方國土現在說法有無
量百千萬億菩薩聲聞以為眷屬其二沙
弥東方作佛一名阿閦在歡喜國二名須弥
頂東南方二佛一名師子音二名師子相南
方二佛一名虛空住二名常滅西南方二佛
一名帝相二名梵相西方二佛一名阿弥陁
二名度一切世間苦惱西北方二佛一名多
摩羅跋栴檀香神通二名須弥相北方二佛
一名雲自在二名雲自在東北方佛名壞
一切世間怖畏第十六我釋迦牟尼佛於娑
婆國土成阿耨多羅三藐三菩提諸比丘我
等為沙弥時各各教化無量百千萬億恒河
沙等衆生從我聞法為阿耨多羅三藐三菩
提此諸衆生于今有住聲聞地者我常教
化阿耨多羅三藐三菩提是諸人等應以是法
漸入佛道所以者何如來智慧難信難解尒
時所化無量恒河沙等衆生者汝等諸比丘
及我滅度後未來世中聲聞弟子是也我滅
度後復有弟子不聞是經不知不覺菩薩所
行自於所得功德生滅度想當入涅槃我於
餘國作佛更有異名是人雖生滅度之想入
於涅槃而於彼土求佛智慧得聞是經唯以
佛乘而得滅度更無餘乘除諸如來方便說
法諸比丘若如來自知涅槃時到衆又清淨
信解堅固了達空法深入禪定便集諸菩薩

BD03640號　妙法蓮華經卷三　（14–10）

餘國作佛更有異名是人雖生滅度之想入
於涅槃而於彼土求佛智慧得聞是經唯以
佛乘而得滅度更無餘乘除諸如來方便說
法諸比丘若如來自知涅槃時到衆又清淨
信解堅固了達空法深入禪定便集諸菩薩
及聲聞衆為說是經世間無有二乘而得滅
度唯一佛乘得滅度耳比丘當知如來方便
深入衆生之性知其志樂小法深著五欲為
是等故說於涅槃是人若聞則便信受譬如
五百由旬險難惡道曠絕無人怖畏之處若
有多衆欲過此道至珎寶處有一導師聰慧
明達善知險道通塞之相將導衆人欲過此
難所將人衆中路懈退白導師言我等疲極
而復怖畏不能復進前路猶遠今欲退還導
師多諸方便而作是念此等可愍云何捨大
珎寶而欲退還作是念已以方便力於險道中
過三百由旬化作一城告衆人言汝等勿怖
莫得退還今此大城可於中止隨意所作
若入是城快得安隱若能前至寶所亦可得
去是時疲極之衆心大歡喜歎未曾有我等
今者免斯惡道快得安隱於是衆人前入化
城生已度想生安隱想尒時導師知此人衆既
得止息無復疲惓即滅化城語衆人言汝等
去來寶處在近向者大城我所化作為止息
耳諸比丘如來亦復如是今為汝等作大導
師知諸生死煩惱惡道險難長遠應去應
度若衆生但聞一佛乘者則不欲見佛不欲
親近便作是念佛道長遠久受懃苦乃可得

BD03640號　妙法蓮華經卷三　（14–11）

耳諸比丘如來亦復如是今為汝等作大導
師知諸生死煩惱惡道險難長遠應去應
度若衆生但聞一佛乘者則不欲見佛不欲
親近便作是念佛道長遠久受懃苦乃可得
成佛知是心怯弱下劣以方便力而於中道為
止息故說二涅槃若衆生住於二地如來尒
時即便為說汝等所作未辦汝所住地近於
佛慧當觀察籌量所得涅槃非真實也
但是如來方便之力於一佛乘分別說三如彼
導師為止息故化作大城既知息已而告之
言寶處在近此城非實我化作耳尒時世
尊欲重宣此義而說偈言
大通智勝佛　十劫坐道場　佛法不現前　不得成佛道
諸天龍神王　阿脩羅衆等　常雨於天華　以供養彼佛
諸天擊天鼓　并作衆伎樂　香風吹萎華　更雨新好者
過十小劫已　乃得成佛道　諸天及世人　心皆懷踊躍
彼佛十六子　皆與其眷屬　千萬億圍繞　俱行至佛所
頭面礼佛足　而請轉法輪　聖師子法雨　充我及一切
世尊甚難值　久遠時一現　為覺悟群生　震動於一切
東方諸世界　五百萬億國　梵宮殿光曜　昔所未曾有
諸梵見此相　尋來至佛所　散華以供養　并奉上宮殿
請佛轉法輪　以偈而讚歎　佛知時未至　受請默然坐
三方及四維　上下亦復尒　散華奉宮殿　請佛轉法輪
世尊甚難值　願以大慈悲　廣開甘露門　轉無上法輪
無量慧世尊　受彼衆人請　為宣種種法　四諦十二緣
無明至老死　皆從生緣有　如是衆過患　汝等應當知
宣暢是法時　六百萬億姟　得盡諸苦際　皆成阿羅漢
第二說法時 [illegible]

BD03640號　妙法蓮華經卷三　（14–12）

世尊甚難值　願以大慈悲　廣開甘露門　轉無上法輪
無量慧世尊　受彼衆人請　為宣種種法　四諦十二緣
無明至老死　皆從生緣有　如是衆過患　汝等應當知
宣暢是法時　六百萬億姟　得盡諸苦際　皆成阿羅漢
第二說法時　千萬恒沙衆　於諸法不受　亦得阿羅漢
從是後得道　其數無有量　萬億劫算數　不能得其邊
時十六王子　出家作沙彌　皆共請彼佛　演說大乘法
我等及營從　皆當成佛道　願得如世尊　慧眼第一淨
佛智童子心　宿世之所行　以無量因緣　種種諸譬喻
說六波羅蜜　及諸神通事　分別真實法　菩薩所行道
說是法華經　如恒河沙偈　彼佛說經已　靜室入禪定
一心一處坐　八萬四千劫　是諸沙彌等　知佛禪未出
為無量億衆　說佛無上慧　各各坐法座　說是大乘經
於佛宴寂後　宣揚助法化　一一沙彌等　所度諸衆生
有六百萬億　恒河沙等衆　彼佛滅度後　是諸聞法者
在在諸佛土　常與師俱生　是十六沙彌　具足行佛道
今現在十方　各得成正覺　爾時聞法者　各在諸佛所
其有住聲聞　漸教以佛道　我在十六數　曾亦為汝說
是故以方便　引汝趣佛慧　以是本因緣　今說法華經
令汝入佛道　慎勿懷驚懼　譬如險惡道　迥絕多毒獸
又復無水草　人所怖畏處　無數千萬衆　欲過此險道
其路甚曠遠　經五百由旬　時有一導師　強識有智慧
明了心決定　在險濟衆難　衆人皆疲惓　而白導師言
我等今頓乏　於此欲退還　導師作是念　此輩甚可愍
如何欲退還　而失大珍寶　尋時思方便　當設神通力
化作大城郭　莊嚴諸舍宅　周帀有園林　渠流及浴池
重門高樓閣　男女皆充滿　即作是化已　慰衆言勿懼
汝等入此城　各可隨所樂　諸人既入城　心皆大歡喜

BD03640號　妙法蓮華經卷三　（14–13）

明了心決定　在險濟衆難　衆人皆疲惓　而白導師言
我等今頓乏　於此欲退還　導師作是念　此輩甚可愍
如何欲退還　而失大珍寶　尋時思方便　當設神通力
化作大城郭　莊嚴諸舍宅　周帀有園林　渠流及浴池
重門高樓閣　男女皆充滿　即作是化已　慰衆言勿懼
汝等入此城　各可隨所樂　諸人既入城　心皆大歡喜
皆生安隱想　自謂已得度　導師知息已　集衆而告言
汝等當前進　此是化城耳　我見汝疲極　中路欲退還
故以方便力　權化作此城　汝今勤精進　當共至寶所
我亦復如是　為一切導師　見諸求道者　中路而懈廢
不能度生死　煩惱諸險道　故以方便力　為息說涅槃
言汝等苦滅　所作皆已辦　既知到涅槃　皆得阿羅漢
爾乃集大衆　為說真實法　諸佛方便力　分別說三乘
唯有一佛乘　息處故說二　今為汝說實　汝所得非滅
為佛一切智　當發大精進　汝證一切智　十力等佛法
具三十二相　乃是真實滅　諸佛之導師　為息說涅槃
既知是息已　引入於佛慧

妙法蓮華經卷第三

BD03640號　妙法蓮華經卷三　（14–14）

後中際不可得故憍尸迦菩薩摩訶薩行般
若波羅蜜多時若於四念住非住非不住非
習非不習是為住習四念住若於四正斷四
神足五根五力七等覺支八聖道支非住非
不住非習非不習是為住習四正斷乃至八
聖道支何以故憍尸迦是菩薩摩訶薩觀四
念住乃至八聖道支前後中際不可得故憍
尸迦菩薩摩訶薩行般若波羅蜜多時若於
空解脫門非住非不住非習非不習是為住
習空解脫門若於無相無願解脫門非住非
不住非習非不習是為住習無相無願解脫
門何以故憍尸迦是菩薩摩訶薩觀空解脫
門無相無願解脫門前後中際不可得故憍
尸迦菩薩摩訶薩行般若波羅蜜多時若於
菩薩十地非住非不住非習非不習是為住
習菩薩十地何以故憍尸迦是菩薩摩訶薩
觀菩薩十地前後中際不可得故
憍尸迦菩薩摩訶薩行般若波羅蜜多時若
於五眼非住非不住非習非不習是為住習

BD03641 號　大般若波羅蜜多經卷二九八　（12–1）

習菩薩十地何以故憍尸迦是菩薩摩訶薩
觀菩薩十地前後中際不可得故
憍尸迦菩薩摩訶薩行般若波羅蜜多時若
於五眼非住非不住非習非不習是為住習
五眼若於六神通非住非不住非習非不習
是為住習六神通何以故憍尸迦是菩薩摩
訶薩觀五眼六神通前後中際不可得故憍
尸迦菩薩摩訶薩行般若波羅蜜多時若於
佛十力非住非不住非習非不習是為住習
佛十力若於四無所畏四無礙解大慈大悲
大喜大捨十八佛不共法非住非不住非習
非不習是為住習四無所畏乃至十八佛不
共法何以故憍尸迦是菩薩摩訶薩觀佛十
力乃至十八佛不共法前後中際不可得故
憍尸迦菩薩摩訶薩行般若波羅蜜多時若
於無忘失法非住非不住非習非不習是為
住習無忘失法若於恒住捨性非住非不住
非習非不習是為住習恒住捨性何以故憍
尸迦是菩薩摩訶薩觀無忘失法恒住捨性
前後中際不可得故憍尸迦菩薩摩訶薩行
般若波羅蜜多時若於一切智非住非不住
非習非不習是為住習一切智若於道相智
一切相智非住非不住非習非不習是為住
習道相智一切相智何以故憍尸迦是菩薩
摩訶薩觀一切智道相智一切相智前後中
際不可得故憍尸迦菩薩摩訶薩行般若波

BD03641 號　大般若波羅蜜多經卷二九八　（12–2）

一切相智非住非不住非習非不習是為住
習道相智一切相智何以故憍尸迦是菩薩
摩訶薩觀一切智道相智一切相智前後中
際不可得故憍尸迦菩薩摩訶薩行般若波
羅蜜多時若於一切陁羅尼門非住非不住
非習非不習是為住習一切陁羅尼門若於
一切三摩地門非住非不住非習非不習是
為住習一切三摩地門何以故憍尸迦是菩
薩摩訶薩觀一切陁羅尼門一切三摩地門
前後中際不可得故
憍尸迦菩薩摩訶薩行般若波羅蜜多時若
於預流果非住非不住非習非不習是為住
習預流果若於一來不還阿羅漢果非住非
不住非習非不習是為住習一來不還阿羅
漢果何以故憍尸迦是菩薩摩訶薩觀預流
果一來不還阿羅漢果前後中際不可得故
憍尸迦菩薩摩訶薩行般若波羅蜜多時若
於獨覺菩提非住非不住非習非不習是為
住習獨覺菩提何以故憍尸迦是菩薩摩訶
薩觀獨覺菩提前後中際不可得故憍尸迦
菩薩摩訶薩行般若波羅蜜多時若於一切
菩薩摩訶薩行非住非不住非習非不習是
為住習一切菩薩摩訶薩行何以故憍尸迦
是菩薩摩訶薩觀一切菩薩摩訶薩行前後
中際不可得故憍尸迦菩薩摩訶薩行般若
波羅蜜多時若於諸佛無上正等菩提非住
非不住非習非不習是為住習諸佛無上正

BD03641 號　大般若波羅蜜多經卷二九八　（12–3）

菩薩摩訶薩行非住非不住非習非不習是
為住習一切菩薩摩訶薩行何以故憍尸迦
是菩薩摩訶薩觀一切菩薩摩訶薩行前後
中際不可得故憍尸迦菩薩摩訶薩行般若
波羅蜜多時若於諸佛無上正等菩提非住
非不住非習非不習是為住習諸佛無上正
等菩提何以故憍尸迦是菩薩摩訶薩觀諸
佛無上正等菩提前後中際不可得故
尒時舍利子白佛言世尊如是般若波羅蜜
多最為甚深佛言如是舍利子色真如甚深
故般若波羅蜜多甚深受想行識真如甚深
故般若波羅蜜多甚深舍利子眼處真如甚
深故般若波羅蜜多甚深耳鼻舌身意處真
如甚深故般若波羅蜜多甚深舍利子色處
真如甚深故般若波羅蜜多甚深聲香味觸
法處真如甚深故般若波羅蜜多甚深舍利
子眼界真如甚深故般若波羅蜜多甚深色
界眼識界及眼觸眼觸為緣所生諸受真如
甚深故般若波羅蜜多甚深舍利子耳界真
如甚深故般若波羅蜜多甚深聲界耳識界
及耳觸耳觸為緣所生諸受真如甚深故般
若波羅蜜多甚深舍利子鼻界真如甚深故
般若波羅蜜多甚深香界鼻識界及鼻觸鼻
觸為緣所生諸受真如甚深故般若波羅蜜
多甚深舍利子舌界真如甚深故般若波羅
蜜多甚深味界舌識界及舌觸舌觸為緣所
生諸受真如甚深故般若波羅蜜多甚深舍

BD03641 號　大般若波羅蜜多經卷二九八　（12–4）

般若波羅蜜多甚深香界鼻識界及鼻觸鼻
觸為緣所生諸受真如甚深故般若波羅蜜
多甚深舍利子舌界真如甚深故般若波羅
蜜多甚深味界舌識界及舌觸舌觸為緣所
生諸受真如甚深故般若波羅蜜多甚深舍
利子身界真如甚深故般若波羅蜜多甚深
觸界身識界及身觸身觸為緣所生諸受真
如甚深故般若波羅蜜多甚深舍利子意界
真如甚深故般若波羅蜜多甚深法界意識
界及意觸意觸為緣所生諸受真如甚深故
般若波羅蜜多甚深舍利子地界真如甚深
故般若波羅蜜多甚深水火風空識界真如
甚深故般若波羅蜜多甚深舍利子無明真
如甚深故般若波羅蜜多甚深行識名色六
處觸受愛取有生老死愁歎苦憂惱真如甚
深故般若波羅蜜多甚深
舍利子布施波羅蜜多真如甚深故般若波
羅蜜多甚深淨戒安忍精進靜慮般若波羅
蜜多真如甚深故般若波羅蜜多甚深舍利
子內空真如甚深故般若波羅蜜多甚深外
空內外空空空大空勝義空有為空無為空
畢竟空無際空散空無變異空本性空自相
空共相空一切法空不可得空無性空自性
空無性自性空真如甚深故般若波羅蜜多
甚深舍利子真如真如甚深故般若波羅蜜
多甚深法界法性不虛妄性不變異性平等

BD03641號　大般若波羅蜜多經卷二九八　（12–5）

空無性自性空真如甚深故般若波羅蜜多
甚深舍利子真如真如甚深故般若波羅蜜
多甚深法界法性不虛妄性不變異性平等
性離生性法定法住實際虛空界不思議界
真如甚深故般若波羅蜜多甚深舍利子苦
聖諦真如甚深故般若波羅蜜多甚深集滅
道聖諦真如甚深故般若波羅蜜多甚深舍
利子四靜慮真如甚深故般若波羅蜜多甚
深四無量四無色定真如甚深故般若波羅
蜜多甚深舍利子八解脫真如甚深故般若
波羅蜜多甚深八勝處九次第定十遍處真
如甚深故般若波羅蜜多甚深舍利子四念
住真如甚深故般若波羅蜜多甚深四正斷
四神足五根五力七等覺支八聖道支真如
甚深故般若波羅蜜多甚深舍利子空解脫
門真如甚深故般若波羅蜜多甚深無相無
願解脫門真如甚深故般若波羅蜜多甚深
舍利子菩薩十地真如甚深故般若波羅蜜
多甚深
舍利子五眼真如甚深故般若波羅蜜多甚
深六神通真如甚深故般若波羅蜜多甚深
舍利子佛十力真如甚深故般若波羅蜜多
甚深四無所畏四無礙解大慈大悲大喜大
捨十八佛不共法真如甚深故般若波羅蜜
多甚深舍利子無忘失法真如甚深故般若
波羅蜜多甚深恒住捨性真如甚深故般若
波羅蜜多甚深舍利子一切智真如甚深故

BD03641號　大般若波羅蜜多經卷二九八　（12–6）

捨十八佛不共法真如甚深故般若波羅蜜
多甚深舍利子無忘失法真如甚深故般若
波羅蜜多甚深恒住捨性真如甚深故般若
波羅蜜多甚深舍利子一切智真如甚深故
般若波羅蜜多甚深道相智一切相智真如
甚深故般若波羅蜜多甚深舍利子一切陁
羅尼門真如甚深故般若波羅蜜多甚深一
切三摩地門真如甚深故般若波羅蜜多甚
深
舍利子預流果真如甚深故般若波羅蜜多
甚深一來不還阿羅漢果真如甚深故般若
波羅蜜多甚深舍利子獨覺菩提真如甚深
故般若波羅蜜多甚深舍利子一切菩薩摩
訶薩行真如甚深故般若波羅蜜多甚深舍
利子諸佛無上正等菩提真如甚深故般若
波羅蜜多甚深
時舍利子復白佛言世尊如是般若波羅蜜
多難可測量佛言如是舍利子色真如難測
量故般若波羅蜜多難可測量受想行識真
如難測量故般若波羅蜜多難可測量舍利
子眼處真如難測量故般若波羅蜜多難可
測量耳鼻舌身意處真如難測量故般若波
羅蜜多難可測量舍利子色處真如難測量
故般若波羅蜜多難可測量聲香味觸法處
真如難測量故般若波羅蜜多難可測量舍
利子眼界真如難測量故般若波羅蜜多難
可測量色界眼識界及眼觸眼觸為緣所生

羅蜜多難可測量舍利子色處真如難測量
故般若波羅蜜多難可測量聲香味觸法處
真如難測量故般若波羅蜜多難可測量舍
利子眼界真如難測量故般若波羅蜜多難
可測量色界眼識界及眼觸眼觸為緣所生
諸受真如難測量故般若波羅蜜多難可測
量舍利子耳界真如難測量故般若波羅蜜
多難可測量聲界耳識界及耳觸耳觸為緣
所生諸受真如難測量故般若波羅蜜多難
可測量舍利子鼻界真如難測量故般若波
羅蜜多難可測量香界鼻識界及鼻觸鼻觸
為緣所生諸受真如難測量故般若波羅蜜
多難可測量舍利子舌界真如難測量故般
若波羅蜜多難可測量味界舌識界及舌觸
舌觸為緣所生諸受真如難測量故般若波
羅蜜多難可測量舍利子身界真如難測量
故般若波羅蜜多難可測量觸界身識界及
身觸身觸為緣所生諸受真如難測量故般
若波羅蜜多難可測量舍利子意界真如難
測量故般若波羅蜜多難可測量法界意識
界及意觸意觸為緣所生諸受真如難測量
故般若波羅蜜多難可測量舍利子地界真
如難測量故般若波羅蜜多難可測量水火
風空識界真如難測量故般若波羅蜜多難
可測量舍利子無明真如難測量故般若波
羅蜜多難可測量行識名色六處觸受愛取
有生老死愁歎苦憂惱真如難測量故般若

風空識界真如難測量故般若波羅蜜多難
可測量舍利子無明真如難測量故般若波
羅蜜多難可測量行識名色六處觸受愛取
有生老死愁歎苦憂惱真如難測量故般若
波羅蜜多難可測量
舍利子布施波羅蜜多真如難測量故般若
波羅蜜多難可測量淨戒安忍精進靜慮般
若波羅蜜多真如難測量故般若波羅蜜多
難可測量舍利子內空真如難測量故般若
波羅蜜多難可測量外空內外空空空大空
勝義空有為空無為空畢竟空無際空散空
無變異空本性空自相空共相空一切法空
不可得空無性空自性空無性自性空真如
難測量故般若波羅蜜多難可測量舍利子
真如真如難測量故般若波羅蜜多難可測
量法界法性不虛妄性不變異性平等性離
生性法定法住實際虛空界不思議界真如
難測量故般若波羅蜜多難可測量舍利子
苦聖諦真如難測量故般若波羅蜜多難可
測量集滅道聖諦真如難測量故般若波羅
蜜多難可測量舍利子四靜慮真如難測量
故般若波羅蜜多難可測量四無量四無色
定真如難測量故般若波羅蜜多難可測量
舍利子八解脫真如難測量故般若波羅蜜
多難可測量八勝處九次第定十遍處真如
難測量故般若波羅蜜多難可測量舍利子

BD03641號　大般若波羅蜜多經卷二九八　（12–9）

舍利子八解脫真如難測量故般若波羅蜜
多難可測量八勝處九次第定十遍處真如
難測量故般若波羅蜜多難可測量舍利子
四念住真如難測量故般若波羅蜜多難可測
量四正斷四神足五根五力七等覺支八聖
道支真如難測量故般若波羅蜜多難可
測量舍利子空解脫門真如難測量故般若
波羅蜜多難可測量無相無願解脫門真如
難測量故般若波羅蜜多難可測量舍利子
菩薩十地真如難測量故般若波羅蜜多難
可測量
舍利子五眼真如難測量故般若波羅蜜多
難可測量六神通真如難測量故般若波羅
蜜多難可測量舍利子佛十力真如難測量
故般若波羅蜜多難可測量四無所畏四無
礙解大慈大悲大喜大捨十八佛不共法真
如難測量故般若波羅蜜多難可測量舍利
子無忘失法真如難測量故般若波羅蜜多
難可測量恒住捨性真如難測量故般若波
羅蜜多難可測量舍利子一切智真如難測
量故般若波羅蜜多難可測量道相智一切
相智真如難測量故般若波羅蜜多難可測
量舍利子一切陀羅尼門真如難測量故般
若波羅蜜多難可測量一切三摩地門真如
難測量故般若波羅蜜多難可測量
舍利子預流果真如難測量故般若波羅蜜

BD03641號　大般若波羅蜜多經卷二九八　（12–10）

若波羅蜜多難可測量一切三摩地門真如
難測量故般若波羅蜜多難可測量
舍利子預流果真如難測量故般若波羅蜜
多難可測量一来不還阿羅漢果真如難測
量故般若波羅蜜多難可測量舍利子獨覺
菩提真如難測量故般若波羅蜜多難可測
量舍利子一切菩薩摩訶薩行真如難測量
故般若波羅蜜多難可測量舍利子諸佛無
上正等菩提真如難測量故般若波羅蜜多
難可測量
時舍利子復白佛言世尊如是般若波羅蜜
多最為無量佛言如是舍利子色真如無量
故般若波羅蜜多無量受想行識真如無量
故般若波羅蜜多無量舍利子眼處真如無
量故般若波羅蜜多無量耳鼻舌身意處真
如無量故般若波羅蜜多無量舍利子色處
真如無量故般若波羅蜜多無量聲香味觸
法處真如無量故般若波羅蜜多無量舍利
子眼界真如無量故般若波羅蜜多無量色
界眼識界及眼觸眼觸為緣所生諸受真如
無量故般若波羅蜜多無量
舍利子耳界真如無量故般若波羅蜜多無
量聲界耳識界及耳觸耳觸為緣所生諸受
真如無量故般若波羅蜜多無量舍利子鼻
界真如無量故般若波羅蜜多無量香界鼻
識界及鼻觸鼻觸為緣所生諸受真如無量

BD03641 號　大般若波羅蜜多經卷二九八　　（12–11）

真如無量故般若波羅蜜多無量聲香味觸
法處真如無量故般若波羅蜜多無量舍利
子眼界真如無量故般若波羅蜜多無量色
界眼識界及眼觸眼觸為緣所生諸受真如
無量故般若波羅蜜多無量
舍利子耳界真如無量故般若波羅蜜多無
量聲界耳識界及耳觸耳觸為緣所生諸受
真如無量故般若波羅蜜多無量舍利子鼻
界真如無量故般若波羅蜜多無量香界鼻
識界及鼻觸鼻觸為緣所生諸受真如無量
故般若波羅蜜多無量舍利子舌界真如無
量故般若波羅蜜多無量味界舌識界及舌
觸舌觸為緣所生諸受真如無量故般若波
羅蜜多無量舍利子身界真如無量故般若
波羅蜜多無量觸界身識界及身觸身觸為
緣所生諸受真如無量故般若波羅蜜多無
量舍利子意界真如無量故般若波羅蜜多
無量法界意識界及意觸意觸為緣所生諸
受真如無量故般若波羅蜜多無量舍利子

BD03641 號　大般若波羅蜜多經卷二九八　　（12–12）

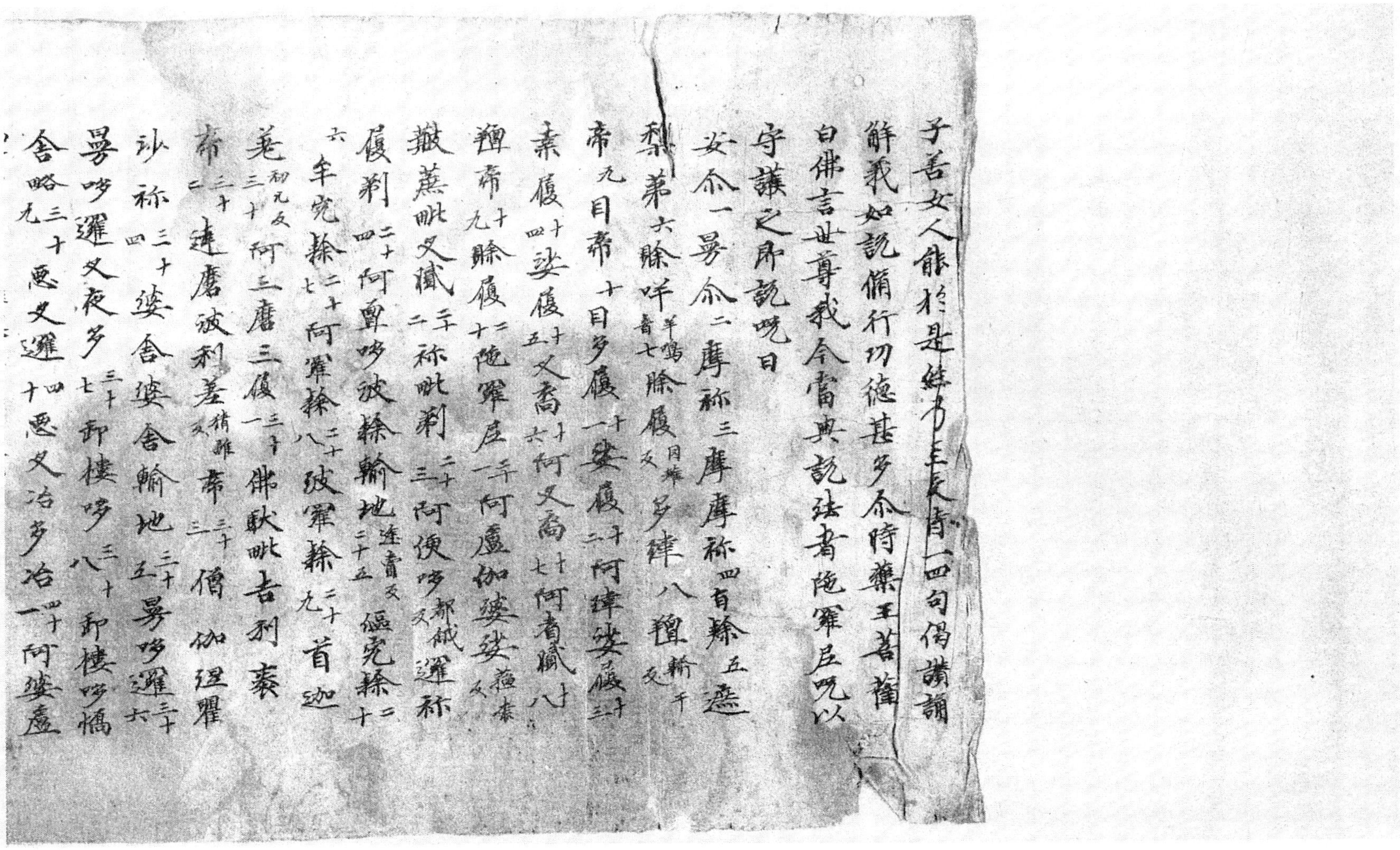

子善女人能於是經乃至受持一四句偈讀誦
解義如說脩行功德甚多尒時藥王菩薩
白佛言世尊我今當與說法者陀羅尼呪以
守護之即說呪曰
安尒一 曼尒二 摩祢三 摩摩祢四 旨隸五 遮
梨第六 賒咩羊鳴音七 賒履月雉反 多瑋八 羶帝輸千反
帝九 目帝十 目多履十一 娑履十二 阿瑋娑履桑履反十三
桑履十四 娑履十五 叉裔十六 阿叉裔十七 阿耆膩十八
羶帝十九 賒履二十 陀羅尼二十一 阿盧伽婆娑蔭柰反
簸蔗毗叉膩二十二 祢毗剃二十三 阿便哆邪賴反 邏祢
履剃二十四 阿亶哆波隸輸地途賣反 漚究隸二十
六 牟究隸二十七 阿羅隸二十八 波羅隸二十九 首迦
差初几反三十 阿三磨三履三十一 佛馱毗吉利袠
帝三十二 達磨波利差猜離反 帝三十三 僧伽涅瞿
沙祢三十四 婆舍婆舍輸地三十五 曼哆邏三十六
曼哆邏叉夜多三十七 郵樓哆三十八 郵樓哆憍
舍略三十九 惡叉邏四十 惡叉冶多冶四十一 阿婆盧

BD03642 號　妙法蓮華經卷七　（15–1）

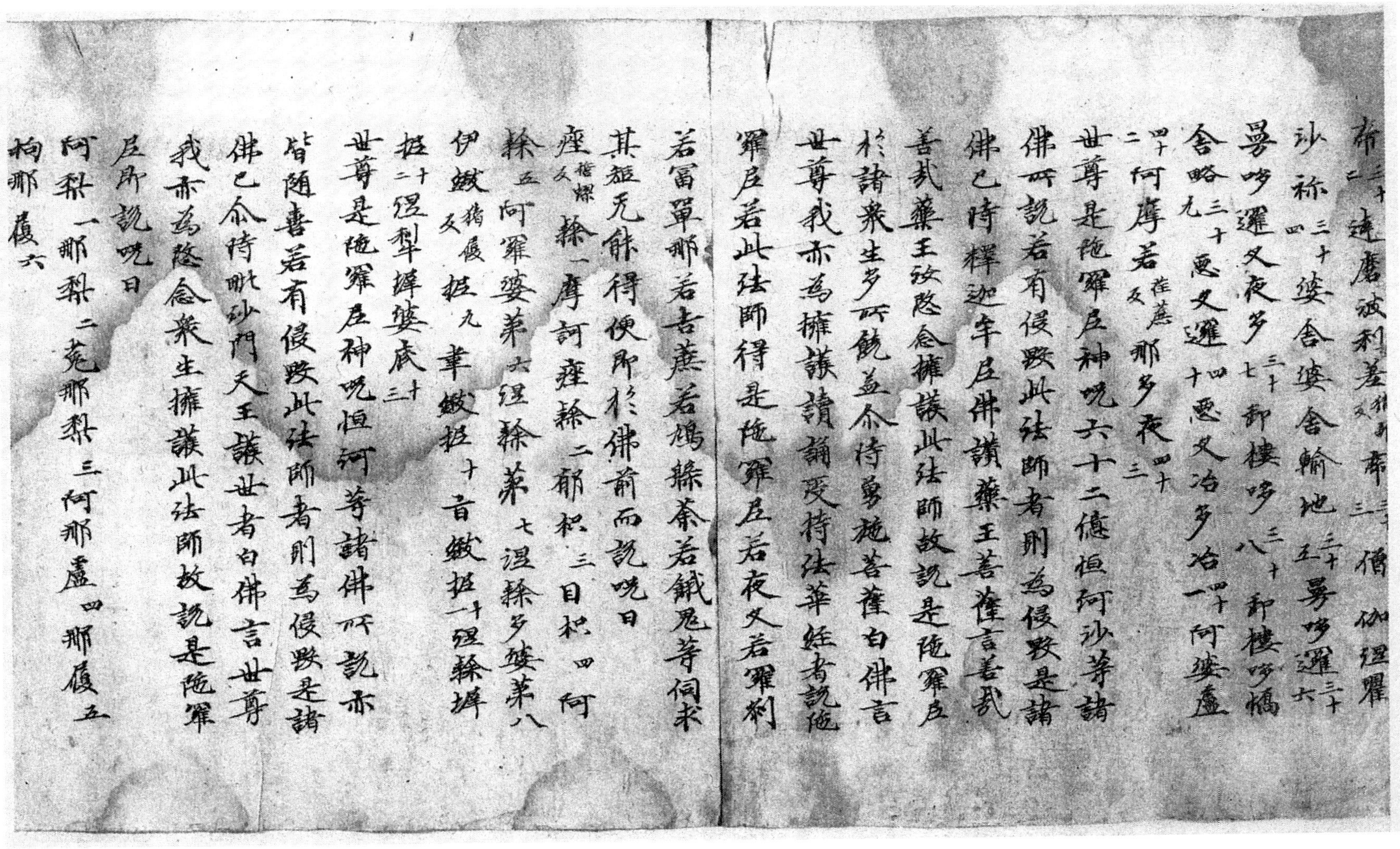

帝三十二 達磨波利差猜離反 帝三十三 僧伽涅瞿
沙祢三十四 婆舍婆舍輸地三十五 曼哆邏三十六
曼哆邏叉夜多三十七 郵樓哆三十八 郵樓哆憍
舍略三十九 惡叉邏四十 惡叉冶多冶四十一 阿婆盧
四十二 阿摩若荏蔗反 那多夜四十三
世尊是陀羅尼神呪六十二億恒河沙等諸
佛所說若有侵毀此法師者則為侵毀是諸
佛已時釋迦牟尼佛讚藥王菩薩言善哉
善哉藥王汝愍念擁護此法師故說是陀羅尼
於諸衆生多所饒益尒時勇施菩薩白佛言
世尊我亦為擁護讀誦受持法華經者說陀
羅尼若此法師得是陀羅尼若夜叉若羅剎
若富單那若吉蔗若鳩槃茶若餓鬼等伺求
其短无能得便即於佛前而說呪曰
痤挫隷反 隸一 摩訶痤隸二 郁枳三 目枳四 阿
隸五 阿羅婆第六 涅隸第七 涅隸多婆第八
伊緻猪履反 柅九 韋緻柅十 旨緻柅十一 涅隸墀
柅十二 涅犁墀婆底十三
世尊是陀羅尼神呪恒河沙等諸佛所說亦
皆隨喜若有侵毀此法師者則為侵毀是諸
佛已尒時毗沙門天王護世者白佛言世尊
我亦為愍念衆生擁護此法師故說是陀羅
尼即說呪曰
阿梨一 那梨二 㝹那梨三 阿那盧四 那履五
拘那履六

BD03642 號　妙法蓮華經卷七　（15–2）

我亦為愍念衆生擁護此法師故說
尼即說咒曰
阿梨一那梨二㝹那梨三阿那盧四那履五
拘那履六
世尊以是神咒擁護法師我亦自當擁護持
是經者令百由旬內无諸衰患尒時持國天
王在此會中與千万億那由他乹闥婆衆恭
敬圍繞前詣佛所合掌白佛言世尊我亦以
陀羅尼神咒擁護持法華經者即說咒曰
阿伽祢一伽祢二瞿利三乹陁利四栴陁利五
摩蹬耆六常求利七浮樓莎柅八頞底九
世尊是陁羅尼神咒四十二億諸佛所說若
有侵毀此法師者則為侵毀是諸佛已尒時
有羅剎女等一名藍婆二名毗藍婆三名曲
齒四名華齒五名黑齒六名多髮七名无猒
足八名持瓔珞九名睪帝十名奪一切衆生
精氣是十羅剎女與鬼子母并其子及眷属
俱詣佛所同聲白佛言世尊我等亦欲擁護
讀誦受持法華經者除其衰患若有伺求法
師短者令不得便即於佛前而說咒曰
伊提履一伊提泯二伊提履三阿提履四伊
提履五泥履六泥履七泥履八泥履九泥履
十樓醯十一樓醯十二樓醯十三樓醯十四多醯十五多
醯十六多醯十七兜醯十八㝹醯十九
寧上我頭上莫惱於法師若夜叉若羅剎若

BD03642號　妙法蓮華經卷七　（15–3）

提履五泥履六泥履七泥履八泥履九泥履
十樓醯十一樓醯十二樓醯十三樓醯十四多醯十五多
醯十六多醯十七兜醯十八㝹醯十九
寧上我頭上莫惱於法師若夜叉若羅剎若
餓鬼若富單那若吉蔗若毗陁羅若揵䭾若
烏摩勒伽若阿跋摩羅若夜叉吉蔗若人吉
蔗若熱病若一日若二日若三日若四日若
至七日若常熱病若男形若女形若童男形
若童女形乃至夢中亦復莫惱即於佛前而
說偈言
若不順我咒　惱亂說法者　頭破作七分　如阿梨樹枝
如煞父母罪　亦如壓油殃　斗秤欺誑人　調達破僧罪
犯此法師者　當獲如是殃
諸羅剎女說此偈已白佛言世尊我等亦當
身自擁護受持讀誦脩行是經者令得安隱
離諸衰患消衆毒藥佛告諸羅剎女善哉善
哉汝等但能擁護受持法華名者福不可量
何況擁護具足受持供養經卷華香瓔珞末
香塗香燒香幡蓋伎樂然種種燈蘇燈油燈
諸香油燈蘇摩那華油燈瞻蔔華油燈婆師
迦華油燈優鉢羅華油燈如是等百千種供
養者睪帝汝等及眷屬應當擁護如是法師
說是陁羅尼品時六万八千人得无生法忍
妙法蓮華經妙莊嚴王本事品第二十七

BD03642號　妙法蓮華經卷七　（15–4）

迦華油燈優鉢羅華油燈如是等百千種供
養者罪亦汝等及眷屬應當擁護如是法師
說是陁羅尼品時六万八千人得无生法忍
妙法蓮華經妙莊嚴王本事品第二十七
尒時佛告諸大衆乃往古世過无量无邊不
可思議阿僧祇劫有佛名雲雷音宿王華智
多陁阿伽度阿羅呵三藐三佛陁國名光明
莊嚴劫名憙見彼佛法中有王名妙莊嚴其
王夫人名曰淨德有二子一名淨藏二名淨
眼是二子有大神力福德智慧久脩菩薩所
行之道所謂檀波羅蜜尸羅波羅蜜羼提波
羅蜜毗梨耶波羅蜜禪波羅蜜般若波羅蜜
方便波羅蜜慈悲喜捨乃至三十七助道法
皆悉明了通達又得菩薩淨三昧日星宿三昧
淨光三昧淨色三昧淨照明三昧長莊嚴
三昧大威德藏三昧於此三昧亦悉通達尒
時彼佛欲引導妙莊嚴王及愍念衆生故說
是法華經時淨藏淨眼二子到其母所合十
指爪掌白言願母往詣雲雷音宿王華智佛
所我等亦當侍從親近供養礼拜所以者何
此佛於一切天人衆中說法華經宜應聽受
母告子言汝父信受外道深著婆羅門法汝
等應往白父與共俱去淨藏淨眼合十爪指
掌白母我等是法王子而生此邪見家母告
子言汝等當憂念汝父為現神變若得見者

BD03642號　妙法蓮華經卷七　（15–5）

母告子言汝父信受外道深著婆羅門法汝
等應往白父與共俱去淨藏淨眼合十爪指
掌白母我等是法王子而生此邪見家母告
子言汝等當憂念汝父為現神變若得見者
心必清淨或聽我等往至佛所於是二子念
其父故踊在虛空高七多羅樹現種種神變
於虛空中行住坐卧身上出水身下出火身
下出水身上出火或現大身滿虛空中而復
現小小復現大於空中滅忽然在地入地如
水履水如地現如是等種種神變令其父王
心淨信解時父見子神力如是心大歡喜得
未曾有合掌向子言汝等師為是誰誰之弟
子二子白言大王彼雲雷音宿王華智佛今
在七寶菩提樹下法座上坐於一切世間天
人衆中廣說法華經是我等師我是弟子父
語子言我今亦欲見汝等師可共俱往於是
二子從空中下到其母所合掌白母父王今
已信解堪任發阿耨多羅三藐三菩提心我
等為父已作佛事願母見聽於彼佛所出家
脩道尒時二子欲重宣其意以偈白母
願母放我等　出家作沙門　諸佛甚難值　我等隨佛學
如優曇波羅　值佛復難是　脫諸難亦難　願聽我出家
母即告言聽汝出家所以者何佛難值故於
是二子白父母言善哉父母願時往詣雲雷
音宿王[illegible]

BD03642號　妙法蓮華經卷七　（15–6）

如優曇鉢羅　值佛復難是　脫諸難亦難　願聽我出家
母即告言聽汝出家所以者何佛難值故於
是二子白父母言善哉父母願時往詣雲雷
音宿王華智佛所親近供養所以者何佛難得
值如優曇波羅華又如一眼之龜值浮木孔
而我等宿福深厚生值佛法是故父母當聽
我等令得出家所以者何諸佛難值時亦難
遇彼時妙莊嚴王後宮八万四千人皆悉堪
任受持是法華經淨眼菩薩於法華三昧久
已通達淨藏菩薩已於无量百千万億劫通
達離諸惡趣三昧欲令一切衆生離諸惡趣
故其王夫人得諸佛習三昧能知諸佛祕
密之藏二子如是以方便力善化其父令心
信解好樂佛法於是妙莊嚴王與羣臣眷屬
俱淨德夫人與後宮采女眷屬俱其王二子
與四万二千人俱一時共詣佛所到已頭面
禮足繞佛三帀却住一面爾時彼佛為王說
法示教利喜王大歡悅爾時妙莊嚴王及其
夫人解頸真珠瓔珞價直百千以散佛上於
虛空中化成四柱寶臺臺中有大寶床敷百
千万天衣其上有佛結加趺坐放大光明爾
時妙莊嚴王作是念佛身希有端嚴殊特成
就第一微妙之色時雲雷音宿王華智佛告
四衆言汝等見是妙莊嚴王於我前合掌立

BD03642號　妙法蓮華經卷七　（15–7）

千万天衣其上有佛結加趺坐放大光明爾
時妙莊嚴王作是念佛身希有端嚴殊特成
就第一微妙之色時雲雷音宿王華智佛告
四衆言汝等見是妙莊嚴王於我前合掌立
不此王於我法中作比丘精勤修習助佛道
法當得作佛号娑羅樹王國名大光劫名大
高王其娑羅樹王佛有无量菩薩衆及无量
聲聞其國平正功德如是其王即時以國付
弟與夫人二子并諸眷屬於佛法中出家修
道王出家已於八万四千歲常勤精進修行
妙法華經過是已後得一切淨功德莊嚴三
昧即昇虛空高七多羅樹而白佛言世尊此
我二子已作佛事以神通變化轉我邪心令
得安住於佛法中得見世尊此二子者是我
善知識為欲發起宿世善根饒益我故來生
我家爾時雲雷音宿王華智佛告妙莊嚴王
言如是如是如汝所言若善男子善女人種
善根故世世得善知識其善知識能作佛事
示教利喜令入阿耨多羅三藐三菩提大王當
知善知識者是大因緣所謂化導令得見佛
發阿耨多羅三藐三菩提心大王汝見此二
子不此二子已曾供養六十五百千万億那
由他恒河沙諸佛親近恭敬於諸佛所受
持法華經愍念邪見衆生令住正見妙莊

BD03642號　妙法蓮華經卷七　（15–8）

發阿耨多羅三藐三菩提心大王汝見此二
子不此二子已曾供養六十五百千万億那
由他恒河沙諸佛親近恭敬於諸佛所受
持法華經愍念邪見衆生令住正見妙莊
嚴王即從虛空中下而白佛言世尊如來甚
希有以功德智慧故頂上肉髻光明顯照其
眼長廣而紺青色眉間豪相白如珂月齒白
齊密常有光明脣色赤好如頻婆菓尒時妙莊
嚴王讚歎佛如是等无量百千万億功德已
於如來前一心合掌復白佛言世尊未曾有
也如來之法具足成就不可思議微妙功德
教戒所行安隱快善我從今日不復自隨心
行不生邪見憍慢瞋恚諸惡之心說是語已
礼佛而出佛告大衆於意云何妙莊嚴王豈
異人乎今華德菩薩是其淨德夫人今佛前
光照莊嚴相菩薩是哀愍妙莊嚴王及諸眷
屬故於彼中生其二子者今藥王菩薩藥上
菩薩是是藥王藥上菩薩成就如此諸大功
德已於无量百千万億諸佛所殖衆德本成
就不可思議諸善功德若有人識是二菩薩
名字者一切世間諸天人民亦應礼拜佛說
是妙莊嚴王本事品時八万四千人遠塵離
垢於諸法中得法眼淨
妙法蓮華經普賢菩薩勸發品第二十八
尒時普賢菩薩以自在神通力威德名聞與大

BD03642號　妙法蓮華經卷七

(15–9)

是妙莊嚴王本事品時八万四千人遠塵離
垢於諸法中得法眼淨
妙法蓮華經普賢菩薩勸發品第二十八
尒時普賢菩薩以自在神通力威德名聞與大
菩薩无量无邊不可稱數從東方來所經諸
國普皆震動雨寶蓮華作无量百千万億種
種伎樂又與无數諸天龍夜叉乾闥婆阿脩
羅迦樓羅緊那羅摩睺羅伽人非人等大衆
圍繞各現威德神通之力到娑婆世界耆闍
崛山中頭面礼釋迦牟尼佛右繞七帀白佛
言世尊我於寶威德上王佛國遙聞此娑婆
世界說法華經與无量无邊百千万億諸菩
薩衆共來聽受唯願世尊當為說之若善男
子善女人於如來滅後云何能得是法華經
佛告普賢菩薩若善男子善女人成就四法
於如來滅後當得是法華經一者為諸佛護
念二者殖衆德本三者入正定聚四者發救
一切衆生之心善男子善女人如是成就四
法於如來滅後必得是經尒時普賢菩薩白
佛言世尊於後五百歲濁惡世中其有受持
是經典者我當守護除其衰患令得安隱使
无伺求得其便者若魔若魔子若魔女若魔
民若為魔所著者若夜叉若羅剎若鳩槃茶
若毗舍闍若吉蔗若富單那若韋陁羅等諸
惱人者皆不得便是人若行若立讀誦此經

BD03642號　妙法蓮華經卷七

(15–10)

无伺求得其便者若魔若魔子若魔女若魔
民若為魔所著者若夜叉若羅剎若鳩槃茶
若毗舍闍若吉蔗若富單那若韋陁羅等諸
惱人者皆不得便是人若行若立讀誦此經
我尒時乘六牙白象王與大菩薩衆俱詣其
所而自現身供養守護安慰其心亦為供養
法華經故是人若坐思惟此經尒時我復乘
白象王現其人前其人若於法華經有所忘
失一句一偈我當教之與共讀誦還令通利
尒時受持讀誦法華經者得見我身甚大
歡喜轉復精進以見我故即得三昧及陁羅尼
名為旋陁羅尼百千万億旋陁羅尼法音方
便陁羅尼得如是等陁羅尼世尊若後世後
五百歲濁惡世中比丘比丘尼優婆塞優婆
夷求索者受持者讀誦者書寫者欲修習是
法華經於三七日中應一心精進滿三七日
已我當乘六牙白象與无量菩薩而自圍繞
以一切衆生所憙見身現其人前而為說法
示教利喜亦復與其陁羅尼咒得是陁羅尼
故无有非人能破壞者亦不為女人之所惑
亂我身亦自常護是人唯願世尊聽我說此
陁羅尼咒即於佛前而說咒曰
阿檀地 途賣反 一 檀陁婆地 二 檀陁婆帝 三 檀陁
鳩舍隸 四 檀陁脩陁隸 五 脩陁隸 六 脩陁羅
婆底 七 佛馱波羶禰 八 薩婆陁羅尼阿婆多

BD03642號　妙法蓮華經卷七　（15–11）

陁羅尼即於佛前而說咒曰
阿檀地 途賣反 一 檀陁婆地 二 檀陁婆帝 三 檀陁
鳩舍隸 四 檀陁脩陁隸 五 脩陁隸 六 脩陁羅
婆底 七 佛馱波羶禰 八 薩婆陁羅尼阿婆多
尼 九 薩婆婆沙阿婆多尼 十 脩阿婆多尼 十一
僧伽婆履叉尼 十二 僧伽涅伽陁尼 十三 阿僧祇
十四 僧伽波伽地 十五 帝隸阿惰僧伽兜略 盧遮反 阿羅
帝波羅帝 十六 薩婆僧伽三摩地伽蘭地 十七 薩婆
達磨脩波利剎帝 十八 薩婆薩埵樓馱憍舍略
阿㝹伽地 十九 辛阿毗吉利地帝 二十
世尊若有菩薩得聞是陁羅尼者當知普賢
神通之力若法華經行閻浮提有受持者應作
此念皆是普賢威神之力若有受持讀誦正
憶念解其義趣如說脩行當知是人行普賢
行於无量无邊諸佛所深種善根為諸如來
手摩其頭若但書寫是人命終當生忉利天
上是時八万四千天女作衆伎樂而來迎之
其人即著七寶冠於采女中娛樂快樂何
況受持讀誦正憶念解其義趣如說脩行若
有人受持讀誦解其義趣是人命終為千佛
授手令不恐怖不墮惡趣即往兜率天上彌
勒菩薩所彌勒菩薩有三十二相大菩薩衆
所共圍繞有百千万億天女眷屬而於中生
有如是等功德利益是故智者應當一心自
書若使人書受持讀誦正憶念如說脩行世

BD03642號　妙法蓮華經卷七　（15–12）

勒菩薩所弥勒菩薩有三十二相大菩薩衆
所共圍繞有百千万億天女眷属而於中生
有如是等功德利益是故智者應當一心自
書若使人書受持讀誦正憶念如說脩行世
尊我今以神通力守護是經於如來滅後閻
浮提內廣令流布使不斷絕尒時釋迦牟尼
佛讚言善哉善哉普賢汝能護助是經令多
所衆生安樂利益汝已成就不可思議功德
深大慈悲從久遠來發阿耨多羅三藐三菩
提意而能作是神通之願守護是經我當以
神通力守護能受持普賢菩薩名者普賢若
有受持讀誦正憶念脩習書寫是法華經者
當知是人則見釋迦牟尼佛如從佛口聞此
經典當知是人供養釋迦牟尼佛當知是人佛
讚善哉當知是人爲釋迦牟尼佛手摩其
頭當知是人爲釋迦牟尼佛衣之所覆如是
之人不復貪著世樂不好外道經書手筆亦
復不憙親近其人及諸惡者若屠兒若畜猪
羊雞狗若獵師若衒賣女色是人心意質直
有正憶念有福德力是人不爲三毒所惱亦
不爲嫉妬我慢邪慢增上慢所惱是人少欲
知足能脩普賢之行普賢若如來滅後後五
百歲若有人見受持讀誦法華經者應作是
念此人不久當詣道場破諸魔衆得阿耨多
羅三藐三菩提轉法輪擊法鼓吹法螺雨法

BD03642號　妙法蓮華經卷七　（15–13）

有正憶念有福德力是人不爲三毒所惱亦
不爲嫉妬我慢邪慢增上慢所惱是人少欲
知足能脩普賢之行普賢若如來滅後後五
百歲若有人見受持讀誦法華經者應作是
念此人不久當詣道場破諸魔衆得阿耨多
羅三藐三菩提轉法輪擊法鼓吹法螺雨法
雨當坐天人大衆中師子法座上普賢若於
後世受持讀誦是經典者是人不復貪著衣
服卧具飲食資生之物所願不虛亦於現世得
其福報若有人輕毀之言汝狂人耳空作是
行終无所獲如是罪報當世世无眼若有
供養讚歎之者當於今世得現果報若復
見受持是經者出其過惡若實若不實此人
現世得白癩病若輕笑之者當世世牙齒疎缺
醜脣平鼻手脚繚戾眼目角睞身體臭穢
惡瘡膿血水腹短氣諸惡重病是故普賢若
見受持是經典者當起遠迎當如敬佛說是
普賢勸發品時恒河沙等无量无邊菩薩
得百千万億旋陀羅尼三千大千世界微塵等諸
菩薩具普賢道佛說是經時普賢等諸菩
薩舍利弗等諸聲聞及諸天龍人非人等
一切大會皆大歡喜受持佛語作禮而去

妙法蓮華經卷第七

BD03642號　妙法蓮華經卷七　（15–14）

行終无所獲如是罪報當世世无眼若有
供養讚歎之者當於今世得現果報若復
見受持是經者出其過惡若實若不實此人
現世得白癩病若輕笑之者當世世牙齒踈缺
醜脣平鼻手脚繚戾眼目角睞身體臭穢
惡瘡膿血水腹短氣諸惡重病是故普賢若
見受持是經典者當起遠迎當如敬佛說是
普賢勸發品時恒河沙等无量无邊菩薩
得百千億旋陁羅尼三千大千世界微塵等諸
菩薩具普賢道佛說是經時普賢等諸菩
薩舍利弗等諸聲聞及諸天龍人非人等
一切大會皆大歡喜受持佛語作禮而去

妙法蓮華經卷第七

BD03642 號　妙法蓮華經卷七　（15–15）

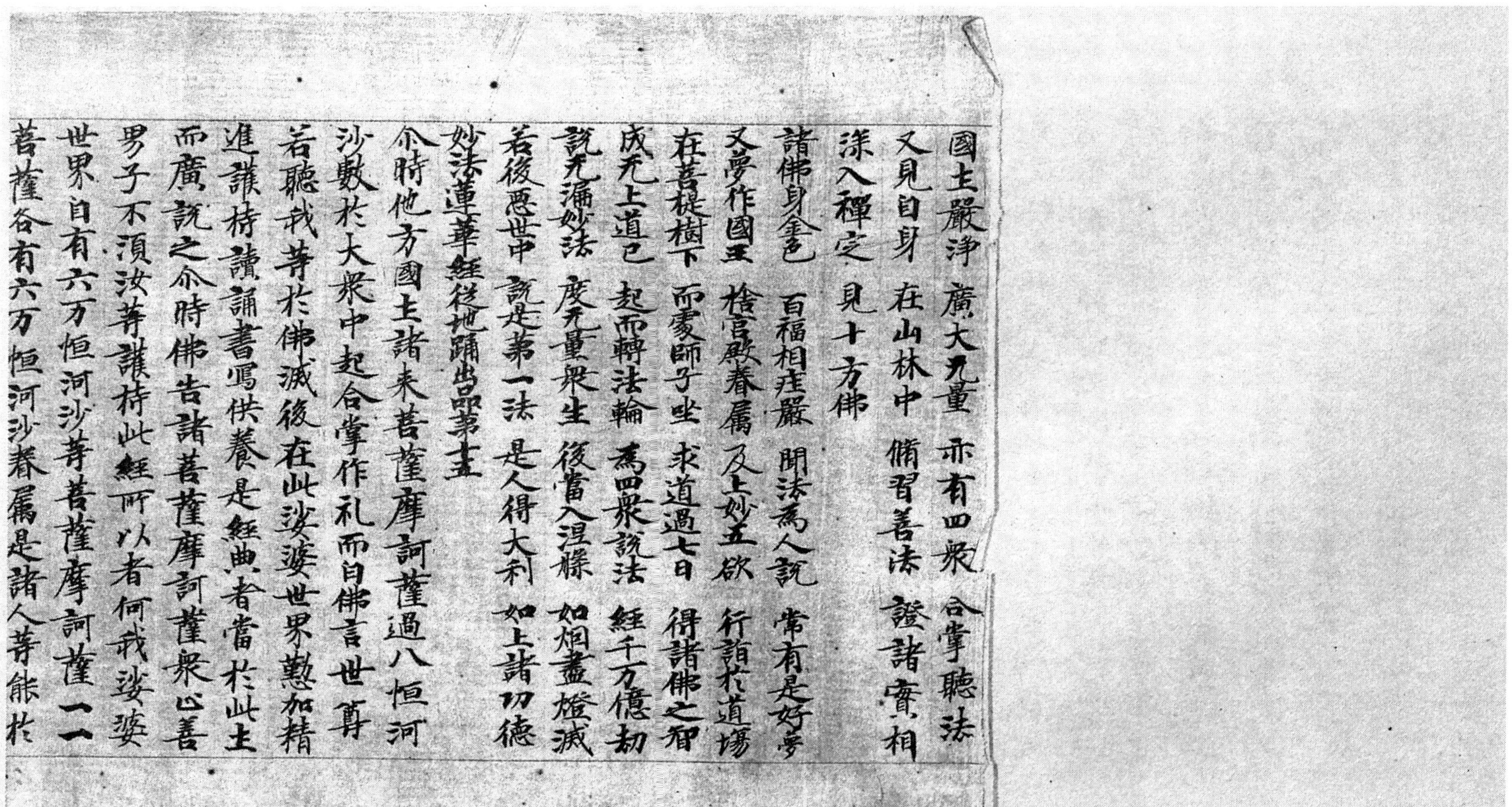

國土嚴淨　廣大无量　亦有四衆　合掌聽法
又見自身　在山林中　脩習善法　證諸實相
深入禪定　見十方佛
諸佛身金色　百福相莊嚴　聞法為人說　常有是好夢
又夢作國王　捨宮殿眷屬　及上妙五欲　行詣於道場
在菩提樹下　而處師子座　求道過七日　得諸佛之智
成无上道已　起而轉法輪　為四衆說法　經千万億劫
說无漏妙法　度无量衆生　後當入涅槃　如烟盡燈滅
若後惡世中　說是第一法　是人得大利　如上諸功德

妙法蓮華經從地踊出品第十五

尒時他方國土諸來菩薩摩訶薩過八恒河
沙數於大衆中起合掌作礼而白佛言世尊
若聽我等於佛滅後在此娑婆世界懃加精
進護持讀誦書寫供養是經典者當於此土
而廣說之尒時佛告諸菩薩摩訶薩衆止善
男子不須汝等護持此經所以者何我娑婆
世界自有六万恒河沙等菩薩摩訶薩一一
菩薩各有六万恒河沙眷屬是諸人等能於

BD03643 號　妙法蓮華經（八卷本）卷五　（9–1）

進護持讀誦書寫供養是經典者當於此土
而廣説之尒時佛告諸菩薩摩訶薩衆止善
男子不須汝等護持此經所以者何我娑婆
世界自有六万恒河沙等菩薩摩訶薩一一
菩薩各有六万恒河沙眷屬是諸人等能於
我滅後護持讀誦廣説此經佛説是時娑婆
世界三千大千國土地皆震裂而於其中有
无量千万億菩薩摩訶薩同時踊出是諸菩
薩身皆金色三十二相无量光明先盡在此
娑婆世界之下此界虚空中住是諸菩薩聞
釋迦牟尼佛所説音聲從下發来一一菩薩
皆是大衆唱導之首各將六万恒河沙眷屬
況將五万四万三万二万一万恒河沙等眷
屬者況復乃至一恒河沙半恒河沙四分之
一乃至千万億那由他分之一況復千万億
那由他眷屬況復億万眷屬況復千万百万
乃至一万況復一千一百乃至一十況復將
五四三二一弟子者況復單己樂遠離行如
是等比无量无邊筭數譬喻所不能知是諸
菩薩從地出已各詣虚空七寶妙塔多寶如
来釋迦牟尼佛所到已向二世尊頭面礼足
及至諸寶樹下師子坐上佛所亦皆作礼右
繞三匝合掌恭敬以諸菩薩種種讃法而以
讃歎住在一面欣樂瞻仰於二世尊是諸菩
薩摩訶薩從初踊出以諸菩薩種種讃法而
讃於佛如是時間逕五十小劫是時釋迦牟

BD03643號　妙法蓮華經（八卷本）卷五　（9–2）

繞三匝合掌恭敬以諸菩薩種種讃法而以
讃歎住在一面欣樂瞻仰於二世尊是諸菩
薩摩訶薩從初踊出以諸菩薩種種讃法而
讃於佛如是時間逕五十小劫是時釋迦牟
尼佛嘿然而坐及諸四衆亦皆嘿然五十小
劫佛神力故令諸大衆謂如半日尒時四衆
亦以佛神力故見諸菩薩遍滿无量百千万
億國土虚空是菩薩衆中有四導師一名上
行二名无邊行三名淨行四名安立行是四菩
薩於其衆中最為上首唱導之師在大衆前
各共合掌觀釋迦牟尼佛而問訊言世尊
少病少惱安樂行不所應度者受教易不不
令世尊生疲勞耶尒時四大菩薩而説偈言
世尊安樂　少病少惱　教化衆生　得无疲惓
又諸衆生　受化易不　不令世尊　生疲勞耶
尒時世尊於菩薩大衆中而作是言如是如
是諸善男子如来安樂少病少惱諸衆生等
易可化度无有疲勞所以者何是諸衆生世
世已来常受我化亦於過去諸佛供養尊重
種諸善根此諸衆生始見我身聞我所説即
皆信受入如来慧除先脩習學小乘者如是
之人我今亦令得聞是經入於佛慧尒時諸大
菩薩而説偈言
善哉善哉　大雄世尊　諸衆生等　易可化度
能問諸佛　甚深智慧　聞已信行　我等隨喜
於時世尊　讃歎上首　諸大菩薩　善哉善哉

BD03643號　妙法蓮華經（八卷本）卷五　（9–3）

善哉善哉　大雄世尊　諸衆生等　易可化度
能問諸佛　甚深智慧　聞已信行　我等隨喜
於時世尊讃歎上首諸大菩薩善哉善哉
善男子汝等能於如来發隨喜心尒時弥勒菩
薩及八千恒河沙諸菩薩衆皆作是念我等
從昔已来不見不聞如是大菩薩摩訶薩衆
從地踊出住世尊前合掌供養問訊如来時
弥勒菩薩摩訶薩知八千恒河沙諸菩薩等
心之所念并欲自決所疑合掌向佛以偈問曰
无量千万億　大衆諸菩薩　昔所未曾見　願兩足尊說
是從何所来　以何因緣集　巨身大神通　智慧叵思議
其志念堅固　有大忍辱力　衆生所樂見　為從何所来
一一諸菩薩　所將諸眷屬　其數无有量　如恒河沙等
或有大菩薩　將六万恒沙　如是諸大衆　一心求佛道
是諸大師等　六万恒河沙　俱来供養佛　及護持是經
將五万恒沙　其數過於是　四万及三万　二万至一万
一千一百等　乃至一恒沙　半及三四分　億万分之一
千万那由他　万億諸弟子　乃至於半億　其數復過上
百万至一万　一千及一百　五十與一十　乃至三二一
單己无眷屬　樂於獨處者　俱来至佛所　其數轉過上
如是諸大衆　若人行籌數　過於恒沙劫　猶不能盡知
是諸大威德　精進菩薩衆　誰為其說法　教化而成就
從誰初發心　稱揚何佛法　受持行誰經　脩習何佛道
如是諸菩薩　神通大智力　四方地震裂　皆從中踊出
世尊我昔来　未曾見是事　願說其所從　國土之名号
我常遊諸國　未曾見是衆　我於此衆中　乃不識一人

從誰初發心　稱揚何佛法　受持行誰經　脩習何佛道
如是諸菩薩　神通大智力　四方地震裂　皆從中踊出
世尊我昔来　未曾見是事　願說其所從　國土之名号
我常遊諸國　未曾見是衆　我於此衆中　乃不識一人
忽然從地出　願說其因緣　今此之大衆　无量百千億
是諸菩薩等　皆欲知此事　是諸菩薩衆　本末之因緣
无量德世尊　唯願決衆疑
尒時釋迦牟尼佛分身諸佛從无量千万億
他方國土来者在於八方諸寶樹下師子坐
上結跏趺坐其佛侍者各各見是菩薩大衆
於三千大千世界四方從地踊出住於虛空
各白其佛言世尊此諸无量无邊阿僧祇菩
薩大衆從何所来尒時諸佛各告侍者諸善
男子且待須臾有菩薩摩訶薩名弥勒釋迦
牟尼佛之所授記次後作佛已問斯事佛今
荅之汝等自當因是得聞尒時釋迦牟尼佛
告弥勒菩薩善哉善哉阿逸多乃能問佛如
是大事汝等當共一心被精進鎧發堅固意
如来今欲顯發宣示諸佛智慧諸佛自在神
通之力諸佛師子奮迅之力諸佛威猛大勢
之力尒時世尊欲重宣此義而說偈言
當精進一心　我欲說此事　勿得有疑悔　佛智叵思議
汝今出信力　住於忍善中　昔所未聞法　今皆當得聞
我今安慰汝　勿得懷疑懼　佛无不實語　智慧不可量
所得第一法　甚深叵分別　如是今當說　汝等一心聽
尒時世尊說此偈已告弥勒菩薩我今於此
大衆宣告汝等阿逸多是諸大菩薩摩訶薩

汝今出信力　住於忍善中　昔所未聞法　今皆當得聞
我今安慰汝　勿得懷疑懼　佛无不實語　智慧不可量
所得第一法　甚深叵分別　如是今當說　汝等一心聽
尒時世尊說此偈已告彌勒菩薩我今於此
大眾宣告汝等阿逸多是諸大菩薩摩訶薩
无量无數阿僧祇從地踊出汝等昔所未見
者我於是娑婆世界得阿耨多羅三藐三菩
提已教化示導是諸菩薩調伏其心令發道
意此諸菩薩皆於是娑婆世界之下此界虛
空中住於諸經典讀誦通利思惟分別正憶
念阿逸多是諸善男子等不樂在眾多有所
說常樂靜處懃行精進未曾休息亦不依
止人天而住常樂深智无有鄣㝵亦常樂於諸
佛之法一心精進求无上慧尒時世尊欲重
宣此義而說偈言
阿逸汝當知　是諸大菩薩　從无數劫來　脩習佛智慧
悉是我所化　令發大道心　此等是我子　依止是世界
常行頭陀事　志樂於靜處　捨大眾憒鬧　不樂多所說
如是諸子等　學習我道法　晝夜常精進　為求佛道故
在娑婆世界　下方空中住　志念力堅固　常懃求智慧
說種種妙法　其心无所畏　我於伽耶城　菩提樹下坐
得成最正覺　轉无上法輪　尒乃教化之　令初發道心
今皆住不退　悉當得成佛　我今說實語　汝等一心信
我從久遠來　教化是等眾
尒時彌勒菩薩摩訶薩及无數諸菩薩等心
生疑惑怪未曾有而作是念云何世尊於少
時間教化如是无量无邊阿僧祇諸大菩薩

BD03643號　妙法蓮華經（八卷本）卷五　（9-6）

今皆住不退　悉當得成佛　我今說實語　汝等一心信
我從久遠來　教化是等眾
尒時彌勒菩薩摩訶薩及无數諸菩薩等心
生疑惑怪未曾有而作是念云何世尊於少
時間教化如是无量无邊阿僧祇諸大菩薩
令住阿耨多羅三藐三菩提即白佛言世尊
如來為太子時出於釋城去伽耶城不遠坐
於道場得成阿耨多羅三藐三菩提從是已
來始過四十餘年世尊云何於此少時大作
佛事以佛勢力以佛功德教化如是无量大
菩薩眾當成阿耨多羅三藐三菩提世尊此
大菩薩眾假使有人於千万億劫數不能盡
不得其邊斯等久遠已來於无量无邊諸佛
所殖諸善根成就菩薩道常脩梵行世尊如
此之事世所難信譬如有人色美髮黑年二
十五指百歲人言是我子其百歲人亦指年
少言是我父生育我等是事難信佛亦如是
得道已來其實未久而此大眾諸菩薩等已
於无量千万億劫為佛道故懃行精進善入
出住无量百千万億三昧得大神通久脩梵
行善能次第習諸善法巧於問答人中之寶
一切世間甚為希有今日世尊方云得佛道
時初令發心教化示導令向阿耨多羅三藐
三菩提世尊得佛未久乃能作此大功德事
我等雖復信佛隨宜所說佛所出言未曾虛
妄佛所知者皆悉通達然諸新發意菩薩於
佛滅後若聞是語或不信受而起破法罪業

BD03643號　妙法蓮華經（八卷本）卷五　（9-7）

時初令發心教化示導令向阿耨多羅三藐
三菩提 世尊得佛未久 乃能作此大功德事
我等雖復信佛隨宜所說 佛所出言未曾虛
妄 佛所知者皆悉通達 然諸新發意菩薩於
佛滅後若聞是語 或不信受而起破法罪業
因緣 唯然世尊 願為解說除我等疑 及未來
世諸善男子聞此事已 亦不生疑 尒時彌勒
菩薩欲重宣此義 而說偈言
佛昔從釋種 出家近伽耶 坐於菩提樹 尒來尚未久
此諸佛子等 其數不可量 久已行佛道 住神通智力
善學菩薩道 不染世間法 如蓮華在水 從地而踊出
皆起恭敬心 住於世尊前 是事難思議 云何而可信
佛得道甚近 所成就甚多 願為除眾疑 如實分別說
譬如少壯人 年始二十五 示人百歲子 髮白而面皺
是等我所生 子亦說是父 父少而子老 舉世所不信
世尊亦如是 得道來甚近 是諸菩薩等 志固无怯弱
從无量劫來 而行菩薩道 巧於難問答 其心无所畏
忍辱心決定 端政有威德 十方佛所讚 善能分別說
不樂在人眾 常好在禪定 為求佛道故 於下空中住
我等從佛聞 於此事无疑 願佛為未來 演說令開解
若有於此經 生疑不信者 即當墮惡道 願今為解說
是无量菩薩 云何於少時 教化令發心 而住不退地

妙法蓮華經卷第五　　第一千八百七部

BD03643號　妙法蓮華經（八卷本）卷五　（9–8）

佛得道甚近 所成就甚多 願為除眾疑 如實分別說
譬如少壯人 年始二十五 示人百歲子 髮白而面皺
是等我所生 子亦說是父 父少而子老 舉世所不信
世尊亦如是 得道來甚近 是諸菩薩等 志固无怯弱
從无量劫來 而行菩薩道 巧於難問答 其心无所畏
忍辱心決定 端政有威德 十方佛所讚 善能分別說
不樂在人眾 常好在禪定 為求佛道故 於下空中住
我等從佛聞 於此事无疑 願佛為未來 演說令開解
若有於此經 生疑不信者 即當墮惡道 願今為解說
是无量菩薩 云何於少時 教化令發心 而住不退地

妙法蓮華經卷第五　　第一千八百七部

BD03643號　妙法蓮華經（八卷本）卷五　（9–9）

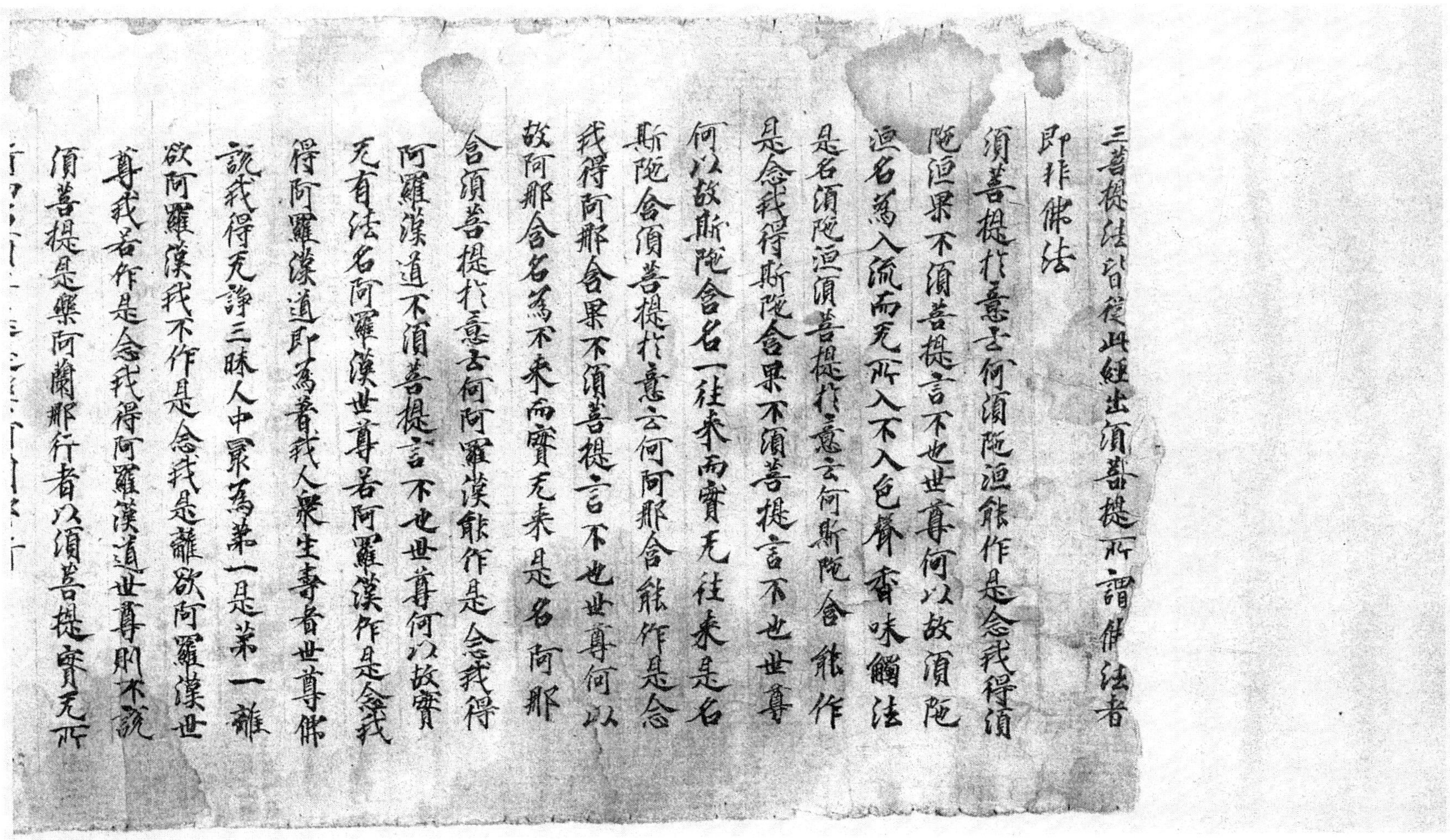

三菩提法皆從此經出須菩提所謂佛法者
即非佛法
須菩提扵意云何須陁洹能作是念我得須
陁洹果不須菩提言不也世尊何以故須陁
洹名爲入流而无所入不入色聲香味觸法
是名須陁洹須菩提扵意云何斯陁含能作
是念我得斯陁含果不須菩提言不也世尊
何以故斯陁含名一往來而實无往來是名
斯陁含須菩提扵意云何阿那含能作是念
我得阿那含果不須菩提言不也世尊何以
故阿那含名爲不來而實无來是名阿那
含須菩提扵意云何阿羅漢能作是念我得
阿羅漢道不須菩提言不也世尊何以故實
无有法名阿羅漢世尊若阿羅漢作是念我
得阿羅漢道即爲著我人衆生壽者世尊佛
說我得无諍三昧人中最爲第一是第一離
欲阿羅漢我不作是念我是離欲阿羅漢世
尊我若作是念我得阿羅漢道世尊則不說
須菩提是樂阿蘭那行者以須菩提實无所

BD03644號　金剛般若波羅蜜經　（13–1）

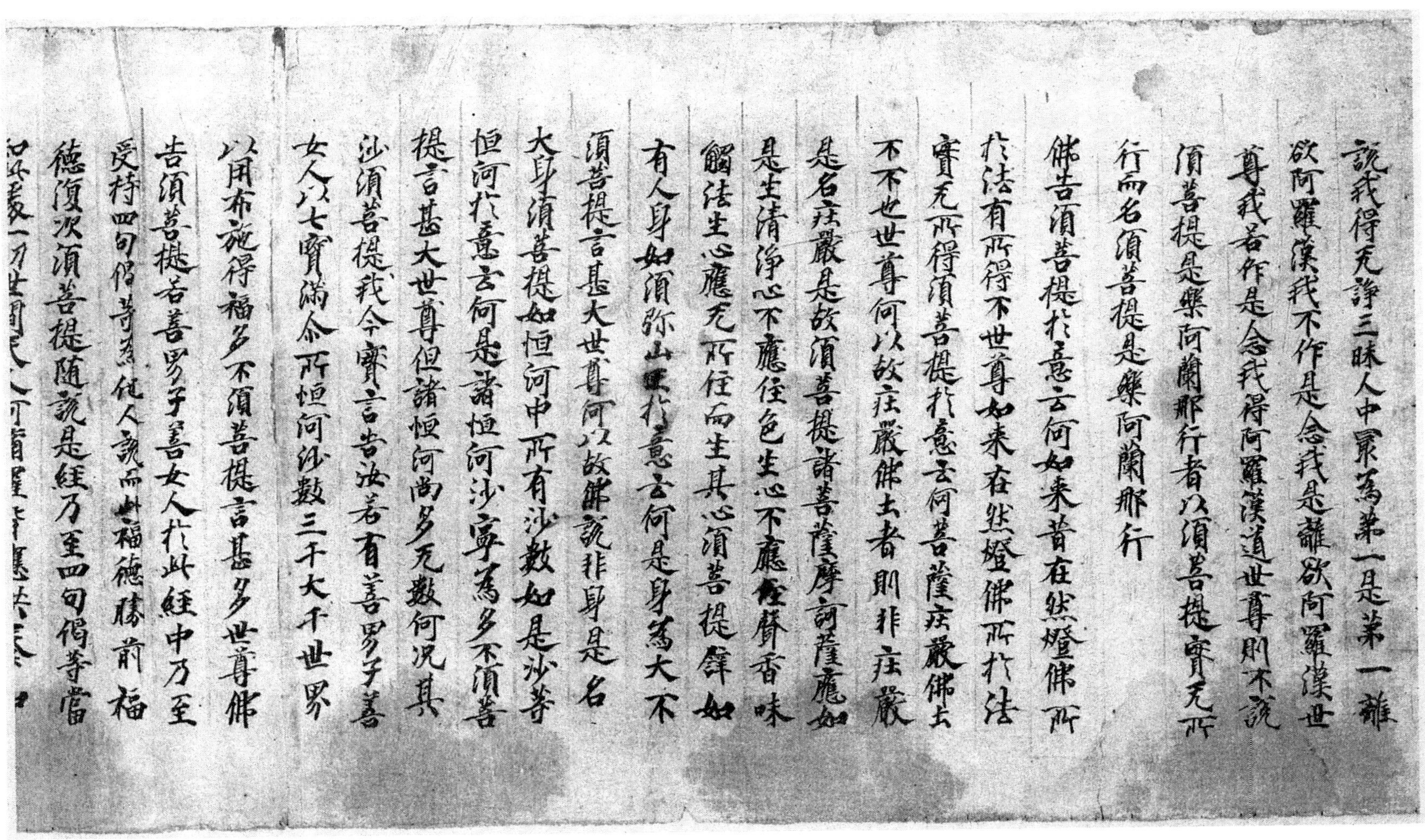

說我得无諍三昧人中最爲第一是第一離
欲阿羅漢我不作是念我是離欲阿羅漢世
尊我若作是念我得阿羅漢道世尊則不說
須菩提是樂阿蘭那行者以須菩提實无所
行而名須菩提是樂阿蘭那行
佛告須菩提扵意云何如來昔在然燈佛所
扵法有所得不世尊如來在然燈佛所扵法
實无所得須菩提扵意云何菩薩莊嚴佛土
不不也世尊何以故莊嚴佛土者則非莊嚴
是名莊嚴是故須菩提諸菩薩摩訶薩應如
是生清淨心不應住色生心不應住聲香味
觸法生心應无所住而生其心須菩提譬如
有人身如須弥山王扵意云何是身爲大不
須菩提言甚大世尊何以故佛說非身是名
大身須菩提如恒河中所有沙數如是沙等
恒河扵意云何是諸恒河沙寧爲多不須菩
提言甚大世尊但諸恒河尚多无數何況其
沙須菩提我今實言告汝若有善男子善
女人以七寶滿尒所恒河沙數三千大千世界
以用布施得福多不須菩提言甚多世尊佛
告須菩提若善男子善女人扵此經中乃至
受持四句偈等爲他人說而此福德勝前福
德復次須菩提隨說是經乃至四句偈等當

BD03644號　金剛般若波羅蜜經　（13–2）

以用布施得福多不須菩提言甚多世尊佛
告須菩提若善男子善女人於此經中乃至
受持四句偈等爲他人說而此福德勝前福
德復次須菩提隨說是經乃至四句偈等當
知此處一切世間天人阿脩羅皆應供養如
佛塔廟何況有人盡能受持讀誦須菩提當
知是人成就最上第一希有之法若是經典
所在之處則爲有佛若尊重弟子
尒時須菩提白佛言世尊當何名此經我等
云何奉持佛告須菩提是經名爲金剛般若
波羅蜜以是名字汝當奉持所以者何須菩
提佛說般若波羅蜜則非般若波羅蜜須菩
提於意云何如來有所說法不須菩提白佛
言世尊如來无所說須菩提於意云何三千
大千世界所有微塵是爲多不須菩提言甚
多世尊須菩提諸微塵如來說非微塵是名
微塵如來說世界非世界是名世界須菩提
於意云何可以三十二相見如來不不也世
尊不可以三十二相得見如來何以故如來
說三十二相即是非相是名三十二相須菩
提若有善男子善女人以恒河沙等身命布
施若復有人於此經中乃至受持四句偈等
爲他人說其福甚多
尒時須菩提聞說是經深解義趣涕淚悲泣

BD03644號　金剛般若波羅蜜經　（13–3）

說三十二相即是非相是名三十二相須菩
提若有善男子善女人以恒河沙等身命布
施若復有人於此經中乃至受持四句偈等
爲他人說其福甚多
尒時須菩提聞說是經深解義趣涕淚悲泣
而白佛言希有世尊佛說如是甚深經典我
從昔來所得慧眼未曾得聞如是之經世尊
若復有人得聞是經信心清淨則生實相當
知是人成就第一希有功德世尊是實相者
則是非相是故如來說名實相世尊我今得
聞如是經典信解受持不足爲難若當來世
後五百歲其有衆生得聞是經信解受持是
人則爲第一希有何以故此人无我相人相
衆生相壽者相所以者何我相即是非相人
相衆生相壽者相即是非相何以故離一切
諸相則名諸佛
佛告須菩提如是如是若復有人得聞是經
不驚不怖不畏當知是人甚爲希有何以故
須菩提如來說第一波羅蜜非第一波羅蜜
是名第一波羅蜜
須菩提忍辱波羅蜜如來說非忍辱波羅蜜
何以故須菩提如我昔爲歌利王割截身體
我於尒時无我相无人相无衆生相无壽者
相何以故我於往昔節節支解時若有我相

BD03644號　金剛般若波羅蜜經　（13–4）

何以故須菩提如我昔為歌利王割截身體
我於尒時无我相无人相无衆生相无壽者
相何以故我於往昔節節支解時若有我相
人相衆生相壽者相應生瞋恨須菩提又念
過去於五百世作忍辱仙人於尒所世无我
相无人相无衆生相无壽者相是故須菩提
菩薩應離一切相發阿耨多羅三藐三菩
提心不應住色生心不應住聲香味觸法生心
應生无所住心若心有住則為非住是故佛
說菩薩心不應住色布施須菩提菩薩為
利益一切衆生應如是布施如來說一切諸相
即是非相又說一切衆生則非衆生須菩提
如來是真語者實語者如語者不誑語者不
異語者須菩提如來所得法此法无實无虛
須菩提若菩薩心住於法而行布施如人入
闇則无所見若菩薩心不住法而行布施如
人有目日光明照見種種色須菩提當來之
世若有善男子善女人能於此經受持讀誦
則為如來以佛智慧悉知是人悉見是人皆
得成就无量无邊功德
須菩提若有善男子善女人初日分以恒河
沙等身布施中日分復以恒河沙等身布施
後日分亦以恒河沙等身布施如是无量百
千萬億劫以身布施若復有人聞此經典信

BD03644號　金剛般若波羅蜜經　（13–5）

須菩提若有善男子善女人初日分以恒河
沙等身布施中日分復以恒河沙等身布施
後日分亦以恒河沙等身布施如是无量百
千萬億劫以身布施若復有人聞此經典信
心不逆其福勝彼何況書寫受持讀誦為人
演說須菩提以要言之是經有不可思議不
可稱量无邊功德如來為發大乘者說為發
最上乘者說若有人能受持讀誦廣為人說
如來悉知是人悉見是人皆得成就不可量
不可稱无有邊不可思議功德如是人等則
為荷擔如來阿耨多羅三藐三菩提何以故
須菩提若樂小法者著我見人見衆生見壽
者見則於此經不能聽受讀誦為人解說須
菩提在在處處若有此經一切世間天人阿
脩羅所應供養當知此處則為是塔皆應恭
敬作礼圍繞以諸華香而散其處
復次須菩提善男子善女人受持讀誦此經
若為人輕賤是人先世罪業應墮惡道以今
世人輕賤故先世罪業則為消滅當得阿耨
多羅三藐三菩提須菩提我念過去无量阿
僧祇劫於然燈佛前得值八百四千萬億那
由他諸佛悉皆供養承事无空過者若復有
人於後末世能受持讀誦此經所得功德於
我所供養諸佛功德百千不及一千萬億分

BD03644號　金剛般若波羅蜜經　（13–6）

於然燈佛前得值八百四千萬億那
由他諸佛悉皆供養承事无空過者若復有
人於後末世能受持讀誦此經所得功德於
我所供養諸佛功德百千不及一千萬億分
乃至筭數譬喻所不能及須菩提若善男子
善女人於後末世有受持讀誦此經所得功
德我若具說者或有人聞心則狂亂狐疑不
信須菩提當知是經義不可思議果報亦不
可思議
尒時須菩提白佛言世尊善男子善女人
發阿耨多羅三藐三菩提心云何應住云何降
伏其心佛告須菩提善男子善女人發阿耨
多羅三藐三菩提者當生如是心我應滅度
一切衆生滅度一切衆生已而无有一衆生
實滅度者何以故若菩薩有我相人相衆生
相壽者相則非菩薩所以者何須菩提實无
有法發阿耨多羅三藐三菩提者須菩提於
意云何如來於然燈佛所有法得阿耨多羅
三藐三菩提不不也世尊如我解佛所說義
佛於然燈佛所无有法得阿耨多羅三藐三
菩提佛言如是如是須菩提實无有法如來
得阿耨多羅三藐三菩提須菩提若有法如
來得阿耨多羅三藐三菩提者然燈佛則不
與我受記汝於來世當得作佛号釋迦牟尼
以實无有法得阿耨多羅三藐三菩提是故

菩提佛言如是如是須菩提實无有法如來得
得阿耨多羅三藐三菩提須菩提若有法如
來得阿耨多羅三藐三菩提者然燈佛則不
與我受記汝於來世當得作佛号釋迦牟尼
以實无有法得阿耨多羅三藐三菩提是故
然燈佛與我受記作是言汝於來世當得作
佛号釋迦牟尼何以故如來者即諸法如義
若有人言如來得阿耨多羅三藐三菩提須
菩提實无有法佛得阿耨多羅三藐三菩提
須菩提如來所得阿耨多羅三藐三菩提於
是中无實无虛是故如來說一切法皆是佛
法須菩提所言一切法者即非一切法是故
名一切法須菩提譬如人身長大須菩提言
世尊如來說人身長大則爲非大身是名大
身須菩提菩薩亦如是若作是言我當滅度
无量衆生則不名菩薩何以故須菩提實无
有法名爲菩薩是故佛說一切法无我无人
无衆生无壽者須菩提若菩薩作是言我
當莊嚴佛土是不名菩薩何以故如來說莊嚴
佛土者即非莊嚴是名莊嚴須菩提若菩薩
通達无我法者如來說名真是菩薩
須菩提於意云何如來有肉眼不如是世尊
如來有肉眼須菩提於意云何如來有天眼
不如是世尊如來有天眼須菩提於意云何
如來有慧眼不如是世尊如來有慧眼須菩

佛土者即非莊嚴是名莊嚴須菩提若菩薩
通達无我法者如來說名真是菩薩
須菩提於意云何如來有肉眼不如是世尊
如來有肉眼須菩提於意云何如來有天眼
不如是世尊如來有天眼須菩提於意云何
如來有慧眼不如是世尊如來有慧眼須菩
提於意云何如來有法眼不如是世尊如來
有法眼須菩提於意云何如來有佛眼不如
是世尊如來有佛眼須菩提於意云何恒河
中所有沙佛說是沙不如是世尊如來說是
沙須菩提於意云何如一恒河中所有沙有
如是等恒河是諸恒河所有沙數佛世界
如是寧為多不甚多世尊佛告須菩提尒
所國土中所有眾生若干種心如來悉知何以故
如來說諸心皆為非心是名為心所以者何須
菩提過去心不可得現在心不可得未來
心不可得須菩提於意云何若有人滿三千
大千世界七寶以用布施是人以是因緣得
福多不如是世尊此人以是因緣得福甚多
須菩提若福德有實如來不說得福德多
以福德无故如來說得福德多
須菩提於意云何佛可以具足色身見不不
也世尊如來不應以具足色身見何以故如來
說具足色身即非具足色身是名具足色身
須菩提於意云何如來可以具足諸相見不不

BD03644 號　金剛般若波羅蜜經　（13–9）

也世尊如來不應以具足色身見何以故如來
說具足色身即非具足色身是名具足色身
須菩提於意云何如來可以具足諸相見不不
也世尊如來不應以具足諸相見何以故如
來說諸相具足即非具足是名諸相具足須
菩提汝勿謂如來作是念我當有所說法莫
作是念何以故若人言如來有所說法即為
謗佛不能解我所說故須菩提說法者无法
可說是名說法須菩提白佛言世尊佛得阿
耨多羅三藐三菩提為无所得耶如是如是
須菩提我於阿耨多羅三藐三菩提乃至无
有少法可得是名阿耨多羅三藐三菩提復
次須菩提是法平等无有高下是名阿耨多
羅三藐三菩提以无我无人无眾生无壽者
脩一切善法則得阿耨多羅三藐三菩提須
菩提所言善法者如來說非善法是名善法
須菩提若三千大千世界中所有諸須弥山
王如是等七寶聚有人持用布施若人以此
般若波羅蜜經乃至四句偈等受持讀誦為
他人說於前福德百分不及一百千萬億分
乃至算數譬喻所不能及
須菩提於意云何汝等勿謂如來作是念我
當度眾生須菩提莫作是念何以故實无有
眾生如來度者若有眾生如來度者如來

BD03644 號　金剛般若波羅蜜經　（13–10）

乃至筭數譬喻所不能及
須菩提於意云何汝等勿謂如來作是念我
當度衆生須菩提莫作是念何以故實无有
衆生如來度者若有衆生如來度者如來
則有我人衆生壽者須菩提如來說有我
者則非有我而凡夫之人以為有我須菩提
凡夫者如來說則非凡夫須菩提於意云何
可以三十二相觀如來不須菩提言如是如是
以三十二相觀如來佛言須菩提若以三十二
相觀如來者轉輪聖王則是如來須菩提白
佛言世尊如我解佛所說義不應以三十二
相觀如來尒時世尊而說偈言
若以色見我 以音聲求我 是人行邪道 不能見如來
須菩提汝若作是念如來不以具足相故得
阿耨多羅三藐三菩提須菩提莫作是念如
來不以具足相故得阿耨多羅三藐三菩提
須菩提汝若作是念發阿耨多羅三藐三菩
提者說諸法斷滅相莫作是念何以故發
阿耨多羅三藐三菩提於法不說斷滅相
須菩提若菩薩以滿恒河沙等世界七寶布
施若復有人知一切法无我得成於忍此菩
薩勝前菩薩所得功德須菩提以諸菩薩不
受福德故須菩提白佛言世尊云何菩薩不
受福德須菩提菩薩所作福德不應貪著
是故說不受福德須菩提若有人言如來若

BD03644號　金剛般若波羅蜜經　（13–11）

薩勝前菩薩所得功德須菩提以諸菩薩不
受福德故須菩提白佛言世尊云何菩薩不
受福德須菩提菩薩所作福德不應貪著
是故說不受福德須菩提若有人言如來若
來若去若坐若卧是人不解我所說義何以
故如來者无所從來亦无所去故名如來
須菩提若善男子善女人以三千大千世界
碎為微塵於意云何是微塵衆寧為多不
甚多世尊何以故若是微塵衆實有者佛
則不說是微塵衆所以者何佛說微塵衆則非
微塵衆是名微塵衆世尊如來所說三千大千
世界則非世界是名世界何以故若世界實
有者則是一合相如來說一合相則非一合
相是名一合相須菩提一合相者則是不可
說但凡夫之人貪著其事須菩提若人言佛
說我見人見衆生見壽者見須菩提於意云
何是人解我所說義不世尊是人不解如來
所說義何以故世尊說我見人見衆生見壽
者見即非我見人見衆生見壽者見是名我
見人見衆生見壽者見須菩提發阿耨多羅
三藐三菩提心者於一切法應如是知如是
見如是信解不生法相須菩提所言法相者
如來說即非法相是名法相須菩提若有人
以滿无量阿僧祇世界七寶持用布施若有
善男子善女人發菩薩心者持於此經乃至

BD03644號　金剛般若波羅蜜經　（13–12）

三藐三菩提心者於一切法應如是知如是
見如是信解不生法相須菩提所言法相者
如來說即非法相是名法相須菩提若有人
以滿无量阿僧祇世界七寶持用布施若有
善男子善女人發菩薩心者持於此經乃至
四句偈等受持讀誦為人演說其福勝彼云
何為人演說不取於相如如不動何以故
一切有為法　如夢幻泡影　如露亦如電　應作如是觀
佛說是經已長老須菩提及諸比丘比丘尼
優婆塞優婆夷一切世間天人阿脩羅聞
佛所說皆大歡喜信受奉行

金剛般若波羅蜜經一卷

BD03644號　金剛般若波羅蜜經　　（13–13）

皆現身生寶道華[illegible]子之座放大光明如
士屋中辭頂來至娑婆世界在虛空中滿
而住
[illegible]寶明菩薩見此光相即白佛言世尊此
何光相杪未曾見佛告大衆及寶明菩薩言
此是寶相如來所諸大菩薩聞我為汝說
衆經及善知識現地動相是以來到寶明菩
薩及諸大衆聞是語已皆大歡喜整衣服侍
佛左右於是普光莊嚴菩薩於虛空中雨衆
寶華雨華已訖尋至釋迦牟尼佛所遶无數
匝合掌作礼於一面立佛告普光莊嚴菩薩
言善男子汝發來時汝之世尊氣力[illegible]否汝
涉遠來得无勞也普光莊嚴菩薩前礼佛足
荅言時我世尊常命色力更无他也慇懃囑
咨致問无量於是衆中文殊師利菩薩謂普
光嚴菩薩言諸善男子汝等遠來何所詣
請普光莊嚴菩薩白文殊師利言大德我承
世尊說甚深法及善知識所有功德是故我

BD03645號　法句經（偽經）　　（2–1）

乘經及善知識現地動相是以來到寶明菩
薩及諸大衆聞是語已皆大歡喜愁衣服侍
佛左右於是普光莊嚴菩薩於虛空中雨衆
寶華雨華已訖尋至釋迦牟尼佛所遶无數
迊合掌作礼於一面立佛告普光莊嚴菩薩
言善男子汝發來時汝之世尊氣力安否汝
汝遠來得无勞也普光莊嚴菩薩前礼佛足
答言時我世尊常命色力更无他也懇懃囑
音致問无量於是衆中文殊師利菩薩謂普
光莊嚴菩薩言諸善男子汝等遠來何所諮
請普光莊嚴菩薩白文殊師利言大德我承
世尊說甚深法及善知識所有功德是故我
來欲有諮請事善知識所有功德文殊師利
言若有諮者宜速發問與諸大衆貪樂欲聞
於是普光莊嚴菩薩知大衆意前礼佛已白
佛言世尊我等昔來慧力微弱不能善解決
定大乘深妙之義及善知識不有恩德如佛
前說恩重難議唯願世尊為諸大衆說於親

BD03645號　法句經（偽經）　（2–2）

近善知識法
佛言善哉善哉善男子乃能為諸衆生啟如
是法諦聽諦聽善思念之當為汝說
煩惱郎菩提品第九
善男子善知識者有大功德能令汝等於貪
欲瞋恚愚癡耶見五蓋五欲衆塵勞中建立
佛法不起一心得大功德譬如有人持堅牢
船度於大海不動身心如到彼岸善知識者
亦復如是以大願船處生死海運載汝等不
動身心到涅槃岸善男子譬如有人欲行嶮
路恃託一人善於伎藝鎧仗備有并好寶車
駕以五馬身心无畏得達无難善知識者亦
復如是法身壯大善於方便六度伎藝慈悲
鎧仗皆悉備有乘於大乘駕五神通運載汝
等得无所畏離於三塗生死諸難善男子譬
如有人依楞伽寶服甘露妙藥消除諸病命
不中夭善知識者亦復如是依大智寶服於

BD03646號　法句經（偽經）　（2–1）

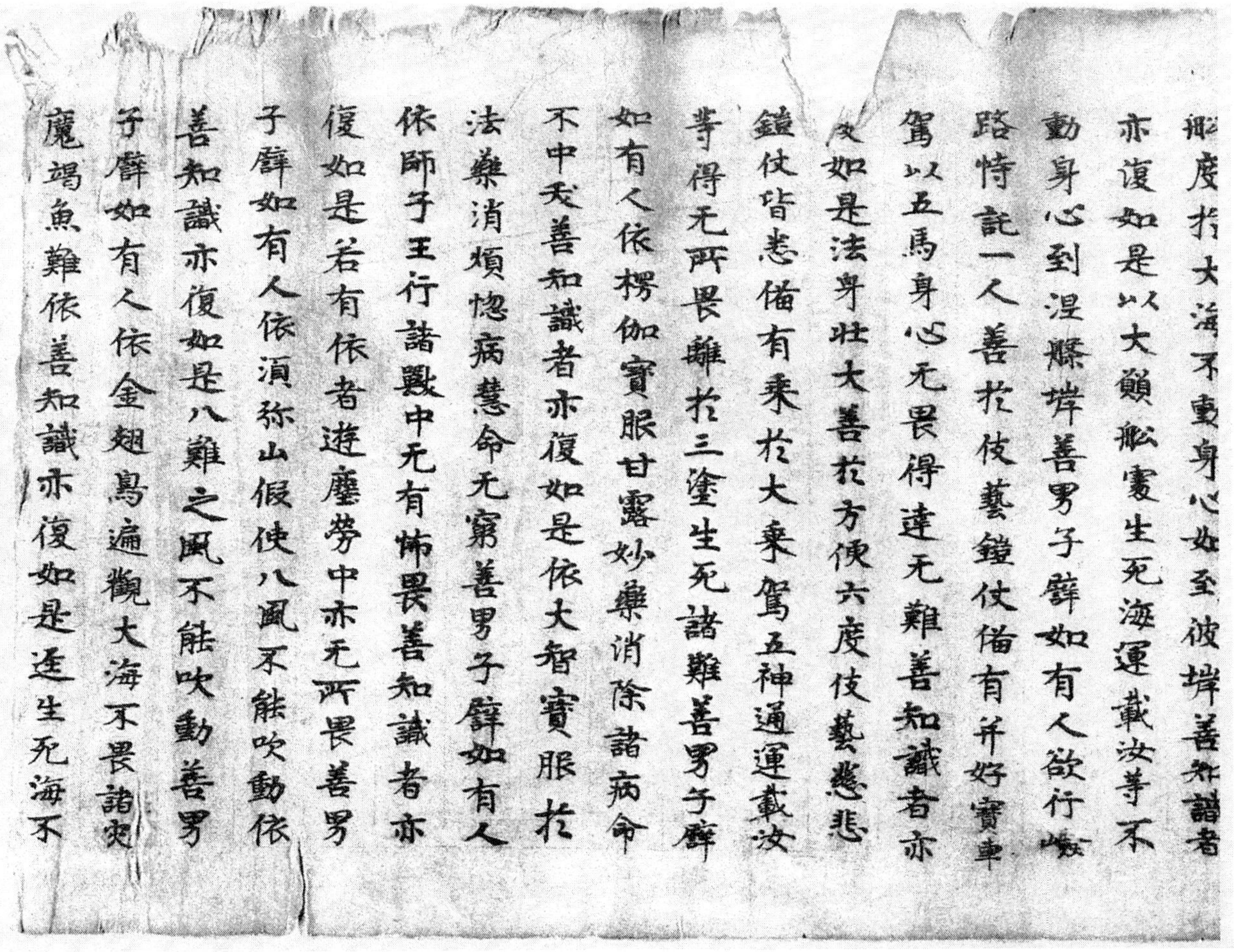
𦨣度於大海不動身心如至彼岸善知識者
亦復如是以大䑺舩處生死海運載汝等不
動身心到涅槃岸善男子譬如有人欲行嶮
路恃託一人善於伎藝鎧仗備有并好寶車
駕以五馬身心无畏得達无難善知識者亦
復如是法身壯大善於方便六度伎藝慈悲
鎧仗皆悉備有乘於大乘駕五神通運載汝
等得无所畏離於三塗生死諸難善男子譬
如有人依楞伽寶服甘露妙藥消除諸病命
不中夭善知識者亦復如是依大智寶服於
法藥消煩惚病慧命无窮善男子譬如有人
依師子王行諸獸中无有怖畏善知識者亦
復如是若有依者遊塵勞中亦无所畏善男
子譬如有人依須弥山假使八風不能吹動依
善知識亦復如是八難之風不能吹動善男
子譬如有人依金翅鳥遍觀大海不畏諸[illegible]
魔竭魚難依善知識亦復如是逕生死海不

BD03646 號　法句經（僞經）　　（2–2）

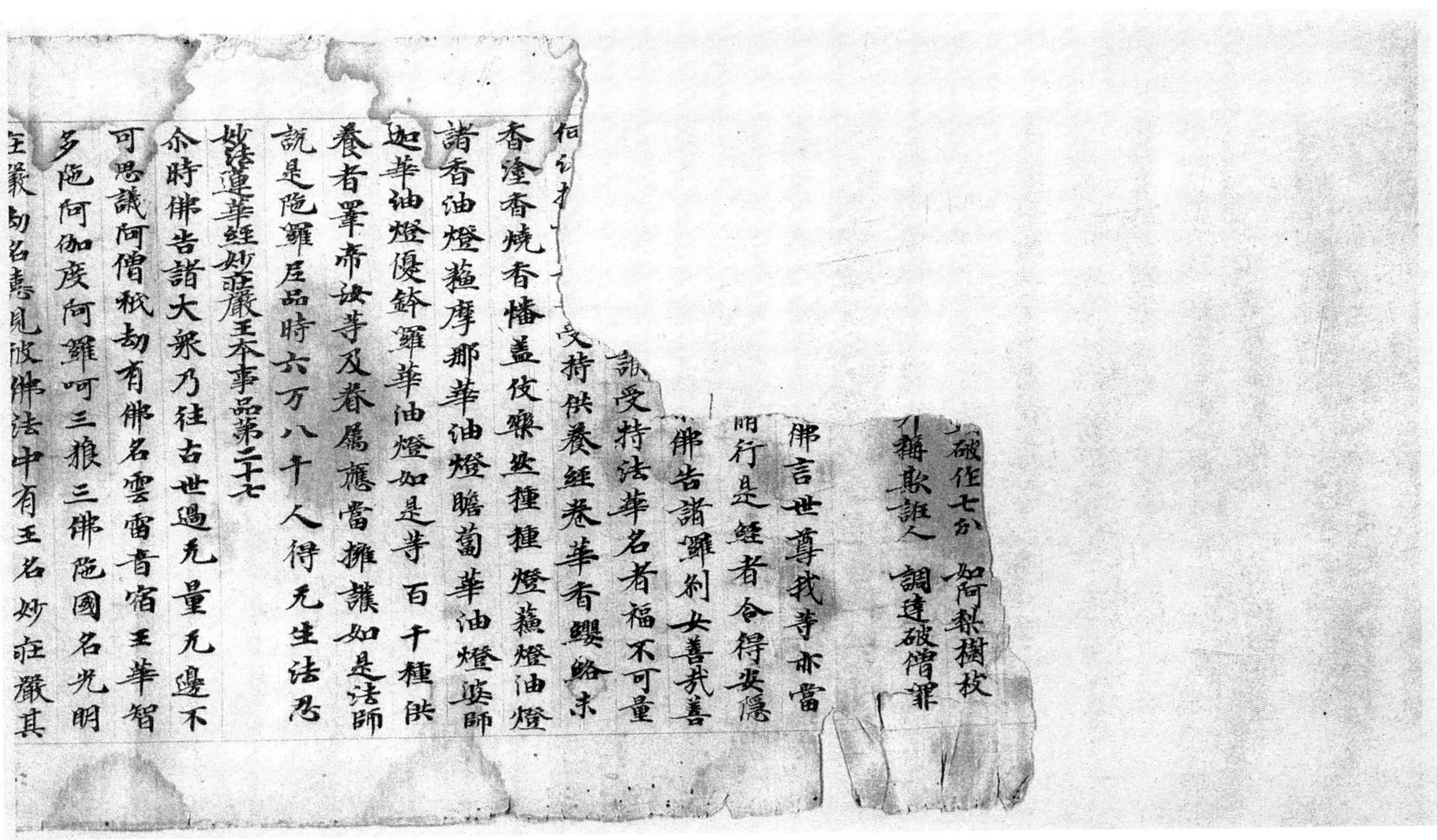
…破作七分　如阿梨樹枝
…稱欺誑人　調達破僧罪
佛言世尊我等亦當
…明行是經者令得安隱
…佛告諸羅刹女善哉善
…誦受持法華名者福不可量
何…受持供養經卷華香瓔珞末
香塗香燒香幡蓋伎樂然種種燈蘇燈油燈
諸香油燈蘇摩那華油燈瞻蔔華油燈婆師
迦華油燈優鉢羅華油燈如是等百千種供
養者睪帝汝等及眷屬應當擁護如是法師
說是陁羅尼品時六万八千人得无生法忍
妙法蓮華經妙莊嚴王本事品第二十七
尒時佛告諸大衆乃往古世過无量无邊不
可思議阿僧祇劫有佛名雲雷音宿王華智
多陁阿伽度阿羅呵三藐三佛陁國名光明
莊嚴劫名憙見彼佛法中有王名妙莊嚴其

BD03647 號　妙法蓮華經卷七　　（11–1）

說是陁羅尼品時六万八千人得无生法忍
妙法蓮華經妙莊嚴王本事品第二十七
尒時佛告諸大衆乃往古世過无量无邊不
可思議阿僧祇劫有佛名雲雷音宿王華智
多陁阿伽度阿羅呵三藐三佛陁國名光明
莊嚴劫名惠見彼佛法中有王名妙莊嚴其
王夫人名曰淨德有二子一名淨藏二名淨
眼是二子有大神力福德智慧久脩菩薩所
行之道所謂檀波羅蜜尸羅波羅蜜羼提波
羅蜜毗梨耶波羅蜜禪波羅蜜般若波羅蜜
方便波羅蜜慈悲喜捨乃至三十七助道法
皆悉明了通達又得菩薩淨三昧日星宿三
昧淨光三昧淨色三昧淨照明三昧長莊嚴
三昧大威德藏三昧於此三昧亦悉通達尒
時彼佛欲引導妙莊嚴王及愍念衆生故說
是法華經時淨藏淨眼二子到其母所合十
指爪掌白言願母往詣雲雷音宿王華智佛
所我等亦當侍從親近供養禮拜所以者何
此佛於一切天人衆中說法華經宜應聽受
母告子言汝父信受外道深著婆羅門法汝
等應往白父與共俱去淨藏淨眼合十爪指
掌白母我等是法王子而生此邪見家母告
子言汝等當憂念汝父爲現神變若得見者
心必清淨或聽我等往至佛所於是二子念
其父故踊在虛空高七多羅樹現種種神變

BD03647號　妙法蓮華經卷七　（11–2）

等應往白父與共俱去淨藏淨眼合十爪指
掌白母我等是法王子而生此邪見家母告
子言汝等當憂念汝父爲現神變若得見者
心必清淨或聽我等往至佛所於是二子念
其父故踊在虛空高七多羅樹現種種神變
於虛空中行住坐臥身上出水身下出火身
下出水身上出火或現大身滿虛空中而復
現小小復現大於空中滅忽然在地入地如
水履水如地現如是等種種神變令其父王
心淨信解時父見子神力如是心大歡喜得
未曾有合掌向子言汝等師爲是誰誰之弟
子二子白言大王彼雲雷音宿王華智佛今
在七寶菩提樹下法座上坐於一切世間天
人衆中廣說法華經是我等師我是弟子父
語子言我今亦欲見汝等師可共俱往於是
二子從空中下到其母所合掌白母父王今
已信解堪任發阿耨多羅三藐三菩提心我
等爲父已作佛事願母見聽於彼佛所出家
脩道尒時二子欲重宣其意以偈白母
願母放我等　出家作沙門　諸佛甚難值　我等隨佛學
如優曇波羅　值佛復難是　脫諸難亦難　願聽我出家
母即告言聽汝出家所以者何佛難值故於
是二子白父母言善哉父母願時往詣雲雷
音宿王華智佛所親近供養所以者何佛難
得值如優曇波羅華又如一眼之龜值浮木孔

BD03647號　妙法蓮華經卷七　（11–3）

母即告言聽汝出家所以者何佛難值故於
是二子白父母言善哉父母願時往詣雲雷
音宿王華智佛所親近供養所以者何佛難
得值如優曇波羅華又如一眼之龜值浮木孔
而我等宿福深厚生值佛法是故父母當聽
我等令得出家所以者何諸佛難值時亦
難遇彼時妙莊嚴王後宮八万四千人皆悉
堪任受持是法華經淨眼菩薩於法華三昧
久已通達淨藏菩薩已於无量百千万億劫
通達離諸惡趣三昧欲令一切衆生離諸惡
趣故其王夫人得諸佛集三昧能知諸佛祕
密之藏二子如是以方便力善化其父令心
信解好樂佛法於是妙莊嚴王與羣臣眷屬
俱淨德夫人與後宮采女眷屬俱其王二子
與四万二千人俱一時共詣佛所到已頭面
礼足繞佛三帀却住一面尒時彼佛爲王說
法示教利喜王大歡悅尒時妙莊嚴王及其
夫人解頸真珠瓔珞價直百千以散佛上於
虛空中化成四柱寶臺臺中有大寶床敷百
千万天衣其上有佛結加趺坐放大光明尒
時妙莊嚴王作是念佛身希有端嚴殊特成
就第一微妙之色時雲雷音宿王華智佛告
四衆言汝等見是妙莊嚴王於我前合掌立
不此王於我法中作比丘精勤脩習助佛道
法當得作佛号娑羅樹王國名大光劫名大

BD03647號　妙法蓮華經卷七　（11-4）

就第一微妙之色時雲雷音宿王華智佛告
四衆言汝等見是妙莊嚴王於我前合掌立
不此王於我法中作比丘精勤脩習助佛道
法當得作佛号娑羅樹王國名大光劫名大
高王其娑羅樹王佛有无量菩薩衆及无量
聲聞其國平正功德如是其王即時以國付
弟與夫人二子并諸眷屬於佛法中出家脩
道王出家已於八万四千歲常勤精進脩行
妙法華經過是已後得一切淨功德莊嚴三
昧即升虛空高七多羅樹而白佛言世尊此
我二子已作佛事以神通變化轉我邪心令
得安住於佛法中得見世尊此二子者是我
善知識爲欲發起宿世善根饒益我故來生
我家尒時雲雷音宿王華智佛告妙莊嚴王
言如是如是如汝所言若善男子善女人種
善根故世世得善知識其善知識能作佛事
示教利喜令入阿耨多羅三藐三菩提大王
當知善知識者是大因緣所謂化導令得見
佛發阿耨多羅三藐三菩提心大王汝見此二
子不此二子已曾供養六十五百千万億
那由他恒河沙諸佛親近恭敬於諸佛所受
持法華經愍念邪見衆生令住正見妙莊
嚴王即從虛空中下而白佛言世尊如來甚
希有以功德智慧故頂上肉髻光明顯照其
眼長廣而紺青色眉間毫相白如珂月齒白

BD03647號　妙法蓮華經卷七　（11-5）

[illegible]
持法華經愍念邪見衆生令住正見妙莊
嚴王即從虛空中下而白佛言世尊如來甚
希有以功德智慧故頂上肉髻光明顯照其
眼長廣而紺青色眉間毫相白如珂月齒白
齊密常有光明脣色赤好如頻婆果尒時妙莊
嚴王讚歎佛如是等无量百千万億功德已
於如來前一心合掌復白佛言世尊未曾有
也如來之法具足成就不可思議微妙功德
教戒所行安隱快善我從今日不復自隨心
行不生邪見憍慢瞋恚諸惡之心說是語已
礼佛而出佛告大衆於意云何妙莊嚴王豈
異人乎今華德菩薩是其淨德夫人今佛前
光照莊嚴相菩薩是哀愍妙莊嚴王及諸眷
屬故於彼中生其二子者今藥王菩薩藥上
菩薩是是藥王藥上菩薩成就如此諸大功
德已於无量百千万億諸佛所植衆德本成
就不可思議諸善功德若有人識是二菩薩
名字者一切世間諸天人民亦應礼拜佛說
是妙莊嚴王本事品時八万四千人遠塵離
垢於諸法中得法眼淨
妙法蓮華經普賢菩薩勸發品第二十八
尒時普賢菩薩以自在神通威德名聞與大
菩薩无量无邊不可稱數從東方來所經諸
國普皆震動雨寶蓮華作无量百千万億種

BD03647號　妙法蓮華經卷七　（11–6）

妙法蓮華經普賢菩薩勸發品第二十八
尒時普賢菩薩以自在神通威德名聞與大
菩薩无量无邊不可稱數從東方來所經諸
國普皆震動雨寶蓮華作无量百千万億種
種伎樂又與无數諸天龍夜叉乾闥婆阿脩
羅迦樓羅緊那羅摩睺羅伽人非人等大衆
圍繞各現威德神通之力到娑婆世界耆闍
崛山中頭面礼釋迦牟尼佛右繞七帀白佛
言世尊我於寶威德上王佛國遙聞此娑婆
世界說法華經與无量无邊百千万億諸菩
薩衆共來聽受唯願世尊當為說之若善男
子善女人於如來滅後云何能得是法華經
佛告普賢菩薩若善男子善女人成就四法
於如來滅後當得是法華經一者為諸佛護
念二者植衆德本三者入正定聚四者發救
一切衆生之心善男子善女人如是成就四
法於如來滅後必得是經尒時普賢菩薩白
佛言世尊於後五百歲濁惡世中其有受持
是經典者我當守護除其衰患令得安隱使
无伺求得其便者若魔若魔子若魔女若
魔民若為魔所著者若夜叉若羅剎若鳩槃
荼若毗舍闍若吉蔗若富單那若韋陀羅等
諸惱人者皆不得便是人若行若立讀誦此經
我尒時乘六牙白象王與大菩薩衆俱詣其
所而自現身供養守護安慰其心亦為供養

BD03647號　妙法蓮華經卷七　（11–7）

茶若毗舍闍若吉蔗若富單那若韋陀羅等
諸惱人者皆不得便是人若行若立讀誦此經
我尒時乘六牙白象王與大菩薩眾俱詣其
所而自現身供養守護安慰其心亦為供養
法華經故是人若坐思惟此經尒時我復乘
白象王現其人前其人若於法華經有所忘
失一句一偈我當教之與共讀誦還令通利
尒時受持讀誦法華經者得見我身甚大歡
喜轉復精進以見我故即得三昧及陀羅尼
名為旋陀羅尼百千万億旋陀羅尼法音方
便陀羅尼得如是等陀羅尼世尊若後世後
五百歲濁惡世中比丘比丘尼優婆塞優婆
夷求索者受持者讀誦者書寫者欲脩習是
法華經於三七日中應一心精進滿三七日
已我當乘六牙白象與无量菩薩而自圍繞
以一切眾生所喜見身現其人前而為說法
示教利喜亦復與其陀羅尼呪得是陀羅尼
故无有非人能破壞者亦不為女人之所惑
亂我身亦自常護是人唯願世尊聽我說此
陀羅尼即於佛前而說呪曰
阿檀地途賣反一檀陀婆地二檀陀婆帝三檀陀鳩
舍㮈四檀陀脩陀㮈五脩陀㮈六脩陀羅
婆底七佛馱波羶祢八薩婆陀羅尼阿婆多
尼九薩婆婆沙阿婆多尼十脩阿婆多尼十一
僧伽婆履叉尼十二僧伽涅伽陀尼十三阿僧祇
十僧伽波伽地十五帝[illegible]

舍㮈四檀陀脩陀㮈五脩陀㮈六脩陀羅
婆底七佛馱波羶祢八薩婆陀羅尼阿婆多
尼九薩婆婆沙阿婆多尼十脩阿婆多尼十一
僧伽婆履叉尼十二僧伽涅伽陀尼十三阿僧祇
十四僧伽波伽地十五帝㮈阿惰僧伽兜略盧遮反阿羅
帝波羅帝十六薩婆僧伽三摩地伽蘭地十七薩婆
達磨脩波利刹帝十八薩婆薩埵樓䭾憍舍略
阿㝹伽地十九辛阿毗吉利地帝二十
世尊若有菩薩得聞是陀羅尼者當知普
賢神通之力若法華經行閻浮提有受持者
應作此念皆是普賢威神之力若有受持讀誦
正憶念解其義趣如說脩行當知是人行普
賢行於无量无邊諸佛所深種善根為諸如
來手摩其頭若但書寫是人命終當生忉利
天上是時八万四千天女作眾伎樂而來迎
之其人即著七寶冠於婇女中娛樂快樂何
況受持讀誦正憶念解其義趣如說脩行若
有人受持讀誦解其義趣是人命終為千佛
授手令不恐怖不墮惡趣即往兜率天上彌
勒菩薩所彌勒菩薩有三十二相大菩薩眾
所共圍繞有百千万億天女眷屬而於中生
有如是等功德利益是故智者應當一心自
書若使人書受持讀誦正憶念如說脩行世
尊我今以神通力故守護是經於如來滅後閻
浮提內廣令流布使不斷絕尒時釋迦牟尼
佛讚言善哉善哉普賢汝能護助是經令多

書若使人書受持讀誦正憶念如說修行世
尊我今以神通力故守護是經於如來滅後閻
浮提內廣令流布使不斷絕尒時釋迦牟尼
佛讚言善哉善哉普賢汝能護助是經令多
所衆生安樂利益汝已成就不可思議功德
深大慈悲從久遠來發阿耨多羅三藐三菩
提意而能作是神通之願守護是經我當以
神通力守護能受持普賢菩薩名者普賢若
有受持讀誦正憶念脩習書寫是法華經者
當知是人則見釋迦牟尼佛如從佛口聞此經
典當知是人供養釋迦牟尼佛當知是人佛
讚善哉當知是人爲釋迦牟尼佛手摩其頭
當知是人爲釋迦牟尼佛衣之所覆如是之
人不復貪著世樂不好外道經書手筆亦復
不憙親近其人及諸惡者若屠兒若畜猪
羊雞狗若獵師若衒賣女色是人心意質直
有正憶念有福德力是人不爲三毒所惱亦
不爲嫉妬我慢邪慢增上慢所惱是人少欲
知足能脩普賢之行普賢若如來滅後後五
百歲若有人見受持讀誦法華經者應作是
念此人不久當詣道場破諸魔衆得阿耨多
羅三藐三菩提轉法輪擊法鼓吹法螺雨法
雨當坐天人大衆中師子法座上普賢若於
後世受持讀誦是經典者是人不復貪著衣
服卧具飲食資生之物所願不虛亦於現世

BD03647號　妙法蓮華經卷七　（11–10）

羅三藐三菩提轉法輪擊法鼓吹法螺雨法
雨當坐天人大衆中師子法座上普賢若於
後世受持讀誦是經典者是人不復貪著衣
服卧具飲食資生之物所願不虛亦於現世
得其福報若有人輕毀之言汝狂人耳空作是
行終无所獲如是罪報當世世无眼若有
供養讚歎之者當於今世得現果報若復見
受持是經者出其過惡若實若不實此人現
世得白癩病若輕笑之者當世世牙齒踈缺
醜脣平鼻手脚繚戾眼目角睞身體臭穢惡
瘡膿血水腹短氣諸惡重病是故普賢若見
受持是經典者當起遠迎當如敬佛說是普
賢勸發品時恒河沙等无量无邊菩薩得百
千万億旋陀羅尼三千大千世界微塵等諸菩
薩具普賢道佛說是經時普賢等諸菩薩舍
利弗等諸聲聞及諸天龍人非人等一切大
會皆大歡喜受持佛語作禮而去

妙法蓮華經卷第七

BD03647號　妙法蓮華經卷七　（11–11）

若我□
令此富樓那　於昔千億佛　勤脩所行道　宣護
為求无上慧　而於諸佛所　現居弟子上　多聞有智慧
所說无所畏　能令衆歡喜　未曾有疲惓　而以助佛事
已度大神通　具四无礙智　知衆根利鈍　常說清淨法
演暢如是義　教諸千億衆　令住大乘法　而自淨佛土
未來亦供養　无量无數佛　護助宣正法　亦自淨佛土
常以諸方便　說法无所畏　度不可計衆　成就一切智
供養諸如來　護持法寶藏　其後當作佛　号名曰法明
其國名善淨　七寶所合成　劫名為寶明　菩薩衆甚多
其數无量億　皆度大神通　威德力具足　充滿其國土
聲聞亦无數　三明八解脫　得四无礙智　以是等為僧
其國諸衆生　婬欲皆已斷　純一變化生　具相莊嚴身
法喜禪悅食　更无餘食想　无有諸女人　亦无諸惡道
富樓那比丘　功德悉成滿　當得斯淨土　賢聖衆甚多
如是无量事　我今但略說
尒時千二百阿羅漢心自在者作是念我等
歡喜得未曾有若世尊各見授記如餘大弟
子者不亦快乎佛知此等心之所念告摩訶
迦葉是千二百阿羅漢我今當現前次第與

BD03648號　妙法蓮華經卷四　（28–1）

尒時千二百阿羅漢心自在者作是念我等
歡喜得未曾有若世尊各見授記如餘大弟
子者不亦快乎佛知此等心之所念告摩訶
迦葉是千二百阿羅漢我今當現前次第與
受阿耨多羅三藐三菩提記於此衆中我大
弟子憍陳如比丘當供養六万二千億佛然
後得成為佛号曰普明如來應供正遍知明
行足善逝世間解无上士調御丈夫天人師
佛世尊其五百阿羅漢優樓頻螺迦葉伽耶
迦葉那提迦葉迦留陀夷優陀夷阿㝹樓䭾
離婆多劫賓那薄拘羅周陀莎伽陀等皆當
得阿耨多羅三藐三菩提盡同一号名曰普
明尒時世尊欲重宣此義而說偈言
憍陳如比丘　當見无量佛　過阿僧祇劫　乃成等正覺
常放大光明　具足諸神通　名聞遍十方　一切之所敬
常說无上道　故号為普明　其國土清淨　菩薩皆勇猛
咸昇妙樓閣　遊諸十方國　以无上供具　奉獻於諸佛
作是供養已　心懷大歡喜　須臾還本國　有如是神力
佛壽六万劫　正法住倍壽　像法復倍是　法滅天人憂
其五百比丘　次第當作佛　同号曰普明　轉次而授記
我滅度之後　某甲當作佛　其所化世間　亦如我今日
國土之嚴淨　及諸神通力　菩薩聲聞衆　正法及像法
壽命劫多少　皆如上所說　迦葉汝已知　五百自在者
餘諸聲聞衆　亦當復如是　其不在此會　汝當為宣說
尒時五百阿羅漢於佛前得受記已歡喜踊
躍即從座起到於佛前頭面礼足悔過自責
世尊我等常作是念自謂已得究竟滅度今

BD03648號　妙法蓮華經卷四　（28–2）

餘諸聲聞衆　亦當復如是　其不在此會　汝當為宣說
尒時五百阿羅漢於佛前得受記已歡喜踊
躍即從座起到於佛前頭面礼足悔過自責
世尊我等常作是念自謂已得究竟滅度今
乃知之如无智者所以者何我等應得如來
智慧而便自以小智為足世尊譬如有人至
親友家醉酒而卧是時親友官事當行以无
價寶珠繫其衣裏與之而去其人醉卧都不
覺知起已遊行到於他國為衣食故勤力求
索甚大艱難若少有所得便以為足於後親
友會遇見之而作是言咄哉丈夫何為衣食
乃至如是我昔欲令汝得安樂五欲自恣於
某年日月以无價寶珠繫汝衣裏今故現在
而汝不知勤苦憂惱以求自活甚為癡也汝
今可以此寶貿易所須常可如意无所乏短
佛亦如是為菩薩時教化我等令發一切智
心而尋癈忘不知不覺既得阿羅漢道自謂
滅度資生艱難得少為足一切智願猶在不
失今者世尊覺悟我等作如是言諸比丘汝
等所得非究竟滅我久令汝等種佛善根以
方便故示涅槃相而汝謂為實得滅度世尊
我今乃知實是菩薩得受阿耨多羅三藐三
菩提記以是因緣甚大歡喜得未曾有尒時
阿若憍陳如等欲重宣此義而說偈言
我等聞无上　安隱授記聲　歡喜未曾有　礼无量智佛
今於世尊前　自悔諸過咎　於无量佛寶　得少涅槃分
如无智愚人　便自以為足　譬如貧窮人　往至親友家

BD03648號　妙法蓮華經卷四　（28–3）

我等聞无上　安隱授記聲　歡喜未曾有　礼无量智佛
今於世尊前　自悔諸過咎　於无量佛寶　得少涅槃分
如无智愚人　便自以為足　譬如貧窮人　往至親友家
其家甚大富　具設諸餚饍　以无價寶珠　繫著內衣裏
嘿與而捨去　時卧不覺知　是人既已起　遊行詣他國
求衣食自濟　資生甚艱難　得少便為足　更不願好者
不覺內衣裏　有无價寶珠　與珠之親友　後見此貧人
苦切責之已　示以所繫珠　貧人見此珠　其心大歡喜
富有諸財物　五欲而自恣　我等亦如是　世尊於長夜
常愍見教化　令種无上願　我等无智故　不覺亦不知
得少涅槃分　自足不求餘　今佛覺悟我　言非實滅度
得佛无上慧　尒乃為真滅　我今從佛聞　授記莊嚴事
及轉次受決　身心遍歡喜

妙法蓮華經授學无學人記品第九

尒時阿難羅睺羅而作是念我等每自思惟
設得受記不亦快乎即從座起到於佛前頭
面礼足俱白佛言世尊我等於此亦應有分
唯有如來我等所歸又我等為一切世間天
人阿脩羅所見知識阿難常為侍者護持法
藏羅睺羅是佛之子若佛見授阿耨多羅三
藐三菩提記者我願既滿衆望亦足尒時學
无學聲聞弟子二千人皆從座起偏袒右肩
到於佛前一心合掌瞻仰世尊如阿難羅睺
羅所願住立一面尒時佛告阿難汝於來世
當得作佛号山海慧自在通王如來應供正
遍知明行足善逝世間解无上士調御丈夫
天人師佛世尊當供養六十二億諸佛護持

BD03648號　妙法蓮華經卷四　（28–4）

到於佛前一心合掌瞻仰世尊如阿難羅睺
羅所願住立一面尒時佛告阿難汝於來世
當得作佛号山海慧自在通王如來應供正
遍知明行足善逝世間解无上士調御丈夫
天人師佛世尊當供養六十二億諸佛護持
法藏然後得阿耨多羅三藐三菩提教化二
十千万億恒河沙諸菩薩等令成阿耨多羅
三藐三菩提國名常立勝幡其土清淨瑠璃
為地劫名妙音遍滿其佛壽命无量千万億
阿僧祇劫若人於千万億无量阿僧祇劫中
筭數校計不能得知正法住世倍於壽命像
法住世復倍正法阿難是山海慧自在通王
佛為十方无量千万億恒河沙等諸佛如來
所共讚歎稱其功德尒時世尊欲重宣此義
而說偈言
我今僧中說　阿難持法者　當供養諸佛　然後成正覺
号曰山海慧　自在通王佛　其國土清淨　名常立勝幡
教化諸菩薩　其數如恒沙　佛有大威德　名聞滿十方
壽命无有量　以愍衆生故　正法倍壽命　像法復倍是
如恒河沙等　无數諸衆生　於此佛法中　種佛道因緣
尒時會中新發意菩薩八千人咸作是念我
等尚不聞諸大菩薩得如是記有何因緣而
諸聲聞得如是決尒時世尊知諸菩薩心之
所念而告之曰諸善男子我與阿難等於空
王佛所同時發阿耨多羅三藐三菩提心阿
難常樂多聞我常勤精進是故我已得成阿
耨多羅三藐三菩提而阿難護持我法亦護

BD03648號　妙法蓮華經卷四　（28–5）

所念而告之曰諸善男子我與阿難等於空
王佛所同時發阿耨多羅三藐三菩提心阿
難常樂多聞我常勤精進是故我已得成阿
耨多羅三藐三菩提而阿難護持我法亦護
將來諸佛法藏教化成就諸菩薩衆其本願
如是故獲斯記阿難面於佛前自聞授記及
國土莊嚴所願具足心大歡喜得未曾有即
時憶念過去无量千万億諸佛法藏通達无
礙如今所聞亦識本願尒時阿難而說偈言
世尊甚希有　令我念過去　无量諸佛法　如今日所聞
我今无復疑　安住於佛道　方便為侍者　護持諸佛法
尒時佛告羅睺羅汝於來世當得作佛号蹈
七寶華如來應供正遍知明行足善逝世間
解无上士調御丈夫天人師佛世尊當供養
十世界微塵等數諸佛如來常為諸佛而作
長子猶如今也是蹈七寶華佛國土莊嚴壽
命劫數所化弟子正法像法亦如山海慧自
在通王如來无異亦為此佛而作長子過是
已後當得阿耨多羅三藐三菩提尒時世尊
欲重宣此義而說偈言
我為太子時　羅睺為長子　我今成佛道　受法為法子
於未來世中　見无量億佛　皆為其長子　一心求佛道
羅睺羅密行　唯我能知之　現為我長子　以示諸衆生
无量億千万　功德不可數　安住於佛法　以求无上道
尒時世尊見學无學二千人其意柔軟寂然
清淨一心觀佛佛告阿難汝見是學无學二
千人不唯然已見阿難是諸人等當供養五

BD03648號　妙法蓮華經卷四　（28–6）

无量億千万　功德不可數　安住於佛法　以求无上道
尒時世尊見學无學二千人其意柔軟寂然
清淨一心觀佛佛告阿難汝見是學无學二
千人不唯然已見阿難是諸人等當供養五
十世界微塵數諸佛如來恭敬尊重護持法
藏末後同時於十方國各得成佛皆同一号
名曰寶相如來應供正遍知明行足善逝世
間解无上士調御丈夫天人師佛世尊壽命
一劫國土莊嚴聲聞菩薩正法像法皆悉同
等尒時世尊欲重宣此義而說偈言
是二千聲聞　今於我前住　悉皆與受記　未來當成佛
所供養諸佛　如上說塵數　護持其法藏　後當成正覺
各於十方國　悉同一名号　俱時坐道場　以證无上慧
皆名為寶相　國土及弟子　正法與像法　悉等无有異
咸以諸神通　度十方衆生　名聞普周遍　漸入於涅槃
尒時學无學二千人聞佛授記歡喜踊躍而
說偈言
世尊慧燈明　我聞授記音　心歡喜充滿　如甘露見灌
妙法蓮華經法師品第十
尒時世尊因藥王菩薩告八万大士藥王汝
見是大衆中无量諸天龍王夜叉乾闥婆阿
脩羅迦樓羅緊那羅摩睺羅伽人與非人及
比丘比丘尼優婆塞優婆夷求聲聞者求辟
支佛者求佛道者如是等類咸於佛前聞妙
法華經一偈一句乃至一念隨喜者我皆與
受記當得阿耨多羅三藐三菩提佛告藥王
又如來滅度之後若有人聞妙法華經乃至

BD03648號　妙法蓮華經卷四　（28–7）

支佛者求佛道者如是等類咸於佛前聞妙
法華經一偈一句乃至一念隨喜者我皆與
受記當得阿耨多羅三藐三菩提佛告藥王
又如來滅度之後若有人聞妙法華經乃至
一偈一句一念隨喜者我亦與受阿耨多羅
三藐三菩提記若復有人受持讀誦解說書
寫妙法華經乃至一偈於此經卷敬視如佛
種種供養華香瓔珞末香塗香燒香繒蓋幢
幡衣服伎樂乃至合掌恭敬藥王當知是諸
人等已曾供養十万億佛於諸佛所成就大
願愍衆生故生此人間藥王若有人問何等
衆生於未來世當得作佛應示是諸人等於
未來世必得作佛何以故若善男子善女人
於法華經乃至一句受持讀誦解說書寫種
種供養經卷華香瓔珞末香塗香燒香繒蓋
幢幡衣服伎樂合掌恭敬是人一切世間所
應瞻奉應以如來供養而供養之當知此人
是大菩薩成就阿耨多羅三藐三菩提哀愍
衆生願生此間廣演分別妙法華經何況盡
能受持種種供養者藥王當知是人自捨清
淨業報於我滅度後愍衆生故生於惡世廣
演此經若是善男子善女人我滅度後能竊
為一人說法華經乃至一句當知是人則如
來使如來所遣行如來事何況於大衆中廣
為人說藥王若有惡人以不善心於一劫中
現於佛前常毀罵佛其罪尚輕若人以一惡
言毀訾在家出家讀誦法華經者其罪甚重

BD03648號　妙法蓮華經卷四　（28–8）

於一人說法華經乃至一句當知是人則如
來使如來所遣行如來事何況於大衆中廣
為人說藥王若有惡人以不善心於一劫中
現於佛前常毀罵佛其罪尚輕若人以一惡
言毀呰在家出家讀誦法華經者其罪甚重
藥王其有讀誦法華經者當知是人以佛莊
嚴而自莊嚴則為如來肩所荷擔其所至方
應隨向礼一心合掌恭敬供養尊重讚歎華
香瓔珞末香塗香燒香繒蓋幢幡衣服餚饌
作諸伎樂人中上供而供養之應持天寶而
以散之天上寶聚應以奉獻所以者何是人
歡喜說法須臾聞之即得究竟阿耨多羅三
藐三菩提故尒時世尊欲重宣此義而說偈
言
若欲住佛道　成就自然智　常當勤供養　受持法華者
其有欲疾得　一切種智慧　當受持是經　并供養持者
若有能受持　妙法華經者　當知佛所使　愍念諸衆生
諸有能受持　妙法華經者　捨於清淨土　愍衆故生此
當知如是人　自在所欲生　能於此惡世　廣說无上法
應以天華香　及天寶衣服　天上妙寶聚　供養說法者
吾滅後惡世　能持是經者　當合掌礼敬　如供養世尊
上饌衆甘美　及種種衣服　供養是佛子　兾得須臾聞
若能於後世　受持是經者　我遣在人中　行於如來事
若於一劫中　常懷不善心　作色而罵佛　獲无量重罪
其有讀誦持　是法華經者　須臾加惡言　其罪復過彼
有人求佛道　而於一劫中　合掌在我前　以无數偈讚
由是讚佛故　得无量功德　歎美持經者　其福復過彼

BD03648號　妙法蓮華經卷四　（28–9）

若於一劫中　常懷不善心　作色而罵佛　獲无量重罪
其有讀誦持　是法華經者　須臾加惡言　其罪復過彼
有人求佛道　而於一劫中　合掌在我前　以无數偈讚
由是讚佛故　得无量功德　歎美持經者　其福復過彼
於八十億劫　以最妙色聲　及與香味觸　供養持經者
如是供養已　若得須臾聞　則應自欣慶　我今獲大利
藥王今告汝　我所說諸經　而於此經中　法華最第一
尒時佛復告藥王菩薩摩訶薩我所說經典
无量千億已說今說當說而於其中此法華
經最為難信難解藥王此經是諸佛秘要之
藏不可分布妄授與人諸佛世尊之所守護
從昔已來未曾顯說而此經者如來現在猶
多怨嫉況滅度後藥王當知如來滅後其能
書持讀誦供養為他人說者如來則為以衣
覆之又為他方現在諸佛之所護念是人有
大信力及志願力諸善根力當知是人與如
來共宿則為如來手摩其頭藥王在在處處
若說若讀若誦若書若經卷所住處皆應起
七寶塔極令高廣嚴飾不須復安舍利所以
者何此中已有如來全身此塔應以一切華
香瓔珞繒蓋幢幡伎樂歌頌供養恭敬尊重
讚歎若有人得見此塔礼拜供養當知是等
皆近阿耨多羅三藐三菩提藥王多有人在
家出家行菩薩道若不能得見聞讀誦書持
供養是法華經者當知是人未善行菩薩道
若有得聞是經典者乃能善行菩薩之道其
有衆生求佛道者若見若聞是法華經聞已

BD03648號　妙法蓮華經卷四　（28–10）

家出家行菩薩道若不能得見聞讀誦書持
供養是法華經者當知是人未善行菩薩道
若有得聞是經典者乃能善行菩薩之道其
有衆生求佛道者若見若聞是法華經聞已
信解受持者當知是人得近阿耨多羅三藐
三菩提藥王譬如有人渴乏須水於彼高原
穿鑿求之猶見乾土知水尚遠施功不已轉
見濕土遂漸至泥其心決定知水必近菩薩
亦復如是若未聞未解未能修習是法華經
當知是人去阿耨多羅三藐三菩提尚遠若
得聞解思惟修習必知得近阿耨多羅三藐
三菩提所以者何一切菩薩阿耨多羅三藐
三菩提皆屬此經此經開方便門示真實相
是法華經藏深固幽遠无人能到今佛教化
成就菩薩而為開示藥王若有菩薩聞是法
華經驚疑怖畏當知是為新發意菩薩若聲
聞人聞是經驚疑怖畏當知是為增上慢者
藥王若有善男子善女人如來滅後欲為四
衆說是法華經者云何應說是善男子善女
人入如來室著如來衣坐如來座尒乃應為
四衆廣說斯經如來室者一切衆生中大慈
悲心是如來衣者柔和忍辱心是如來座者
一切法空是安住是中然後以不懈怠心為
諸菩薩及四衆廣說是法華經藥王我於餘
國遣化人為其集聽法衆亦遣化比丘比丘
尼優婆塞優婆夷聽其說法是諸化人聞法
信受隨順不逆若說法者在空閑處我時廣

BD03648號　妙法蓮華經卷四　（28–11）

一切法空是安住是中然後以不懈怠心為
諸菩薩及四衆廣說是法華經藥王我於餘
國遣化人為其集聽法衆亦遣化比丘比丘
尼優婆塞優婆夷聽其說法是諸化人聞法
信受隨順不逆若說法者在空閑處我時廣
遣天龍鬼神乾闥婆阿修羅等聽其說法我
雖在異國時時令說法者得見我身若於此
經忘失句逗我還為說令得具足尒時世尊
欲重宣此義而說偈言
欲捨諸懈怠　應當聽此經　是經難得聞　信受者亦難
如人渴須水　穿鑿於高原　猶見乾燥土　知去水尚遠
漸見濕土泥　決定知近水　藥王汝當知　如是諸人等
不聞法華經　去佛智甚遠　若聞是深經　決了聲聞法
是諸經之王　聞已諦思惟　當知此人等　近於佛智慧
若人說此經　應入如來室　著於如來衣　而坐如來座
處衆无所畏　廣為分別說　大慈悲為室　柔和忍辱衣
諸法空為座　處此為說法　若說此經時　有人惡口罵
加刀杖瓦石　念佛故應忍　我千万億土　現淨堅固身
於无量億劫　為衆生說法　若我滅度後　能說此經者
我遣化四衆　比丘比丘尼　及清信士女　供養於法師
引導諸衆生　集之令聽法　若人欲加惡　刀杖及瓦石
則遣變化人　為之作衛護　若說法之人　獨在空閑處
寂漠无人聲　讀誦此經典　我尒時為現　清淨光明身
若忘失章句　為說令通利　若人具是德　或為四衆說
空處讀誦經　皆得見我身　若人在空閑　我遣天龍王
夜叉鬼神等　為作聽法衆　是人樂說法　分別无罣礙
諸佛護念故　能令大衆喜　若親近法師　速得菩薩道
隨順是師學　得見恒沙佛

BD03648號　妙法蓮華經卷四　（28–12）

若忘失章句　為說令通利　若人具是德　或為四衆說
空處誦讀經　皆得見我身　若人在空閑　我遣天龍王
夜叉鬼神等　為作聽法衆　是人樂說法　分別无罣礙
諸佛護念故　能令大衆喜　若親近法師　速得菩薩道
隨順是師學　得見恒沙佛

妙法蓮華經見寶塔品第十一

尒時佛前有七寶塔高五百由旬縱廣二百
五十由旬從地踊出住在空中種種寶物而
莊挍之五千欄楯龕室千万无數幢幡以為
嚴飾垂寶瓔珞寶鈴万億而懸其上四面皆
出多摩羅跋栴檀之香充遍世界其諸幡蓋
以金銀瑠璃車𤦲馬瑙真珠玫瑰七寶合成
高至四天王宮三十三天雨天曼陁羅華供
養寶塔餘諸天龍夜叉乾闥婆阿脩羅迦樓
羅緊那羅摩睺羅伽人非人等千万億衆以
一切華香瓔珞幡蓋伎樂供養寶塔恭敬尊
重讚歎尒時寶塔中出大音聲歎言善哉善
哉釋迦牟尼世尊能以平等大慧教菩薩法
佛所護念妙法華經為大衆說如是如是釋
迦牟尼世尊如所說者皆是真實尒時四衆
見大寶塔住在空中又聞塔中所出音聲皆
得法喜怪未曾有從座而起恭敬合掌却住
一面尒時有菩薩摩訶薩名大樂說知一切
世間天人阿脩羅等心之所疑而白佛言世
尊以何因緣有此寶塔從地踊出又於其中
發是音聲尒時佛告大樂說菩薩此寶塔中

得法喜怪未曾有從座而起恭敬合掌却住
一面尒時有菩薩摩訶薩名大樂說知一切
世間天人阿脩羅等心之所疑而白佛言世
尊以何因緣有此寶塔從地踊出又於其中
發是音聲尒時佛告大樂說菩薩此寶塔中
有如來全身乃往過去東方无量千万億阿
僧祇世界國名寶淨彼中有佛号曰多寶其
佛行菩薩道時作大誓願若我成佛滅度之
後於十方國土有說法華經處我之塔廟為
聽是經故踊現其前為作證明讚言善哉彼
佛成道已臨滅度時於天人大衆中告諸比
丘我滅度後欲供養我全身者應起一大塔
其佛神通願力十方世界在在處處若有說
法華經者彼之寶塔皆踊出其前全身在於
塔中讚言善哉善哉大樂說今多寶如來塔
聞說法華經故從地踊出讚言善哉善哉是
時大樂說菩薩以如來神力故白佛言世尊
我等願欲見此佛身佛告大樂說菩薩摩訶
薩是多寶佛有深重願若我寶塔為聽法華
經故出於諸佛前時其有欲以我身示四衆
者彼佛分身諸佛在於十方世界說法盡還
集一處然後我身乃出現耳大樂說我分身
諸佛在於十方世界說法者今應當集大樂
說白佛言世尊我等亦願欲見世尊分身諸
佛禮拜供養尒時佛放白豪一光即見東方
五百万億那由他恒河沙等國土諸佛彼諸
國土皆以頗梨為地寶樹寶衣以為莊嚴无

集一處然後我身乃出現耳大樂說我分身
諸佛在於十方世界說法者今應當集大樂
說白佛言世尊我等亦願欲見世尊分身諸
佛礼拜供養尒時佛放白毫一光即見東方
五百万億那由他恒河沙等國土諸佛彼諸
國土皆以頗梨為地寶樹寶衣以為莊嚴无
數千万億菩薩充滿其中遍張寶幔寶網羅
上彼國諸佛以大妙音而說諸法及見无量
万億菩薩遍滿諸國為衆說法南西北方四
維上下白毫相光所照之處亦復如是尒時
十方諸佛各告衆菩薩言善男子我今應往
娑婆世界釋迦牟尼佛所并供養多寶如來
寶塔時娑婆世界即變清淨瑠璃為地寶樹
莊嚴黃金為繩以界八道无諸聚落村營城
邑大海江河山川林藪燒大寶香曼陁羅華
遍布其地以寶網幔羅覆其上懸諸寶鈴唯
留此會衆移諸天人置於他土是時諸佛各
將一大菩薩以為侍者至娑婆世界各到寶
樹下一一寶樹高五百由旬枝葉華菓次第
莊嚴諸寶樹下皆有師子之座高五由旬亦
以大寶而校飾之尒時諸佛各於此座結跏
趺坐如是展轉遍滿三千大千世界而於釋
迦牟尼佛一方所分之身猶故未盡時釋迦
牟尼佛欲容受所分身諸佛故八方各更變
二百万億那由他國皆令清淨无有地獄餓
鬼畜生及阿脩羅又移諸天人置於他土所
化之國亦以瑠璃為地寶樹莊嚴樹高五百

鬼畜生及阿脩羅又移諸天人置於他土所
化之國亦以瑠璃為地寶樹莊嚴樹高五百
由旬枝葉華菓次第嚴飾樹下皆有寶師子
座高五由旬種種諸寶以為莊校亦无大海
江河及目真隣陁山摩訶目真隣陁山鐵圍
山大鐵圍山須弥山等諸山王通為一佛國
土寶地平正寶交露幔遍覆其上懸諸幡蓋
燒大寶香諸天寶華遍布其地釋迦牟尼佛
為諸佛當來坐故復於八方各變二百万億
那由他國皆令清淨无有地獄餓鬼畜生及
阿脩羅又移諸天人置於他土所化之國亦
以瑠璃為地寶樹莊嚴樹高五百由旬枝葉
華菓次第莊嚴樹下皆有寶師子座高五由
旬亦以大寶而校飾之亦无大海江河及目
真隣陁山摩訶目真隣陁山鐵圍山大鐵圍
山須弥山等諸山王通為一佛國土寶地平
正寶交露幔遍覆其上懸諸幡蓋燒大寶香
諸天寶華遍布其地尒時東方釋迦牟尼所
分之身百千万億那由他恒河沙等國土中
諸佛各各說法來集於此如是次第十方諸
佛皆悉來集坐於八方尒時一一方四百万
億那由他國土諸佛如來遍滿其中是時諸
佛各在寶樹下坐師子座皆遣侍者問訊釋
迦牟尼佛各賫寶華滿掬而告之言善男子
汝往詣耆闍崛山釋迦牟尼佛所如我辭曰
少病少惱氣力安樂及菩薩聲聞衆悉安隱
不以此寶華散佛供養而作是言彼某甲佛

佛各在寶樹下坐師子座皆遣侍者問訊釋
迦牟尼佛各賫寶華滿掬而告之言善男子
汝往詣耆闍崛山釋迦牟尼佛所如我辭曰
少病少惱氣力安樂及菩薩聲聞衆悉安隱
不以此寶華散佛供養而作是言彼某甲佛
與欲開此寶塔諸佛遣使亦復如是尒時釋
迦牟尼佛見所分身佛悉已來集各各坐於
師子之座皆聞諸佛與欲同開寶塔即從座
起住虛空中一切四衆起立合掌一心觀佛
於是釋迦牟尼佛以右指開七寶塔戶出大
音聲如却關鑰開大城門即時一切衆會皆
見多寶如來於寶塔中坐師子座全身不散
如入禪定又聞其言善哉善哉釋迦牟尼佛
快說是法華經我為聽是經故而來至此尒
時四衆等見過去无量千万億劫滅度佛說
如是言歎未曾有以天寶華聚散多寶佛及
釋迦牟尼佛上尒時多寶佛於寶塔中分半
座與釋迦牟尼佛而作是言釋迦牟尼佛可
就此座即時釋迦牟尼佛入其塔中坐其半
座結加趺坐尒時大衆見二如來在七寶塔
中師子座上結加趺坐各作是念佛座高遠
唯願如來以神通力令我等輩俱處虛空即
時釋迦牟尼佛以神通力接諸大衆皆在虛
空以大音聲普告四衆誰能於此娑婆國土
廣說妙法華經今正是時如來不久當入涅
槃佛欲以此妙法華經付囑有在尒時世尊
欲重宣此義而說偈言

BD03648 號　妙法蓮華經卷四　（28–17）

時釋迦牟尼佛以神通力接諸大衆皆在虛
空以大音聲普告四衆誰能於此娑婆國土
廣說妙法華經今正是時如來不久當入涅
槃佛欲以此妙法華經付囑有在尒時世尊
欲重宣此義而說偈言
聖主世尊　雖久滅度　在寶塔中　尚為法來
諸人云何　不勤為法　此佛滅度　无央數劫
處處聽法　以難遇故　彼佛本願　我滅度後
在在所往　常為聽法　又我分身　无量諸佛
如恒沙等　來欲聽法　及見滅度　多寶如來
各捨妙土　及弟子衆　天人龍神　諸供養事
令法久住　故來至此　為坐諸佛　以神通力
移无量衆　令國清淨　諸佛各各　詣寶樹下
如清淨池　蓮華莊嚴　其寶樹下　諸師子座
佛坐其上　光明嚴飾　如夜闇中　然大炬火
身出妙香　遍十方國　衆生蒙薰　喜不自勝
譬如大風　吹小樹枝　以是方便　令法久住
告諸大衆　我滅度後　誰能護持　讀說斯經
今於佛前　自說誓言　其多寶佛　雖久滅度
以大誓願　而師子吼　多寶如來　及與我身
所集化佛　當知此意　諸佛子等　誰能護法
當發大願　令得久住　其有能護　此經法者
則為供養　我及多寶　此多寶佛　處於寶塔
常遊十方　為是經故　亦復供養　諸來化佛
莊嚴光飾　諸世界者　若說此經　則為見我
多寶如來　及諸化佛　諸善男子　各諦思惟

BD03648 號　妙法蓮華經卷四　（28–18）

當發大願　令得久住　其有能護　此經法者
則為供養　我及多寶　此多寶佛　處於寶塔
常遊十方　為是經故　亦復供養　諸來化佛
莊嚴光飾　諸世界者　若說此經　則為見我
多寶如來　及諸化佛　諸善男子　各諦思惟
此為難事　宜發大願　諸餘經典　數如恒沙
雖說此等　未足為難　若接須彌　擲置他方
无數佛土　亦未為難　若以足指　動大千界
遠擲他國　亦未為難　若立有頂　為衆演說
无量餘經　亦未為難　若佛滅後　於惡世中
能說此經　是則為難　假使有人　手把虛空
而以遊行　亦未為難　於我滅後　若自書持
若使人書　是則為難　若以大地　置足甲上
昇於梵天　亦未為難　佛滅度後　於惡世中
暫讀此經　是則為難　假使劫燒　擔負乾草
入中不燒　亦未為難　我滅度後　若持此經
為一人說　是則為難　若持八万　四千法藏
十二部經　為人演說　令諸聽者　得六神通
雖能如是　亦未為難　於我滅後　聽受此經
問其義趣　是則為難　若人說法　令千万億
无量无數　恒沙衆生　得阿羅漢　具六神通
雖有是益　亦未為難　於我滅後　若能奉持
如斯經典　是則為難　我為佛道　於无量土
從始至今　廣說諸經　而於其中　此經第一
若有能持　則持佛身　諸善男子　於我滅後
誰能護持　讀誦此經　今於佛前　自說誓言
此經難持　若暫持者　我則歡喜　諸佛亦然

從始至今　廣說諸經　而於其中　此經第一
若有能持　則持佛身　諸善男子　於我滅後
誰能護持　讀誦此經　今於佛前　自說誓言
此經難持　若暫持者　我則歡喜　諸佛亦然
如是之人　諸佛所歎　是則勇猛　是則精進
是名持戒　行頭陀者　則為疾得　无上佛道
能於來世　讀持此經　是真佛子　住淳善地
佛滅度後　能解其義　是諸天人　世間之眼
於恐畏世　能須臾說　一切天人　皆應供養

妙法蓮華經提婆達多品第十二

爾時佛告諸菩薩及天人四衆吾於過去无量劫中求法華經无有懈惓於多劫中常作國王發願求於无上菩提心不退轉為欲滿足六波羅蜜勤行布施心无悋惜象馬七珎國城妻子奴婢僕從頭目髓腦身肉手足不惜軀命時世人民壽命无量為於法故捐捨國位委政太子擊鼓宣令四方求法誰能為我說大乘者吾當終身供給走使時有仙人來白王言我有大乘名妙法華若不違我當為宣說王聞仙言歡喜踊躍即隨仙人供給所須採菓汲水拾薪設食乃至以身而為床座身心无惓于時奉事經於千歲為於法故精勤給侍令无所乏爾時世尊欲重宣此義而說偈言

我念過去劫　為求大法故　雖作世國王　不貪五欲樂
椎鍾告四方　誰有大法者　若為我解說　身當為奴僕
時有阿私仙　來白於大王　我有微妙法　世間所希有

而說偈言
我念過去劫　為求大法故　雖作世國王　不貪五欲樂
搥鍾告四方　誰有大法者　若為我解說　身當為奴僕
時有阿私仙　來白於大王　我有微妙法　世間所希有
若能脩行者　吾當為汝說　時王聞仙言　心生大喜悅
即便隨仙人　供給於所須　採薪及菓蓏　隨時恭敬與
情存妙法故　身心无懈惓　普為諸眾生　勤求於大法
亦不為己身　及以五欲樂　故為大國王　勤求獲此法
遂致得成佛　今故為汝說
佛告諸比丘尒時王者則我身是時仙人者
今提婆達多是由提婆達多善知識故令我
具足六波羅蜜慈悲喜捨三十二相八十種
好紫磨金色十力四无所畏四攝法十八不
共神通道力成等正覺廣度眾生皆因提婆
達多善知識故告諸四眾提婆達多却後過
无量劫當得成佛号曰天王如來應供正遍
知明行足善逝世間解无上士調御丈夫天
人師佛世尊世界名天道時天王佛住世二
十中劫廣為眾生說於妙法恒河沙眾生得
阿羅漢果无量眾生發緣覺心恒河沙眾生
發无上道心得无生忍至不退轉時天王佛
般涅槃後正法住世二十中劫全身舍利起
七寶塔高六十由旬縱廣四十由旬諸天人
民悉以雜華末香燒香塗香衣服瓔珞幢幡
寶蓋伎樂歌頌礼拜供養七寶妙塔无量眾
生得阿羅漢果无量眾生悟辟支佛不可思議
眾生發菩提心至不退轉佛告諸比丘未來

BD03648號　妙法蓮華經卷四　（28–21）

七寶塔高六十由旬縱廣四十由旬諸天人
民悉以雜華末香燒香塗香衣服瓔珞幢幡
寶蓋伎樂歌頌礼拜供養七寶妙塔无量眾
生得阿羅漢果无量眾生悟辟支佛不可思議
眾生發菩提心至不退轉佛告諸比丘未來
世中若有善男子善女人聞妙法華經提婆
達多品淨心信敬不生疑惑者不墮地獄餓
鬼畜生生十方佛前所生之處常聞此經若
生人天中受勝妙樂若在佛前蓮華化生
時下方多寶世尊所從菩薩名曰智積白多
寶佛當還本土釋迦牟尼佛告智積曰善男
子且待須臾此有菩薩名文殊師利可與相
見論說妙法可還本土尒時文殊師利坐千
葉蓮華大如車輪俱來菩薩亦坐寶蓮華從於
大海娑竭羅龍宮自然踊出住虛空中詣靈鷲
山從蓮華下至於佛所頭面敬礼二世尊足
脩敬已畢往智積所共相慰問却坐一面智
積菩薩問文殊師利仁往龍宮所化眾生其
數幾何文殊師利言其數无量不可稱計非
口所宣非心所測且待須臾自當有證所言
未竟无數菩薩坐寶蓮華從海踊出詣靈鷲
山住在虛空此諸菩薩皆是文殊師利之所
化度具菩薩行皆共論說六波羅蜜本聲聞
人在虛空中說聲聞行今皆脩行大乘空義
文殊師利謂智積曰於海教化其事如是尒
時智積菩薩以偈讚曰
大智德勇健　化度无量眾　今此諸大會　及我皆已見

BD03648號　妙法蓮華經卷四　（28–22）

人在虛空中說聲聞行今皆修行大乘空義
文殊師利謂智積曰於海教化其事如是尒
時智積菩薩以偈讚曰
大智德勇健 化度无量衆 今此諸大會 及我皆已見
演暢實相義 開闡一乘法 廣度諸群生 令速成菩提
文殊師利言我於海中唯常宣說妙法華經
智積問文殊師利言此經甚深微妙諸經中
寶世所希有頗有衆生勤加精進修行此經
速得佛不文殊師利言有娑竭羅龍王女年
始八歲智慧利根善知衆生諸根行業得陀
羅尼諸佛所說甚深秘藏悉能受持深入禪
定了達諸法於剎那頃發菩提心得不退轉
辯才无礙慈念衆生猶如赤子功德具足心
念口演微妙廣大慈悲仁讓志意和雅能至
菩提智積菩薩言我見釋迦如來於无量劫
難行苦行積功累德求菩提道未曾止息觀
三千大千世界乃至无有如芥子許非是菩
薩捨身命處為衆生故然後乃得成菩提道
不信此女於須臾頃便成正覺言論未訖時
龍王女忽現於前頭面礼敬却住一面以偈
讚曰
深達罪福相 遍照於十方 微妙淨法身 具相三十二
以八十種好 用莊嚴法身 天人所戴仰 龍神咸恭敬
一切衆生類 无不宗奉者 又聞成菩提 唯佛當證知
我闡大乘教 度脫苦衆生
時舍利弗語龍女言汝謂不久得无上道是

以八十種好 用莊嚴法身 天人所戴仰 龍神咸恭敬
一切衆生類 无不宗奉者 又聞成菩提 唯佛當證知
我闡大乘教 度脫苦衆生
時舍利弗語龍女言汝謂不久得无上道是
事難信所以者何女身垢穢非是法器云何
能得无上菩提佛道懸曠經无量劫勤苦積
行具修諸度然後乃成又女人身猶有五障
一者不得作梵天王二者帝釋三者魔王四
者轉輪聖王五者佛身云何女身速得成佛
尒時龍女有一寶珠價直三千大千世界持
以上佛佛即受之龍女謂智積菩薩尊者舍
利弗言我獻寶珠世尊納受是事疾不荅言
甚疾女言以汝神力觀我成佛復速於此當
時衆會皆見龍女忽然之間變成男子具菩
薩行即往南方无垢世界坐寶蓮華成等正
覺三十二相八十種好普為十方一切衆生
演說妙法尒時娑婆世界菩薩聲聞天龍八
部人與非人皆遙見彼龍女成佛普為時會
人天說法心大歡喜悉遙敬礼无量衆生聞
法解悟得不退轉无量衆生得受道記无垢
世界六反震動娑婆世界三千衆生住不退
地三千衆生發菩提心而得受記智積菩薩
及舍利弗一切衆會默然信受
妙法蓮華經持品第十三
尒時藥王菩薩摩訶薩及大樂說菩薩摩訶
薩與二万菩薩眷屬俱皆於佛前作是誓言
唯願世尊不以為慮我等於佛滅後當奉持

妙法蓮華經持品第十三
尒時藥王菩薩摩訶薩及大樂說菩薩摩訶
薩與二万菩薩眷屬俱皆於佛前作是誓言
唯願世尊不以為慮我等於佛滅後當奉持
讀誦說此經典後惡世衆生善根轉少多增
上慢貪利供養增不善根遠離解脫雖難可
教化我等當起大忍力讀誦此經持說書寫
種種供養不惜身命尒時衆中五百阿羅漢
得受記者白佛言世尊我等亦自誓願於異
國土廣說此經復有學无學八千人得受記
者從座而起合掌向佛作是誓言世尊我等
亦當於他國土廣說此經所以者何是娑婆
國中人多弊惡懷增上慢功德淺薄瞋濁諂
曲心不實故尒時佛姨母摩訶波闍波提比
丘尼與學无學比丘尼六千人俱從座而起
一心合掌瞻仰尊顏目不暫捨於時世尊告
憍曇弥何故憂色而視如來汝心將无謂我
不說汝名授阿耨多羅三藐三菩提記耶憍
曇弥我先惣說一切聲聞皆已授記今汝欲
知記者將來之世當於六万八千億諸佛法
中為大法師及六千學无學比丘尼俱為法
師汝如是漸漸具菩薩道當得作佛号一切
衆生憙見如來應供正遍知明行足善逝世
間解无上士調御丈夫天人師佛世尊憍曇
弥是一切衆生憙見佛及六千菩薩轉次授
記得阿耨多羅三藐三菩提尒時羅睺羅母

BD03648號　妙法蓮華經卷四
(28–25)

間解无上士調御丈夫天人師佛世尊憍曇
弥是一切衆生憙見佛及六千菩薩轉次授
記得阿耨多羅三藐三菩提尒時羅睺羅母
耶輸陀羅比丘尼作是念世尊於授記中獨
不說我名佛告耶輸陀羅汝於來世百千万億
諸佛法中脩菩薩行為大法師漸具佛道於
善國中當得作佛号具足千万光相如來應
供正遍知明行足善逝世間解无上士調御
丈夫天人師佛世尊佛壽无量阿僧祇劫尒
時摩訶波闍波提比丘尼及耶輸陀羅比丘
尼并其眷屬皆大歡喜得未曾有即於佛前
而說偈言
世尊導師　安隱天人　我等聞記　心安具足
諸比丘尼說是偈已白佛言世尊我等亦能
於他方國土廣宣此經尒時世尊視八十万
億那由他諸菩薩摩訶薩是諸菩薩皆是阿
惟越致轉不退法輪得諸陁羅尼即從座起
至於佛前一心合掌而作是念若世尊告勑
我等持說此經者當如佛教廣宣斯法復作
是念佛今嘿然不見告勑我當云何時諸菩
薩敬順佛意并欲自滿本願便於佛前作師
子吼而發誓言世尊我等於如來滅後周旋
往反十方世界能令衆生書寫此經受持讀
誦解說其義如法脩行正憶念皆是佛之威
力唯願世尊在於他方遥見守護即時諸菩
薩俱同發聲而說偈言
唯願不為慮　於佛滅度後　恐怖惡世中　我等當廣說

BD03648號　妙法蓮華經卷四
(28–26)

誦解說其義如法脩行正憶念皆是佛之威
力唯願世尊在於他方遙見守護即時諸菩
薩俱同發聲而說偈言
唯願不爲慮 於佛滅度後 恐怖惡世中 我等當廣說
有諸无智人 惡口罵詈等 及加刀杖者 我等皆當忍
惡世中比丘 邪智心諂曲 未得謂爲得 我慢心充滿
或有阿練若 納衣在空閑 自謂行真道 輕賤人間者
貪著利養故 與白衣說法 爲世所恭敬 如六通羅漢
是人懷惡心 常念世俗事 假名阿練若 好出我等過
而作如是言 此諸比丘等 爲貪利養故 說外道論議
自作此經典 誑惑世間人 爲求名聞故 分別於是經
常在大衆中 欲毀我等故 向國王大臣 婆羅門居士
及餘比丘衆 誹謗說我惡 謂是邪見人 說外道論議
我等敬佛故 悉忍是諸惡 爲斯所輕言 汝等皆是佛
如此輕慢言 皆當忍受之 濁劫惡世中 多有諸恐怖
惡鬼入其身 罵詈毀辱我 我等敬信佛 當著忍辱鎧
爲說是經故 忍此諸難事 我不愛身命 但惜无上道
我等於來世 護持佛所囑 世尊自當知 濁世惡比丘
不知佛方便 隨宜所說法 惡口而顰蹙 數數見擯出
遠離於塔寺 如是等衆惡 念佛告勅故 皆當忍是事
諸聚落城邑 其有求法者 我皆到其所 說佛所囑法
我是世尊使 處衆无所畏 我當善說法 願佛安隱住
我於世尊前 諸來十方佛 發如是誓言 佛自知我心

妙法蓮華經卷第四

BD03648號　妙法蓮華經卷四　　（28–27）

如此輕慢言 皆當忍受之 濁劫惡世中 多有諸恐怖
惡鬼入其身 罵詈毀辱我 我等敬信佛 當著忍辱鎧
爲說是經故 忍此諸難事 我不愛身命 但惜无上道
我等於來世 護持佛所囑 世尊自當知 濁世惡比丘
不知佛方便 隨宜所說法 惡口而顰蹙 數數見擯出
遠離於塔寺 如是等衆惡 念佛告勅故 皆當忍是事
諸聚落城邑 其有求法者 我皆到其所 說佛所囑法
我是世尊使 處衆无所畏 我當善說法 願佛安隱住
我於世尊前 諸來十方佛 發如是誓言 佛自知我心

妙法蓮華經卷第四

BD03648號　妙法蓮華經卷四　　（28–28）

聞其
能以惡眼視之
无罪杻械枷鏁檢繫其身稱觀世音菩薩名
者皆悉斷壞即得解脫若三千大千國土滿
中怨賊有一商主將諸商人賫持重寶經過
險路其中一人作是唱言諸善男子勿得恐
怖汝等應當一心稱觀世音菩薩名号是菩
薩能以无畏施於衆生汝等若稱名者於此
怨賊當得解脫衆商人聞俱發聲言南无觀
世音菩薩稱其名故即得解脫无盡意觀世
音菩薩摩訶薩威神之力巍巍如是若有衆
生多於婬欲常念恭敬觀世音菩薩便得離
欲若多瞋恚常念恭敬觀世音菩薩便得離
瞋若多愚癡常念恭敬觀世音菩薩便得離
癡无盡意觀世音菩薩有如是等大威神力
多所饒益是故衆生常應心念若有女人設
欲求男礼拜供養觀世音菩薩便生福德智
慧之男設欲求女便生端正有相之女宿殖
德本衆人愛敬无盡意觀世音菩薩有如是

BD03649 號　妙法蓮華經卷七　（2–1）

瞋若多愚癡常念恭敬觀世音菩薩便得離
癡无盡意觀世音菩薩有如是等大威神力
多所饒益是故衆生常應心念若有女人設
欲求男礼拜供養觀世音菩薩便生福德智
慧之男設欲求女便生端正有相之女宿殖
德本衆人愛敬无盡意觀世音菩薩有如是
力若有衆生恭敬礼拜觀世音菩薩福不唐
捐是故衆生皆應受持觀世音菩薩名号无
盡意若有人受持六十二億恒河沙菩薩名
字復盡形供養飲食衣服臥具醫藥於汝
意云何是善男子善女人功德多不无盡意言
甚多世尊佛言若復有人受持觀世音菩薩
名号乃至一時礼拜供養是二人福正等无
異於百千万億劫不可窮盡无盡意受持觀
世音菩薩名号得如是无量无邊福德之利
无盡意菩薩白佛言世尊觀世音菩薩云何
遊此娑婆世界云何而為衆生說法方便之
力其事云何佛告无盡意菩薩善男子若有
國土衆生應以佛身得度者觀世音菩薩即
現佛身而為說法應以辟支佛身得度者即
現辟支佛身而為說法應以聲聞身得度者

BD03649 號　妙法蓮華經卷七　（2–2）

若我具足說　種種現化事　眾生聞是者　心則懷疑惑
今此富樓那　於昔千億佛　勤脩所行道　宣護諸佛法
為求无上慧　而於諸佛所　現居弟子上　多聞有智慧
所說无所畏　能令眾歡喜　未曾有疲惓　而以助佛事
已度大神通　具四无礙智　知眾根利鈍　常說清淨法
演暢如是義　教諸千億眾　令住大乘法　而自淨佛土
未來亦供養　无量无數佛　護助宣正法　亦自淨佛土
常以諸方便　說法无所畏　度不可計眾　成就一切智
供養諸如來　護持法寶藏　其後當作佛　号名曰法明
其國名善淨　七寶所合成　劫名為寶明　菩薩眾甚多
其數无量億　皆度大神通　威德力具足　充滿其國土
聲聞亦无數　三明八解脫　得四无礙智　以是等為僧
其國諸眾生　婬欲皆已斷　純一變化生　具相莊嚴身
法喜禪悅食　更无餘食想　无有諸女人　亦无諸惡道
富樓那比丘　功德悉成滿　當得斯淨土　賢聖眾甚多
如是无量事　我今但略說
尒時千二百阿羅漢心自在者作是念我等

BD03650號　妙法蓮華經卷四　（31–1）

法喜禪悅食　更无餘食想　无有諸女人　亦无諸惡道
富樓那比丘　功德悉成滿　當得斯淨土　賢聖眾甚多
如是无量事　我今但略說
尒時千二百阿羅漢心自在者作是念我等
歡喜得未曾有若世尊各見授記如餘大弟
子者不亦快乎佛知此等心之所念告摩訶
迦葉是千二百阿羅漢我今當現前次第與
受阿耨多羅三藐三菩提記於此眾中我大
弟子憍陳如比丘當供養六万二千億佛然
後得成為佛号曰普明如來應供正遍知明
行足善逝世間解无上士調御丈夫天人師
佛世尊其五百阿羅漢優樓頻螺迦葉伽耶
迦葉那提迦葉迦留陀夷優陀夷阿㝹樓䭾
離婆多劫賓那薄拘羅周陀莎伽陀等皆當
得阿耨多羅三藐三菩提盡同一号名曰普
明尒時世尊欲重宣此義而說偈言
憍陳如比丘　當見无量佛　過阿僧祇劫　乃成等正覺
常放大光明　具足諸神通　名聞遍十方　一切之所敬
常說无上道　故号為普明　其國土清淨　菩薩皆勇猛
咸昇妙樓閣　遊諸十方國　以无上供具　奉獻於諸佛
作是供養已　心懷大歡喜　須臾還本國　有如是神力
佛壽六万劫　正法住倍壽　像法復倍是　法滅天人憂
其五百比丘　次第當作佛　同号曰普明　轉次而授記
我滅度之後　某甲當作佛　其所化世間　亦如我今日
國土之嚴淨　及諸神通力　菩薩聲聞眾　正法及像法

BD03650號　妙法蓮華經卷四　（31–2）

其五百比丘　次第當作佛　同号曰普明　轉次而授記
我滅度之後　某甲當作佛　其所化世間　亦如我今日
國土之嚴淨　及諸神通力　菩薩聲聞衆　正法及像法
壽命劫多少　皆如上所說　迦葉汝已知　五百自在者
餘諸聲聞衆　亦當復如是　其不在此會　汝當爲宣說
尒時五百阿羅漢於佛前得受記已歡喜踊
躍即從座起到於佛前頭面礼足悔過自責
世尊我等常作是念自謂已得究竟滅度今
乃知之如无智者所以者何我等應得如來
智慧而便自以小智爲足世尊譬如有人至
親友家醉酒而卧是時親友官事當行以无
價寶珠繫其衣裏與之而去其人醉卧都不
覺知起已遊行到於他國爲衣食故勤力求
索甚大艱難若少有所得便以爲足於後親
友會遇見之而作是言咄哉丈夫何爲衣食
乃至如是我昔欲令汝得安樂五欲自恣於
某年日月以无價寶珠繫汝衣裏今故現在
而汝不知勤苦憂惱以求自活甚爲癡也汝
今可以此寶貿易所須常可如意无所乏短
佛亦如是爲菩薩時教化我等令發一切智
心而尋癈忘不知不覺既得阿羅漢道自謂
滅度資生艱難得少爲足一切智願猶在不
失今者世尊覺悟我等作如是言諸比丘汝
等所得非究竟滅我久令汝等種佛善根以
方便故示涅槃相而汝謂爲實得滅度世尊

BD03650號　妙法蓮華經卷四　（31-3）

滅度資生艱難得少爲足一切智願猶在不
失今者世尊覺悟我等作如是言諸比丘汝
等所得非究竟滅我久令汝等種佛善根以
方便故示涅槃相而汝謂爲實得滅度世尊
我今乃知實是菩薩得受阿耨多羅三藐三
菩提記以是因緣甚大歡喜得未曾有尒時
阿若憍陳如等欲重宣此義而說偈言
我等聞无上　安隱授記聲　歡喜未曾有　礼无量智佛
今於世尊前　自悔諸過咎　於无量佛寶　得少涅槃分
如无智愚人　便自以爲足　譬如貧窮人　往至親友家
其家甚大富　具設諸餚饍　以无價寶珠　繫著内衣裏
嘿與而捨去　時卧不覺知　是人既已起　遊行詣他國
求衣食自濟　資生甚艱難　得少便爲足　更不願好者
不覺内衣裏　有无價寶珠　與珠之親友　後見此貧人
苦切責之已　示以所繫珠　貧人見此珠　其心大歡喜
富有諸財物　五欲而自恣　我等亦如是　世尊於長夜
常愍見教化　令種无上願　我等无智故　不覺亦不知
得少涅槃分　自足不求餘　今佛覺悟我　言非實滅度
得佛无上慧　尒乃爲真滅　我今從佛聞　授記莊嚴事
及轉次受決　身心遍歡喜
妙法蓮華經授學无學人記品第九
尒時阿難羅睺羅而作是念我等每自思惟
設得受記不亦快乎即從座起到於佛前頭
面礼足俱白佛言世尊我等於此亦應有分

BD03650號　妙法蓮華經卷四　（31-4）

妙法蓮華經授學无學人記品第九
尒時阿難羅睺羅而作是念我等每自思惟
設得受記不亦快乎即從座起到於佛前頭
面礼足俱白佛言世尊我等於此亦應有分
唯有如来我等所歸又我等為一切世間天
人阿脩羅所見知識阿難常為侍者護持法
藏羅睺羅是佛之子若佛見授阿耨多羅三
藐三菩提記者我願既滿衆望亦足尒時學
无學聲聞弟子二千人皆從座起偏袒右肩
到於佛前一心合掌瞻仰世尊如阿難羅睺
羅所願住立一面尒時佛告阿難汝於来世
當得作佛号山海慧自在通王如来應供正
遍知明行足善逝世間解无上士調御丈夫
天人師佛世尊當供養六十二億諸佛護持
法藏然後得阿耨多羅三藐三菩提教化二
十千万億恒河沙諸菩薩等令成阿耨多羅
三藐三菩提國名常立勝幡其土清淨瑠璃
為地劫名妙音遍滿其佛壽命无量千万億
阿僧祇劫若人於千万億无量阿僧祇劫中
算數校計不能得知正法住世倍於壽命像
法住世復倍正法阿難是山海慧自在通王
佛為十方无量千万億恒河沙等諸佛如来
所共讚歎稱其功德尒時世尊欲重宣此義
而說偈言

佛為十方无量千万億恒河沙等諸佛如来
所共讚歎稱其功德尒時世尊欲重宣此義
而說偈言
我今僧中說　阿難持法者　當供養諸佛　然後成正覺
号曰山海慧　自在通王佛　其國土清淨　名常立勝幡
教化諸菩薩　其數如恒沙　佛有大威德　名聞滿十方
壽命无有量　以愍衆生故　正法倍壽命　像法復倍是
如恒河沙等　无數諸衆生　於此佛法中　種佛道因緣
尒時會中新發意菩薩八千人咸作是念我
等尚不聞諸大菩薩得如是記有何因緣而
諸聲聞得如是決尒時世尊知諸菩薩心之
所念而告之曰諸善男子我與阿難等於空
王佛所同時發阿耨多羅三藐三菩提心阿
難常樂多聞我常勤精進是故我已得成阿
耨多羅三藐三菩提而阿難護持我法亦護
将来諸佛法藏教化成就諸菩薩衆其本願
如是故獲斯記阿難面於佛前自聞授記及
國土莊嚴所願具足心大歡喜得未曾有即
時憶念過去无量千万億諸佛法藏通達无
礙如今所聞亦識本願尒時阿難而說偈言
世尊甚希有　令我念過去　无量諸佛法　如今日所聞
我今无復疑　安住於佛道　方便為侍者　護持諸佛法
尒時佛告羅睺羅汝於来世當得作佛号蹈
七寶華如来應供正遍知明行足善逝世間

我今无復疑　安住於佛道　方便為侍者　護持諸佛法
尒時佛告羅睺羅汝於來世當得作佛号蹈
七寳華如來應供正遍知明行足善逝世間
解无上士調御丈夫天人師佛世尊當供養
十世界微塵等數諸佛如來常為諸佛而作
長子猶如今也是蹈七寳華佛國土莊嚴壽
命劫數所化弟子正法像法亦如山海慧自
在通王如來无異亦為此佛而作長子過是
已後當得阿耨多羅三藐三菩提尒時世尊
欲重宣此義而說偈言
我為太子時　羅睺為長子　我今成佛道　受法為法子
於未來世中　見无量億佛　皆為其長子　一心求佛道
羅睺羅密行　唯我能知之　現為我長子　以示諸衆生
无量億千万　功德不可數　安住於佛法　以求无上道
尒時世尊見學无學二千人其意柔軟寂然
清淨一心觀佛佛告阿難汝見是學无學二
千人不唯然已見阿難是諸人等當供養五
十世界微塵數諸佛如來恭敬尊重護持法
藏末後同時於十方國各得成佛皆同一号
名曰寳相如來應供正遍知明行足善逝世
間解无上士調御丈夫天人師佛世尊壽命
一劫國土莊嚴聲聞菩薩正法像法皆悉同
等尒時世尊欲重宣此義而說偈言
是二千聲聞　今於我前住　悉皆與授記　未來當成佛

BD03650號　妙法蓮華經卷四　（31–7）

間解无上士調御丈夫天人師佛世尊壽命
一劫國土莊嚴聲聞菩薩正法像法皆悉同
等尒時世尊欲重宣此義而說偈言
是二千聲聞　今於我前住　悉皆與授記　未來當成佛
所供養諸佛　如上說塵數　護持其法藏　後當成正覺
各於十方國　悉同一名号　俱時坐道場　以證无上慧
皆名為寳相　國土及弟子　正法與像法　悉等无有異
咸以諸神通　度十方衆生　名聞普周遍　漸入於涅槃
尒時學无學二千人聞佛授記歡喜踊躍而
說偈言
世尊慧燈明　我聞授記音　心歡喜充滿　如甘露見灌
妙法蓮華經法師品第十
尒時世尊因藥王菩薩告八万大士藥王汝
見是大衆中无量諸天龍王夜叉乾闥婆阿
脩羅迦樓羅緊那羅摩睺羅伽人與非人及
比丘比丘尼優婆塞優婆夷求聲聞者求辟
支佛者求佛道者如是等類咸於佛前聞妙
法華經一偈一句乃至一念隨喜者我皆與
授記當得阿耨多羅三藐三菩提佛告藥王
又如來滅度之後若有人聞妙法華經乃至
一偈一句一念隨喜者我亦與受阿耨多羅
三藐三菩提記若復有人受持讀誦解說書
寫妙法華經乃至一偈於此經卷敬視如佛
種種供養華香瓔珞末香塗香燒香繒蓋幢
幡衣服伎樂乃至合掌恭敬藥王當知是諸

BD03650號　妙法蓮華經卷四　（31–8）

三藐三菩提記若有人受持讀誦解說書
寫妙法華經乃至一偈於此經卷敬視如佛
種種供養華香瓔珞末香塗香燒香繒蓋幢
幡衣服伎樂乃至合掌恭敬藥王當知是諸
人等已曾供養十万億佛於諸佛所成就大
願愍衆生故生此人間藥王若有人問何等
衆生於未來世當得作佛應示是諸人等於
未來世必得作佛何以故若善男子善女人
於法華經乃至一句受持讀誦解說書寫種
種供養經卷華香瓔珞末香塗香燒香繒蓋
幢幡衣服伎樂合掌恭敬是人一切世間所
應瞻奉應以如來供養而供養之當知此人
是大菩薩成就阿耨多羅三藐三菩提哀愍
衆生願生此間廣演分別妙法華經何況盡
能受持種種供養者藥王當知是人自捨清
淨業報於我滅度後愍衆生故生於惡世廣
演此經若是善男子善女人我滅度後能竊
為一人說法華經乃至一句當知是人則如
來使如來所遣行如來事何況於大衆中廣
為人說藥王若有惡人以不善心於一劫中
現於佛前常毀罵佛其罪尚輕若人以一惡
言毀呰在家出家讀誦法華經者其罪甚重
藥王其有讀誦法華經者當知是人以佛莊
嚴而自莊嚴則為如來肩所荷擔其所至方
應隨向礼一心合掌恭敬供養尊重讚歎華

言毀呰在家出家讀誦法華經者其罪甚重
藥王其有讀誦法華經者當知是人以佛莊
嚴而自莊嚴則為如來肩所荷擔其所至方
應隨向礼一心合掌恭敬供養尊重讚歎華
香瓔珞末香塗香燒香繒蓋幢幡衣服餚饌
作諸伎樂人中上供而供養之應持天寶而
以散之天上寶聚應以奉獻所以者何是人
歡喜說法須臾聞之即得究竟阿耨多羅三
藐三菩提故尒時世尊欲重宣此義而說偈
言
若欲住佛道　成就自然智　常當勤供養　受持法華者
其有欲疾得　一切種智慧　當受持是經　并供養持者
若有能受持　妙法華經者　當知佛所使　愍念諸衆生
諸有能受持　妙法華經者　捨於清淨土　愍衆故生此
當知如是人　自在所欲生　能於此惡世　廣說无上法
應以天華香　及天寶衣服　天上妙寶聚　供養說法者
吾滅後惡世　能持是經者　當合掌礼敬　如供養世尊
上饌衆甘美　及種種衣服　供養是佛子　兾得須臾聞
若能於後世　受持是經者　我遣在人中　行於如來事
若於一劫中　常懷不善心　作色而罵佛　獲无量重罪
其有誦讀持　是法華經者　須臾加惡言　其罪復過彼
有人求佛道　而於一劫中　合掌在我前　以无數偈讚
由是讚佛故　得无量功德　歎美持經者　其福復過彼
於八十億劫　以寂妙色聲　及與香味觸　供養持經者

有人求佛道　而於一劫中　合掌在我前　以无數偈讚
由是讚佛故　得无量功德　歎美持經者　其福復過彼
於八十億劫　以㝡妙色聲　及與香味觸　供養持經者
如是供養已　若得須臾聞　則應自欣慶　我今獲大利
藥王今告汝　我所說諸經　而於此經中　法華㝡第一
尒時佛復告藥王菩薩摩訶薩我所說經典
无量千億已說今說當說而於其中此法華
經㝡為難信難解藥王此經是諸佛秘要之
藏不可分布妄授與人諸佛世尊之所守護
從昔已來未曾顯說而此經者如來現在猶
多怨嫉況滅度後藥王當知如來滅後其能
書持讀誦供養為他人說者如來則為以衣
覆之又為他方現在諸佛之所護念是人有
大信力及志願力諸善根力當知是人與如
來共宿則為如來手摩其頭藥王在在處處
若說若讀若誦若書若經卷所住處皆應起
七寶塔極令高廣嚴飾不須復安舍利所以
者何此中已有如來全身此塔應以一切華
香瓔珞繒蓋幢幡伎樂歌頌供養恭敬尊重
讚歎若有人得見此塔礼拜供養當知是等
皆近阿耨多羅三藐三菩提藥王多有人在
家出家行菩薩道若不能得見聞讀誦書持
供養是法華經者當知是人未善行菩薩道
若有得聞是經典者乃能善行菩薩之道其

BD03650 號　妙法蓮華經卷四　（31–11）

家出家行菩薩道若不能得見聞讀誦書持
供養是法華經者當知是人未善行菩薩道
若有得聞是經典者乃能善行菩薩之道其
有衆生求佛道者若見若聞是法華經聞已
信解受持者當知是人得近阿耨多羅三藐
三菩提藥王譬如有人渴乏須水於彼高原
穿鑿求之猶見乾土知水尚遠施功不已轉
見濕土遂漸至泥其心決定知水必近菩薩
亦復如是若未聞未解未能修習是法華經
當知是人去阿耨多羅三藐三菩提尚遠若
得聞解思惟修習必知得近阿耨多羅三藐
三菩提所以者何一切菩薩阿耨多羅三藐
三菩提皆屬此經此經開方便門示真實相
是法華經藏深固幽遠无人能到今佛教化
成就菩薩而為開示藥王若有菩薩聞是法
華經驚疑怖畏當知是為新發意菩薩若聲
聞人聞是經驚疑怖畏當知是為增上慢者
藥王若有善男子善女人如來滅後欲為四
衆說是法華經者云何應說是善男子善女
人入如來室著如來衣坐如來座尒乃應為
四衆廣說斯經如來室者一切衆生中大慈
悲心是如來衣者柔和忍辱心是如來座者
一切法空是安住是中然後以不懈怠心為
諸菩薩及四衆廣說是法華經藥王我於餘

BD03650 號　妙法蓮華經卷四　（31–12）

悲心是如來衣者柔和忍辱心是如來座者
一切法空是安住是中然後以不懈怠心為
諸菩薩及四衆廣說是法華經藥王我於餘
國遣化人為其集聽法衆亦遣化比丘比丘
尼優婆塞優婆夷聽其說法是諸化人聞法
信受隨順不逆若說法者在空閑處我時廣
遣天龍鬼神乹闥婆阿脩羅等聽其說法我
雖在異國時時令說法者得見我身若於此
經忘失句逗我還為說令得具足尒時世尊
欲重宣此義而說偈言
欲捨諸懈怠　應當聽此經　是經難得聞　信受者亦難
如人渴須水　穿鑿於高原　猶見乾燥土　知去水尚遠
漸見濕土泥　決定知近水　藥王汝當知　如是諸人等
不聞法華經　去佛智甚遠　若聞是深經　決了聲聞法
是諸經之王　聞已諦思惟　當知此人等　近於佛智慧
若人說此經　應入如來室　著於如來衣　而坐如來座
處衆无所畏　廣為分別說　大慈悲為室　柔和忍辱衣
諸法空為座　處此為說法　若說此經時　有人惡口罵
加刀杖瓦石　念佛故應忍　我千万億土　現淨堅固身
於无量億劫　為衆生說法　若我滅度後　能說此經者
我遣化四衆　比丘比丘尼　及清信士女　供養於法師
引導諸衆生　集之令聽法　若人欲加惡　刀杖及瓦石
則遣變化人　為之作衛護　若說法之人　獨在空閑處
寂寞无人聲　讀誦此經典　我尒時為現　清淨光明身

我遣化四衆　比丘比丘尼　及清信士女　供養於法師
引導諸衆生　集之令聽法　若人欲加惡　刀杖及瓦石
則遣變化人　為之作衛護　若說法之人　獨在空閑處
寂寞无人聲　讀誦此經典　我尒時為現　清淨光明身
若忘失章句　為說令通利　若人具是德　或為四衆說
空處讀誦經　皆得見我身　若人在空閑　我遣天龍王
夜叉鬼神等　為作聽法衆　是人樂說法　分別无罣礙
諸佛護念故　能令大衆喜　若親近法師　速得菩薩道
隨順是師學　得見恒沙佛

妙法蓮華經見寶塔品第十一

尒時佛前有七寶塔高五百由旬縱廣二百
五十由旬從地踊出住在空中種種寶物而
莊挍之五千欄楯龕室千万无數幢幡以為
嚴飾垂寶瓔珞寶鈴万億而懸其上四面皆
出多摩羅䟦栴檀之香充遍世界其諸幡蓋
以金銀瑠璃車𤦲馬瑙真珠玫瑰七寶合成
高至四天王宮三十三天雨天曼陁羅華供
養寶塔餘諸天龍夜叉乹闥婆阿脩羅迦樓
羅緊那羅摩睺羅伽人非人等千万億衆以
一切華香瓔珞幡蓋伎樂供養寶塔恭敬尊
重讚歎尒時寶塔中出大音聲歎言善哉善
哉釋迦牟尼世尊能以平等大慧教菩薩法
佛所護念妙法華經為大衆說如是如是釋
迦牟尼世尊如所說者皆是真實尒時四衆

重讚歎尒時寶塔中出大音聲歎言善哉善
哉釋迦牟尼世尊能以平等大慧教菩薩法
佛所護念妙法華經為大衆說如是如是釋
迦牟尼世尊如所說者皆是真實尒時四衆
見大寶塔住在空中又聞塔中所出音聲皆
得法喜怪未曾有從座而起恭敬合掌却住
一面尒時有菩薩摩訶薩名大樂說知一切
世間天人阿脩羅等心之所疑而白佛言世
尊以何因緣有此寶塔從地踊出又於其中
發是音聲尒時佛告大樂說菩薩此寶塔中
有如來全身乃往過去東方无量千万億阿
僧祇世界國名寶淨彼中有佛号曰多寶其
佛行菩薩道時作大誓願若我成佛滅度之
後於十方國土有說法華經處我之塔廟為
聽是經故踊現其前為作證明讚言善哉彼
佛成道已臨滅度時於天人大衆中告諸比
丘我滅度後欲供養我全身者應起一大塔
其佛以神通願力十方世界在在處處若有說
法華經者彼之寶塔皆踊出其前全身在於
塔中讚言善哉善哉大樂說今多寶如來塔
聞說法華經故從地踊出讚言善哉善哉是
時大樂說菩薩以如來神力故白佛言世尊
我等願欲見此佛身佛告大樂說菩薩摩訶
薩是多寶佛有深重願若我寶塔為聽法華
經故出於諸佛前時其有欲以我身示四衆

BD03650號　妙法蓮華經卷四　（31–15）

我等願欲見此佛身佛告大樂說菩薩摩訶
薩是多寶佛有深重願若我寶塔為聽法華
經故出於諸佛前時其有欲以我身示四衆
者彼佛分身諸佛在於十方世界說法盡還
集一處然後我身乃出現耳大樂說我分身
諸佛在於十方世界說法者今應當集大樂
說白佛言世尊我等亦願欲見世尊分身諸
佛礼拜供養尒時佛放白毫一光即見東方
五百万億那由他恒河沙等國土諸佛彼諸
國土皆以頗梨為地寶樹寶衣以為莊嚴无
數千万億菩薩充滿其中遍張寶幔寶網羅
上彼國諸佛以大妙音而說諸法及見无量
千万億菩薩遍滿諸國為衆說法南西北方四
維上下白毫相光所照之處亦復如是尒時
十方諸佛各告衆菩薩言善男子我今應往
娑婆世界釋迦牟尼佛所并供養多寶如來
寶塔時娑婆世界即變清淨琉璃為地寶樹
莊嚴黃金為繩以界八道无諸聚落村營城
邑大海江河山川林藪燒大寶香曼陁羅華
遍布其地以寶網幔羅覆其上懸諸寶鈴唯
留此會衆移諸天人置於他土是時諸佛各
將一大菩薩以為侍者至娑婆世界各到寶
樹下一一寶樹高五百由旬枝葉華果次第
莊嚴諸寶樹下皆有師子之座高五由旬亦

BD03650號　妙法蓮華經卷四　（31–16）

留此會衆移諸天人置於他土是時諸佛各
將一大菩薩以爲侍者至娑婆世界各到寶
樹下一一寶樹高五百由旬枝葉華果次第
莊嚴諸寶樹下皆有師子之座高五由旬亦
以大寶而挍飾之尒時諸佛各於此座結加
趺坐如是展轉遍滿三千大千世界而於釋
迦牟尼佛一方所分之身猶故未盡時釋迦
牟尼佛欲容受所分身諸佛故八方各更變
二百万億那由他國皆令清淨无有地獄餓
鬼畜生及阿脩羅又移諸天人置於他土所
化之國亦以瑠璃爲地寶樹莊嚴樹高五百
由旬枝葉華果次第嚴飾樹下皆有寶師子
座高五由旬種種諸寶以爲莊挍亦无大海
江河及目真隣陁山摩訶目真隣陁山鐵圍
山大鐵圍山須弥山等諸山王通爲一佛國
土寶地平正寶交露幔遍覆其上懸諸幡蓋
燒大寶香諸天寶華遍布其地釋迦牟尼佛
爲諸佛當來坐故復於八方各變二百万億
那由他國皆令清淨无有地獄餓鬼畜生及
阿脩羅又移諸天人置於他土所化之國亦
以瑠璃爲地寶樹莊嚴樹高五百由旬枝葉
華果次第莊嚴樹下皆有寶師子座高五由
旬亦以大寶而挍飾之亦无大海江河及目
真隣陁山摩訶目真隣陁山鐵圍山大鐵圍

BD03650號　妙法蓮華經卷四　(31–17)

以瑠璃爲地寶樹莊嚴樹高五百由旬枝葉
華果次第莊嚴樹下皆有寶師子座高五由
旬亦以大寶而挍飾之亦无大海江河及目
真隣陁山摩訶目真隣陁山鐵圍山大鐵圍
山須弥山等諸山王通爲一佛國土寶地平
正寶交露幔遍覆其上懸諸幡蓋燒大寶香
諸天寶華遍布其地尒時東方釋迦牟尼所
分之身百千万億那由他恒河沙等國土中
諸佛各各說法來集於此如是次第十方諸
佛皆悉來集坐於八方尒時一一方四百万
億那由他國土諸佛如來遍滿其中是時諸
佛各在寶樹下坐師子座皆遣侍者問訊釋
迦牟尼佛各賷寶華滿掬而告之言善男子
汝往詣耆闍崛山釋迦牟尼佛所如我辞曰
少病少惱氣力安樂及菩薩聲聞衆悉安隱
不以此寶華散佛供養而作是言彼某甲佛
與欲開此寶塔諸佛遣使亦復如是尒時釋
迦牟尼佛見所分身佛悉已來集各各坐於
師子之座皆聞諸佛與欲同開寶塔即從座
起住虛空中一切四衆起立合掌一心觀佛
於是釋迦牟尼佛以右指開七寶塔戶出大
音聲如却關鑰開大城門即時一切衆會皆
見多寶如來於寶塔中坐師子座全身不散
如入禪定又聞其言善哉善哉釋迦牟尼佛
快說是法華經我爲聽是經故而來至此尒

BD03650號　妙法蓮華經卷四　(31–18)

於是釋迦牟尼佛以右指開七寶塔戶出大
音聲如却關鑰開大城門即時一切衆會皆
見多寶如來於寶塔中坐師子座全身不散
如入禪定又聞其言善哉善哉釋迦牟尼佛
快說是法華經我為聽是經故而來至此尒
時四衆等見過去无量千万億劫滅度佛說
如是言歎未曾有以天寶華聚散多寶佛及
釋迦牟尼佛上尒時多寶佛於寶塔中分半
座與釋迦牟尼佛而作是言釋迦牟尼佛可
就此座即時釋迦牟尼佛入其塔中坐其半
座結加趺坐尒時大衆見二如來在七寶塔
中師子座上結加趺坐各作是念佛座高遠
唯願如來以神通力令我等輩俱處虛空即
時釋迦牟尼佛以神通力接諸大衆皆在虛
空以大音聲普告四衆誰能於此娑婆國土
廣說妙法華經今正是時如來不久當入涅
槃佛欲以此妙法華經付囑有在尒時世尊
欲重宣此義而說偈言
聖主世尊　雖久滅度　在寶塔中　尚為法來
諸人云何　不勤為法　此佛滅度　无央數劫
處處聽法　以難遇故　彼佛本願　我滅度後
在在所往　常為聽法　又我分身　无量諸佛
如恒沙等　來欲聽法　及見滅度　多寶如來
各捨妙土　及弟子衆　天人龍神　諸供養事
令法久住　故來至此　為坐諸佛　以神通力

處處聽法　以難遇故　彼佛本願　我滅度後
在在所往　常為聽法　又我分身　无量諸佛
如恒沙等　來欲聽法　及見滅度　多寶如來
各捨妙土　及弟子衆　天人龍神　諸供養事
令法久住　故來至此　為坐諸佛　以神通力
移无量衆　令國清淨　諸佛各各　詣寶樹下
如清淨池　蓮華莊嚴　其寶樹下　諸師子座
佛坐其上　光明嚴飾　如夜闇中　然大炬火
身出妙香　遍十方國　衆生蒙薰　喜不自勝
譬如大風　吹小樹枝　以是方便　令法久住
告諸大衆　我滅度後　誰能護持　讀誦斯經
今於佛前　自說誓言　其多寶佛　雖久滅度
以大誓願　而師子吼　多寶如來　及與我身
所集化佛　當知此意　諸佛子等　誰能護法
當發大願　令得久住　其有能護　此經法者
則為供養　我及多寶　此多寶佛　處於寶塔
常遊十方　為是經故　亦復供養　諸來化佛
莊嚴光飾　諸世界者　若說此經　則為見我
多寶如來　及諸化佛　諸善男子　各諦思惟
此為難事　宜發大願　諸餘經典　數如恒沙
雖說此等　未足為難　若接須彌　擲置他方
无數佛土　亦未為難　若以足指　動大千界
遠擲他國　亦未為難　若立有頂　為衆演說
无量餘經　亦未為難　若佛滅後　於惡世中
能說此經　是則為難　假使有人　手把虛空

无數佛土 亦未為難 若以足指 動大千界
遠擲他國 亦未為難 若立有頂 為衆演說
无量餘經 亦未為難 若佛滅後 於惡世中
能說此經 是則為難 假使有人 手把虛空
而以遊行 亦未為難 於我滅後 若自書持
若使人書 是則為難 若以大地 置足甲上
昇於梵天 亦未為難 佛滅度後 於惡世中
暫讀此經 是則為難 假使劫燒 擔負乾草
入中不燒 亦未為難 我滅度後 若持此經
為一人說 是則為難 若持八万 四千法藏
十二部經 為人演說 令諸聽者 得六神通
雖能如是 亦未為難 於我滅後 聽受此經
問其義趣 是則為難 若人說法 令千万億
无量无數 恒沙衆生 得阿羅漢 具六神通
雖有是益 亦未為難 於我滅後 若能奉持
如斯經典 是則為難 我為佛道 於无量土
從始至今 廣說諸經 而於其中 此經第一
若有能持 則持佛身 諸善男子 於我滅後
誰能護持 讀誦此經 今於佛前 自說誓言
此經難持 若暫持者 我則歡喜 諸佛亦然
如是之人 諸佛所歎 是則勇猛 是則精進
是名持戒 行頭陀者 則為疾得 无上佛道
能於來世 讀持此經 是真佛子 住淳善地
佛滅度後 能解其義 是諸天人 世間之眼
於恐畏世 能須臾說 一切天人 皆應供養

BD03650 號　妙法蓮華經卷四　（31–21）

如是之人 諸佛所歎 是則勇猛 是則精進
是名持戒 行頭陀者 則為疾得 无上佛道
能於來世 讀持此經 是真佛子 住淳善地
佛滅度後 能解其義 是諸天人 世間之眼
於恐畏世 能須臾說 一切天人 皆應供養

妙法蓮華經提婆達多品第十二

尒時佛告諸菩薩及天人四衆 吾於過去无量劫中求法華經无有懈惓 於多劫中常作國王 發願求於无上菩提 心不退轉 為欲滿足六波羅蜜 勤行布施 心无悋惜 象馬七珍 國城妻子 奴婢僕從 頭目髓腦 身肉手足 不惜軀命 時世人民壽命无量 為於法故 捐捨國位 委政太子 擊鼓宣令 四方求法 誰能為我說大乘者 吾當終身供給走使 時有仙人來白王言 我有大乘 名妙法華經 若不違我 當為宣說 王聞仙言 歡喜踊躍 即隨仙人 供給所須 採果汲水 拾薪設食 乃至以身而為床座 身心无惓 于時奉事 經於千歲 為於法故 精勤給侍 令无所乏 尒時世尊欲重宣此義 而說偈言

我念過去劫 為求大法故 雖作世國王 不貪五欲樂
搥鍾告四方 誰有大法者 若為我解說 身當為奴僕
時有阿私仙 來白於大王 我有微妙法 世間所希有
若能脩行者 吾當為汝說 時王聞仙言 心生大喜悅

BD03650 號　妙法蓮華經卷四　（31–22）

我念過去劫 為求大法故 雖作世國王 不貪五欲樂
提鍾告四方 誰有大法者 若為我解說 身當為奴僕
時有阿私仙 來白於大王 我有微妙法 世間所希有
若能脩行者 吾當為汝說 時王聞仙言 心生大喜悅
即便隨仙人 供給於所須 採薪及果蓏 隨時恭敬與
情存妙法故 身心无懈惓 普為諸眾生 勤求於大法
亦不為己身 及以五欲樂 故為大國王 勤求獲此法
遂致得成佛 今故為汝說
佛告諸比丘尒時王者則我身是時仙人者
今提婆達多是由提婆達多善知識故令我
具足六波羅蜜慈悲喜捨三十二相八十種
好紫磨金色十力四无所畏四攝法十八不
共神通道力成等正覺廣度眾生皆因提婆
達多善知識故告諸四眾提婆達多却後過
无量劫當得成佛号曰天王如來應供正遍
知明行足善逝世間解无上士調御丈夫天
人師佛世尊世界名天道時天王佛住世二
十中劫廣為眾生說於妙法恒河沙眾生得
阿羅漢果无量眾生發緣覺心恒河沙眾生
發无上道心得无生忍至不退轉時天王佛
般涅槃後正法住世二十中劫全身舍利起
七寶塔高六十由旬縱廣四十由旬諸天人
民悉以雜華末香燒香塗香衣服瓔珞幢幡
寶蓋伎樂歌頌礼拜供養七寶妙塔无量眾
生得阿羅漢无量眾生悟辟支佛不可思議

七寶塔高六十由旬縱廣四十由旬諸天人
民悉以雜華末香燒香塗香衣服瓔珞幢幡
寶蓋伎樂歌頌礼拜供養七寶妙塔无量眾
生得阿羅漢无量眾生悟辟支佛不可思議
眾生發菩提心至不退轉佛告諸比丘未來
世中若有善男子善女人聞妙法華經提婆
達多品淨心信敬不生疑惑者不墮地獄餓
鬼畜生生十方佛前所生之處常聞此經若
生人天中受勝妙樂若在佛前蓮華化生於
時下方多寶世尊所從菩薩名曰智積白多
寶佛當還本土釋迦牟尼佛告智積曰善男
子且待須臾此有菩薩名文殊師利可與相
見論說妙法可還本土尒時文殊師利坐千
葉蓮華大如車輪俱來菩薩亦坐寶華從於
大海娑竭龍宮自然踊出住虛空中詣靈鷲
山從蓮華下至於佛所頭面敬礼二世尊足
脩敬已畢往智積所共相慰問却坐一面智
積菩薩問文殊師利仁往龍宮所化眾生其
數幾何文殊師利言其數无量不可稱計非
口所宣非心所測且待須臾自當有證所言
未竟无數菩薩坐寶蓮華從海踊出詣靈鷲
山住在虛空此諸菩薩皆是文殊師利之所化
度具菩薩行皆共論說六波羅蜜本聲聞
人在虛空中說聲聞行今皆脩行大乘空義

口所宣非心所測且待須臾自當有論所言
未竟无數菩薩坐寶蓮華從海涌出詣靈鷲
山住在虛空此諸菩薩皆是文殊師利之所化
度具菩薩行皆共論說六波羅蜜本聲聞
人在虛空中說聲聞行今皆脩行大乘空義
文殊師利謂智積曰於海教化其事如是尒
時智積菩薩以偈讚曰
大智德勇猛　化度无量衆　今此諸大會　及我皆已見
演暢實相義　開闡一乘法　廣度諸羣生　令速成菩提
文殊師利言我於海中唯常宣說妙法華經
智積問文殊師利言此經甚深微妙諸經中
寶世所希有頗有衆生勤加精進脩行此經
速得佛不文殊師利言有娑竭羅龍王女年
始八歲智慧利根善知衆生諸根行業得陁
羅尼諸佛所說甚深秘藏悉能受持深入禪
定了達諸法於剎那頃發菩提心得不退轉
辯才无礙慈念衆生猶如赤子功德具足心
念口演微妙廣大慈悲仁讓志意和雅能至
菩提智積菩薩言我見釋迦如來於无量劫
難行苦行積功累德求菩薩道未曾止息觀
三千大千世界乃至无有如芥子許非是菩
薩捨身命處為衆生故然後乃得成菩提道
不信此女於須臾頃便成正覺言論未訖時
龍王女忽現於前頭面礼敬却住一面以偈
讚曰

薩捨身命處為衆生故然後乃得成菩提道
不信此女於須臾頃便成正覺言論未訖時
龍王女忽現於前頭面礼敬却住一面以偈
讚曰
深達罪福相　遍照於十方　微妙淨法身　具相三十二
以八十種好　用莊嚴法身　天人所戴仰　龍神咸恭敬
一切衆生類　无不宗奉者　又聞成菩提　唯佛當證知
我闡大乘教　度脫苦衆生
時舍利弗語龍女言汝謂不久得无上道是
事難信所以者何女身垢穢非是法器云何
能得无上菩提佛道懸曠經无量劫勤苦積
行具脩諸度然後乃成又女人身猶有五障
一者不得作梵天王二者帝釋三者魔王四
者轉輪聖王五者佛身云何女身速得成佛
尒時龍女有一寶珠價直三千大千世界持
以上佛佛即受之龍女謂智積菩薩尊者舍
利弗言我獻寶珠世尊納受是事疾不答言
甚疾女言以汝神力觀我成佛復速於此當
時衆會皆見龍女忽然之間變成男子具菩
薩行即往南方无垢世界坐寶蓮華成等正
覺三十二相八十種好普為十方一切衆生
演說妙法尒時娑婆世界菩薩聲聞天龍八
部人與非人皆遙見彼龍女成佛普為時會
人天說法心大歡喜悉遙敬礼无量衆生聞
法解悟得不退轉无量衆生得受道記

覺三十二相八十種好普為十方一切衆生
演說妙法尒時娑婆世界菩薩聲聞天龍八
部人與非人皆遥見彼龍女成佛普為時會
人天說法心大歡喜悉遥敬礼无量衆生聞
法解悟得不退轉无量衆生得受道記无垢
世界六反震動娑婆世界三千衆生住不退
地三千衆生發菩提心而得受記智積菩薩
及舍利弗一切衆會嘿然信受

妙法蓮華經勸持品第十三

尒時藥王菩薩摩訶薩及大樂說菩薩摩訶
薩與二万菩薩眷屬俱皆於佛前作是誓言
唯願世尊不以為慮我等於佛滅後當奉持
讀誦說此經典後惡世衆生善根轉少多增
上慢貪利供養增不善根遠離解脫雖難可
教化我等當起大忍力讀誦此經持說書寫
種種供養不惜身命尒時衆中五百阿羅漢
得受記者白佛言世尊我等亦自誓願於異
國土廣說此經復有學无學八千人得受記
者從座而起合掌向佛作是誓言世尊我等
亦當於他國土廣說此經所以者何是娑婆
國中人多弊惡懷增上慢功德淺薄瞋濁諂
曲心不實故尒時佛姨母摩訶波闍波提比
丘尼與學无學比丘尼六千人俱從座而起
一心合掌瞻仰尊顏目不暫捨於時世尊告

BD03650號　妙法蓮華經卷四　（31–27）

國中人多弊惡懷增上慢功德淺薄瞋濁諂
曲心不實故尒時佛姨母摩訶波闍波提比
丘尼與學无學比丘尼六千人俱從座而起
一心合掌瞻仰尊顏目不暫捨於時世尊告
憍曇弥何故憂色而視如來汝心將无謂我
不說汝名授阿耨多羅三藐三菩提記耶憍
曇弥我先捴說一切聲聞皆已授記今汝欲
知記者將來之世當於六万八千億諸佛法
中為大法師及六千學无學比丘尼俱為法
師汝如是漸漸具菩薩道當得作佛号一切
衆生憙見如來應供正遍知明行足善逝世
間解无上士調御丈夫天人師佛世尊憍曇
弥是一切衆生憙見佛及六千菩薩轉次授
記得阿耨多羅三藐三菩提尒時羅睺羅母
耶輸陁羅比丘尼作是念世尊於授記中獨
不說我名佛告耶輸陁羅汝於來世百千万億
諸佛法中脩菩薩行為大法師漸具佛道於
善國中當得作佛号具足千万光相如來應
供正遍知明行足善逝世間解无上士調御
丈夫天人師佛世尊佛壽无量阿僧祇劫尒
時摩訶波闍波提比丘尼及耶輸陁羅比丘
尼并其眷屬皆大歡喜得未曾有即於佛前
而說偈言
世尊導師　安隱天人　我等聞記　心安具足

BD03650號　妙法蓮華經卷四　（31–28）

尼并其眷屬皆大歡喜得未曾有即於佛前
而說偈言
世尊導師　安隱天人　我等聞記　心安具足
諸比丘尼說是偈已白佛言世尊我等亦能
於他方國土廣宣此經尒時世尊視八十万
億那由他諸菩薩摩訶薩是諸菩薩皆是阿
惟越致轉不退法輪得諸陀羅尼即從座起
至於佛前一心合掌而作是念若世尊告勑
我等持說此經者當如佛教廣宣斯法復作
是念佛今嘿然不見告勑我當云何時諸菩
薩敬順佛意并欲自滿本願便於佛前作師
子吼而發誓言世尊我等於如來滅後周旋
往反十方世界能令衆生書寫此經受持讀
誦解說其義如法脩行正憶念皆是佛之威
力唯願世尊在於他方遥見守護即時諸菩
薩俱同發聲而說偈言
唯願不為慮　於佛滅度後　恐怖惡世中　我等當廣說
有諸无智人　惡口罵詈等　及加刀杖者　我等皆當忍
惡世中比丘　邪智心諂曲　未得謂為得　我慢心充滿
或有阿練若　納衣在空閑　自謂行真道　輕賤人間者
貪著利養故　與白衣說法　為世所恭敬　如六通羅漢
是人懷惡心　常念世俗事　假名阿練若　好出我等過
而作如是言　此諸比丘等　為貪利養故　說外道論議
自作此經典　誑惑世間人　為求名聞故　分別於是經

BD03650號　妙法蓮華經卷四　（31-29）

貪著利養故　與白衣說法　為世所恭敬　如六通羅漢
是人懷惡心　常念世俗事　假名阿練若　好出我等過
而作如是言　此諸比丘等　為貪利養故　說外道論議
自作此經典　誑惑世間人　為求名聞故　分別於是經
常在大衆中　欲毀我等故　向國王大臣　婆羅門居士
及餘比丘衆　誹謗說我惡　謂是邪見人　說外道論議
我等敬佛故　悉忍是諸惡　為斯所輕言　汝等皆是佛
如此輕慢言　皆當忍受之　濁劫惡世中　多有諸恐怖
惡鬼入其身　罵詈毀辱我　我等敬信佛　當著忍辱鎧
為說是經故　忍此諸難事　我不愛身命　但惜无上道
我等於來世　護持佛所囑　世尊自當知　濁世惡比丘
不知佛方便　隨宜所說法　惡口而顰蹙　數數見擯出
遠離於塔寺　如是等衆惡　念佛告勑故　皆當忍是事
諸聚落城邑　其有求法者　我皆到其所　說佛所囑法
我是世尊使　處衆无所畏　我當善說法　願佛安隱住
我於世尊前　諸來十方佛　發如是誓言　佛自知我心

妙法蓮華經卷第四

BD03650號　妙法蓮華經卷四　（31-30）

惡鬼入其身 罵詈毀辱我 我等敬信佛 當著忍辱鎧
為說是經故 忍此諸難事 我不愛身命 但惜无上道
我等於來世 護持佛所囑 世尊自當知 濁世惡比丘
不知佛方便 隨宜所說法 惡口而顰蹙 數數見擯出
遠離於塔寺 如是等衆惡 念佛告勑故 皆當忍是事
諸聚落城邑 其有求法者 我皆到其所 說佛所囑法
我是世尊使 處衆无所畏 我當善說法 願佛安隱住
我於世尊前 諸來十方佛 發如是誓言 佛自知我心
妙法蓮華經卷第四

BD03650號　妙法蓮華經卷四　（31–31）

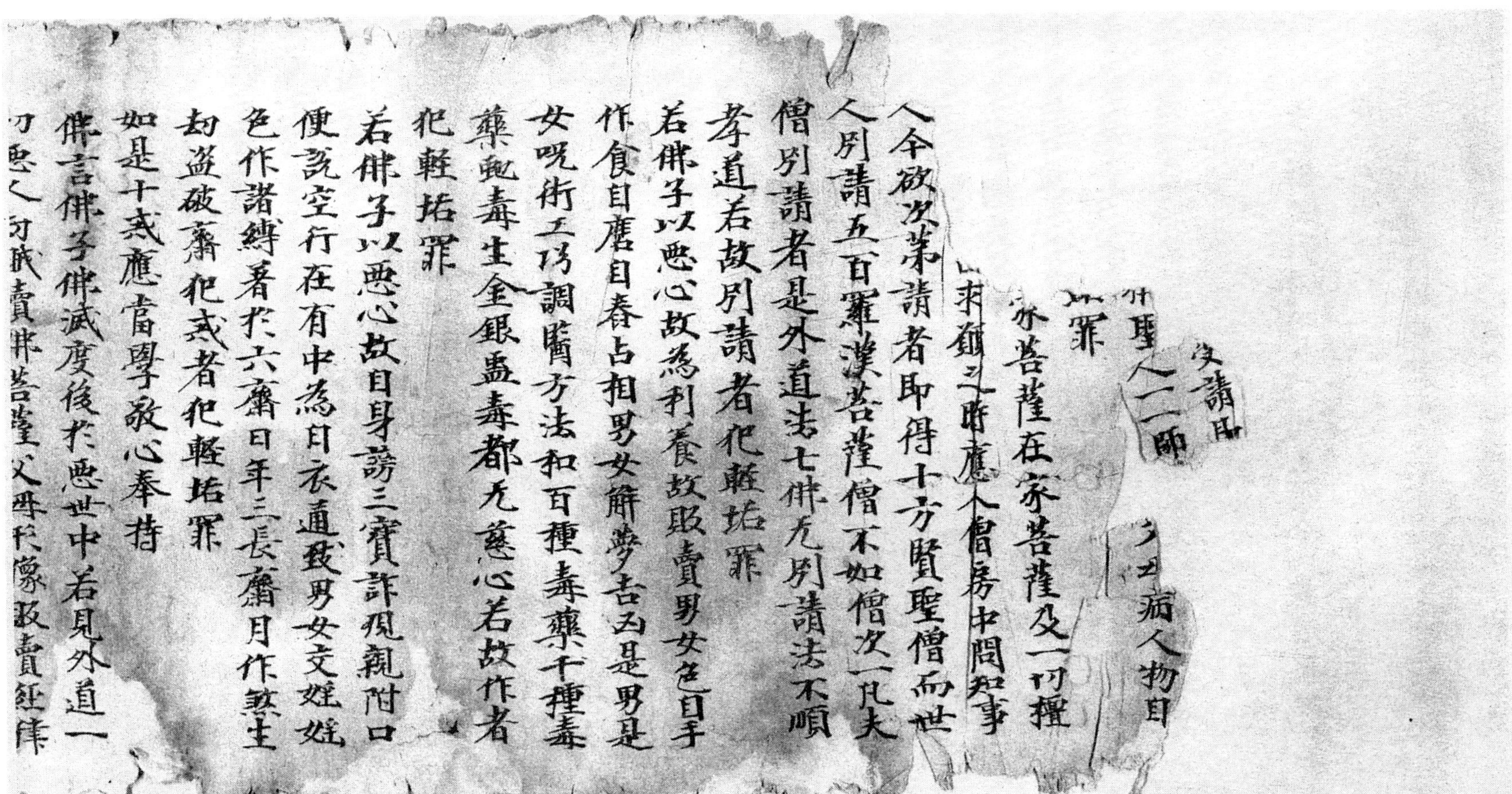

受請田……病人物自
聖人一二師
罪
家菩薩在家菩薩及一切檀
求願之時應入僧房中問知事
人今欲次第請者即得十方賢聖僧而世
人別請五百羅漢菩薩僧不如僧次一凡夫
僧別請者是外道法七佛无別請法不順
孝道若故別請者犯輕垢罪
若佛子以惡心故為利養故販賣男女色自手
作食自磨自舂占相男女解夢吉凶是男是
女呪術工巧調鷹方法和百種毒藥千種毒
藥蛇毒生金銀蠱毒都无慈心若故作者
犯輕垢罪
若佛子以惡心故自身謗三寶詐現親附口
便說空行在有中為白衣通致男女交媾婬
色作諸縛著於六齋日年三長齋月作煞生
劫盜破齋犯戒者犯輕垢罪
如是十戒應當學敬心奉持
佛言佛子佛滅度後於惡世中若見外道一
切惡人劫賊賣佛菩薩父母形像販賣經律

BD03651號　梵網經盧舍那佛說菩薩心地戒品第十卷下　（9–1）

色作諸經著於六齋日年三長齋月作煞生
劫盜破齋犯戒者犯輕垢罪
如是十戒應當學敬心奉持
佛言佛子佛滅度後於惡世中若見外道一
切惡人劫賊賣佛菩薩父母形像販賣經律
販賣比丘比丘尼亦賣發心菩薩道人或為
官使與一切人作奴婢者而菩薩見是事已應
生慈心方便救護處處教化取物贖佛菩薩
形像及比丘比丘尼一切經律若不贖者犯輕
垢罪
若佛子不得畜刀杖弓箭販賣輕秤小斗因官
形勢取人財物害心繫縛破壞成功長養猫
狸猪狗若故養者犯輕垢罪
若佛子以惡心故觀一切男女等鬪軍陣兵將劫
賊等鬪亦不得聽吹貝鼓角琴瑟箏笛箜篌
歌叫伎樂之聲不得摴蒱圍基波羅塞戲彈
基六博拍毬擲石投壺八道行城爪鏡蓍草
楊枝鉢盂髑髏而作卜筮不得作盜賊使命
一一不得作若故作者犯輕垢罪
若佛子護持禁戒行住坐臥日夜六時讀誦
是戒猶如金剛如帶持浮囊欲渡大海如草繫
比丘常生大乘信自知我是未成之佛諸佛是已
成之佛發菩提心念念不去心若起一念二乘外
道心者犯輕垢罪
若佛子常應發一切願孝順父母師僧常願得

是戒猶如金剛如帶持浮囊欲渡大海如草繫
比丘常生大乘信自知我是未成之佛諸佛是已
成之佛發菩提心念念不去心若起一念二乘外
道心者犯輕垢罪
若佛子常應發一切願孝順父母師僧常願得
好師僧同學善友知識常教我大乘經律十
發趣十長養十金剛十地使我開解如法修行
堅持佛戒寧捨身命念念不去心若一切菩薩
不發是願者犯輕垢罪
若佛子發十大願已持佛禁戒作是願言寧以
此身投大熾然猛火大坑刀山終不毀犯三世
諸佛經律與一切女人作不淨行復作是願寧
以熱鐵羅網千重周匝纏身終不以破戒之身受
信心檀越一切衣服復作是願寧以此口吞熱鐵丸
及大流猛火經百千劫終不以破戒之口食信心
檀越百味飲食復作是願寧以此身臥大猛
火羅網熱鐵地上終不以破戒之身受信心檀
越百種床坐復作是願寧此身受三百鉾刺終
不以破戒之身受信心檀越百味醫藥復作是
願寧以此身投熱鐵鑊千劫終不以破戒之身受
信心檀越千種房舍屋宅園林田地復作是願
寧以鐵鎚打碎此身從頭至足令如微塵終不以
破戒之身受信心檀越恭敬禮拜復作是願寧
以百千熱鐵刀鉾挑其兩目終不以破戒之心視他
好色復作是願寧以百千鐵錐鑱刺耳根經一劫

寧以鐵鎚打碎此身從頭至足令如微塵終不以
破戒之身受信心檀越恭敬礼拜復作是願寧
以百千熱鐵刀鉾挑其兩目終不以破戒之心視他
好色復作是願寧以百千鐵錐鑱刾耳根經一劫
二劫終不以破戒之心聽好音聲復作是願寧
以百千刃刀割去其鼻終不以破戒之心貪嗅諸
香復作是願寧以百千刃刀割去其舌終不
以破戒之心食人百味淨食復作是願寧以
利斧斫破其身終不以破戒之心貪著好觸復
作是願願一切衆生悉得成佛而菩薩若不
發是願者犯輕垢罪
若佛子常應二時頭陀冬夏坐禪結夏安居
常用楊枝澡豆三衣瓶鉢坐具錫杖香爐漉
水囊手巾刀子火燧鑷子繩床經律佛像
菩薩形像而菩薩行頭陀時及遊方時行來
時百里千里此十八種物常隨其身頭陀者從
正月十五日至三月十五日八月十五日至十月
十五日是二時中十八種物常隨其身如鳥二
翼若布薩日新學菩薩半月半月布薩
誦十重四十八輕戒時於諸佛菩薩形像前
一人布薩即一人誦若二若三乃至百千人
亦一人誦誦者高坐聽者下坐各各披九條七
條五條袈裟結夏安居一一如法若頭陀時莫
入難處若國王土地高下草木深邃師子
[illegible]

BD03651號　梵網經盧舍那佛說菩薩心地戒品第十卷下

（9–4）

亦一人誦誦者高坐聽者下坐各各披九條七
條五條袈裟結夏安居一一如法若頭陀時莫
入難處若國王土地高下草木深邃師子
虎狼水火惡風劫賊毒虵道路一切難處
悉不得入若頭陀行道乃至坐夏安居是
諸難處皆不得入若故作者犯輕垢罪
若佛子應如法次第坐先受戒者在前坐
後受戒者在後坐不問老少比丘比丘尼貴
人國王王子乃至黃門奴婢皆應先受戒者
在前坐後受戒者隨次第坐莫如外道癡
人若老若少无前无後坐无次第兵奴之法
我佛法中先者先坐後者後坐而菩薩不次
第坐者犯輕垢罪
若佛子常應教化一切衆生建立僧房山林
園田立作佛塔冬夏安居坐禪處所一切行道
處皆應立之而菩薩應為一切衆生講說大乘
經律若疾病國難賊難父母兄弟和上阿闍
梨亡滅之日及三七日四五七日亦應講說大乘
經律齋會求福行來治生大火所燒大水所
漂黑風所吹船舫江河大海羅剎之難乃至一
切罪報三惡七逆八難杻械枷鏁繫縛其身
多婬多嗔多愚癡多疾病皆應讀誦講說大
乘經律而新學菩薩若不尒者犯輕垢罪
如是九戒應當學敬心奉持
佛言佛子與人受戒時不得簡擇一切國王王子

BD03651號　梵網經盧舍那佛說菩薩心地戒品第十卷下

（9–5）

多婬多嗔多愚癡多疾病
乘經律而新學菩薩若不尒者犯輕垢罪
如是九戒應當學敬心奉持
佛言佛子與人受戒時不得簡擇一切國王王子
大臣百官比丘比丘尼信男信女婬男婬女十八
梵六欲天无根二根黃門奴婢一切鬼神盡得
受戒應教身所著袈裟皆使壞色與道相應
人所著衣服比丘皆應與其俗服有異若欲受戒
時師應問言汝現身不作七逆罪耶菩薩法師
不得與七逆人現身受戒七逆者出佛身血煞父
母和上阿闍梨破羯磨轉法輪僧煞聖人若具
七遮即身不得戒餘一切人得受戒出家人法不
向國王礼拜六親不敬鬼神不礼但解法師語有
百里千里来求法者而菩薩法師以惡心瞋心
而不即與授一切衆生戒者犯輕垢罪
若佛子教他人起信心時菩薩與他人作教戒法
師者見欲受戒人應教請二師和上阿闍梨二師
應問言汝有七遮罪不若現身有七遮師不得
與受无七遮者得受若有犯十戒者應教懺悔
在佛菩薩形像前日日六時誦十重四十八輕戒
苦到礼三世千佛得見好相若一七日二三七日乃
至一年要見好相好相者佛来摩頂若見光華
種種異相便得滅罪若无好相雖懺无益是現
身亦不得戒而得增受戒若犯四十八輕戒者對
手懺悔不同七遮而教戒師於是法中應一一好

至一年要見好相好相者佛来摩頂若見光華
種種異相便得滅罪若无好相雖懺无益是現
身亦不得戒而得增受戒若犯四十八輕戒者對
手懺悔不同七遮而教戒師於是法中應一一好
解若不解大乘經律若輕若重是非之相不解
第一義諦習種性長養性不可壞性道種性正
法性其中多少觀行出入十禪支於一切行法一一
不得此法中意而菩薩為利養故為名聞故
惡求貪利弟子而詐現解一切經律是自欺詐
他人與人受戒者犯輕垢罪
若佛子不得為利養於未受菩薩戒者前外
道惡人前說此千佛大戒耶見人前亦不得說除
國王餘一切人不得說是惡人輩不受佛戒名為
畜生生生不見三寶如木石无心名為外道耶
見人輩木頭无異而菩薩於是惡人前說七佛
教戒者犯輕垢罪
若佛子以信心出家受佛正戒故起心毀犯聖戒
者不得受一切檀越供養亦不得國王地上行
不得飲國王水五千大鬼常遮其前鬼言大賊若
入房舍城邑宅中鬼復常掃其脚跡一切世人罵
言佛法中賊一切衆生眼不欲見犯戒之人畜生
无異木頭无異若毀正戒者犯輕垢罪
若佛子常應一心受持讀誦剝皮為紙刺血為
墨以髓為水析骨為筆書寫佛戒木皮穀紙

言佛法中賊一切衆生眼不欲見犯戒之人畜生
无異木頭无異若毀正戒者犯輕垢罪
若佛子常應一心受持讀誦剥皮爲紙刺血爲
墨以髓爲水析骨爲筆書寫佛戒木皮穀紙
絹素亦應悉書持常以七寶无價香華一切雜寶
爲箱囊盛經律卷若不如法供養者犯輕垢
罪
若佛子常起大悲心若入一切城邑舍宅見一
切衆生應唱言汝等衆生盡應受三歸十戒若見
牛馬猪羊一切畜生應心念口言汝是畜生發
菩提心而菩薩入一切山林川野皆使一切衆
生發菩提心是菩薩若不教化衆生者犯輕垢
罪
若佛子常行教化起大悲心入檀越貴人家
一切衆中不得立爲白衣說法應白衣前衆高
坐上座法師比丘不得地立爲四衆說法若說
法時法師高座香華供養四衆聽者下坐如孝
順父母敬順師教如事火婆羅門其說法者
犯輕垢罪
若佛子皆以信心受戒者若國王王子百官
四部弟子自恃高貴破滅佛法戒律明作制
法制我四部弟子不聽出家行道亦復不聽
造立形像佛塔經律破三寶之罪而故作破法
者犯輕垢罪
若佛子以好心出家而爲名聞利養於國王

BD03651號　梵網經盧舍那佛說菩薩心地戒品第十卷下　（9–8）

犯輕垢罪
若佛子皆以信心受戒者若國王王子百官
四部弟子自恃高貴破滅佛法戒律明作制
法制我四部弟子不聽出家行道亦復不聽
造立形像佛塔經律破三寶之罪而故作破法
者犯輕垢罪
若佛子以好心出家而爲名聞利養於國王
百官前說七佛戒横與比丘比丘尼菩薩弟
子繫縛如師子身中虫自食師子肉非外道
天魔能破佛戒若受佛戒者應護佛戒如念
一子如事父母而聞外道惡人以惡言謗佛
戒時如三百鉾刺心千刀万杖打拍其身等无
有異寧自入地獄百劫而不用一聞惡言破佛
戒之聲而况自破佛戒教人破法因緣孝順心
若故作者犯輕垢罪
如是九戒應當學敬心奉持
諸佛子是四十八輕戒汝等受持過去諸菩
薩已誦未來諸菩薩當誦現在諸菩薩今
誦佛子聽十重四十八輕戒三世諸佛已誦當
誦今誦我今亦如是誦汝等一切大衆若國王

BD03651號　梵網經盧舍那佛說菩薩心地戒品第十卷下　（9–9）

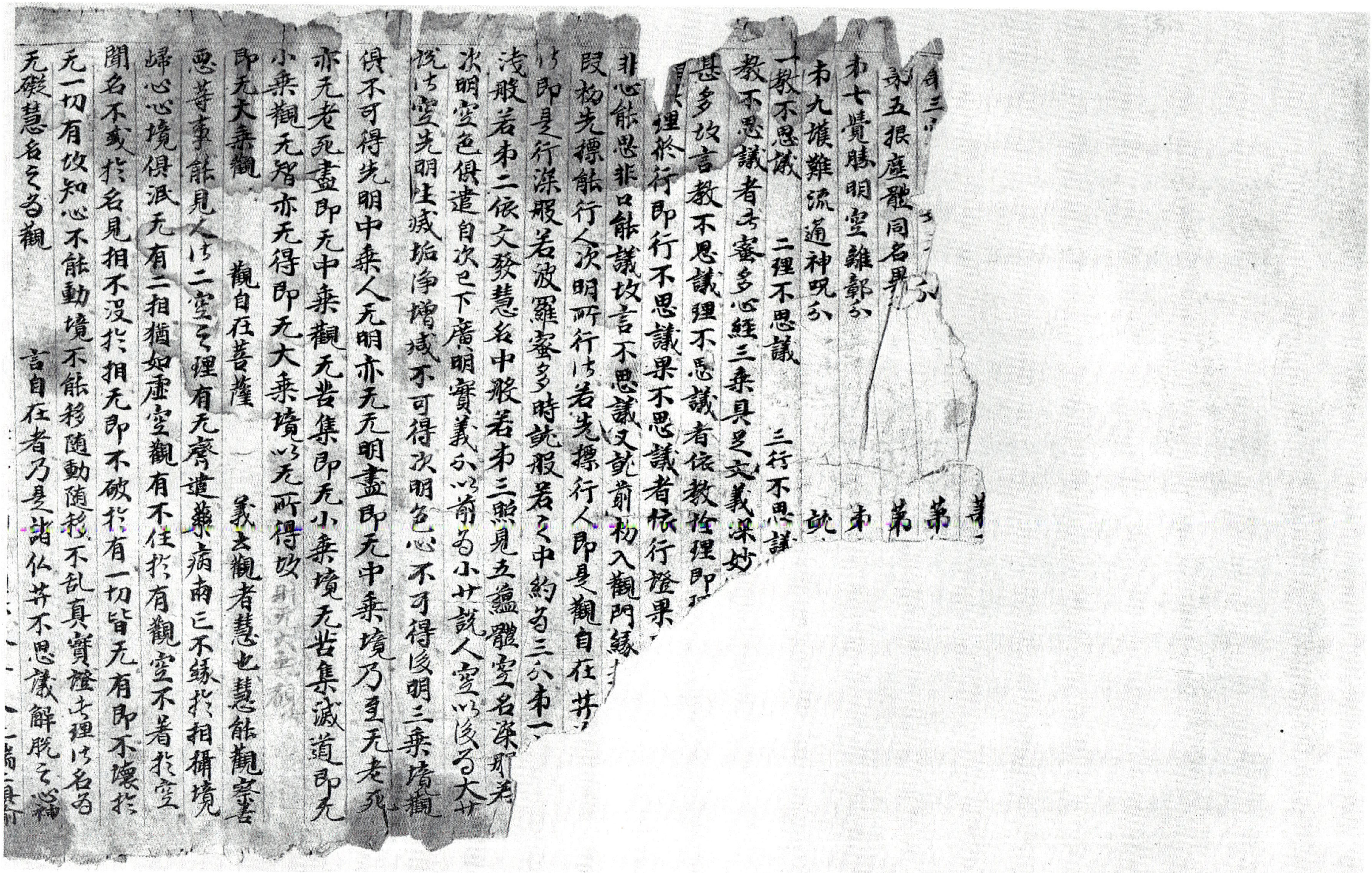
第三
弟五根塵體同名界分
弟七覺勝明空雜鄣分
弟九護難流通神呪分
一教不思議　二理不思議　三行不思議
教不思議者此蜜多心經三乘具足文義深妙
甚多故言教不思議理不思議者依教詮理即理
理於行即行不思議果不思議者依行證果
非心能思非口能議故言不思議又就前初入觀門緣
段初先標能行人次明所行法若先標行人即是觀自在菩
法即是行深般若波羅蜜多時就般若之中約為三分弟一
淺般若弟二依文發慧名中般若弟三照見五蘊體空名深般若
次明空色俱遣自次已下廣明實義分以前為小菩說人空以後為大菩
說法空先明生滅垢淨增減不可得次明色心不可得後明三乘境觀
俱不可得先明中乘人无明亦无无明盡即无中乘境乃至无老死
亦无老死盡即无中乘觀无苦集即无小乘境无苦集滅道即无
小乘觀无智亦无得即无大乘境以无所得故
即无大乘觀　觀自在菩薩　義云觀者慧也慧能觀察善
惡等事能見人法二空之理有无齊遣藥病兩亡不緣於相構境
歸心心境俱泯无有二相猶如虛空觀有不住於有觀空不著於空
聞名不惑於名見相不沒於相无即不破於有一切皆无有即不壞於
无一切有故知心不能動境不能移隨動隨移不亂真實證此理法名為
无礙慧名之為觀　言自在者乃是諸佛菩薩不思議解脫之心神

BD03652號　般若波羅蜜多心經疏（智詵疏）

歸心心境俱泯无有二相猶如虛空觀有不住於有觀空不着於空
聞名不惑於名見相不沒於相无即不破於有一切皆无有即不壞於
无一切有故知心不能動境不能移隨動隨移不亂真實證法理法名為
无礙慧名之為觀　言自在者乃是諸仏菩薩不思議解脫之心神
通自在之力菩薩乃能毛端吸於巨海芥子納於須弥芥子及毛端二俱喻
心須弥大海二俱境喻菩薩正念須弥大海之時須弥大海正在菩薩心念中
即是芥子納於須弥毛端吸於巨海心喻芥子芥子不大境喻須弥須
弥不小而能容受不寬不窄乾坤宛然本相如故即是諸仏菩薩不思議
解脫之心自在神通之力也所以然者一切諸法以心為本心生故即種
種法生心滅故即種種法滅三界六道本由自是心生淨土穢土悉由心
造心外无別境境外无別心心外无境无境故无心境外无心无心故
无境无心无境名為般若先明自在說法顯勝於觀无滯內外无明徹
即妄想不生法界常安觸途皆妙齊物稱心故云自在若被妄想翳
障真如即遍周法界觸事皆礙不名自在又言自在者觀色空眼
自在觀聲空耳自在觀香空鼻自在觀味空舌自在觀觸空身自
在觀法塵空即意自在觀心空即內自在所觀境不實即外自在
觀照內外人法俱空即心无障礙故言觀自在行者等若不以法智
慧觀諸法空即攀緣心起由心起故即取塵造業由業成就即名
業鄣之人聖道不名自在乃為煩惱鏁无明鏁妄想鏁名相鏁貪嗔
癡鏁之諸衆生於五蘊枉繞廿五有循環六道經歷三塗恒受諸苦菩
名自在菩薩者是西域名尒名菩提質諦菩埵此云道心衆生菩提名道
質諦名心菩埵名衆生道者通達佛道義通謂虛通達謂了之達
之人法俱空現行陰眼習氣俱滅煩惱悉盡而无障礙空不礙空之
不礙空以空為空以空為空故即非空以為有空故即非
空非空非空故名為道即如世間之道若為荊棘藂林塊穽坑壕
障人行路不名為道若人起貪嗔癡坑塹深六塵能障智慧只六
度不通即一切俱礙不名為道即心如道即道如心一體一合故名為
道又菩薩者菩之言普薩之言濟普濟有情故云菩薩又云菩之言結薩之
言散煩惱垢結因此智慧而得解脫散故言菩薩
行深般若波羅蜜多時　義云行者以无漏智照見六根六識
六塵五蘊十二入觀心不關與理相應念念進取真如之理无時暫捨故
名為行深者了達人法俱空色心齊遣境觀兩亡出於心量之表離
於言說之外非口所宣非心所測非二乘境界唯仏與仏乃能知之故名

BD03652號　般若波羅蜜多心經疏（智誑疏）

言散煩惱垢結因此智慧而得解脫散故言菩
行深般若波羅蜜多時　義云行者以无漏智照見六根六識
六塵五蘊十二入觀心不關与理相應念念進取真如之理无時暫捨故
名爲行深者了達人法俱空色心齊遣境觀兩亡出於心量之表離
於言說之外非口所宣非心所測非二乘境界唯佛与佛乃能知之故名
爲深般若者有二義一清淨勝妙義二是智慧義智能觀有慧能
觀空空有俱遣名爲智慧波羅蜜者亦有二義一是此岸義二是彼
岸義此岸復有二種一是分段生死二是變易生死生死者是二
乘此岸分段生死者是凡夫此岸彼岸者有其五種一是教彼岸
二是理彼岸三是境彼岸四是行彼岸五是果彼岸又云三界火
宅有爲生死即是此岸出離生死證得菩提即是彼岸善男子若
用此般若方便之船運載衆生得度生死煩惱之津超出淤泥
即到菩提清昇彼岸故曰波羅也蜜多者亦有二義一是離義二
是到義到者乘因至果到菩提離者能用无漏智遠離生死大苦
海故即得清淨勝妙智慧到彼岸也　問曰生死爲此岸菩提
爲彼岸未審中間體性如何　荅曰若離變易未至菩提其
中間名爲无漏種既非二邊亦名中道道義時者諸佛菩薩
之時名之爲時座下聽衆悟道之時名之爲時譬如千年暗室
之屋明燈纔照暗境即无一切衆生從无始生死已來及以今身无
明被底煩惱蔽障造種種惡業熏在識中成就无量无邊三塗
種子若以智慧反照心源一念之間所有一切業鄣報鄣煩惱鄣
悉皆消滅即渡生死煩惱大海得至菩提彼岸之時七七一唱雖有多
意不同惣明初入觀門緣起分自此已下第二明了蘊虛通度苦
照見蘊皆空度一切苦厄　義曰照見者慧也如燈照暗
燈至而暗除心鏡高懸慧生而无明滅又云照者心也見者眼也心
眼清淨所觀之境一切万法幻化生滅皆悉是空虛妄不實名爲
照見五蘊者以積聚爲義色受想行識是也質礙爲色領納爲受
取捨爲想造作名行了別爲識此之五種皆由妄想積聚諸業以
成其身蔭蓋衆生身中佛性不得顯現名之爲蘊亦名五蘊蔭
釋有五義衆生若能了達即能觀色猶如聚沫不可撮摩一切衆
生執著名利經求財色至死不休名爲色蘊若能觀受如泡不得
久立受者領納爲義因眼見色納在心識貪愛取著爲生死業若
爲受蘊若能觀想如陽焰從渴愛生想者緣慮爲義思想計

成其身蔭蓋衆生身中佛性不得顯現名之為蘊亦名五蘊蔭
釋有五義衆生若能了達即能觀色猶如聚沫不可撮摩一切衆
生執著名利經求財色至死不休名為色蘊菩薩觀受如泡不得
久立受者領納為義因眼見色納在心識貪愛取著為生死業
為受蘊菩薩觀想如陽焰從渴愛生想者緣慮為義思想計
念五欲境界受煩惱苦不得解脫名為想蘊菩薩觀行如芭蕉中
无有堅實行者遷流造作為義心有貪求馳ゝ碌ゝ終日覓度經
求財色不知猒知名為行蘊菩薩觀識如幻化識者了別為義見
世善惡隨心即憘違意即嗔妄生執著分別是非鄙諸聖道名
為識蘊皆空者幻化不實愚人見之為實智者了達一一蘊蔭中
觀其體性无有一實理寂无染妄想不生故曰皆空度一切苦厄者
略而言之三界四生俱同一體各由過去无明業愛以為因緣熏善成
惡果報差別皆依五蘊而起八苦三界受生不得解脫名為苦厄八
苦者　一貧窮困苦　二愛別離苦　三怨憎會苦　四求不得苦
五生苦　六老苦　七病苦　八死苦　又一一釋之貧窮困苦者皆
由過去不修六度今生受報辛苦經求皆不如意名貧窮
困苦　愛別離苦者或時父母兄弟眷屬少亡老長
從離別恩愛情深啼啼大哭憂悲苦惱之所燒煮名愛
別離苦　怨憎會苦者或時夫妻不和男女不孝或
遇惡眷屬遞相酬害至死不休並是怨家惡業相對名
怨憎會苦　生苦者前生種苦因今生受苦果飢寒並至
王役辛鍾鞭脊打背受諸苦痛名為生苦　老苦者鬚白
面皺著杖盈步將死不久肚如鮮袋背似龜文耳聾眼暗
貧窮无子苦痛悲酸不能起止故名老苦　病苦者无問
老少病患纏身困在牀枕屎尿臭穢不淨流溢蟣蝨諸虫
而集其上怨怖變拔如是求生不得求死不得考楚万端
受其苦痛　死苦者臨命終時慌言寐語努眼降聲揎拳
捋肘兩手摸空白汗流出精神撩亂始得命終魂將歸惡
道地獄受苦无有出期名為死苦　又五藏盛蔭苦一者
五盛蔭二者三毒盛三者財色盛當之盛時不避火坑不畏
刀劍造作惡業受大苦痛煩惱名為五盛蔭苦　若人在世
樂修功德行六波羅蜜悟解大乘即生西方受諸快樂得
度一切生死苦海故言照見五蘊皆空度一切苦厄　問曰界
有五蘊ゝゝ以為苦无色界中无色蘊應當无八苦　答曰无

BD03652號　般若波羅蜜多心經疏（智詵疏）

（15–4）

道地指受苦无有出其……

五盛陰二者三毒盛三者財色盛當之盛时不避火坑不畏
刀劍造作惡業受大苦痛煩惱名為五盛陰苦　若人在世
樂修功德行共波羅蜜悟解大乘即生西方受諸快樂得
度一切生死苦海故言照見五蘊皆空度一切苦厄　問曰界
有五〻蘊〻以為苦无色界中无色蘊應當无八苦　荅曰无
色界中雖无麁色細色仍存世尊入涅時无色界諸天淚下
如雨若无有色淚從何來細色未亡識種由在雖居八空見
相未除來往循環不離八苦向來所說雖有多意不同總明了
蘊虛通苦度厄分自此已下第三明空色一如无二分
舍利子色不異空空不異色色即是空空即是色
義曰舍利子者是應機人也真化无跡故不立於師代化之機
遂約人為字舍利子〻者是鶖也色不異空空不異色者廣
明實義以顯真宗證空之緣必須滅色〻形色也空形空也
凡夫迷故以空為色聖人悟達即色是空今言色性自空非
空故空之性自色非色故色是知非色故即无色可色非空故
即无空可空遂乃非空非色可謂真色非色非空可謂真空
當知空內无色〻外无空〻色一如故言不異
義曰色是質礙也空是虛通也
色性自空非色滅空故言色不異空若除色取空〻是心家境
還被空礙即名為色故言不空異色若除色取空心不孤起必
託境而生心既不存境何能有容由心妄起即妄有境色〻之性
本空故言色即是空若心緣空即被空礙故言空即是色
猶如何等譬如有人兩目俱昧在路獨行其道兩邊俱有深
坑其人不見或落道東或落道西常欲入坑不見正路道逢一
人引向中道免墮深坑一切衆生亦復如是為諸煩惱蔽於慧目
妄起執心聞說色不異空即執空是有為說空不異色即執色
是空為說色即是空還執空為實等為說空即是色還執
等為實空妄執不除必竟逐語尋聲不見中道為之執心遣
除未盡今以四重翻覆心境方始窮源譬如有人兩目俱昧者是
凡夫二乘人也慧眼未開不見中道兩畔深坑者執斷執常執
空執色常起等无二邊惡見等是也路逢一人者即是諸佛如
來是教離深坑者離兩邊惡見等是為說廿提正路者即是

亦言實空亦韓不隨必竟遠語尋聲不見中道是亡執心遣
除未盡今以四重翻覆心境方始窮源譬如有人兩目俱眛者是
凡夫二乘人也慧眼未開不見中道兩畔深坑者執斷執常執
空執色常起於无二邊惡見等是也路逢一人者即是諸仏如
来是教避深坑者離兩邊惡見等是為說廿提正路者即是
至心亦空空亦与色皆是自心妄想所變了知心境不二故言色不
異空受想行識亦復如是心法四重翻覆不同故言空不異色亡
四蔭者雖有異名惣稱一心為主如彼四大同名為色釋与色
义不殊故言亦復如是亡之一唱色心翻覆四種不同惣明空色
一如无二亦自亡已下第四明垢淨唯真无妄分
義曰亡破生滅垢淨增減无有二想舍利子是身毋名舍利因毋
得名故名舍利子是諸法空相者五蘊十二入十八界之類體性
俱空故名空相心法不一故名為諸法之不生滅不為見若諸法即
有法生等法有主即有法滅若无諸法即无法可生等无諸法從
何有滅猶如翳眼人妄見空花亡空花本无體性但為妄想翳
於慧目於法體上而起妄心見有生滅衆生若以智慧反照心源
妄想體空即无生滅故言不生不滅　不垢不淨者凡
夫煩惱未除貪求見在而起人執則名為垢二乘煩惱以盡貪嗔
復離而證人空則名為淨維摩經云取我是垢不取我是淨故執
我是垢不執我淨是中論云諸仏或說我或說於无我說法實相
中无我非无我故知我与无我二俱不可得經垢云非垢门非淨门
是菩门故名不垢不淨　不增不減者真如理體沉淪六道
必滅少得出三界不必增多在纏名如来藏出纏名為法身出入
語言雖殊真如法體本来无別以法為性身无有障礙猶如虛空
无有損減故言不增不減
義曰亡為重破色心二法前舉五蘊
皆空恐不了義為亡重弉色心各无自性故言是故空中无色无
受想行識向来所說雖有多意不同惣明垢淨唯真无妄分自
亡以下第五明根塵體同名異分
義曰亡為破執有十八界无眼耳鼻舌
身意者亡觀六根空云何是空眼中皮肉為地大濕潤為水大
煖性為火大動轉為風大未有四大无自性眼根既有四大无

受想行諸[illegible]來所說雖有多意不同惣明垢淨唯真无妄亦自
此以下第五明根塵體同名異分
義曰此為破執有十八界无眼耳鼻舌
身意者此觀六根空云何是空眼中皮肉為地大濕潤為水大
煖性為火大動轉為風大未有四大无自性眼根既有四大无
他性眼根无自无他即眼根性既空耳鼻舌身意亦復如是意
根中四大者執心堅固為地大愛心濡滑濕潤為水大嗔心熱惱
為火大流轉造作貪心取境為風大未有四大无自體意根已
有四大无他性意根无自无他意根性既空空亦无意
問曰四大自性有假他有 答曰四大无自性假他四塵成四大何
者為四塵 答色香味觸是四塵問曰色是地不是色非地
香為是地不是香非地味是地不是味非地觸是地不是觸非地
味有四塵无自性地以有四塵无他性地无自无他地性既是空空亦
无地水大風地大亦復如是 答曰四塵成四大大亦是
有諸根亦不虛諸根體性空假我明非有
義曰因眼根
故而有色塵為有六根而有六塵根性皆空所對諸塵塵非
有六根對六塵中間發六識因有根塵發生六識云何發生
答曰因有色塵發眼識生諸根並准此由不達塵從妄想起遂
染汙淨心所以稱塵能為一切煩惱根本熏入本識成无量三
界四生種子也輪六迴趣无有休息云何名煩惱云何名貪嗔癡
答曰以眼緣色名之為煩色來觸目目之為惱六識緣六塵名
之為煩六塵觸六識目之為惱貪嗔癡者以眼緣色好即生貪
惡即生嗔分別好惡名之為癡一一眼中妄生分別起諸煩惱並
名為癡 問曰作何觀行得免身中貪嗔癡煩惱
答曰若能澄心向內反照根塵體不可得即名空門諸塵皆虛
妄即是无相門識諸无生滅即名无願門三處无所有即名三
空門三處不被繫縛故名三解脫門能通達六塵故亦名六度門
識諸俱寂滅亦名真如門六識滅即无煩六塵空即无惱塵既
不實不見好色可貪不見惡色可嗔无可分別即无癡也善男
子若能与理相應貪嗔俱滅煩惱永滅即名无餘卅令言无眼
耳鼻舌身意无色聲香味觸法无眼界乃至无意識界者為
此下第六明十八界皆[illegible]六根緣六塵各之[illegible]

不實不見好色可貪不見惡色可嗔无可分別即无癡也善男
子若能与理相應貪嗔俱滅煩惱永滅即名无餘卅今言无眼
耳鼻舌身意无色聲香味觸法无眼界乃至无意識界者為
破執有我人衆生壽者十八界者差別義六根緣六塵各々差
別名為十八界以破我者若眼中有我取裏應无二根塵中各々
有我者一人身上各有十八箇我若二根塵中无我即无十八界
並有无知我々无實體眼緣色塵耳緣聲塵乃至意緣法塵
七五根五塵並皆可見意緣法塵其狀云何　荅曰眼根對色
塵才聞發眼識五根雖見聞覺知不能分別要藉意識同時分
別見有青黃赤白方圓分量等名為法塵同与五識同緣五塵
若五塵上妄生分別名為法塵
問曰意識分別未審意根有何功用　荅曰意根恒審思
量為用有三種習四差別言熏習者一名言熏習二名我愛熏習
三有支熏習四差別者一我見二我慢三我愛四我癡四根常与
煩惱相應能作一切善惡種子熏入八識成諸種子五識向外
緣五塵意識亦向同与五識向外緣亦向内緣名遍計所執性七
識依六識分別浮塵執受成諸種子熏入識中向内緣依六識
分別亦名依他起性八識體是如來藏根本是真亦名圓成實
性眼識緣色意識隨後分別眼識亦滅七識執受意識亦名滅
八識受熏七識亦滅无所執受若能澄心内照眼不緣色塵意
識无可分別入初地即轉意識為妙觀察智六識滅七識无可
執受入七地轉七識為平等性智八識不受熏即如來藏淨
轉八識為大圓鏡智亦轉五識為成作所智即成所作智妙
觀察智為化身平等性智為報身大圓鏡智為法身東八識
而成四智攬四智以成三身若迷四智為八識若悟八識成三
身凡夫迷智者悟處智者悟凡夫迷處一念心起即為三界
一念心息則海藏澄波一切虛妄皆是自心變作
問曰六根是法何得云无眼耳鼻舌身意　荅曰此是聞
覺智皆從緣生若不具五緣即不成見故知眼即是空又中
論云因緣所生法我說即是空亦為是假名亦名中道義
者假為見名畢竟无實中道義者離有離无名為中道義

問曰六根是法何爲云无眼耳鼻舌身意　　答曰此是闡
覺智皆從緣生若不具五緣即不成見故知眼即是空又中
論云因緣所生法我說即是空亦爲是假名亦名中道義假名
者假爲見名畢竟无實中道義者離有離无名爲中道義
舉眼一法不實即明諸根可知　　答曰諸根是有法所緣
六塵皆是實推尋六根既是空故知所緣六塵皆不實故云
无色聲香味觸法若小乘之人會緣則諸法生緣離則諸法
滅大乘理觀則不然會緣則諸不生緣離則諸不滅故云无眼
界乃至无意識界若撮文言相而言非无三界若其約理而
說不離色心法二法向來所舉根塵識三處差別不同總明根塵
體同名異分自此以下第六明三乘境觀俱空分
、
義曰此破中乘境觀俱不可得无无明亦无无明盡者即无中
乘境乃至老死亦无老死盡者即无中乘觀无明者由无智
慧明即造諸行行謂罪行福行不動行煞生偷盜名罪行礼
仏誦經布施持戒等名福行坐得四禪八定伏心不起名不動
行但行人所作善惡等業怖心未來果報即具有爲之法多
諸過患終不免生老病死憂悲苦惱无明暗蔽三毒之火燒
煮循環三界六道造作惡業種子熏入識中与生死魔軍
文會之時所變生處境界現前業命已盡受中蔭等身經
七七日託入母胎攬父母精赤白和合成其肉團即爲名色色
即四蔭受想行識色即四大地水火風即各各之處眼耳鼻
舌身意等覺知冷煖苦樂等名之爲觸既有領納目之爲受
於母生愛於父生憎父精出時謂言已有名之爲愛貪着前
境目之爲取四大成就名之爲有卅八七日已前業風解離
其母腹名之爲生業命總盡四大離散名之爲死此即十二
因緣无明与行爲去識名色六入觸受愛取有此八支在母
腹中稱見在生死兩支名未來无明与行爲能引識名色
六處觸受此五果種子爲所引愛取有此現在三支感得
未來生死中乘之人觀无明滅即不造行行亦滅以无行故
即无種子識亦滅識既滅故乃生至老病死等滅即出離三
界不受後有喻如諸子乘於鹿車出於火宅中乘之理有
无明滅有老死滅般若觀照則不然无明本不有亦无无

六處觸受七五果種子爲所引愛取有七現在三支感得
未來生死中乘之人觀无明滅即不造行行滅以无行故
即无種子識亦滅識既滅故乃生至老病死等滅即出離三
界不受後有喻如諸子乘於鹿車出於火宅中乘之理也
无明滅有老死滅般若觀照則不然无明本不有亦无无
明滅生死究竟不可得亦无老死盡
義曰七爲破小乘四諦境觀俱无實體
以見相未亡今觀五蘊體寂而證人空舉七四諦以明因果集
道二諦是因苦滅二諦是果苦集二諦是俗滅道二諦是
真五蔭等法名苦果无明愛業是集因滅盡生死名卌
卌之即爲果戒定慧等是道因　問曰一切内外等
法皆以先因後果前如七者理合先說因後說果今七經中
先說五蘊苦果後說集因其故云何　答曰世尊說四
諦者爲小乘根機下劣不了人法二空若先說集因後說
苦果者以凡夫不得宿命智不能了達過去无明愛業今
觀見在苦果今日長命者即知過去不煞生中來今日
短命者即知過去煞生中來今日富貴者即知過去布
施持戒中來今日端正者知過去忍辱中來今日貧賤者
即知過去慳貪嫉妬破戒負債中來一切因果皆悉如七
今覺果即知因爲七先舉五蘊苦果然後說因前知五蘊
是苦即於見在五蘊苦果之上不作集因前滅集因要須
修道之者卅七品戒定慧等以助道法由持戒故心即得定
由得定故即能發慧三業具足即因果俱滅滅盡因果名
曰卌即出離凡俗故名真諦　問曰真諦及四聖諦名
何差別　答曰三乘共觀五蘊見解深淺不同凡夫
執五蘊是有躭染六塵貪着生死諸苦逼切輪迴六趣
故名俗諦真諦者爲斷除生死滅盡貪愛執相未亡厭身
滅智而證寂滅出於俗網故名真諦四聖諦者了達五蘊
本空苦无生處名爲苦聖諦妄想不生无明愛業本來
不有知集无和合名爲集聖諦於畢竟滅中了達一切法
本來不生本來不滅是名滅聖諦能知人法二空色心俱
遣緣觀雙滅境智兩亡能緣所緣二俱不實无有二相猶
如虛空作七觀者名爲道聖諦　問大乘同觀五蘊望於

本空苦无生處名為苦聖諦妄想不生无明愛業本来
不有知集无和合名為集聖諦於畢竟滅中了達一切法
本来不生本来不滅是名滅聖諦能知人法二空色心俱
遣緣觀雙滅境智兩亡能緣所緣二俱不實无有二相猶
如虚空作此觀者名為道聖諦　問大乘同觀五蘊至於
解行深淺不同未審中乘境觀云何　答曰中乘者即
辟支仏也亦名緣覺仏之言覺〻五蘊從緣而生一一陰中推
求體性不了可得而證人空分別煩惱並以斷盡觀緣即
覺故名緣覺生於无仏世界无師自覺亦名獨覺若在
仏前即名上根羅漢不得稱為緣覺世尊當成道時
於鹿野苑中為五俱𬅨說三轉十二行法輪第一示相轉
諸比丘此是苦此是集此是滅此是道第二勸修轉諸比
丘此是苦汝須知此是集汝須斷此是滅汝須證此是道
汝須修第三觀證相轉諸比丘此是苦我以知此是集我
以斷此是滅我以證此是道我以修見苦斷集證滅修道
即出離三界喻如諸子乘於羊車出於火宅證得羅漢
是故經云辟如有人引導衆生欲向寶所道路懸遠
衆生疲懈皆欲退還導師多諸方便權化作城令其歇
息仏道懸遠久受勤苦乃可得成遂生退心世尊乃為
說苦集滅道即是衆生歇息之處今云无苦集滅道
者苦本不生何言之有知集无和合何斷之有滅无所
滅何證之有道本无形何修之有若有能修人即有所
修道若无能修人亦无所修道此則人法俱空色心齊〻
遣證如此理名為緣覺辟如有人夢見怨家走来相逼
或即白刃交臨或即頭隨手落或夢見男女遠行分離
愛別或夢見遺失財物衣食不充或夢見老病在牀
死時将逼當夢之時非常憂苦及其夢覺諸苦无无
一切衆生亦復如是從无始生死已来及以今身无明被底
長夜睡眠六識昏沉妄見諸苦般若纔照人法俱空身既
不存何苦之有苦一諦不實故知三諦非真故知言
无苦集滅道
問諸仏說法或從深向淺或淺向深今說此經先說中乘
次說小乘後說大乘其狀云何　答諸仏說法〻

長夜睡眠六識昏沉妄見諸苦般若纔照人法俱空身既
不存何苦之有舉苦一諦不實故知三諦非真故知言
无苦集滅道
問諸仏說法或從深向淺或淺向深今說此經先說中乘
次說小乘後說大乘其狀云何　荅諸仏說法，
常依二諦常詮第々一々義々諦々之中文字俱離若三
乘是實々有々依次三備三乘俱不々實々有何次故楞伽
經云初地即十地何以故无所有故次第无故中論云
寂滅法中无邊无邊應等四寂滅法中无常无應等
四此即般若觀照人法俱空即此空中何次之有
此為破執有大乘心无智
即无獲之智无得即无𦬊之斷得　問𦬊𦬊
是有情所歸之處二乘小果言无信有之矣大乘極果
何得言无𦬊，𦬊是衆生妄心執有妄心既遣有亦非有
但除其病而不除法々即真如妙體出在有无之外有
情執心妄生別分相耳故經云无聲聞乘无緣覺乘无
如來乘乃至有心轉諸乘非究竟若彼心滅盡无乘及
乘者无有乘建立我說為一乘若言𦬊是有即法執未
亡若執有𦬊即人執未盡𦬊是體上之相𦬊是相下之
體諸仏如來法眼清淨見體不見相𦬊法眼未明見相不
見體𦬊經云十地𦬊見法性如羅縠中視今言无智亦
无得者雙破二執雙證二空悟𦬊性寂即除人執了𦬊，
體如即除法執𦬊𦬊是所觀之境以无所得故即是能
觀之境无相之智今言无智亦无得以无所得故者並是
觀前之病說增語言故經云若有一法過𦬊者我亦說
之如幻如化又楞伽經云无有𦬊仏无有仏𦬊遠離量
所說若有若无是二俱離此即以无所得故向來所說雖
有多意不同惣明三乘境觀俱空亦自此已下第七明舉
勝明空離障分
義云提名智薩埵名人有智之人名為𦬇依者用也般
若者智慧也菩薩者道心衆生般若正惠波羅蜜多
者彼岸到也心无罣礙者由前觀照三乘境觀皆空𦬊

BD03652號　般若波羅蜜多心經疏（智詵疏）　（15–12）

有多意不同惣明三乘境觀俱空分自七已下第七明
勝明空離障分
義云菩提名智薩埵名人有智之人名為菩薩依者用也般
若者智慧也菩薩者道心眾生般若正惠波羅蜜多
者彼岸到也心无罣礙者由前觀照三乘境觀皆空菩
薩性相俱寂蘊界入等體性如恒无罣礙故者重疊前
文福慧觀察然始覺了无有恐怖者亦不為生之所恐
亦不為死之所怖故言无有恐怖遠離顛倒夢想究
竟菩薩者心外見法名之為顛不了自心所作繫縛名之為
倒譬如有人悟食莨菪毒氣入心妄見空花及針等
事不知自已妄心所變心外妄見針花終日摸拾針花而
无休息不食莨菪之人當見拾針拾花並皆笑唱言顛
狂妄想見亦一切眾生迷於本性亦復如是所見境界不
智本從自心所變乃心外見有差別境界即以求境智者
見之如狂拾針拣花而无有異故言心外見法名之為顛
不了心自所作繫著目之為倒夢想者虛妄所之中造作
善惡有漏之業故名為夢分別菩生死為異名之為
想夢想俱遣名為究竟心境兩亡名為菩向來所說心
境名目雖復不同惣明舉勝明空離障分自七已下第八
明大智乘曰至果分
義云過去未來見在名為三世諸之言多仏之言覺自覺
斷人執覺他斷法執凡夫不能自覺二乘不能覺他菩
能覺滿異凡夫故自覺異二乘故覺他以異菩故覺滿
如睡夢覺如蓮花不著水如明珠在泥不汙其色名之為
仏依般若波羅蜜多故以其前釋得阿耨多羅三藐三
菩提者惣云无上正真正道亦云九上正遍智覺又云
阿之言无耨多羅言上三之言正藐之言真三之言正廾提
言道廾提有五无上廾提在仏果平等法中无及上下故
言无上凡夫非正非真二乘正而非真菩真而非正諸仏
亦正亦真復三名正廾提名道凡夫非正非道二乘正而
非道菩道而非正諸…

仏依般若波羅蜜多故以其前釋得阿耨多羅三藐三
菩提者惣去无上正真正道亦去无上正遍智覺又云
阿之言无耨多羅言上三之言正藐之言真三之言正廿提
言道廿提有五无上廿提在仏果平等法中无有上下故
言无上凡夫非正非真二乘正而非真菩薩真而非正諸仏
亦正亦真後三名正廿提名道凡夫非正非道二乘正而
非道菩薩道而非正諸仏亦正亦道是諸仏真如法界之
身与一切衆生悉皆同體一切衆生若能以无漏智慧觀
之即煩惱妄想俱空法界之身方顯向來所說因果差
別不同惣明大智乘因至果分自此已下第九明讚難
流通神呪分

義去此有四種分別一辨呪德二辨呪勝三辨呪用四辨
呪體是大神 是大明呪者辨呪德是无上呪是无等
等呪辨呪勝能除一切苦真實不虛者辨呪用故說
般若波羅蜜多呪即說呪曰者辨呪體是大神呪者
內魔既遣外鄣苦除性相虛通故曰神呪體內魔者
有四魔也何者為四一天魔二五陰魔三煩惱魔四
死魔外障有三何者為三鄣一煩惱障二業鄣三
報障性者即見聞覺知類相者即色聲香味觸法
鄣礙惣盡名之為通現觀逾明能離有无之境了達
人法俱空色心齊遣名之為虛妄想俱盡故曰是大明
呪是无上呪者竪通三界橫截五乘平等一如故曰无
上平等性智者心无分別高下平等心无愛憎怨親
平等不取不捨冊平等不增不減法性平等不生不
滅常住平等故言平等无上平等者出在五乘之
上故曰无上是无等之呪者量同法界猶若虛空无可
方故曰无等之呪從寂清淨法界流出大智大定即報
身也從大定流出大悲即化身也即依後德智起慈
善根力隨機應物接引有情以神呪加倍令无鄣礙
體則非青非黃非赤非白非長非短非有非无非圓非
方非紅非紫出種之色光衆生有感隨緣現應以為
多[illegible]

BD03652號　般若波羅蜜多心經疏（智詵疏）

（15–14）

滅寂住平等故言平等无上平等者出在五乘之
上故曰无上是无等等呪者量同法界猶若虛空无可
方故曰无等等呪從寂清淨法界流出大智大定即報
身也從大定流出大悲即化身也即依後應智起慈
善根力隨機應物接引有情以神呪加倍令无郭礙
體則非青非黃非赤非白非長非短非有非无非圓非
方非紅非紫出種種色光衆生有感隨緣現應以爲
多種根作身也故曰无等等呪能除一切苦真實不虛者心爲根
本由心動故即取陳塵造業以无明愛業爲因能
生蘊苦果依此五蘊而起種種諸苦者以般若
觀照五蘊皆空諸苦何在故言能除一切苦
真實不虛萬類得盡靈覺獨存猶如金鑛
此火燒鍊除去滓穢唯真金在善男子善女人若
能用智火燒盡无明煩惱障穢起盡證得真如法
躰此則唯真无妄不可增減故言真實不虛

此是三世諸仏如來抱持陁羅尼秘密神通之教也非
人所解若是有動結諍持所之希求果報元不稱
心或逢諸境界皆得消滅惑之人作尊踈鋒此呪者多
不應理後知之學者應知意焉

般若波羅蜜多心經疏一卷

戰時即生心念
一切兵衆悉依恃我亦如王子大
調伏其餘王子紹繼大王霸王
在令諸王子悉見歸依是故不
如王王子大臣亦尒善男子菩薩摩
復如是作是思惟云何三事與我一體善男
子我亦三事即是涅槃如來者名无上士譬
如人身頭最爲上非餘枝節手足等也佛亦
如是最爲尊上非法僧也爲欲化度諸世間
故種種示現差別之相如彼梯撜是故汝今
不應受持如凡愚人所知三歸差別之相汝
於大乘猛利決斷應如剛刀迦葉菩薩白佛
言世尊我知故問非爲不知我爲菩薩大勇
猛者問於无垢清淨行處欲令如來爲諸菩
薩廣宣分別奇特之事稱揚大乘方等經典
如來大悲今已善說我亦如是安住其中所說
菩薩清淨行處即是宣說大涅槃經世尊

BD03653號　大般涅槃經（北本）卷八　（23–1）

言世尊我知故問非爲不知我爲菩薩大勇
猛者問於无垢清淨行處欲令如來爲諸菩
薩廣宣分別奇特之事稱揚大乘方等經典
如來大悲今已善說我亦如是安住其中所說
菩薩清淨行處即是宣說大涅槃經世尊
我今亦當廣爲衆生顯揚如是如來秘藏亦當
證知真三歸處若有衆生能信如是大涅
槃經其人則能自然了達三歸依處何以故
如來秘藏有佛性故其有宣說是經典者皆
言身中盡有佛性如是之人則不遠求三歸
依處何以故於未來世我身即當成就三寶
是故聲聞緣覺之人及餘衆生皆依於我恭
敬禮拜善男子以是義故應當正學大乘經
典迦葉復言佛性如是不可思議卅二相八十
種好亦不可思議
尒時佛讚迦葉菩薩善哉善哉善男子汝已
成就深利智慧我今當更善爲汝說入如來
藏若我住者即是常法不離於苦若无我
者脩行淨行无所利益若言諸法皆无有我是
即斷見若言我住即是常見若言一切行无
常者即是斷見諸行常者復是常見若言苦
者即是斷見若言樂者復是常見脩一切法
常者墮於斷見脩一切法斷者墮於常見如
步屈虫要因前脚得移後足脩常斷者亦復
如是要因斷常以是義故脩餘法苦者皆名

BD03653號　大般涅槃經（北本）卷八　（23–2）

者即是斷見若言樂者復是常見脩一切法
常者墮於斷見脩一切法斷者墮於常見如
步屈虫要因前脚得移後足脩常斷者亦復
如是要因斷常以是義故脩餘法苦者皆名
不善脩餘法樂者則名為善脩餘法無我者
是諸煩惱分脩餘法常者是則名曰如来秘
藏所謂涅槃無有窟宅脩餘无常法者即是
財物脩餘常法者謂佛法僧及正解脫當知
如是佛法中道遠離二邊而說真法凡夫愚
人於中無疑如羸病人服食蘇已氣力輕便
有無之法體性不定譬如四大其性不同各
相違反良醫善知隨其偏發而消息之善男
子如来亦尒於諸衆生猶如良醫知諸煩惱
體相差別而為除斷開示如来秘密之藏清
淨佛性常住不變若言有者智不應染若言
無者即是妄語若言有者不應嘿然亦復不
應戲論諍訟但求了知諸法真性凡夫之人
戲論諍訟不解如来微密藏故若說於苦愚
人便謂身是无常說一切苦復不能知身有
樂性說无常者凡夫之人計一切身皆是无
常譬如凡坏有智之人應當分別不應盡言
一切無常何以故我身即有佛性種子若說
无我凡夫當謂一切佛法悉无有我智者應當
分別无我假名不實如是知已不應生疑若
言如来秘藏空寂凡夫聞之生斷滅見有

无我凡夫當謂一切佛法悉无有我智者應當
分別无我假名不實如是知已不應生疑若
言如来秘藏空寂凡夫聞之生斷滅見有
智之人應當分別如来是常无有變易若言
解脫喻如幻化凡夫當謂得解脫者即是摩
滅有智之人應當分別人中師子雖有去来常
住无變若言无明因緣諸行凡夫之人聞
已分別生二法想明與无明智者了達其性
無二無二之性即是實性若言諸行因緣識
者凡夫謂二行之與識智者了達其性無二
无二之性即是實性若言十善十惡可作不
不可作善道惡道白法黑法凡夫謂二智者了
達其性无二无二之性即是實性若言應脩
一切法苦凡夫謂二智者了達其性無二無二
之性即是實性若言一切行无常者如来
秘藏亦是无常凡夫謂二智者了達其性無
二无二之性即是實性若言一切法无我如
来秘藏亦无有我凡夫謂二智者了達其性
無二無二之性即是實性我與无我性无有
二如来秘藏其義如是不可稱計无量无邊
諸佛所讚我今於是一切功德成就經中皆悉
說已善男子我與无我性相无二汝應如是
受持頂戴
善男子汝亦應當堅持憶念如是經典如我
先於摩訶般若波羅蜜經中說我无我無有

說已善男子我與无我性相无二汝應如是
受持頂戴
善男子汝亦應當堅持憶念如是經典如我
先於摩訶般若波羅蜜經中說我无我無有
二相如因乳生酪因酪得生蘇因生蘇得熟
蘇因熟蘇得醍醐如是酪性爲從乳生爲從
自生從他生耶乃至醍醐亦復如是若從他
生即是他作非是乳生若非乳生乳无所爲
若自生者不應相似相續而生若相續生則
不俱生若不俱生五種之味則不一時雖不
一時定復不從餘處來也當知乳中先有酪
相甘味多故不能自變乃至醍醐亦復如是
是牛食噉水草因緣血脉轉變而得成乳若
食甘草其乳則甜若食苦草乳則苦味雪山
有草名曰肥膩牛若食者純得醍醐无有青
黃赤白黑色穀草因緣其乳則有色味之異
是諸衆生以明无明業因緣故生於二相若
无明轉則變爲明一切諸法善不善等亦復
如是无有二相迦葉菩薩白佛言世尊如佛
所說乳中有酪是義云何世尊若言乳中定
有酪相以微細故不可見者云何說言從乳
因緣而生於酪法若本无則名爲生如其已
有云何言生若言乳中定有酪相百草之中
亦應有乳如是乳中亦應有草若言乳中定

有酪相以微細故不可見者云何說言從乳
因緣而生於酪法若本无則名爲生如其已
有云何言生若言乳中定有酪相百草之中
亦應有乳如是乳中亦應有草若言乳中定
无酪者云何因乳而得生酪若法本无而後
生者何故乳中不生於草善男子不可定言
乳中有酪乳中无酪亦不可說從他而生若
言乳中定有酪性云何而得體味各異是故
不可說言乳中定有酪性若言乳中定无酪
者乳中何故不生菟角置毒乳中酪則煞人
是故不可說言乳中定无酪性若言是酪從
他生者何故水中不生於酪是故不可說言
酪從他生善男子是牛食噉草因緣故血則
變白草血滅已衆生福力變而成乳是乳雖
從草血而生不得言二唯得名爲從因緣生
酪至醍醐亦復如是以是義故得名牛味是
乳滅已因緣成酪何等因緣若酢若煖是故
得名從因緣有乃至醍醐亦復如是是故不
得定言乳中無有酪相從他生者離乳而有
无有是處善男子明與无明亦復如是若與
煩惱諸結俱者名爲无明若與一切善法俱
者名之爲明是故我言无有二相以是因緣
我先說言雪山有草名曰肥膩牛若食者即
成醍醐佛性亦尓善男子衆生薄福不見是
草佛性亦尓煩惱覆故衆生不見譬如大海

者名之爲明是故我言无有二相以是因緣
我先說言雪山有草名曰肥膩牛若食者即
成醍醐佛性亦尒善男子衆生薄福不見是
草佛性亦尒煩惱覆故衆生不見譬如大海
雖同一醎其中亦有上妙之水味同於乳喻如
雪山雖復成就種種功德多生諸藥亦有毒
草諸衆生身亦復如是雖有四大毒虵之
種其中亦有妙藥大王所謂佛性非是作法
但爲煩惱客塵所覆若刹利婆羅門毗舍首
陁能斷除者即見佛性成无上道譬如虛空
震雷起雲一切象牙上皆生華若无雷震華
則不生亦无名字衆生佛性亦復如是常爲
一切煩惱所覆不可得見是故我說衆生无
我若得聞是大般涅槃微妙經典則見佛性
如象牙華雖聞契經一切三昧不聞是經不
知如來微妙之相如无雷時象牙上華不可
得見聞是經已即知一切如來所說秘藏佛
性喻如天雷見象牙華聞是經已即知一切
無量衆生皆有佛性以是義故說大涅槃名
爲如來秘密之藏增長法身猶如雷時象牙
上華以能長養如是大義故得名爲大般涅
槃若有善男子善女人有能習學是大涅槃
微妙經典當知是人能報佛恩真佛弟子
迦葉菩薩復白佛言甚奇世尊所言佛性甚
深甚深難見難入聲聞緣覺所不能報佛言

BD03653號　大般涅槃經（北本）卷八　（23–7）

微妙經典當知是人能報佛恩真佛弟子
迦葉菩薩復白佛言甚奇世尊所言佛性甚
深甚深難見難入聲聞緣覺所不能報佛言
善男子如是如是如汝所嘆不違我說迦葉
菩薩白佛言世尊佛性者云何甚深難見難
入佛言善男子如百盲人爲治目故造詣良
醫是時良醫即以金錍决其眼膜以一指示
問言見不盲人荅言我猶未見復以二指三
指示之乃言少見善男子是大涅槃微妙經
典如來未說亦復如是无量菩薩雖具足行
諸波羅蜜乃至十住猶未能見所有佛性如
來既說即便少見是菩薩摩訶薩既得見已
咸作是言甚奇世尊我等流轉无量生死常
爲无我之所惑亂善男子如是菩薩位階十
地尚不了了知見佛性何況聲聞緣覺之人
能得見耶復次善男子譬如仰觀虛空鵝鴈
爲是虛空爲是鵝鴈諦觀不已髣髴見之十住
菩薩於如來性知見少分亦復如是况復聲
聞緣覺之人能得知見善男子譬如醉人
欲涉遠路朦朧見道十住菩薩於如來性知
見少分亦復如是善男子譬如渴人行於曠
野是人渴逼遍行求水見有叢樹樹有白鶴
是人迷悶不能分別是樹是水諦觀不已乃
見白鶴及以藂樹善男子十住菩薩於如來
性知見少分亦復如是善男子譬如有人在
大海中乃至无量百千由旬遥見大舶樓櫓

BD03653號　大般涅槃經（北本）卷八　（23–8）

野是人渴逼遍行求水見有叢樹有白鶴
是人迷悶不能分別是樹是水諦觀不已乃
見白鶴及以叢樹善男子十住菩薩於如來
性知見少分亦復如是善男子譬如有人在
大海中乃至无量百千由旬遠望大舶樓櫓
堂閣即作是念彼是樓櫓為是虛空久視乃
生畢定之心知是樓櫓十住菩薩於自身中
見如來性亦復如是善男子譬如王子身極懦
弱通夜遊戲至明清旦目視一切悉不明了
十住菩薩雖於己身見如來性亦復如是
不大明了復次善男子譬如臣吏王事所拘
逼夜還家電明暫發因見牛聚即是念為
是牛耶聚雲屋舍是人久視雖生牛想猶不
審定十住菩薩雖於己身見如來性未能審
定亦復如是復次善男子如持戒比丘觀无
虫水而見虫想即作是念此中動者為是虫
耶是塵土耶久視不已雖知是塵亦不明了
十住菩薩於己身中見如來性亦復如是不
大明了復次善男子譬如有人於陰闇中遠
見小兒即作是念彼為是牛鷲鳥人耶久觀
不已雖見小兒猶不明了十住菩薩於己身
分見如來性亦復如是不大明了復次善男
子譬如有人於夜闇中見畫菩薩像即作是
念是菩薩像自在天像大梵天像成染衣耶
是人久觀雖復意謂是菩薩像亦不明了十

分見如來性亦復如是不大明了復次善男
子譬如有人於夜闇中見畫菩薩像即作是
念是菩薩像自在天像大梵天像成染衣耶
是人久觀雖復意謂是菩薩像亦不明了十
住菩薩於己身分見如來性亦復如是不大
明了善男子所有佛性如是甚深難得知見
唯佛能知非諸聲聞緣覺所及善男子智者
應作如是分別知如來性
迦葉菩薩白佛言世尊佛性如是微細難見
云何肉眼而能得見佛告迦葉善男子如彼
非想非非想天亦非二乘所能得知隨順契
經以信故知善男子聲聞緣覺信順如是大
涅槃經自知己身有如來性亦復如是善男
子是故應當精懃脩習大涅槃經善男子如
是佛性唯佛能知非諸聲聞緣覺所及迦葉
菩薩復白佛言世尊非聖凡夫有衆生性皆
說有我佛言譬如二人共為親友一是王子
一是貧賤如是二人互相往反是時貧人見
是王子有一好刀淨妙第一心中貪著王子
後時捉持是刀逃至他國於是貧人後於他
家寄臥止宿即於眠中讇語刀刀傍人聞之
收至王所時王問言汝言刀何處得耶是
人具以上事答王王今設使屠割臣身分張
手足欲得刀者實不可得臣與王子素為親
厚先與一處雖曾眼見乃至不敢以手掌卑

逃至王所時王問言汝言刀何處得耶是
人具以上事答王王今設使屠割臣身分張
手足欲得刀者實不可得臣與王子素為親
厚先與一處雖曾眼見乃至不敢以手內觸
況當故取王復問言卿見刀時相貌何類答
言大王臣所見者如羖羊角王聞是已欣然
而咲語言汝今隨意所至莫生憂怖我庫藏
中都无是刀況汝乃於王子邊見時王即問
諸群臣言汝等曾見如是刀不言已崩背尋
立餘子紹繼王位復問輔臣卿等曾於官藏
之中見是刀不諸臣答言臣等曾見仍復問
言其狀何似答言大王如羖羊角王言我宮
藏中何處當有如是相刀次第四王皆悉撿
挍求索不得却後數時先逃王子從他國還
來至本土復得為王既登王位復問諸臣汝
見刀不答言大王臣等皆見仍復問言其狀
何似答言天子其色清淨如優鉢羅華復
有答言形如羊角復有說言其色紅赤猶如火
聚復有答言猶如黑蛇時王大咲即尋皆悉
不見我刀真實之相善男子菩薩摩訶薩然
復如是出現於世說我真相說已捨去喻如
王子持淨妙刀逃至他國凡夫愚人說言一
切有我有我如彼貧人心宿他舍諷語刀刀聲
聞緣覺問諸眾生我有何相答言我見我相
大如拇指或言如米或如稗子有言我相住

王子持淨妙刀逃至他國凡夫愚人說言一
切有我有我如彼貧人心宿他舍諷語刀刀聲
聞緣覺問諸眾生我有何相答言我見我相
大如拇指或言如米或如稗子有言我相住
在心中熾然如日如是眾生不知我相喻如
諸臣不知刀相菩薩如是說於我法凡夫
不知種種分別妄作我相如問刀相答似羊
角是諸凡夫次第相續而起耶見為斷如是
諸邪見故如來示現說於无我喻如王子語
諸臣言我庫藏中无如是刀善男子今日如
來所說真我名曰佛性如是佛性我佛法中
喻如淨刀善男子若有凡夫能善說者即是
隨順无上佛法若有善能分別隨順宣說是
者當知即是菩薩相貌
善男子所有種種異論呪術言語文字皆是
佛說非外道說迦葉菩薩白佛言世尊云何
如來說字根本佛言善男子說初半字以為
根本持諸記論呪術文章諸陰實法凡夫之
人學是字本然後能知是法非法迦葉菩薩
復白佛言世尊所言字者其義云何善男子
有十四音名為字義所言字者名曰涅槃常
故不流若不流者則為无盡夫无盡者即是
如來金剛之身是十四音名曰字本噁者不
破壞故不破壞者名曰三寶喻如金剛又復
噁者名為不流不流者即是如來如來九孔

故不流若不流者則爲无盡夫无盡者即是
如來金剛之身是十四音名曰字本嗚者不
破壞故不破壞者名曰三寶喻如金剛又復
嗚者名爲不流不流者即是如來如來九孔
无所流故是故不流又无九孔是故不流不流
即常常即如來如來无作是故不流又復嗚
者名爲功德功德者即是三寶是故名嗚
阿者名阿闍梨阿闍梨者義何謂耶於世間
中得名聖者何謂爲聖聖名无著少欲知足亦
名清淨能度衆生於三有流生死大海是名
爲聖又復阿者名曰制度脩持淨戒隨順威
儀又復阿者名依聖人應學威儀進止舉動
供養恭敬禮拜三尊孝養父母及學大乘
善男子等具持禁戒及諸菩薩摩訶薩等是
名聖人又復阿者名曰教訓汝言如來如是
應作如是莫作若有能遮非威儀法是名聖
人是故名阿億者即是佛法梵行廣大清淨
无垢喻如滿月汝等如是應作不作是義非義
此是佛說此是魔說是故名億伊者佛法
微妙甚深難得如自在天大梵天王法名自
在若能持者則名護法又自在者名四護世
是四自在則能攝護大涅槃經亦能自在敷
揚宣說又復伊者能爲衆生自在說法復次
伊者爲自在故說何等是也所謂脩習方等
經典復次伊者爲斷嫉妬如除稗穢皆悉能

在若能持者則名護法又自在者名四護世
是四自在則能攝護大涅槃經亦能自在敷
揚宣說又復伊者能爲衆生自在說法復次
伊者爲自在故說何等是也所謂脩習方等
經典復次伊者爲斷嫉妬如除稗穢皆悉能
令變成吉祥是故名伊郁者於諸經中最上
最尊增長上上謂大涅槃復次郁者如來之
性聲聞緣覺所未曾聞如一切處北欝單越
最爲殊勝菩薩若能聽受是經於一切衆最
爲殊勝以是義故是名得名最上最勝是故
名郁優者喻如牛乳諸味中上如來之性亦復
如是於諸經中最尊最上若有誹謗當知
是人與牛無別復次優者是人名爲无慧正
念誹謗如來微密秘藏當知是人甚可憐愍
遠離如來秘密之藏說無我法是故名優
啞者即是諸佛法性涅槃是故名啞野者謂如
來義復次野者如來進止屈申舉動無不利
益一切衆生是故名野烏者名煩惱義煩惱
者名曰諸漏如來永斷一切煩惱是故名烏
炮者謂大乘義於十四音是究竟義大乘經
典亦復如是於諸經論最爲究竟是故名炮
菴者能遮一切諸不淨物於佛法中能捨一
切金銀寶物是故名菴阿者名勝乘義何以
故此大乘典大涅槃經於諸經中最爲殊勝
是故名阿迦者於諸衆生起大慈悲生於子

典亦復如是於諸經論㝡為究竟是故名炮
菴者能遮一切諸不淨物於佛法中能捨一
切金銀寶物是故名菴阿者名勝乘義何以
故此大乘典大涅槃經於諸經中㝡為殊勝
是故名阿迦者於諸衆生起大慈悲生於子
想如羅睺羅作妙善義是故名迦呿者名非
善友非善友者名為雜穢不信如來秘蜜之
藏是故名呿伽者名藏藏者即是如来秘藏
一切衆生皆有佛性是故名伽恒者如來常音
何等名為如来常音所謂如来常住不變
是故名恒俄者一切諸行破壞之相是故名
俄遮者即是脩義調伏一切諸衆生故名為脩
義是故名遮車者如来覆蔭一切衆生喻
如大蓋是故名車闍者是正解脫无有老相是
故名闍膳者煩惱繁茂喻如稠林是故名
膳若者是智慧義知真法性是故名若吒者
於閻浮提示現半身而演說法喻如半月是
故名吒咃者法身具足喻如滿月是故名咃荼
者是愚癡僧不知常與无常喻如小兒是
故名荼袒者不知師恩喻如羝羊是故名袒
拏者非是聖義喻如外道是故名拏多者如
来於彼告諸比丘宜離驚畏當為汝等說微
妙法是故名多他者名愚癡義衆生流轉生
死纏裹如蠶蜣蜋是故名他陁者名曰大施所
謂大乘是故名陁彈者稱讚功德所謂三

来於彼告諸比丘宜離驚畏當為汝等說微
妙法是故名多他者名愚癡義衆生流轉生
死纏裹如蠶蜣蜋是故名他陁者名曰大施所
謂大乘是故名陁彈者稱讚功德所謂三
寶如須弥山高峻廣大无有傾倒是故名彈
那者三寶安住无有傾動喻如門閫是故名
那波者名顛倒義若言三寶悉皆滅盡當知
是人為自疑惑是故名波頗者是世間灾若
言世間灾起之時三寶亦盡當知是人愚癡
无智違失聖旨是故名頗婆者名佛十力是
故名婆滼者名為重擔堪任荷負无上正法
當知是人是大菩薩是故名滼摩者是諸菩薩
嚴峻制度所謂大乘大般涅槃是故名摩
虵者是諸菩薩在在處處為諸衆生說大乘
法是故名虵囉者能壞貪欲瞋恚愚癡說真
實法是故說囉羅者名聲聞乘動轉不住大
乘安固无有傾動捨聲聞乘精懃脩習无上
大乘是故名羅和者如来世尊為諸衆生雨
大法雨所謂世間呪術經書是故名和奢者遠
離三箭是故名奢沙者名具足義若能聽
是大涅槃經則為已得聞持一切大乘經典
是故名沙娑者為諸衆生演說正法令心歡
喜是故名娑呵者名心歡喜奇哉世尊離一
切行恠哉如来入般涅槃是故名呵荼者名
曰魔義无量諸魔不能毀壞如来秘藏是
故名荼復次荼者乃至示現隨順世間有父母
妻子是故名荼魯流盧樓如是四字說有四
義謂佛法僧及以對法言對法者隨順世間

切行惟哉如来入般涅槃是故名呵荼者名
曰魔義无量諸魔不能毁壞如来秘藏是
故名荼復次荼者乃至示現隨順世間有父母
妻子是故名荼魯流盧樓如是四字説有四
義謂佛法僧及以對法言對法者隨順世間
如調婆達示現壞僧化作種種形貌色像為
制戒故智者了達不應於此而生畏怖是名
隨順世間之行以是故名魯流盧樓吸氣舌
根隨鼻之聲長短超聲隨音解義皆因舌齒
而有差別如是字義能令衆生口業清淨衆
生佛性則不如是假於文字然後清淨何以
故性本淨故雖復處在陰界入中則不同於
陰界入也是故衆生悉應歸依諸菩薩等以
佛性故等視衆生无有差別是故半字於諸
經書記論文章而為根本又半字義皆是煩
惱言説之本故名半字滿字者乃是一切善
法言説之根本也譬如世間為惡之者名為
半人脩善之者名為滿人如是一切經書記
論皆因半字而為根本若言如来及正解脱
入於半字是事不然何以故離文字故是故
如来於一切法无㝵无著真得解脱何等名為
解了字義有知如来出現於世能滅半字是
故名為解了字義若有隨逐半字義者是
人不知如来之性何等名為无字義也親近
脩習不善法者是名无字又无字者雖能親
近脩習善法不知如来常與无常恒與非恒
及法僧二寳律與非律經與非經魔説佛説

BD03653號　大般涅槃經（北本）卷八　（23–17）

人不知如来之性何等名為无字義也親近
脩習不善法者是名无字又无字者雖能親
近脩習善法不知如来常與无常恒與非恒
及法僧二寳律與非律經與非經魔説佛説
若有不能如是分別是名隨逐无字義也我
今已説如是隨逐无字之義善男子是故汝
今應離半字善解滿字迦葉菩薩白佛言世
尊我等應當善學字數今我值遇无上之師
已受如来慇懃誨勅佛讃迦葉菩薩善哉善
哉樂正法者應如是學
尒時佛告迦葉菩薩善男子鳥有二種一名
迦隣提二名鴛鴦遊止共俱不相捨離是苦
无常无我等法亦復如是不得相離迦葉菩
薩白佛言世尊云何是苦无常无我如彼鴛
鴦迦隣提鳥佛言善男子異法是苦異法是
樂異法是常異法无常異法是我異法无我
譬如稻米異於麻麦麻麦復異豆粟甘蔗如
是諸種從其萌牙乃至葉華皆是无常菓實
成熟人受用時乃名為常何以故性真實故
迦葉白佛言世尊如是等物若是常者同如
来耶佛言善男子汝今不應作如是説何以
故若言如来如須弥山劫壞之時須弥崩倒如
来尒時豈同壞耶善男子汝今不應受持
是義善男子一切諸法唯除涅槃更无一法
而是常者直以世帝言菓實常迦葉菩薩白
佛言世尊善哉善哉如佛所説佛告迦葉如
是如是善男子雖脩一切契經諸定乃至未
聞大般涅槃皆言一切悉是无常聞是經已

BD03653號　大般涅槃經（北本）卷八　（23–18）

是義善男子一切諸法唯除涅槃更无一法
而是常者直以世帝言菓實常迦葉菩薩白
佛言世尊善哉善哉如佛所說佛告迦葉如
是如是善男子雖脩一切契經諸定乃至未
聞大般涅槃皆言一切悉是无常聞是經已
雖有煩惚如无煩惚即能利益一切人天何
以故曉了已身有佛性故是名為常復次善
男子譬如菴羅樹其華始敷名无常相若成
菓實多所利益乃名為常如是善男子雖脩
一切契經諸定聞如是大涅槃時咸言一切
悉是无常聞是經已雖有煩惱如无煩惱
即能利益一切人天何以故曉了自身有佛
性故是名為常復次善男子譬如金鑛消融
之時是无常相融已成金多所利益乃名為
常如是善男子雖脩一切契經諸定未聞如
是大涅槃時咸言一切悉是无常聞是經已
雖有煩惱如无煩惱即能利益一切人天何
以故曉了自身有佛性故是名為常復次善
男子譬如胡麻未被押時名曰无常既押成
油多有利益乃名為常善男子雖有一切契
經諸定未聞如是大涅槃經咸言一切悉是无
常聞是經已雖有煩惚如无煩惱即能利
益一切人天何以故曉了已身有佛性故是
名為常復次善男子譬如衆流皆歸于海一
切契經諸定三昧皆歸大乘大涅槃經何以
故究竟善說有佛性故善男子是故我言異
法是常異法无常乃至无我亦復如是
迦葉菩薩白佛言世尊如來已離憂悲毒箭

BD03653號　大般涅槃經（北本）卷八

（23-19）

名為常復次善男子譬如衆流皆歸于海一
切契經諸定三昧皆歸大乘大涅槃經何以
故究竟善說有佛性故善男子是故我言異
法是常異法无常乃至无我亦復如是
迦葉菩薩白佛言世尊如來已離憂悲毒箭
夫憂悲者名為天如來非天憂悲者名為人
如來非人憂悲者名廿五有如來非廿五有
是故如來无有憂悲何以故稱言如來憂悲
善男子无想天者名為无想若无想者則无壽
命若无壽命云何而有陰界諸入以是義故
无想天壽不可說言有所住處善男子譬如
樹神依樹而住不得定言依枝依節依莖依
葉雖无定所不得言无无想天壽亦復如是
善男子佛法亦尒甚深難解如來實无憂悲
苦惱而於衆生起大慈悲現有憂悲視諸衆
生如羅睺羅復次善男子无想天中所有壽
命唯佛能知非餘所及乃至想非非想處亦復
如是善男子如來之性清淨无染猶如化身
何處當有憂悲苦惱若言如來无憂悲
者云何能利一切衆生弘廣佛法若言无者
云何而言等視衆生如羅睺羅若不等視如
羅睺羅如是之言則為虛妄以是義故善男
子佛不可思議法不可思議衆生佛性不可
思議无想天壽不可思議如來有憂及以无
憂是佛境界非諸聲聞緣覺所智善男子
譬如空中舍宅微塵不可住立若言舍宅不因
空住无有是處以是故不可說舍住於虛空
下至虛空凡夫之人雖復說言舍住虛空而是

BD03653號　大般涅槃經（北本）卷八

（23-20）

思議无想天壽不可思議如来有憂及以无
憂是佛境界非諸聲聞緣覺所智善男子
譬如空中舍宅微塵不可住立若言舍宅不因
空住无有是處以是故不可說舍住於虛空
不住虛空凡夫之人雖復說言舍住虛空而是
虛空實无所住何以故性无住故善男子心
亦如是不可說言住陰界入及以不住无
想天壽亦復如是如来憂悲亦復如是若无
憂悲云何說言等視衆生如羅睺羅若言有
者復云何言性同虛空善男子譬如幻師雖
復化作種種宮殿殺生長養繫縛放捨及作
金銀琉璃寶物叢林樹木都无實性如来亦
尒隨順世間示現憂悲无有真實善男子如
来已入於般涅槃云何當有憂愁苦惱若謂
如来入於涅槃是无常者當知是人則有憂
愁若謂如来不入涅槃常住不變當知是人
无有憂愁如来有愁及以无愁无能知者復
次善男子譬如下人能知下法不知中上中
者知中不知於上上者知上及知中下聲聞
緣覺亦復如是齊知自地如来不尒悉知自地
及以他地是故如来名无㝵智亦現幻化隨
順世間凡夫肉眼謂是真實而欲盡知如来
无㝵无上智者无有是處有愁无愁唯佛
能知以是因緣異法有我異法无我是名鴦
鸞迦隣提鳥
復次善男子佛法猶如鴛鴦共行是迦隣提
及鴛鸞鳥盛夏水漲選擇高原安處其子為
長養故然後隨本安隱而遊如来出世亦復

BD03653號 大般涅槃經（北本）卷八 （23–21）

復次善男子佛法猶如鴛鴦共行是迦隣提
及鴛鸞鳥盛夏水漲選擇高原安處其子為
長養故然後隨本安隱而遊如来出世亦復
如是化无量衆令住正法如彼鴛鸞迦隣提
鳥選擇高原安置其子如来亦尒令諸衆生
所作辦已即便入於大般涅槃善男子是名
異法是苦異法是樂諸行是苦涅槃是樂第
一微妙壞諸行故迦葉菩薩白佛言世尊云
何衆生得涅槃者名第一樂佛言善男子如
我所說諸行和合名為老死
謹慎无放逸　是處名甘露　放逸不謹慎　是名為死句
若不放逸者　則得不死處　如其放逸者　常趣於死路
若放逸者名有為法是有為法為第一苦不
放逸者則名涅槃彼涅槃者名為甘露第一
最樂若趣諸行是名死處受第一苦若至涅
槃則名不死受最妙樂若不放逸雖集諸行
是亦名為常樂不死不破壞身云何放逸云
何不放逸非聖凡夫是名放逸常死之法出
世聖人是不放逸无有老死何以故入於第一
常樂涅槃以是義故異法是苦異法是樂
異法是我異法无我
如人在地仰觀虛空不見鳥跡善男子衆生
亦尒无有天眼在煩惱中而不自見有如来
性是故我說无我密教所以者何无天眼者
不知真我橫計我故因諸煩惱所造有為即
是无常是故我說異法是常異法无常
精進勇健者　若處於山頂　平地及曠野　常見諸凡夫

BD03653號 大般涅槃經（北本）卷八 （23–22）

不知真我横計我故因諸煩惱所造有爲
是无常是故我説異法是常異法无常
精進勇健者　若處於山頂　平地及曠野　常見諸凡夫
昇大智慧殿　无上微妙臺　既自除憂患　亦見衆生憂
如来悉斷无量煩惱住智慧山見諸衆生常
在无量億煩惱中迦葉菩薩白佛言世尊如
偈所説是義不然何以故入涅槃者无憂无
喜云何得昇智慧臺殿復當云何住在山頂
而見衆生佛言善男子智慧殿者即名涅槃
无憂慼者謂如来也有憂慼者名凡夫人以凡
夫憂故如来无憂須弥山頂者謂正解脱
懃精進者喻須弥山无有動轉地謂有爲行
也是諸凡夫安住是地造作諸行其智慧者
則名正覺離有常住故名如来如来慜念无
量衆生常爲諸有毒箭所中是故名爲如来
有憂迦葉菩薩白佛言世尊若使如来有憂
慼者則不得稱爲等正覺佛言迦葉皆有因
縁隨有衆生應受化處如来於中示現受生
雖現受生而實无生是故如来名常住法如
迦隣提鴛鴦等鳥

大般涅槃經卷第八

BD03653 號　大般涅槃經（北本）卷八　　　　（23-23）

妙法
現當知是爲菩薩摩訶薩嚴淨
相利益安樂一切有情

第三分宣化品第卌一

尒時善現便白佛言是菩薩摩訶
聚不定聚耶佛告善現是菩薩摩
定聚具壽善現復白佛言是菩薩摩訶薩住
何定聚聲聞乘耶獨覺乘耶无上乘耶佛告
善現是菩薩摩訶薩住无上乘具壽善現復
白佛言是菩薩摩訶薩爲於何時名住定聚
初發心耶不退位耶最後有耶佛告善現是
菩薩摩訶薩若初發心若不退位若最後有
皆住定聚具壽善現復白佛言此住定聚諸
菩薩摩訶薩墮惡趣不佛告善現諸菩薩摩
訶薩若住定聚決定不墮諸惡趣中復告善
現於意云何第八預流一來不還阿羅漢獨
覺墮惡趣不善現對曰不也世尊佛告善現
諸菩薩摩訶薩亦復如是從初發心脩行布

BD03654 號　大般若波羅蜜多經卷五三六　　　　（20-1）

訶薩若住定聚決定不墮諸惡趣中復告善
現於意云何第八預流一來不還阿羅漢獨
覺墮惡趣不善現對曰不也世尊佛告善現
諸菩薩摩訶薩亦復如是從初發心脩行布
施乃至般若波羅蜜多及餘无量无邊佛法
伏斷一切惡不善法由此因緣墮諸惡趣必
无是處生長壽天亦无是處謂於彼處諸勝
善法不得現行是菩薩摩訶薩若生邊鄙或
生達絮蔑戾車中亦无是處謂於彼處不能
脩行殊勝善法多起惡見不信因果常樂習
行諸穢惡業不聞三寶亦无四衆是菩薩摩
訶薩生邪見家亦无是處謂生彼家執著種
種諸惡見趣撥无妙行惡行及果不脩諸善
樂作衆惡故諸菩薩不生彼家復次善現諸
菩薩摩訶薩初發无上正等覺心以勝意樂
受行十種不善業道亦无是處具壽善現便
白佛言若菩薩摩訶薩從初發心成就如是
善根功德不生惡處何故世尊每為衆說自
本生事多百千種於中亦有生諸惡處尒時
善根為何所在佛告善現諸菩薩摩訶薩不
由穢業受惡處身但為利樂諸有情類由故
思願而受彼身是故不應引之為難復告善
現於意云何有諸獨覺或阿羅漢方便善巧
如諸菩薩摩訶薩衆成就殊勝方便善巧受
傍生身有獵者來欲為損害便起无上安忍
慈悲欲令彼人得利樂故自捨身命不害彼

思願而受彼身是故不應引之為難復告善
現於意云何有諸獨覺或阿羅漢方便善巧
如諸菩薩摩訶薩衆成就殊勝方便善巧受
傍生身有獵者來欲為損害便起无上安忍
慈悲欲令彼人得利樂故自捨身命不害彼
不善現對曰諸獨覺等无如是事佛告善現
由此因緣當知菩薩為欲利樂諸有情故為
大慈悲速圓滿故為疾證得大菩提故雖受
種種傍生之身而非傍生過失所染具壽善
現復白佛言諸菩薩摩訶薩住何善根為欲
利樂諸有情故受惡處身佛告善現諸菩薩
摩訶薩有何善根不應圓滿然諸菩薩摩訶
薩衆為得无上正等菩提一切善根皆應圓
滿謂諸菩薩摩訶薩衆從初發心乃至安坐
妙菩提座无有善根不應圓滿要具圓滿一
切善法乃得无上正等菩提若一善法未能
圓滿而得无上正等菩提定无是處是故善
現諸菩薩摩訶薩從初發心乃至安坐妙菩
提座於其中間常學圓滿一切善法學已當
得一切相智永斷一切習氣相續乃能證得
一切智智
尒時善現便白佛言諸菩薩摩訶薩云何成
就種種白淨聖无漏法而生惡趣受傍生身
佛告善現於意云何如來成就一切白淨聖
无漏不善現對曰如來成就一切白淨聖无
漏法佛告善現於意云何如來化作傍生趣
身利樂有情作佛事不善現對曰如來化作

尒時善現復白佛言諸菩薩摩訶薩云何成
就種種白淨聖无漏法而生惡趣受傍生身
佛告善現於意云何如來成就一切白淨聖
无漏不善現對曰如來成就一切白淨聖无
漏法佛告善現於意云何如來化作傍生趣
身利樂有情作佛事不善現對曰如來化作
傍生趣身利樂有情作諸佛事佛告善現於
意云何如來化作傍生身時是實傍生受彼
苦不善現對曰如來化作傍生身時非實傍
生不受彼苦佛告善現諸菩薩摩訶薩亦復
如是雖具成就種種白淨聖无漏法而為成
熟諸有情類以故思願受傍生身如應成就
諸有情類復次善現於意云何有阿羅漢諸
漏永盡能化作身起諸事業由彼事業生他
喜不善現對曰有阿羅漢諸漏永盡能化作
身起諸事業由彼事業令他生喜佛告善現
諸菩薩摩訶薩亦復如是雖具成就種種白淨
聖无漏法而為利樂諸有情類以故思願受
傍生身作諸佛事雖受彼身而不同彼受諸
苦惱亦不為彼過失所汙復次善現於意云
何有巧幻師或彼弟子幻作種種象馬等事
令衆人見歡喜踊躍於彼有實象馬等不
善現對曰於彼无實象馬等事佛告善現諸
菩薩摩訶薩亦復如是雖具成就種種白淨
聖无漏法而為利樂諸有情類以故思願受
傍生身雖受彼身而實非彼亦不為彼過失
所汙具壽善現復白佛言諸菩薩摩訶薩如

菩薩摩訶薩亦復如是雖具成就種種白淨
聖无漏法而為利樂諸有情類以故思願受
傍生身雖受彼身而實非彼亦不為彼過失
所汙具壽善現復白佛言諸菩薩摩訶薩如
是廣大方便善巧雖具成就種種白淨聖无
漏法而為有情以故思願方便善巧受種種
身隨其所宜現作饒益世尊諸菩薩摩訶薩
住何等法能作如是方便善巧雖受種種傍
生等身而不為彼過失所汙佛告善現諸菩
薩摩訶薩住深般若波羅蜜多能作如是方
便善巧由此方便善巧力故雖往十方殑伽
沙等諸佛世界現種種身利益安樂諸有情
類而於其中不起染著所以者何是菩薩摩
訶薩於一切法都无所得謂都不得能染所
染及染因緣何以故以一切法自性空故善
現當知空性不能染著空性空亦不能染著
餘法亦无餘法能染著空所以者何空中空
性尚不可得况有餘法而可得者如是名為
不可得空諸菩薩摩訶薩安住此中能證无
上正等菩提轉妙法輪度有情衆具壽善現
復白佛言諸菩薩摩訶薩為但安住甚深般
若波羅蜜多能作如是方便善巧為亦安住
諸餘法邪佛告善現豈有餘法非深般若波
羅蜜多之所攝受而彼今者復為此問具壽
善現便白佛言甚深般若波羅蜜多自性既
空云何可說甚深般若波羅蜜多攝一切法
非空法中可說有法攝與不攝佛告善現豈

諸餘行耶佛告善現豈有餘行能攝般若波
羅蜜多之所攝受而汝今者復為此問具壽
善現便白佛言甚深般若波羅蜜多自性既
空云何可說甚深般若波羅蜜多攝一切法
非空法中可說有法攝與不攝佛告善現豈
不諸法自性皆空善現對曰如是如是佛告
善現若一切法自性皆空豈不空中攝一切
法善現對曰如是如是佛告善現由此因緣
甚深般若波羅蜜多攝一切法當知菩薩摩
訶薩眾住深般若波羅蜜多能作如是方便
善巧利益有情
尒時善現復白佛言云何菩薩摩訶薩行深
般若波羅蜜多時住一切法自性空中引發
神通波羅蜜多住此神通波羅蜜多能至十
方殑伽沙等諸佛世界供養恭敬諸佛世尊
於諸佛所聽受正法種諸善根佛告善現若
菩薩摩訶薩行深般若波羅蜜多遍觀十方
殑伽沙等諸佛世界及諸佛眾并所說法自
性皆空但有世俗施設名字說為世界佛眾
及法如是世俗施設名字自性亦空善現當
知若十方界及諸佛眾并所說法施設名字
自性不空則所說空應成少分以所說空非
成少分故一切法自性皆空其理周圓无二
无別善現當知是菩薩摩訶薩行深般若波
羅蜜多由遍觀空方便善巧便能引發殊勝
神通波羅蜜多住此神通波羅蜜多復能引
發天眼天耳神境他心宿住隨念及知漏盡

成少分故一切法自性皆空其理周圓无二
无別善現當知是菩薩摩訶薩行深般若波
羅蜜多由遍觀空方便善巧便能引發殊勝
神通波羅蜜多住此神通波羅蜜多復能引
發天眼天耳神境他心宿住隨念及知漏盡
微妙通慧善現當知諸菩薩摩訶薩非離神
通波羅蜜多有能自在成熟有情嚴淨佛土
證得无上正等菩提是故神通波羅蜜多是
菩提道諸菩薩摩訶薩皆依此道求趣无上
正等菩提於求趣時能自圓滿一切善法亦
能勸他脩諸善法雖作是事而於其中无所
執著所以者何是菩薩摩訶薩知諸善法自
性皆空非自性空有所執著若有執著則有
愛味由无執著亦无愛味自性空中无愛味
故能味所味及味因緣於空法中皆不可得
善現當知是菩薩摩訶薩行深般若波羅蜜
多安住神通波羅蜜多引發天眼清淨過人
用此天眼觀一切法自性皆空見一切法自
性空故不依法相造作諸業雖為有情說如
是法而亦不得諸有情相及彼施設是菩薩
摩訶薩以无所得而為方便引發菩薩殊勝
神通用此神通作所應作一切事業善現當
知是菩薩摩訶薩以極清淨過人天眼遍觀
十方殑伽沙等諸佛世界見已引發神境智
通往彼饒益諸有情類或以布施乃至般若
波羅蜜多而作饒益或以三十七種菩提分

十方殑伽沙等諸佛世界見已引發神境智
通往彼饒益諸有情類或以布施乃至般若
波羅蜜多而作饒益或以三十七種菩提分
法而作饒益或以靜慮无量无色而作饒益
或以解脫等持等至而作饒益或以空无相
无願解脫門而作饒益或以諸餘殊勝善法
而作饒益或以聲聞獨覺菩薩及諸佛法而
作饒益是菩薩摩訶薩遊十方界若見有情
慳貪多者深生憐愍說如是法汝等有情當
行布施諸慳貪者受貧窮苦由貧窮故无有
威德不能自益況能益他是故汝等當勤布
施既自安樂亦安樂他莫以貧窮更相食噉
俱不解脫諸惡趣苦若見有情毀淨戒者深
生憐愍說如是法汝等有情當持淨戒諸破
戒者受惡趣苦破戒之人无有威德不能自益
況能益他破戒因緣墮諸惡趣受苦異熟楚
毒難忍不能自濟況能濟他是故汝等當
持淨戒不應容納犯戒之心經一念頃況經
多時莫縱自心後生憂悔若見有情更相瞋
忿展轉結恨互相損惱深生憐愍說如是法
汝等有情當脩安忍莫相瞋忿結恨相害諸
忿恨心不順善法增長惡法招現衰損汝等
由此忿恨心故身壞命終當墮惡趣受諸劇
苦難有出期是故汝等不應容納忿恨之心
經一念頃何況令其多時相續汝等今者展
轉相緣應起慈悲作饒益事若見有情懈怠

BD03654 號　大般若波羅蜜多經卷五三六　（20–8）

由此忿恨心故身壞命終當墮惡趣受諸劇
苦難有出期是故汝等不應容納忿恨之心
經一念頃何況令其多時相續汝等今者展
轉相緣應起慈悲作饒益事若見有情懈怠
懶墮深生憐愍說如是法汝等有情當勤精
進莫於善法懈怠懶墮諸懶墮者於諸善法
及諸勝事皆不能成汝等由斯墮諸惡趣受
无邊苦是故汝等不應容納懶墮之心經一
念頃何況令其多時相續若見有情失念散
亂心不寂靜深心憐愍說如是法汝等有情
當脩靜慮莫起失念散亂之心如是之心不
順善法增長惡法招現衰損汝等由此身壞
命終當墮惡趣受无邊苦是故汝等不應容
納失念散亂相應之心經一念頃何況令其
多時相續若見有情愚癡惡慧深生憐愍說
如是法汝等有情當脩勝慧莫起惡慧起惡
慧者於諸善趣尚不能往況得解脫汝等由
此惡慧因緣當墮惡趣受无邊苦是故汝等
不應容納愚癡惡慧相應之心經一念頃何
況令其多時相續若見有情貪欲多者深心
憐愍方便令其脩不淨觀若見有情瞋恚多
者深心憐愍方便令其脩慈悲觀若見有情
愚癡多者深生憐愍方便令其脩緣起觀若
見有情憍慢多者深生憐愍方便令其脩諸
界觀若見有情尋伺多者深生憐愍方便令
其脩持息念若見有情失正道者深生憐愍

BD03654 號　大般若波羅蜜多經卷五三六　（20–9）

愚癡多者深生憐愍方便令其修緣起觀
見有情憍慢多者深生憐愍方便令其修諸
界觀若見有情尋伺多者深生憐愍方便令
其修持息念若見有情失正道者深生憐愍
方便令其趣入正道謂聲聞道或獨覺道或
菩薩道或如來道方便為彼說如是法汝等
所執自性皆空非空法中可有所執以无所
執為空相故如是善現諸菩薩摩訶薩行深
般若波羅蜜多要住神通波羅蜜多方能自
在宣說正法利益安樂諸有情類善現當知
若菩薩摩訶薩遠離神通波羅蜜多不能自
在宣說正法與諸有情作利樂事善現當知
如鳥无翼不能自在飛翔虛空遠有所至諸
菩薩摩訶薩亦復如是若无神通波羅蜜多
不能自在宣說正法與諸有情作利樂事是
故善現諸菩薩摩訶薩行深般若波羅蜜多
應引發神通波羅蜜多若引發神通波羅蜜
多即能自在宣說正法隨意利樂諸有情類
善現當知諸菩薩摩訶薩以家清淨過人天
眼通觀十方殑伽沙等諸佛世界及觀生彼
諸有情類見已引發神境智通經須臾間往
至彼界以他心智如實了知彼諸有情心心
所法隨其所應為說法要謂說布施乃至般
若波羅蜜多或說四念住乃至八聖道支或
說四靜慮四无量四无色定或說空无相无
願解脫門或說八解脫乃至十遍處或說陁
羅尼門三摩地門或

若波羅蜜多或說四念住乃至八聖道支或
說四靜慮四无量四无色定或說空无相无
願解脫門或說八解脫乃至十遍處或說陁
羅尼門三摩地門或說內空乃至无性自性空
或說真如乃至不思議界或說苦集滅道聖
諦或說因緣乃至增上緣或說從緣所生諸
法或說无明乃至老死或說種種蘊處界門
或說聲聞道或說獨覺道或說菩薩道或
說菩提或說涅槃令彼有情聞此法已皆獲殊
勝利益安樂善現當知是菩薩摩訶薩以家
清淨過人天耳能聞一切人非人聲由此天
耳通聞十方殑伽沙等諸佛世界一切如來
應正等覺所說正法聞已受持思惟義趣隨
所聞法能為有情如實宣說或說布施乃至
般若波羅蜜多廣說乃至或說菩提或說涅
槃令彼有情聞此法已皆獲殊勝利益安樂
善現當知是菩薩摩訶薩以家清淨他心智
通如實了知諸有情類心心所法隨其所應
為說法要謂說布施乃至般若波羅蜜多廣
說乃至或說菩提或說涅槃令彼有情聞此
法已皆獲殊勝利益安樂善現當知是菩薩
摩訶薩以淨宿住隨念智通如實念知過去
諸佛及弟子眾名號差別若諸有情樂聞過
去諸宿住事而獲益者便為宣說諸宿住事
因斯方便為說正法謂說布施乃至般若波
羅蜜多廣說乃至或說菩提或說涅槃令彼

摩訶薩以淨宿住隨念智通如實念知過去
諸佛及弟子衆名等差別若諸有情樂聞過
去諸宿住事而獲益者便為宣說諸宿住事
因斯方便為說正法謂說布施乃至般若波
羅蜜多廣說乃至或說菩提或說涅槃令彼
有情聞此法已皆獲殊勝利益安樂善現當
知是菩薩摩訶薩以極迅疾神境智通往至
十方殑伽沙等諸佛世界親近供養諸佛世
尊於諸佛所種諸善根還歸本土為有情說
諸佛土事因斯方便為說正法謂說布施乃
至般若波羅蜜多廣說乃至或說菩提或說
涅槃令彼有情聞此法已皆獲殊勝利益安
樂善現當知是菩薩摩訶薩以隨所得漏盡
智通如實了知諸有情類漏盡未盡亦如實
知漏盡方便為未盡者宣說法要謂說布施
乃至般若波羅蜜多廣說乃至或說菩提或
說涅槃令彼有情聞此法已皆獲殊勝利益
安樂如是善現諸菩薩摩訶薩行深般若波
羅蜜多應引發神通波羅蜜多是菩薩摩訶
薩修習神通波羅蜜多得圓滿故隨意所樂
受種種身不為苦樂過失所染如佛化身雖
能施作種種事業而不為彼苦樂過失之所
雜染如是善現諸菩薩摩訶薩行深般若波
羅蜜多應遊戲神通波羅蜜多若遊戲神通
波羅蜜多則能成熟有情嚴淨佛土疾能證
得一切智智善現當知若菩薩摩訶薩不成
熟有情嚴淨佛土終不能得一切智智所以

BD03654 號　大般若波羅蜜多經卷五三六　（20–12）

羅蜜多應遊戲神通波羅蜜多若遊戲神通
波羅蜜多則能成熟有情嚴淨佛土疾能證
得一切智智善現當知若菩薩摩訶薩不成
熟有情嚴淨佛土終不能得一切智智所以
者何諸菩薩摩訶薩菩提資糧若未圓滿
必不能得一切智智
爾時善現便白佛言何等名為菩薩摩訶薩
菩提資糧諸菩薩摩訶薩圓滿如是菩提資
糧方能證得一切智智佛告善現一切善法
皆是菩薩菩提資糧諸菩薩摩訶薩圓滿如
是菩提資糧方能證得一切智智具壽善現
復白佛言何等名為一切善法佛告善現諸
菩薩摩訶薩從初發心脩行布施乃至般若
波羅蜜多於中都无分別執著謂作是念此
是布施乃至般若波羅蜜多由此為此而脩
布施乃至般若波羅蜜多是三分別執著都
无知一切法自性空故由此所脩布施等六
波羅蜜多能自饒益亦能饒益一切有情令
出生死得涅槃故說為善法亦名菩薩菩提
資糧亦名菩薩摩訶薩道過去未來現在菩
薩摩訶薩衆行此道故已得今得當得无上
正等菩提亦令有情已當今度生死大海證
涅槃樂復次善現諸菩薩摩訶薩從初發
心脩四靜慮及四无量四无色定脩四念住
乃至八聖道支安住內空乃至无性自性空
安住真如乃至不思議界安住苦集滅道聖

BD03654 號　大般若波羅蜜多經卷五三六　（20–13）

涅槃槃復次善現諸菩薩摩訶薩從初發
心脩四静慮及四无量四无色定脩四念住
乃至八聖道支安住内空乃至无性自性空
安住真如乃至不思議界安住苦集滅道聖
諦脩空无相无願解脫門脩八解脫乃至十
遍處脩諸菩薩摩訶薩地脩陁羅尼門三摩
地門脩佛十力乃至十八佛不共法脩大慈
大悲大喜大捨脩无忘失法恒住捨性脩一
切智道相智一切相智於中都无分別執著
謂作是念此是四静慮廣說乃至一切相智
由此爲此而脩四静慮廣說乃至一切相智
是三分別執著都无知一切法自性空故由
此所脩四静慮等能自饒益亦能饒益一切
有情令出生死得涅槃故說爲善法亦名菩
薩菩提資糧亦名菩薩摩訶薩道過去未來
現在菩薩摩訶薩衆行此道故已得當得今
得无上正等菩提亦令有情已今當度生死
大海證涅槃槃善現當知復有无量諸菩薩
衆所脩功德皆名善法亦名菩薩菩提資糧
亦名菩薩摩訶薩道諸菩薩摩訶薩要脩如
是諸勝善法令極圓滿方能證得一切智智
要已證得一切智智乃能无倒轉正法輪令
諸有情脫生死苦證得究竟常樂涅槃
尒時善現便白佛言若此諸法是菩薩法復
有何等名佛法耶佛告善現即菩薩法 亦
名佛法謂諸菩薩於一切法覺一切相由此當
得一切相智永斷一切習氣相續若諸如來

BD03654 號　大般若波羅蜜多經卷五三六　（20–14）

尒時善現便白佛言若此諸法是菩薩法復
有何等名佛法耶佛告善現即菩薩法 亦
名佛法謂諸菩薩於一切法覺一切相由此當
得一切相智永斷一切習氣相續若諸如來
應正等覺於一切法以一剎那相應般若現
等覺已證得无上正等菩提是名菩薩與佛
有異如二聖者雖俱是聖而有行向住果差
別所成就法非不有異如是善現若无間道
中行於一切法未離闇障未到彼岸未得自
在未得果時名爲菩薩若解脫道中行於一
切法已離闇障已到彼岸已得自在已得果
時乃名爲佛是爲菩薩與佛有異由位有異
法非无別而不可說法性有異具壽善現便
白佛言若一切法自性皆空自相空中云何
得有種種差別謂此是地獄乃至此是天此
是種姓廣說乃至此是如來如是所說補特
伽羅既不可得彼所造業亦不可得如所造
業既不可得彼異熟果亦不可得云何得有
種種差別佛告善現如是如是如汝所說一
切法自相空自相空中補特伽羅既无所有
業果異熟亦无所有无所有中无差別相然
諸有情於一切法自相空理不能盡知造作
諸業或善或惡或復无漏由於善業造作增
長生天人中由於惡業造作增長墮三惡趣
於善業中由於定業造作增長得生色界或
无色界由无漏業加行根本有種姓等賢聖

BD03654 號　大般若波羅蜜多經卷五三六　（20–15）

諸業或善或惡或復无漏由於善業造作增
長生天人中由於惡業造作增長墮三惡趣
於善業中由於定業造作增長得生色界或
无色界由无漏業加行根本有種姓等賢聖
差別由此因緣諸菩薩摩訶薩修行布施乃
至般若波羅蜜多乃至修行一切相智及餘
无量无邊佛法是菩薩摩訶薩於此所說菩
提分法无間无缺修令圓滿既圓滿已便能
引發近助菩提金剛喻定證得无上正等菩
提與諸有情作大饒益常无失壞无失壞故
令諸有情解脫生死證得常樂清涼涅槃具
壽善現復白佛言佛證无上正等覺已為得
諸趣生死法邪佛言不尒具壽善現復白佛
言佛證无上正等覺已為得黑業白業黑白
業非黑白業邪佛言不尒具壽善現復白佛
言若佛不得諸趣生死及業差別云何施設
此是地獄乃至人天此是種姓乃至如來分
位差別佛告善現諸有情類自知諸法自相
空不善現對曰不也世尊佛告善現若諸有
情自知諸法自相空者諸菩薩摩訶薩便於
无上正等菩提不應求證方便善巧拔諸有
情惡趣生死以諸有情不知諸法自相空故
輪迴諸趣受无邊苦是故菩薩從諸佛所聞
一切法自相空已為欲饒益諸有情故求證
无上正等菩提方便善巧拔諸有情惡趣生
死善現當知諸菩薩摩訶薩常作是念非一

一切法自相空已為欲饒益諸有情故求證
无上正等菩提方便善巧拔諸有情惡趣生
死善現當知諸菩薩摩訶薩常作是念非一
切法實有自相如諸愚夫異生所執然彼分
別顛倒力故非實有中起實有想謂无我中
起於我想廣說乃至无見者中起見者想又
无色中起於色想无受想行識中起受想行
識想廣說乃至无无為中起无為想如是分
別顛倒力故非實有中起實有想虛妄執著
倒亂其心造身語意善不善業不能解脫惡
趣生死我當拔濟令得解脫是菩薩摩訶薩
作此念已行深般若波羅蜜多以諸善法攝
在其中无倒修行諸菩薩行漸次圓滿菩提
資糧菩提資糧得圓滿已證得无上正等菩
提得菩提已為諸有情宣說開示分別建立
四聖諦義謂此是苦聖諦此是苦集聖諦此
是苦滅聖諦此是趣苦滅道聖諦復以一切
菩提分法攝在如是四聖諦中復依一切菩
提分法施設建立佛法僧寶由此三寶出現
世間諸有情類解脫生死若諸有情不能歸
信佛法僧寶造作諸業輪迴諸趣受苦无窮
故應歸依佛法僧寶勤求自他利益安樂
尒時善現便白佛言為由苦集滅道聖諦諸
有情類證般涅槃為由苦集滅道聖智諸有
情類證般涅槃佛告善現非由苦集滅道聖
諦諸有情類證般涅槃非由苦集滅道聖智
諸有情類證般涅槃善現我說四聖諦平等

有情類證般涅槃爲由苦集滅道聖智諸有
情類證般涅槃佛告善現非由苦集滅道聖
諦諸有情類證般涅槃非由苦集滅道聖智
諸有情類證般涅槃善現我說四聖諦平等
性即是涅槃如是涅槃非由苦集滅道諦證
非由苦集滅道智證但由般若波羅蜜多證
平等性名證涅槃具壽善現復白佛言何等
名爲四聖諦平等性佛告善現若於是處无
苦集滅道諦无苦集滅道智名四聖諦平等
之性此平等性即四聖諦所有真如廣說乃
至不思議界如來出世若不出世性相常住
无失壞无變易如是名爲四聖諦平等性諸
菩薩摩訶薩行深般若波羅蜜多時爲欲隨
覺此四聖諦平等性故行深般若波羅蜜多
若能隨覺此四聖諦平等性時名真隨覺一
切聖諦速證无上正等菩提具壽善現復白
佛言云何菩薩摩訶薩行深般若波羅蜜多
時爲欲隨覺此四聖諦平等性故行深般若
波羅蜜多若能隨覺此四聖諦平等性時名
真隨覺一切聖諦不隨聲聞獨覺等地趣入
菩薩正性離生佛告善現諸菩薩摩訶薩行
深般若波羅蜜多時无有少法不如實見於
一切法如實見時於一切法都无所得於一
切法无所得時則如實見一切法空謂如實
見四諦所攝及所不攝諸法皆空如是見時
能入菩薩正性離生由能入菩薩正性離生

BD03654 號　大般若波羅蜜多經卷五三六　（20–18）

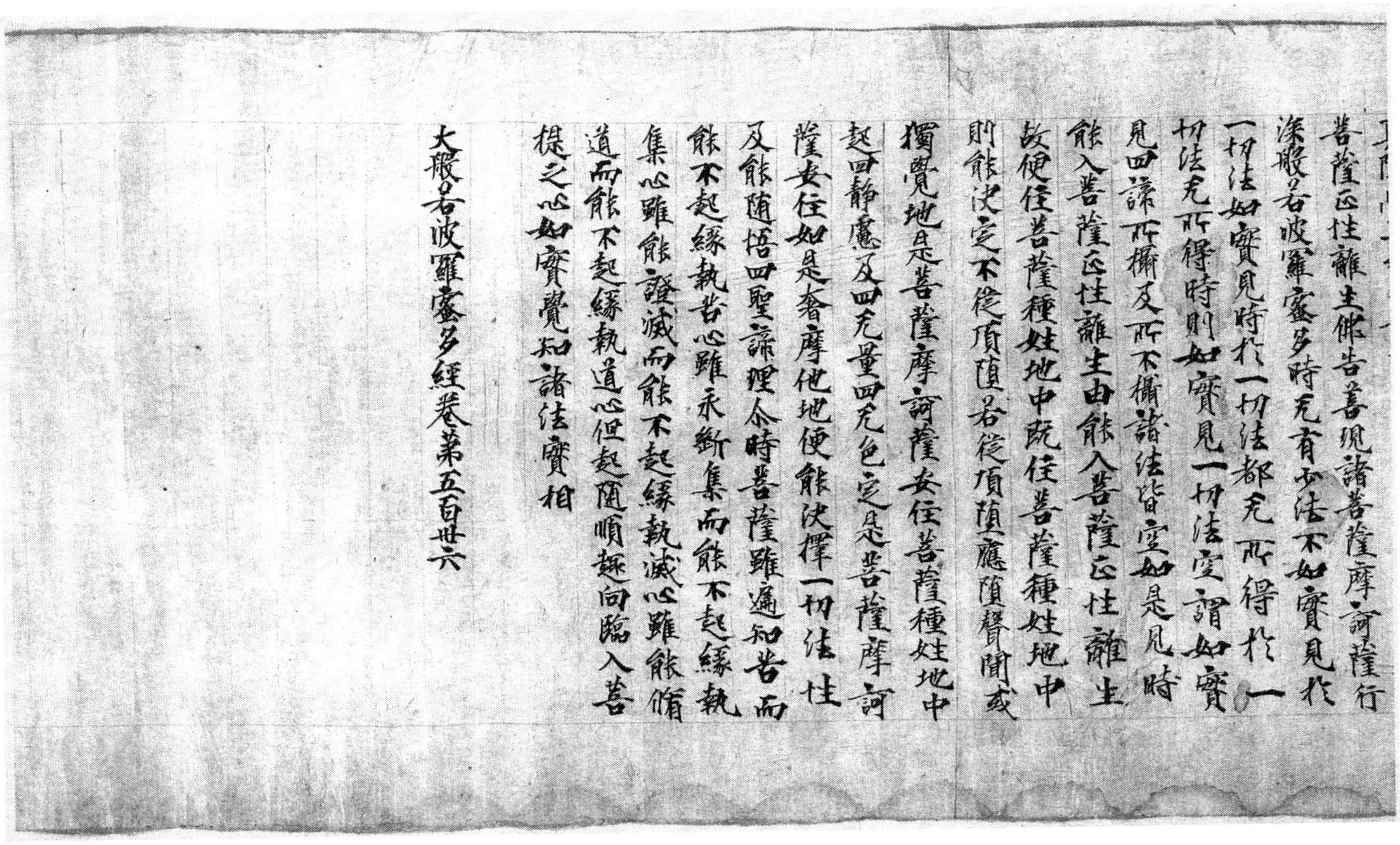

菩薩正性離生佛告善現諸菩薩摩訶薩行
深般若波羅蜜多時无有少法不如實見於
一切法如實見時於一切法都无所得於一
切法无所得時則如實見一切法空謂如實
見四諦所攝及所不攝諸法皆空如是見時
能入菩薩正性離生由能入菩薩正性離生
故便住菩薩種姓地中既住菩薩種姓地中
則能決定不從頂墮若從頂墮應墮聲聞或
獨覺地是菩薩摩訶薩安住菩薩種姓地中
超四靜慮及四无量四无色定是菩薩摩訶
薩安住如是奢摩他地便能決擇一切法性
及能隨悟四聖諦理尒時菩薩雖遍知苦而
能不起緣執苦心雖永斷集而能不起緣執
集心雖能證滅而能不起緣執滅心雖能脩
道而能不起緣執道心但起隨順趣向臨入菩
提之心如實覺知諸法實相

大般若波羅蜜多經卷第五百卅六

BD03654 號　大般若波羅蜜多經卷五三六　（20–19）

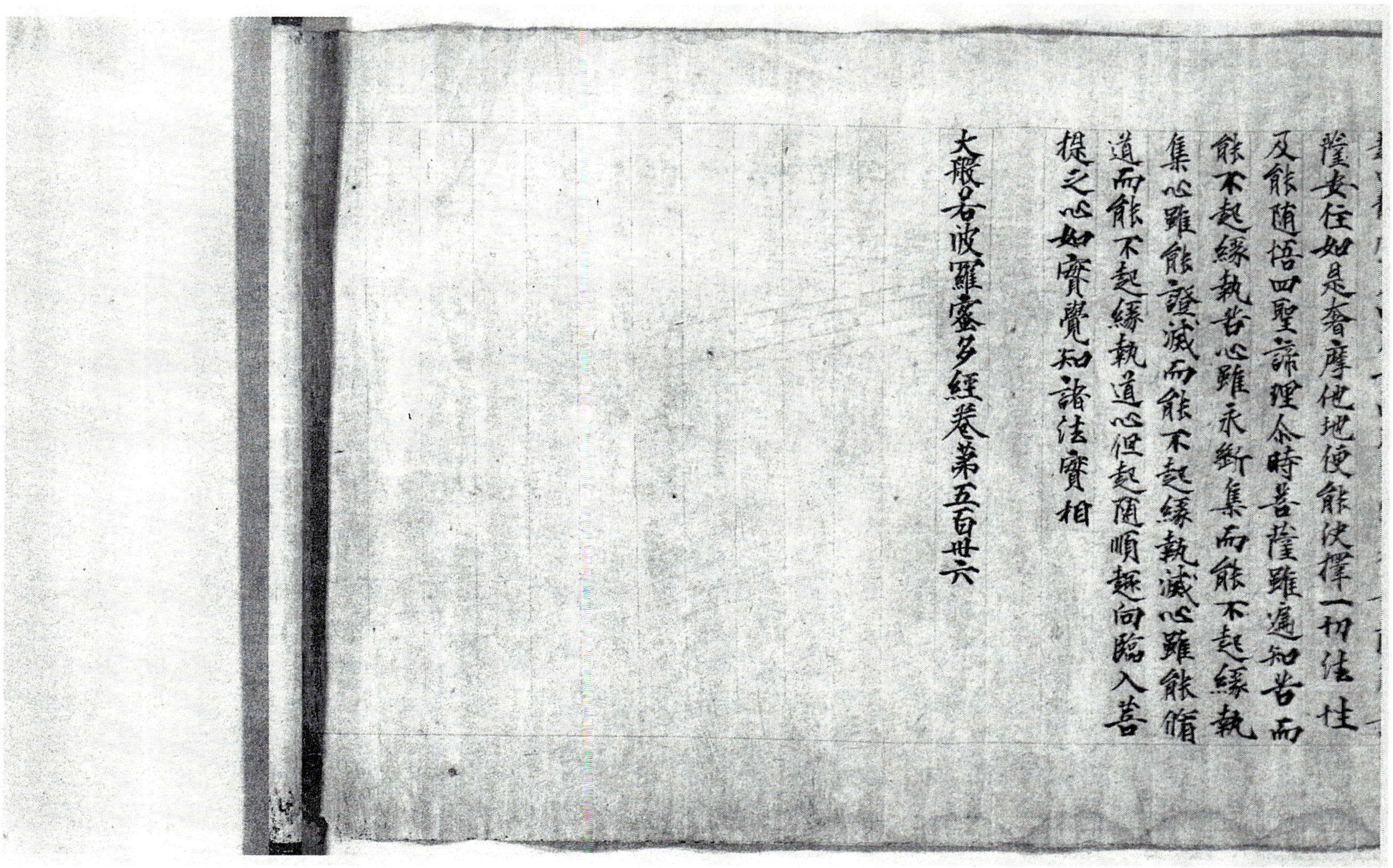

薩安住如是奢摩他地便能決擇一切法性
及能隨悟四聖諦理尒時菩薩雖遍知苦而
能不起緣執苦心雖永斷集而能不起緣執
集心雖能證滅而能不起緣執滅心雖能脩
道而能不起緣執道心但起隨順趣向臨入菩
提之心如實覺知諸法實相

大般若波羅蜜多經卷第五百卅六

BD03654號　大般若波羅蜜多經卷五三六　（20–20）

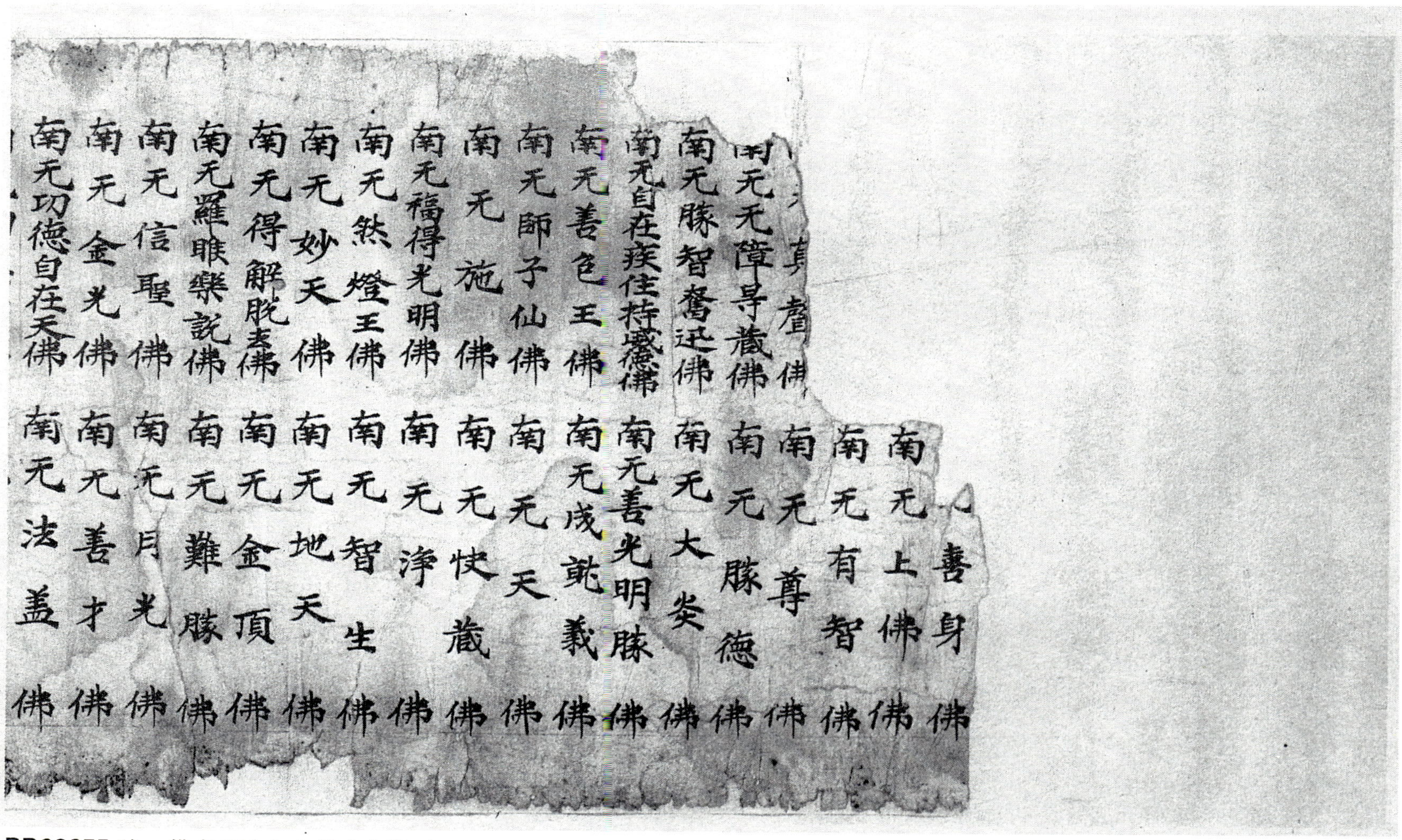

善身佛
南无上佛
南无有智佛
南无尊佛
南无无障㝵藏佛　南无勝德佛
南无勝智奮迅佛　南无大炎佛
南无自在疾住持威德佛　南无善光明勝佛
南无善色王佛　南无成就義佛
南无師子仙佛　南无天佛
南无施佛　南无快藏佛
南无福得光明佛　南无淨佛
南无然燈王佛　南无智生佛
南无妙天佛　南无地天佛
南无得解脫去佛　南无金頂佛
南无羅睺樂說佛　南无難勝佛
南无信聖佛　南无月光佛
南无金光佛　南无善才佛
南无功德自在天佛　南无法蓋佛

BD03655號　佛名經（十六卷本）卷五　（31–1）

南无羅睺樂說佛 南无難勝佛
南无信聖佛 南无月光佛
南无金光佛 南无善才佛
南无功德自在天佛 南无法蓋佛
南无功德智佛 南无差別身佛
南无妙智佛 南无微智佛
南无一切威德樂佛 南无解脫幢佛
南无智慧藏佛 南无智慧積佛
南无怖畏佛 南无離惡佛
南无无障导稱佛 南无寶積佛
南无善聲佛 南无衆自在劫佛
南无法積佛 南无解脫威德佛
南无勝快佛 南无妙身佛
南无妙語佛 南无師子愛佛
南无人自在功德佛 南无師子驕佛
南无法波佛 南无安樂佛
南无不動佛 南无色威德佛
南无能覺王佛 南无善眼佛
南无堅固義佛 南无智光明佛
從此以上三千五百佛十二部經一切賢聖
南无香威德佛 南无无病脩佛
南无海覺佛 南无勝色佛
南无善步佛 南无吼稱佛
南无覺身佛 南无然燈日佛
南无智慧足佛 南无定身佛

BD03655 號　佛名經（十六卷本）卷五　（31–2）

南无海覺佛 南无勝色佛
南无善步佛 南无吼稱佛
南无覺身佛 南无然燈日佛
南无智慧足佛 南无定身佛
南无威德光盡佛 南无功德乘佛
南无金乘佛 南无放結佛
南无法行佛 南无善住去佛
南无離慢佛 南无智藏佛
南无淨去佛 南无梅檀佛
南无无憂佛 南无清淨身幢佛
南无无國土華佛 南无无量威德佛
南无天光明佛 南无智慧華佛
南无成就智佛 南无淨住佛
南无一味手佛 南无自在佛
南无无比說佛 南无勝說佛
南无福德威德佛 南无日佛
南无度世間智佛 南无德成就佛
南无法行佛 南无求安隱佛
南无色智佛 南无合掌光明佛
南无无創佛 南无瑠璃藏佛
南无華天佛 南无自然佛
南无善根光明佛 南无一切功德勝光明佛
南无寶勝佛 南无日月佛
南无降伏怨佛 南无无量光明佛
南无貞華郁對是光佛 南无增上佛

BD03655 號　佛名經（十六卷本）卷五　（31–3）

南无華天佛　南无自然佛
南无善根光明佛　南无一切功德勝光明佛
南无寶勝佛　南无日月佛
南无降伏怨佛　南无无量光明佛
南无須摩那樹提光佛　南无增上佛
南无樂智慧佛　南无功德自在佛
南无寂静佛　南无功德積力佛
南无善眼佛　南无善聲佛
南无善華佛　南无善住佛
南无功德威德聚佛　南无无邊智佛
南无无量聲佛　南无善光佛
南无善智慧佛　南无解脫義佛
南无思惟勝佛　南无勝聲身佛
南无快佛　南无勝行佛
南无寂静義佛　南无善過佛
南无清淨行佛　南无華作佛
南无善光佛　南无常然燈佛
南无善量佛　南无衆自在佛
南无離畏佛　南无智怖佛
南无善逝樂說佛　南无勝眼佛
南无菩提月佛　南无寶光明佛
南无月佛　南无无畏佛
南无大鏡佛　南无梵聲佛
南无善聲佛　南无大智慧橋梁佛

BD03655 號　佛名經（十六卷本）卷五　（31–4）

南无月佛　南无无畏佛
南无大鏡佛　南无梵聲佛
南无善聲佛　南无大智慧橋梁佛
南无普智慧佛　南无金剛仙佛
南无佛心佛　南无樹王佛
南无數聲佛　南无功德力佛
南无住勝佛　南无愛星佛
南无威德佛　南无樹提味佛
南无妙鼓雲聲佛　南无愛眼佛
南无賢智佛　南无成就功德勝佛
從此以上三千六百佛十二部經一切賢聖
南无寂静吼聲佛　南无法幢佛
南无虛空功德聲佛　南无功德差別佛
南无功德聲佛　南无威德佛
南无聖行佛　南无有智佛
南无樂說月佛　南无善滅佛
南无月面佛　南无日月无垢佛
南无集功德佛　南无華福德佛
南无幢樂說國土佛　南无恭敬愛佛
南无无量師子力佛　南无自在王佛
南无不動寂静佛　南无平等思惟佛
南无无量信佛　南无无垢光佛
南无不佛　南无不濁佛
南无善行佛　南无住善調智佛
南无說自在佛　南无大天佛

BD03655 號　佛名經（十六卷本）卷五　（31–5）

南无不動寂靜佛　南无无垢光佛
南无不佛　南无不濁佛
南无善行佛　南无住善調智佛
南无説自在佛　南无大天佛
南无深意佛　南无无量佛
南无日光佛　南无供養華光佛
南无三果供養佛　南无應佛
南无日藏佛　南无他供養佛
南无解脱幢佛　南无快結佛
南无甘露清淨佛　南无金剛仙佛
南无寶聚光明佛　南无快步佛
南无日清淨光明佛　南无功德積佛
南无阿摟耶勝佛　南无師子去佛
南无勝佛　南无華德佛
南无放光明佛　南无波頭摩智愛佛
南无快莊嚴佛　南无不空行佛
南无合創佛　南无幢光明幢佛
南无樂心佛　南无樂解脱佛
南无智佛　南无聞慧海佛
南无寶住持佛　南无拘峻莊嚴佛
南无孔雀聲佛　南无不屬佛
南无斷愛根佛　南无月起佛
南无海勝佛　南无不動合去佛
南无樂功德然燈佛　南无教聲佛
南无地主佛　南无威德力佛

BD03655號　佛名經（十六卷本）卷五　（31–6）

南无斷愛根佛　南无月起佛
南无海勝佛　南无不動合去佛
南无樂功德然燈佛　南无教聲佛
南无地主佛　南无威德力佛
南无住智慧色佛　南无善月佛
南无覺華佛　南无善讚歎佛
南无善處佛　南无智威德力佛
南无然燈堅固佛　南无奮迅佛
南无天聲佛　南无寂靜佛
南无日面佛　南无樂解脱佛
南无果光明佛　南无住行佛
南无无垢佛　南无堅固起佛
南无樂智自在佛　南无香光明佛
南无廣光明佛　南无念自在佛
南无甘露器佛　南无无畏幢佛
南无求勝菩提佛　南无住行佛
南无寶慚愧佛　南无法用佛
南无一切成德佛　南无大親佛
從此以上三千七百佛十二部經一切賢聖
南无寂靜行佛　南无甘露增上佛
南无弥留光佛　南无聖讚歎佛
南无善顯果報佛　南无善德莊嚴佛
南无寶光明佛　南无寂靜功德步佛
南无功德海佛　南无種種色佛

BD03655號　佛名經（十六卷本）卷五　（31–7）

南无[illegible]光佛　南无[illegible]佛
南无善顔果報佛　南无善德莊嚴佛
南无寶光明佛　南无寂靜功德步佛
南无功德海佛　南无種種色佛
南无降伏魔佛　南无閉塞魔佛
南无度一切難佛　南无不破境智佛
南无海文飾佛　南无得脫衆解脫王佛
南无愛佛　南无佛幢佛
南无智聲佛　南无善勝佛
南无淨命佛　南无智報佛
南无如意幢佛　南无世間自在劫佛
南无地住持佛　南无日愛佛
南无羅睺月佛　南无華光明佛
南无生威德佛　南无光明見佛
南无明增上佛　南无威德住持佛
南无樂功德佛　南无樂力佛
南无善聲佛　南无法自在佛
南无梵聲佛　南无善思惟佛
南无无志智慧佛　南无大施佛
南无月稱佛　南无幢佛
南无稱人聲佛　南无樹王佛
南无滅闇佛　南无善量佛
南无善光佛　南无无量樂說幢佛
南无快行福德佛　南无度槃佛
南无无畏愛佛　南无世間愛佛

BD03655號　佛名經（十六卷本）卷五　（31–8）

南无滅闇佛　南无善量佛
南无善光佛　南无无量樂說幢佛
南无快行福德佛　南无度槃佛
南无无畏愛佛　南无世間愛佛
南无妙行佛　南无憂鉢羅華鵄佛
南无无量樂說光明佛　南无住聖人佛
南无精進功德佛　南无堅甘露增上佛
南无高寶信佛　南无得功德佛
南无福德慧佛　南无火炎佛
南无无量威功德佛　南无師子步佛
南无不動信佛　南无過有佛
南无龍王聲佛　南无住持輪佛
南无勝色佛　南无世愛佛
南无法月佛　南无无量樂稱佛
南无雲幢佛　南无功德去佛
南无善逝佛　南无无量聲佛
南无虛空天佛　南无摩尼王佛
南无清淨行佛　南无然燈佛
南无寶吼聲佛　南无合自在王佛
南无羅睺讓佛　南无无畏佛
南无師子慧佛　南无寶稱佛
南无辯義見佛　南无世間華佛
南无高佛　南无无等佛
南无樂說王佛　南无差別智佛
南无智自在佛　南无師子齒佛

BD03655號　佛名經（十六卷本）卷五　（31–9）

南无高□佛　南无□等佛
南无樂說王佛　南无差別智佛
南无智自在佛　南无師子遠佛
南无快步佛　南无功德然燈月佛
南无无憂國土佛　南无意思智慧佛
南无法天炎尊佛　南无含調佛
從此以上三千八百佛十二部經一切賢聖
南无增上力佛　南无智慧華佛
南无堅固聲佛　南无常樂佛
南无說義佛　南无信愛佛
南无師子葉結佛　南无怖佛
若善男子善女人能受持讀誦是賢劫千
佛名者必見弥勒世尊及盧至遠離諸難
南无月光明佛　南无不動佛
南无大莊嚴佛　南无多伽羅香佛
南无妙勝佛　南无波頭摩幢佛
南无寶聚佛　南无流水香佛
南无火莊嚴佛　南无善勝佛
南无海佛　南无大海佛
南无幢佛　南无梵勝佛
南无大香佛　南无大成就佛
南无大寶輪佛　南无无量壽佛
南无大高勝佛　南无大金臺佛
南无大輪佛　南无語作佛
南无大人佛　南无大手佛

南无大寶輪佛　南无无量壽佛
南无大高勝佛　南无大金臺佛
南无大輪佛　南无語作佛
南无大人佛　南无大手佛
南无師子香稱佛　南无供養勝佛
南无自在大佛　南无安樂作勝佛
南无師子華勝佛　南无寂靜幢佛
南无王佛　南无普勝佛
南无怖畏佛　南无无憂勝佛
南无憂鉢羅香佛　南无大地佛
南无大龍勝佛　南无清淨王佛
南无大樂佛　南无波頭摩勝佛
南无拘蘇摩佛　南无龍妙佛
南无華聚佛　南无香為佛
南无常觀佛　南无正作佛
南无善住佛　南无居拘律王佛
次礼十二部尊經大藏法輪
南无佛本起甲申大水及月光菩薩王事經
南无大方廣經　南无妙讚經
南无大方廣如來藏經　南无菩薩本業經
南无波斯匿王十夢經　南无餓鬼報應經
南无摩僧祇經　南无龍施經
南无十誦律經　南无明識諦觀經
南无四分律　南无雲忍辱經
南无弥勒□經　南无十二門經

南无摩僧祇經 南无龍施經
南无十誦律經 南无明識諦觀經
南无四分律 南无雲忍辱經
南无弥沙塞經 南无十二門經
南无佛昇忉利天經 南无迦一比丘經
南无五王經 南无遺教經
南无五无返復經 南无不思議光經
南无象腋經 南无須弥四域經
南无藥師瑠璃經 南无清淨毗尼經
南无金剛般若經 南无孝經
次礼十方諸大菩薩
南无无垢藏菩薩 南无離垢藏菩薩
南无種種樂說莊嚴藏菩薩 南无大光明網藏菩薩
南无淨明威德王菩薩 南无大金光明德王藏菩薩
南无金剛炎德相莊嚴藏菩薩 南无炎熾藏菩薩
南无宿王光照藏菩薩 南无虛空无㝵妙音藏菩薩
南无陁羅尼功德持一切世間顛藏菩薩
南无海莊嚴藏菩薩 南无須弥德藏菩薩
南无淨一切功德藏菩薩 南无如来藏菩薩
從此以上三千九百佛十二部一切賢聖
南无佛德藏菩薩 南无解脫月菩薩
南无金剛慧菩薩 南无法慧菩薩
南无師子慧菩薩 南无調慧菩薩
南无妙慧菩薩 南无月光菩薩

BD03655號　佛名經（十六卷本）卷五　（31–12）

南无金剛慧菩薩 南无法慧菩薩
南无師子慧菩薩 南无調慧菩薩
南无妙慧菩薩 南无月光菩薩
南无寶月菩薩 南无滿月菩薩
南无勇猛菩薩 南无无量勇菩薩
南无无邊勇菩薩 南无超三界菩薩
南无觀世音菩薩 南无大勢至菩薩
南无香象菩薩 南无香上菩薩
南无香暜上菩薩 南无手藏菩薩
南无日藏菩薩 南无幢相菩薩
南无大幢相菩薩 南无離垢幢菩薩
南无无邊光菩薩 南无放光菩薩
南无離垢光菩薩 南无喜王菩薩
南无常喜菩薩 南无寶首菩薩
南无虛空菩薩 南无離憍慢菩薩
南无須弥山菩薩 南无光德王菩薩
南无揔持自在王菩薩 南无揔持菩薩
歸命如是等十方无量无邊諸大菩薩
次礼聲聞緣覺一切賢聖
南无須摩辟支佛 南无輪那辟支佛
南无留閣辟支佛 南无憂波留閣辟支佛
南无弗沙辟支佛 南无牛齒辟支佛
南无漏盡辟支佛 南无最後身辟支佛
歸命如是等无量无邊辟支佛 礼三寶已次懺悔

BD03655號　佛名經（十六卷本）卷五　（31–13）

南无留闍辟支佛　南无憂波留闍辟支佛
南无弗沙辟支佛　南无牛迹辟支佛
南无漏盡辟支佛　南无最後身辟支佛
歸命如是等无量无邊辟支佛　礼三寶已次懺悔
已懺悔身三口四竟次復懺悔佛法僧閒一切諸障
經中佛說人身難得佛法難聞衆僧難值信心難
生六根難具善友難得而今相與宿殖善根得
此人六根完具又值善友得聞正法於其中間復
各不能盡心精勤恐於未來長溺萬苦无有
出期是故今日應至到慚愧稽顙歸依佛
南无東方滿月光明佛　南无南方自在王佛
南无西方无邊光佛　南无北方金剛王佛
南无東南方師子音佛　南无西南方香爲遊戲佛
南无西北方須弥相佛　南无東北方寶最高德佛
南无下方寶憂鉢華佛　南无上方廣衆德佛
如是十方盡虛空界一切三寶
弟子等自從无始以来至於今日常以无明覆
心煩惱障意見佛形像不能盡心恭敬輕蔑
衆僧殘害善友破塔壞寺焚燒形像出佛身
血或自處華堂安置尊像卑猥之處使煙熏
日暴風吹雨露塵土汙坌雀鼠殘毀共住共宿
曾无礼敬或倮露像身初不嚴飾或遮掩燈燭
開閉殿宇障佛光明如是等罪今日至誠皆悉懺悔
又復无始以来至於今日或於法閒以不淨手把

日暴風吹雨露塵土汙坌雀鼠殘毀共住共宿
曾无礼敬或倮露像身初不嚴飾或遮掩燈燭
開閉殿宇障佛光明如是等罪今日至誠皆悉懺悔
又復无始以来至於今日或於法閒以不淨手把
捉經卷或臨經書非法俗語或安置床頭坐起不
敬或開閉箱篋虫噉朽爛或首軸脫落部黨失
次或讀脫漏誤紙墨破裂自不脩理不肯流轉如
是等罪今悉懺悔或眠地聽經仰卧讀誦高聲
語咲乱他聽法或邪解佛語僻說聖意非法說
法法說非法非犯說犯犯說非犯輕罪說重重
罪說輕或抄前著後抄後著前前後著中中
著前後綺飾文辭安置已典或爲利養名
譽恭敬爲人說法无道德心求法師過而爲論
義非理彈擊不爲長解求出世法或輕慢佛語
尊重邪教毀呰大乘讚聲聞道如是等罪
无量无邊今日至到皆悉懺悔
又復无始以来至於今日或於僧閒有障殺害
阿羅漢破和合僧害發无上菩提心人斷滅佛
種使聖道不行或罷脫人道鞭榜沙門楚撻
驅使苦言加謗或破戒破於威儀或勸他人
捨於八正受行五法或假託形儀闌竊住賊如是
等罪今悉懺悔或裸形輕衣在經像前不淨
脚履蹋上殿塔或著屐屣入僧伽藍涕唾
房汙佛僧地乘車策馬排突寺舍如是等罪

捨於八正受行五法或假託形儀闚竊住賊如是
等罪今悉懺悔或裸形輕衣在經像前不淨
脚履踏上殿塔或著屐屣入僧伽藍涕唾塗
房汙佛僧地乘車策馬排突寺舍如是等罪
於三寶間所起罪鄣无量无邊今日至到向十
方佛尊法聖衆皆悉懺悔願弟子等承是
懺悔佛法僧間所有罪障生生世世常值三寶
尊仰恭敬无有猒足天繒妙綵寶絞絡高臺
百千伎樂珎異花香非世所有常以供養若
未成佛先往勸請開甘露門若入涅槃願我
常得獻最後供於衆僧中脩六和敬得自在
力興隆三寶上加佛道下化衆生 礼一拜
无慚愧以此罪故墮此地獄寶達聞之悲泣而去
南无常光佛 南无月勝佛
南无栴檀行佛 南无日藏佛
南无勝藏佛 南无須弥力佛
南无如意藏佛 南无金剛王佛
南无難勝佛 南无勝佛
南无善見佛 南无精進德佛
南无大海佛 南无善莎羅佛
南无宿勝佛 南无佛天佛
南无師子幢佛 南无甘露勝佛
南无无量勝佛 南无功德慧厚勝佛
南无華幢佛 南无首勝佛

南无宿勝佛 南无佛天佛
南无師子幢佛 南无甘露勝佛
南无无量勝佛 南无功德慧厚勝佛
南无華幢佛 南无首勝佛
南无精進勝佛 南无龍勝佛
南无勝成就佛 南无寶積佛
南无勝足佛 南无大師佛
南无普見佛 南无寶多羅佛
南无普至佛 南无恭敬勝佛
南无大念佛 南无斷一切衆生疑王佛
南无寶勝佛 南无普蓋佛
南无大蓋佛 南无妙勝佛
南无千供養佛 南无寶華步佛
南无衆勝佛 南无幢慧佛
從此以上四千佛十二部經一切賢聖
南无尼拘律王佛 南无上勝佛
南无普波頭摩佛 南无普勝佛
南无龍王讃衆佛 南无大聚佛
南无大供養佛 南无大將佛
南无善見佛 南无上勝佛
南无波頭摩勝佛 南无闍輪威德佛
南无則勝佛 南无能仁佛
南无然燈佛 南无大威德佛
南无月面佛 南无栴檀香佛
南无弥[illegible]山佛 南无不[illegible]佛